ASIL ARABER / ASIL ARABIANS

Jean Léon Gerôme. The Rose (The Love Token). Öl auf Leinwand (1887).
Arnot Art Museum. Bequest of M. H. Arnot (1910)

Documenta Hippologica

Darstellungen und Quellen zur Geschichte des Pferdes

Begründet von/Founded by
Oberst H. Handler, Oberst W. Seunig,
Dr. W. Uppenborn, Dr. G. Wenzler

Herausgegeben von/Edited by
Brigadier K. Albrecht, Spanische Hofreitschule, Wien,
General P. Durand, Cadre Noir, Saumur,
H. J. Köhler, Prof. Dr. E.-H. Lochmann,
E. v. Neindorff, Dr. B. Schirg

GEORG OLMS
HILDESHEIM · ZÜRICH · NEW YORK
1993

ASIL ARABIANS

The Noble Arabian Horses

FOURTH EDITION

A Documentation

edited by the

ASIL CLUB

with more than 500 illustrations,

mostly in colour

Foreword by

W. GEORG OLMS

ASIL CLUB

GEORG OLMS

HILDESHEIM · ZÜRICH · NEW YORK

1993

ASIL ARABER

Arabiens edle Pferde

VIERTE AUSGABE

eine Dokumentation

herausgegeben vom

ASIL CLUB

mit über 500,

meist farbigen Abbildungen

Vorwort von

W. GEORG OLMS

ASIL CLUB

GEORG OLMS

HILDESHEIM · ZÜRICH · NEW YORK

1993

Die Übersetzungen besorgten – soweit nicht die Texte durch Ausgaben in beiden Sprachen vorlagen – Sigrid Eicher, Betty Finke, Paul Harrison, Walter und Nadine Sauer. Bei den arabischen Namen stand uns Mazen Amawi beratend zur Seite.

Der GEORG OLMS VERLAG dankt im Namen des ASIL CLUBS allen, die für diesen Band Texte und Abbildungen freundlicherweise zur Verfügung gestellt haben. In der Bibliographie, dem Verzeichnis der Abbildungen sowie in der Tabula Gratatoria wurden die einzelnen Werke und ihre Lizenzgeber genannt.

The English translations were – when the texts were not available in both languages – supplied by Sigrid Eicher, Betty Finke, Walter and Nadine Sauer and Paul Harrison. Mazen Amawi advised us in the matter of the Arabian proper names.

In the name of the ASIL CLUB, the GEORG OLMS VERLAG would like to thank all who were so kind as to put at our disposal texts or illustrations for this volume.
The separate works and license-holders are listed in the bibliography, the list of illustrations and the Tabula Gratatoria.

Adresse:
ASIL CLUB e. V.
Hagentorwall 7
D-31134 Hildesheim
Germany
Fax: (0049) 5121/150150

Printed in Italy
Gedruckt auf säurefreiem Papier

Lektorat: Dr. Heidrun Kämper-Jensen, Annekatrin Jacobs, Barb Müller
Herstellungsabteilung: Jens-Peter Pracht, Christoph Fialla, Cordula Wieczorek
Satz: O&S Satzteam, Hildesheim
Lithographie: Reproservice, Hannover
Herstellung: Rotolito Lombarda, Mailand
Umschlagentwurf: Prof. Paul König, Hildesheim
Umschlagmotive:
Vorderseite: Albrecht Adam, Bairactar
(mit freundlicher Genehmigung von SKH Herzog von Württemberg)
Rückseite: O. N. O. T. Araberhengst von Mameluck am Zügel geführt (um 1800), Archiv Olms
Vorsatzblatt: Cerruti-Beauduc, Carovana araba, Museo Civico, Turin

ISBN 3-487-08339-6

Philippoteaux. Arrival of the Sheikh. Öl auf Leinwand (1871). With courtesy Richard Redding
& Colin Stodgell, Fine Art Ltd.

Table of contents

Inhaltsverzeichnis

o. N. O. T. (Araberhengst von Mameluke am Zügel geführt). Öl auf Leinwand (um 1800).
Archiv Olms

Preface

Not many horse breeds have preserved their charm, their nobility and the other marks of their race, especially their character, to such a high degree as the Asil Arabian. All those responsible for breeding these animals are thus quite right to lay particular emphasis on the preservation of these characteristics.

With its impressive show of stallions and mares, the Asil Cup International 1993, the Asil Club was able to demonstrate that this adherence to the breeding goal has held good and, what is more, that the Asil Arabian has an important position among the performance breeds bred today.

It is very probable that today's bogged-down "riding sport mentality" will give way to a view of horse treatment which is more suited to the species. The Asil Arabian will then be all the more available as a leisure partner because of the diversity of its qualities. Thus, the distinct intelligence of this wonderful horse, endowed as it is with so many magnificent hereditary factors, predestines it for training in all branches of dressage, a discipline which is nowadays only seen as an attempt to reach the highest tournament classes and not as something which must be given back its very own function: to be representative of the art of riding. The real art of riding is to be found on all levels, provided that human being and horse can grow together to form a symbiosis and thus turn performance into a work of art.

Even a very small part of the Asil Cup activities showed that, in addition to its traditional tasks based on hardiness, contentedness, endurance and speed, one more is waiting in which the many other qualities of the Asil Arabian could be put to good use. This would not require any modification of the balanced breeding goal and of the rules to be observed in order to reach it, but only the uniting of its qualities with the criteria of the art of riding.

The Asil Arabian has always been trained to see human beings as friends. This has had a profound effect on its character. No rider can wish for a better basis.

With this unique edition, the Asil Club has created a documentation worthy of the noble Arabian horse. No horse fan can wish for better reading matter.

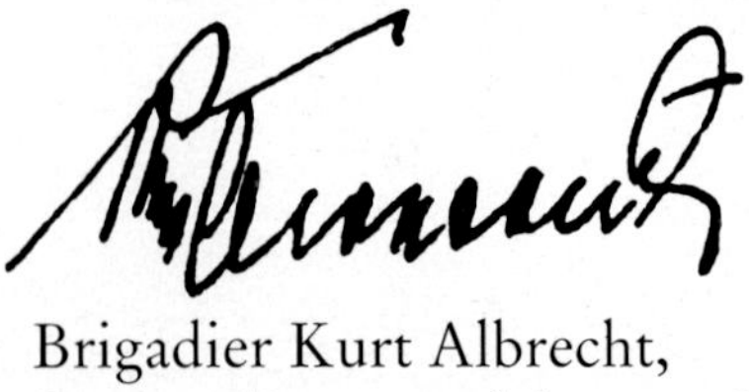

Brigadier Kurt Albrecht,
former director of the Spanish
Court Riding School, Vienna

Geleitwort

Wohl kaum eine Pferderasse hat ihren Charme, ihren Adel und ihre anderen Rassemerkmale, vor allem aber ihren Charakter in so hohem Maße bewahrt wie der Asil Araber. Mit vollem Recht legen daher alle Zuchtverantwortlichen besonderen Wert auf den Erhalt dieser Merkmale.

Der Asil Club vermochte mit seiner imposanten Hengst- und Stutenschau, dem Asil Cup International 1993, nachzuweisen, daß sich dieses Festhalten am Zuchtziel bewährt hat, ja mehr noch, daß der Asil Araber im Kreis der heute gezüchteten Leistungspferderassen einen wichtigen Platz einnimmt.

Das inzwischen festgefahrene „Reitsportdenken" der heutigen Zeit wird mit großer Wahrscheinlichkeit einer anderen, artgemäßeren Auffassung vom Umgang mit dem Pferd weichen. Der Asil Araber wird dann um so mehr aufgrund der Vielfalt seiner Qualitäten als Freizeitpartner zur Verfügung stehen. So bietet sich dieses wunderbare, mit so vielen herrlichen Anlagen ausgestattete Pferd auch dank seiner ausgeprägten Intelligenz für die Ausbildung in allen Sparten der Dressur an, die man heute fälschlicherweise nur im Erreichen der höchsten Turnierklassen sieht, statt ihr wieder ihre ureigenste Aufgabe, Repräsentant der Reitkunst zu sein, zurückzugeben. Echte Reitkunst gibt es auf allen Ebenen, vorausgesetzt, Mensch und Pferd vermögen zu einer Symbiose zu verwachsen und damit die Leistung zum Kunstwerk werden zu lassen.

Ein winziger Ausschnitt des Asil Cup-Geschehens hat schon gezeigt, daß für den Asil Araber neben seinen traditionellen auf Härte, Genügsamkeit, Ausdauer und Schnelligkeit beruhenden Aufgaben eine weitere warten würde, in der man sich seine vielen anderen Anlagen zunutze machen könnte. Das bedürfte keiner Veränderung des ausgewogenen Zuchtzieles und der dabei zu beachtenden Gesetze, sondern nur einer Vereinigung seiner Anlagen mit den Kriterien der Reitkunst.

Der Asil Araber wurde immer dazu erzogen, im Menschen einen Freund zu sehen. Dies hat seinen Charakter wesentlich geprägt. Kein Reiter kann sich eine bessere Voraussetzung wünschen.

Der Asil Club hat auch mit der hier vorliegenden einzigartigen Ausgabe eine dem edlen Araber würdige Dokumentation geschaffen. Kein Pferdefreund kann sich eine bessere Lektüre wünschen.

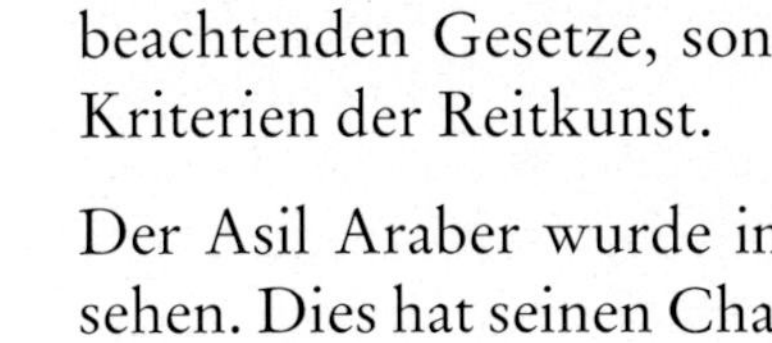

Brigadier Kurt Albrecht
ehem. Direktor der
Spanischen Hofreitschule, Wien

Foreword

"There is for me no other creature that embodies grace, charm, beauty, nobility, and dignity in such a breathtaking way as the Arabian horse. These ethereal creatures always put me into a kind of trance: I believe, measured against fear and worry, that the object of my admiration is only a dream, or might dissolve into thin air, that it is an angel wearing the aspect of a horse. For does not the Arabian horse fly already? Can one not feel the sculptor's thumb-mark of God along that line which runs from eye to nostril? Is it not innocence that animates the face of the Arabian horse?"

(*Wolfdietrich Schnurre* in the visitor's book of the Asil Club)

Only poets are able to capture the magic of the Arabian horse and the enchantment befalling all who come into contact with it. For over a thousand years, the Arabian Bedouins have celebrated the Asil Arabian in this way in their songs. One must be a poet in order to do justice to this noble creature, and it would be appropriate to leave it at that.

However, it is necessary for us to give the dry facts, which in a different way show the variety of qualities displayed by the Arabian horse and its actual breeders, the Bedouins of Arabia Deserta.

Our most important object is to preserve the species and to protect the Asil Arabian. The most effective tool for this has proved to be our ASIL ARABIANS documentation, which we now present in a new edition.

The first part, entitled "A Collection of Basic Statements", collects general statements in favour of the Asil Arabian. Part two then contains the Stud Book, while the third part gives the objects and activities of the Asil Club and addresses the grave special problems with which we have had to deal in the past twenty years. This section shows that the Asil Club agrees with the strict breeding laws of the Bedouins, and the definition is straightforward and without ambiguity: "The Asil Arabian is a horse whose pedigree is exclusively based on the Bedouin breeding of the Arabian peninsula without any crossbreeding with non-Arabian horses at any time." Now, members from 31 nations unanimously feel committed to this definition.

This shows that our work has been successful. Unfortunately, the criticism was also made that we had portrayed the good qualities of the Asil Arabian in our documentations ASIL ARABIANS I, II and III, but that the uninitiated were not told the actual reason for founding the Asil Club (see chapter "Why we Founded the Asil Club", p. 697) or the main problem, which was that the great majority of horses accepted as pure-bred Arabians cannot be traced back to the Bedouin horses in all ancestors.

Vorwort

„Es gibt für mich kein Geschöpf, das Anmut, Charme, Schönheit, Adel und Würde in einem so atemberaubenden Maße verkörpert, wie das arabische Pferd. Immer gerate ich diesem ätherischen Wesen gegenüber in eine Art Trance: Ich glaube dann, gemessen an der Angst und Sorge, daß das Objekt meiner Bewunderung nur von mir geträumt worden sei oder sich in Luft auflösen könne, es hier mit einer Art Engel in Pferdegestalt zu tun zu haben. Denn fliegt das arabische Pferd nicht bereits? Ist nicht noch der Bildnerdaumen Gottes entlang jener Linie zwischen Auge und Nüster zu spüren? Ist es nicht die Unschuld, die das Antlitz des arabischen Pferdes beseelt?“

(*Wolfdietrich Schnurre* im Gästebuch des Asil Clubs)

Nur den Dichtern gelingt es, den Zauber des arabischen Pferdes einzufangen und die Verzauberung, der alle, die mit dem arabischen Pferd in Berührung kommen, erliegen. Mehr als ein Jahrtausend haben die arabischen Beduinen in solcher Weise den Asil Araber besungen. Man sollte ein Poet sein, um diesem edlen Geschöpf gerecht zu werden, und es wäre angemessen, es dabei zu belassen.

Doch wir sind gehalten, die nüchternen Fakten zu nennen, aus ihnen ist in anderer Weise die Vielfalt der Qualitäten ablesbar, die das arabische Pferd und seine eigentlichen Züchter, die Beduinen der Arabia Deserta, auszeichnen.

Unsere wichtigste Zielsetzung ist die Arterhaltung, das Bewahren des Asil Arabers. Als wirksamstes Instrument hat sich unsere Dokumentation ASIL ARABER, Arabiens edle Pferde, erwiesen, deren neue Ausgabe hier vorgelegt wird.

Im ersten Teil „Eine Sammlung zentraler Aussagen“ sind die generellen Argumente, die für den Asil Araber sprechen, zusammengefaßt. Der zweite Teil enthält das Stutbuch, der dritte verzeichnet die Zielsetzung und Aktivitäten des Asil Clubs und behandelt die gravierenden besonderen Probleme, mit denen wir uns in den vergangenen 20 Jahren auseinanderzusetzen hatten. In diesem Teil wird verdeutlicht:
Der Asil Club weiß sich einig mit den ehernen Zuchtgesetzen der Beduinen; die Definition lautet klar und unmißverständlich: „Ein Asil Araber ist ein Pferd, dessen Abstammung ausschließlich auf die Beduinenzucht der arabischen Halbinsel zurückgeht und bei dem zu keiner Zeit nichtarabische Pferde eingekreuzt worden sind.“ Dieser Definition fühlen sich inzwischen Mitglieder aus 31 Nationen einmütig verpflichtet.

Hieraus läßt sich ablesen, daß wir mit Erfolg gearbeitet haben. Leider wurde auch angemerkt, wir seien nicht deutlich genug gewesen, wir hätten in unseren Dokumentationen ASIL ARABER I, II und III zwar die hohen Qualitäten des

Personalities from the Arabian countries are hit by this in both senses of the word, people who, relying completely on the pedigree papers, think that they, in their many generations, possess asil horses. They translate the terms "pure-bred Arabian" and "pure-bred" as "asil", and they still know of the great tradition of their ancestors with their strict breeding laws, so they automatically take it for granted that the pedigrees are immaculate.

They feel especially hit by the fact that these are supposed to be unadulterated heirlooms of Arabian culture, and we are all hit in a similar way: for the breeding of Arabians, and in fact, for horse breeding all around the globe, we require the best type of the original Arabian in order to improve our own breeds and to have at our disposal an appropriate number of classical Bedouin desert Arabians. The venture is so large that the mixing accepted worldwide cannot be allowed to enter into the Arabia Deserta (see also the chapter "Original Arabians, the Elite of the Asil Arabians in the Original Region", see p. 726).

Although the Asil Arabian breed can be a purely pedigree breed (Wedekind), and although it would suffice to trace back the strict line of the Bedouin breed in full confidence, we would like to stress the following:

a) The pure-bred animal is, as shown in all types of animal breeding, the strongest as far as heredity is concerned (s. p. 64);
b) Resistance to inbreeding is guaranteed to a considerably higher degree (see p. 28);
c) The Asil Arabian has the best character imaginable, thanks to its centuries-old inclusion into the life of the Arabian Bedouins. These character qualities are responsible for ridability and willingness to perform. This in turn is the basis for the corresponding performance (see performance records, p. 773 with the significant results for Asil Arabians and the chapter "Suitability for Riding", p. 749).

With the Asil Cup International, we created one more instrument for our public relations work and a showcase of the Asil Club. Up to now, our events were either under the patronage of the Arabian astronaut *H.R.H. Prince Sultan Bin Salman,* Riad (1986), the Minister President of Baden-Württemberg, *Dr. Lothar Späth* (1988 and 1990), and *Erwin Teufel* (1993). This year the President of the United Arab Emirates honoured us with the *H. H. Sheikh Zayed Bin Sultan Al Nahyan Cup.* This show of elite horses belonging to the Asil Club is intended to demonstrate the status of our work and the worldwide cooperation of the Asil Club members with their Arabian friends.

In its function as guardian of the breeding tradition of the Bedouins, the Asil Club can be proud of what it has accomplished. It knows that it is in agreement with renowned hippologists, biologists, animal breeding scientists, ethnologists, scholars of Arabian language and literature and, last but not least, with the breeders and descendants of the Arabia Deserta Bedouins. All of these know their craft not only from literature, but also from practice. We are happy to

Asil Arabers überzeugend dargestellt, für Nichteingeweihte seien aber die eigentlichen „Gründe für die Gründung des Asil Clubs“ (s. gleichnamiges Kapitel S. 697), die Hauptproblematik, nicht unmittelbar zu erkennen gewesen: daß sich weltweit die überwiegende Mehrzahl der als Vollblutaraber akzeptierten Pferde keineswegs in allen Vorfahren auf die Beduinenpferde zurückführen läßt.

Betroffen in des Wortes doppelter Bedeutung sind hier Persönlichkeiten aus den arabischen Ländern, die sich – in vollem Vertrauen auf die Abstammungspapiere mit ihren vielen Generationen – im Besitz asiler Pferde wähnen. Sie übersetzen die Begriffe „Vollblutaraber“ bzw. „pure-bred“ mit „asil“, sie kennen den Ehrenkodex ihrer Vorfahren, also die Unantastbarkeit von Gastfreundschaft und asiler Blutführung und werden zweifelsfreie Abstammungen als selbstverständlich voraussetzen.

Besonders betroffen fühlen sie sich auch deshalb, weil es sich hier um unverfälschte Erbstücke arabischer Kultur handeln sollte; ebenso betroffen sind wir alle, denn wir brauchen für die internationale Araberzucht, ja für die gesamte Pferdezucht der Welt, den Originalaraber im besten Typ, den klassischen Wüstenaraber der Beduinen, gezogen im Ursprungsgebiet, der arabischen Halbinsel. Nur so können wir eines Tages unsere Zuchten auffrischen, erhalten, verbessern. Es handelt sich um ein zu großes Unterfangen, als daß man jetzt die weltweit akzeptierte Vermischung auch noch in der Arabia Deserta einreißen lassen dürfe (s. dazu auch Kapitel „Originalaraber, die Elite der asilen Araber im Ursprungsgebiet“, S. 727).

Obwohl nun die Asil Araber-Zucht eine reine Pedigreezucht sein darf (Wedekind), und obwohl es genügen würde, in vollem Vertrauen die eherne Linie der Beduinenzucht zu verfolgen, stellen wir heraus:

a) das reingezüchtete Tier hat, wie in der gesamten Tierzucht ablesbar, die höchste Durchschlagskraft in der Vererbung (s. S. 65);
b) die Inzuchtresistenz ist in einem weitaus höheren Grade garantiert (s. S. 29);
c) der Asil Araber hat den denkbar besten Charakter dank der Jahrtausende währenden Einbeziehung in das Leben der arabischen Beduinen. Diese charakterlichen Qualitäten sind verantwortlich für Rittigkeit und Leistungsbereitschaft. Diese wiederum sind Voraussetzung für entsprechende Leistung (s. Leistungsnachweise S. 773 mit den signifikanten Ergebnissen für Asil Araber und das Kapitel „Reiteignung, Rittigkeit“, S. 749).

Ein weiteres Instrument für unsere Öffentlichkeitsarbeit, ein Schaufenster des Asil Clubs, haben wir mit unserem Asil Cup International geschaffen. Unsere bisherigen Veranstaltungen standen unter der Schirmherrschaft des arabischen Astronauten. *S. K. H. Prince Sultan Bin Salman, Riyadh* (1986), der Ministerpräsidenten von Baden-Württemberg, *Dr. Lothar Späth*, (1988 u. 1990) und *Erwin Teufel* (1993). In diesem Jahr hat uns der Staatspräsident der Vereinigten

include many of them among our members. For instance the *Stud of the Emir of Bahrain,* the *Royal Stables Abu Dhabi* and *of Oman,* the *Arabian Stud Bábolna, Hungary,* the *State Studs Dhirab of the Kingdom of Saudi Arabia* and *El Zahraa, Egypt,* the *Asil Arabian Horse Center of the State of Kuwait* and the *Race- & Equestrian Club of Qatar.*

At this point we would like to thank the Minister President of the United Arab Emirates, *H. H. Sheikh Zayed Bin Sultan Al Nahyan,* the *Abu Dhabi Equestrian Club,* the *Hunting and Equestrian Club, Kuwait,* and *SMH-Omega* and *LUFTHANSA* for giving their valuable assistance to the activities of the Asil Club.

This documentation was compiled thanks to the participating members. In addition to their cooperation with the stud book, the following personalities have contributed ideas and funds: *H. E. Abbas F. Al Ghazzawi, Ambassador of the Kingdom of Saudi Arabia, Mr. Adnan Saif Sultan al Nuaimi, Abu Dhabi, Mrs. Judith Forbis, USA, Mr. Heiko Fuchs, Mrs. Karen Kasper, USA, Mr. Bodo Koch, Professor Dr. Gert Preiser, Dr. Otto Saenger, Mr. Günther Seidlitz* and *Mr. Georg Thierer.*

Special thanks to *Brigadier Kurt Albrecht, Professor Dr. Dr. Frederik Bakels, Munich, Mrs. Priscilla Balles, Bahrain, Professor Dr. Sigrid Hunke, Dr. F. Bonno Klynstra †, Dr. Bertold Schirg* and *Dr. Karin Thieme,* for their important contributions. The pieces also show the following: the Asil Club does not need a special breeding philosophy, but its members are aware of their great commitment to continue to keep the Arabian breed "asil" and to breed it for its performance while remaining in personal contact and constant exchange of experience with the experts and other responsible persons in the Arabian states.

W. Georg Olms
Chairman

Arabischen Emirate mit dem *H.H. Sheikh Zayed Bin Sultan Al Nahyan Cup* geehrt. Diese Schau der Elitepferde des Asil Clubs soll den Stellenwert unserer Arbeit und die weltweite Verbundenheit der Asil Club-Mitglieder mit ihren arabischen Freunden verdeutlichen.

Der Asil Club in seiner Funktion als Bewahrer der Zuchttradition der Beduinen kann stolz sein auf das Erreichte. Er weiß sich einig mit namhaften Hippologen, Biologen, Tierzuchtwissenschaftlern, Ethnologen, Arabisten, Arabienkennern und nicht zuletzt mit den Züchtern und Nachfahren der Beduinen der Arabia Deserta. Alle kennen ihr Metier nicht nur aus der Literatur, sondern auch aus der Praxis. Wir sind glücklich, daß wir viele von ihnen zu unseren Mitgliedern zählen dürfen, darunter auch das *Gestüt des Emirs von Bahrain*, die *Royal Stables von Abu Dhabi* und *Oman*, das *Arabergestüt Bábolna, Ungarn*, die *Staatsgestüte Dhirab des Königreichs Saudi Arabien* und *El Zahraa, Ägypten*, das *Asil Arabian Horse Center des Staates Kuwait* und den *Race- & Equestrian Club von Qatar.*

An dieser Stelle möchten wir uns herzlich bedanken bei dem Ministerpräsidenten der Vereinigten Arabischen Emirate, *S. H. Sheikh Zayed Bin Sultan Al Nahyan;* dem *Abu Dhabi Equestrian Club*, dem *Hunting & Equestrian Club, Kuwait; SMH-OMEGA* und *LUFTHANSA* für die ehrenvolle Unterstützung der Aktivitäten des Asil Clubs.

Der Dank für das Zustandekommen dieser Dokumentation gilt den beteiligten Asil Club-Mitgliedern. Neben dem Mitwirken am Stutbuch haben sich durch ideelle und finanzielle Beiträge *H. E. Abbas F. Al Ghazzawi, Botschafter des Königreichs Saudi Arabien*, Mr. *Adnan Saif Sultan al Nuaimi, Abu Dhabi*, Mrs. *Judith Forbis*, USA, Herr *Heiko Fuchs*, Mrs. *Karen Kasper*, USA, Herr *Bodo Koch*, Professor *Dr. Gert Preiser, Dr. Otto Saenger*, Herr *Günther Seidlitz* und Herr *Georg Thierer* verdient gemacht.

Ganz besonderer Dank gebührt Brigadier *Kurt Albrecht*, Professor *Dr. Dr. Frederik Bakels*, München, Mrs. *Pricilla Balles*, Bahrain, Professor *Dr. Sigrid Hunke, Dr. F. Bonno Klynstra †, Dr. Bertold Schirg* und *Dr. Karin Thieme* für ihre wichtigen Ausführungen. Auch in ihnen kommt zum Ausdruck: der Asil Club braucht nicht eigens eine Zuchtphilosophie, seine Mitglieder wissen um die hohe Verpflichtung, den Araber weiter asil und auf Leistung zu züchten und zwar im persönlichen Kontakt, in ständigem Erfahrungsaustausch mit den Fachkundigen und Verantwortlichen in den arabischen Staaten.

W. Georg Olms
1. Vorsitzender

Josef Wolfram. o. T. (Beduinen auf Kriegszug). Öl auf Holz (1860). Archiv Lutzhofaraber

ERSTER TEIL
ASIL ARABER
Eine Sammlung zentraler Aussagen
zusammengestellt von W. Georg Olms

PART ONE
ASIL ARABIANS
A Collection of Basic Statements
Compiled by W. Georg Olms

ASIL ARABIANS
A Collection of Basic Statements

1. Asil Breeding / Pure Blood
   a) Pure Breeding, Inbreeding, Inbreeding Resistance
   b) Pedigree, Truthfulness, Fanaticism for the Purity of the Blood
   c) Persistence of Type, Prepotency, Importance for other Breeds
   d) Original Breeding Regions, Climate, Environment

2. The Desert Type: Conformation, Refinement, Beauty, Harmony, Delicate Modeling
3. Performance: Endurance, Hardiness, Quick and Easy Recovery
4. Health: Fertility, Longevity, Modest Food Requirements
5. Character: Courage, High Spirits, Vitality, Gentleness
6. Intelligence: Brains, Eagerness to Learn
7. Rearing: On the Estimation of the Arabian Horse
8. Veneration: The Arabian Horse in Religion and Poetry
9. The Essence of the Bedouin
10. Identity of Type in old and new Illustrations
11. Outstanding Breeds owing to the Best of Sires: the Asil Arabian

This anthology has in the meantime become a rich source of quotations. It forms the framework of our knowledge of the Arabian horse. Authors of different nationalities who undoubtedly represent the high standard of horse lore of former times basically agree as to the outstanding importance of asil breeding and of the athleticism of both dam and sire. Divergent views are only held as to the question of type.

On principle, all authors mean Asil Arabian when they say pure-bred Arabian. Many attributes may apply to all Arabian horses. The positive judgements, which are quoted here, refer in general to the asil horse of the Bedouins.

The quotations to be found in the last documentation have been carefully supplemented or replaced. These quotations are not intended to replace reading the individual works, but to encourage their study. We refer at this point to the bibliography at the end of this volume. It was again possible to expand the range of illustrations: for this, we thank the abundant assistance especially of Dr.

ASIL ARABER
Eine Sammlung zentraler Aussagen

1. Asil-Zucht/Reinblut
   a) Reinzucht, Inzucht, Inzuchtresistenz
   b) Pedigree, Wahrheitstreue, Blutfanatismus
   c) Erbtreue, Durchschlagskraft, Bedeutung für andere Zuchten
   d) Originalzuchtgebiete, Klima, Umwelt
2. Wüstentyp: Exterieur, Adel, Schönheit, Harmonie, Trockenheit
3. Leistung: Ausdauer, Härte, Regenerationsvermögen
4. Gesundheit: Fruchtbarkeit, Langlebigkeit, Anspruchslosigkeit
5. Charakter: Mut, Feuer, Vitalität, Sanftmut
6. Intelligenz: Klugheit, Lernbereitschaft
7. Haltung: Von der Wertschätzung des arabischen Pferdes
8. Verehrung: Das arabische Pferd in Religion und Poesie
9. Das Wesen der Beduinen
10. Identität des edlen Typs in alten und neuen Darstellungen
11. Die herausragenden Pferderassen dank des besten Vererbers: des Asil Arabers

Diese Anthologie ist inzwischen zu einem Zitatenschatz geworden. Sie bildet das Gerüst unseres Wissens über das arabische Pferd. Die Autoren verschiedener Nationen, die den unbestritten hohen Stand hippologischer Kenntnisse früherer Jahre repräsentieren, sind sich im grundsätzlichen einig: in der herausragenden Bedeutung der Asilzucht und der Leistungsfähigkeit der Elterntiere. Die Typfrage steht nicht bei allen im Vordergrund.

Grundsätzlich meinen alle Autoren, wenn sie vom arabischen Pferd bzw. dem Vollblutaraber sprechen, den Asil Araber. Viele Merkmale mögen auf alle arabischen Pferde zutreffen. Die hier zitierten positiven Werturteile gelten in der Regel dem asilen Pferd der Beduinen.

Die Zitate der letzten Dokumentation sind behutsam ergänzt oder ausgetauscht worden. Diese Zitate sollen nicht die Lektüre der einzelnen Werke ersetzen, sondern sie sollen zu deren Studium anregen. Auf die Bibliographie am Ende dieses Werkes wird hiermit verwiesen.
Die Palette der Abbildungen konnte erneut erweitert werden dank der vielfältigen Hilfestellungen, insbesondere von Frau Dr. Karin Thieme, die auch freund-

Karin Thieme, who obliged by writing the article "The Arabian Horse in Art – an Introduction to the Illustrations".

The Asil Club is asked the following questions:
1) Is the preserving of the purity of Asil blood significant genetically?
2) Can we trust in what has been handed down orally by the Bedouins?
3) Which riding qualities does the Arabian have and what is it used for? Is it not enough to keep a small elite group on hand for crossing into other breeds?
4) Did the Bedouins really create such a beautiful Arabian? Is the exquisite type of the Arabian horse not a breeding achievement of Europe, the USA or Egypt?
5) Is the original Arabian still significant now that outstanding asil horses are scarcely to be found on the Arabian peninsula?

The reader of the following will realize that:
1) The science of animal breeding has convincingly proven the genetic significance of the Asil Arabian breed (s. p. 741).
2) The credibility of the Bedouins and their oral traditions cannot be doubted. It is more certain than many documents (s. p. 236).
3) The exterior characteristics of the Arabian include the best disposition imaginable for the separate riding disciplines, and in connection with its completely honest character and its great intelligence, it displays a high degree of ridability and power (see p. 156 and p. 773).
4) A comparison of paintings and lithographies of the old masters with the photographs of today's horses proves without a doubt that the Bedouins were the breeders of the original Asil Arabians (see p. 278).
5) In the past few decades, the noble Arabian was not in a good position in its area of origin. Today, at last, there is a harking back to the grand old tradition. Great hippologists have never ceased to emphasize to which extent the western breeds are dependent on the highly noble Arabia Deserta type of Asil Arabian. In order to recreate an elite in its area of origin, it is necessary to import the best asil blood lines there, i.e. only pure-bred Arabians living up to the Bedouin tradition and recognized by the Asil Club as Al Khamsa; only then is there a guarantee that highly noble Asil Arabians can later be exported to the West (s. p. 726).

The Asil Club wishes to thank all authors, museums, libraries, members and publishers who kindly allowed some of their texts or illustrations to be printed in this anthology (s.: Tabula Gratatoria p. 898).

licherweise den Artikel ‚Das arabische Pferd in der Kunst – ein Leitfaden zu den Abbildungen' verfaßt hat.

Folgende Fragen werden dem Asil Club gestellt:
1) Hat die asile Blutführung genetisch eine Bedeutung?
2) Können wir der mündlichen Überlieferung der Beduinen trauen?
3) Welche reiterlichen Qualitäten hat der Araber, wozu dient er überhaupt? Genügt es nicht, eine kleine Elitegruppe für die Einkreuzung in andere Zuchten bereitzuhalten?
4) Haben die Beduinen wirklich einen solch schönen Araber geschaffen? Ist das arabische Pferd in seinem herrlichen Typ nicht eine Zuchtleistung Europas, der USA oder Ägyptens?
5) Hat der Originalaraber noch eine Bedeutung, nachdem auf der arabischen Halbinsel kaum noch herausragende asile Pferde anzutreffen sind?

Der Leser der folgenden Ausführungen wird dazu feststellen:
1) Die Tierzuchtwissenschaft hat in überzeugender Weise die genetische Bedeutung der Asil-Zucht beim Araber herausgestellt (s. auch S. 741).
2) Die Glaubwürdigkeit der Beduinen mit ihrer mündlichen Überlieferung steht außer Zweifel. Sie ist sicherer als manches Dokument (s. S. 237).
3) Die Exterieurmerkmale des Arabers beinhalten die denkbar beste Veranlagung für die einzelnen Reitdisziplinen, verbunden mit seinem grundehrlichen Charakter und der hohen Intelligenz zeigt er ein Höchstmaß an Rittigkeit und Leistungsvermögen (s. S. 157 und S. 773).
4) Die Gegenüberstellung der Gemälde und Lithographien alter Meister mit den Fotos unserer heutigen Pferde weisen eindeutig die Beduinen als Züchter des typvollen Asil Arabers aus (s. S. 279).
5) Schlecht war es in den vergangenen Jahrzehnten um den edlen Araber im Ursprungsgebiet bestellt. Endlich setzt heute wieder eine Rückbesinnung auf die große Tradition ein. Wie sehr die westlichen Zuchten den asilen Araber im hochedlen Typ von der Arabia Deserta benötigen, haben große Hippologen stets aufs neue betont. Um erneut eine Elite im Ursprungsgebiet zu schaffen, bedarf es dort des Importes der besten asilen Blutlinien, also nur der Vollblutaraber, die der Beduinentradition entsprechen und die vom Asil Club und Al Khamsa anerkannt sind; nur dann ist die Möglichkeit, hochedle Asile später als Originalaraber in den Westen zu exportieren, gewährleistet (s. S. 727).

Der Asil Club dankt allen Autoren, Museen, Bibliotheken, Mitgliedern und Verlagen, die den Abdruck einiger Texte oder Illustrationen für diese Sammlung freundlicherweise gestatteten (s. Tabula Gratatoria S. 898).

ASIL BREEDING – PURE BLOOD

Pure Breeding, Inbreeding, Inbreeding Resistance

When looking for a convenient mating the Bedouin Arabs mainly consider the descent of both mare and sire, who must be of flawless pedigree and of the noblest blood. Beauty is not held as high as pure blood and performance. They prefer a hardy and strong stallion who is known to be fast and has no major defects to any stallion of far more striking beauty, of whose performance they are not sure.

Jäger (1851)

“O! He who does not know an Arabian horse with pure blood, who has not investigated its nature and its virtues, he will never discover why the next most noble creature on Earth to a human being is a beautiful horse.“

Graf Dzieduszycki in v. Hutten-Czapski (1876)

Whoever would succeed in the breeding of Arab horses must divest himself of much ... prejudice and accept as the basis of his policy the view of horse breeding held from time immemorial in Arabia. According to this the Kehailan (pure-bred Arabian) is ... the one noble horse of the world. He is also the one perfect horse which may indeed become degenerate by the violation of the traditional rules of breeding. It should therefore be a cardinal principle ... that the object ... is to preserve in its perfection, not to improve the breed.

W. S. Blunt (1880)

These three demands on all breeding animals, namely established origin, proven quality and reliable genetic similarity, are indispensible in the establishment or preservation of a pure breed. If nature has given the purest breeds the most profound and definite hereditary capability, the advantages of meeting, and the disadvantages of not meeting, these demands are multiplied accordingly. As pure breeding is now the method of achieving what we wish for and want with all possible certainty, it is absolutely necessary. It is from observations of the power of pure breeding that the doctrine of inbreeding has emerged.

The Arabs owe the fame of their horses to this pure breeding. There is reason to believe that the excellence of their horses is due solely to the conscientiousness with which they have kept their best lines pure for so many centuries and their care in propagating only the best by using proven individuals from these lines.

J. Ch. Justinus (1884)

ASIL ZUCHT – REINBLUT
Reinzucht, Inzucht, Inzuchtresistenz

Bei der Paarung der Pferde sehen die Beduinen-Araber hauptsächlich darauf, dass der Hengst wie die Stute von unbezweifelt reiner Abkunft, vom edelsten Blute sind. Schönheit gilt ihnen weniger als reine Race und Tüchtigkeit; sie wählen lieber einen anerkannt schnellen, ausdauernden und kräftigen Hengst, der gerade keine auffallenden Fehler besitzt, als einen bei weitem schöneren, von dessen Leistungsfähigkeiten sie nicht überzeugt sind.

Jäger (1851)

O! Wer ein arabisch Pferd reinen Bluts nicht kennt, wer seine Natur und seine Tugenden nicht erforscht hat, der wird niemals ahnden, warum nach dem Menschen in der Reihe der irdischen Geschöpfe das edelste ein schönes Pferd ist.

Graf Dzieduszycki in v. Hutten-Czapski (1876)

Wer auch immer in der Zucht von arabischen Pferden erfolgreich sein will, muß soweit als möglich seine englischen Vorurteile ablegen und als Grundlage für seine Vorgehen die Ansichten über Pferdezucht akzeptieren, die seit undenklicher Zeit in Arabien bestehen. Nach diesen ist der Kehailan (reine Araber) das einzige edle Pferd der Welt. Es ist auch das einzige vollkommene Pferd, das durch Verletzung der traditionellen Zuchtregeln degenerieren kann. Das höchste Ziel sollte demnach die Erhaltung seiner Vollkommenheit und nicht die Verbesserung der Rasse sein!

W. S. Blunt (1880)

Diese drei Forderungen an alle Zuchtthiere, nämlich erwiesene Abkunft, erwiesene Güte und erwiesene Nachartung, sind aber bei Gründung oder Erhaltung irgend einer Reinzucht unerlässlich; wenn die Natur den reinsten Zuchten das innigste und gewisseste Nacherbungsvermögen ertheilt hat, so müssen die Vortheile desto grösser sein, die aus der Erfüllung dieser Forderungen entstehen, so wie die Nachtheile desto grösser, bei ihrer Nichtbeachtung.

Da nun die Reinzucht diejenige Zucht ist, durch die wir mit möglichster Gewissheit das erzielen, was wir wünschen und wollen, so ist sie unbedingt nothwendig. Aus den Beobachtungen der Kraft der Reinzucht ist die Lehre der Inzucht hervorgegangen.

Dieser Reinzucht verdanken die Araber die Berühmtheit ihrer Pferde, und man hat Ursache, zu glauben, dass sie der Gewissenhaftigkeit, mit der sie seit so vielen Jahrhunderten die besten Stämme unvermischt zu erhalten, und der Sorgfalt, nur von dem besten, durch den Gebrauch erprobten Einzelnen dieser Stämme zu ziehen, allein die Vortrefflichkeit ihrer Pferde zu verdanken haben.

J. Ch. Justinus (1884)

Albrecht Adam. Pferde auf der Weide. Öl auf Leinwand (1845). Archiv Galerie Dr. Bühler, München

... the tent-dwelling Arabs, in arranging their marriages, attach equal importance to purity of blood on both sides.... Precisely the same view, neither more nor less, underlies the desert rule of horse-breeding; and it is quite unjustifiable to infer from the Arabs reckoning their horses to dams and grand-dams, that they attribute a greater part in reproduction to one parent than to the other.

Tweedie (1894)

Albrecht Adam. Araberstute mit Fohlen. Privatbesitz S. D. Erbprinz zu Fürstenberg, Donaueschingen. Aufnahme Georg Goerlipp

... bei der Vorbereitung auf die Ehe messen die in Zelten lebenden Araber der Blutreinheit beider Seiten die gleiche Bedeutung zu ... Eben diese Einstellung bildet auch die Grundlage für die Regeln der Pferdezucht in der Wüste. Es ist daher völlig ungerechtfertigt, aus der Tatsache, daß die Araber ihre Pferde auf Mutter- und Großmutterstuten zurückführen, zu schließen, daß sie in der Nachzucht einen Elternteil höher bewerten als den anderen.

Tweedie (1894)

Asil-Breeding/Inbreeding

From necessity and choice then, the Arabs practise inbreeding and linebreeding. The best evidence of the absolute purity of the blood is, that it can stand close consanguineous unions without deteriorating.

W. R. Brown (1929)

The fact that pure breeding over long periods was impossible without inbreeding has its explanation in the fanatic insistence of the Bedouin on the purity of the blood … In spite of their utmost refinement Arabian horses are at the same time notorious for their persistent disposition, which is mainly due to the following reasons: Inbreeding and selection have not only removed bad characteristics from the heredity … but have almost led to inbreeding resistance. Without inbreeding the pure bred Arabian would not have become what it is today. Most of the outstanding breeding qualities of this race are a consequence of inbreeding. Because of the special conditions under which the horses were raised, inbreeding did not only do no harm, but also led to a homozygosity of characteristics and a consolidation of the breed which is unknown to any other thoroughbred race … so that the Arabian horse reproduces his characteristics, i.e. his virtues more faithfully and more effectively than any other race. This is the very reason the Arabian horse is of such tremendous value for any breed … Thus purity of the blood is never demonstrated more effectively than when pure Arabians are cross-bred with other races.

Seydel (1933)

As the classical Arabian horse is more or less the product of inbreeding, it is hard to stipulate to what degree of purity a specified individual will transmit his qualities to his progeny. If both the dam and the sire are of the same race without being inbred, a purity of reproduction of 50 % can be assumed. According to this presumption and following the inbreeding coefficient as given by *Wright*, the purity of reproduction e.g. of the sire "Bournu 1849", would amount to more than 70 %. However, as the ancestors may well have been inbred, too, the purity of reproduction of that sire is likely to have been higher still.

Frey (1968)

From time immemorial the concepts, Arabian Horse and purity of blood have been inseparable. In his paper on the genetics of the Arabian Horse in America, *Gazder* stated that the Arab breed is the only breed in which no outcross, i.e. no introduction of alien blood, is permitted in historic times …

Inzucht und Linienzucht wird bei den Arabern also sowohl aus Notwendigkeit als auch aus freiem Willen betrieben. Die absolute Blutreinheit erweist sich am ehesten, wenn sich bei der Paarung mit Abkömmlingen aus gleichem Blut keine schädlichen Nebenwirkungen einstellen.

W. R. Brown (1929)

Es ist aus dem Blutfanatismus des Beduinen zu erklären und war auch nicht zu umgehen, daß die stete Reinzucht von Inzucht begleitet worden ist ... Trotz höchsten Adels ist die harte Konstitution besonders aus folgenden Gründen gewährleistet: Inzucht und Selektion haben hier nicht nur die schlechten Anlagen aus der Erbmasse entfernt ..., sondern sie haben auch beinahe zur Inzuchtimmunität geführt. Ohne die Inzucht wäre der Vollblutaraber nicht das geworden, was er ist. Ihr haben wir zum großen Teil seine hervorragenden Zuchteigenschaften zu verdanken. Während sie infolge der besonderen Bedingungen in keiner Weise schädlich wirken konnte, hat sie andererseits zu einer Homozygotie der Anlagen und zu einer Konsolidierung der Zucht geführt, wie sie in der gesamten Vollblutzucht einzig dastehend ist ... vererbt der Vollblutaraber seine Eigenschaften und damit Vorzüge mit einer Treue und Durchschlagskraft, wie sie kaum wieder zu beobachten ist. Gerade und besonders aus diesem Grunde stellt er wertvollstes Zuchtgut dar ... So offenbart sich nirgends besser, als bei der Kreuzung des arabischen Vollblutpferdes mit anderen Rassen, die „Reinheit des Blutes".

Seydel (1933)

Da die klassischen Araber mehr oder weniger als Inzuchtprodukte bezeichnet werden können, läßt sich der Grad der Erbreinheit bei den einzelnen Tieren kaum berechnen. Gehören die Ausgangstiere der gleichen Rasse an, ohne ingezüchtet zu sein, so können wir eine Erbreinheit von 50 Prozent annehmen. Nach dem Inzucht-Koeffizienten von *Wright* wäre zum Beispiel die Erbreinheit des Hengstes „Bournu 1849" unter dieser Voraussetzung auf über 70 Prozent angestiegen. Da aber die Ahnen selbst wohl schon ingezüchtet waren, dürfte die Erbreinheit noch höher gewesen sein.

Frey (1968)

Seit urdenklichen Zeiten bildeten die Begriffe „Araberpferd" und „Blutreinheit" eine unzertrennliche Einheit. In seiner Schrift über die Genetik des arabischen Pferdes in Amerika bestätigt *Gazder*, daß die Araberzucht die einzige in historischer Zeit ist, in der keine Fremdzucht, das heißt, Beimischung von Fremdblut, erlaubt ist ...

Adolph Schreyer. Beduinen im Galopp. Öl/Leinwand auf Holz. Galerie Dr. Bühler, München

Originally the Arabians were a breed that became adapted by a long continued process of conscious and natural selection to the extreme conditions of the Arabian plateau. They were not numerous, and in-breeding, even close in-breeding, was the rule. In-breeding is the only way to obtain pure-breeding groups …

Biologists who breed mice and rats for experimental purposes have their pure, in-breeding-resistant stocks, which have been inbred for up to eighty generations. Such families show no bad effects of in-breeding, but this does not mean that mice in general are in-breeding-resistant. On the contrary, when in-breeding is started, all kinds of undesirable, infertile, and unhealthy individuals are almost certain to crop up in the first few generations. This phenomenon occurs throughout the animal kingdom. These degeneration products must be re-

Adolph Schreyer. Arabische Reiter vor einer Moschee. Öl auf Leinwand. Galerie Dr. Bühler, München

Die Araber stellen eine Pferderasse dar, die sich in einem langen, unaufhörlichen Prozeß der gelenkten und natürlichen Selektion den extremen Bedingungen des arabischen Hochlandes angepaßt hat. Die Population war nicht groß, und Inzucht, selbst nahe Inzucht, war die Regel. Inzucht ist der einzige Weg, um Reinzuchtgruppen zu erhalten ...

Biologen, die Mäuse und Ratten für Versuchszwecke züchten, haben ihre reinen inzuchtresistenten Bestände, die bis zu achtzig Generationen ingezüchtet sind. Solche Familien weisen keine Inzuchtschäden auf; das bedeutet jedoch nicht, daß Mäuse ganz allgemein inzuchtresistent sind. Im Gegenteil, zu Beginn des Inzüchtens treten in den ersten Generationen alle möglichen Arten von unerwünschten, unfruchtbaren und ungesunden Individuen auf ... Diese Erscheinung gibt es im gesamten Tierreich. Derartige Degenerationsprodukte müssen ausgeschieden werden, um die Degeneration des gesamten Bestandes zu verhin-

Victor Adam. Chami Race, Abouarkout (Etalon Arabe). Lithographie (um 1840).
Archiv Dr. Thieme

moved to prevent degeneration of the entire stock. In the desert they were easily removed by the murderous climatological and environmental conditions ...

Introduction of alien blood into the Arabian destroys the in-breeding resistance of this breed. But because of its scarcity we cannot avoid in-breeding, and, to quote *Hagedoorn,* "The bad effects of in-breeding, being due to heterozygosity of the stock, are mainly due to cross-breeding in earlier generations". This is the very reason the Arabian breed must be preserved in all its purity.

Klynstra in: Guttmann-Klynstra (1968)

Breeding Arabians is not so different genetically speaking from raising other breeds of horses, or for that matter, purebred cattle or dogs. Every breed has certain strains with predominant qualities and characteristics which breeders seek to unite in a single individual. Whenever a perfect (distinctive) specimen was created, incest-breeding was adapted to fix the type. The man of the desert arrived at the same means for establishing distinctive types within certain strains as the civilized man in the creation of modern breeds.

Raswan, Index (1969)

Karl Dietrich Pirscher. Mirza. Lithographie (1828). Harry M. Buchberger, Meersburg

dern. In der Wüste werden sie durch das mörderische Klima und die Umweltverhältnisse leicht ausgemerzt. …

Mischt man dem Araber Fremdblut bei, so zerstört man die Inzuchtresistenz seiner Rasse. Da er aber nicht sehr zahlreich ist, können wir jedoch nicht auf die Inzucht verzichten – um *Hagedoorn* zu zitieren: „Die schlechten Auswirkungen der Inzucht, die durch Heterozygotie des Bestandes bedingt sind, stammen hauptsächlich aus Kreuzungen in früheren Generationen." Dies ist der eigentliche Grund, warum die Rasse des Arabers in all seiner Reinheit erhalten werden muß.

Klynstra in: Guttmann-Klynstra (1968)

Vom genetischen Standpunkt aus ist die Araberzucht nicht so verschieden von der Zucht anderer Pferderassen, oder auch von der Zucht von reinrassigem Vieh oder Hunden. Jede Rasse hat bestimmte Stämme mit vorherrschenden Eigenschaften und Merkmalen, die Züchter in einem einzelnen Individuum zu vereinigen suchen. Wenn jeweils ein vollkommenes (charakteristisches) Exemplar entstanden war, wurde Inzucht angewendet, die den Typ fixierte. Um innerhalb

Alfred de Dreux. Cavalier Nubien. Öl auf Leinwand. With courtesy Richard Green Gallery, London

The method of inbreeding or consanguineous unions may be considered as pure breeding in a more intensified form. In this case, too, the effect of the addition of genes is made use of, only that the process of reducing the heterozygotic pairs of characteristics is accelerated, thus at the same time accelerating the build-up of homozygotic pairs. This depends on the degree of inbreeding used; the closer the relationship of the animals mated in the course of generations, the more the homozygotic pairs of characteristics increase, i.e. the more balanced the stock produced will be.

Tierzüchtungslehre, Comberg / Haring / Gruhn (1971)

Alfred de Dreux. Cavalier Arabe. Öl auf Leinwand. With courtesy Richard Green Gallery, London

gewisser Stämme charakteristische Typen zu schaffen, gelangte der einfache Mann aus der Wüste zu den gleichen Methoden wie der zivilisierte Mensch bei der Schöpfung von modernen Rassen.

Raswan, Index (1969)

Die Methode der Inzucht oder Verwandtschaftszucht kann als intensivere Form der Reinzucht angesehen werden. Es werden auch hier die additiven Genwirkungen ausgenutzt, nur wird der Prozeß der Reduzierung von heterozygoten Anlagepaaren und damit die Begünstigung homozygoter Anlagepaare beschleunigt. Bestimmend hierfür ist der angewendete Inzuchtgrad; je enger verwandt die miteinander gepaarten Tiere in der Folge der Generationen sind,

Let us consider a further example. The forests of the Carpathian Mountains bordering on Poland, the Ukraine, Hungary and Roumania are a highly inaccessible, rugged mountainous region with peaks soaring up to 2663 meters. This is the home of a mountain-type horse, the Huzule. Its build, behavior and characteristics are typical features of a separate and consolidated breed. As a primitive race it is closely related to the wild horse. The inaccessibility of the Carpathians has for centuries favored inbreeding and pure-breeding among these mountain horses, which became established as a well-founded, prepotent breed. For hundreds of years the inexorable environmental conditions acted as a selective force. The Huzule of the high mountains of course never sees oats; during the winter it scrapes away the snow in order to get at the grass. The original Huzule is an extremely good feeder. During the last century the Austro-Hungarian Monarchy became aware of the value of the mountain horses and started influencing them by state-controlled breeding measures, the success of which was not always consistent or obvious. Here too the attempt was made to breed somewhat larger animals. By cross-breeding with larger horses, however, the Huzule lost its valuable characteristics. The cross-breds were not up to the hard mountain life. At pasture and without oat feeds and stables, the breeding herds later „purified“ themselves of the foreign influence. The cross-breds starved or froze to death, remained barren, and their foals born out of doors either died or fell to the wolves. In the end only the original pure-bred Huzule survived. (Haberland, 1969). Our theory is fully confirmed by these results. Usually crossbreds adapt less easily to the environment to which their parents are native. Therefore, even if the mixed-breed offspring are very fertile, selection will be directed against them, thus restricting their propagation. The selection conditional on the surroundings protected also the arabian horses from influences of alien blood.

F. B. Klynstra (1978)

Despite all contradictions Raswan realized that in the sea of miscellaneous blood, only one way was left for the conversation of the desert blood: that of collecting and protecting this blood. A choice breed based on this blood should and could serve as a blood source for the other breeds; for if the chain of generations is broken even once or is spoilt by doubtful genes, the true pure-bred Arabian will be lost forever.

Wenzler (1980)

Let us summarize. Inbreeding leads to the more frequent recurrence of parental allele combinations in children. Line breeding results in the reduction of the number of alleles (per gene locus) in a breeding group, which increases the fre-

umso stärker ist die Zunahme homozygoter Anlagepaare, umso ausgeglichener wird der Bestand.

Tierzüchtungslehre, v. Comberg / Haring / Gruhn (1971)

Ein weiteres Beispiel finden wir in den Gebirgswäldern der Karpaten im Grenzgebiet zwischen Polen, der Ukraine, Ungarn und Rumänien. Es ist ein schwer zugängliches, rauhes Gebirge mit Gipfeln bis zu 2663 m Höhe. Hier lebt eine Gebirgspferderasse, die Huzulen. Die Huzulenpferde stellen eine selbständige, gut konsolidierte Rasse dar mit typischem Exterieur, typischen Verhaltensweisen und Eigenschaften. Als Primitivpferde stehen sie in naher Verwandtschaft zum Wildpferd. Die Unwegsamkeit der Karpaten förderte jahrhundertelang die Inzucht und Reinzucht innerhalb dieser Gebirgspferde. Es entstand dadurch eine konsolidierte, erbtreue Rasse. Jahrhunderte hindurch wirkten die unerbittlichen Lebensbedingungen selektiv. Hafer kennt der Huzule des Hochgebirges überhaupt nicht. Im Winter scharrt er das Gras unter dem Schnee hervor. Die Originalhuzulen sind äußerst leichtfutterig. Im vorigen Jahrhundert erkannte die österreich-ungarische Monarchie den militärischen Wert dieser Gebirgspferde und begann, die Huzulenrasse durch züchterische Maßnahmen zu beeinflussen. Die Erfolge der staatlichen Zuchtmaßnahmen waren nicht immer gleich und eindeutig. Auch hier versuchte man, etwas größere Tiere zu züchten. Durch die Einkreuzung mit größeren Pferden aber verloren viele Huzulen ihre wertvollen Eigenschaften. Die Kreuzungsprodukte waren dem harten Gebirgsleben nicht gewachsen. Auf freier Weide ohne Haferfütterung und Stall vollzog sich dann später wieder eine „Reinigung" der Gestütsherden von den fremden Einflüssen. Die Kreuzungsprodukte verhungerten, erfroren, blieben unbefruchtet, ihre im Freien geborenen Fohlen gingen ein oder wurden Opfer der Wölfe. Am Ende blieben nur die urtypischen reingezogenen Huzulen übrig (Haberland 1969). Diese Ergebnisse stehen voll im Einklang mit allem, was man aus theoretischer Sicht erwarten darf. Normalerweise sind die Kreuzungsprodukte weniger gut einer bestimmten Umwelt angepaßt als die Rassen, denen ihre Eltern angehörten. Aus diesem Grunde, selbst wenn diese Bastarde sehr fruchtbar sind, wird die Selektion gegen sie gerichtet sein, und infolgedessen wird ihre Verbreitung verhindert. Die umweltbedingte Auslese schützte auch die arabischen Pferde der Wüste vor Fremdbluteinflüssen.

F. B. Klynstra (1978)

Bei allem Widersprüchlichen hat Raswan erkannt, daß es in dem Meer der Mischblütigkeit nur den Weg der Sammlung und des Schutzes zur Erhaltung des Wüstenblutes gibt. Eine darauf gegründete Elitezucht könnte und müßte künftig als Blutsquell für die übrigen Zuchten dienen, denn reißt die Geschlechterkette einmal ab oder wird sie mit zweifelhaftem Erbgut verunreinigt, dann ist der echte Vollblutaraber endgültig verloren.

Wenzler (1980)

quency of the remaining alleles and thus the recurrence of allele combinations of parents in their children. All of this leads to a higher genetically determined similarity between the generations. Now, it is clear that a top animal is a top animal because it is rare. Why does a breeder spend one million dollars for a particular stallion? Because he knows the animal has something the others lack. Top animals always have rare alleles, especially on the highest level of the genom hierarchy. That's why these breeding methods are so very important.

It's not merely a question of displacing average values, as the quantitative geneticists imply. We breed individual animals, not average values. Hence, the point is to reproduce the hereditary make-up of top animals in their offspring, and this is only possible by inbreeding and line breeding – that's the consequence. Now you understand why the most magnificent horse of all time – the Arabian – reveals so much inbreeding in its pedigrees.

For a long time now, breeders have often raised the question as to the number of generations significant for the evaluation of origin.

We can answer this question by summarizing the main points of our discussion. The asil horses of the Bedouin achieved great fame for their hardiness, endurance, character and intelligence. These characteristics lie within what we call constitution. Constitution may be subdivided into the performance dispositions of individual organs: nervous systeme, hormone glands, circulation system, respiratory system, digestive system, locomotive system, etc.

Organs and organ systems of a mammal conform to a strict hierarchy and reflect the hierarchic order of all its genes. This hierarchic order may be compared with a cone. At the tip we find a single gene locus of the highest order. Quantitative genetics does not recognize this hierarchic order: it treats all gene loci as equivalent.

In the hereditary process, logically speaking, gene loci of the highest order must behave in a fashion similar to the gene loci responsible for qualitative traits (such as coat color). This means that undesired recessive alleles can be passed on covertly for any number of generations if appropriate tests are not carried out. If such undesirable characteristics from father and mother come together, the offspring will be phenotypically marked.

Away from the desert, Arabian horses rarely underwent constitutional tests (e.g. long-distance rides) as a basis for selection and mating. Hence, origin is still the best guarantee of quality and transmission capacity in an Arabian horse.

The ideal origin requires ... that all ancestors be traced, without interruption, to the horses of the Bedouin.

Bakels (1980)

Inzucht führt dazu, daß bei den Kindern die Erbanlagenkombinationen der Eltern mit größerer Häufigkeit wiederkehren. Linienzucht führt dazu, daß die Zahl der Erbanlagen, Allele pro Genort in einer Zuchtgruppe verringert werden, womit die Häufigkeit der verbleibenden Erbanlagen ansteigt und damit die Wiederkehr der Allelkombinationen der Eltern bei den Kindern zunimmt. All das führt zu einer größeren genetisch bedingten Ähnlichkeit zwischen Eltern und Kindern. Nun ist uns klar, daß ein Spitzentier deshalb ein Spitzentier ist, weil es selten ist. Weshalb bezahlt man für einen Hengst eine Million Dollar? Weil man meint, daß er etwas hat, was die anderen nicht haben. Spitzentiere führen also immer seltene Erbanlagen, besonders auf der höchsten Ebene der Rangordnung des Genoms. Deshalb sind diese Zuchtmethoden besonders wichtig.

Es gilt hier nicht, irgendwelche Mittelwerte zu verschieben, wie die quantitativen Genetiker das tun möchten. Wir züchten mit Einzeltieren und nicht mit Mittelwerten. Also geht es darum, daß wir das Erbe bestimmter Spitzentiere bei den Nachkommen reproduzieren, und solches ist nur möglich über Inzucht und Linienzucht – das ist die Konsequenz. Jetzt verstehen wir, warum dieses herrlichste Pferd aller Zeiten, das Arabische Pferd, in seinen Pedigrees soviel Inzucht zeigt.

Immer wieder wurde in den vergangenen Jahren die Frage nach der Zahl der bedeutsamen Generationen bei der Bewertung der Abstammung gestellt.

Vergegenwärtigen wir uns zur Beantwortung dieser Frage:
Das asile Pferd der Beduinen wurde berühmt durch Härte und Ausdauer, Charakter und Intelligenz. Diese Eigenschaften sind enthalten in dem Begriff Konstitution. Konstitution läßt sich zerlegen in Leistungsveranlagung der Organe: Nervensystem, Hormondrüsen, Kreislaufsystem, Atmungsapparat, Verdauungsapparat, Bewegungsapparat usw.

Die Organe und Organsysteme eines Säugers sind streng hierarchisch geordnet und ein Spiegelbild der hierarchischen Ordnung der Erbanlagen. Diese hierarchische Ordnung läßt sich vergleichen mit einem Kegel. An der Spitze befindet sich ein Genort der höchsten Rangordnung. Die quantitative Genetik berücksichtigt diese hierarchische Ordnung nicht, alle Genorte werden so behandelt, als wären sie gleichberechtigt.

Logischerweise müssen sich die Genorte höchster Rangordnung in der Vererbung ähnlich verhalten wie Genorte, die für qualitative Merkmale (z. B. Haarfarbe) zuständig sind. Das heißt, unerwünschte rezessive Allele können über beliebig viele Generationen verdeckt weitergegeben werden, wenn man nicht geeignete Prüfungen einschaltet. Wenn solche unerwünschten Eigenschaften von Vater und Mutter zusammenkommen, dann ist das Individuum auch phänotypisch gezeichnet.

Asil-Breeding/Inbreeding

Hippolyte Lalaisse. Aurend-Zeb (Etalon). Lithographie (um 1850). Archiv Dr. Thieme

The Bedouin bred their horses using the principles of line breeding and inbreeding, although ignorant of modern science. From practical necessity they created a breed with tremendous tolerance for inbreeding based on a gene pool so small that even today in some lines brother and sister can be bred together with impunity. The prepotency of the Bedouin Arabian and its unique and coveted characteristics have been sought by breeders of a wide variety of horses for centuries. Few animals or even inanimate objects come to our modern age with such an extensive and carefully guarded history.

Seth B. Burgess (1983)

Hippolyte Lalaisse. Kouley-Arabe, né en 1839, son père Obayan (Arabe), sa mère Nedjdi (Arabe), importé d'Orient en 1850. Lithographie (1853). Archiv Dr. Thieme

Beim Arabischen Pferd außerhalb der Wüste wurden kaum Konstitutionsprüfungen (z. B. Distanzritte) als Grundlage für Selektion und Anpaarung durchgeführt. Deshalb ist immer noch die Abstammung der erste Garant für die Qualität und Vererbung eines Arabischen Pferdes.

Eine ideale Abstammung beinhaltet ..., daß alle Vorfahren lückenlos auf Beduinenpferde zurückgehen.

Bakels (1980)

Obwohl mit den Erkenntnissen moderner Naturwissenchaft nicht vertraut, züchteten die Beduinen ihre Pferde unter Beachtung der Grundsätze der Linienzucht und der Inzucht. Aus praktischer Notwendigkeit heraus schufen sie eine Zucht mit höchster Toleranz für Inzucht, die auf einem Genreservoir beruht, das so klein ist, daß auch heute noch bei einigen Linien Brüder und Schwestern miteinander gepaart werden können. Jahrhundertelang haben Züchter verschiedenster Pferderassen die Durchschlagskraft des Beduinenarabers und seine einzigartigen und begehrten Eigenschaften angestrebt.

Seth B. Burgess (1983)

Pedigree, Truthfulness, Fanaticism for the Purity of the Blood

It is a well-know fact that Arabians attach great importance to their horses. Some call them Kadischi, i.e. horses of unknown descent. The other type is termed Koechlani or Koehejle, ... The Koechlany in particular are thought to be capable of enduring great fatigue, and are said to be able to live for days without a scrap of food or, as they say, to live from the wind ... They are neither beautiful nor large, but they are light-footed and are venerated so highly by the Arabians not for their outward appearance, but for their virtues and their race. They are not used at all for menial tasks, but only for riding. The whole race is divided into different families ... The Arabians do not have a family tree of several hundred years for their Koechlany, but they can nevertheless be quite sure of their descent because their mares are always covered in the presence of witnesses – Arabian witnesses, that is.

Niebuhr (1772)

The Arabians are, above all nations, attached to their Horses, and the most scrupulous, both with regard to their pedigrees, and their care and precaution in breeding. The names, marks, colours, age and qualifications of all the superior stallions and mares, are generally known among the breeders of that country.

J. Lawrence (1809)

Count Ferrieres Sauveboeuf, the well-known traveller, wrote: "As a matter of fact the Arabs attach little importance to conformation but a great deal to pure descent because this guarantees outstanding qualities. It is even said that the foal of a mare of different race by an Arabian sire is always more attractive-looking than those of pure blood, but the Arabs are not interested in such produce if they are not of pure descent. In this respect they are very accurate indeed. – And what is the reason? – They have learnt by experience that the more pure and unmixed the stock is from which a horse is bred, the more surely and completely the horse will show the qualities originally peculiar to this stock and the more certain it will be that he himself will reproduce these qualities.

So, to look for unmixed descent is, for the Arab, the same as looking for good qualities.

Ammon (1834)

Pedigree, Wahrheitstreue, Blutfanatismus

Die Araber halten, wie bekannt ist, sehr viel auf ihre Pferde. Die einen nennen sie Kadischi, d.i. Pferde von unbekannter Abkunft ... Die andere Art heißt Koechlani oder Koehejle, ... Man hält besonders die Koechlany für geschickt, große Fatiguen auszuhalten, sie sollen Tage lang ohne die geringste Nahrung oder wie man sagt, vom Winde leben können ... Sie sind weder schön noch groß, aber behend zu laufen, und werden bloß ihrer Tugenden und ihres Geschlechtes, nicht ihres äußerlichen Aussehens wegen, von den Arabern so hoch geschätzt. Sie werden auch gar nicht zu gemeinen Arbeiten, sondern bloß zum Reiten gebraucht. Das ganze Geschlecht wird in verschiedenen Familien abgetheilet ... Die Araber haben zwar von ihren Koechlany keine Geschlechtsregister von einigen hundert Jahren, sie können aber dennoch von ihrer Abkunft ziemlich gewiß seyn, weil ihre Stuten immer in Gegenwart von Zeugen, und zwar von arabischen Zeugen, belegt werden.

Niebuhr (1772)

Von allen Völkern sind die Araber am meisten mit ihren Pferden verbunden und auch die gewissenhaftesten, was Abstammung, Pflege und Zuchtwahl angeht. Namen, Abzeichen, Farbe, Alter und Leistungen aller hervorragenden Hengste und Stuten sind unter den arabischen Züchtern allgemein bekannt.

J. Lawrence (1809)

Der bekannte Reisende *Graf Ferrieres Sauveboeuf* schreibt: „Ueberhaupt sehen die Araber eben nicht auf Schönheit, sondern halten nur auf unvermischte Abkunft, weil das Pferd dann vortreffliche Eigenschaften hat. Man will sogar bemerkt haben, daß ein Fohlen von einem arabischen Hengste und einer fremden Stute immer schöner fällt; aber die Araber machen sich hieraus wenig, wenn sein Stammbaum nicht rein ist. In diesem Stücke nehmen sie es äußerst genau." – Und warum? – Weil die Erfahrung sie gelehrt hat, daß, je reiner und unvermischter die Abkunft vom alten edlen Stamme ist, desto vollständiger das Pferd alle, dem Stamme ursprünglich eigenthümliche Eigenschaften besitze, und diese hernach auch wieder um so sicherer auf seine Nachkommen vererbe.

Daher ist bei ihnen auf unvermischte Abkunft halten und auf gute Eigenschaften sehen soviel, als eins.

Ammon (1834)

Théodore Chasseriau. Combat de cavaliers Arabes. Öl auf Leinwand. Musée du Louvre

Der Beduine führt keine Stammregister, die deshalb auch ohne Werth für ihn wären, weil er mit niemanden anderen als seinen Stammgenossen verkehrt, und weil jeder Beduine nicht allein die Genealogie seines eigenen Thieres, sondern auch jene jedes einzelnen Pferdes im Stamm genau kennt, und wenn auch bei keiner anderen Gelegenheit, so doch in dieser Beziehung sehr gewissenhaft ist.

Der Beweis dieses Faktums wurde mehr als einmal von uns geprüft, wo ganz indifferente Beduinen bei Gelegenheit um die Abstammung eines oder des anderen Pferdes befragt, dieselbe Auskunft wie der eigene Herr ertheilten. Diese wahre und so häufig geprüfte Thatsache veranlasste mich, an das beinahe in das Reich der Fabel gehörige Vorhandensein von direkten Nachkommen der Stuten des Propheten zu glauben, und wenn man bedenkt, dass nur äusserst wenige solcher Stuten bei einem Stamme angetroffen werden, so verdient ihre Angabe um so mehr Würdigung, als ja jeder Einzelne seinem Pferde den ältesten und reinsten Adel aufdichten könnte. Jeder Beduine würde aber eher eine solche falsche Angabe für das grösste Verbrechen halten, und die Strafe Gottes auf sich zu ziehen fürchten.

Löffler (1860)

In Alltagsangelegenheiten wird Ehrlichkeit bei den Beduinen nicht als Tugend betrachtet, und Lügen gilt nicht als verwerflich. Jeder, so sagen sie, hat das Recht, seine Gedanken zu verbergen. Bei wichtigen Angelegenheiten wird die einfache Behauptung durch einen Eid bestätigt und damit glaubwürdig. Es gibt nur eine Ausnahme von der allgemeinen Regel in bezug auf das Lügen. Fragt man den Beduinen nach der Abstammung seiner Stute, wird er keine falsche Antwort geben. Vielleicht verweigert er die Auskunft oder gibt an, es nicht zu wissen; aber er wird keine andere als die tatsächliche Herkunft nennen. Diese Ehrlichkeit mag in den Lebensbedingungen der Beduinen begründet sein. Denn: In einem Beduinenlager gibt es keine Geheimnisse, jeder kennt die Stute seines Nachbarn wie seine eigene.

Lady A. Blunt (1879)

Kha-bur und Ja-gha-jagh sind voll von Geschichten über solche vom Stamme der Sfuk, die, wenn sie fielen, mit ihrem letzten Atemzug die Abstammung ihrer Stuten hervorstießen, damit sie von den neuen Herren gebührend gewürdigt würden: ein leicht barbarisch anmutender Brauch ... *Layard* berichtet, daß er 1850 zufällig auf ein Lager der Tai-Araber stieß und sie in großer Niedergeschlagenheit fand. Die Sham-mar hatten ihnen eine Niederlage zugefügt und vierzig ihrer Stuten erbeutet. Im Kreise seiner Krieger brütete der Scheich düster über sein Unglück und mitten unter ihnen saß, in seinen zerfetzten Mantel gehüllt, ein Emissär der Sham-mar. Teilnahmslos wartete er darauf, die

Victor Adam. Tedmouri Race, Kiourd (Etalon Arabe). Lithographie (1831). Bibliothèque Nationale, Paris

The Bedouin do not have written pedigrees. These would in any case be worthless to them, as they have no communication with anyone other than their own kinsfolk. But they know not only the complete genealogy of their own horses but also of any horses owned by their tribe. Inprecise they may be on many other matters, but they are very accurate in this respect.

This fact was proved more than once when we asked some quite independent Bedouin for the pedigree of a horse of their tribe and they gave the same answer as the owner of that horse had done. This being so, I was led to believe that there really were direct descendants of the Prophet's mares, though it sounded very much like fairy tales. Taking into account that very few of these mares are found in every tribe, the claim of direct descent gains even more credit as although it would be simple for anyone to invent a genealogy of ancient and purest nobility for his horse, to make such a false claim would be considered to be a capital crime. Also the Bedouin would be terrified of the Lord's punishment.

Löffler (1860)

Victor Adam. Le Derviche (Etalon Arabe). Archiv D. Clark

Abstammung der Stuten zu erfahren, die er und seine Leute den Tai genommen hatten. Wer die Gebräuche der Araber nicht kennt, fährt Sir Henry Layard fort, mag darin eine Beleidigung und Verhöhnung sehen. An seinem Auftrag war jedoch nichts Ungewöhnliches: auch wenn Blutfehde zwischen ihren Stämmen herrschte, war seine Person so unantastbar wie die eines Botschafters bei einem Kulturvolk. Der erste Gedanke eines Arabers, der ein fremdes Pferd erbeutet, gilt der Frage, wie er dessen Abstammung erfahren könnte.

Tweedie (1894)

Wenn aber von all diesen Typen bereits seit langer Zeit unstreitig das arabische Pferd als das edelste anerkannt wurde, so ist dies nur dem angeborenen hohen Zuchtverständnis der Araber zuzuschreiben. Dieselben haben nie ein fremdes Pferd zur Kreuzung ihrer Rasse zugelassen und waren stets darauf bedacht, als Vatertiere nur immer ausschließlich die Abkömmlinge des reinerhaltenen edelsten Blutes zu verwenden.

Truth, in ordinary matters, is not regarded as a virtue by the Bedouins, nor is lying held shameful. Every man, they say, has a right to conceal his own thought. In matters of importance, the simple affirmation is confirmed by an oath, and then the fact stated may be relied on. There is only one exception to the general rule of lying among them. The Bedouin, if questioned on the breed of his mare, will not give a false answer. He may refuse to say, or he may answer that he does not know; but he will not name another breed than that to which she really belongs. The original reason of this is, perhaps, that among themselves there is no deception possible, for secrets do not exist in a Bedouin camp, and each man knows his neighbour's mare as well as he knows his own.

Lady Anne Blunt (1879)

On the Khâ-bûr and the Ja-gha-jagh, stories linger of children of Sfûk who have died in harness uttering with the latest breath the pedigree of their mares, to make their captors prize them: a trifle savage ... *Layard* relates how, in 1850, west of Mosul, on chancing to drop on an encampment of the Tai Arabs, he found them much cast down after a beating from the Sham-mar, in which forty of their mares had been captured. The while their Shekh was deep in gloomy consultation with his warriors over their misfortune, an emissary from the victorious Sham-mar, wrapped in his ragged cloak, sat listlessly among them, waiting to be informed of the pedigrees of the mares which he and his people had taken from them. Such a message, Sir Henry Layard continues, "might appear to those ignorant of the customs of the Arabs one of insult and defiance. But he was on a common errand: and although there was blood between the tribes, his person was as sacred as that of an ambassador in any civilised community. Whenever a horse falls into the hands of an Arab, his first thought is how to ascertain its descent."

Tweedie (1894)

If, however, of all these types it has long been a proven fact that the Arabian horse was seen as the most noble, this is dure entirely to the Arab's own keen and innate comprehension of breeding principles.

They never allowed an alien horse to be crossed with their breed, and they were always very careful to ensure that only descendants of the pure, noble blood line were used as sires.

Statements made by all travellers to the Orient with a good unterstanding of equestrian matters concur that the Bedouin guards the purity of the blood of his

William Henry Brooke. Portrait of the Author J. S. Buckingham in the Costume worn on his Travel. Aquatinta von R. Havell jr.

J. E. Ridinger. Divani von der rechten Seite anzusehen. Stich. Archiv Olms

horse more strictly than any owner of racing stables. The sires used by the individual families are descended exclusively from the most noble stock, kept pure since the time of Mohammed, horses which may be considered as pure-bred Arabs (Hadudi) and whose breed is to remain pure.

v. Egan (1896)

Many peoples know genealogies and literature on genealogy, but only the Arabians possess a genealogy which, in thousands of names, encompasses all of its great men and women, from ancient times to the present. It is divided into a northern Arabian and a southern Arabian version. This work did not, of course, arise from political but from religious motives (the heirs of the prophet, the martyr of Islam and the knower of the Koran).

W. Caskel (1953)

J. E. Ridinger. Hand Pferd eines Pascha. Stich. Archiv Olms

Sämtliche Aussagen von wahrhaft pferdeverständigen Orientreisenden lauten darin übereinstimmend, daß der Beduine eifersüchtiger wie jeder Rennstallbesitzer wacht über der Reinerhaltung des Blutes seiner Pferde.

Die bei den einzelnen Stämmen in Gebrauch stehenden Vatertiere stammen ausschließlich von den seit der Zeit Mahomeds rein erhaltenen edelsten Geschlechtern ab, die sozusagen als arabisches Vollblut (Hadudi) gelten und rein weitergezogen werden.

v. Egan (1896)

Genealogien und genealogische Literatur gibt es bei vielen Völkern, aber eine Genealogie, die ein ganzes Volk mit all seinen Gliederungen, mit all seinen bedeutenden Männern und Frauen von grauer Vorzeit bis zur Gegenwart in Tausenden von Namen umfaßt, existiert nur bei den Arabern. Sie zerfällt in eine nord- und in eine südarabische. Dieses Werk ist natürlich nicht nur aus politischen Antrieben, sondern auch aus religiösen (die Ahnen des Propheten, der Märtyrer des Islam und der Korankenner) und wissenschaftlichen entstanden.

W. Caskel (1953)

Hippolyte Lalaisse. Arabische Krieger. Archiv Olms

As late as 1876, *v. Hutten-Csapski* described three „forms of genealogical witness“, one of which is to be reproduced here because its contents allow a considerable amount of conclusions to be made regarding the views of Arabian horse breeders on descent, rearing and the intimate relationship they have with their horses: „In the name of the merciful God, our Lord Mohammed of the divine prophet and his followers – Praise be to God the almighty creator! This horse

Noch 1876 beschreibt *v. Hutten-Csapski* drei „Formulare genealogischer Zeugnisse“, von denen eines hier wiedergegeben werden soll, weil sein Inhalt umfangreiche Rückschlüsse auf die Auffassungen der arabischen Pferdezüchter zur Abstammung, Aufzucht und die enge Verbindung zu ihrem Pferd zuläßt: „Im Namen des barmherzigen Gottes, unseres Herren Mohammeds des göttlichen Propheten, und seiner Anhänger – Gelobt sei Gott der allmächtige Schöpfer! Dieses Pferd ist reiner Rasse, sein Fohlenzahn in einem Beutelchen um den Hals gehangen, welches zugleich seiner Abstammung unfehlbares Zeugnis enthält, dem jeder Gläubige trauen darf.

Sein Vater ist Rabbamy und seine Mutter Zazahalah. Seine Formen sind voller Reiz, es läuft wie ein Strauß und sein Hemd ist weich beim Berühren. Unter seinen ehrwürdigen Vorfahren zählt es Salikah, des Vaters Mahats, des Vaters Kelak und des berühmten Alket, des Vaters Manusch, des Vaters Alscheh, eines Zweiges des Stammes, von welchem der berühmte Vater Lahalal's seine Abkunft leitet. Es hatte immer Gras zur Genüge, gleicherweise Körner und lebendiges Wasser, was uns Leben gibt, es hatte das als Belohnung vom Stamme Zazahalah für den Glanz seines Hemdes. Mögen tausend breitarmige Äste seinen Körper schützen gegen den gierigen Zahn der Hyänen, der Freunde der Gräber, gegen den durch die Wüsten heulenden Wolf ...“.

Flade (1962)

Für die Beduinen ist das wichtigste, daß eine Stute „asil“ ist – „vom selben edlen Stamme“. Der Beduine gebraucht das Wort „Asil“ für eine Dattelpalme, die *vom mütterlichen Stamme als Absenker* genommen wurde. In seiner Reinzucht arabischer Pferde gebraucht der Beduine ebenfalls den Ausdruck „ein asilgeborenes Fohlen“.

Raswan/Guttmann (1974)

Das Zurückdrängen von unerwünschten Eigenschaften könnte rein theoretisch bereits von der arabischen Vollblutzucht vorgenommen werden, wenn man nicht dadurch Gefahr liefe, auch die rassetypischen Eigenschaften zu verlieren. Diese zu erhalten ist hier jedoch oberstes Gebot.

Die Zucht des Vollblut-Arabers muß zur Erhaltung dieser Rasse Selbstzweck sein, um sie auch für alle die Zuchten in der jetzigen Form bereit zu halten, die sich vom Einkreuzen mit AV-Hengsten die Verbesserung bestimmter Eigenschaften erwarten. Selbstzweck heißt in diesem Sinne, daß die Pedigreezucht Trumpf sein darf, daß die Selektion sich auf Erhalt des klaren Rassetyps beschränkt und daß man sogar über geringe Fehler hinwegsehen kann.

Wedekind (1975)

is of pure blood, around its neck its foal tooth hangs in a small bag which also contains infallible witness to its descent in which all believers can trust.

Its father is Rabbamy and its mother Zazahalah. Its forms are full of charm, it runs like an ostrich and its shirt is soft to the touch. Among its venerable ancestors it counts Salikah, of the father Mahats, of the father Kelak and of the famous Manusch, of the father Alscheh, of a branch of the tribe from which the famous father of Lahalal derives his descent. It always had sufficient grass, likewise grain and living water, which gives us life, he received that from the tribe of Zazahalah as a reward for the sheen of its shirt. May one thousand wide-armed branches protect its body from the greedy tooth of the hyena, the friends of the graves, and from the wolf howling through the desert ...".

Flade (1962)

A mare must be "asil", i.e. "of the same noble descent". This is the most important factor for any Bedouin. The word "asil" is also used describing a date-palm grown from a shoot which was taken from another date-palm. When a Bedouin speaks of a pure-bred Arabian horse he also uses the expression "an asil-born foal".

Raswan/Guttmann (1974)

The most important factor when breeding pure-bred Arabians is their pedigree ... Theoretically, undesirable characteristics could be eliminated by selective breeding within the pure-bred Arabian breeding stock, but then, at the same time, characteristics might be lost which are essential to this type of horse. These, however, must be preserved at all costs.

The pure-bred Arabian must be bred with no other aim than the preservation of the strain in its present form, for disposal to all those other breeds which expect improvement of certain characteristics by the admixture of Arabian blood. Limitation to this aim means that breeding may be confined to pedigree breeding, selection being reduced to what is necessary to preserve the classical type of the Arabian horse with a certain tolerance even of minor defects.

Wedekind (1975)

Earlier peoples generally allocated a mythical meaning to blood. There was blood brotherhood and vendetta! Blood also bonded the large family in the tribal group, because the individual was insignificant in the desert. Natural nobility emanates from the blood, and it is indeed no wonder that the Bedouin tribes were proud of their blood. Mixing with blood which was not of equal

o. N. Wilde Pferde. Germanisches Nationalmuseum Nürnberg

Die frühen Völker schrieben dem Blut allgemein eine mythische Bedeutung zu. Es gab Blutsbrüderschaft und Blutrache! Das Blut verband auch die Großfamilie im Stammesverband, schon weil in der Wüste der einzelne nichts bedeutete. Vom Blut her rührte der natürliche Adel, und es wundert nicht, wenn die Beduinenstämme auf ihr Blut stolz waren. Vermischung mit nicht ebenbürtigem Blut wäre ihnen als Frevel, als Sünde wider das Blut erschienen. Einer Heirat innerhalb des Stammes, also zwischen oft engen Verwandten, haftete kein Makel an, sie war die Regel. Diese ungeschriebene Ordnung um die Reinheit des Blutes erhob Mohammed zu einem Gebot. In genialer Weise schuf er damit eine Blutaristokratie. Sie sollte sich nicht vermischen, sollte die Lehre rein erhalten und eine unabhängige, ungebundene Führerschicht bilden im großen Gottesreich aller Rechtgläubigen.

Diese Gesetze auf Geschöpfe anzuwenden, die dem Menschen nahestanden, war kein großer Schritt. Mit einem edlen, selbstgezogenen Pferd in den Heiligen Krieg zu ziehen, war ein Vorrecht der Edlen, Frommen, der Gesegneten Allahs. Asile, das heißt reine, wurzelechte Pferde, so predigte der Prophet, sind stärker, schneller, mutiger und treuer als mischblütige Bastarde. Ein Reiter auf dem Rücken eines edlen Pferdes stand unter dem Schutz Allahs und blieb von bösen Geistern verschont. Die Reinzucht war göttliches Gebot für die Pferdezucht durch die Jahrhunderte. Die besten Pferdezüchter und zugleich die treuesten Hüter des reinen Glaubens waren jene Stämme, die in Innerarabien die Reinzucht mit Fanatismus befolgten. Es waren die Nedschdi, die Wahabiten, die Harb, die Mutari und andere, die unberührt von der Außenwelt in der Tat die schönsten und leistungsfähigsten Pferde züchteten und besaßen.

Wenzler (1980)

rank would have appeared to them as a form of sacrilege, as a sin against the blood. A marriage within the tribe, that is to say between what were often close relations, was unblemished – this was the general rule. Mohammed elevated unwritten law to preserve the purity of the blood to an imperative. With tremendous ingenuity, he thus created a blood aristocracy. The race was not to mix and was to retain the purity of the teachings and form an independent, autonomous leading class in the huge heavenly kingdom of all true believers.

It was no major step to apply these laws to creatures close to human beings. To set off for the holy war with a noble self-bred horse was a privilege of the noble, the pious and those blessed by Allah. Asil, that is, pure horses true to their roots, the prophet preached, are stronger, faster, more courageous and loyal than bastards with mixed blood. A rider on the back of a noble horse was under the protection of Allah and remained free from evil spirits. Pure breeding was a divine command for horse breeding throughout the centuries. The best horse breeders and, at the same time, the most loyal keepers of the pure faith were those tribes which, in inner Arabia, adhered fanatically to pure breeding. It was the Nedschi, the Wahabites, the Harb, the Mutari and others which, untouched by the outside world, indeed bred and possessed the most beautiful and powerful of horses.

Wenzler (1980)

I have been asked: "Would it be a crime to give a false pedigree, a wrong lineage?" Believe me, everybody knows which stallion was mated to which mare. Everybody knows that. If a raid yields a good horse, they know that, too. If a Bedouin is willing to lose his hand or his head in order to save his face, he will even less be willing to cheat with regard to descent, be it his own or that of his favourite mare or stallion. The result would be expulsion from his tribe – he would be despised and utterly rejected. No, a Bedouin is incapable of this sort of false witness. To find such things you would have to got to Levantine cities, to those which were not able to preserve themselves isolated, contrary to Riyad, isolated until after the 2nd World War. Out of sheer ignorance many people still think of Levantines and Bedouins as the same people. If you find a desert bred, a Bedouin horse, in your horse's pedigree you may well trust this descent, at any rate more than many an accurate looking document.

J. H. Mueller (1981)

Eugène Delacroix. Episode de la guerre entre les Turcs et les Grecs. Öl auf Leinwand (1856).
Pinacotèque Nationale. Musée Alexandre Soutzos

Man fragt mich: „Wäre die falsche Überlieferung eines Pedigrees, einer Abstammung, zum Beispiel von einem Pferd, eine Schande?" „Glauben Sie mir, jeder weiß doch, das war der und der Hengst, und das war die und die Stute, das weiß doch jeder. Wenn bei Beutezügen ein gutes Pferd darunter ist, dann wissen sie's. Wenn ein Beduine bereit ist, seine Hand oder seinen Kopf hinzugeben, um sein Gesicht nicht zu verlieren, um wieviel weniger ist er bereit, bei einer Abstammung zu mogeln, ob nun bei der seinen oder seinem Liebling, der Stute oder dem Hengst. Er würde doch ausgestoßen von seinem Stamm, verachtet, geächtet. Nein, das gibt's bei einem Bedu nicht. Da müssen Sie schon in die Städte der Levante gehen, in solche, die nicht wie Riyad abgekapselt bis zum Zweiten Weltkrieg sich bewahren konnten. Bei uns werden immer noch aus purer Unkenntnis Levantiner und Bedus in einen Topf geworfen. Wer im Pedigree seines Pferdes ein Desert Bred, ein Pferd eines Beduinen hat, kann dieser Abstammung wohl vertrauen und in jedem Falle mehr als manchem noch so akkuratem Schriftstück."

J. H. Mueller (1981)

Adolph Schreyer. Rast in der Oase. Öl auf Leinwand. Galerie Dr. Bühler, München

To a Bedouin few things were more valuable than horses, and in the breeding of horses few things more valuable than purity of blood. The ancestry of each horse was passed from father to son through a fully developed oral tradition.

Research has demonstrated that the accuracy of oriental oral tradition can be favorably compared with modern historical record keeping despite its dependence on the spoken rather than the written word. Tribes designated special people whose sole job was to memorize pedigrees.

Seth B. Burgess (1983)

The testimonies and their accuracy were crucial to the preservation of the lineage of the horses. Since nothing was written down, much depended upon the oral histories. The serious nature of these histories can be understood when one realizes that at the time tribal wars and raids upon neighboring tribes were common. Livestock (sheep, camels and horses) was often the booty of a successful raid (ghazu). Swift and courageous desert horses were highly prized and the best of them saved their master's lives against great odds. Indeed, the horse was more important than human life. Its lineage and the truth of it was valued above everything else. The purity of the strains bred by the desert tribes was jealously guarded and great care was taken to ensure that the mares were never exposed to anything impure (ta'radat).

J. Forbis (1990)

Für einen Beduinen waren wenige Dinge kostbarer als Pferde, und in der Zucht war weniges kostbarer als die Reinheit des Blutes. Die Abstammung eines jeden Pferdes wurde vom Vater auf den Sohn in einer vollkommen entwickelten Tradition mündlicher Überlieferung weitergegeben.

Die Forschung hat gezeigt, daß die Genauigkeit der mündlichen orientalischen Überlieferung, obwohl sie eher an das gesprochene als an das geschriebene Wort gebunden ist, sich mit der modernen historischen Aufzeichnung vergleichen läßt. Die einzelnen Stämme bestimmten besondere Personen, deren einzige Aufgabe es war, die Stammbäume auswendig zu lernen und Stammregister im Gedächtnis zu bewahren.

Seth B. Burgess (1983)

Die Zeugnisse und deren Genauigkeit waren entscheidend für die Erhaltung der Abstammung der Pferde. Da nichts schriftlich festgehalten wurde, hing viel von der mündlichen Überlieferung ab. Die ernstzunehmende Bedeutung dieser Überlieferungen wird verständlich, wenn man bedenkt, daß damals Stammeskriege und Raubüberfälle auf benachbarte Stämme gang und gäbe waren. Tiere (Schafe, Kamele und Pferde) waren oft die Beute eines erfolgreichen Raubüberfalls (ghazu). Schnelle, mutige Wüstenpferde wurden hochgeschätzt, und die Besten unter ihnen retteten ihrem Besitzer auch bei fast aussichtsloser Lage das Leben. Das Pferd war wichtiger als das Leben eines Menschen. Die Richtigkeit der Überlieferung von seiner Abstammung wurde höher geschätzt als alles andere. Die Reinheit der von den Wüstenstämmen gezüchteten Linien wurde eifersüchtig bewacht, und man war sehr darauf bedacht, daß die Stuten nie mit etwas Unreinem (ta'radat) in Berührung kamen.

J. Forbis (1990)

Nach erfolgreich durchgeführten Raubzügen ersuchten sie den feindlichen Stamm um Angaben zur Abstammung der erbeuteten Pferde. Ihr Fanatismus war derart ausgeprägt, daß dieser Bitte in der Regel auch entsprochen wurde, denn ein Pferd, dessen Abstammung unbekannt war, galt für die Zucht als wertlos. Denn ebenso hätte der beraubte Stamm seinerseits wieder Pferde von seinen Feinden erbeuten können und wäre dann gleichermaßen auf dessen Auskünfte angewiesen. War ein zuvor geraubtes Pferd zu seinem Stamm zurückgekehrt, mußte es derjenige, der es im Kampf oder durch Raub zurückgewonnen hatte, seinem ehemaligen Besitzer zurückgeben, ohne eigene Ansprüche geltend machen zu können. Der Ehrenkodex gebot dem neuen Besitzer eines feindlichen Stammes sogar, dem einstigen Herrn der Stute jährlich über sie und ihre Nachzucht zu berichten. (Musil)

Dietrich Olms (1991)

Persistence of Type, Prepotency, Importance for other Breeds

The way we see it, it is impossible to recreate a pure-bred race once its blood has been mixed, but a pure-bred race can always be given back its old nobility when it has degenerated through bad feeding or through excessive work not fitted to the nature of the horse or, finally, through lack of the necessary care, in short, whenever the degeneration has not been effected by mixing the blood.

Abd el Kader (1846)

The Arabian Horse is the prototype of its species. The Arabian stallion alone is able to improve all breeds of horse around the world, just as he remains the only preserver of his own, Arabian breed, the original breed.

Guarmani (1864)

The Arabian is ... destined to sink the essential qualities of health, contentedness, good nerves and calm temperament into the breeds.

G. *Rau* (1909)

It seems to us that the addition of Arabian blood into stronger strains is also of advantage, for ... the Arabian always contributes low demands, robustness and adaptability.

G. *Rau* (1909)

Consequently, Arabian horses, when joined with other breeds, especially those that already carry through their ancestors much Arabian blood, are prepotent to a marked degree, and strongly stamp all their get with their qualities. For centuries, intelligent breeders have acknowledged this fact, and many authorities have given it as their opinion that no breed of horses has been created in historical times, able to propagate without rapid loss of its good qualities, that did not start with a liberal admixture of Arabian blood.

W. R. *Brown* (1929)

Erbtreue, Durchschlagskraft, Bedeutung für andere Zuchten

Nach unseren Begriffen ist es unmöglich, eine reine Rasse dort wieder zu schaffen, wo einmal das Blut gemischt worden ist, aber eine reine Rasse kann man immer zum alten Adel wieder erheben, wenn sie, sei es durch schlechte Nahrung oder durch übermäßige und der Natur des Pferdes nicht entprechende Arbeit oder endlich durch Mangel an der erforderlichen Sorgfalt heruntergekommen ist, kurz überall, wo das Degenerieren nicht infolge von Mischung des Blutes bewirkt worden ist ...

Abd el Kader (1846)

Der Araber ist der Prototyp der Art. Der Araber-Hengst vermag als einziger die auf dem ganzen Globus verstreuten Pferderassen zu verbessern, so wie er für die eigene, die Araber-Rasse, die Urrasse der einzige Erhalter bleibt.

Guarmani (1864)

Der Araber ist ... bestimmt, die unerläßlichen Eigenschaften der Gesundheit, der Genügsamkeit, der guten Nerven, des ruhigen Temperaments in die Zuchten zu versenken.

G. Rau (1909)

Uns scheint die Beimischung arabischen Blutes auch in stärkere Stämme von Vorteil zu sein, denn ... der Araber gibt doch immer Genügsamkeit, Robustheit und Anpassungsvermögen.

G. Rau (1909)

Infolgedessen sind arabische Pferde, die in andere Zuchten eingekreuzt werden, von einer bemerkenswerten Durchschlagskraft und prägen ihren Nachkommen in starkem Maße ihre eigenen Eigenschaften auf. Kluge Züchter haben dieser Tatsache seit Jahrhunderten Rechnung getragen, und viele Experten waren und sind der Meinung, daß in historischer Zeit nur solche Pferdezuchten sich ohne schnellen Verlust ihrer guten Eigenschaften fortpflanzen konnten, die aus einer Zumischung von arabischem Blut entstanden sind.

W. R. Brown (1929)

o. N. Napoleon. Lithographie. Archiv Olms

... that the pure-bred Arabian represents a union of outstanding characteristics, rare in breeding, as to his confirmation, character and above all performance. He excels by his harmony of form, beauty, intelligence and gentleness, very hard constitution combined with the utmost refinement, in-breeding resistance as well as strength, speed and endurance in his performance. As this rare combination shows even from his appearance, it is justified to speak of an elite horse, the more so as he fully transmits these excellent traits to his progeny.

Seydel (1933)

... daß der Vollblutaraber eine gleichzeitig, in der Tierzucht seltene Vereinigung hervorragender Eigenschaften im Äußeren, im Charakter und vor allem auch in der Leistung darstellt. Harmonie der Formen, Schönheit, Klugheit und Sanftmut, härteste Konstitution bei höchstem „Adel", Inzuchtfestigkeit, in der Leistung aber Kraft, Schnelligkeit und Ausdauer zugleich, zeichnen ihn aus. Da er diese seltene Kombination schon im Äußeren zeigt, ist es berechtigt, von einem „Elitetyp" zu sprechen, und das vor allem, weil er diese hervorragenden Eigenschaften auch durchschlagend vererbt.

Seydel (1933)

In allen pferdezüchtenden Ländern der Erde stellt sich in zunehmendem Umfang heraus, wie notwendig für das Sportpferd das ist, was den Vollblutaraber an speziellen Merkmalen so besonders auszeichnet: Ruhe im Stand und Gang, trotzdem aber schnelle Reaktionsfähigkeit, Energie und Kraft bei jeder, auch ohne Vorbereitung geforderten Leistung. Das Reitpferd erhält durch den Einfluß des Vollblutarabers dazu noch eine besondere Eignung zur Dressurfähigkeit, zur Wendigkeit und zur Gleichgewichtsverlagerung in jeder Situation unter dem Reiter (sogenanntes natürliches Gleichgewicht) und bringt durch seine relativ zur Widerristhöhe geringere Rumpflänge (um oder unter 100 % der Widerristhöhe) besonders gute Voraussetzung als Geländepferd mit. Zu allem kommt noch Schönheit und Anmut in Haltung und Bewegung. Die Eigenschaft ausgezeichneten Taxierens und günstiger Springveranlagung machen den Einsatz des Vollblutarabers bei der Züchtung von Spring- und Geländepferden wertvoll.

Flade (1962)

Die Verwendung des Arabers in der Landespferdezucht ist im tierzüchterischen Sinne eine Kreuzung. Eine Rassenkreuzung setzt relativ reine durchgezüchtete Rassen voraus; dann ist der Erfolg am sichersten. Dies bedingt das Vorhandensein einer Reinzuchtpopulation des Arabischen Pferdes.

Hecker (1975)

Keine Edelrasse der Welt kann auf die Dauer ohne arabisches Blut bestehen.

Bilke (1976)

In all horse-breeding countries of the world, it is becoming more and more obvious how important the special characteristics displayed by the pure-bred Arabian are for riding horses: calmness in motion and at rest but nevertheless quick reactions, energy and strength in every, even unprepared, achievement. The influence of the pure-bred Arabian additionally gives the riding horse a special suitability for training, for agility and for shifting its centre of gravity under the rider in all situations (the so-called „natural equilibrium") as well as a shorter rump in relation to the height of the withers (around or under 100% of the height of the withers), especially beneficial in a cross-country horse. To all this are added beauty and grace of bearing and movement. Their qualities of excellent judgement and willingness to jump make pure-bred Arabians valuable for the breeding of jumping and cross-country horses.

Flade (1962)

To use Arabian horses for the regional breeding of warm-blooded horses actually means cross-breeding. This cross-breeding can only succeed if the breeds to be crossed are relatively pure so that the prerequisite is the existence of a pure-bred population of Arabian horses.

Hecker (1975)

No other breed of horses in the world can endure for long without the introduction of Arabian blood.

Bilke (1976)

It is not true that domestic animals are automatically degenerative. The Arabian horse is a splendid example to the contrary. If we place an Arabian stallion of the finest quality among a herd of wild mustangs, he will undoubtedly be the fastest and hardiest and will triumph over all rivals; his heredity will prevail.

F. Bakels (1980)

Father Soliman (al Tahawy) quotes the legendary Emir Abd al-Kadr as saying, "The way we see it, it is impossible to recreate a pure-bred race once its blood has been mixed". Modern geneticists see it no differently. Father Soliman talks for hours on which measures the breeders of the Middle East took to keep the Arabian race pure and how brutally they proceeded when absolutely necessary.

W. Schraps (1982)

Albrecht Adam. A Mocou le 22 Septembre. Lithographie. Germanisches Nationalmuseum Nürnberg

Es ist falsch, wenn gesagt wird, Haustiere sind automatisch degeneriert. Das Araberpferd ist ein glänzendes Beispiel dafür, daß das nicht so ist. Schicken wir einen Araberhengst bester Qualität in eine Mustangherde, um die sich kein Mensch kümmert, ist er garantiert der Schnellste, der Ausdauerndste und wird alle anderen Rivalen übertrumpfen; sein Erbe wird sich durchsetzen.

F. Bakels (1986)

„Nach unseren Begriffen ist es unmöglich, eine reine Rasse dort wiederherzustellen, wo einmal das Blut gemischt worden ist", zitiert Vater Soliman den legendären Emir *Abd al-Kadr*. Moderne Genetiker wissen es auch nicht besser. Welche Maßnahmen die Züchter des Nahen Ostens ergriffen haben, um die Araber-Rasse rein zu halten, mit welcher Brutalität sie notfalls vorgegangen sind, davon erzählt Vater Soliman stundenlang.

W. Schraps (1982)

Otto Dill. Löwenjagd. Öl auf Leinwand (1922). Peter Karbstein, Düsseldorf

The breeding of pure-bred Arabians is not just an end in itself in pure breeding, but serves, as proved through the generations, to offer horse breeds the Arabian inheritance of willingness to work, hardiness, beauty and intelligence. The Trakehnen breed and the main stud Trakehnen have never done without the influence of the Arabian horse. And all other horse breeds in Germany and Europe have always set great store by the Arabian inheritance, the „sap which works miracles".

W. Cranz (1983)

Otto Dill. Löwenjagd. Öl auf Leinwand. Galerie Dr. Bühler

Die Vollblutaraberzucht ist nicht nur Selbstzweck in der Reinzucht, sondern sie ist auch, wie durch Generationen nachgewiesen, dazu da, den Landespferdezuchten das arabische Erbe mit Leistungsbereitschaft, Härte, Schönheit und Intelligenz anzubieten. Die Trakehnerzucht und das Hauptgestüt Trakehnen haben nie auf den Einfluß des arabischen Pferdes verzichtet. Aber auch alle anderen Landespferdezuchten in der Bundesrepublik Deutschland und Europa haben stets auf das arabische Erbe, „auf den Saft der Wunder schafft", Wert gelegt.

W. Cranz (1983)

Original Regions of Breeding, Climate, Environment

During this time I got sight of the royal stables, an event much desired and eagerly welcomed. For the Nejdean horse is considered no less superior to all others of his kind in Arabia, than is the Arabian breed collectively to the Persian, Cape of Good Hope, or Indian. In Nejed is the true birthplace of the Arab steed, the primal type, the authentic model. Thus at any rate I heard, and thus, so far at least as my experience goes, it appears to me; although I am aware that distinguished authorities maintain another view. But at any rate, among all the studs of Nejed, Feysul's was indisputably the first; and who sees that has seen the most consummate specimens of equine perfection in Arabia, perhaps in the world.

W. G. Palgrave (1862–63)

I doubt if there are two hundred really first-class mares in the whole of Northern Arabia. By this I of course do not mean first-class in point of blood, for animals of the purest strains are still fairly numerous, but first-class in quality and appearance as well as blood.

I cannot help suspecting that a certain amount of deterioration has taken place within the last fifty, perhaps the last twenty years. There is no doubt that in the early years of the present century, the Roála were possessed of immense numbers of mares, and had the reputation of having the monopoly of some of the best strains of blood. It was to their Sheykh, Ibn Shaalán, whom he called the "Prince of the Desert", that Abbas Pasha sent his son to be educated, and from them that he bought most of the mares, of which he made such a wonderful collection. Yet from one cause and another the Roála, though still rich and powerful, have now no mares to speak of. They have within the last few years abandoned the old Bedouin warfare with the lance, and taken to firearms. Horses are no longer indispensable to them, and have been recklessly sold. The Shammar of Mesopotamia have suffered for the last two generations by the semi-Turkism of their Sheykhs, Sfuk and Ferhán, and have been divided by internal dissensions to such an extent, that their enemies, the Ánazeh, have greatly reduced them. Abbas Pasha also bought up many fine mares from among them at extravagant prices; and they now have not a single specimen among them of Seglawi Jedrán breed, for which they were formerly famous.

Lady Anne Blunt (1879)

Originalzuchtgebiete, Klima, Umwelt

Während dieser Zeit konnte ich einen Blick in die königlichen Marställe thun, was ich schon längst gewünscht hatte, denn die neǵdäischen Pferde stehen in der allgemeinen Meinung eben so hoch über allen anderen ihrer Art in Arabien, wie die arabische Rasse im Allgemeinen über der persischen, indischen oder der vom Vorgebirge der guten Hoffnung. In Neǵed ist die eigentliche Heimath, der wirkliche Typus, das authentische Muster des arabischen Rosses. So wenigstens hörte ich überall, und so weit meine Erfahrung geht, scheint es mir auch selbst so, obwohl ich weiss, dass andere ausgezeichnete Autoritäten einer anderen Ansicht sind. Jedenfalls war unter allen Stuterein in Neǵed die *Fejsals* unbestritten die erste, und wer diese gesehen, hat ohne Zweifel die schönsten Exemplare der Pferdezucht in Arabien, vielleicht der ganzen Welt gesehen.

W. G. Palgrave (1862–63)

Ich bezweifle, daß es in ganz Nordarabien zweihundert wirklich erstklassige Stuten gibt. Damit meine ich natürlich nicht erstklassig hinsichtlich des Blutes, da Tiere reinsten Geschlechts immer noch recht zahlreich sind, sondern erstklassig hinsichtlich der Eigenschaften, des Aussehens sowie des Blutes. Ich vermute, daß ein gewisses Maß an Degeneration innerhalb der letzten fünfzig, vielleicht der letzten zwanzig Jahre stattgefunden hat. Es besteht kein Zweifel, daß zu Beginn dieses Jahrhunderts die Roála eine große Anzahl von Stuten besaßen und den Ruf hatten, das Monopol für einige der besten Zuchten zu besitzen. Zu ihrem Sheikh Ibn Shaalán, den er „Prince of the Desert“ (Wüstenprinz) nannte, sandte Abbas Pasha seinen Sohn zur Erziehung. Und von den Roála kaufte er die meisten Stuten, von denen er eine so wunderbare Auslese zusammenstellte. Jedoch haben die immer noch reichen und mächtigen Roála aus dem einen oder anderen Grunde keine erwähnenswerten Stuten mehr. In den letzten Jahren haben sie die traditionelle Beduinenart, mit der Lanze zu kämpfen, aufgegeben und zu Feuerwaffen gegriffen. Pferde wurden obsolet und sind deshalb rücksichtslos verkauft worden. Die Shammar von Mesopotamien haben während der letzten beiden Generationen unter den Türkisierungsbestrebungen ihrer Sheikhs Sfuk und Ferhán gelitten und wurden durch innere Unstimmigkeiten so weit gespalten, daß ihre Feinde, die Anazeh, sie stark geschwächt haben. Auch kaufte Abbas Pasha viele edle Stuten von ihnen zu außergewöhnlichen Preisen, und niemand unter ihnen hat auch nur noch ein einziges Exemplar der Seglawi Jedrán Zucht, für die sie vormals berühmt waren.

Lady Anne Blunt (1879)

Carle Vernet. O. T. (Pferdefamilie). Lithographie aus der Grande Suite de Chevaux (1820). Archiv Dr. Thieme

Only a breed with inexhaustible streams of the purest and noblest blood in its veins will not waste away and degenerate when forced to struggle for existence in this way.

W. S. Blunt (1880)

The robust natural condition – the unspoilt, healthy blood – the clean tendons and bones of steel – the faultless and at the same time so uncomparably beautiful conformation – the outstanding agility – the cleverness and willingness for schooling – the frugality as to food – the endurance over great distances and on the worst of tracks – the resistance against exertions and all influences of climate – all these qualities intensified by the parched heat of the desert climate, and firmly deep seated, due to the heritage of thousands of years.

v. Egan (1896)

Carle Vernet. O. T. (Spielende Hengste). Lithographie aus der Grande Suite de Chevaux (1820).
Archiv Dr. Thieme

Nur eine Rasse in deren Adern nie versiegende Ströme des reinsten, edelsten Blutes fließen, wird in einem derartigen Kampf ums Dasein nicht vollständig verkümmern und entarten.

W. S. Blunt (1880)

Die robuste, urwüchsige Konstitution – das unverdorbene, gesunde Blut – die trockenen Sehnen und stahlharten Knochen – der korrekte, zugleich so unvergeßliche schöne Körperbau – die große Wendigkeit – die Gelehrigkeit und Willigkeit in der Dressur – die Anspruchslosigkeit betreffs des Futters – die Ausdauer auf größte Distanzen und bei schlechtesten Wegen – die Widerstandsfähigkeit gegenüber Strapazen und Witterungseinflüssen aller Art – alle diese Eigenschaften verdichtet in der sengenden Glut des Wüstenklimas und festgewurzelt durch eine vieltausendjährige Vererbung.

v. Egan (1896)

o. N. Balizam – Leben – Atdjabel. Lithographie

When King Charles II of England decided to begin a stud of pure Arabian horses, his foundation stock, who became the ancestors of the modern Thoroughbred, came by no means only from Arabia proper. In those days, one did not know as one does today, that only the desert Arabian carries the noblest Arabian type and is the only pure breed, i.e. a breed that transmits its qualities without fail.

v. Egan (1896)

If centuries of unsullied descent, a masterful prepotency – a gift that long and stainless purity of breed alone bestow – mien and bearing haught and high, rounded symmetry of form, the ability to travel far and fast, courage and resolution to struggle and endure, highly-developed intelligence, a generous disposition, a constitution of iron, bone of hardest texture, sinews of steel and flinty hoof – if these go to make up equine perfection, then the true high-caste horses of Nejd, and those shapely steeds of equal birth, bred in the plain between the two rivers that drink of the waters of the Tigris and Euphrates, are assuredly the noblest of their race. Were proof needed of the Arabian's far back and jealously-guarded pedigree, it will be found in his fixity of type, in the characteristic

Carle Vernet. Mameluk en Vedette. Aquatinta von Rolland nach C. V. (um 1800).
Archiv Dr. Thieme

Als König Karl II. von England den Plan faßte, eine rein orientalische Zucht zu gründen, stammten jene Pferde, die zu den Begründern der heutigen englischen Vollblutzucht wurden, bei weitem nicht ausschließlich aus dem eigentlichen Arabien, da man damals noch nicht so genau wie heute wußte, daß nur die Wüstenaraber den edelsten orientalischen Typus, respektive die einzige rein gezogene, also sich unbedingt sicher vererbende Rasse besitzen.

v. Egan (1896)

Wenn eine über Jahrhunderte hinweg makellose Abstammung, eine enorme Durchschlagskraft – eine Gabe, die nur lange und ungetrübte Reinheit der Zucht mit sich bringt – hoheitsvolles und würdiges Gebaren, Rundheit und Symmetrie der Formen, die Fähigkeit, weite Strecken schnell zurückzulegen, Herz und Kämpfernatur, Ausdauer, hochentwickelte Intelligenz, großherzige Veranlagung, eiserne Konstitution, unvergleichlich harter Knochenbau, stahlharte Sehnen und unverwüstliche Hufe – wenn all diese Eigenschaften zusammen ein Pferd vollkommen machen, dann sind die eigentlichen Elitepferde des Nedschd und ihre schönen Verwandten gleicher Abkunft, die in der Ebene zwischen den beiden Flüssen, die aus den Wassern des Euphrat und des Tigris gespeist werden, mit Sicherheit die edelsten ihrer Rasse. Wenn es überhaupt

Carle Vernet. Cheval Arabe. Lithographie. Archiv Olms

spring of the tail from the crupper. A Seglawi Jedran, a Managhi, or any asil Arab is distinct from other breeds, and could be produced from no other stock in the known world. "All the pride of his race in himself reflected lives!"

Kerr in: W. R. Brown, Horse of the Desert (1929)

As mentioned earlier, the qualities also affected by transplanting the Arabian to foreign soil incude the metallic shine of its hair, the form of ist head, the typical characteristics of its head, its horizontal croup silhouette, the way it holds its tail and, to a certain extent, its "dryness". To say it in the words of practical breeder, there is sometimes a loss of "nobility" which, however, as mentioned before, comes about very slowly and to a lesser degree. In addition to nutrition, climate and keeping in a stable play a role in these changes. Comparisons between

Carle Vernet. Cheval en Liberté. Lithographie aus der Grande Suite de Chevaux (1820).
Archiv Dr. Thieme

eines Beweises für die weit zurückreichende und eifersüchtig gehütete Abstammung des Arabers bedürfte, dann wäre er in der Unverlierbarkeit seines Typs, im charakteristischen Schwung des Schweifes zu finden. Ein Saqlawi Jidran, ein Manaqi oder irgendein anderer Asilaraber unterscheidet sich von jeder anderen Rasse und könnten aus keiner anderen Zucht der Welt stammen. „Jeder einzelne verkörpert den ganzen Stolz seiner Rasse!“

Kerr in: W. R. Brown, Horse of the Desert (1929)

Zu den Eigenschaften, die außerdem bei Verpflanzung des Arabers auf fremde Scholle in Mitleidenschaft gezogen werden, gehören, wie schon erwähnt, der Metallglanz des Haares, die Kopfbildung, die typischen Merkmale des Kopfes, die horizontale Kruppensilhouette, die Schweifhaltung und in gewissem Grade

countries with a continental climate and those with a maritime climate confirm this. These modifications can preferably be traced back to the maritime climate and the resulting high humidity of the air.

H. Seydel (1932)

On this occasion I saw how the Arabians manipulate their horses, how they hurl their lances and spears, pick up the spear from the ground during the fastest ride. And particularly, how the horses take on a completely different form from their ordinary, sleepy walk. At first glance, the horses do not look pretty at all. They are skinny, let their heads droop down and walk around very slowly. But one does not recognize them when they feel a good rider. They proudly raise their beautiful, finely shaped heads with their glowing eyes; move their fine, delicate hooves with unparalleled grace and swiftness, and jump up hill and down dale with such sureness and ease that one very rarely hears of any accidents. It is a true pleasure to watch such manoeuvres.

Ida Pfeiffer (1969)

The assessment of type according to the exterior allows the expert to judge, for the most part, the interior, i.e. to largely pass from the appearance to the inner willingness to perform. Let us repeat here what Oberlandstallmeister Dr. Heling has said on this subject: "A noble, distinguished, pure, dry, sharply contoured, fine-skinned, straight- and shiny-haired type, coupled with an energetic expression as hard as steel, betray a different inner willingness than a common, unclear, bloated, washed-out, indefinite, coarse-skinned, dull type, coupled with a flat or soft expression lacking energy", whereby assessment is facilitated to a high degree by observing movement and the expression in the "animated" eye.

E. Bilke (1976)

It is a fact that desert Arabians can only be bred in the desert, but the cultured Arabians of all countries display the Arabian basic type.

E. Bilke (1976)

auch die „Trockenheit". Mit den Worten des praktischen Züchters gesprochen, stellt sich mithin ein Verlust an „Adel" ein, der allerdings, wie schon erwähnt, nur sehr langsam und in geringem Grade vor sich geht. Bei den Veränderungen spielen neben der Ernährung Klima und Stallhaltung mit. Dies bestätigen Vergleiche zwischen kontinental und im Seeklima gelegenen Ländern. Jedenfalls sind diese Modifikationen vorzugsweise auf das Seeklima und den damit verbundenen hohen Feuchtigkeitsgehalt der Luft zurückzuführen.

H. Seydel (1932)

Bei dieser Gelegenheit sah ich, wie die Araber ihre Pferde zu tummeln verstehen, wie sie ihre Lanzen und Spieße schleudern, im schnellsten Ritt die Lanze vom Boden wieder aufheben, und besonders wie die Pferde dabei eine ganz andere Gestalt annehmen als in ihrem gewöhnlichen, schläfrigen Schritt. Auf den ersten Anblick haben die Pferde gar kein hübsches Ansehen. Sie sind mager, lassen den Kopf ziemlich hängen und schreiten ganz langsam daher. Wenn sie aber einen tüchtigen Reiter fühlen, kennt man sie nicht mehr. Sie heben ihre schönen, schmal geformten Köpfe mit den glühenden Augen stolz in die Höhe; werfen ihre feinen, zarten Füße mit einer Anmut und Behendigkeit sondergleichen und setzen mit einer solchen Sicherheit und Leichtigkeit über Stock und Stein, daß man höchst selten von einem Unglück hört. Es ist ein wahrer Genuß, so ein Manöver zu sehen.

Ida Pfeiffer (1969)

Die Typ-Beurteilung des Exterieurs ermöglicht dem Kundigen bis zu einem hohen Grade ein Urteil über das Interieur, also vom Erscheinungsbild bis zu gewissen Grade den Blick auf die innere Leistungsbereitschaft. – Wiederholt sei hier, was Oberlandstallmeister Dr. *Heling* dazu sagte: „Ein edler, prägnanter, reiner, trockener, scharf konturierter, feinhäutiger, glatt- und glanzhaariger, mit energischem stahlhartem Ausdruck gepaarter Typ verrät eine andere innere Bereitschaft als ein ordinärer, unklarer, schwammiger, verwaschener und verschwommener, derbhäutiger, stumpfer, mit mattem und molschem oder weichem, energielosem Ausdruck verbundener Typ", wobei die Beachtung von Bewegung, der Blick auf den Ausdruck des „beseelten" Auges die Beurteilung wesentlich unterstützen.

E. Bilke (1976)

o. N. In der syrischen Wüste. Stich. Archiv Olms

The importance of the Abbas Pasha Stud can hardly be overestimated in the history of the Arabian horse. First, the purity of the stock he obtained was without doubt authentic ...

So anxious was he (the Viceroy) to preserve their type that he engaged Bedouins from Arabia of high birth and position, capable not only of watching over and directing the management of his Stud on strictly Bedouin lines, but also of checking the accounts given of genealogies, and so of precluding any chance of error.

Greely (1976)

Classic Arabians are not exclusive to any country or any one group of bloodlines. However, we owe the greatest debt of gratitude to Arabia and Egypt, for they have remained a pure source of supply since time immemorial. They are the rock upon which the Arabian horse world's foundation is built.

Forbis (1976)

o. N. The Pride of the Desert. Stich. Archiv G. von Brincken

Man kann Wüstenaraber eben nur in der Wüste züchten, jedoch zeigen die Kulturaraber aller Länder in ihrer Art den arabischen Grundtyp.

E. Bilke (1976)

Die Bedeutung des Gestüts von *Abbas Pascha* für die Geschichte des arabischen Pferdes kann gar nicht hoch genug eingeschätzt werden. Zum Ersten kann kein Zweifel an der Reinheit des von ihm erworbenen Zuchtmaterials bestehen ...

Ihm lag so viel daran, ihren Typ zu erhalten, daß er arabische Beduinen von hoher Geburt und Stellung in seine Dienste nahm, die das Gestüt nicht nur streng nach Beduinenart führten und leiteten, sondern auch in der Lage waren, angegebene Abstammungen zu überprüfen und so auch den geringsten Irrtum auszuschließen.

Greely (1976)

Klassische Araber sind weder auf ein bestimmtes Land noch auf eine bestimmte Gruppe von Blutlinien beschränkt. Das größte Verdienst an seiner Erhaltung haben aber Arabien und Ägypten, denn seit undenklichen Zeiten sind sie die Quelle von reinem Material gewesen. Sie sind der Felsen, auf den sich die arabische Pferdezucht gründet.

Forbis (1976)

Victor Adam. Arabe. Lithographie (um 1840). Archiv Dr. Thieme

The Arabian horse with his much praised virtues, is a phenomenon of Nature. This is especially due to the enormous lack of natural resources in the deserts of inner Arabia. The constant involuntary wanderings in search of food for man and beast, for water in a murderous climate, and the unspeakable effort and hardship involved all enforce the most stringent tests for survival. No mercy is given in this struggle for life. Only the hardiest and the very best remained to pass on their inheritance. Thus, the hereditary disposition was purified and in addition condensed by very close inbreeding within the individual strains which were also often diminished by wars. The asil Arabian horse has developed in isolation secluded from the outside world. But this very seclusion has given him his prepotency and made him the regenerating force for all other breeds of horses ...

Wenzler (1977)

As regards conformation, size, sturdy build, weight, muscles etc., the pure-bred Arabian horse is a special product of the influence of thousands of years of old high-performance breeds as well as of the surroundings determining the way in which it is kept and feed. As a result of its low demands and its gratitude for any fodder whatsoever, it is, like hardly another race of horse, extremely receptive

Carle Vernet. Sprung über die Mauer. Lithographie. Archiv Sigg-Gietz

Das arabische Pferd mit seinen vielgerühmten Eigenschaften ist ein Naturphänomen, insbesondere dank einer unerbittlichen, natürlichen Auslese in der Wüste Innerarabiens. Die dauernden, unfreiwilligen Wanderungen um die Nahrung für Mensch und Tier und um das Wasser in einem mörderischen Klima mit unsäglichen Strapazen und Mühsalen waren Zerreißproben für das Überleben. Erbarmungslos ist dort der Kampf um das Dasein. Nur das Beste, Anspruchsloseste blieb Träger des Erbgutes. Das läuterte die Erbanlagen, und obendrein wurden sie in den oft durch Kriege zusammengeschmolzenen Herden durch engste Inzucht noch verdichtet. In der Isolierung, abgeschieden von der Außenwelt ist der asile Araber geworden. Gerade das aber hat ihm auch jene Durchschlagskraft verliehen und ihn zum Regenerator für andere Pferderassen gestempelt...

Wenzler (1977)

Das Arabische Vollblutpferd ist im Hinblick auf den Körperbau, die Größe, die Gedrungenheit und Rumpfigkeit, auf Gewicht, Bemuskelung usw. ein besonderes Produkt des Einflusses Jahrtausende alter Hochleistungsrassen sowie seiner die Haltung und Fütterung bestimmenden Umgebung. Es ist wie kaum eine andere Pferderasse infolge seiner Anspruchslosigkeit bzw. Futterdankbarkeit

Victor Adam. Ibrahim Pasha. Lithographie (1840). Archiv Dr. Thieme

to better and more intensive rearing and feeding. It responds to this with a stronger build, larger stature and a decline in trueness to type if the traditional rearing methods using the "pure-bred" process are not adhered to.

Flade (1977)

All these types had in common the genetic inheritance which enabled the horse to adjust its organism phenotypically to the extremely unfavourable conditions of the central Arabian steppe and desert regions and their marginal zones and at the same time produce very high physiologic performances. Accordingly the population which thus came into existence was very homogeneous with regard to certain morphological characteristics vital for survival.

Flade (1977)

äußerst empfänglich für bessere und intensivere Aufzucht und Ernährung, die es mit entsprechend stärkerem Körperbau, größerem Wuchs und dem Rückgang der Typtreue quittiert, wenn nicht an der überlieferten Aufzuchtmethode unter Verwendung reinblütiger („Vollblut") Vorfahren festgehalten wird.

Flade (1977)

Allen diesen Typen gemeinsam waren aber die genetischen Anlagen, die das Pferd befähigten, seinen Organismus phänotypisch an die extrem ungünstigen Lebensverhältnisse in den zentralarabischen Steppen- und Wüstengebieten und deren Randzonen anzupasssen und dabei noch sehr hohe physiologische Leistungen zu vollbringen. Diese so entstandene Population war demzufolge hinsichtlich bestimmter lebenserhaltender morphologischer Merkmale sehr einheitlich.

Flade (1977)

Die Pferderasse, die durch Naturauslese und Zuchtwahl im Land zwischen Indischem Ozean und Mittelmeer und zwischen Tigris und Nil entstand, übertraf an Qualität alles, was es sonst an domestizierten Equiden gab. Diesen Schatz zu bewahren wurde von den Stiftern und Bewahrern des Islam zur religiösen Pflicht erhoben und die Araber-Rasse zu einer geschlossenen Gesellschaft erklärt, in die nie und unter keinen Umständen die Gene fremder Pferdeschläge eindringen durften.

W. *Schraps* (1982)

Die Halbinsel Arabien stellt eine riesige, gegen Osten geneigte wüstenhafte Tafel mit unregelmäßiger Oberfläche dar, die durch steilwandige Täler – sog. Wadis – und im Westen, Südwesten und Osten durch hohe regenfangende Randleisten vom Meer und den schmalen Küstenebenen abgetrennt ist.

Die höchsten Erhebungen werden im Jemen und im Oman Gebirge (sic!) (über 3000 m) erreicht. Das in der Breite von Mekka verhältnismäßig niedrige Gebirge gestattet den Zugang zum Inneren. Innerarabien wird durch das zentrale Bergland des Nedjd (bis 1800 m) in zwei durchschnittlich nur 1000 m hohe wüstenhafte Tafelregionen geteilt.

Die südliche, die ‚Große Arabische Wüste' ist ein großes Sand- und Dünenmeer, weist jedoch auch große Felswüstenstrecken und Salzsümpfe auf. Im Nordteil kommen in der ‚Wüste Nefud' neben reinen Sand- und Dünengebieten (bis 100 m hoch) auch Kies- und Felswüsten von großer Ausdehnung vor.

Asil-Breeding/Original Regions of Breeding

The race of horses which originated in the land between the Indian Ocean and the Mediterranean and between the Tigris and the Nile by means of natural selection and breeding was of a higher quality than any other kind of domesticated horse. The founders and keepers of Islam made it a religious duty to preserve this treasure and declared the Arabian race to be a closed society in which never, under any circumstances whatever, were the genes of foreign strains of horse to be introduced.

W. Schraps (1982)

The Arabian peninsula is a huge, desert-like plateau sloping towards the east, with an irregular surface which is separated from the sea and the narrow coastal plains by steep-cliffed valleys – so-called Wadis – and, in the west, south-west and east, by high, rain-catching ledges.

The highest elevations are in the Yemen and Oman mountains (over 3000 m). The relatively low mountain range in the latitude of Mecca permits access to the interior. Inner Arabia is divided by the central mountain area of the Nedjd (up to 1800 m) into two desert-like plateau regions with an average height of only 1000 m. The southern region, the "Great Arabian Desert", is a large stretch of sand and dunes, but it also features large rocky desert stretches and salt marshes. In the northern section, in the "Nefud Desert", there are, in addition to pure sand and dune areas (up to 100 m high), also very extensive gravel and rock deserts. The middle part, the highland of Nedjd, rises higher in the piled-up mountains and therefore has considerably more rainfall.

The vegetation in Arabia is in keeping with the climatic situation. We can distinguish between continuous flora and rain flora. During the rainy season, the steppes are covered with a thick carpet of blossoming plants, which for this period offer sufficient pasture to the herds of cattle belonging to the Bedouins ...

The prevailing spread of the dry steppe enables the Bedouin to lead a nomadic way of life, or rather him to do so. ... Oases and cultivated land are divided principally over two zones in Arabia: the highland of Nedjd and the coastland and peripheral areas, in particular the foot zones of the peripheral areas. In the Nedjd, the largest and best-known oases are, for example, those of Hail and in particular of Riyadh and its surroundings.

K. H. Kirsch (1983)

Victor Adam. L'Asie. Archiv Olms

Das Mittelstück, das Hochland von Nedjd, steigt in aufgesetzten Gebirgen höher auf und wird daher stärker beregnet ....

Etwa vier Fünftel Arabiens weisen einen subtropischen Charakter auf; der Süden gehört bereits dem tropischen Klima an. Nahezu konstant hohe Temperaturen und eine hohe relative Luftfeuchtigkeit zeichnen diese Region aus. ...

Entsprechend der klimatischen Situation präsentiert sich die Vegetation in Arabien, bei der eine Dauerflora und eine Regenflora unterschieden werden können. Zur Regenzeit bedeckt sich die Steppe mit einem dichten Teppich blütenreicher Gewächse, die den Viehherden der Beduinen für diesen Zeitraum ausreichend Weide bietet....

Carle Vernet. O. T. (Pferd unter einem Baum). Lithographie aus der Grande Suite de Chevaux (1820) Archiv Dr. Thieme

The fact that the Arabian peninsula is surrounded by water on three sides and, in the North, large areas of desert make access difficult, the factors of mutation and selection have been joined by that of isolation in the formation of the race. The Bedouins used the Arabian as a riding horse only. These nomads required a powerful, undemanding war horse with stamina. This has put its stamp on the race, so that the Arabians belong to the most original of all races of riding horse.

O. Saenger (1990)

Carle Vernet. O. T. (Pferd im Sturm). Archiv Olms

Die überwiegende Verbreitung der Trockensteppe erst ermöglicht dem Beduinen eine nomadisierende Lebensweise bzw. zwingt ihn dazu .... Oasen und kultiviertes Land verteilen sich vor allem auf zwei Zonen Arabiens: auf das Hochland von Nedjd und auf Küsten und Randgebiete, insbesondere die Fußzonen der Randgebiete. Im Nedjd sind die bekanntesten und größten Oasen u.a. die von Hail sowie vor allem von Riyadh mit ihrer weiteren Umgebung.

K.-H. Kirsch (1983)

Dadurch, daß die arabische Halbinsel an drei Seiten vom Meer umgeben ist und im Norden große Wüstenräume den Zugang beschwerlich machen, hat neben Mutation und Selektion der Faktor Isolation hier wesentlich zur Rassebildung beigetragen. Die Beduinen benutzten den Araber nur als Reitpferd. Diese Nomaden brauchten ein leistungsstarkes, ausdauerndes und genügsames Kriegspferd. Diese Gegebenheiten haben die Rasse geprägt, die Araber gehören somit zu den ursprünglichsten aller Reitpferderassen.

O. Saenger (1990)

The Desert Type: Conformation, Refinement, Beauty, Harmony, Delicate Modeling

As to the presumption maintained by the adversaries of the oriental breed that their bones are too flimsy, their legs too thin, these people may go and see for themselves the resistance of these bones which are solid almost throughout, the strength of their muscles and the elasticity and firmness of their tendons, and the performance such a refined, but nevertheless strong animal is capable of.

Jäger (1851)

Beautifully as the Arabian horse bred here may have been preserved, perfectly as it may correspond to all our practical requirements, little as it may have changed in its conformation, the desert bred has something characteristic in its look, in the peculiar metallic shine of its hair, in the firmness of its muscles, in the steel of its tendons and hooves, in the special animation of its temperament, which distinguishes it. As the real expert will at first sight tell the original old master from the most excellent copy, so the expert of the Arabian horse will easily discern the desert bred from the Arabian horse bred here, for art will prevail upon nature but little.

v. Hügel in: Jäger/Hügel/Schmidt (1851)

And he in turn agreed with me in the question of blood, in that we claimed that a badly conformed purebred horse is to be preferred above a perfectly conformed halfbred.

Indeed, the Arabian is the most important war horse in the world; he can bear privation and hardships better than any other horse, for his unflagging courage stimulates his physical abilities.

Guarmani (1864)

But to return to the horses now before us; never had I seen or imagined so lovely a collection. Their stature was indeed somewhat low; I do not think that any came fully up to fifteen hands; fourteen appeared to me about their average; but they were so exquisitely well shaped that want of greater size seemed hardly, if at all, a defect. Remarkably full in the haunches, with a shoulder of a slope so elegant as to make one, in the words of an Arab poet, "go raving mad about it;" a little, a very little, saddle-backed, just the curve which indicates springiness without any weakness; a head broad above, and tapering down to a nose fine enough to verify the phrase of "drinking from a pint-pot," did pint-pots exist in

Wüsten-Typ: Exterieur, Adel, Schönheit, Harmonie, Trockenheit

Führen Andere, Gegner der orientalischen Race, an, dass die Knochen zu fein, die Beine zu dünn seien, so mögen sie sich von der Festigkeit jener Knochen, die nur eine höchst unbedeutende Höhlung haben, von der Stärke der Muskeln und der Elasticität und Straffheit der Sehnen überzeugen, und von dem, was ein so feines, aber dennoch kräftiges Thier zu leisten vermag.

Jäger (1851)

So schön auch das hier gezogene arabische Pferd sich erhalten hat, so vollkommen es auch allen unseren praktischen Anforderungen entspricht, so wenig es auch in den äußeren Formen sich verändert hat, so hat doch das arabische Pferd der Wüste in seinem Blick, dem eigentümlichen Metallglanz des Haares, in der Derbheit seiner Muskeln, in dem Stahle seiner Sehnen und Hufe, in dem eigentümlichen Feuer seines Temperaments etwas Charakteristisches, was es vor jenem ... auszeichnet. Gleich wie der wahre Kunstkenner das Original des berühmten alten Meisters von der gelungensten Kopie auf den ersten Blick unterscheidet, ebenso wird auch der Kenner des arabischen Pferdes den Araber der Wüste leicht von dem hier gezogenen unterscheiden, denn stets wird die Kunst nur wenig gegen die Natur vermögen.

v. Hügel in: Jäger/Hügel/Schmidt (1851)

Und er wiederum war bei der Frage des Blutes einverstanden mit mir, indem wir behaupten, daß ein schlecht gebautes Reinblutpferd einem perfekt gebauten Halbblut vorzuziehen ist ...

In der Tat, der Araber ist das wichtigste Kriegspferd der Welt; er erträgt mehr als jedes andere Pferd Entbehrungen und Mühe, da die Energie seines nie fehlenden Mutes seine physischen Qualitäten fördert.

Guarmani (1864)

Ich hatte nie eine so hübsche Sammlung von Pferden gesehen oder geträumt. Ihr Wuchs war allerdings etwas niedrig, ich glaube kaum ganze fünfzehn Handbreit hoch; im Durchschnitt vielleicht vierzehn, wie mir schien; aber sie waren so ausserordentlich wohlgebildet, dass der Mangel an Grösse durchaus nicht als ein Fehler erschien. Merkwürdig voll an den Schenkeln, zierlich geschweiften Schultern, ganz wenig satteltiefem Rücken, genau die Curve, welche Spannkraft

Thomas Allom. The Atmeidan or Hippodrome and the Mosque of Achmed with the Column of Constantine and the Egyptian Obelisk. Stahlstich (1839). Archiv Dr. Thieme

Nejed; a most intelligent and yet a singularly gentle look, full eye, sharp thorn-like little ear, legs fore and hind that seemed as if made of hammered iron, so clean and yet so well twisted with sinew; a neat round hoof, just the requisite for hard ground; the tail set on or rather thrown out at a perfect arch; coats smooth, shining, and light; the mane long but not overgrown nor heavy; and an air and step that seemed to say "look at me, am I not pretty?" their appearance justified all reputation, all value, all poetry.

W. G. Palgrave (1865)

At this moment a new troop of riders appeared from out of the desert. In the lead there rode – or rather flew across the sand – an Arab on a grey stallion whose hooves seemed not to touch the ground. His hair was the colour of milk fresh from the cow and his mane and tail flying in the air were turned into silver by the sun. Blood and fire flashed from his wide open nostrils, and his black protruding eyes had the expression of human faithfulness which is proper only to horses of the purest blood.

One would be inclined to say that this horse owned a conscious soul, a soul which knew about the efficiency of the creature to which it belonged, but mourned for it being enclosed into an animal's body by the Creator. Every vein

Emil Schub. Mehemed Ali auf einer Spazierfahrt. Lithographie (1845). Archiv Dr. Thieme

ohne irgend welche Schlaffheit anzeigt; ein oben breiter Kopf, der nach der Nase spitz zuläuft; ein höchst kluger und doch ausserordentlich sanfter Blick, volles Auge, scharf gespitztes Ohr, Beine hinten und vorne wie aus Eisen getrieben, so rein und doch so schön mit Sehnen durchflochten; ein hübscher, runder Huf, ganz wie ihn der harte Boden verlangt; der Schweif in einem vollkommenen Bogen geworfen, das Fell glatt und glänzend; die Mähne lang, aber nicht übermässig voll, und eine Haltung und Schritt, als ob sie sagen wollen, „seht nur, wie schön ich bin".

W. G. Palgrave (1865)

In dem Momente aber erschien ein neuer Trupp Reiter, die aus der fernen Wüste kamen, an ihrer Spitze ritt – was sag ich – flog über die Erde ein Araber auf weißem Hengst, dessen Huf den Sand nicht zu berühren schien. Die Haarfarbe des Hengstes war diejenige frisch gemolkener Kuhmilch und die in der Luft wehende Mähne und Schweif waren wie durch die Sonne in Silber verwandelt, Blut und Feuer sprühte aus seinen weit geöffneten Nüstern und das schwarze hervorstehende Auge hatte jenen Ausdruck menschlicher Treue, der nur Pferden reinsten Bluts eigen ist.

Man hätte sagen mögen, daß jenes Pferd eine bewußte Seele in sich habe, eine Seele, die da die Tüchtigkeit des Wesens fühlt, dem sie angehört und die darüber trauert, daß der Schöpfer sie in einen Thierkörper eingeschlossen. Jede Ader

A. Martinet. Retour de l'Armée de Syrie au Kaire. Stich nach Réville. Archiv Olms

was full of life, every tendon, whether tense or not, appeared in all its purity and perfection, the whole appearance of the figure, the transparency of the flexures were so perfect, the movements and turn were so gracious and well rounded that one's eye, bewitched by this sight, had no confidence in itself, and the mind doubted whether this was reality or fantasy.

Graf Julius Dzieduszycki in: v. Hutten-Czapski (1876)

He is a very perfect animal; he is not large here and small there. There is a balance and harmony throughout his frame not seen in any other horse. He is the quintessence of all good qualities in a compact form.

R. D. Upton (1881)

A. Martinet. Bataille des Pyramides. Stich nach Réville. Archiv Olms

sprühete Leben, jede Sehne, ob gespannt oder nicht, erschien in ihrer Reinheit und Vollendung, der ganze Habitus der Gestalt, die Durchsichtigkeit jeder Biegung war so vollendet und die Grazie der Bewegungen und Wendungen so anmuthig und abgerundet, daß das durch den Anblick bezauberte Auge sich selbst nicht traute und in der Seele Zweifel entstanden, ob das Wirklichkeit oder Täuschung.

Graf Julius Dzieduszycki in: v. Hutten-Czapski (1876)

Er ist ein vollkommenes Tier; er ist nicht zu groß hier und nicht zu klein da. Kein anderes Pferd zeigt die Ausgewogenheit und Harmonie seines Körperbaus. Er ist die Quintessenz aller guten Eigenschaften in einer dichten Gestalt.

R. D. Upton (1881)

Carle Vernet. Cheval Arabe. Lithographie (um 1817). Archiv Dr. Thieme

Truly, there may be more in "blood", as it is called, than we know of; though this, to be sure, applies to most things.

Not only the Arab man, and the Arab horse, but also very many of the creatures of the Arabian plain, from the largest antelopes down to the tiny *yar-bû'*, or jumping-mouse, are remarkable for the grace and beauty, the absence of all useless substance, and the signs of "blood" or "quality", which belong to them. In this respect the Arab greyhound resembles the Arab horse. A more sprite-like creature, or one more completely made for speed, was never moulded by man or nature. So far as these observations refer to tent-bred animals, they more or less point to the force of *pure breeding;* but the hawks and bustards, antelopes and wild asses, of the desert, must owe their refined proportions to the soil and climate.

Tweedie (1894)

The beauty of his head, ears, eyes, jaw, mouth and nostrils should be seen to be appreciated. The ears are not small, but are so perfectly shaped that they appear small. The head is short from the eye to the muzzle and broad and well deve-

o. N. O. T. (Spielende Hengste). Lithographie (um 1840). Archiv Dr. Thieme

An dem, was wir „Blut“ nennen, mag also tatsächlich mehr sein, als wir wissen, obgleich man das natürlich von den meisten Dingen sagen kann. Nicht nur der Araber und sein Pferd, auch sehr viele andere Geschöpfe der arabischen Wüste, von der größten Antilope bis zur winzigen yar-bu, der Springmaus, sind von auffallender Anmut und Schönheit. Nichts Überflüssiges ist an ihnen, nur das Zeichen von „Blut“ oder „Qualität“, das ihnen eigen ist. In dieser Hinsicht gleicht der arabische Windhund dem arabischen Pferd. Von so geisterhafter Schnelligkeit, so geschaffen für den raschen Lauf ist kein anderes Wesen, das Mensch oder Natur erdacht haben. Soweit diese Beobachtungen sich auf im Zelt gezogene Tiere beziehen, deuten sie auf die Kraft reiner Blutführung hin. Falken und Bussarde, Antilopen und Wildesel, die Bewohner der Wüste, können ihre edlen Proportionen jedoch nur dem Boden und dem Klima verdanken.

Tweedie (1894)

Man muß die Schönheit von Kopf, Augen, Ohren, Kinn, Maul und Nüstern sehen, um sie zu ermessen. Die Ohren sind gar nicht klein, aber so perfekt geformt, daß sie klein erscheinen. Der Kopf ist kurz vom Auge zur Nase, oberhalb des Auges aber breit und gut entwickelt. Der Augenausdruck ist auffallend sanft und intelligent mit einem rassetypischen Funkeln. Trotzdem nimmt es

Victor Adam. Jument et son Poulain. Lithographie (um 1835). Archiv Dr. Thieme

loped above. The eye is peculiarly soft and intelligent with a sparkle characteristic of the breed. Yet when it lights up with excitement it does not have the strained wild look, and pained, staring expression often seen in European horses. The nostrils, long and puckered, are drawn back and are capable of great distention. The neck is a model of strength and forms a perfect arch that matches the arch of his tail. The throat is particularly large and well developed. It is loose and pliant when at rest, and much detached from the rest of the neck. This feature is not often noticed, though it is indicative not only of good wind, but of prolonged exertion without distress, owing to the great width between the jaws. The two great features, possibly, that a novice would notice quickest in the Arab horse, is the forehead, or jibbah, which cannot be too prominent, and the other is the tail set high and carried in an arch.

The build of the Arab is perfect. It is essentially that of utility.

H. Davenport/Ch. and J. Craver ([1911]/1992)

Victor Adam. Zwei Pferde. Archiv Olms

auch in der Erregung nie den angestrengt wilden Blick an, den schmerzlichen, starren Ausdruck, den man so oft bei europäischen Pferden sieht. Die länglichen, gekräuselten Nüstern sind zurückgezogen, können sich aber weit blähen. Der Hals ist die Verkörperung der Kraft; sein vollendeter Schwung entspricht dem Schwung des Schweifes. Der Kehlgang ist breit und gut entwickelt. Im Ruhezustand ist die Kehle entspannt und biegsam, deutlich abgehoben vom übrigen Hals. Dieser Eigenschaft wird oft wenig Bedeutung zugemessen, obwohl sie nicht nur ein Anzeichen von guter Atemkapazität ist, sondern auch – infolge der Breite zwischen den Backenknochen – von großer Ausdauer auch bei starker Anstrengung. Die beiden Eigenschaften, die auch dem Unerfahrenen zuerst auffallen würden, sind die Stirn oder jibbah, die so vorgewölbt wie nur möglich sein soll, und der hochangesetzte, schön geschwungene Schweif.

Edwin Henry Landseer. The Hunting of Chevy Chase. Öl auf Leinwand. Birmingham City Museums

As to the influence taken by man, mention should be made of the delicate modeling of the sinews, bones, and muscles which show clearly under the very thin skin. It may be said that in the case of the pure-bred Arabian it is related to his "smallness". It is first of all due to the small amount of water held by the tissue. The Arabian of the desert has "shrivelled" to the sheer minimum of body possible. There is nothing that could without necessity increase the body weight or the size. This "shrivelling" of the whole organism can surely be traced down to the soil and the food given to the horses in the desert by their owners.

Seydel (1932)

Der Araber ist vollendet gebaut. Grundprinzip dieses Gebäudes ist die Leistungsfähigkeit.

H. Davenport/Ch. u. J. Craver([1911]/1992)

Bei der Beeinflussung von seiten des Menschen ist ferner die „Trockenheit" zu erwähnen. Man kann sagen, daß sie beim arabischen Vollblutpferde in Beziehung zu der „Kleinheit" steht. Sie ist vor allem bedingt durch den geringen Wassergehalt der Gewebe. Der Wüstenaraber ist auf das unbedingt noch gerade notwendige Körperminimum „zusammengeschmolzen". Nichts ist vorhanden, was das Körpergewicht unnötig erhöhen oder die Körpergröße steigern würde. Dies „Zusammenschmelzen" des gesamten Organismus ist neben der Scholle sicherlich auch auf die Nahrung zurückzuführen, die dem Wüstenaraber vom Menschen gereicht wird.

Seydel (1932)

Der Beduine, bei dem Leistung alles gilt und das schöne Exterieur nicht viel, ist zu dem Grundsatz gelangt „Reines Blut ist alles", da er auf seinen Kriegs- und Beutezügen die große Überlegenheit dieser besonderen Rasse auch gegenüber den anderen arabischen Pferden feststellte.

Seydel (1933)

Es sind hierfür die rein orientalischen Zuchten [in Europa] einer Betrachtung unterzogen worden, da bei ihnen der Einfluß der Scholle am deutlichsten in Erscheinung tritt und die europäischen Züchter sich darüber klar sein müssen, daß sie bei Kreuzungen nur soviel aus dem Genotyp des Arabers werden herausholen können, als dieser in der Reinzucht auf europäischer Scholle noch in Erscheinung tritt. Dabei kann man nun feststellen, daß all diese Zuchten ohne ständigen Import von Originaltieren nicht ausgekommen sind. Wir sehen also, daß sich unter veränderten Umweltverhältnissen auf die Dauer der äußere Typ selbst bei Reinzucht nicht ganz bewahren läßt.

Veränderungen des Typs ... zeigen sich merklich in der Regel erst von der 4. Generation ab. Außer der schon erwähnten Zunahme der Größe bestehen sie darin, daß die typischen Merkmale des Kopfes verschwinden, die horizontale Kruppensilhouette und Schweifhaltung nicht mehr so ausgeprägt auftreten, die „Trockenheit" und der eigentümliche Metallglanz des Haares Abänderungen erleiden ... Der Typ läßt sich auf die Dauer nicht erhalten ohne ständigen Import von Originaltieren.

Seydel (1932)

The Desert Type

The Bedouin, for whom performance is everything and a beautiful exterior does not count for much, came to the principle "pure blood is all"; seeing, as he did, in combat and on raids, the great superiority of this special race over the other Arabian horses.

Seydel (1933)

The conformation of the pure-bred Arabian makes him an especially useful horse for riding purposes.

Relatively long withers, short back and long croub combine to met in an extraordinary way the rider's wish to transfer most of the weight to the hind quarters in order to relieve the forehand ... Nature bestowed the pure-bred Arabian with talents other horses have normally to be trained and taught to develop: Because of this typical conformation he has no difficulty in collecting himself on his hind quarters and balancing himself under the rider.

Moreover, the flexibiltiy of his neck vertebrae, especially of the epistropheus and its neighbouring vertebra, allow him to bend his neck easily. The natural free carriage of the head and neck plus the bulk of the weight shifted towards the hind quarters as is shown by the Arabian is always a source of admiration. It is surprising how they are able to turn and bend their heads in all directions in the most graceful manner though in the desert they are ridden without reins.

Seydel (1933)

We are all familiar with the often somewhat exaggerated fanaticism which the bedouins and some Europeans show for the purity of blood. But the "pure blood" of the various Arabian strains, to which such miraculous powers are ascribed, is indeed correlated with the high athletic ability of the true Arabian. That is to say that greater air supply and greater endurance are not caused by the wide throat of the entirely pure Seglawi or Kehailan Arabians, but by the harmony and balance of the sceletal structure and the structure and angles of the joints, such as can only be found in the optimally balanced wild animal. Since the true, genuine asil Arabian embodies an almost pure principal form ..., all aspects of his bodily structure still fit together perfectly, as they have learned to

o. N. Löwenjagd. Lithographie. Archiv Olms

Uns allen ist der oft etwas übertriebene Reinblutfanatismus der Beduinen und mancher Europäer bekannt. Mit dem „reinen Blut" der einzelnen arabischen Unterrassen, dem so große Wunderkraft zugeschrieben wird, hängt aber tatsächlich die große Leistungsfähigkeit gerade des echten Arabers zusammen. Dabei ist nicht etwa der besonders weite Kehlgang ganz reiner Saqlawi- oder Kuhailanaraber schuld an „viel Luft" und dadurch bewirkter großer Ausdauer, sondern die Harmonie und das Zusammenpassen von Knochen- und Gelenkbau und -winkelung, wie sie nur das optimal ausgewogene Wildtier besitzt. Da der wirklich echte, asil gezogene Araber eine noch beinahe reine Stammform verkörpert ..., passen bei ihm noch alle Körpermerkmale zueinander, da sie sich

Franz v. Pausinger. Ausritt zur Falkenjagd. Holzschnitt nach F. v. P.

function together during many thousands of years. Each smallest part of the anatomy correlates in every aspect of its structure with the overall structure of the animal. When foreign blood is introduced and disturbs the balance, the results are irregularities which may often not be obvious to the eye, but nevertheless cause a lessening of the athletic ability and a greater susceptibility to wear.

M. Schäfer (1971)

Franz v. Pausinger. Jordan-Beduinen. Holzschnitt nach F. v. P.

in vielen Jahrtausenden aufeinander eingespielt haben. Jeder kleinste Körperteil hängt bis in seinen Feinbau hinein mit dem Gesamtbauplan eines Tieres zusammen. Wird diese Harmonie nun durch Fremdblut gestört, so entstehen Unstimmigkeiten, die zwar äußerlich häufig nicht bemerkt werden, innerlich jedoch zu einer Verminderung der Leistungsfähigkeit und zu schnellerem Verschleiß führen.

M. Schäfer (1971)

The Desert Type

In breeding Arabian horses, colour is not considered to be as important as pure blood, refinement and performance!

As in every breed of horse, the Arabian horses are divided into two largely differing types: those whose duty it is to preserve the refinement and temperament of the race and those who are to preserve the more practical qualities. Wherever there are a great many stallions of different breeds together in official studs, it is simple to distinguish these two basic types. In the Arabian breed, too, the first category is known and necessary for beauty and refinement, race and delicate modeling, wiriness and expressiveness whereas the second category shows a more practical horse who transmits and preserves sturdiness, broad chest, ample girth, strong bones and a high conversion of food. An example of the first type is the very refined Saqlavi, the second is the firm and practical Kuhaylan.

Bilke (1976)

As a result of the differentiated genealogical climatic and feeding conditions, different types of horse developed on the Arabian peninsula. These conclusions are obvious for such a large and multifarious territory. However, what these types all had in common were the genetic traits which enabled the horse to adapt its organism phenotypically to the extremely unfavourable living conditions in the central Arabian steppe and desert areas and their peripheral zones and at the same time to achieve an extremely high physiological performance. The resulting population was thus very homogeneous regarding certain life-maintaining morphological and physiological features.

Flade (1977)

In addition, many European breeders prefer certain physical characteristics in their European saddle-horses, and distain the desert-bred Arabian's traits. Some breeders like their Arabians somewhat or even very much larger. Others prefer a long back or rounded croup. Quite incorrectly, many even consider the light bone to be a sign of weakness, and such opinions again influence breeding to the disadvantage of the desert type.

F. B. Klynstra (1978)

Nicht Farbenzucht, sondern reines Blut, Adel und Leistung bedeuten beim Araber alles! …

Wie in allen Pferderassen gibt es auch bei den arabischen Pferden zwei besonders hervorstechende Typen, solche, die den Adel und Draht bewahren sollen und solche, die den Wirtschaftstyp erhalten müssen. Innerhalb großer Hengstbestände aller Rassen in Landgestüten ragen mehr oder weniger deutlich jene zwei Grundmodelle heraus. Auch die Araberzucht hat und braucht jenen Typ, der Schönheit und Adel erhält, Rasse, Trockenheit, Straffheit und Ausdruck, und den anderen Typ, das praktische Wirtschaftsmodell, welches die runden, leichtfüttrigen Formen gibt und bewahrt, die Tiefe, die Breite, die Knochenstärke. Beim Araber ist das eine der hochedle Siglavityp (Saqlavi), das andere der wirtschaftliche, runde Koheilantyp (Kuhaylan).

Bilke (1976)

Durch die differenzierten genealogischen Klima- und Ernährungsverhältnisse entstanden unterschiedliche Typen des Pferdes auch auf der Arabischen Halbinsel. Diese Schlußfolgerungen liegen für ein solch großes und vielgestaltiges Territorium auf der Hand. Allen diesen Typen gemeinsam waren aber die genetischen Anlagen, die das Pferd befähigten, seinen Organismus phänotypisch an die extrem ungünstigen Lebensverhältnisse in den zentralarabischen Steppen- und Wüstengebieten und deren Randzonen anzupassen und dabei noch sehr hohe physiologische Leistungen zu vollbringen. Diese so entstandene Population war demzufolge hinsichtlich bestimmter lebenserhaltender morphologischer und physiologischer Merkmale sehr einheitlich.

Flade (1977)

Dazu kommt dann noch, daß viele der europäischen Züchter bestimmte Exterieurmerkmale ihrer europäischen Reitpferderassen bevorzugen und die Merkmale des Wüstenarabers mißachten. Einige Züchter sehen die Araber gerne etwas größer oder sogar viel größer. Andere bevorzugen einen langen Rücken oder ein rundes Kreuz. Auch wird von manchen der geringere Röhrbeinumfang, übrigens völlig zu Unrecht, für ein Zeichen der Schwäche gehalten, und solche Ansichten beeinflussen dann wieder die Zucht nachteilig hinsichtlich des Wüstentyps.

F. B. Klynstra (1978)

Carle Vernet. Arabischer Krieger. Archiv Olms

Someone who sees nobility in head and neck only has not yet understood that nobility includes more than mere beauty and charm. A person who has ever compared the elegant, nimble glide of a swallow with the whirring flight of a common sparrow will have a notion of what nobility is. Everything about the swallow is noble: form, nature, movements and flight could not be any different. Everything about the sparrow is common, its behaviour as well as its whirring flight from tree to tree. With a horse it is no different.

Wenzler (1979)

Carle Vernet. Arabischer Hengst. Lithographie. Bibliothèque Nationale Paris

Wer Adel nur in Kopf und Hals sieht, der hat noch nicht begriffen, daß Adel mehr umfaßt als Schönheit und Charme. Wer einmal den eleganten, behenden Gleitflug einer Schwalbe mit dem schwirrenden Flug eines ordinären Sperlings verglichen hat, der ahnt, was Adel ist. Alles an der Schwalbe ist Adel, Körperform, Wesen, Bewegungen und auch der Flug können gar nicht anders sein. Am Spatz ist alles ordinär, sein Benehmen ebenso wie der schwirrende Flug von Baum zu Baum. Beim Pferd ist es nicht anders.

Wenzler (1979)

Therefore we deem most valuable those animals and families which have either faithfully handed down the type for years or those whose close association to desert ancestors gives them high purity of blood or type. What is important is not the national provenance, but the purity.

Wenzler (1980)

It is true, though, that even the recent Arabian horses are not quite uniform, at least when judged on the base of the phenotype. Among the different families there is the Muniqi type, along with the Kuhaylan and Saqlawi families one of the three main groups of breeds as proposed by Raswan which Flade takes as biotypes on account of their formation by the effect of the climate, the principle of performance and in-breeding. These biotypes are variations "whose phenotypes are in accordance with a certain – initially supposed – object of breeding, i.e. phenotypes within the breed of the Arabian horse." There are "three objects of breeding" which differ in details but include the decisive characteristics of the pure-bred Arabian with regard to phenotype as well as in their inheritance. Whereas Kuhaylan and Saqlawi, (from the modern point of view) "classic" types, are similar in conformation, the Kuhaylan type being more masculine, more pronounced and stronger, the Saqlawi type being more feminine, of more rounded forms, more elegant and with finer bone, the Muniqi has a distinctly different conformation.

Kretschmar (1980)

Anyone who has known an Arabian horse recognizes his qualities. He is a creature of delicate modeling and harmonious proportion. His bone is fine and hard, and his skin is thin and smooth. His visual beauty matches the finest painting and sculpture. He moves with subtile fluidity, style, and grace that leaves the finest sculpture and the most beautiful painting far behind. His vitality and economy of motion are unparalleled in any breed. He has a hardiness bred of desert existence that is easily maintained on minimal quantities of food and drink, and his endurance has not been equalled.

Seth B. Burgess (1983)

There was no sovereign, no prince who was not soon set on the Arabian, not for its power alone, but for the almost ethereal beauty Bedouin horses displayed.

W. Schraps (1988)

Es sind deshalb eben die Tiere und Familien, die entweder durch lange Jahre den Typ treu vererbt haben oder jene, die durch nahen Anschluß an Wüstenahnen eine hohe Reinheit des Blutes oder des Typs haben, für uns am wertvollsten. Wichtig ist nicht die nationale Herkunft, wohl aber die Reinheit.

Wenzler (1980)

Allerdings sind – wenigstens dem Phänotyp nach – auch die rezenten Araber nicht ganz einheitlich. Unter den verschiedenen Familien gibt es einen Typ Muʿniqī, der neben Kuḥaylān und Ṣaqlawī zu den drei von *Raswan* vorgeschlagenen Hauptgruppen bzw. -stämmen gehört, welche *Flade* aufgrund ihrer Entstehung durch Klimaeinwirkung, Leistungsprinzip und Inzucht als Biotypen auffaßt. Diese Biotypen sind Varianten, „deren Phänotyp jeweilig einem zunächst angenommenen Zuchtziel entspricht, und zwar innerhalb der Rasse des arabischen Pferdes“. Es handelt sich um „drei Zuchtziele, die im Detail voneinander abweichen, aber die entscheidenden Eigenschaften des Vollblutarabers, sowohl im Phänotyp als auch im Erbgut aufweisen“. Während Kuḥaylān und Ṣaqlawī als (nach heutiger Auffassung) „klassische“ Typen sich im Modell einander nähern, wobei die Form Kuḥaylān maskuliner, markanter und kräftiger, die Form Ṣaqlawī femininer, gerundeter, eleganter und feingliedriger in den begrenzten Körperlinien ist, weicht Muʿniqī in seiner Form deutlich von diesen beiden ab.

Kretschmar (1980)

Jeder, der ein arabisches Pferd gesehen hat, weiß um seine Qualitäten. Es ist ein Geschöpf von eleganter Statur und harmonischen Proportionen. Sein Knochenbau ist fein und fest, seine Haut ist dünn und glatt. Seine optische Schönheit ist dem prächtigsten Gemälde, der vollkommensten Skulptur ebenbürtig. Ja, seine Geschmeidigkeit, sein Stil und seine Anmut lassen die großartigste Skulptur und das schönste Bild weit hinter sich. Seine Lebenskraft und Sparsamkeit der Bewegung finden in keiner anderen Rasse ihresgleichen. Das Leben in der Wüste hat es mit einer Genügsamkeit ausgestattet, die leicht mit geringen Mengen von Wasser und Futter auskommt, und seine Ausdauer kennt nicht ihresgleichen

S. B. Burgess (1983)

Kein Königs-, kein Fürstenhaus, das nicht bald erpicht war auf die Araber und dies nicht nur wegen deren Leistungsfähigkeit, sondern auch wegen der beinahe ätherischen Schönheit, die sich bei den Beduinenpferden fand.

W. Schraps (1988)

The Desert Type

On the Arabian peninsula, this breed was only able to develop through human care. Actually, the whole area has no natural conditions facilitating the emergence of a horse breed, such as for example the original areas in inner Asia. Living together closely with human beings has left a very special mark on the character of the Arabian horse. It is without reserve, good-natured, willing and eager to perform, and it is of a balanced nature. As a result of the Arabian peninsula's being surrounded by sea on three sides and having extensive desert areas in the north, access is extremely difficult, and thus in addition to mutation and selection, the factor of isolation has made a very significant contribution to the formation of the race. The Bedouins only used the Arab as a riding horse. These nomads needed a powerful, tenacious and easily satisfied war horse. These circumstances left their mark on the breed, and the Arabians are thus amongst the most original of all breeds of riding horse.

O. Saenger (1990)

In accordance with Darwin's theory, every animal is said to be, to a high degree, a product of its environment. It takes whole ages before outside influences produce fundermental changes. However, this is possible in a much shorter time if intelligent selection takes place with individuals which bring together the desired qualities in themselves. Once such characteristics have been fixed in the next generation, a high degree of homozygoty is achieved, i. e. they are handed down dominantly and can thus be preserved on a permanent basis, providing the same blood is always used. For the Bedouins of the Arabian peninsula, there were compelling reasons to bring out certain valuable characteristics in a horse. The efforts to maintain these have continued right into our century *(Brown).*

The Asil Arabian horse unifies the best imaginable qualities. Honest character, exceptional intelligence, great ability to perform and a high hereditary prepotency are the results of selection lasting centuries, particularly due to relentless living conditions in the Arabian desert, whilst at the same time maintaining a pure blood line, not last of all through in-breeding.

Dietrich Olms (1991)

Auf der arabischen Halbinsel konnte sich diese Rasse nur entwickeln unter Betreuung des Menschen. Das gesamte Gebiet hat im eigentlichen Sinne keine natürliche Voraussetzung für die Entstehung einer Pferderasse wie beispielsweise die Ursprungsgebiete in Innerasien. Das enge Zusammenleben mit dem Menschen hat den Charakter des arabischen Pferdes in besonderer Weise geprägt. Es ist zutraulich, gutmütig, einsatzbereit und leistungswillig, sowie ausbalanciert im Wesen. Dadurch, daß die arabische Halbinsel an drei Seiten vom Meer umgeben ist und im Norden große Wüstenräume den Zugang beschwerlich machen, hat neben Mutation und Selektion der Faktor Isolation hier wesentlich zur Rassebildung beigetragen. Die Beduinen benutzten den Araber nur als Reitpferd. Diese Nomaden brauchten ein leistungsstarkes, ausdauerndes und genügsames Kriegspferd. Diese Gegebenheiten haben die Rasse geprägt, die Araber gehören somit zu den ursprünglichsten aller Reitpferdrassen.

O. Saenger (1990)

Gemäß der Darwinschen Theorie soll jedes Tier in hohem Maße ein Produkt seiner Umwelt sein. Es dauert ganze Zeitalter, bis äußere Einflüsse bei ihm grundlegende Veränderungen hervorbringen. In viel kürzerer Zeit aber ist dies möglich, wenn intelligente Selektion mit solchen Individuen stattfindet, die erwünschte Qualitäten in sich vereinen. Sind solche Eigenschaften bei der Nachzucht erst einmal fixiert, wird ein hoher Grad an Homozygotie erreicht, das heißt, sie vererben sich dominant und lassen sich somit auf Dauer bewahren, vorausgesetzt, es wird immer wieder das gleiche Blut zugeführt. Für die Beduinen auf der arabischen Halbinsel gab es zwingende Gründe, bestimmte wertvolle Eigenschaften beim Pferd herauszuzüchten. Das Bestreben, diese zu erhalten, reicht bis in unser Jahrhundert hinein. *(Brown)*

Das asile arabische Pferd vereint in sich die denkbar besten Eigenschaften. Ehrlicher Charakter, außergewöhnliche Intelligenz, großes Leistungsvermögen und eine hohe Durchschlagskraft in der Vererbung sind das Ergebnis einer über Jahrhunderte dauernden Auslese besonders auch durch die unbarmherzigen Lebensbedingungen der arabischen Wüste, bei gleichzeitigem Bewahren einer reinen Blutführung nicht zuletzt durch Inzucht.

Dietrich Olms (1991)

Performance: Endurance, Hardiness, Quick and Easy Recovery

Wonderful things are told of such horses: many noble men and noteworthy tradesmen, trustworthy all of them, told me that a real Arabian horse is valued at and sold for two, sometimes three thousand piasters, an almost incredible price. Furthermore the Arabs are so eager and so in love with their horses that they take note of all their friendships and descendants, more than a prince would take note of the descendants of his noble house.

Only once I saw an Arabian horse which John Markham, an English merchant, had brought here assuring it was a real Arabian horse. It stood not very high, a small animal which did not excel by anything special.

The said merchant, however, sold it to King Jacob for 300 pistols, and when its racing qualities were tested, it proved faster than any other horse. Its most remarkable quality was its high price – but then it was paid by a king.

Cavendish, Duke of Newcastle (1700)

... only the best horses could keep up with the splendid Arabian mare of the Pasha. About half of the entourage had fallen behind, and the less good animals succumbed to the strain.

H. v. Moltke (1841)

Bargoud was a dark chestnut of medium size. He had been owned and ridden by a sheikh who probably only sold him in emergency. He was said to be extremely docile, but at the same time he was the fastest of all the Prince's horses. On his back the Prince had settled a frequently discussed question: Who would be faster in a long-distance race, the Arabian or the English horse? The Prince had raced his Barboud against an English thoroughbred on the road from Bujukdere to Constantinople, about two German miles on a mostly paved road. On the hard pavement sparks flew from their hooves, their nostrils flared. When Bargoud and his rider reached the walls of Stamboul, they were so far ahead that the English horse was not even in sight.

Bargoud was a Saqlavi Djedroun. When galloping he went at such a regular and easy stride that, as the Prince would say, his rider was able to sleep on his back. Nevertheless he travelled very fast. Furthermore he was so absolutely calm and reliable that he was suitable for any lady to ride.

Pückler-Muskau/Laube (1844)

Leistung: Ausdauer, Härte, Regenerationsvermögen

Man erzehlet Wunder-Dinge von solchen Pferden: und hab ich von vielen fürnehmen Edelleuten und berühmten Kauffleuten glaubwürdig vernommen, daß ein warhafftiges Arabisches Pferd über zwey, ja drey tausend Piaster geschätzet und verkaufft worden: welches dann ein so ungemeiner Preis ist, daß es fast unglaublich zu seyn scheinet, auch sind die Araber so emsig und so verliebt in ihre Pferde, daß sie derselben ganze Freundschafft und Nachkommen so fleissig mercken, als ein Fürst nimmermehr mag bedacht seyn, die Nachkommen seines hohen Hauses anzuzeichnen.

Ich hab nicht öffter als einmal ein Arabisches Pferd gesehen, welches John Markham, ein Englischer Kauffmann, hergebracht und gewis versichert hat, daß es ein gerechtes Arabisches Pferd seye; Es war nidrig, klein und gar nichts besonders daran.

Der gedachte Kauffmann aber hat dasselbe Pferd dem König Jacob um 300 Pistolen verkauffet, und als es im lauffen ist probirt worden, habe es alle andere weit übertroffen: was das rarste an dem gantzen Pferd gewesen, das bestunde in dem hohen Preis; allein es war Königlich bezahlt.

Cavendish, Herzog von Newcastle (1700)

..., nur die besten Pferde hielten noch neben der trefflichen arabischen Stute des Paschas aus, wohl die Hälfte des Gefolges war zurückgeblieben, und die minder guten Tiere erlagen der Anstrengung.

H. v. Moltke (1841)

Bargud war ein Dunkel-Fuchs von Mittelgröße. Er war von einem Scheych geritten worden, galt für überaus brav, und wurde wohl nur in so großer Noth verkauft. Bargud war das schnellste von den Pferden des Fürsten, und mit ihm hatte dieser schon einmal die vielfach aufgeworfene Frage siegreich entschieden: ob das arabische Pferd das englische im weit andauernden Wettrennen übertreffe. Von Bujukdere nach Constantinopel nämlich, eine Entfernung von etwa zwei deutschen Meilen, hatte der Fürst auf der meist gepflasterten Straße seinen Bargud mit einem englischen Vollblutpferd den Wettkampf annehmen lassen; die Funken stoben, die Rosse schnoben – Bargud aber war mit seinem Herrn so viel früher an den Mauern von Stambul, daß Roß und Reiter aus England noch unsichtbar waren.

Bargud war von der Race Saklavi Dschedraun. Er ging einen so regelmäßigen und leichten Galopp, daß man, wie der Fürst oft sagt, während seines Galopps schlafen konnte, und doch griff er dabei tüchtig Boden. Auch von der sichersten Ruhe war er, und ganz geeignet, ein Damenpferd zu sein.

Pückler-Muskau/Laube (1844)

Carle Vernet. O. T. (Reiter vor der Stadt). Archiv Olms

Even in war it is rather a question of endurance, than of speed, which is the better animal; and, where a real flight and a real pursuit takes place, the course is so seldom a straight one, that it is as often that the best trained or the best ridden mare gets the advantage, as the one which really has the speed.

They go, however, immense distances in this way, cantering and stopping and cantering again, and are out sometimes for a whole month together, during which time their mares are very insufficiently fed, and often kept for days at a time without water. They are also exposed to every hardship in the way of climate, heat, and cold, and pitiless wind.

Lady Anne Blunt (1879)

Carle Vernet. Turc Combatant. Archiv Olms

Selbst im Krieg ist es eher eine Frage der Ausdauer als der Schnelligkeit, die darüber entscheidet, welches das bessere Pferd ist; und wo eine wirkliche Flucht oder Verfolgung stattfindet, verläuft sie selten auf gerader Strecke, so daß die am besten trainierte oder am besten gerittene Stute genauso häufig im Vorteil ist wie die schnellere Stute.

Krieger bewältigen jedenfalls ungeheure Strecken auf diese Weise, galoppieren, halten an, galoppieren weiter und sind manchmal einen ganzen Monat lang unterwegs. In dieser Zeit werden ihre Stuten sehr unzureichend gefüttert und bekommen oft tagelang kein Wasser. Zudem sind sie noch alle den Härten und Unbilden des Klimas, der Hitze, der Kälte sowie des erbarmungslosen Windes ausgesetzt.

Lady Anne Blunt (1879)

Performance

It is commonly said in England that the Arabian has but one pace, the gallop; and in a certain sense this is true. Trotting is discouraged by the Bedouin colt-breakers, who, riding on an almost impossible pad, and without stirrups, find that pace inconvenient. But with a little patience, the deficiency can easily be remedied, and good shoulder action given. No pure bred Arabian however is a high stepper. His style of galloping is long and low, the counterpart of our English thoroughbred's.

Lady Anne Blunt (1879)

I do not, however, suppose that over three miles, the longest English race, an Arabian would have much chance against any but quite inferior animals. Over five miles it might be different, but over twenty I am convinced that none but very exceptional English horses, would be able to go with them. The Arabians seem capable of going on for surprising distances, under heavy weights, without tiring; and they have the advantage of being able to stand almost any amount of training without going "stale". The thoroughbred Ánazeh horse will train as fine as any English racehorse.

Lady Anne Blunt (1879)

Be this as it may, there is no doubt that the pure bred Arabian possesses extraordinary powers of endurance. On a journey he may be ridden day after day, and fed only upon grass. Yet he does not lose heart or condition, and is always ready to gallop at the end of the longest march, a thing we have never ventured to propose to our horses on any previous journey.

Lady Anne Blunt (1879)

Observers whose interest had been aroused by the news of Arabs horse breeding notices that only pure-bred, unmixed oriental horses were the strongest, fastest and most tenacious – and thus the winners.

Experiments with mixed and pure breeding showed that qualities of external conformation as well as internal, invisible characteristics are transmitted by

In England sagt man im allgemeinen, daß der Araber nur eine Gangart hat, den Galopp; und in gewissem Sinne ist dies richtig. Das Traben wird von den Beduinen, die die Fohlen einreiten, vermieden. Sie reiten auf einem nahezu unerträglichen Kissen ohne Steigbügel und empfinden den Trab als eine unbequeme Gangart. Aber mit ein wenig Geduld kann dem Mangel leicht abgeholfen und eine gute Schulteraktion erreicht werden. Kein rein gezüchteter Araber ist ein hoher Gänger. Er galoppiert lang und gestreckt, das Gegenstück zu unseren englischen Vollblütern.

Lady Anne Blunt (1879)

Ich glaube jedoch, daß ein Araber auf einer Strecke von drei Meilen, der längsten englischen Rennstrecke, nur gegen weit unterlegene Tiere eine Chance hätte. Über fünf Meilen könnte das schon anders sein; aber über zwanzig Meilen, davon bin ich überzeugt, wären nur sehr außergewöhnliche englische Pferde in der Lage, mit ihnen mitzuhalten. Die Araber scheinen erstaunliche Strecken schwer beladen laufen zu können, ohne zu ermüden; und sie haben den Vorteil, jedes Maß an Training zu verkraften, ohne „verbraucht" zu werden. Das vollblütige Anazeh-Pferd läßt sich so vorzüglich wie jedes englische Rennpferd trainieren.

Lady Anne Blunt (1879)

Es kann kein Zweifel daran bestehen, daß das rein gezüchtete arabische Pferd außergewöhnliche Ausdauer besitzt. Während einer Reise mag man es Tag für Tag reiten und nur mit Gras füttern, es wird dennoch nie den Mut und die Kondition verlieren und immer bereit sein, auch noch am Ende des längsten Rittes, zu galoppieren. Dies hätten wir bei früheren Reisen von unseren Pferden niemals zu verlangen gewagt.

Lady Anne Blunt (1879)

Die Beobachter, aufmerksam gemacht durch die Nachrichten der Pferdezucht der Araber, bemerkten, dass nur die rein und unvermischt gezogenen orientalischen Pferde die stärksten, die geschwindesten und die ausdauerndsten, folglich die gewinnenden waren.

Die Versuche, welche sie über gemischte und reine Zuchten anstellten, belehrten sie, dass Eigenthümlichkeiten der äusseren Bildung und die inneren unsichtlichen Eigenschaften forterben, und zwar je reiner die Zucht, je gewisser; je gemischter, je unsicherer.

Majocchi. Sarazenenschlacht. Reiterkampf mit Kreuzrittern. Aquarell auf Papier (um 1840). Archiv Dr. Thieme

heredity: the purer the breeding, the more certain it was that certain characteristics would be inherited.

Experience has proven that knowledge of the lineage over past generations is indispensable and that the breeder will most probably only achieve the desired aims by drawing on independent breeds, and consequently the first requirement which breeding animals must fulfil is an established line of descent.

J. A. Justinus (1884)

The tree of *a-sâ-lat* is known by its fruits. The Bedouin Arabs hold that a mare which is not *a-sîl* cannot take care of her rider in AL GHAZ-U. It may be assumed that they are right in this belief. If they had not discoverd that purity of blood was an essential qualification, they would not have been so careful to produce it and maintain it. But obviously we have here a test which lies outside of the European's world. Nobody but a Bad-a-wi appreciates the ideal with which it is connected, or possesses the means of proving that ideal.

Tweedie (1894)

Dass die Kenntniss der Abkunft auf Generationen zurück unentbehrlich ist, und der Züchter nur alsdann mit der höchsten Wahrscheinlichkeit das erzielt, was er wünscht, wenn er von selbstständigen Zuchten zieht, ist durch die Erfahrung bewiesen, und daraus ging auch die erste Forderung an die Zuchtthiere: erwiesene Abkunft, hervor.

J. Ch. Justinus (1884)

Der Baum *a-sâ-lat* ist bekannt für seine Früchte. Die Beduinenaraber behaupten, daß eine Stute, die nicht *a-sîl* ist, ihren Reiter beim Raubzug nicht hinreichend beschützen kann. Es darf angenommen werden, daß diese Meinung richtig ist. Wenn Beduinenaraber nicht entdeckt hätten, daß die Blutreinheit eine äußerst wichtige Eigenschaft ist, hätten sie diese nicht so sorgfältig erzeugt und erhalten. Aber offensichtlich ist dies ein Kriterium, welches Europäern fremd ist. Niemand außer einem Bad-a-wi schätzt das Ideal der Blutreinheit oder verfügt über die Möglichkeiten, dieses Ideal zu erproben.

Tweedie (1894)

Er sagte, daß die Abeyeh Sherrakieh Stute, die Arthur Moore gerade von Aleppo zurückgeritten hatte, den feinsten Kopf hätte, der bei Pferden in der Wüste zu finden wäre und daß sie selbst eine der wertvollsten Stuten wäre.

Was arabische Pferde anbelangt, war Moore als absoluter Skeptiker in die Wüste gekommen. In Amerika hatte er so viel von unwissenden Leuten über den Araber reden hören, aber niemals einen Beweis für deren Geschichten gefunden, daß er ganz und gar nicht an diese Pferde glaubte. Er ging in die Wüste mit der Überzeugung, daß unsere Cayuse Pferde die arabischen Pferde in jeder Hinsicht – außer im Aussehen – übertreffen, überholen und ausstechen könnten.

Aber auf dem Weg zurück von Aleppo erlebte er sein Damaskus und wurde zu einem begeisterten Anhänger. Wie ich oben erwähnte, ritt er die Abeyeh Stute und beschloß, sie einem Test zu unterziehen. Das war eine Narretei, da eine schreckliche Hitze herrschte und die Stute stark unter Husten und Erkältung litt. Zu Hause wäre sie von einem Tierarzt behandelt worden. Mit seinem Gewehr, seiner Munition und $ 4.000 in Gold, die er bei sich trug, wog Moore 300 Pfund. Dieses Gewichtes nicht achtend galoppierte er mit ihr 35 Meilen in viereinhalb Stunden. Er nahm dabei aber keine befestigten Wege, sondern ritt in gerader Linie über die Felsen der Wüste. Je weiter sie vorankamen, so berichtete er, desto kräftiger schien sie zu werden und umso besser schien sie sich zu bewegen. Am Ende des Rittes schien ihr Husten nicht schlimmer geworden zu sein und solange Moore auf ihr ritt, machte sie keinen müden Eindruck. Im Stillstand zeigte sie einige Auswirkungen der Prüfung dadurch, daß sie sich bestän-

He said the Abeyeh Sherrakieh mare, which Arthur Moore had just ridden back from Aleppo, had the rarest head there was in the desert, and she, herself, was one of the most valuable of mares.

Moore had come to the desert an entire skeptic on the subject of Arab horses. He had heard in America so much talk about the Arab by ignorant people and had failed to find any proof of their stories, that he was an entire disbeliever. He went to the desert convinced that our Cayuse horses could outrun, outlast, outwork and outdo the Arab in everything except looks.

But on the way back from Aleppo he was entirely converted and became an enthusiast. As I mentioned above, he was riding the Abeyeh mare and determined to put her to the test. It was a foolish thing to do, for the heat was terrific and the mare had a bad cough and cold. At home she would have been in the care of a veterinary. Moore, with his rifle and ammunition and $4,000 in gold, which he was carrying, weighed 300 pounds. Nevertheless he galloped her thirty-five miles in four hours and a half, carrying all the weight. He did not follow any beaten roadway, but took her over the rocks of the desert in a bee-line. The further she went, he said, the stronger she seemed to get, and the better she seemed to move. At the end her cough did not seem to be worse, and when Moore was on her she didn't seem to be tired. She showed some of the effects of the test when she was standig still by continually resting. Moore wanted the Arab horse to show him something, and he got it without getting it second-hand. From that time on he stood up for the Arab horse ... The Arab ... wins through his endurance. To criticise him because he is not the equal, in short dashes, of the horse we have bred from him, is utterly unjust.

H. Davenport/Ch. and J. Craver ([1911]/1992)

We usually rode on for six to seven hours, without dismounting even for a moment, and often in a heat of thirty to forty degrees. Then we rested for an hour at the longest, frequently in open country where no shade tree could be found. There was no question of food, neither for man nor for the poor creature, frequently we even lacked water to quench our excruciating thirst. The horses had to work restlessly from dawn to dusk without being fed. Only an Arabian horse will endure such stress.

Ida Pfeiffer (1969)

Endurance tests, no matter whether the distance is 30, 50, 100 or even 160 kms, are the best means to test the performance of Arabian horses. Short-distance races remain a domain of the English thoroughbred. As to the question whether they should be totally rejected for Arabian horses or whether they could be used

Théodore Géricault. Le Giaour. Lithographie (1823). Archiv Dr. Thieme

dig hinlegte. Moore wollte, daß das arabische Pferd ihm etwas beweise, und er erhielt den Beweis aus erster Hand. Von diesem Zeitpunkt an nahm er Partei für das Araberpferd ... Der Araber ... gewinnt dank seiner Ausdauer. Ihn zu kritisieren, weil er dem Pferd, das wir aus ihm gezüchtet haben, auf kurzen Spurtstrecken unterlegen ist, ist äußerst ungerecht.

H. Davenport/Ch. u. J. Craver ([1911]/1992)

Wir ritten gewöhnlich sechs bis sieben Stunden in einem fort, ohne auch nur auf Augenblicke vom Pferd zu steigen, oft bei einer Hitze von dreißig bis vierzig Grad. Dann wurde höchstens eine Stunde Rast gemacht, und das oft wieder auf freiem Feld, wo kein schattiger Baum zu treffen war. Von Nahrung war gar keine Rede, weder für den Menschen noch für das arme Tier, oft sogar fehlte uns Wasser, um den quälenden Durst zu stillen. Die Pferde mußten von Sonnenauf- bis -untergang rastlos arbeiten, ohne Futter zu erhalten. Solche Anstrengungen kann aber auch nur ein arabisches Pferd aushalten.

Ida Pfeiffer (1969)

Victor Adam. Murat. Victoire des Francais à Aboukir. Lithographie (1799). Archiv Dr. Thieme

as a substitute, opinions widely differ. Alterations of type and of character must be suspected under such circumstances.

Endurance and hardiness of the Arabian horse should always be proved by endurance tests which are the only selective measure possible. Stallion performance tests should inform about handiness and character.

Uppenborn (1970)

Théodore Géricault. Le Giaour. Lithographie (1823). Archiv Dr. Thieme

Dem Araber gemäße Leistungstests sind in erster Linie Distanzritte, gleichgültig, ob über 30, 50, 100 oder gar 160 km. Rennen über Kurzstrecken bleiben die Domäne des englischen Vollblutes. Ob sie für den Araber völlig abzulehnen sind oder ersatzweise als Test benutzt werden sollen, darüber gehen die Meinungen erheblich auseinander. Veränderungen im Typ und im Charakter wären zu befürchten.

Ausdauer und Härte des arabischen Pferdes sollten immer wieder durch Distanzritte getestet werden, nur sie sind letztlich das Mittel für eine Auslese. Hengstleistungsprüfungen sollten über Rittigkeit und Charakter Auskunft geben.

Uppenborn (1970)

Die erwähnten Eigenschaften des Vollblutarabers können von den Züchtern nur dann erreicht werden, wenn sie unbedingt mit reinem Blut züchten, d. h. wenn die reine Blutführung in allen Ahnen bis zu den Originalarabern der klassischen Beduinenzüchter Arabiens zurückzuführen ist.

Doch die Abstammung eines Arabers und seine Zucht sind ja nur eine Seite des Problems. Der Araber soll uns auch beweisen, und nicht nur durch sein äußeres Bild, daß er mit seiner Härte, Ausdauer, Intelligenz und Temperament den rein-

Henry Alken. O. T. (Kampfszene). Weichgrundätzung (um 1840). Archiv Dr. Thieme

Breeders can obtain the characteristics of the pure-bred Arabian horse referred to above, only by breeding exclusively with animals of pure blood, i.e. if the pedigrees of all ancestors can be traced back to the original Arabian horses as bred by the classic Bedouin breeders of the Arabian deserts. However, the descent and further breeding of an Arabian horse are only part of the problem. The Arabian horse should also prove to us that he is a true descendant of the pure-bred Arabian horse not only by his looks, but by his hardiness, endurance, intelligence and temperament. Of course these faculties can only be confirmed by means of very demanding performance tests. It has been those strenuous performances and the adaptation to environmental condition as demanded of the Arabian horse for thousands of years, that have made it the horse it is today.

v. Arentschildt (1972)

Fenchère. La Retraite Coupée. Lithographie (1825). Archiv Dr. Thieme

blütigen Araber innehat. Diese Eigenschaften bestätigen selbstverständlich nur härteste Leistungsprüfungen. Denn eben durch die seit mehreren Jahrtausenden geforderten härtesten Leistungen und der Anpassung an die Umweltbedingungen ist ja der Araber das geworden, was er heute darstellt.

v. Arentschildt (1972)

Die Fähigkeit des Vollblutarabers zu Dauerleistung ist hoch. Bei einmaligen Dauerleistungen von 100 bis 150 km an einem Tag kann bei guter Vorbereitung und unter einem erfahrenen Reiter ein Durchschnittstempo von 300 m/min (entspr. 18 km/h) gefordert werden, ohne daß organische Schäden auftreten. Werden über längere Zeit täglich mehr als 100 km Strecke zurückgelegt, kann nach den Erfahrungen des Verfassers das Durchschnittstempo auf etwa 220 m/min (entspr. 12 km/h) gehalten werden.

Bei 14 derartigen Ritten wurden für den Schritt durchschnittlich 80–90 m/min (4,8–5,4 km/h), für den Trab 240–250 m/min (14,4–15,0 km/h) und für den Galopp 430–460 m/min (25,8–27,6 km/h) gemessen. Der Anteil der Gangarten ist in der Tabelle 51 ausgewiesen.

Raswan bringt als besonderes Beispiel für die Dauerleistungsfähigkeit des Vollblutarabers einen Ritt von Schiraz nach Teheran über 2630 km in 18 Tagen (= 146 km/täglich) und einen weiteren über 167,3 km in 15,5 Stunden (= 10,8 km/h)

Performance

The pure-bred Arab's capability for stamina is high. In single endurance rides from 60 to 90 miles in a day, an average speed of 300 m/min (11 mph) is possible, with good training and an experienced rider. This results in no physical injury. If more than 100 km (60 miles) are ridden daily for extended periods, the average speed can, in the writer's experience, be maintained at about 220 m/min (8 mph).

Over 14 such rides, average speeds of 80–90 m/min (2.9–3.4 mph) for the walk, 240–250 m/min (8.6–9.0 mph) for the trot and 430–460 m/min (15.5–16.6 mph) for the gallop were measured. The breakdown of paces is shown in table 51.

Raswan gives us a ride from Schiraz to Teheran as a remarkable example of the stamina capability of the pure-bred Arab. A distance of 2630 km (1578 miles) was accomplished in 18 days (146 km/88 miles daily), and a further 167,3 km (100 miles) in 15 hours without rest. This confirms the above information, whereby a critical role is obviously played by the noticeably high haemaglobin count of the Arabian horse (which means better oxygen transport in the blood and this a better oxygen supply to the muscles).

Flade (1977)

Breeding is playing a predominant role in race performance with the increasing use of the pure-bred Arab as a race horse. Through this, the form is evolving toward the outlines of the Mu'niqi type. This also applies in the Gulf States, where Arabs are bred exclusively for the race course. In this context it should be remembered that the sire 'Darley Arabian', a significant participant in the foundation of the English thoroughbred, was a typical pure-bred Arab of the Muniqi type. He came from the Hadraji family and was bought in 1705 from the Fid'an Anaza Bedouins in the desert around Dalmyra.

His shape meets the unchanged conformation requirements of the modern English pure-bred. The stallions used in this breeding today can all, in the male line, be traced back to 'Darley Arabian'. In the same way, the type of the English pure-bred distinguishes itself from the 'classical types' of pure-bred Arabs like the Mu'niqi type. In the case of the Arabs, a one-sided selection for high speed was carried out, and was additionally made permanent by inbreeding.

Flade (1977)

The first long-distance ride of the USA in which pure-bred Arabians took part, was held on September, 16th and 17th, 1913 in Vermont, USA. The distance was very long, and only the time counted. This ride was not trifle! 154 miles or 246 kilometres under a weight of 72.5 kgs! The winner was the asil Arabian Yaquis, a 13 year old grey stallion of the Kohaylan Ajuz breed. His time for the 246 kms was 30 hours and 16 minutes.

ohne Rast. Damit werden die vorstehenden Angaben bestätigt, wobei offensichtlich die beim Araberpferd auffallend hohen Hämoglobinwerte (= Sauerstofftransport im Blut und damit Sauerstoffversorgung der Muskeln) eine wesentliche Rolle spielen.

Flade (1977)

Mit zunehmendem Einsatz des Vollblutarabers als Rennpferd spielt die Züchtung auf Rennleistung eine dominierende Rolle, so daß dadurch eine Typwandlung in Richtung des skizzierten Mu'niqi-Typs erfolgt. Das gilt auch für die arabischen Staaten, die Araber ausschließlich für die Rennbahn züchten. Es wird in diesem Zusammenhang daran erinnert, daß der am grundlegenden Aufbau der Englischen Vollblutzucht maßgebend beteiligte Stammhengst „Darley Arabian" ein typischer Vollblutaraber im Mu'niqi-Typ war; er entstammte der Hadraji-Familie und wurde 1705 bei den Fid'an-Anaza-Beduinen in der Wüste um Palmyra gekauft. Sein Modell entspricht den noch gültigen Forderungen an das Exterieur des modernen Englischen Vollblüters. Die heute in dieser Zucht verwendeten Hengste gehen ausschließlich auf „Darley Arabian" in männlicher Linie zurück. Der Typ des Englischen Vollblutpferdes unterscheidet sich in derselben Weise von den „klassischen Typen" des Vollblutarabers wie der Mu'niqi-Typ, da auch hier eine einseitige Auslese auf hohe Geschwindigkeit erfolgte und zudem durch Inzucht gefestigt wurde.

Flade (1977)

Der erste Distanzritt in den USA, an dem auch Vollblutaraber teilnahmen, fand in Vermont am 16. und 17. September 1913 statt. Es war ein Ritt über eine sehr lange Distanz, und nur die Zeit zählte. Dieser Distanzritt durfte sich sehen lassen! 154 Meilen oder 246 km mit einem Gewicht von 72,5 kg! Gewinner wurde der Asil Araber Yaquis, ein 13jähriger Schimmelhengst, ein Koheilan Ajuz. Er lief diese 246 km in 30 Stunden und 16 Minuten …

Bei weitem der schwerste dieser Härtetests war der dritte, der im Oktober 1921 stattfand. Es mußte unter einem Gewicht von 111 kg gelaufen werden! Auch diesmal ging die Route wieder über fünfmal 60 Meilen, die durch Militär abgesteckt war. Absichtlich waren große Strecken über Macadam-Straßen (Teersplit) in das Programm aufgenommen worden. Der harte Straßenbelag stellte allerhöchste Anforderungen an die Beine der Pferde, so daß sehr schnell deutlich wurde, welche Rasse die gesündesten Beine hatte. Die Eigentümer der englichen Vollblüter setzten bei dieser Prüfung alles daran, um zu gewinnen. Schon in den ersten Frühjahrsmonaten wurden nach sorgfältiger Auslese die 16 vielversprechendsten Vollblüter für das Training ausgesucht. Nach Beendigung des Trainings wurden hiervon acht der allerbesten für diesen Distanzritt einge-

Horace Vernet. Lion Hunt. Öl auf Leinwand. Wallace Collection, London

The hardest of these endurance tests was the third test which was held in October, 1921. The weight to be borne was 111 kgs! This time, too, five times 60 miles were to be run; the route had been marked by military forces. On purpose big parts of the route were on macadamized roads, this hard ground was very strenuous for the legs of the horses so that very soon it was clear which breed had the soundest legs. The owners of the English thoroughbreds went out for victory at all costs. By the early spring, after careful selection, the 16 most promising thoroughbreds had been taken into training. After this training the eight horses which had proved best were entered for the ride. A total of 17 horses took part. As it turned out, the ride was so hard that only 7 horses finished despite

schrieben. Im ganzen nahmen 17 Pferde teil. Der Ritt erwies sich als so schwer, daß trotz des intensiven Trainings nur 7 Pferde durchs Ziel gingen. Sieger wurde wiederum ein Asil Araber, der 12jährige Crabbet, ein Koheilan Dajani, gezüchtet von Crabbet Park, England. Crabbet war zurückgezüchtet auf Mesaoud.

Wenn wir die Resultate dieses äußerst schweren und langen Distanzrittes betrachten, dann ist klar, daß keine einzige Pferderasse es mit dem Araberpferd hinsichtlich des schnellen Überwindens sehr großer Distanzen unter schwerem Gewicht aufnehmen könnte, ganz gleich, was Freunde anderer Pferderassen behaupten mögen. Man bedenke dabei noch, daß die durchschnittliche Widerristhöhe der Vollblutaraber, die an den Dauerprüfungen in den USA teilnahmen, nicht einmal 150 cm und ihr durchschnittliches Gewicht nur 390 kg betrug (bei den englischen Vollblutpferden waren es 160 cm und 465 kg).

Erinnern wir uns, daß der Araber diese Hochleistungsritte unter einem Gewicht von 111 kg lief (Oktober 1921) und in bester Kondition eintraf. Das Geheimnis ist zweifellos auch in dem kurzen Rücken zu suchen. Es ist darum sehr bedenklich, wenn wir heute immer mehr Vollblutaraber sehen mit viel zu langem Rükken! Hier droht ein typisches und außerordentlich wichtiges arabisches Rassemerkmal durch falsche Zuchtwahl verlorenzugehen.

Klynstra (1978)

Zusammenfassend ist zur Typbeurteilung zu sagen, daß das arabische Pferd in jedem Fall eine stolze Haltung in der Bewegung zeigen soll. Es soll immer hohen Adel und Energie ausstrahlen, sobald es sich bewegt. Charakteristisch für das arabische Pferd ist, daß es, wenn es ruhig im Stall steht, oft unscheinbar und teilnahmslos wirkt. Es entfaltet seine volle Ausstrahlung in der freien ungehinderten Bewegung und trägt dabei den Kopf hoch erhoben. Ein elegant getragener Schweif vollendet dabei den Gesamteindruck. Diese typisch arabischen Bewegungsmanieren sind weiterhin gekennzeichnet durch graziöses, tänzerisches, elegantes Auftreten.

Man kann annehmen, daß bei den Beduinen, die einen Sattel im heute gebräuchlichen Sinne nicht hatten, solche Pferde als besonders angenehme Reitpferde empfunden wurden, die leichtfuttrig waren, mit kräftig gewölbtem Brustkorb, weniger ausgeprägtem Widerrist und elastischem Rücken, also Pferde des beschriebenen Koheilantyps. Sie mögen als ideale Reitpferde gegolten haben. Man sitzt auf solchen Pferden auch ohne Sattel bequem. So dürfte es zu erklären sein, daß bei den Beduinen der Koheilantyp sich als Reitpferd großer Wertschätzung erfreute.

Am Ende des 20. Jahrhunderts benutzte man jedoch zum Reiten grundsätzlich einen Sattel. Somit spielt eine gute Sattellage, also ein genügend ausgeprägter

the intense training. Here again, the winner was an asil Arabian, the 12 year old Crabbet, a Kohaylan Dajani, bred by Crabbet Park, England. Crabbet was bred back to Mesaoud.

When we consider the results of this extremely difficult and long endurance ride, it is clear that no other breed of horses is able to compete with the Arabian when it comes to covering a very long distance under heavy weight – no matter what the devotees of other breeds may claim. It is furthermore to be taken into account that the pure-bred Arabians which took part in these long-distance rides in the USA had an average height of less than 150 cms and an average weight of only 390 kgs (whereas the English thoroughbreds were 160 cms high and weighed 465 kgs).

Remember that this Arabian ran carrying a weight of 111 kgs (October, 1921) and arrived in the best condition. Without any doubt the secret is partly to be found in the short back. It is therefore very serious that today more and more pure-bred Arabians with far too long backs are to be seen! We risk to lose a typical and extremely important characteristic of the breed because of wrong selection.

Klynstra (1978)

To sum up, it is important to point out on the subject of judgement of type, that the Arabian horse should always show a proud bearing in its movements. High nobility and great energy should immediately be obvious as soon as the horse begins to move. A characteristic of the Arabian horse is that during rest periods in the stable, it often conveys the impression of being insignificant and apathetic. Its charisma unfolds in its free, unchecked movements with a beautiful high head carriage. The perfect arch of an elegantly carried tail adds the finishing touch to the overall impression. These typical Arab manners of motion are further characterized by a gracious, dance-like, elegant style of stepping out, as if on springs.

It may be assumed that amongst the Bedouins, who did not possess saddles in the form in which we know saddles today, those horses which were easy feeders, had a powerfully arched thorax, less pronounced withers and an elastic back, i.e. horses of the described Kehailan type, were considered to be particularly pleasant riding horses. They were, indeed, held to be the ideal riding horse. Even without a saddle, these horses are comfortable to sit on. This is the explanation why the Bedouins held the Kehailan type in such high esteem as a riding horse.

Nowadays, towards the end of the 20th Century, however, it is standard procedure to ride with a saddle. Thus a well-formed back for a saddle, i.e. sufficiently pronounced withers, plays a decisive role in the judgement and evalua-

Carle Vernet. Mameluk au Combat. Aquatinta

Widerrist des Pferdes heute in der Beurteilung und Wertschätzung hinsichtlich der Reiteignung eine entscheidende Rolle. Bei Pferden mit schlechtem Widerrist rutscht der Sattel leicht zu weit nach vorn, und der Reiter sitzt zu sehr auf der Vorderhand des Pferdes. Auch kann bei mangelhaft ausgeprägtem Widerrist

Franz v. Pausinger. Jagd auf Gazellen. Holzschnitt

tion of a horse's suitability for riding. In the case of horses with low withers, the saddle easily slips too far forward and the rider sits too much on the forehand of the horse. Also with poorly pronounced whithers a saddle can easily slip sideways. Therefore in the present state of breeding development a horse which is influenced by the Saglawi type, one which undoubtedly has sufficiently pronounced withers, is to be preferred.

O. Saenger

In the days of the cavalry and the horse-drawn carriage, the world of breeders was only interested in the most efficient specimens of the most efficient race. However, the more horses became a luxury article for showing – and showing off with – in modern times, the less attention was paid to performance alone. "Beauty" was a quality which became more and more important, and soon an Arabian was only considered as beautiful if it had an extremely curvaceous "swan's neck" and – more important still! – a "pike face".

These types, with a nasal bone displaying a strong inward curvature, were repeatedly to be found in all families of the Arabian race. The Bedouins tended to value these horses less, as this inward curvature of the nasal bone was a sign of constricted nasal passages and thus of impaired efficiency.

ein Sattel leicht seitlich verrutschen. Daher ist in der jetzigen Entwicklung der Zucht ein Pferd, das vom Saklawityp beeinflußt ist, das jedenfalls aber einen ausreichenden Widerrist hat, in der Beurteilung zu bevorzugen.

O. Saenger

Zu Zeiten der Kavallerie und der Fuhrwerke zielte das Interesse der Züchterwelt nur auf die Leistungsfähigsten der leistungsfähigsten Rasse. Aber je mehr in modernen Zeiten das Pferd zum Luxus-, Prahl- und Show-Utensil wurde, desto weniger galt die Aufmerksamkeit der Leistung allein. „Schönheit" trat als Qualität immer mehr in den Vordergrund, und als schön erachtet wurde bald nur noch ein Araber, wenn er vor allem einen extrem geschwungenen „Schwanenhals" und – noch wichtiger! – einen „Hechtkopf" besaß.

Solche Typen mit stark einwärts geschwungenem Nasenbein kamen bei allen Familien der Araber-Rasse immer mal wieder vor. Den Beduinen galten diese Pferde eher gering, da sie dieses einwärts geschwungene Nasenbein auf verengte Atemwege und mithin beeinträchtigte Leistungsfähigkeit hinwies.

Schon indische Moguln und persische Nobilitäten aber hatten sich auf solche Pferde gestürzt und sich mit ihnen auf kostbaren Miniaturen verewigen lassen. Diese Bilder waren es wohl, die den Geschmack der Arabomanen der Neuzeit formten – mit verheerenden Folgen.

Anders als die Tahawis und mithin auch Vater Soliman, unter dessen Pferden man fast nur gerade Köpfe sieht, begannen viele Araber-Züchter auf „Hechtkopf" hin zu selektieren, und dies um so unbekümmerter um andere Charakteristika, je mehr – vor allem in Amerika – für „Hechtköpfe" bezahlt wurde. Selbst äußere Mängel wurden hingenommen – wie etwa bei dem Hengst „Skowronek", mit dem der eigentliche Absturz der Araber-Rasse begann.

Dieser Hengst aus der Zucht der polnischen Potockis wurde 1913 nach London verkauft. Er hatte fünf gravierende anatomische Mängel – von der kurzen Schulter bis zum Hängebauch –, aber eine „bildschöne" Kopf-Hals-Partie. Und nach diesem Pferd und dessen Nachkommen wurde die ganze Welt der Arabomanen verrückt. Die Sowjets boten Unsummen für das Tier, bekamen 1936 den äußerst fruchtbaren Skowronek-Sohn Nassem und eine Reihe Skowronek-blütiger Stuten, mit deren Hilfe sie ihre bis heute florierende Araberzucht aufbauten. Skowronek-Blut ging nach Spanien, Argentinien, Südafrika, Indien, Australien, zurück nach Polen, nach Deutschland und sogar nach Ägypten.

„Erschießen", hatte damals Vater Soliman nur gesagt, als er einen solchen Hengst im Staatsgestüt sah –.

W. Schraps (in: Geo 1982)

F. Vors. O. T. (Löwenjagd). Lithographie (1839). Archiv Dr. Thieme

However, Indian moguls and Persian nobility valued horses of this type very highly, and allowed themselves to be portrayed with them for posterity on precious miniatures. These pictures were probably what formed the taste of the Arabophiles of modern times – with disastrous consequences. In contrast to the Tahawis and with them father *Soliman,* amongst whose horses almost only straight heads are to be found, many breeders of Arabians began to select their horses in such a way that the "pike head" was encouraged. The more was paid for these horses, especially in America, the less interested were the breeders in other characteristics. Even external defects were accepted – such as, for example, in the case of the stallion "Skowronek", with which the actual decline of the Arabian race began. This stallion from the Polish *Potocki* breed was sold to London in 1913. It had five grave anatomic defects, from a short shoulder to a hanging belly, but a head and shoulders "of rare beauty". And the entire arabophile world became crazy for this horse and its descendants. The Soviets offered immese sums of money for the horse and, in 1936, acquired the extremely fertile Skowronek son Nassem and a series of mares with Skowronek blood, with the help of which they built up their Arabian breed, which is still flourishing today. Skowronek blood went to Spain, Argentina, South Africa, India, Australia, back to Poland, across to Germany and even as far as Egypt.

Victor Adam. Maximilien, Duc de Leuchtenberg. Lithographie (um 1850). Archiv Dr. Thieme

Der Araber ist von Herkunft, Zucht und jahrhundertelanger Verwendung her ein besonderes Pferd, aber nie und nimmer als reiterloses Schaupferd gedacht. Wir haben ihn dazu gemacht – und ihn uns entfremdet.

U. Bruns (1985)

Der Araber ist intelligent und lernt leicht (auch Falsches, wenn man nicht aufpaßt) ...

Der Araber verträgt keine harte Hand und keinen angenommenen Zügel ... er verträgt kein schweres Aussitzen im Trab – je „leichter“ man reitet, umso angenehmer geht er; der Araber will den Sinn dessen, was er tun soll, begreifen – dann tut er es willig; er möchte *mit*arbeiten, nicht gezwungen werden.

U. Bruns (1985)

"Shoot it" – that's all father Soliman had said when he saw a stallion of that kind in the state stud.

W. Schraps (in: Geo 1982)

As regards descent, breed and century-long use, the Arabian is a special horse, but it was never meant as a rider-less show horse. We turned it into one – and estranged it from us.

U. Bruns (1985)

The Arabian is intelligent and learns easily (wrong things too, if you are not careful)...

The Arabian cannot stand hard-handedness and a tightened rein, it cannot take heavy sitting out at a trot – the "lighter" it is ridden, the more pleasantly it walks; the Arabian wishes to understand the meaning of what it is doing – then it does it willingly; it would like to cooperate and not be forced.

U. Bruns (1985)

You can tell immediately what the Arabian race has in it: you see its barrel-shaped chest, indicating good lungs; its short back, which points at a high degree of carrying capacity, mobility and delicacy of movement; its dark hooves, the colour of which betrays iron resolve; finally, its neck, held high and with a long nape, which allows the horse to regain equilibrium immediately after sharp turns. And then its muscles. Never before have I seen horses with such a pronounced musculature: muscles which move legs of steel and can achieve the incredible. ...

There are some astounding reports on the stamina of the "Nobility of the Desert", as enthusiasts call the Arabian breed. In the last century, the English arabophile *Frazer* covered a distance of 2650 kilometres in 18 consecutive days. 145.2 kilometres per day. *Emir Abd al-Kadr,* the Algerian statesman and man of war, who had spent most of his young years on horseback and was considered as a kind of apostle by the experts on Arabia, told in a letter he wrote in 1851 that an Arabian could, with sufficient nourishment, cover a distance of 16 parasongs – around 100 kilometres – for the duration of three to four months, and could even on occasion manage three times as much in an emergency.

On the day of a raid in a distant region, Abd el-Kadr once gallopped for five or six hours with his group to the place of the planned ambush; they carried out the raid and returned to camp by roundabout ways which took them around twenty

Man sieht der Araber-Rasse sofort an, was in ihr steckt; man sieht den faßförmigen Brustkasten, der auf gute Lunge hindeutet, den kurzen Rücken, der auf hohe Tragfähigkeit, Wendigkeit und Sanftheit der Bewegung hinweist, die dunklen Hufe, deren Farbe eiserne Härte verrät; den hochgetragenen Hals mit dem langen Genick, der es dem Pferd erlaubt, sich nach scharfen Wendungen sofort wieder ins Gleichgewicht zu balancieren.

Und dann die Muskeln. Ich habe noch nie Pferde mit so ausgeprägter Muskulatur gesehen; Muskeln, die stahlharte Beine bewegen und Unglaubliches zu leisten vermögen ...

Über das Durchhaltevermögen des „Wüstenadels", wie Enthusiasten die Araber nennen, gibt es erstaunliche Berichte. Der englische Arabomane *Frazer* legte im vorigen Jahrhundert eine Strecke von 2650 Kilometern in 18 aufeinanderfolgenden Tagen zurück, 145,2 Kilometer täglich. Der algerische Staats- und Kriegsmann Emir *Abd al-Kadr,* der die meiste Zeit seiner jungen Jahre im Sattel verbracht hatte und der als eine Art Papst unter den Araber-Experten galt, berichtete 1851 in einem Brief, daß ein Araber bei ausreichender Ernährung drei bis vier Monate hindurch täglich 16 Parasongen – rund 100 Kilometer – und in Notfällen auch mal das Dreifache zurücklegen könne.

Am Tage eines Raubzuges in einem weit entfernten Gebiet galoppierte Abd al-Kadr einmal gemeinsam mit seiner Gruppe fünf bis sechs Stunden zum Ziel des Überfalls; sie führten den Raub aus und kehrten dann auf Umwegen, die etwa 20 Tage in Anspruch nahmen, zum Lager zurück. Nur für acht Tage hatte der Trupp Futtergerste mit, in der übrigen Zeit mußten sich die Pferde mit Vertrocknetem und etwas Gras begnügen. Häufig – einmal drei Tage hintereinander – fanden die Leute kein Wasser. „Und dennoch", so der Emir, „als wir zu den Unsrigen zurückkamen, führten wir am Tage der Ankunft Spiele auf."

Ausdauer kann ich selber nicht erproben. Aber ich erlebe, als ich in der Wüste vor Kairo, bei den Pyramiden, zum erstenmal auf einem Araber sitze, anderes: Da ist Leistungslust, die förmlich danach fiebert, freigelassen zu werden. Da ist auch eine ungeheure Trittsicherheit. Die Wüste bei den Pyramiden ist durchsetzt mit Steinbrocken und Löchern, die überraschend auftauchen. Die Pferde galoppieren mit selbständig angepaßten Schrittlängen darüber hinweg, als wäre da nichts.

Der Araber verhält sich zu einem Menschen wie ein Partner. Augen und Ohren gehen ständig hin und her und halten Kontakt mit dem, der auf dem Rücken sitzt, und dem, was vor beiden liegt. Jeder Laut, den man aus Lust oder Notwendigkeit von sich gibt, löst augenblicklich etwas aus: Die Beine gehen schneller oder verhaltener, ein Wohlseinsschnauben kommt aus den Nüstern, und einmal der leise wiehernde Laut, der freudige Spannung verrät – als wir den Kamm einer Wüstendüne erreicht haben, von der aus der Blick das grüne Niltal erfaßt

days. The troup had only brought barley fodder to last them for eight days, and the rest of the time the horses had to make do with dried food and a little grass. Frequently – once it happened three days in succession – the people could not find water. "And yet", said the Emir, "when we returned to our close ones, we held games on the day of our arrival."

I myself cannot put stamina to the test. And yet, in the desert at Cairo, beneath the pyramids, in the saddle of an Arabian for the first time, I experience something else: lust for achievement virtually acheing to be let free. Tremendous confidence of step. The desert around the pyramids is interspersed with boulders and potholes which appear suddenly. Adjusting their stride themselves, the horses gallop over them as if there were nothing there.

An Arabian is like a partner to a human being. Eyes and ears are constantly darting back and forth, holding contact with the person on its back and with what lies in front of both. Each sound one utters out of lust or necessity instantly triggers off something: the legs move faster or more slowly, the nostrils give a snort of well-being or the neighing which indicates joyful excitement, a sound I heard once when we reached the crest of a desert sand-dune, a vantage point from which the green valley of the Nile opens up before the eye and I uttered as spontaneous cry of "My God". A horse like that as a partner. The snorting, the neighing, the drumming of the hooves and the whistle of the wind when they gallop – that is pleasure, pure unadulterated pleasure.

W. Schraps (1982)

Franz Adam. Albrecht Adam auf „Rhezia". Stadtmuseum München

und mir ein spontanes „Mein Gott" entfährt. Solch ein Pferd als Partner, Schnauben, Wiehern, das Trommeln der Hufe und das Pfeifen des Windes im Galopp – das ist Genuß, ganz ungetrübter Genuß.

W. Schraps (in: Geo, 1988)

Health: Fertility, Longevity, Modest Food Requirements

After fifteen to sixteen months, the Arab begins to put to a saddle on a foal, and it then remains saddled up day and night. The stirrups on the saddle stretch to under the foal's belly and prevent it from lying down on its side. Later on, the foals are also made accustomed to holding their heads in a perpendicular position by pulling in the reins tightly and fastening them on the saddle knob.

They remain in this position all day. They receive neither hay not oats, but barley only, 5 to 6 pounds a day, and this only at sunset. This habit makes the horse untiring and tenacious. During the day in the tents, it is kept contented with chaffed barley straw. With 60 pounds of barley strapped on behind him and a leather bag with water for horse and rider, the Arab can ride for ten days at a stretch.

F. W. Walther (about 1820)

In the report of his journey to Greece *Chateaubriand* tells interesting details of the endurance of Arabian horses. They are never brought under a shelter, he says, but left out in the hottest sun with all four legs tied to stakes driven into the ground to stop them wandering away. The saddle is never removed from their backs and often they are watered and fed some barley only once in 24 hours. This rigorous treatment does them no harm but merely trains them to live on very little food and water and makes them strong and swift. I often saw an Arabian horse, tied up in this way out on the burning sand, bend its head down between its forelegs to find some shade, looking at his master with wild eyes. But as soon as he had untied and mounted it, the horse was all spirits and courage.

Th. Brown (1831)

Arabian horses have a surprising ability which may be explained by their being a natural, free-living breed, to cure even bad injuries within very short space of time. This even applies to fractured bones. Among the Bedouine tribes horses can be seen with broken pasterns grown together in a crooked way but who nevertheless are fully on duty and are being ridden at any gait over most difficult ground.

Seydel (1933)

The pure-bred Arabian horse is of an enormous fertility. Infertile mares or stallions are hardly ever found and sexual potency continues up to old age. Mares

Gesundheit: Fruchtbarkeit, Langlebigkeit, Anspruchslosigkeit

Nach fünfzehn bis sechzehn Monaten fängt der Araber an dem Füllen einen Sattel aufzulegen, und diesen behält es auch des Nachts auf. Die Steigbügel daran reichen ihm bis unter den Bauch, und hindern es, sich auf die Seite zu legen. Späterhin gewöhnt man sie auch, ihren Kopf perpendiculär zu halten, indem man die Trense stark anzieht und an den Sattelknopf festmacht. So bleiben sie den ganzen Tag über stehen. „Sie bekommen weder Heu, noch Hafer, sondern einzig und allein Gerste, täglich 5 bis 6 Pfunde, und zwar, erst bei Untergang der Sonne. Diese Gewohnheit macht das Pferd unermüdlich und ausdauernd. In den Zelten hält man es den Tag über mit Häcksel von Gerstenstroh hin. Mit 60 Pf. Gerste hinter sich gebunden, und mit einem Schlauch Wasser für den Reiter und das Pferd, legt so der Araber zehn Tage reitend zurück."

F. W. Walther (um 1820)

Chateaubriand theilt in seiner Reise nach Griechenland interessante Angaben über die Dauerhaftigkeit der arabischen Pferde mit. Man bringt sie, sagt er, nie unter ein Obdach, sondern läßt sie, mit allen vier Beinen an in den Boden getriebene Pfähle gebunden, so daß sie sich nicht von der Stelle bewegen können, in der heftigsten Sonnenhitze stehen; der Sattel wird ihnen nie abgenommen; häufig bekommen sie binnen 24 Stunden nur einmal zu saufen und Gerste zu fressen; durch diese strenge Behandlung werden sie keineswegs aufgerieben, sondern nur genügsam, abgehärtet und flüchtig. Häufig habe ich ein arabisches Roß mit so auf den brennenden Sand gefesselten Beinen den Kopf zwischen die Vorderbeine biegen, um ein wenig Schatten zu finden, und seinen Herrn wild anblicken sehen. Kaum hatte es dieser losgebunden und sich auf dessen Rücken geschwungen, so war es lauter Feuer und Muth.

Th. Brown (1831)

Erstaunlich und ebenfalls aus dem Wesen der Naturrasse erklärbar ist die Fähigkeit des arabischen Pferdekörpers, Wunden auch schwererer Art in kürzester Zeit zur Heilung zu bringen. Dies trifft auch bei Knochenbrüchen zu. Man kann unter den Beduinen Pferde mit gebrochenen und schief wieder zusammengewachsenen Fesselbeinen antreffen, die trotzdem vollauf ihren Dienst versehen und im schwierigsten Gelände in jeder Gangart geritten werden.

Seydel (1933)

Groß ist die Fruchtbarkeit des reinen Arabers. Unfruchtbarkeit kommt sowohl bei Hengsten wie bei Stuten fast nie vor. Die geschlechtliche Leistungsfähigkeit

Théodore Géricault. Mameluk se disposant à monter à cheval. Crayon noir, lavis brun touche de gouache. Musée du Louvre, Cabinet des Dessins, Collection His de la Salle

with twenty foals and stallions who are used up to their 30th year of age are no rarity. In European studs this has also been found. This is surely the consequence of the natural way that Arabian horses were raised. It is true that he needs more time to mature – only in his 6th year is he fully grown – but he lives much longer than horses of other breeds, both in the absolute and in the relative sense, and is usually fully in action up to his 30th year …

Seydel (1933)

Originally the life of the desert Arabian was one endless performance test from birth to death. Under the most difficult climatic conditions and with scarce and irregular food he continuously had to produce top performances which only the hardiest animals were capable of doing. This merciless selection through the centuries developed the most excellent characteristics of the Arabian horse, such as soundness, frugality, power of resistance, endurance – characteristics which the Arabian horse preserved up to this day.

Hecker (1975)

Théodore Géricault. Mameluk renversé de son cheval. Crayon noir, lavis brun touche de gouache. Musée du Louvre, Cabinet des Dessins, Collection His de la Salle

hält bis in ein hohes Alter an. Fälle, in denen Stuten 20 Fohlen gebracht und Hengste bis nahe an das 30. Lebensjahr genutzt wurden, sind keine Seltenheit und auch in abendländischen Gestüten öfters vorgekommen. Auch hierin wirkt sich eben die Naturgebundenheit des arabischen Pferdes aus, die nie durch unnatürliche Aufzucht gemindert wurde. Zwar ist es spätreifer – erst mit dem 6. Jahre vollkommen fertig –, erreicht aber absolut und relativ ein viel höheres Alter als andere Pferderassen und ist durchschnittlich bis zu seinem 30. Lebensjahr voll leistungsfähig ...

Seydel (1933)

Das Leben des Wüstenarabers war ursprünglich eine ununterbrochene Leistungsprüfung von der Geburt bis zum Tode. Unter härtesten klimatischen Bedingungen, bei spärlicher und unregelmäßiger Nahrung mußte er ständig eine Höchstleistung vollbringen, denen nur die zähesten Tiere gewachsen waren. Durch diese jahrhundertelange gnadenlose Selektion entwickelten sich beim Araber seine bestechendsten Eigenschaften wie Gesundheit, Genügsamkeit, Widerstandsfähigkeit und Ausdauer, Eigenschaften, die er bis zum heutigen Tag bewahrt hat.

Hecker (1975)

Health

Modest demands on food, health, hardiness and endurance are closely related and require particular compactness of conformation. Probably no other breed is more suited to transmit this compactness, such closely ribbed-up flanks, as is often proved by the Arabian horse. His modest food requirements explain to a great extent his special virtue of quick recovery even after the most strenuous efforts.

Rarely did the small, modest, bony horses fail in wartime, always those oversized that needed large amounts of food. – The Arabs preferred small nimble mares for war.

Bilke (1976)

The pure bred Arabian horse belongs to one of those breeds whose characteristic is a relatively high fertility. According to *Abidin, Raswan* and others this applies to other classical centres of breeding, besides the Nejd studs. Special mention is made to the easy conception of the mares (i.e. few leaps were needed per mare in foal). These observations were confirmed in the European studs.

Flade (1977)

When in the twenties extremely strenuous endurance tests were carried out in the United States, it was found that the pure-bred Arabians taking part needed – believe it or not – only 60 % of the daily food ration required by the other participants, as there were English thoroughbreds, quarter horses, etc., in order to win these competitions. This proves the fact that the Arabian horse makes better use of his food than any other breed of riding horses.

Klynstra (1978)

Only the excellent transportation of oxygen enables an animal to cover a great distance fast without undue exertion ...

As we already mentioned, the Arabian horse has an especially wide wind-pipe so that the lungs may be refilled faster and with more ease. This, too, is beneficial for the supply of oxygen. More oxygen is taken in with each breath. What would be the advantage of the effective breathing, though, if the blood were not able to transfer the enlarged offer of oxygen to the muscles quickly enough? The investigations of *Hansen* and *Todd* (1951) proved that the pure-bred Arabian also has more hemoglobin per litre of blood than any other breeds of horses and can therefore transport more oxygen per litre of blood.

Average amount of hemoglobin (Hb) per litre of blood according to Romijn (1948), *Hansen* and *Todd* (1951)

Leichtfüttrigkeit, Gesundheit, Härte und Ausdauer sind eng miteinander verbunden und fordern besonders Geschlossenheit im Bau. Keine Rasse dürfte zur Erreichung von besserem Schluß so geeignet sein, wie es der Araber vielfach erwiesen hat. Die Leichtfütterigkeit des Arabers ist zum großen Teil eine Erklärung für seine besondere Gabe, sich von größten Strapazen ungewöhnlich schnell zu erholen.

In keinem Kriege versagten je die kleinen, anspruchslosen, knochigen Pferde, aber immer die zu großen mit höheren Futteransprüchen. – Die Araber schätzen kleine, wendige Kriegsstuten.

Bilke (1976)

Der Vollblutaraber gehört zu den Pferderassen, denen eine relativ hohe Fruchtbarkeit als charakteristisches Merkmal zu eigen ist. Sie soll nach *Abidin, Raswan* und anderen auch außerhalb der Nedschd-Gestüte im Hochzuchtgebiet vorhanden sein, wobei das leichte Trächtigwerden (geringe Sprungzahl pro befruchtete Stute) der Stuten besonders bemerkt wird. In den europäischen Gestüten bestätigen sich diese Angaben.

Flade (1977)

Während äußerst schwerer Distanzritte, die in den USA während der zwanziger Jahre ausgeführt wurden, stellte sich heraus, daß die teilnehmenden Vollblutaraber nur – es ist unglaublich – 60 % der Tagesration der übrigen Teilnehmer – Englisches Vollblut, Quarterhorse etc. – benötigen, um diese Distanzritte zu gewinnen. Dies beweist, daß der Araber sein Futter besser verwertet als irgendeine andere Reitpferderasse.

Klynstra (1978)

Um schnell eine große Distanz zurücklegen zu können, ohne sich allzusehr zu erschöpfen, muß ein Tier also über einen ausgezeichneten Sauerstofftransport verfügen. ...

Wir haben bereits erwähnt, daß das Araberpferd über eine besonders weite Luftröhre verfügt, so daß das Füllen der Lungen leichter und schneller vor sich geht. Dank des faßförmigen Brustkastens hat das Araberpferd Platz für verhältnismäßig große Lungen. Auch dies kommt der Sauerstoffzufuhr zugute. Pro Atemzug wird mehr Sauerstoff aufgenommen. Doch welchen Nutzen hätte das wirkungsvollere Atemholen für das Araberpferd, wenn das Blut nicht imstande wäre, das größere Sauerstoffangebot genügend schnell den Muskeln zuzuführen? Wie sich aus Untersuchungen von *Hansen* und *Todd* (1951) ergeben hat,

Henry Alken. O. T. (Orientale mit rotem Mantel, galoppierend). Weichgrundätzung (1820). Archiv Dr. Thieme

cold-blooded stallions	115.1 g Hb/litre
warm-blooded stallions	126.7 g Hb/litre
pure-bred Arabian stallions	132.0 g Hb/litre

The values apply to horses in the state of rest. Nature has, however, a third means of supplying more oxygen to the muscles if it becomes necessary. Besides accelerated breathing and faster heart beat there is a large reserve of red corpuscles stored in the spleen. In times of intense physical stress, for example long-distance races, this reserve is released into the blood supply. This considerably increases the hemoglobin content of the blood and by this its capacity for transporting oxygen from the lungs into the muscles. It is comparable to the use of additonal buses during the rush-hours in our towns. Of course the total amount of hemoglobin which a horse can supply to its body is of decisive importance for extreme performances, especially in the case of long-distance rides at great speed.

Heusser (1952) found out the total amount of hemoglobin a horse can mobilize during a long canter. It proved that here, too, the Arabian horses were at the top:

Freiberg stallions	178.4 g Hb/litre
part-bred stallions	192.8 g Hb/litre
Arabian stallions	205.2 g Hb/litre

Carle Vernet. Le Syrien. Lithographie (um 1820). Archiv Dr. Thieme

besitzt daher auch das arabische Vollblutpferd mehr Hämoglobin je Liter Blut als andere Pferderassen und kann demnach mehr Sauerstoff je Liter Blut transportieren.

Durchschnittsmenge von Hämoglobin (Hb) pro Liter Blut
Nach *Romijn* (1948), *Hansen* und *Todd* (1951)

Kaltblut-Hengste	115,1 Gramm Hb/Liter
Warmblut-Hengste	126,7 Gramm Hb/Liter
Vollblutaraber-Hengste	132,0 Gramm Hb/Liter

Nun gelten aber diese Werte für den Hämoglobingehalt des Blutes bei Pferden im Ruhezustand. Die Natur verfügt jedoch, neben dem rascheren Atemholen und dem schnelleren Herzschlag, noch über ein drittes Mittel, um die Muskeln mit mehr Sauerstoff zu versehen, wenn dies nötig wird. In der Milz befindet sich nämlich ein sehr großer Reservevorrat roter Blutkörperchen. Bei starker körperlicher Belastung, wie zum Beispiel bei lang andauerndem Rennen, wird dieser Reservevorrat ins Blut geschickt. Hiermit steigt der Gehalt an Hämoglobin im Blut recht ansehnlich und damit auch die Kapazität, Sauerstoff aus den Lungen in die Muskeln zu transportieren. Dies können wir etwa vergleichen mit dem Einschalten von Extra-Autobussen zu Spitzenzeiten in unseren Städten.

Theodor Horschelt. Arabische Stute. Stadtmuseum München

The pure-bred Arabian horse can be regarded as an excellent type of horse for performances, specializing in long distances over difficult ground.

Klynstra (1978)

An investigation carried out with the pure-bred Arabian mares of the Marbach stud showed that for the brood mares under 20 years of age 78 % of the coverings resulted in a living foal and that for those over 20 years the rate of 48 % with living foals was an equally excellent record. It was in Marbach, too, that evidence was given of quite ancient mares being able to produce superior foals which afterwards turned out to be supreme breeding stock.

Klynstra (1990)

Franz und Eugen Adam. Arabischer Hengst. Lithographie. Stadtmuseum München

Selbstverständlich ist die Gesamtmenge Hämoglobin, die ein Pferd dem Körper zuführen kann, von ausschlaggebender Bedeutung bei Höchstleistungen, insbesondere bei langen Distanzritten in hohem Tempo.

Heusser (1952) hat diese Gesamtmenge von Hämoglobin, die ein Pferd bei langem Galopp mobilisieren kann, ermittelt. Es hat sich gezeigt, daß auch hier die Araberpferde an der Spitze stehen:

Freiberger Hengste	178,4 Gramm Hb/Liter
Halbblut-Hengste	192,8 Gramm Hb/Liter
Araber-Hengste	205,2 Gramm Hb/Liter

Das Arabervollblut kann als typisches Leistungspferd betrachtet werden, spezialisiert auf lange Distanzen in schwierigem Gelände.

Klynstra (1978)

Zepheryn Gengembre. Nichab. Lithographie aus dem Journal de Haras (1848).
Archiv Dr. Thieme

Arabian mares and "Warmblut" mares (a race of riding horses in Baden-Württemberg) of the State Stud of Marbach /Lauter were compared for several measurements of fertility and some body measurements. Data were collected from the years 1932-1977. The following results were found ...

In Arabians 96,67 % of the pregnancies and in the "Warmblut" race 92,34 % resulted in a live foal. The significant difference is due to a high rate of abortions in "Warmblut" mares. In Arabians 80,88 % of the served mares and in the "Warmblut" race 75,13 % of the served became pregnant. The pregnant Arabian mares which dropped a live foal needed 1,41 oestrus periods with at least one service. The pregnant "Warmblut" mares needed 1,56 oestrus periods. The difference is significant.

Angermeier (1980)

L. C. Jument Arabe avec son Poulain. Lithographie aus dem Journal de Haras (um 1845). Archiv Dr. Thieme

Eine Untersuchung bei Marbacher Vollblutaraberstuten ergab, daß vor dem 20. Lebensjahr 78 % der Bedeckungen ein lebend geborenes Fohlen zeitigten, bei Stuten über 20 Jahre war das Ergebnis mit 48 % ebenso herausragend. Gerade in Marbach ist der Beweis erbracht, daß auch aus alten Stuten hervorragende Fohlen gefallen sind, die sich später als Spitzenpferde erwiesen.

Klynstra (1978)

Im Haupt- und Landgestüt Marbach an der Lauter wurden für den Zeitraum von 1932–1977 vergleichende Untersuchungen an Stuten des arabischen Vollblutes und des Warmblutes durchgeführt. Folgende Ergebnisse wurden gefunden: ...

Beim Araber-Vollblut führten 96,67 % der Trächtigkeiten zu einer Geburt mit lebenden Fohlen, beim Warmblut waren es 92,34 %; der Unterschied der Aborte ist signifikant. Beim Araber-Vollblut wurden 80,88 % der belegten Stuten tragend, beim Warmblut 75,13 %; der Unterschied ist signifikant. Die tragend gewordenen AV-Stuten benötigten im Mittel 1,41 Rosseperioden mit Bedeckung für eine Geburt mit lebenden Fohlen, beim WB waren es 1,56 Rosseperioden. Der Unterschied ist signifikant.

Angermeier (1980)

Character: Courage, High Spirits, Vitality, Gentleness

If you look only to a horse's beauty, you will never perceive his real value!

Al Mutanabbi (ca. 950)

The following description taken from Count *Rzewusky's* memoirs may serve to illustrate the temperament of the Arabian horse.

"As to virtues and beauty of conformation the Kohaylan exceeds all other breeds of horse in the world. He is of extraordinary docility and absolute loyalty to his master, possesses innate courage and an infallible memory with regard to places where he has been and to treatment he has undergone. He allows only his master to touch and lead him. Even in the most frightening din of battle he retains his coolness and presence of mind and always remembers where he has come from so that even if he is mortally wounded he will make a final effort to bring his master back to his defeated tribe. His intelligence is really outstanding."

Th. Brown (1831)

Schamm, who owes his name to his tribe, is a bay stallion with a glint of gold and two white hind legs. He can be said to be excellent at any gait. He is very enduring and an especially pleasant ride because of his quiet temper and his natural balance, an advantage peculiar to any true Arabian horse which makes them so pleasant to ride even if almost unbroken. English and other horses will only be as acceptable after years of training. The Prince thinks much of a calm temper, as beneath there is always present and can always be awakened the high spirit of the horse of noble race. In particular the Kaehili breed is said to excel in this respect.

Pückler-Muskau/Laube (1844)

The smallest of the Arabian horses, a stallion called Baki Bey, is a useful and gentle animal, and, on closer observation, of very good conformation. As a colt he was given to the Prince as a present by Ibrahim Pasha. His parents were of the Nejd breed of Egypt. Though he does not yet stand five foot high, he is all muscle and strength. He is very fast and carries the heaviest rider regardless of the ground. He jumps hedges and ditches without lengthening or accelerating his strides – very much like a deer – and he is always brisk and sound and full of courage. Karagus, the black Turkish stallion, hates him more than anything, though, he, a more practical type, is a very valuable animal, efficient and inex-

Charakter: Mut, Feuer, Vitalität, Sanftmut

Wenn Du nur auf die Schönheit des Pferdes achtest, wirst Du niemals seinen wahren Wert ermessen.

Al Mutanabbi (ca. 950)

Um die Gemüthsart des arabischen Pferdes zu schildern, theile ich aus des Grafen *Rzewusky* Memoiren folgende Beschreibung mit.

„Allen Pferden dieser Welt steht der Kohlan an Güte der Eigenschaften und Schönheit der Form voran. Bei ungewöhnlicher Milde des Temperaments, unverbrüchlicher Treue zu seinem Herrn, angeborenem Muth, dem treuesten Gedächtnis im Bezug auf die Orte, wo es gewesen, und die Behandlung, die es empfangen hat, läßt es sich nur von seinem Herrn berühren und führen; in dem furchtbarsten Schlachtgetümmel kaltblütig und besonnen, erinnert es sich stets der Himmelsgegend, von der es gekommen, und selbst tödtlich verwundet, sammelt es die letzten Kräfte, um seinen muthlosen Reiter zu seinem geschlagenen Stamme zurückzutragen."

Th. Brown (1831)

Schamm, seiner Tribus nach so genannt, ist ein goldbrauner Hengst mit zwei weißen Hinterfüßen. Man kann von ihm sagen, daß es ausgezeichnet in jeder Gangart ist. Es ist in hohem Grade ausdauernd, und ist besonders angenehm durch sein ruhiges Temperament und durch das natürliche Gleichgewicht, welches überhaupt die ächten arabischen Pferde auszeichnet, und welches sie, auch wenn sie noch beinahe roh sind, so angenehm zum Reiten macht, wie englische und andere Pferde erst durch Jahre langes Zureiten werden. Auf das ruhige Temperament legt der Fürst großen Wert, weil darunter noch alles Feuer des Racepferdes ruht und stets geweckt werden kann. Die Race der Kaehéli's soll sich besonders durch diese glückliche Mischung auszeichnen.

Pückler-Muskau/Laube (1844)

Das kleinste arabische Pferd, Hengst Baki Bey, ist brav und tüchtig und bei näherer Betrachtung so wohlgebildet! Ibrahim Pascha hat ihn als ein Fohlen dem Fürsten geschenkt. Er ist von Nedschdi-Eltern in Aegypten gefallen. Freilich ist er noch nicht ganz fünf Fuß, aber Alles an ihm ist sehnige Kraft. Er ist von außerordentlicher Schnelligkeit, trägt den stärksten Reiter über Stock und Stein, setzt ohne Ausholen, ohne Ansatz über Gräben und Hecken ganz wie ein Hirsch, und ist immer frisch, immer kerngesund, immer tapfer. Er ist der verhaßteste Feind des schwarzen türkischen Hengstes Karagus, der übrigens in sei-

Eugène Delacroix. Chasse aux lions. Öl auf Leinwand (1858). With courtesy of Museum of Fine Arts, Boston

haustible. Karagus can always be distinguished from a long distance by his eager neigh and the steel-like clatter of his hooves. He is somewhat taller than Baki Bey but when they come to fight seriously, he is defeated by the nobler race. Baki Rey rears up, his bright big Nejd eyes watching every movement of the approaching enemy, his body, raised on his hind legs, following the enemy circling him, and before Karagus can defend himself, Baki Bey grasps his neck and throws him down with enough strength to make the ground shake.

Pückler-Muskau/Laube (1844)

Eugène Delacroix. Chasse au tigre. Öl auf Leinwand. Musée du Louvre.

ner Art, ein türkisch Landpferd von unverwüstlicher Tüchtigkeit, ebenfalls sehr wertvoll ist. Dieser Karagus, überall weithin hörbar durch begehrliches Wiehern, durch stahlfesten pochenden Tritt, ist zwar etwas höher als Baki Bey, aber wenn es zum ernstlichen Kampfe kommt, erliegt er doch der edleren Race. Baki Bey erhebt sich auf den Hinterfüßen, die blitzenden großen Nedschdi-Augen folgen stechend jeder Bewegung des andringenden Feindes, der gehobene Vorderkörper folgt dem umkreisenden Feinde, und ehe sich dieser wehren kann, hat ihn Baki Bey am Nacken, und hat ihn niedergeworfen, daß die Erde schüttert.

Pückler-Muskau/Laube (1844)

One of the most signal instances of courage on the part of horse and rider, and of perfect concert between both, is that recorded of the late *Sir Robert Gillespie* and his Arab. Sir Robert being present on the race course of Calcutta during one of the great Hindoo festivals, when many thousands are assembled to witness all sorts of shows, was suddenly alarmed by the shrieks and commotion of the crowd. On being informed that a tiger had escaped from his keepers, he immediately called for his horse, and, with no other weapon than a boarspear snatched from one of the by-standers, he rode to attack this formidable enemy. The tiger was probably amazed at finding himself in the middle of such a number of shrieking beings flying from him in all directions; but the moment he perceived Sir Robert, he crouched in the attitude of preparing to spring upon him; and that instant the gallant soldier passed his horse in a leap over the tiger's back, and struck the spear through his spine. It was a feat requiring the utmost conceivable unity of purpose on the part of horse and rider, almost realizing for the moment the fable of the centaur. Had either swerved or wavered for a moment, both had been lost. But the brave steed knew his rider. The animal was a small grey, and was afterwards sent home as a present to the Prince Regent.

Springfield (1847)

Another proof of the mutual attachment of the Arab and his horse is shown by an event which occurred during the same war. One of the most important virtues of a pure-bred horse is known to be the fact that he stops instantaneously when his rider falls and that he will bring him back to his tribe if he stays in the saddle but is injured or dead.

In this war, a Wahabi warrior was seriously wounded and fell from his horse, but was trapped by one foot in the stirrup. Immediately his mare went down flat on her belly so as to disengage his foot, then seized his belt in her teeth and carried him back to his tribe. This story has been confirmed to me by several witnesses. His injuries cured and almost healed, he was told that his mare had had an abortion and had died. Such was his grief and sorrow that a few days later, he also died.

I myself witnessed a very peculiar incident. I was present at a game of Djerid given by most host Ali Bey, Pasha of Tripolis. His brother Chedid Bey took part riding one of the Pasha's stallions of the Em-Arkoub breed. His turn came, Chedid threw his djerid but failed to hit his opponent. Immediately the stallion rushed forward and rearing lashed the man with his forelegs until he fell from his horse half-dead.

Chedid was disconsolate, especially as his rival was a man of great reputation. He told his experience to his brother, and Ali Bey replied that such was the

Von dem verstorbenen *Sir Robert Gillespie* und seinem Araber gibt es eine Geschichte, die zu dem Spektakulärsten zählt, was an Geschichten über Mut von Reiter und Pferd berichtet wird. Sir Robert wohnte einem der großen Hindu-Feste in Kalkutta bei, bei dem sich Tausende von Menschen versammeln, um sich alle möglichen Vorstellungen und Vorführungen anzusehen. Plötzlich gellten Schreie, die Menge geriet in Bewegung. Als er erfuhr, daß ein Tiger seinen Wärtern entkommen sei, ließ er sofort sein Pferd kommen und ritt mit einem Bärenspieß, den er einem Zuschauer entrissen hatte, als einziger Waffe diesem gefährlichen Gegner entgegen. Der Tiger war wahrscheinlich verwirrt, als er sich mitten unter unzähligen schreiend auseinanderstiebenden Wesen wiederfand, aber als er Sir Robert sah, kauerte er sich zum Sprung zusammen. In diesem Augenblick setzte der tapfere Krieger mit einem Satz über den Tiger hinweg und stieß ihm von oben den Speer ins Rückgrat. Zu dieser Tat bedurfte es höchstmöglicher Übereinstimmung zwischen Reiter und Pferd, die in diesem Augenblick das Märchen vom Kentauren beinahe zur Wirklichkeit werden ließen. Hätte einer von beiden auch nur einen Augenblick gezögert oder geschwankt, wären beide verloren gewesen. Aber das beherzte Roß kannte seinen Reiter. Es war ein kleiner Schimmel, der später als Geschenk an den Hof des Prinzregenten kam.

Springfield (1847)

Eine andere Geschichte, welche sich in eben diesem Kriege zutrug, beweist auf's Neue die gegenseitige Anhänglichkeit zwischen dem Araber und seinem Pferde. Es ist bekannt, daß es eine der wesentlichsten Eigenschaften eines Race-Pferdes ist, daß es sofort anhält, wenn sein Reiter herabfällt, und daß, wenn er verwundet oder getötet wird, aber im Sattel bleibt, es ihn in das Lager der Seinen zurückträgt.

An einem Kampftage wurde ein Wahabi schwer verwundet, stürzte vom Pferde und blieb dabei mit dem Fuße im Bügel hängen. Seine Stute legte sich sofort platt auf den Bauch nieder, so daß sein Fuß aus dem Bügel kam, dann faßte es seinen Grütel und trug ihn bis in die Mitte der Seinen zurück. Diese Geschichte ist mir von mehreren Augenzeugen fest versichert worden. Der Verwundete wurde verbunden und befand sich schon auf dem Weg der Besserung, als er erfuhr, daß seine Stute verfohlt habe und gestorben sei. Sein Schmerz war so groß, daß er nach wenigen Tagen ebenfalls diese Welt verließ.

Ich selbst bin Zeuge eines eigenthümlichen Vorfalls gewesen. Ich befand mich bei Ali-Bey, dem Pascha von Tripolis und wohnte als Zuschauer dem Djerid-Spiel bei, zu welchem Chedid-Bey, des Pascha Bruder, einen Hengst desselben von der Race Em-Arkoub ritt. – Als beim Spiele die Reihe an Chedid kam, schleuderte er seinen Djerid, fehlte aber seinen Gegner. Sofort stürzte der

Eugène Delacroix. Combat du Giaour et du Pacha. Stich von M. Borell. Archiv Olms

nature of that horse that he always tried to hit the target if his master had failed, and that the only way to stop him was to throw him to one side immediately.

There is no end to all these extraordinary stories told in the East. The foregoing should give sufficient evidence of the outstanding development of the intelligence of a pure-bred horse. I only want to mention that such virtues are exclusively found in horses of noble breed.

J. Mazoillier (1853)

Eugène Delacroix. Chasse aux Lions. Stich von Edouard Léon. Archiv Olms

Hengst vorwärts, hob sich auf seinen Hinterfüßen und hieb mit seinen Vorderfüßen den Gegner halb todt vom Pferde.

Chedid war untröstlich, zumal sein Gegner eine angesehene Person war, und klagte seinem Bruder sein Erlebniß. Ali-Bey theilte ihm hierauf mit, daß es einmal die Art dieses Pferdes sei, das Ziel zu erreichen, wenn sein Herr es gefehlt habe, und daß man es nur dadurch daran hindern könne, wenn man es sofort zur Seite würfe.

Ich würde kein Ende finden, wollte ich alle die außergewöhnlichen Geschichten mittheilen, die man sich im Orient erzählt. Ich glaube, in dem Vorstehenden

Eugène Delacroix. Combat du Giaour et du Pacha. Stich von Marcel Kamm. Archiv Olms

Eugène Delacroix. The Lion Hunt. Öl auf Leinwand. The Art Institute of Chicago

genügende Beweise für die außerordentliche Entwicklung des Verstandes der Race-Pferde gegeben zu haben, und will nur noch bemerken, daß sich diese Eigenschaften nur bei Pferden edler Race finden.

J. Mazoillier (1853)

Character

The Arabian's natural confidence in man, coupled with centuries of training no doubt accounts a little for the innate courage of the Arabian. The stallion Abu Zeyd was never sufficiently disturbed to retreat from a whistling or steaming locomotive, or a Fourth of July parade, even if fire-crackers were exploding beneath his feet, although sweat would roll off him and he would tremble beneath his rider.

Fortitude is as marked a virtue in an Arabian as courage. It has been noted on the tracks of the East that the Arabian, even though fired and blistered on both legs at once, and undoubtedly in great pain, will not refuse his nose bag. Sick or injured horses often endure considerable pain inflicted by humane attempts to relieve their sufferings. An instance of such fortitude, gentleness, and intelligence was given by the author's stallion Khaled. Upon entering a dark stable, he unluckily caught his fore foot in a round hole in the floor which had been left open by the removal of a drain cap. After one or two ineffectual efforts to extricate his foot, which was held down by the edge of the shoe, instead of struggling, or throwing himself and breaking his leg in fright as most horses would have done, although trembling in fear, he stood perfectly still until his foot was released.

W. R. Brown (1929)

In disposition the Arabians are gentle and affectionate, familiar indeed almost to the extent of being troublesome. They have no fear of man whatsoever, and will allow anyone to come up to them when grazing, and take them by the head. If they happen to be lying down, they will not move though you come close to them. They are not to be intimidated by any lifting up of hands or sticks, for they do not understand that you can hurt them. It often amused us in the desert to see the mares come up to their masters and use them, as they would one of themselves, for a rubbing-post. This extreme gentleness and courage, though partly the effect of education, is also inherited, for a colt born and brought up in the stable is just as tame.

Lady Anne Blunt (1879)

Only he who has felt the spirituality of the asil Arabian, is able fully to appreciate his rough beauty and gentle refinement. They are "miracles" of patience, endurance, physical perfection and human attachment.

Raswan (1955)

Der angeborene Mut des Arabers findet zweifelsohne einige Erklärung in seinem natürlichen Vertrauen zum Menschen, das durch jahrhundertelange Ausbildung verstärkt wurde. Den Hengst Abu Zeyd konnte auch eine pfeifende und dampfende Lokomotive nicht in Panik versetzen, genauso wenig wie eine Festtagsparade, bei der ihm Feuerwerkskörper zwischen den Hufen explodierten. Allerdings rann ihm der Schweiß in Strömen herunter, und er zitterte unter dem Reiter. Standhaftigkeit im Ertragen von Schmerzen ist eine ebenso ausgeprägte Eigenschaft des Arabers wie sein Mut. Auf den langen Märschen des Ostens hat sich erwiesen, daß ein Araber nie das Futter verweigert, nicht einmal, wenn er an beiden Beinen gleichzeitig gebrannt und geblistert ist und offensichtlich große Schmerzen leidet. Kranke oder verletzte Pferde ertragen oft erhebliche Schmerzen, wenn man versucht, ihnen zu helfen. Ein Beispiel für diese Art von Standhaftigkeit, Sanftmut und Intelligenz lieferte Kheled, der Hengst des Autors. Als er im Dunkeln in den Stall geführt wurde, verfing sich ein Vorderfuß in einem runden Abflußloch im Boden, dessen Deckel versehentlich offen gelassen war. Nach ein oder zwei vergeblichen Versuchen, den Fuß freizubekommen, der am Kronenrand festsaß, stand er – statt zu kämpfen oder sich hinzuwerfen und sich vor lauter Panik das Bein zu brechen, wie es die meisten Pferde getan hätten, zwar zitternd vor Angst, aber doch vollständig still, bis man seinen Fuß endlich befreien konnte.

W. R. Brown (1929)

Von der Veranlagung her sind die Araber sanft, liebenswert und vertrauensvoll bis zu einem Grad, daß es störend werden kann. Sie fürchten den Menschen in keiner Weise. Sind sie beim Grasen, erlauben sie jedem, sich ihnen zu nähern und sie am Kopf zu fassen. Wenn sie gerade liegen, werden sie nicht aufstehen, auch wenn man ihnen ganz nahekommt. Reißt man die Arme oder einen Stock hoch, zeigen sie keine Furcht, denn sie verstehen nicht, daß sie geschlagen werden könnten. Wir haben uns in der Wüste oft darüber amüsiert, wenn Stuten zu ihren Herren gingen und sich an ihnen rieben, so wie sie es untereinander tun. Diese außergewöhnliche Sanftheit und dieser Mut, obwohl teilweise anerzogen, sind doch auch vererbt, denn ein Hengstfohlen, das im Stall geboren und dort aufgezogen wurde, ist genauso zahm.

Lady Anne Blunt (1879)

Erst jener, der das Seelische des asilgeborenen Arabers empfunden hat, vermag dessen rauhe Schönheit und sanften Adel zu würdigen. Sie sind „Wunder“ an Geduld, Ausdauer, physischer Vollkommenheit und menschlicher Anhänglichkeit.

Raswan (1955)

Carle Vernet. Charge de Mameluk. Archiv Olms

In my opion the character, the unconditional willingness coupled with a good nerve are infallible signs of the purity of the blood whereas the lack of these faculties seems very doubtful indeed. A horse of violent and uncertain character cannot be a pure-bred Arabian ...

Wenzler (1973)

The good nature and excellent and amiable character of the Arabian pure-bred is widely known and has been abundantly commented upon in both the ancient and the new Arabian poetry, as well as in the international hippological literature. It has been proved that these characteristics are surely transmitted to their

Carle Vernet. Retraite de Mameluk. Archiv Olms

Unserer Meinung nach ist der Charakter, die unbedingte Leistungsbereitschaft mit starken Nerven ein untrügliches Zeichen für die Reinheit des Blutes, während uns das Fehlen dieser Eigenschaften als sehr bedenklich erscheint. Ein im Charakter unzuverlässiges, heftiges Pferd kann kein reiner Araber sein, ...

Wenzler (1973)

Allgemein bekannt und in der gesamten alten und neuen arabischen Dichtung sowie der hippologischen Weltliteratur eingehend beschrieben, ist das gutartige Temperament und der vorzügliche, liebenswürdige Charakter des Arabischen Vollblutpferdes. Er wird nachweislich sicher vererbt. Die Ursache für diese besonders wertvolle Eigenschaft liegt in der jahrtausendelangen Auslese durch intensiven persönlichen Umgang des Arabers mit seinem Pferd.

Flade (1977)

progeny. This invaluable faculty is a consequence of the selective process going on during the thousands of years the Arab Bedouin lived in close personal contact with their horses.

Flade (1977)

My Nijmeh gave me an example for the courage a desert mare can possess. One evening we trotted along the edge of a forest. I rode her without any bit, only in a halter. The sun had set and it had become almost dark when we met with a group of soldiers. It was a whole platoon camouflaged for night training. I walked past them when suddenly they began to shout and to clap their hands. Nijmeh became exited and started to amble about. Their silly behaviour which for many a rider would have meant a real danger made me angry, so I told the troopers what I thought about it. They just laughed at me. I intended to speak to the commander and turned the mare round. As I was furious, perhaps my aids came too abrupt. Nijmeh misunderstood me; she thought we were going to attack the infantery men and dashed forward. She galloped right through the men and turned round like lightning. Some of them fell or took cover, arms clashed to the ground while Nijmeh already carried me away with the speed of an arrow. Some fifty meters away we turned round and saw the troopers, dumbfounded, stagger to their feet and meekly pick up their arms from the ground. Fortunately no one was injured by this attack of my brave little desert mare.

Klynstra (1978)

All of his visual and functional beauty is crowned by a gentleness and affection for man that springs from a courageous and noble spirit.

Seth B. Burgess (1983)

If an animal is going to save your life, who cares how it looks? Man can depend on an Asil Arabian; the crossbreed depends on man.

P. Balles (1993)

Wie mutig eine Wüstenstute sein kann, hat mir Nijmeh gezeigt. Eines Abends trabten wir an einem Waldrand entlang. Ich ritt sie ohne Kandare und ohne Trense, nur am Halfter. Die Sonne war untergegangen, und es war schon ziemlich dunkel, als uns Soldaten begegneten. Es war ein ganzer Zug im Tarnanzug auf dem Wege zu einer Nacht-Übung. Im Schritt ritt ich an ihnen vorbei, als sie plötzlich anfingen, laut zu schreien und in die Hände zu klatschen. Nijmeh tänzelte aufgeregt. Das dumme und für manch anderen Reiter riskante Benehmen der Landser erregte mich, und ich wollte dies den Infanteristen vorhalten. Hohngelächter war die Antwort. Ich drehte mich um und wollte mir den Zugführer vornehmen. Ich war ärgerlich, und wahrscheinlich waren meine Hilfen zu grob. Nijmeh verstand mich falsch, sie dachte, ich wollte die Infanterie attakkieren. Sie stürzte sich im rasenden Galopp auf die Männer, sprang mitten zwischen sie und drehte sich blitzschnell herum. Einige Soldaten stürzten oder warfen sich in Deckung, Waffen klirrten auf den Boden, während Nijmeh mit mir davonflog. Nach 50 Metern machten wir kehrt und sahen, wie die verblüfften Landser wieder hochkamen und kleinlaut ihre Waffen zusammensuchten: Glücklicherweise war niemand verletzt worden bei dieser Attacke der kleinen mutigen Wüstenstute.

Klynstra (1978)

All seine sicht- und spürbare Schönheit wird von einer Sanftmut und Zuneigung zum Menschen gekrönt, die aus einem mutigen und edlen Charakter entspringt.

Seth B. Burgess (1983)

Wenn ein Geschöpf bereit ist, Dein Leben zu schützen, kümmert Dich sein Aussehen?

Wir können uns einem Asil-Araber anvertrauen, ein Kreuzungsprodukt ist auf uns angewiesen.

P. Balles (1993)

Intelligence: Brains, Eagerness to Learn

The Kohlan distinguishes itself amongst all the horses of the world by its attributes as well as by its shape. It is very devoted and faithful to his master, it has great courage, is admirably intrepid and has an excellent memory for the place it has been and treatment it has experienced. It is unapproachable to everyone except its master and does not loose track of the direction it came from even in the most violent skirmishes. As long as its stength does not fail it, it will snatch its master from danger when fatally wounded itself and return him to his own people. It possesses great intelligence, and without doubt notices if it is to be sold, and if its price is being negotiated. When the owner and the potential buyer enter the stable to do their deal there, it goes as far as suspecting this, looking at them talking, becoming restless and scraping the ground to show its discontent. The buyer, like any other stranger, hardly dares to go near it. If the deal is done, however, the seller then takes the Kohlan by the halfer and hands it over with a piece of salted bread (a way of bidding it farewell and recognizing the rights of its new master).

The seller leaves immediately, and from that moment on, one can see this headstrong animal being meek, obedient and devoted toward its new owner, whom it would have trampled a moment earlier. This is not a fairy-tale. I was witness to it on several occasions, in the years 1810 and 1811, when I bought three Kohlan from Turkish prisoners and the exact same thing confronted me during a deal in the stable. I took charge, with my own hands, of those horses which I had not approached before the ceremony. I have heard the same thing from all Turks, Arabs and prisoners and also from a number of rich Armenian merchants who deal with horses and from time to time buy them on the spot.

The Kohlan have excellent attributes for use in war. They have uncommonly keen eyesight, even at night, and they never loose their way, no matter how few landmarks there are. Their hearing is very sharp and the slightest sound, even from the greatest distance, is announced to their rider through signs of restlessness. This is why an Arab has still never been ambushed on his horse, as Turkish prisoners have assured me. They are seldom out of breath if driven on while galloping, and can keep it up for a very long time.

Rzewusky (about 1820)

Besides they have a delicacy, I cannot say of mouth, for it is common to ride them without bit or bridle, but of feeling and obedience to the knee and thigh, to the slightest check of the halter and the voice of the rider, far surpassing whatever the most elaborate manege gives a European horse, though furnished with snaffle, curb, and all. I often mounted them at the invitation of their owners, and without saddle, rein, or stirrup set them off at full gallop, wheeled them round, brought them up in mid career at a dead halt, and that without the least difficulty

Intelligenz: Klugheit, Lernbereitschaft

Der *Kohlan* zeichnet sich unter allen Pferden der Welt durch seine Eigenschaften, so wie durch seine Formen aus.

Er ist sehr fromm und treu gegen seinen Herrn; er hat viel Muth, eine bewundernswürdige Unerschrockenheit, ein vorzügliches Gedächtniss für den Ort, wo er gewesen ist, und die Behandlung, welche er erfahren hat. Unzugänglich für Jeden ausser seinem Herrn, verliert er in dem heftigsten Handgemenge die Richtung nicht, woher er gekommen ist, und, selbst tödlich verwundet, entreisst er, so ferne ihm die Kraft nicht versagt, seinen Herrn der Gefahr, und bringt ihn zu den Seinigen zurück. Er besitzt viel Verstand, und merkt es sehr wohl, wenn er verkauft werden soll, und wenn um seinen Preis gehandelt wird; diess geht so weit, dass, wenn der Eigenthümer und der Kauf-Liebhaber in den Stall kommen, um daselbst ihren Handel zu machen, er solches ahnet, unruhig wird, die Sprechenden ansieht, auf dem Boden scharrt, und so seine Unzufriedenheit ausdrückt. Der Käufer dürfte so wenig, als jeder andere Fremde, es wagen, sich ihm zu nähern; wenn aber nach abgeschlossenem Handel der Verkäufer den Kohlan bey der Halfter fasst, ihn – nebst einem Stück Brod mit Salz dem Käufer übergibt, und sich sofort wegwendet, (eine Art, sich von ihm zu verabschieden, und die Rechte seines neuen Herrn anzuerkennen,) alsdann sieht man diess widerspenstige Thier fromm, geschmeidig und anhänglich an seinen neuen Besitzer werden, welchen es einen Augenblick zuvor zertreten hätte. Diess ist kein Mährchen; bey mehreren Gelegenheiten war ich hiervon Zeuge. Als ich nehmlich in den Jahren 1810 und 1811 von gefangenen Türken drey Kohlan erkaufte, ist mir diess selbst bey dem Handel im Stalle begegnet, wo ich jene Pferde, welchen ich vor dieser Ceremonie mich zu nähern nicht gewagt hätte, eigenhändig übernahm; und ein Gleiches habe ich von allen Türken, Arabern, Gefangenen und von mehreren reichen armenischen Kaufleuten gehört, welche mit Pferden handeln, die sie zuweilen an Ort und Stelle aufkaufen.

Die Kohlan haben ausgezeichnete Eigenschaften für den Gebrauch im Kriege; sie haben ein ungemein scharfes Gesicht, selbst in der Nacht, und verlieren nie den Weg, wenn er auch wenig bezeichnet ist; ihr Gehör ist sehr scharf, und das geringste Geräusche – selbst aus der grössten Entfernung – verkündigen sie ihrem Reiter durch Zeichen von Unruhe; daher ist, wie mich gefangene Türken versichert haben, ein Araber noch niemals auf seinem Pferde überfallen worden. Angetrieben im Lauf, besitzen sie viel Athem, und können sehr lange aushalten; ...

Rzewusky (um 1820)

Ausserdem haben sie eine Zartheit, ich kann nicht sagen des Maules, denn sie werden gewöhnlich ohne Gebiss und Zaum geritten, sondern der Fühlung mit Knie und Schenkel und gehorchen auf den leisesten Druck und auf die Stimme

Johann Baptist Zwecker. Szene aus dem Caroussel. Lithographie (1846). Archiv Dr. Thieme

or the smallest want of correspondence between the horse's movements and my own will; the rider on their back really feels himself the man-half of a centaur, not a distinct being. This is in great part owing to the Arab system of breaking in, much preferable to the European in conferring pliancy and perfect tractability.

Palgrave (1867)

Of the horses, the Arabian is the most intelligent, and has certain functions of the mind highly developed, such as memory, fortitude, and docility, that make him an extremely useful servant of man; and because he possesses the rudiments of many other mental functions, he is a most interesting companion.

Doctor William McDougall, one of the world's foremost psychologists, now at Duke University, has been studying for some time the reactions of the so-called "horses with human brains", that from time to time appear to do remarkable tricks, to ascertain if beneath the evident mechanics of the training given there is not some slight form of hypnotism possible, from man to beast, that has not as yet been apprehended. It is certainly obvious that, even if the success of the tricks depend upon voice or gesture, the horse has far keener sensibilities than most people realize, and could be much more highly trained than is usually the case.

Carl Kurtz. Szene aus dem Caroussel. Lithographie (1846). Archiv Dr. Thieme

des Reiters, bei weitem besser als unsere noch so kunstvoll zugerittenen Schulpferde. Ich habe manches Pferd, vom Besitzer aufgefordert, geritten, ohne Sattel, Zügel oder Steigbügel, in vollem Gallop, herumgeworfen, mitten im schnellsten Laufe stehen lassen, Alles ohne die geringste Schwierigkeit oder den geringsten Mangel an Correspondenz zwischen den Bewegungen des Pferdes und meinem eigenen Willen; der Reiter fühlt sich auf dem Rücken dieser Thiere selbst als die Hälfte eines Centauren, nicht als ein besonderes Wesen. Dies kommt hauptsächlich von dem arabischen System des Zureitens, welches dem europäischen bei weitem vorzuziehen ist und das Pferd ungleich gefügiger macht.

Palgrave (1867)

Der Araber ist das klügste der Pferde. Geistige Eigenschaften wie Gedächtnis, Standhaftigkeit und Sanftmut sind bei ihm hochentwickelt und machen ihn zu einem besonders nützlichen Diener des Menschen. Da er außerdem andere geistige Funktionen zumindest im Ansatz besitzt, ist er auch ein höchst interessanter Gefährte.

Dr. William McDougall, einer der bekanntesten Psychologen der Welt, der heute an der Duke University lehrt, hat sich einige Zeit mit den Reaktionen sog.

Johann Baptist Zwecker. Szene aus dem Caroussel. Lithographie (1846). Archiv Dr. Thieme

The Arabs know this, and one is surprised in the desert to observe that no bits are used – the animal is controlled by a simple chain over the nose, attached to a halter. Pressure of the halter and legs, and the voice, are sufficient for guidance and control. A horse ridden by one man during their mutual lives comes to understand his master much as a wife does her husband. The horse will start off at a gallop at a slight signal, canter if the weight is shifted back in the saddle, trot if pressure is put upon the neck, walk if the rider sits loosely and easily, and stop when his master throws up his hands and leans far back; turn to the right or left, as the leg on that side is advanced or drawn back, and stand at attention while his master mounts or dismounts, without the halter rope being touched.

W. R. Brown (1929)

Due to the development of his brain, the Arabian horse has become famous for his intelligence to such a degree as to become almost a legend.

Seydel (1933)

I am sure that for the person who wants to know the real joy of keeping a horse as a pet and a friend there is nothing in the world to equal an Arab. He will love

Johann Baptist Zwecker. Szene aus dem Caroussel. Lithographie (1846). Archiv Dr. Thieme

„Pferde mit Menschenverstand" beschäftigt, die von Zeit zu Zeit auftauchen und erstaunliche Tricks beherrschen. Er versuchte herauszufinden, ob es neben der offensichtlich mechanisch erlernten Ausbildung nicht womöglich eine Form der Hypnose zwischen Mensch und Tier gibt, die bisher noch nicht erkannt wurde. Selbst wenn die Tricks durch Stimme oder Gebärden bewirkt werden, ist es ganz klar, daß das Pferd feinfühliger ist, als die meisten Menschen sich vorstellen, und daß es bei entsprechender Ausbildung zu weit höheren Leistungen fähig wäre, als es üblicherweise der Fall ist. Die Araber wissen darum, und zu unserem Erstaunen ist das Gebiß in der Wüste ein unbekanntes Hilfsmittel. Die Pferde werden nur vermittels einer Kette über dem Nasenrücken gelenkt, die an einem Halfter befestigt ist. Der Druck des Halfters und des Schenkels zusammen mit der Stimme genügen, um das Tier zu lenken und zu beherrschen. Ein Pferd, das sein ganzes Leben lang nur von einem Reiter geritten wird, versteht seinen Herrn mit der Zeit fast wie eine Frau ihren Ehemann. Es galoppiert auf ein leises Zeichen an, kantert, wenn das Gewicht im Sattel nach hinten verlagert wird, trabt, wenn es Druck im Nacken verspürt, geht Schritt, wenn der Reiter entspannt und lässig im Sattel sitzt, und hält an, wenn sein Herr die Hände hochnimmt und sich zurücklehnt. Je nachdem, welcher Schenkel

E. Purcell. O. T. (Mameluke, sein Pferd haltend). Lithographie nach Carle Vernet (1822). Archiv Dr. Thieme

you as a dog does, he will let you groom him in an unorthodox way, he will wait for you while you post a letter or pull down a branch of honeysuckle, and he will always be a "thing of beauty." He is never clumsy, never stupid. He may give a kick or two from sheer exuberance of spirits, but he never follows it up with an evil buck. If he doesn't understand something he looks at it long and wisely, and those great eyes grow larger and darker, but he listens to your voice and he doesn't shy across the road because a leaf shakes. If he is ill he longs for your comfort and your presence, and he whinneys softly through wide nostrils when he hears you coming. He will come to your whistle and he will caress your cheeks with open lips as softly as a child.

Lady K. Ritson (1935–38)

The rules for schooling Arabs to saddle are the same as those for any other hack, and I think it is generally found that satisfactory results are obtained with them more quickly than other breeds, because of their greater understanding. I believe, too, that the Arab makes a greater response to the human voice, or at any rate, that he does so more quickly, which is much the same thing.

Summerhays (1935–38)

Hippolyte Lalaisse. O. T. (Araber führt Pferd am Zügel). Lithographie (um 1840). Archiv Dr. Thieme

vor- oder zurückgelegt wird, wendet es nach einer Seite oder der anderen ab, und wenn sein Reiter auf- oder absteigt, steht es still, ohne daß das Halfterseil auch nur berührt wird.

W. R. Brown (1929)

Sprichwörtlich ist ferner die durch die Gehirnentwicklung hervorgerufene Klugheit des arabischen Pferdes.

Seydel (1933)

Für jemanden, der die echte Freude erleben will, ein Pferd als Haustier und Freund zu halten, gibt es auf der ganzen Welt nichts, was dem Araber gleichkäme, da bin ich ganz sicher. Er wird dich lieben wie ein Hund; es macht ihm auch nichts aus, auf unorthodoxe Weise geputzt zu werden oder zu warten, bis du einen Brief zu Post gebracht oder dich am Duft eines Blütenzweiges erfreut hast, und immer wird er ein Inbegriff der Schönheit sein. Nie ist er plump, nie dumm. Auch wenn er in überschäumender Lebensfreude einmal ausschlagen mag, wird er es doch nie darauf anlegen, dich abzuwerfen. Wenn er etwas nicht versteht, betrachtet er es lange und mit klugen, dunklen Augen, die immer größer werden, aber er hört auf deine Stimme, und er scheut auch nicht quer über

Intelligence

Whatever is written in the biological history of the horse, and whatever the origin of the Arab Horse may be, there is no doubt that the Bedouin of the Arabian desert did manage to get his horse to acquire great characteristics. He succeeded in making him become as patient as a camel, as fast as a hound, and as generous and as gentle as himself. In fact, a Bedouin looks upon his horse as a dear and close friend.

Fouad Abaza (1936)

The goal of modern breeders, but also of breeders in former times, is not only the beauty of the Arabian, but in particular his pleasant disposition, his fiery, yet kind temperament. Since in horsebreeding normally the more highly specialized traits are transmitted dominantly, that is prepotently, and the ancient, more primitive traits are transmitted recessively, invisibly, the Arabian as a "brain animal" gives us especially his intelligence, his quick reactions, his ability to learn, and the dedidely friendly attitude towards humans which we see even in stallions.

M. Schäfer (1971)

Attitude and physical qualities must be taken into account when considering the ideal Arabien; in fact, the inner qualities must come first: love, courage, dignity, gentility, honesty, spirit, loyalty, grace, intelligence, and willingness to please. Without these transcendent values, the physical form cannot function and inspire.

The Arab of the desert did not consult books in creating the classic Arabian horse – the universe and the principles of nature were his library. Harmony was his guide. The rapport established between the Arab and his horse evolved through shared interests, shared loyalties, shared consideration – and shared results. All the real (intangible) qualities we admire in the Arabian horse today are a result of a long heritage established through companionship and mutual respect.

Forbis (1976)

The reliability, courage, fine character and high intelligence of the desert Arabian horse are generally recognized. It would be almost justified to call them characteristic for the breed of the Arabian horse.

Klynstra (1978)

die Straße, nur weil ein Blatt sich bewegte. Wenn er krank ist, freut er sich über den Trost deiner Gegenwart, und mit leisem Wiehern aus geweiteten Nüstern begrüßt er freudig deinen Schritt. Er kommt, wenn du pfeifst, und weich wie Kinderlippen streicht sein Maul kosend über deine Wange. Romantik, Schönheit und Liebe sind in ihm verkörpert.

Lady K. Ritson (1935–38)

Araber werden nach den gleichen Grundsätzen eingeritten wie alle anderen Pferde auch, und meiner Meinung nach erzielt man aufgrund ihres größeren Verständnisses mit ihnen schneller befriedigende Ergebnisse. Außerdem glaube ich auch, daß der Araber besser oder jedenfalls schneller – was auf das gleiche hinausläuft – auf die menschliche Stimme anspricht.

Summerhays(1935–38)

Was in der biologischen Geschichte des Pferdes auch geschrieben stehen und welchen Ursprungs das arabische Pferd auch sein mag: ohne Zweifel ist es dem Beduinen der arabischen Wüste gelungen, seinem Pferde bestimmte Wesenszüge zu verleihen. Es wurde geduldig wie ein Kamel, schnell wie ein Windhund und so großzügig und liebenswürdig wie er selbst. Für einen Beduinen ist sein Pferd tatsächlich ein enger und lieber Freund.

Fouad Abaza (1936)

Erwünscht in unseren modernen Zuchten, aber auch schon zu früheren Zeiten, ist neben der Schönheit des Arabers vor allem sein angenehmer Charakter, sein feuriges, doch liebenswürdiges Wesen. Da in der Pferdezucht im allgemeinen die höherspezialisierten Merkmale dominant, also durchschlagend, die urtümlichen, primitiven rezessiv, nur unsichtbar, vererbt werden, bringt das „Hirntier" Araber deshalb vor allem seine Intelligenz, sein reaktionsschnelles, „lernfreudiges" Wesen und seine ausgesprochen liebenswürdige Art, die selbst Hengste dem Menschen gegenüber zeigen, in unsere Zucht.

M. Schäfer (1971)

Haltung und physische Merkmale müssen in Betracht gezogen werden, wenn wir den idealen Araber beschreiben; seine inneren Werte stehen aber an erster Stelle: Liebe, Mut, Würde, Sanftheit; Ehrlichkeit, Lebhaftigkeit, Treue, Grazie, Intelligenz und Bereitwilligkeit. Ohne diese überragenden Eigenschaften kann die äußere Gestalt weder überzeugen noch inspirieren. Der Araber der Wüste schöpfte sein Wissen nicht aus Handbüchern, um das klassische arabische Pferd

Alfred de Dreux. Randjiit Sing Baadur, Roi de la Hore. Öl auf Leinwand (1838). Musée du Louvre

zu schaffen; das Universum und die Naturgesetze waren seine Lehrmeister, Harmonie sein Leitfaden. Die Beziehung zwischen dem Araber und seinem Pferd entsprang aus den gemeinsamen Interesssen, aus gegenseitiger Treue und Rücksichtnahme, aus geteilten Erlebnissen. Alle die echten (unberührbaren) Eigenschaften, die wir heute im arabischen Pferd bewundern, sind das Resultat einer langen Erbgeschichte, die auf Kameradschaft und gegenseitigem Respekt aufgebaut war.

Forbis (1980)

Die Zuverlässigkeit, der Mut, der gute Charakter und die hohe Intelligenz des Wüstenarabers sind allgemein anerkannt. Man könnte fast sagen, sie sind Rassenmerkmale des Araberpferdes.

Klynstra (1978)

Beim Araberpferd kann man auch von einer bestimmten Intelligenz sprechen. Intelligenz ist die Fähigkeit, eine Situation sofort zu erfassen und darauf reagieren zu können. Ein schönes Beispiel dafür lieferte meine Wüstenstute Nijmeh. Sie hatte sich eines Tages am Hinterbein schwer verwundet. Täglich mußte meine Frau die Wunde mit Salbe einreiben. Da im Stall leicht Infektionen auftreten können, durfte Nijmeh auf der Weide in Luft und Sonne genesen. Im Anfang wurde sie von jemandem festgehalten, damit meine Frau die Wunde behandeln konnte. In wenigen Tagen kam Nijmeh schon von selbst zum Zaun auf uns zu, sobald meine Frau die Salbenbüchse in der Hand zeigte. Sie blieb dann vor meiner Frau stehen und bot ihr von sich aus durch Anheben das verwundete Bein an.

Klynstra (1978)

Der syrische Edelmann Usāmah b. Munqiḏ berichtet in seinen Lebenserinnerungen von einem Jagdunfall seines Vaters, bei dem dessen Pferd solange bei diesem stehenblieb und wieherte, bis Hilfe kam, und wertet diesen von Treue und Intelligenz zeugenden Vorfall als typisches Benehmen arabischer Pferde. Ein *birḏaun* dagegen hatte sich bei einem ähnlichen Unfall, der sich an einem frühen Morgen ereignete, völlig kopflos benommen: Er lief davon und konnte erst am späten Nachmittag wieder eingefangen werden.

Kretschmar (1980)

Intelligence

In respect to Arabian horses, one may speak of a certain intelligence. Intelligence is the ability to grasp a situation immediately and to react to it. Nijmeh gave me a lovely example of this. She had injured her hind leg badly one day. My wife treated the wound daily with ointment. Since infection can easily set in around stables, Nijmeh was allowed to relax at pasture in the sun and breeze. At first, someone held her while my wife treated the wound. After a few days, though, Nijmeh would come up to the fence herself as soon as my wife showed her the jar of ointment. Then she would stand in front of my wife and raise the injured leg to be treated.

Klynstra (1978)

In his memoirs the Syrian nobleman Usamah b. Munqid reports a hunting accident of his father's. His father's horse remained at his side and neighed until help came, and he thinks this incident is proof of faithfulness and intelligence, typical for the behaviour of the Arabian horse. A birdaun on the other hand had reacted in panic when confronted with a similar accident early in the morning: he ran away and could only be caught late in the afternoon – which proves that a birdaun is more similar to a wild animal than to a horse.

Kretschmar (1980)

In addition to its anatomical characteristics, the Asil Arab presents some rather particular qualities as regards physiology and character. It is classified as being exceptionally intelligent for its species because it has the highest ratio of cerebral volume to body weight (Klynstra), a fact which is also proved by also countless legends and true stories about the horse's clever behaviour and loyalty to its master. Gentleness, dignity and willingness to perform are further character traits which cannot be taken for granted in a horse, characteristics which, combined with the Asil Arab's well-proportioned conformation, vitality and graceful movements, constitute the outstanding nobility of this animal.

Dietrich Olms (1991)

Carle Vernet. Mameluk dressant son Cheval. Aquatinta. Bibliothèque Nationale, Paris

Neben seinen anatomischen Eigenheiten weist der Asilaraber einige besondere physiologische und charakterliche Qualitäten auf. Innerhalb seiner Spezies wird er als äußerst intelligent eingestuft, denn er besitzt den höchsten Faktor aus dem Verhältnis Hirnvolumen zu Körpergewicht, und aus den unzähligen Legenden und wahren Geschichten über sein kluges Verhalten und der Treue zu seinem Herrn wird dies auch belegt. Sanftmut, Würde und Einsatzbereitschaft sind weitere für ein Pferd nicht selbstverständliche Charakterzüge, die in Verbindung mit seinem wohlproportionierten Körperbau und seiner Vitalität und der Anmut in seinen Bewegungen den hohen Adel dieses Tieres ausmachen.

Dietrich Olms (1991)

Rearing: On the Estimation of the Arabian Horse

As the *Arabs* have only a Tent for their Horse, it serves 'em too for a *Stable;* the Mare, the Colt, the Man, the Wife and the Children retire thither and all pig together. There you'll see little Children asleep upon the Mare's Belly, upon her's and the Colt's Neck, without the least harm from those Creatures. 'Tis said they durst not stir for fear of hurting 'em. Those Mares are so us'd to live in that familiarity, that they bear any kind of Toying with. The Arabs ne'er beat 'em, they make much of'em, talk and reason with 'em; and take the greatest Care imaginable of'em; they always let 'em pace, and never spur 'em without necessity; but as soon as ever they feel their Belly tickled with the Corner of the Stirrop, they fly with such Swiftness that the Rider had need have a good Head not to be stunn'd with it, as well as with the Wind they raise in his Ears by the violent Agitation of the Air. Those mares leap Rivulets and Ditches as nimbly as Stags, and if the Rider happens to fall whilst they are leaping or upon fall speed, they instantly stop and give him time to get up and mount.

D'Arvieux (1718)

As in the Irish cabin, so in the *Bedouin* tent, the whole family, quadruped as well as biped, eat, drink, sleep, and are sheltered together; in the latter, mares and foals, men, women and children, take their rest promiscuously, and oftimes are to be seen the heads of a child and a foal, reclined on the same pillow, the belly, breast or neck of a mare. Nor do the parents apprehend any accident from such licence, for it is asserted, that the mares and foals, will not only permit all kinds of play from the children, but that the former have the sagacity and sensibility to tread with caution least they should hurt them. Nor need this be looked upon as without the verge of probability, at least I do not so regard it, because I have myself had a mare, endowed with similar faculties of good nature and intelligence, and have repeatedly witnessed her care to avoid hurting inferior animals. She would race and gambol, and play with me, or with her groom, in the field, like a favourite spaniel; and when mounted on her, I was assured in case of accident, I had nothing to fear, either from affright, or carelessness, far less vice in her; and I have not doubt, had I ever fallen from her, and my foot hung in the stirrup, that she would have instantly stopped, until I had extricated myself; in truth, I owed much, perhaps my life, to her care. Horses are confirmed in this way by kind and considerate treatment. The Arabians treat their horses *habitually,* even with the utmost fondness, having neither the desire nor the necessity of beating them, the generous and docile animals, doing every thing which is required of them, in consequence of indication and persuasion: hence, probably, the kindness and generosity of temper supposed to be inherent, and a characteristic in the Arabian Horse.

J. Lawrence (1809)

Haltung: Von der Wertschätzung des arabischen Pferdes

Wie die Araber nur ein Zelt als Haus haben, so dient es ihnen auch als Stall; die Stute, das Fohlen, der Mann, die Frau, die Kinder ziehen sich alle dorthin zurück und hausen zusammen. Dort sieht man kleine Kinder auf dem Bauch der Stute schlafen, auf ihrem Hals und auf dem des Fohlens, ohne daß ihnen von diesen Tieren ein Leid zugefügt würde. Man sagt, sie wagten nicht, sich zu rühren, aus Angst, die Kinder zu verletzen. Diese Stuten sind so an das nahe Zusammenleben gewöhnt, daß man alles mit ihnen anstellen kann. Die Araber schlagen sie nie, sie kümmern sich viel um sie, reden und diskutieren mit ihnen; und pflegen sie aufs allerbeste; sie überlassen ihnen immer das Tempo und geben ihnen nie ohne Grund die Sporen; aber sobald sie spüren, wie nur die Kante des Steigbügels ihren Bauch kitzelt, fliegen sie mit solcher Schnelligkeit davon, daß der Reiter einen guten Kopf braucht, um nicht besinnungslos zu werden davon und von dem Brausen des Windes in seinen Ohren durch die heftige Bewegung der Luft. Diese Stuten überspringen Bäche und Gräben so leicht wie ein Hirsch, und wenn der Reiter beim Sprung oder bei großer Geschwindigkeit herunterfällt, so halten sie sofort ein, damit er aufstehen und wieder in den Sattel steigen kann.

D'Arvieux (1718)

Wie in der irischen Hütte schläft, ißt und trinkt auch im Beduinenzelt die ganze Familie, ob zwei- oder vierfüßig, zusammen unter einem Dach. Durcheinander betten sich im Beduinenzelt Stuten und Fohlen, Frauen und Kinder zum Schlaf, und oft sieht man die Köpfe von Kind und Fohlen auf einem Kissen, dem Leib, der Brust oder dem Hals einer Stute, ruhen. Die Eltern befürchten aus diesem Zusammenleben auch keinerlei Gefahren, denn sie sind davon überzeugt, daß Stuten und Fohlen sich nicht nur duldsam alle Spiele der Kinder gefallen lassen, sondern daß die Stuten auch klug und vernünftig genug sind, sie mit Vorsicht zu behandeln, um sie nicht zu verletzen. Und das klingt auch nicht im mindesten unwahrscheinlich, jedenfalls nicht für mich, denn ich besaß selbst eine Stute von ähnlicher Gutmütigkeit und Intelligenz und war oft Zeuge, wie sehr sie sich bemühte, unterlegenen Lebewesen keinen Schaden zuzufügen. Sie lief und hüpfte und spielte mit mir oder ihrem Pfleger auf der Koppel wie ein geliebter Hund, und auf ihrem Rücken fühlte ich mich absolut sicher. Ich wußte, sie würde weder jemals den Kopf verlieren noch unachtsam sein, von bösartig ganz zu schweigen. Und wenn ich je gestürzt und im Bügel hängen geblieben wäre, so hätte sie ohne Zweifel sofort angehalten und gewartet, bis ich mich befreit hätte. Ihrer Vorsicht verdankte ich viel, vielleicht sogar mein Leben. Bestärkt werden Pferde in dieser Haltung durch gute und rücksichtsvolle Behandlung. Die Araber behandeln ihre Pferde gewohnheitsmäßig mit größter Liebe; sie ver-

Georges Washington. The Falcon Hunt. Öl auf Leinwand (1880). With courtesy Richard Redding & Colin Stodgell. Fine Art Ltd.

Several visitors to the country tell of the great love the Arabs feel for their horses. *Rousseau* wrote: "One might say they love their horses as much as they love their wives, and probably there is not one of them who would not allow his mare to sleep in his tent among his family who care for her in just the same manner as they would for a very much beloved child." *Seetzen* remarked: "The horse is the Arab's idol. He is a rule tied to his tent where he pets and caresses him and holds long dialogues with him." Also *Arvieux* said: "The Arabs never hit their horses, but treat them with gentleness, pet and caress them, talk to them and care for them in the most extraordinary way. Any of them talks to his horse

Georges Washington. Halt for refreshment. Öl auf Leinwand (1870). With courtesy Richard Redding & Colin Stodgell, Fine Art Ltd.

spüren weder den Wunsch noch besteht die Notwendigkeit, sie zu schlagen, diese großmütigen und sanften Geschöpfe, die alles tun, was man ihnen anzeigt und was man im Guten von ihnen verlangt: daher wahrscheinlich die ihnen wohl angeborene Gutmütigkeit und Großzügigkeit, charakteristische Wesenszüge des arabischen Pferdes.

J. Lawrence (1809)

Mehrere Reisende erzählen von der große Liebe der Araber zu ihren Pferden. *Rousseau* schreibt: „Man darf sagen, sie lieben ihre Pferde, wie ihre Weiber, und es ist vielleicht nicht einer unter ihnen, der nicht seine Stute in seinem Zelt liegen

as if the horse could understand his speech, and the horse listens to him attentively as to express real attachment and gratitude." Stories of similar contents are reported by *de la Rocque, Fouche, Mariti* and others.

Ammon (1834)

The Arab stands up poorly under gun fire, and not at all under artillery, which, of course, he cannot return. He does not tremble as much for his own life as for that of his horse, because a noble mare is often the wealth of three or four families. Woe betide the horse belonging to three or four masters in our country! There, it has as many guardians and friends.

H.v. Moltke (1841)

Their great merit, as horse-breakers, is unwearied patience. Loss of temper with a beast is not in their nature, and I have never seen them strike or ill-use their mares in any way. Patience is indeed one of the most characteristic qualities of the Bedouin.

Lady Anne Blunt (1879)

Thus the Bedouin's judgment of the individual horse itself, when he does judge it, is rather a guess at his pedigree than a consideration of his qualities. In examining a horse, the Bedouin looks first at his head. There, if anywhere, the signs of his parentage will be visible. Then, maybe, he looks at his colour to see if he have any special marks for recognition, and last of all at his shape.

Lady A. Blunt (1879)

The Bedouin has none of the arts of the horse-dealer. He knows little of showing off a horse, or even of making him stand to advantage, but, however anxious he may be to sell him, brings him just as he is, dirty and ragged, tired, and perhaps broken-kneed. He has a supreme contempt himself for everything except blood in his beast, and he expects everybody else to have the same.

Lady A. Blunt (1879)

In judging his horses he is different from the average man, and I think his theory is one of the best. The Bedouins we met laughed over the few Europeans they had seen coming to buy stallions for the various European governments.

J. A. Harrington Bird. Wüstenaraber. D. Clark

läßt, mitten unter seiner Familie, welche auf solche eben so viel Sorge verwendet, wie auf ein zärtlich geliebtes Kind". *Seetzen* bemerkt: „Das Pferd ist der Abgott des Arabers, fast immer steht es vor seinem Zelt, wo er es streichelt, koset und manchen Dialog mit ihm hält". Auch *Arvieux* sagt: „Die Araber schlagen ihre Pferde niemals, sondern behandeln sie sanft, streicheln und liebkosen sie, unterhalten sich mit ihnen und sind sehr für sie besorgt. Jeder spricht mit seinem Pferde, als wenn es seine Rede verstände, und dieses hört aufmerksam zu: so daß es wirklich wahre Anhänglichkeit und Dankbarkeit ausdrückt". Ungefähr dasselbe berichten auch noch *de la Rocque, Fouche, Mariti* und Andere mehr.

Ammon (1834)

Der Araber hält nur schlecht gegen Gewehrfeuer, aber gar nicht gegen Geschützfeuer Stand, welches er ja freilich nicht erwidern kann; er zittert dabei nicht so sehr für sein als für seines Pferdes Leben, denn eine edle Stute ist oft der

Henry Alken. Halt in der Wüste. Stich. Archiv Olms

These men, they said, instead of looking at the horse's head, looked first at his feet and ankles. They could not understand that. If they were going to trust me with their purses and, what was more, their life, they declared they would look first, for twenty minutes, in my face and eyes and not pay so much attention to my feet. While it was, of course, understood that a horse's legs and feet should be perfect, still a horse showed even what his legs were made of by his head and no horse was ever better or worse than what his head showed. They defied me to pick out one of the distinguished war mares that did not show her dinstinctive characteristics more plainly in her head than in the rest of her makeup. And I found they were right.

Horseflesh and horse-lore are the same the world over, after all. After returning to this country I told Mr. James R. Keene, the greatest of our turfmen, of the Bedouin method and he said that he followed it himself. He told me that for years he had been in the habit of picking out, as the most likely of his colts and fillies, those which had the best heads, and he added that he had seldom been deceived. The heads showed better than the heels of what stuff the youngsters were made.

H. Davenport/Ch. and J. Craver ([1911]/1992)

Reichtum von drei, vier Familien. Wehe dem Pferde, das bei uns drei, vier Herren gehörte! Dort hat es in ihnen ebenso viel Pfleger und Freunde.

H. v. Moltke (1841)

Ihre wertvollste Eigenschaft beim Zureiten der Pferde ist ihre unerschöpfliche Geduld. Es liegt ihrer Natur fern, mit einem Tier die Geduld zu verlieren; nie habe ich gesehen, daß sie eine Stute geschlagen oder mißhandelt hätten. Geduld ist wirklich eine der Haupteigenschaften der Beduinen.

Lady Anne Blunt (1879)

Also ist das Urteil eines Beduinen über ein bestimmtes Pferd – zu dem Zeitpunkt, zu dem es gefällt wird – eher eine Vermutung bezüglich seiner Abstammung als ein Abwägen der Eigenschaften. Bei der Untersuchung eines Pferdes betrachtet der Beduine zuerst den Kopf. Wenn überhaupt, dann werden hier die Zeichen eines Erbes sichtbar. Danach sieht er vielleicht auf die Farbe, um festzustellen, ob das Pferd bestimmte Abzeichen hat, und zuletzt sieht er auf den Körperbau.

Lady Anne Blunt (1879)

Der Beduine benutzt keinen Trick der Pferdehändler. Er brüstet sich nicht mit seinem Pferd und läßt es nicht einmal in einer vorteilhaften Pose dastehen, sondern er zeigt es genau so, wie es ist; mag er noch so versessen darauf sein, es zu verkaufen, er bringt es schmutzig und zottig, müde und vielleicht mit einem gebrochenen Bein. Er selbst hat eine tiefe Verachtung für alle Äußerlichkeiten, nur das Blut seines Tieres zählt, und diese Einstellung erwartet er von jedem.

Lady Anne Blunt (1879)

Bei der Beurteilung seiner Pferde unterscheidet er sich vom Durchschnitt, und ich glaube, daß seine Theorie eine der besten ist. Die Beduinen, die wir trafen, lachten über die wenigen Europäer, die zu ihnen gekommen waren, um Hengste für die verschiedensten europäischen Regierungen zu kaufen.

Diese Leute, so sagten sie, schauten dem Pferd zuerst auf die Hufe und Gelenke, anstatt seinen Kopf zu betrachten. Das konnten sie nicht verstehen. Bevor sie mir ihr Geld und – noch wichtiger – ihr Leben anvertrauten, so erklärten sie, würden sie zunächst zwanzig Minuten lang in mein Gesicht und in meine Augen schauen und nicht so sehr auf meine Füße achten. Denn obwohl es natürlich selbstverständlich war, daß Beine und Hufe des Pferdes vollkommen sein sollten, so war doch der Zustand der Beine am Kopf zu erkennen und kein Pferd war jemals besser oder schlechter als an seinem Kopf abzulesen war. Sie forderten mich auf, eine der ausgezeichneten Kriegsstuten auszuwählen, die ihre charakteristischen Merkmale nicht deutlicher an ihrem Kopf als am Rest ihres Körpers zeigte. Und ich fand, daß sie recht hatten.

Théodore Géricault. Jument Egyptienne. Lithographie (1822). Archiv Dr. Thieme

Many years ago I had travelled for several weeks with a tribe across the desert. Some time later the sheikh of this tribe heard that I and a company of Turk troopers, about 2000 of them, had to endure great hardships and lack of food in the desert near Akaba and that I myself was near death from exhaustion and starvation. He immediately sent me a lamb or a young kid and a sack of barley for my horses every week over a distance of more than one hundred kilometers. For nothing is dearer to the heart of a Bedouin than the well-being of his horse or of his riding camel. He knows that travelling the huge distances in the lonely desert and steppes where death from exhaustion is lurking everywhere, horses and camels are his best friends, and that their loss or failure will mean death. So sharing the same conditions of life in the steppe and in the desert forms a close bond between man and mount, and in the course of thousands of years has evoked many equally noble qualities in both of them. In no other country will you find better proof of the influence of a country and its conditions on the formation of the body and character of its inhabitants. For time immemorial desert and steppe have been the home of the Bedouins.

Tzschirner (1917)

Théodore Géricault. Cheval Arabe. Lithographie (1821). Archiv Dr. Thieme

Pferde und das Wissen über Pferde sind letztendlich überall in der ganzen Welt das gleiche. Nachdem ich in mein Land zurückgekehrt war, erzählte ich James R. Keene, dem besten unserer Rennsportler, von der Methode der Beduinen, und er sagte, daß auch er nach dieser Methode verführe. Er erzählte mir, daß er sich schon seit Jahren die Junghengste und -stuten mit den besten Köpfen auswählte. Er fügte hinzu, daß er dabei selten enttäuscht worden sei. Der Kopf gab besser als die Hufe Auskunft darüber, aus welchem Holz die jungen Pferde geschnitzt waren.

H. Davenport/Ch. u. J. Craver ([1911]/1992)

Der Schech eines Stammes, mit dem ich vor Jahren mehrere Wochen umhergezogen war, schickte mir, als er hörte, daß ich mit dem mir während des Krieges anvertrauten Detachement türkischer Truppen von rund zweitausend Köpfen, darunter zweier Feldartillerie-Batterien mit den furchtbarsten Verpflegungsschwierigkeiten in der Wüste um Akaba zu kämpfen hatte, und selbst fast infolge Erschöpfung durch Unterernährung und Überanstrengung zugrunde

Carle und Horace Vernet. O. T. (Mameluke auf stehendem Pferd). Aquatinta aus der Deuxième Suite de Chevaux (um 1810). Archiv Dr. Thieme

The whole camp may suffer from thirst ... and the children cry for a drop of water, but the master, unmoved, will pour the last remnants of water into a dish and set it before the pampered mare.

A. Musil (1928)

Besides this superstition the Arabs have turned out to possess such knowledge of the horse that even a simple Bedouin is able to keep up a brilliant discussion with the most fastidious hippological authority.

A. v. Wrangel (1966)

The Arab greatly values his horses and mares. It is no exaggeration to say that they are often given preference over the wives and daughters of the tent when it is a question of who shall starve first.

The most pleasing feature of all is the way the family mare is treated by her master and the women of the tent. I say "mare" advisedly here, because while horses are got rid of and sold as soon as a buyer can be found, the family mare not only remains unsold, but literally is loved and cared for as if she were a

Carle und Horace Vernet.O. T. (Mameluke auf trabendem Pferd). Aquatinta aus der Deuxième Suite de Chevaux (um 1810). Archiv Dr. Thieme

gegangen wäre, in jeder Woche auf eine Entfernung von über hundert Kilometern ein Lamm oder eine junge Ziege und einen Sack Gerste für meine Pferde. Denn nichts liegt dem Beduinen mehr am Herzen wie das Wohl seines Pferdes oder seines Reitkamels. Er weiß, daß sie bei den ungeheuren Entfernungen in der Einsamkeit der Wüsten und Steppen, in denen überall der Erschöpfungstod lauert, seine besten Freunde sind und daß ihr Verlust oder auch nur ihr Versagen den Tod bedeutet. Und so schließen die gleichen Lebensbedingungen in Steppe und Wüste um Roß und Reiter ein enges Band und haben im Laufe der Jahrtausende in beiden viele der gleichen edlen Eigenschaften erweckt. Man findet bei keinem Volke der Welt einen stärkeren Beweis für den Einfluß des Landes und seiner Beschaffenheit auf die körperliche Bildung und den Charakter seiner Bewohner. Die Wüste aber und die Steppe in ihrer Gesamtheit sind seit vorgeschichtlicher Zeiten die Heimat des Beduinen.

Tzschirner (1917)

Das ganze Lager mag unter Durst leiden ... und die Kinder können schreiend um einen Schluck Wasser betteln, ungerührt wird der Zeltherr den letzten Rest des Wassers in eine Schale gießen und seiner Stute opfern.

A. Musil (1928)

Carle Vernet. Cheval Arabe avec son équipement. Lithographie.

daughter of the house. The fact that she is never groomed is nothing among a people who themselves never wash or bathe, except in the performance of their religious duties. In this respect the mare is only like her human sisters.

This making the mare a member of the family has a most delightfully humanising effect on Arab horseflesh generally. It is charming to see the way mares enter the tent for shelter of a night when it is cold, or walk into the women's quarters in the midday heat of an Arabian summer to escape the stinging rays of a fierce sun. No one says them nay. They take possession as of right, and they are welcomed, given some dates or a drink of water as a matter of course. This sort of treatment develops a strange gentleness towards those women who are always handling them, and especially towards the tent children. Indeed, every mare seems to understand that the little ones are the children of her protectors, and treats them gently and with as much care, as if they were her own.

I have often seen little mites of boys and girls literally playing under the mare's legs. She merely looks down on them with big eyes as if they were her own young and perhaps occasionally gives them a shove with her muzzle, to suggest that they might go and get her a handful of dates.

Dickson (1972)

Lehnert. Rastende Kamele mit Treiber. Lithographie

Neben diesem Aberglauben finden wir bei den Arabern ein derart fundiertes Wissen um das Pferd, daß sogar ein einfacher Beduine imstande ist, mit dem anspruchsvollsten Kenner der Hippologie eine glänzende Diskussion zu führen.

A. v. Wrangel (1966)

Seine Pferde und Stuten schätzt der Araber sehr hoch. Ohne Übertreibung kann man sagen, daß sie oft Vorrang gegenüber den Frauen und Töchtern im Zelt genießen, wenn es darum geht, wer zuerst hungern soll.

Einer der liebenswürdigsten Wesenszüge ist die Art, wie die Familienstute von ihrem Herrn und den Frauen im Zelt behandelt wird. Ich sage ausdrücklich „Stute", denn während man sich der Hengste so schnell wie möglich zu entledigen sucht und sie an den nächstbesten Käufer veräußert, wird die Familienstute nicht nur nicht verkauft, sie wird tatsächlich umhegt und geliebt, als wäre sie ebenfalls eine Tochter des Hauses. Die Tatsache, daß sie nie geputzt wird, hat wenig Gewicht bei einem Volk, das sich ebenfalls nur in Ausübung seiner religiösen Pflichten wäscht oder badet. In dieser Beziehung geht es der Stute nur wie ihren menschlichen Geschwistern.

On the Estimation of the Arabian Horse

The Bedouin has hundreds of blessings for his horse, but no curse. He is accustomed to it from childhood and only does good to it, although, in times of hardship, he determinedly asks, and gets, the utmost of it.

Flade (1977)

The price which Prince Abdullah of Arabia and his friends had to pay in horses to negotiate peace with the Egyptians may seem to us trivial as a penalty of war, but in Arabia the most treasured possession were pure-strain horses, whose true worth we may only compare to great works of art in our western world, or to priceless relics of antiquity which become the loss of a whole nation if allowed to leave the country. Any of these precious animals of desert Arabia was as irreplaceable as a statue of Phidias or a painting by Rembrandt.

C. Raswan (1977)

The extent to which even today leading personalities in the Gulf states value the Arabian horse as highly as ancient poetry, was shown to me during my visit with H. R. H. Prince Badr Ben Abdul Aziz, Vice President of the National Guard and of the Equestrian Club. After a long discussion about the problems of breeding Arabians, H. R. H. Prince Badr asked me if I knew the story of the blind Bedouin sheikh who, with the help of his son, searched for a long time in vain for the ideal Arabian mare and was never satisfied with his son's descriptions until, one day, he found her. I said that I did not know it, whereupon H. R. H. Prince Badr recited to me the words of praise with which the son described a mare to his father:

"The expression in her eyes is that of a woman in love; her gait is that of a beautiful woman; her breast is like that of a lion; her flanks are like those of a gazelle. She is a drinker of the wind; she trots like a wolf and gallops like a fox; her coat is like a mirror; her hair is as dense as the feathers on an eagle's wing, and her hoof as hard as the stone which can strike fire, and just wide enough for a mouse to build a nest inside; she is as gentle as a lamb, but like a panther in wrath if she is beaten or irritated. Her nostrils are open like the petals of a rose. Her shoulders turn into wings when she runs. Her legs are strong like those of the wild ostrich and muscled like those of a camel. Her eyelashes are as long as ears of barley, and her ears like those of two semi-precious stones on a spearhead!"

Thereupon the blind sheikh said: "My son, this is the mare I have been searching for all this time. You will do everything you must to obtain her."

W. Georg Olms (1985)

Hippolyte Lalaisse. O. T. Lithographie (um 1840). Archiv Dr. Thieme

Diese Familienzugehörigkeit hat eine wunderbar vermenschlichende Wirkung auf das arabische Pferd ganz allgemein. Es ist reizend anzusehen, wenn eine Stute sich vor der Kälte der Nacht ins Zelt flüchtet oder in der Mittagshitze eines arabischen Sommers mitten unter den Frauen Schutz vor den sengenden Sonnenstrahlen sucht. Niemand jagt sie fort. Sie nehmen vom Zelt Besitz, als stünde es ihnen zu, und sie sind willkommen. Man gibt ihnen ganz selbstverständlich ein paar Datteln oder einen Schluck Wasser. Infolge dieser Behandlung entwikkeln sie eine eigenartige Sanftmut gegen die Frauen, mit denen sie immer zu tun haben, und besonders gegenüber den Kindern im Zelt. Es scheint wirklich, als verstünde jede Stute, daß die Kleinen die Kinder ihres Beschützers sind, so daß sie mit ihnen so sorgsam und liebevoll umgeht wie mit ihren eigenen.

Ich habe oft winzige Jungen und Mädchen buchstäblich zwischen den Beinen einer Stute spielen sehen. Sie schaut nur mit großen Augen zu ihnen hinunter, als wären es ihre eigenen Kinder, und manchmal stößt sie sie auch sacht mit der Nase an und fordert sie auf, ihr ein paar Datteln zu holen.

Dickson (1972)

Richard Adam. O. T. (Junger Mann führt Schimmel am Zügel). Öl auf Leinwand. Privatbesitz

During one of my visits to the Arabian peninsula I was told the following story: A very wealthy sheikh, director of a considerable combine, wanted to settle his succession. To his three sons Suleiman, Ahmed and Nuri he said: "Each of you shall get me an Arabian horse within a month. He who brings the best horse will be my successor."

Only a fortnight later Suleiman came into the yard of the palace riding a wonderful, fierce, black stallion. Everyone was amazed and Sheikh Hamad asked his son Suleiman: "What is the main virtue of your much admired black horse?" Suleiman replied: "But, Abu, don't you see – he is a beauty."

A few days later Ahmed came riding a leggy, majestic chestnut stallion. This horse, too was acclaimed by everbody, and Sheikh Hamad asked: "Ahmed, tell me the main virtue of your horse." Ahmed replied: "His speed, Abu."

Für sein Pferd hat der Beduine Hunderte von Segenssprüchen, aber keinen Fluch. Von Kindheit an ist er mit ihm vertraut und tut ihm nur Gutes, wenn er auch in Notzeiten rücksichtslos das Letzte von ihm fordert und auch erhält.

Flade (1977)

Der Friedenspreis mag uns, die wir an die astronomischen Reparationsziffern zweier Weltkriege gewöhnt sind, nicht der Rede wert erscheinen, aber in Arabien wiegt der Besitz an edlen Pferden allen anderen Besitz auf; nichts kommt ihm gleich, und ihr wahrer Wert lässt sich nur mit den ganz grossen Kunstwerken des Abendlandes und den hehren Denkmälern der Antike vergleichen, deren Verlust die ganze Nation trifft. Jedes einzelne dieser kostbaren Tiere war ebenso unersetzlich wie ein Werk von Phidias oder ein Gemälde von Rembrandt.

C. Raswan (1977)

Wie sehr bis auf den heutigen Tag führende Persönlichkeiten der Golfstaaten das arabische Pferd ebenso wie die alte Poesie schätzen, konnte ich während meines Besuchs bei *S.K.H. Prinz Badr Ben Abdul Aziz,* Vizepräsident der National Guard und des Equestrian Clubs, erleben. Im Anschluß an eine längere Unterhaltung über die Probleme der Araberzucht fragte mich *S.K.H. Prinz Badr,* ob ich die Geschichte des blinden Beduinenscheichs kenne, der mit Hilfe seines Sohnes lange Zeit vergeblich die ideale arabische Stute suchte, nie sei er mit der Schilderung seines Sohnes zufrieden gewesen, bis er sie eines Tages fand. Ich verneinte. Darauf rezitierte *S.K.H. Prinz Badr* den Lobgesang, den der Sohn seinem Vater beim Anblick der Stute vortrug:

„Der Ausdruck in ihren Augen gleicht dem einer liebenden Frau; der Gang dem eines schönen Weibes; ihre Brust ist wie die eines Löwen; ihre Flanke wie die der Gazelle. Sie ist die Trinkerin des Windes, sie trottet wie ein Wolf und galoppiert wie ein Fuchs; ihr Fell ist wie ein Spiegel, ihr Haar so dicht wie die Federn auf Adlers Schwingen, und ihr Huf ist so hart wie Stein, von dem man Feuer schlagen kann, und gerade so weit, daß eine Maus darin ihr Nest bauen könnte; sie ist sanft wie ein Lamm, aber wie ein Panther im Zorn, wenn sie geschlagen oder gereizt wird. Ihre Nüstern sind geöffnet wie Blütenblätter einer Rose. Ihre Schultern verwandeln sich in Flügel, wenn sie rennt. Ihre Beine sind stark wie die eines wilden Straußes und bemuskelt wie jene des Kamels. Ihre Augenwimpern sind lang wic Gerstenähren und die Ohren wie die zweier Halbedelsteine eines Speerkopfes!“

Daraufhin sprach der blinde Sheikh: „Mein Sohn, dies ist die Stute, nach der ich solange gesucht habe. Du wirst alles tun, um sie zu erwerben.“

W. Georg Olms (1985)

Victor Adam. O. T. (Mameluke zu Pferd). Lithographie (um 1850). Archiv Dr. Thieme

On the last day, late in the evening, Nuri, the youngest son, reached his father's palace, riding a small, lean, shaggy grey mare. Both were exhausted and earned only remarks of regret, sometimes of mockery. Sheikh Hamad asked: "We were worried, why did you come so late?" And Nuri replied: "Please, forgive me, Abu, but I had a long way to go. My mare is of the Shammari Bedouins, we had to cross many miles of pathless desert, and for three days I could not find water for my mare." Sheikh Hamad asked: "And what is the main virtue of your mare, Nuri?" And Nuri replied: "She is a Saklawi-Gidran, Abu. She is asil." Then Sheikh Hamad put his hand on the mare's forehead and said: "Happiness and prosperity are plaited into the forelocks of an asil mare. You, Nuri, know about our tradition. You shall administer my heritage. You brought me the best of all horses, a mare of noble descent which means that she is of noble character, too. She will always be faithful and devoted to her master, tough and persevering. Mated to an asil stallion she will pass on these virtues to her offspring. They, too, will bring us luck, for as the Prophet said: For every grain of barley you feed to an asil horse you will be forgiven a sin in heaven."

W. Georg Olms (1985)

When a Bedouin shows his mare to a stranger, the horse will never be incited to unnecessary action or ill-used in any way. Patience is one of the most characteristic qualities of the Bedouin.

Victor Adam. O. T. (Orientale, sein Pferd führend). Lithographie (um 1850). Archiv Dr. Thieme

Während einer meiner Reisen durch die arabische Halbinsel wurde mir folgende Geschichte erzählt: Ein millionenschwerer Sheikh, Chef eines ansehnlichen Konzerns, wollte die Erbfolge regeln. Er sprach zu seinen drei Söhnen Suleiman, Ahmed und Nuri: „Ein jeder von Euch bringe mir innerhalb von Monatsfrist ein arabisches Pferd. Wer mir das beste bringt, soll meine Nachfolge antreten."
Schon nach zwei Wochen ritt Suleiman in den Hof des Palastes, auf einem herrlichen feurigen Rappen. Alle staunten, und Sheikh Hamad fragte seinen Sohn Suleiman: „Was ist die Haupttugend Deines von allen bewunderten Rappen?" Suleiman antwortete: „Aber Abu, siehst Du nicht, es ist seine Schönheit."

Wenige Tage später kam Ahmed auf einem majestätisch tänzelnden hochbeinigen Fuchs. Auch er fand den Beifall aller, und Sheikh Hamad fragte: „Ahmed, nenne Du mir die Haupttugend Deines Pferdes", und Ahmed antwortete: „Seine Schnelligkeit, mein Abu."

Am letzten Tag, in den späten Abendstunden, erreichte der jüngste Sohn Nuri den Palast seines Vaters auf einer kleinen, mageren, struppigen Schimmelstute. Beide waren erschöpft und fanden nur Worte des Bedauerns, hier und da des Hohns. Sheikh Hamad fragte: „Wir machten uns Sorgen, warum kamst Du so spät?" Und Nuri antwortete: „Verzeiht, mein Abu, aber mein Weg war weit. Ich habe meine Stute von Shammaribeduinen, mußte viele Meilen durch unwegsame Wüste, hatte drei Tage lang kein Wasser für meine Stute." Sheikh Hamad

O. N. Orientalische Reitervölker. Lithographie. Archiv Dr. Thieme

No pure-bred Arab horse is a "high stepper". Trotting is disliked as inconvenient for riding. A wandering Bedouin prefers a sedate walk. In attack, or for a chase, the mare's style of galloping is long and slow.

E. Piduch (1988)

Nothing concerns a Bedouin more than the well-being of his mare. It was his responsibility to ensure that fodder and water were at hand, protect the mare from heat, cold, disease and robbery and often even take into account the interests of other joint owners. The Bedouin thus always took care that his mare remained in the immediate vicinity of the tent. Her forlegs were bound loosely together with cords so that she could not move too far away. Sometimes, however, her owners considered it necessary to put iron hoof manacles on her, just to prevent her from being stolen in dangerous situations. It had always been the task of women and slaves to feed and water the horses. They usally gave them barley or dates in addition to the grasses and herbs of the meadows. In spring, they were given surplus camels' milk to drink. Grooming with a curry comb and a body brush was unknown among the Bedouins ... But a Bedouin who neglected his horse was the object of severe criticism.

Dietrich Olms (1991)

fragte. „Und was ist die Haupttugend Deines Rosses, Nuri?" Nuri antwortete: „Sie ist eine Saklawi-Gidran, mein Abu. Sie ist asil." Darauf legte Sheikh Hamad seine Hand auf die Stirn der Stute und sprach: „Glück und Segen sind geflochten in die Haarlocken einer asilen Stute. Du, Nuri, weißt um unsere Tradition. Du sollst mein Erbe verwalten. Du brachtest mir das beste aller Pferde, ein edles im Geblüt, also auch ein edles im Charakter. Es wird seinem Herrn immer treu und ergeben sein, zäh und ausdauernd. Angepaart mit einem asilen Hengst wird es die Tugenden seinen Kindern schenken. Auch sie werden uns Glück bringen, denn wie sagt der Prophet: „Für jedes Gerstenkorn, das Du einem asilen Pferd fütterst, wird Dir im Himmel eine Sünde vergeben."

W. Georg Olms (1985)

Wenn ein Beduine einem Fremden seine Stute zeigt, wird er das Pferd niemals zu einer unnötigen Gebärde anstacheln oder sie irgendwie mißbrauchen. Geduld ist eine der bezeichnendsten Eigenschaften der Beduinen.

Kein reinrassiger Araber hat einen hohen Tritt. Der Trab ist unbequem zu reiten und wird deshalb nicht geschätzt. Ein wandernder Beduine bevorzugt einen ruhigen Schritt. Im Angriff oder in der Verteidigung schlägt die Stute einen langgestreckten und ruhigen Galopp an.

E. Piduch (1988)

Nichts beschäftigte einen Beduinen mehr als das Wohl seiner Stute. Er hatte dafür zu sorgen, daß Futter und Wasser zur Hand waren, mußte sie gegen Hitze und Kälte schützen, sie vor Krankheit und Raub bewahren und häufig sogar noch die Interessen weiterer Mitbesitzer berücksichtigen. Deshalb achtete der Beduine stets darauf, daß sich seine Stute in der Nähe des Zeltes aufhielt. Ihre Vorderbeine waren locker mit Stricken aneinandergebunden, so daß sie sich nicht allzu weit entfernen konnte. Manchmal allerdings hielten es die Besitzer für notwendig, ihr eiserne Hufschellen anzulegen, nur um in Gefahrensituationen einen möglichen Raub zu verhindern. Von jeher war es die Aufgabe von Frauen und Sklaven, die Pferde zu füttern und zu tränken. In der Regel gaben sie ihnen Gerste oder Datteln zusätzlich zu den Gräsern und Kräutern der Weide. Im Frühjahr bekamen sie überschüssige Kamelmilch zu saufen. Eine Pflege mit Striegel und Kardätsche war den Beduinen unbekannt ... Schwerste Vorwürfe trafen den Beduinen, der sein Pferd vernachlässigte.

Dietrich Olms (1991)

Veneration: The Arabian Horse in Religion and Poetry

On slender horses of noble breed
The riders, as light as falcons' young,
Dashing through divided dust
With prey and booty.

el-Monachchal el Jesehkori

Look when a painter would surpass the life
In limning out a well-proportion'd steed,
His art with nature's workmanship at strife,
As if the dead the living should exceed:
So did this horse excel a common one.
In shape, in courage, colour, pace and bone.
Round-hoof'd, short-jointed, fetlocks shag and long,
Broad breast, full eye, small head, and nostril wide,
High crest, short ears, straight legs and passing strong,
Thin mane, thick tail, broad buttock, tender hide:
Look what a horse should have he did not lack,
Save a proud rider on so proud a back.

Shakespeare (1593)

To this they add one of their Prophet's words: "*Each grain of barley given to your horse will be worth an indulgence to you in the other world.*" Furthermore Mohammed told his disciples: "*Above all my recommendation is to devote great care to the broodmares: their backs are seats of honour, and their bellies are inexhaustible treasures.*"

Ammon (1834)

This evening Kjerwan-Bashi told me an anecdote which is characteristic of an Arabian; I had heard it before at Orfa.

A Turkish general of the cavalry, Dano-Pasha at Mardin, had long been carrying on negotiations with an Arabian tribe on behalf of a fine mare of the Meneghi breed; finally a price of 60 bags, equivalent to 30000 piasters, was agreed upon. At the fixed hour the chief of the tribe arrived at the Pasha's courtyard with his mare. The Pasha tried to haggle gain, but the sheik proudly replied that he would not reduce the price by one single para. Morosely the Turk flung the sum to him remarking that 30000 piasters for a horse, was a price unheard of. The Arabian looked at him in silence and quietly tied the money into his white coat. Then he climbed down into the courtyard to say goodbye to his mare: he talked

Verehrung: Das arabische Pferd in Religion und Poesie

Auf mageren Rossen edler Art
Die Reiter leicht wie Falkenbrut,
Herjagend durch getheilten Staub
Mit Heerdebeut' und reichem Gut.

el-Monachchal el Jesehkori

Sieh, wollt ein Künstler Leben übertragen,
Wollt bilden er ein wohlgebautes Pferd
Und mit der Kunst Natur selbst übertragen,
Das mehr als lebend je das tote wird verehrt,
So unterschied dies Pferd sich vom gemeinen
In Form, in Kraft, in Farbe, Gang und Beinen.
Rundhufig, kurz gefesselt, ungebrochen,
Brust tief, Aug groß, Kopf klein und Nüstern weit,
Hochaufgesetzt, spitzohrig, rein von Knochen,
Haar weich, Schweif stark, feinmähnig, Krupe breit,
So fehlt dem Roß nichts als zu beglücken
Den stolzen Reiter auf seinem stolzen Rücken.

Shakespeare (1593)

Hierzu fügen sie auch das Wort ihres Propheten: „*Soviel Gerstenkörner du täglich deinem Pferde giebst, so viele Ablässe wirst du dafür dir erwerben.*" Auch sagte Mohammed zu seinen Schülern: „*Vorzüglich lege ich Euch die Sorge für die Zuchtstuten ans Herz; ihr Rücken ist ein Ehrensitz, und ihr Bauch ein unerschöpflicher Schatz.*"

Ammon (1834)

Der Kjerwan-Baschi erzählte mir heute Abend eine charakteristische Anekdote von einem Araber, welche ich schon in Orfa gehört hatte.

Ein türkischer Kavalleriegeneral, Dano-Pascha zu Mardin, stand schon seit langem in Unterhaltung mit einem arabischen Stamme wegen einer edlen Stute vom Geschlecht Meneghi; endlich vereinigte man sich zu dem Preise von 60 Beuteln oder nahe an 2000 Thalern. Zur verabredeten Stunde trifft der Häuptling des Stammes mit seiner Stute im Hofe des Paschas ein; dieser versucht noch zu handeln, aber der Scheikh erwidert stolz, daß er nicht einen Para herablasse. Verdrießlich wirft der Türke ihm die Summe hin mit der Aeußerung, daß 30000 Piaster ein unerhörter Preis für ein Pferd sei. Der Araber blickt ihn schweigend an und bindet das Geld ganz ruhig in seinen weißen Mantel, dann steigt er in den

Noël Dieudonné Finart. Mamelouk. Original-Aquarell (1841). Archiv Dr. Thieme

to her in Arabic, stroked her forehead and her eyes, examined her hooves, and while the animal stood attentively, he went round her slowly and inquiringly. Suddenly he jumped onto her bare back and the mare instantly shot forward and out of the courtyard.

As a rule the horses here always stand with the palan or felt saddle on their backs. Every noble man has at least one or two horses ready in his stable so that they only have to be bridled to be ridden. The Arabians, however, need no bridle at all; the halter rope is enough to stop the horse, a slight touch of the flat hand at the right or left side of the necks shows the horse in which direction to go. So within a few moments the agas of the Pasha were in the saddle and went in pursuit of the fugitive.

The bare hoof of the Arabian mare had never touched a stone pavement so she rushed down the steep and rough path from the castle with some caution. The Turks on the other hand gallop down a precipitous slope full of sharp rock as we would gallop up a sand dune. The thin annular shoes, being forged cold, protect the hooves against any injury, and being used to such rides, the horses never make a false step. Where the grounds end, the agas had almost reached the sheik, but then they were on the flat, the Arabian being in his element, races off straight as here there were neither ditches nor hedges, neither rivers nor hills to hinder

Noël Dieudonné Finart. Orientalische Reiter. Aquarell auf Karton (1842). Archiv Dietrich Schneider-Henn, München

Hof hinab, um Abschied von seinem Thiere zu nehmen; er spricht ihm arabische Worte ins Ohr, streicht ihm über Stirn und Augen, untersucht die Hufe und schreitet bedächtig und musternd rings um das aufmerksame Thier. Plötzlich schwingt er sich auf den nackten Rücken des Pferdes, welches augenblicklich vorwärts und zum Hofe hinausschießt.

In der Regel stehen hier die Pferde Tags und Nachts mit dem Palan oder Sattel aus Filzdecken. Jeder vornehme Mann hat wenigstens ein oder zwei Pferde im Stall bereit, die nur gezäumt zu werden brauchen, um sie zu besteigen; die Araber aber reiten ganz ohne Zaum, der Halfterstrick dient, um das Pferd anzuhalten, ein leiser Schlag mit der flachen Hand auf den Hals, es links oder rechts zu lenken. Es dauert denn auch nur wenige Augenblicke, so saßen die Agas des Paschas im Sattel und jagten dem Flüchtling nach.

Der unbeschlagene Huf des arabischen Rosses hatte noch nie ein Steinpflaster betreten, und mit Vorsicht eilte es den holprigen steilen Weg vom Schlosse hinunter. Die Türken hingegen galoppiren einen jähen Abhang mit scharfem Geröll hinab wie wir eine Sandhöhe hinan; die dünnen, ringförmigen, kalt geschmiedeten Eisen schützen den Huf vor jeder Beschädigung, und die Pferde, an solche Ritte gewöhnt, machen keinen falschen Tritt. Am Ausgang des Orts haben die Agas den Scheikh beinahe schon ereilt; aber jetzt sind sie in der Ebene,

his pace. Like a trained jockey who is in the lead of a race, the sheik tries to ride not as fast, but as slowly as possible. Looking at his pursuers in regular intervals he keeps at shooting distance of them; he goes faster when they come nearer; he slows down when they fall back; he walks when they stop. In this way the chase goes on until the glowing disc of the sun sinks towards the evening, and only then he asks for all the strength of his mare. Leaning far forward he pushes his heels into the sides of the animal and with a loud "Jallah!" he darts along. The strong hooves thunder on the solid ground, and soon nothing but a cloud of dust shows the pursuers the direction in which the Arabian fled.

Dusk is very short here, where the disc of the sun sinks almost vertically to the horizon so that the night soon covers any trace of the fugitive. The Turks, without food for themselves or water for their horses, find themselves twelve to fifteen hours away from home in a totally unknown region. They have no choice but to turn back and to convey the unwelcome message to their master, that horse and rider and money were lost. In the evening of the thrid day they reach Mardin, half dead of exhaustion and hunger, the horses can hardly move at all. What remains is the sad comfort of scolding at this new example of Arabian perfidy while they cannot but do justice to the mount of the traitor and recognize that such an animal is not easily overpaid for.

The next morning when the Imam called for the early prayer, the Pasha heard hooves clattering beneath his windows: it was the sheik who quite innocently rode into the courtyard. "Sidi!" he called out: "Sir! Do you want your money or my horse?"

H. v. Moltke (1835–39)

There is nothing to surpass the poetical expressions of these Arabians. "Our leader, Hassan Abassah," he said, "was the lion of the desert. Every day his noble horse carried him to fight and peril before the first rays of the sun appeared. Bark, of the purest Nejd blood, got his name by his deeds. (Bark means lightning). When he departed no horse was to be seen, only sand – and only for a moment. Then he was gone!" – Isn't this style of Lord Byron?

Pückler-Muskau/Laube (1844)

The sensual *thaleb,* to the world a man of God, who lives in lazy contemplation without any more concern than that of his toilette, or without doing any work other than that of writing talismans and making amulets for everything and everyone, will tell you with downcast eyes:

"Paradise on earth is found on the back
Of a good horse;
In the study of good books, or
Between the breasts of a woman."

der Araber ist in seinem Elemente und jagt fort in gerader Richtung, denn hier hemmen weder Graben noch Hecken, weder Flüsse noch Berge seinen Lauf. Wie ein geübter Jockey, der beim Rennen führt, kommt es dem Scheikh darauf an, nicht so schnell, sondern so langsam wie möglich zu reiten; indem er beständig nach seinen Verfolgern umblickt, hält er sich auf Schußweite von ihnen entfernt; dringen sie auf ihn ein, so beschleunigt er seine Bewegung; bleiben sie zurück; so verkürzt er die Gangart des Thieres; halten sie an, so reitet er Schritt. In dieser Art geht die Jagd fort, bis die glühende Sonnenscheibe sich gegen Abend senkt; da erst nimmt er alle Kräfte seines Rosses in Anspruch; er lehnt sich vorn über, stößt die Fersen in die Flanken des Thiers und schießt mit einem lauten Jallah! davon. Der feste Rasen erdröhnt unter dem Stampfen der kräftigen Hufe, und bald zeigt nur noch eine Staubwolke den Verfolgern die Richtung an, in welcher der Araber entfloh.

Hier, wo die Sonnenscheibe fast senkrecht zum Horizont hinabsteigt, ist die Dämmerung äußerst kurz, und bald verdeckt die Nacht jede Spur des Flüchtlings. Die Türken, ohne Lebensmittel für sich, ohne Wasser für die Pferde, finden sich wohl zwölf oder fünfzehn Stunden von ihrer Heimath entfernt in einer ihnen ganz unbekannten Gegend. Was war zu thun? als – umzukehren und dem erzürnten Herrn die unwillkommene Botschaft zu bringen, daß Roß und Reiter und Geld verloren. Erst am dritten Abend treffen sie halb todt vor Erschöpfung und Hunger, mit Pferden, die sich kaum noch schleppen, in Mardin wieder ein; ihnen bleibt nur der traurige Trost, über dieses neue Beispiel von Treulosigkeit eines Arabers zu schimpfen, wobei sie jedoch genöthigt sind, dem Pferde des Verräthers alle Gerechtigkeit widerfahren zu lassen und einzugestehen, daß ein solches Thier nicht leicht zu theuer bezahlt werden kann.

Am folgenden Morgen, als eben der Imam zum Frühgebet ruft, hört der Pascha Hufschlag unter seinen Fenstern, und in den Hof reitet ganz harmlos unser Scheikh. „Sidi!“ ruft er hinauf: „Herr! willst du dein Geld oder mein Pferd?“

H. v. Moltke (1835–39)

Nichts geht über die poetischen Ausdrücke dieser Araber. „Unser Anführer, Hassan Abassah,“ sagte er, „war der Löwe der Wüste. Schon vor dem ersten Strahl der Sonne trug ihn jeden Tag sein edles Roß zu Kampf und Gefahr. Bark, vom reinsten Blute der Nedschdi, führte seinen Namen mit der That. (Bark heißt Blitz). Wie er abritt, sah man kein Pferd mehr, man sah nur Sand, einen Augenblick – und man sah nichts!“ – Ist das nicht ganz im Styl Lord Byrons?

Pückler-Muskau/Laube (1844)

Der vergnügungssüchtige *Thaleb,* der Mann Gottes in den Augen der Welt, der in beschaulicher Trägheit lebt, ohne andere Sorgen als die für seinen Putz, ohne alle Beschäftigung außer der, Talismans zu schreiben und Amulette für Alle und für Alles anzufertigen, wird dir mit zu Boden gesenkten Augen sagen:

A. G. Descamps. Orientalische Reiterszene. Neue Pinakothek, München

If you question one of these old Arabic patriarchs, famous for his wisdom, his experience, and his hospitality, he will tell you:

"Sidi-Aomar, the Prophet's companion, has said: 'Love horses and look after them; for they deserve your tenderness; treat them as you do your children; nourish them as you do friends of the family, and blanket them with care. For the love of God, do not be negligent for you will regret it in this life and the next.'"

If, by some lucky chance, you find in your path one of those strolling troubadours who spends his life wandering about from tribe to tribe, in order to while away the frequent idle hours of our pastoral warriors, accompanied by a flautist

Th. Chasseriau. Chefs de tribus arabes. Musée du Louvre, Paris

Djennet el ard ála dahor el Kreïl,
Ala Montalat el-Ketoube
Das Paradies der Erde liegt auf dem Rücken des Pferdes,
Im Vertiefen in Bücher.
Und:
Ou beine Guerabeus Enneça!
Oder zwischen den Brüsten des Weibes! –

wird er hinzusetzen, wenn kein zu strenges Ohr ihn hört.

Und wenn du einen der alten arabischen Patriarchen (ehikh) fragst, die durch Weisheit, Erfahrung und Gastfreundschaft berühmt sind, so wird er dir antworten:

J. Ward. Mr. Alfred Bonar's Chestnut Arabian. Arthur Ackermann & Son Ltd. London

and accompanying himself on a tambourine, he will in a hoarse but not unmelodious voice sing to you:

My horse is the champion of all steeds.
He is blue like a pigeon in the shadow
And his black mane and tail are undulant.
He endures hunger and thirst and can see a great distance.

Sidi-Aomar, der Gefährte des Propheten, hat gesagt: „Liebet eure Pferde, sorget für sie, sie verdienen eure Zärtlichkeit; behandelt sie wie eure Kinder, und ernährt sie wie Freunde der Familie und kleidet sie mit Sorgfalt! Um der Liebe Gottes willen, seid nicht nachlässig, denn ihr würdet es bereuen, in dieser Welt und in jener.“

Hast du endlich das Glück, auf deinem Wege einen von diesen herumziehenden Sängern (medahh, fessehh) zu begegnen, die ihr Leben damit zubringen, von Tribus zu Tribus zu ziehen, um die zahlreichen Mußestunden unserer Krieger auszufüllen, begleitet von einem Flötenspieler (kuesob) und sich selbst mit dem Tambourin (bendaïr) begleitend, so wird er dir mit dumpfer Stimme, aber nicht ohne Harmonie vorsingen:

Mein Pferd ist der Herr der Pferde;
Es ist blau, wie die Taube im Schatten
Und seine schwarzen Mähnen wallen;
Es kann hungern und dursten. Es überholt den Augenblick,
Der wahre Trinker der Lüfte!
Es trübt die Herzen unserer Feinde
An den Tagen, wo die Waffen sich kreuzen.
Mebrouk ist der Stolz des Landes.

Daumas (1853)

Täglich bei den Zusammenkünften außerhalb des Douar, wo das Recht des Wortes dem Aeltesten allein zusteht, und die sich durch die Bescheidenheit der im Kreise auf dem Rasen oder im Sande sitzenden Zuhörer auszeichnen, gewinnen die Jüngeren zu ihren eigenen Erfahrungen die Rathschläge der Alten und die Sagen, die sie ihnen erzählen. Religion, Jagd, Krieg, die Liebe und die Pferde sind die unerschöpflichen Gegenstände ihrer Beobachtungen, und machen diese Unterhaltungen unter freiem Himmel zu Hochschulen, in denen sich die Krieger heranbilden und ihren Verstand entwickeln, indem sie eine Menge von Heldenthaten, weisen Lehren, Sittensprüchen und Sprüchwörtern sammeln, von denen sie in dem Leben, reich an Gefahren, das sie führen, Anwendung zu machen, nur zuviel Gelegenheit finden. Hier erwerben sie sich einen Grad von Pferdekenntniß, den selbst bei dem letzten Reiter eines Tribus zu finden, man erstaunen muß. Er kann nicht lesen, nicht schreiben, und doch wird er sich bei jedem Satz seiner Unterhaltung auf das Zeugniß gelehrter Ausleger des Koran oder des Propheten selbst berufen.

„Unser Herr Mohamed hat gesagt“ – „Sidi-Ahmed-ben-Youssef hat hinzugefügt“ – „Si-ben-Dyab hat erzählt“ – und Du kannst ihm auf's Wort glauben,

The Arabian Horse in Religion and Poetry

He is a very great drinker of the Arabic air.
He is the terror of the enemy in combat.
At the moment of firing rifles
Mebrouk is the great pride of the country.

Daumas (1853)

Every day in the meetings outside the camp site, where the privilege of speaking belongs only to the eldest – who stands out among his listeners seated in a circle on the sand or on the grass – the young men add to their practical knowledge the advice and the traditions of the elders. Religion, war, the chase, love, and horses, inexhaustible topics, turn these talks in the open air into real schools, in which the warrior molds himself and where he develops his intelligence, compiling in his head a multitude of facts, precepts, proverbs, and phrases which will have a thousand applications during the course of his life, so full of perils which must be overcome. There (in the meetings) is where he acquires the horse lore which causes one such astonishment when it is met with, in even the least of the horsemen of a tribe living in the desert. He does not even know how to read or write, and yet each phrase of his talk is based on the authority of the sages, the Koran, or the very Prophet himself.

"Our Lord Mohammed has said"; "Sidi-Ahmed-ben-Youssef has added"; "Si-ben-Dyab has recounted ..." And you may certainly believe him, that uneducated sage, because all his texts, all his anecdotes, which frequently are only found in books, he had from the *tholbas* (scribes or learned men) or from his chieftain who expresses himself thus, without realizing it, to maintain among his people love for the horse, useful precepts, sound doctrines, or the best rules of hygiene.

I was talking on a certain occasion to a marabout (Mohammedan holy man) of the tribe of Oulad-sidi-Cheikh about the horses of his country, and as I pretended to cast doubts on the opinions he had voiced, he said: "You, the Christians, cannot understand this matter," and got up abruptly. "Horses are our riches, joys, life, and religion. Has not the Prophet said: *The blessings of this world until Judgement Day shall hang from the forelocks between your horses' eyes?*"

These precepts, which all converge toward achieving the same end, are expressed in many different ways: the marabout and the thaleb have collected them in phrases and legends; the noble in traditions; and legends took on a religious aspect which has accredited them forever in the great Moslem family.

Daumas (1853)

Alfred de Dreux. Nizan. Etalon de l'Empereur. Öl auf Leinwand (1857). Mit freundlicher Genehmigung von Madame Marie-Christine Renauld

diesem gelehrten Unwissenden, denn alle diese Sätze, alle diese Geschichten, die man meist nur in Büchern findet, sind ihm von seinen Tholba's – so heißen die Gelehrten – ohne daß er es ahnt, in der Absicht mitgetheilt, in ihm die Liebe zum Pferde zu erwecken und zu erhalten und ihm die nützlichen Vorschriften, heilsamen Lehren und die besten Regeln für die Gesundheitspflege desselben mitzutheilen.

Ich unterhielt mich eines Tages mit einem Marabout des Tribus der Oulad-Sidi-Cheikh über die Pferde seines Landes, und als ich mich stellte, als ob ich die von ihm ausgesprochenen Ansichten in Zweifel zöge, sagte er mir, indem er hitzig aufstand: „Ihr könnt das freilich nicht begreifen, ihr Christen. Unsere Pferde sind unsere Reichthümer, unsere Freude, unser Leben, unsere Religion. Hat der

Irreguläre ägyptische Kavallerie. Lithographie. Archiv Dr. Thieme

It may be said that the careful breeding and education of the horse was greatly influenced by religious traditions though the consistent wars with hostile tribes, their raids and attacks on caravans, hunting and commerce may have stimulated the inhabitants of the desert as early as in pre-islamic times to devote the utmost care to the horse and to reward with particular care and attachment this faithful and indispensable companion.

The religious rules of this people being closely linked with the moral and civic life which in turn is based entirely on their creed, it becomes clear why these holy rules are stuck to in such a rigid manner. As the Prophet intended to create a people of conquerors in which process the horse was going to play a main part, he placed the horse on a seat of honour which the horse brilliantly confirmed and never had to give up for any reason.

All religious traditions regarding the horse are written in a most attractive language and in the flowery style peculiar to the Eastern peoples. Thus they had great impact on the Arab's excitable character and made him believe nobody but him had been chosen by God and the horse had been created for him exclusively.

Prophet nicht gesagt: *Die Güter dieser Welt bis zum Tage des letzten Gerichts werden an den Haaren zwischen den Augen eurer Pferde hängen.*"

Die Vorschriften, die alle auf dasselbe Ziel hinauslaufen, findet man in allen Gestalten. Der Marabout und der Thaleb haben sie in Sittensprüchen und Sagen gesammelt, der Edle (Djeud) in alten Ueberlieferungen und endlich der Mann aus dem Volke in Sprüchwörtern. Später haben alle diese Formen einen religiösen Charakter angenommen, der sie für ewige Zeiten in der großen Familie der Muselmänner beglaubigt hat.

Daumas (1853)

Den mächtigsten Einfluss auf eine sorgsame Züchtung und Erziehung des Pferdes übten wohl die religiösen Ueberlieferungen, obschon die immerwährenden Kriege mit feindlichen Stämmen, ihre Raubzüge und Ueberfälle der Karawanen, die Jagd und der Handel schon in den vorislamitischen Zeiten den Wüstenbewohner angesporn haben mögen, dem Pferde die höchste Sorgfalt zuzuwenden, und diesen treuen und unentbehrlichen Gefährten mit besonderer Liebe und Anhänglichkeit zu lohnen.

Bei einem Volke, bei dem die Vorschriften der Religion mit dem sittlichen und bürgerlichen Leben eng verknüpft sind, und dieses strenge auf dem Glauben fusst, ist ein unverbrüchliches Festhalten an solch geheiligten Gesetzen erklärlich. Und da der Prophet sein Volk zu einem erobernden heranbilden wollte, wobei dem Pferd eine Hauptrolle zu spielen bestimmt ward, so ist diesem edlen Genossen des Kampfes ein Ehrenplatz zugewiesen worden, den es so glänzend bethätigte und den nichts zu schmälern vermochte.

Alle religiösen Ueberlieferungen, die vom Pferde sprechen, sind in anziehender Sprache und mit der den Orientalen eigenen bilderreichen Redeweise geschrieben. So konnten sie auf den leicht erregbaren Charakter des Arabers mächtig einwirken, und ihn glauben machen, das nur er der Erwählte Gottes und das Pferd nur für ihn geschaffen sei.

Jene Ueberlieferungsstelle, wo von Erschaffung des Pferdes die Rede ist, wendet der Araber desshalb auch nur auf sich, als dem einzigen Rechtgläubigen an; sie lautet:

„Als Gott das Pferd schaffen wollte, sagte er zum Südwinde: Ich will aus dir ein Geschöpf schaffen zur Ehre meiner Heiligen, zur Erniedrigung meiner Feinde, aus Huld für die, so mir gehorsam. Der Südwind sprach: Erschaffe es, o Herr! Da nahm Gott vom Südwinde eine Handvoll und schuf daraus das Pferd; Er sprach: Dein Name sei arabisch, das Gute sei gebunden an deine Stirnenhaare, die Beute an

The Arab therefore applies the passage speaking of the creation of the horse, only to himself, as he believes himself to be the only one having the right faith. It says:

"When God was going to create the horse, he said to the south wind: From you I am going to create a being to the honour of my saints, to the humiliation of my enemies, as a grace to those who obey my rules. The south wind said: Do so, my Lord! Then God took a handful of the south wind and created the horse. He said: Your name be Arabian, good deeds be tied to your forelocks and prey to your back; it be up to you to ease the struggle for subsistence. I have made your master your friend, I have favoured you first of all beasts of burden, I have endowed you with the power to fly without wings, be it on attack or in retreat. On your back I shall place men who glorify me and rejoice in my praise. And when the horse had touched the ground with his feet the Lord said: You shall humiliate any idolator by your neigh which shall resound in their ears and shall fill their hearts with fear. And when the Lord had shown to Adam all the things he had created, he said: Choose of my creatures whom you like, and he chose the horse. Then the Lord spoke and said: You have chosen your honour and your children's honour which will last for aeons and aeons."

All traditions with regard to the horse are drawn up in a similar fashion, and as the Arab takes in the love of this noble beast with his mother's milk, so to speak, and is bound to it by religion, there is hardly any difference between his attachment to his family and his attachment to his horse.

Löffler (1860)

I will learn not to despise the bedouin traditions, as incredible and fantastic as they may seem; I will consider the fact that the metaphor was born in the East, that the Redeemer spoke in parables. Thus, the allegory of the horse that was born from the wind will not come as a surprise, nor that of the horse that arose from the foam of the sea. Similarly, the heathen Greeks and Romans were not surprised by the tale about the noble steed which rose, as a symbol of war, from the place Neptune had touched with his trident.

Historical truth is often disguised in folktales which appear to us, if not absurd, at least unintelligible. The horse of Soleiman Ben Daoud (Solomon), a wonderful stallion, was known as "Renowned among the renowned" – El Emsemmah –. By the Holy King's order, the dgin threw him into the sea and drove him back in every time he tried to approach the mares on the shore. Thus the stallion

Carle Vernet. Mameluke au galop. Aquatinta

deinen Rücken; dir sei gegeben den Unterhalt des Lebens zu erweitern; ich habe deinen Besitzer zu deinem Freunde gemacht; ich habe dich begünstigt vor anderen Lastthieren; ich habe dir die Kraft zum Fliegen verliehen ohne Flügel, sei es im Angriff, sei es im Rückzuge; ich will auf deinen Rükken Männer setzen, die mich preisen und loben, und mir Hallelujah singen. Und als das Pferd mit seinen Füssen die Erde berührt hatte, sprach Gott: Erniedrige durch dein Wiehern die Götzendiener und fülle damit ihre Ohren, und fülle mit Schrecken ihre Herzen. Und als Gott dem Adam alle Dinge gezeigt, die er erschaffen, sagte er: Wähle dir von meinen Geschöpfen, was du willst und er erwählte das Pferd. Da sprach Gott der Herr: Du hast deine Ehre erwählet, und die Ehre deiner Kinder, eine für immer dauernde durch Aeonen und Aeonen.“

slowly lost his strength, and when his heart stopped beating, he disappeared beneath the surface. The foam that was generated by the movement of the waves, bunched together the moment the stallion sank, and brought forth seven young foals that lived to become equally as famous and even faster than their sire.

This is the traditional tale about the "Renowned" and about the origin of the Arabian breeds which, as everyone knows, always according to the traditional legend, are descended from the horses of King Solomon.

Guarmani (1864)

In order to encourage horse breeding and the improvement of the race, the Moslem was forbidden, by his religion, to demand money for the mating of a mare with a stallion. Nor was he allowed to castrate a horse, or clip its mane and tail: these latter were its protection against insects.

Mohamed Ali (1935)

Many peoples know genealogies and literature on genealogy, but only the Arabians possess a genealogy which, in thousands of names, encompasses all of its great men and women, from ancient times to the present. It is divided into a northern Arabian and a southern Arabian version. This work did not, of course, arise from political but from religious motives (the heirs of the prophet, the martyr of Islam and the knower of the Koran).

W. Caskel (1953)

In the meantime the Arabian armies pushed westward. During the reign of caliph Othman Tripoli was conquered, later on Tunis, Algier, Morocco and Spain. Across the Pyrenees they finally penetrated right into the heart of France. In the East the Arabian armies reached the banks of the Indus river and Cashmere. All these victories, which had turned the not very noteworthy Bedouins into a world power, had of course been attributed to the help of Allah. However, the Arabian army-leaders were well aware of the inestimable value the fast, almost untirable desert horses had had on the Holy War. In those times victory or defeat depended to a large degree on the quality of the cavalry. Its importance in the field of battle was comparable to that of the tank divisions of the Second World War.

Mohammed and the caliphs were totally convinced of the superiority of the Arabian horses, but they feared that they could be ruined by being crossed with the enormous amount of captured horses. For this reason the Bedouins were

o. N. O. T. (Pferde in der Oase). Stich. Archiv Olms

In ähnlicher Weise sind alle Traditionen gehalten, die vom Pferde handeln, und da der Araber die Liebe zu diesem edlen Thiere so zu sagen mit der Mutterbrust einsaugt, und die Religion ihm sie zur Pflicht macht, so ist der Unterschied in der Zuneigung zum Pferde kein viel schwächerer, als jener zur Familie.

Löffler (1860)

Ich werde lehren, die Traditionen der Beduinen nicht zu verachten, mögen diese auch noch so unwahrscheinlich und fantastisch sein, ich werde darauf achtgeben, daß die Metapher im Orient geboren ist, daß der Erlöser in Gleichnissen sprach. So wird weder die Allegorie der Pferde, die vom Wind gezeugt sind, überraschen, noch die von den Pferden, die der Schaum des Meeres hervorbrachte. Wie schon die heidnischen Griechen und Römer nicht überrascht waren, von der Erzählung des edlen Rosses, welches sich als Symbol des Krieges von der Stelle erhob, die der Dreizack von Neptun berührt hatte.

Geschichtliche Wahrheiten findet man oft zwischen volkstümlichen Überlieferungen versteckt, die uns, wenn schon nicht absurd, so doch unverständlich sind. Das Pferd von Soleiman ben Daud (Salomon), ein wunderbarer Hengst, hieß der „Berühmte der Berühmten" – El Emsemmah –. Auf Befehl des Heiligen Königs warfen ihn die Dgin ins Meer und drängten ihn jedesmal dorthin zurück, wenn er versuchte, sich dem Strand zu nähern. Auf diese Weise geschah

Théodore Géricault. Cheval arabe harnaché. Aquarell. Musée du Louvre, Département des Arts Graphiques. Cabinet des Dessins, Collection His de la Salle

urged to preserve the breed pure. Once again the following passage is therefore citec: *"He who is not able to fulfill all his religious obligations may keep an asil horse for the honour of God and all his sins will be forgiven. No tent that houses an asil horse is ever entered by demons. He who rears an asil horse for the Holy War will be spared purgatory on the Last Day."*

These are religious obligations for the faithful moslem, but Mohammed and his army-leaders did still more in order to substantiate further in the simple warrior the belief in the advantage of the Arabian horse. For example a Bedouin who rode an Arabian horse was given a better reward than the others ...

Such was the state of mind in the seventh century, and it remained so through the centuries. This fanaticism for the purity of the blood is based on religion and also lives on in poetry as it has become an inalienable component of the Arabian civilization.

Klynstra (1978)

es, daß der Hengst langsam seine Kräfte verlor, und als sein Herz aufhörte zu schlagen, verschwand er auf dem Grund des Wassers. Der Schaum, durch das Wogen der Wellen hervorgerufen, ballte sich in dem Augenblick, als das Pferd unterging, an der leeren Stelle zusammen und brachte dort sieben junge Füllen hervor, die fürderhin ebenso berühmt und noch schneller waren als ihr Vater.

Dieses ist die traditionelle Erzählung über den „Berühmten" und über die Herkunft der edlen Araber-Rassen, die, wie jeder weiß, immer der traditionellen Legende folgend, von den Pferden des Gestüts des Königs Salomon abstammen.

Guarmani (1864)

Die Religion verbot dem Moslem, für die Paarung einer Stute mit einem Hengst Geld zu verlangen – alles zur Förderung der Pferdezucht und zur Verbesserung der Rasse. Auch durfte kein Pferd kastriert oder seine Mähne oder seines Schweifes, die ihm Schutz gegen die Fliegen boten, beraubt werden.

Mohamed Ali (1935)

Genealogien und genealogische Literatur gibt es bei vielen Völkern, aber eine Genealogie, die ein ganzes Volk mit all seinen Gliederungen, mit all seinen bedeutenden Männern und Frauen von grauer Vorzeit bis zur Gegenwart in Tausenden von Namen umfaßt, existiert nur bei den Arabern. Sie zerfällt in eine nord- und in eine südarabische. Dieses Werk ist natürlich nicht nur aus politischen Antrieben, sondern auch aus religiösen (die Ahnen des Propheten, der Märtyrer des Islam und der Korankenner) und wissenschaftlichen entstanden.

W. Caskel (1953)

Inzwischen stießen die arabischen Armeen immer weiter westwärts vor. Noch zur Zeit des Kalifen Othman wurde Tripoli erobert. Später folgten Tunis, Algier, Marokko, Spanien. Über die Pyrenäen hinweg drangen sie schließlich bis ins Herz von Frankreich vor. Im Osten gelangten die arabischen Armeen bis an das Ufer des Indus und nach Kashmir. Alle diese gewaltigen Siege, die aus den vorher kaum beachteten Beduinen in so kurzer Zeit eine Weltmacht geschaffen hatten, waren natürlich Allahs Hilfe zugeschrieben worden. Aber die arabischen Heerführer waren sich wohl bewußt, von welch unschätzbarem Wert die schnellen, schier unermüdlichen Wüstenpferde für den Heiligen Krieg waren. Sieg oder Niederlage hing zur damaligen Zeit in starkem Maße von der Qualität der Kavallerie ab, über die man verfügte. Ihre Bedeutung auf dem Schlachtfeld war durchaus vergleichbar mit derjenigen der Panzerdivisionen des II. Weltkrieges.

o. N. (Mutter mit Kind reicht Kamelreiter Gefäß). Öl auf Leinwand. With courtesy Richard Redding & Colin Stodgell, Fine Art Ltd.

Vollkommen überzeugt von der Überlegenheit der arabischen Pferde befürchteten Mohammed und die Kalifen, daß Kreuzungen mit der gewaltigen Menge der erbeuteten Pferde wohl einmal zum Untergang des arabischen Wüstenpferdes führen könnten. Deshalb wurde den Beduinen so nachdrücklich ans Herz gelegt, die Pferderasse rein zu halten. Darum wird hier nochmals zitiert: *Falls einer nicht all seinen religiösen Verpflichtungen nachkommen kann, so möge er ein asiles Pferd zur Ehre Gottes halten, und alle seine Sünden werden ihm vergeben werden. Die Bösen Geister betreten niemals das Zelt, in dem sich ein asiles Pferd befindet. Wer ein Pferd asilgezüchtet hat für den Heiligen Krieg, wird am Tage des jüngsten Gerichts vor dem Fegefeuer bewahrt sein.*

Dies sind religiöse Pflichten für den gläubigen Moslem, aber Mohammed und seine Feldherren taten noch mehr, um beim einfachen Krieger den Glauben an die Vorzüge des arabischen Pferdes zu untermauern. So erhielt ein Beduine zum Beispiel, der ein Araberpferd ritt, eine höhere Belohnung als die übrigen. ...

So war das im siebten Jahrhundert und so blieb es durch die Jahrhunderte hindurch. Dieser Blutfanatismus liegt in der Religion verankert und lebt auch in ihren Dichtern fort, denn er war zu einem unveräußerlichen Bestandteil der arabischen Kultur geworden.

Klynstra (1978)

Es wäre ein Wunder, wenn die großen Leistungen des arabischen Pferdes bei den phantasiebegabten Orientalen nicht in Legenden und in der Dichtung Ausdruck gefunden hätten. Wir erfahren von Salomos Pferden und den rettenden Stuten des Propheten, von Kalifen und Sultanen, die Pferde wie wertvolle Edelsteine sammelten und dafür unvorstellbare Summen zahlten, wie zum Beispiel *El Malik en Nasr Ibn Kala'un* (1293–1341), der 100 000 Golddrachmen, etwa zwei Millionen Goldmark (eine Goldmark entspricht 0,358 g Feingold) für eine Stute ausgab ... Die Stille der Nacht weckte das Bedürfnis, am wärmenden Feuer Erinnerungen auszutauschen an Ghazu, die Kriegs- und Beutezüge, an Not und Gefahr, an Siege, aber auch an die rettende Klugheit, die Schnelligkeit und die Hingabe der Pferde.

Wenzler (1980)

Alexander der Große, Dschingis Khan, Tamerlan, Friedrich der Große, Napoleon, George Washington haben vom Araberrücken aus Geschichte gemacht, allen voran aber die Krieger Mohammeds, deren grüne Fahne bald von Spanien bis Indien wehte.

W. Schraps (1988)

Given the oriental imagination, it would be a miracle indeed if the great performance of the Arabian horse had not found expression in poetry and legend. We learn of Salomo's horses and of the life-saving mares of the prophet, of caliphs and sultans who collected horses like precious stones and paid incredible sums for them, such as for example *El Malik en Nasr Ibin Kala'un* (1293–1341), who paid 100000 gold drachmas, the equivalent of 358 kilograms of fine gold, for a mare. The nocturnal silence aroused the need to sit at the warm fire and exchange reminiscences of Ghazu, of victory, of wars and raids, of hardship and danger, but also of the life-saving wisdom, the swiftness and the devotion of the horses.

Wenzler (1980)

Alexander the Great, Genghis Khan, Tamerlane, Frederick the Great, Napoleon and George Washington all made history while on the back of an Arabian horse, but first and foremost it was the warriors of Mohammed, whose green flag soon fluttered from Spain to India.

W. Schraps (1988)

In the following chapter, *Abú 'Ubaida* quotes Hadite of the prophet. These statements of Mohammed can be divided into three categories, which give us a general impression of the status of the Arabian horse within the umma (Islamic religious community), and these are as follows:
1. the practical use of the horse (to accompany his master in battle, an advantage to his owner when the spoils ave distributed);
2. the treatment of the horse. In this the person of the prophet frequently serves as an example (love of the horse; bets; interdictions of too high demands, castration and slaughter, docking of the tail and cropping of the mane and forelock);
3. arrangement of salvation by promises (good properties in the forelock) or by individual behaviour (reward in the scales).

Dietrich Olms (1991)

In pre-Islamic times, it was a widespread belief that human beings underwent a metamorphosis and were transformed into animals. People believed that the social status or behaviour of the individual caused him to turn into a species of animal displaying similar qualities. Numerous legends furnish proof of this belief, which was still widespread in Islamic times.

The Qur'an explains the creation of animals by saying that God created a couple of each species from water. Here, too, the belief in metamorphosis is given fresh

Abû Ubaida zitiert ... Hadite des Propheten. Diese Aussagen Muhammeds lassen sich in drei Kategorien einteilen, die uns ein Gesamtbild zum Stellenwert des arabischen Pferdes innerhalb der umma (islamische Glaubensgemeinde) vermitteln, und zwar:
1. der praktische Nutzen des Pferdes (Kampfgefährte im Krieg, Vorteil seines Besitzers bei der Beuteaufteilung);
2. die Behandlung des Pferdes. Dabei dient die Person des Propheten häufig als Vorbild (Liebe zum Pferd; Wetten; Verbot von zu hoher Beanspruchung, Kastration und Schlachten, Abschneiden von Schweif, Mähne und Stirnhaar);
3. die Heilsvermittlung durch Versprechungen (Gutes im Stirnhaar) oder durch individuelle Verhaltensweise (Lohn in der Waagschale) ...

Dietrich Olms (1991)

In vorislamischer Zeit glaubte man an die Metamorphose von Menschen in Tiere. Man unterstellte dabei eine Verwandlung des Individuums aufgrund seines gesellschaftlichen Status oder seines Verhaltens in eine Tierart, der man ähnliche Eigenschaften zuschrieb. Zahlreiche Legenden belegen diese auch noch in islamischer Zeit verbreitete Annahme.

Der Qur'ān erklärt die Schöpfung der Tiere dahingehend, daß Gott aus Wasser ein Paar von jeder Art schuf. Jedoch erfährt der Glaube an die Metamorphose auch hier eine Neubelebung, wenn es heißt: *Die, welche Allah verflucht hat und über welche er zürnte, hat er in Affen und Schweine verwandelt.* In der frühen naturphilosophischen Schrift Kitāb sirr al-ḫalīqa erklärt Balīnas die Erscheinung der Tiere als eine Synthese der vier Elemente und der Umdrehung der Sphäre ...

Für den Muslim brachte der Besitz eines reinblütigen arabischen Pferdes materielle und ideelle Vorteile. Als Teilnehmer am ǧihād (heiliger Krieg gegen Ungläubige) stand dem Besitzer eines Asilarabers bei der Beuteverteilung mehr zu als dem eines mischblütigen Pferdes oder gar einem Unberittenen. Die Aufforderung des Propheten, den Asilaraber zu bewahren und zu umsorgen, wurde mit dem Versprechen verbunden, für jedes an das Pferd verfütterte Gerstenkorn eine Sünde zu erlassen und damit den Eintritt in das Paradies zu erleichtern. Zudem war der Besitzer von der Entrichtung der zakāh – einer im Islam obligatorischen Almosensteuer – befreit.

Auch im täglichen Leben kam dieser vom Islam geförderten Pferdehaltung eine große Bedeutung zu: eine reinblütige Stute galt dem Beduinen als Statussymbol und brachte gegenüber seinen Stammesgenossen erheblichen Prestigegewinn. Gleichzeitig war hiermit auch ein materieller Vorteil gegeben, da die Fohlen der Stute mit Gewinn verkauft werden konnten. Als Reittier gewährleistete sie auf Raub- und Kriegszügen eine weitaus größere Flexibilität als ein Kamel. Diese

impetus when we read that „*those cursed by Allah who have suffered his wrath, he has turned into monkeys and pigs*". In the early writing on natural philosophy *Kitab sirr al-haliqa,* Balinas explains the appearance of animals as being a synthesis of the four elements and the rotation of the sphere.

For a moslem, being in possession of a noble Arabian horse gave him material and ideal benefits. As a participant in the gehad (holy war against unbelievers), the owner of an Asil Arabian was entitled to a larger share of the spoils than the owner of a horse with mixed blood or a person without a horse at all. The prophet connected his demand that the Asil Arabian be preserved and protected with the promise to pardon one sin for each barley-corn fed to the horse and thus to facilitate entry into paradise. In addition, the owner was exempt from payment of the zakah – an alms tax compulsory in Islam.

In daily life, too, this horse breeding promoted by Islam had great significance: for the bedouin, a pure-bred mare was a status symbol which gave him a considerable amount of prestige with his tribesmen. It also had material benefits, for the foal could be sold with a profit. A horse was far more flexible than a camel for riding on raids and warlike expeditions. This symbiosis between the bedouin and his horse resulted in a particularly close relationship. The noble horse was incorporated into the life of the family: this is an important reason why, the Asil Arabian is still today very much attached to humans and displays a more honest and amiable character than horses of other races. The horseraces held by Mohammed and in which special conditions were observed were considered as a way for the participants to distinguish themselves as well as a preliminary to training for warlike purposes. However, it was not until the early Abbaside monarchs and, later, the Mamluke princes appeared that the races were afforded greater social significance. They built special hippodromes for the purpose in their large cities.

Dietrich Olms (1991)

Antoine-Jean Gros. Etude de cheval arabe harnaché. Musée du Louvre

über viele Jahrhunderte dauernde Zweckgemeinschaft zwischen dem Beduinen und seinem Pferd führte zu einer besonders engen Bindung. Das edle Pferd wurde in das Familienleben einbezogen; dies ist ein wesentlicher Grund dafür, daß der Asilaraber noch heute auf den Menschen fixiert ist und einen ehrlicheren und liebenswerteren Charakter beweist als Pferde anderer Rassen.

Die von Muhammad unter Einhaltung besonderer Bedingungen genehmigten Wettrennen galten zugleich als Profilierungsmöglichkeit für die Teilnehmer und als Vorstufe zu einer kriegerischen Ausbildung. Größere gesellschaftliche Bedeutung maßen den Rennen aber erst die frühen Abbasidenherrscher und später vor allem die Mamlūkenfürsten bei. Sie ließen in ihren Metropolen dafür eigens Hippodrome erbauen.

Dietrich Olms (1991)

David Roberts. Sabaste. Ancient Samaria. Lithographie. Archiv Olms

The Essence of the Bedouin

In the chapter "Pedigree, Truthfulness, Fanaticism for the Purity of the Blood" we have already referred to quotations by experts on horses. Nevertheless in our Western world with its mania for documents there are sceptics who hold a critical or even negative attitude towards the desert bred and the oral transmission of pedigrees. The question therefore is: Are the Bedouins trustworthy or not? The following statements, especially those of non-horsy people, give a clear answer to this question. We particularly refer to the chapter also titled "The Essence of the Bedouin" out of the four volume work by *Max Freiherr von Oppenheim* which we quote almost at full length. In fourty years of research work and in cooperation with *Prof. Dr. E. Bräunlich* and *Prof. Dr. W. Caskel* he brought forth the most important standard work on Bedouins: Die Beduinen. Volumes 1–4. Leipzig and Wiesbaden, 1939–68 (vol. 1 and 2 Reprint: Hildesheim 1983).

Thanks to a special library containing 40,000 volumes they were able to evaluate any publication on Bedouins available up to World War II. In the foreword he says: "By staying amongst them we were able to observe life within the family and within the tribe as well as that towards strangers and to note tribal traditions and legends. Important notes were not only taken on the life within the tribes, but also on the power of the sheiks, the laws, the nuptial and marital customs, the slowly expiring slavery, horses and camels, hunting and raiding (ghazus), sanctuary and right of hospitality, blood feuds, etc. ... I collected what historical material I was able to find in the individual tribes and sheik families. In particular many pedigrees were compiled and written down. Some of them trace back for several hundreds of years."

We are used to taking in thousands of impressions every day and we forget them as rapidly as they are presented to us. We can hardly realize the memory of a man of the desert, we that can hardly believe that our grand-parents are able to recite long poems by Schiller without stammering or that our ancestors have handed down through the ages fairy tales, legends and whole epic poems almost word for word. In this context the statements by John Henry Mueller are of special interest.

W. Georg Olms

Das Wesen der Beduinen

In dem Kapitel „Pedigree, Wahrheitstreue, Blutfanatismus" wurden bereits Aussagen von Hippologen zitiert. Dennoch gibt es in der westlichen Welt mit ihrem Dokumentenwahn Zweifler, die einem Desert Bred, der mündlichen Überlieferung einer Abstammung, noch dazu von vielen Generationen, kritisch oder verständnislos gegenüberstehen.

Die Frage liegt so: kann man den Beduinen vertrauen oder nicht?

Die folgenden Aussagen, insbesondere von Nichthippologen, geben darauf eindeutige Antwort: Besonders ausführlich ist das gleichlautende Kapitel „Das Wesen der Beduinen" aus dem vierbändigen Werk von Max Freiherr von Oppenheim wiedergegeben. Der Verfasser hat in vierzigjähriger Forschungsarbeit zusammen mit den Professoren Dr. E. Bräunlich und Dr. W. Caskel das bedeutsamste Standardwerk über die Beduinen geschaffen: Die Beduinen. Band 1–4. Leipzig und Wiesbaden 1939-68 (Band 1 u. 2 Reprint: Hildesheim 1983).

Wohl alle bis zum Zweiten Weltkrieg vorliegenden Veröffentlichungen über die Beduinen hatten die Autoren dank einer 40 000 Bände umfassenden Spezialbibliothek ausgewertet. Aus dem Vorwort: „An Ort und Stelle wurde ihr Leben innerhalb der Familie und des Stammes wie Außenstehenden gegenüber beobachtet, Stammesüberlieferungen und Legenden notiert. Über das Leben innerhalb der Stämme, die Gewalt der Schēche, das Recht, die Hochzeits- und Ehebräuche, das langsam erlöschende Sklavenwesen, über Pferde und Kamele, Jagd und Raubzüge (Ghazus), Gast- und Asylrecht, Blutrache usw. wurden wichtige Notizen aufgezeichnet. ... An geschichtlichem Material sammelte ich über die einzelnen Stämme und Schēch-Familien alle erreichbaren Angaben. Insbesondere wurden auch viele Stammbäume aufgezeichnet und zusammengestellt. Einzelne derselben reichen mehrere Jahrhunderte zurück."

Die tausendfältigen Eindrücke, die täglich auf uns einstürmen, nehmen wir in uns auf, um sie ebenso schnell wieder zu vergessen. Wie sollen wir uns eine Vorstellung machen von dem Gedächtnis eines Mannes der Wüste, wenn wir es kaum fassen können, daß noch unsere Großeltern imstande sind, Schillers Glocke ohne Stocken vorzutragen, oder gar, daß unsere Vorfahren über Jahrhunderte hinweg Märchen, Sagen sogar ganze Epen fast wortwörtlich ihren Nachkommen überliefert haben. Zu diesem Thema sind die Ausführungen des Schweizers John Henry Mueller von besonderem Interesse.

W. Georg Olms

Furthermore the Bedouin is infinitely proud of the purity of his descent which he guards and cherishes. In his understanding only Bedouins are asil (of pure blood). The belief in the uniting and obligatory force of the blood has taken deep roots in him. This boasting of the nobility of birth and tribe is already to be found in pre-islamic poems. And it is not only the descent from the father's side which is valued so much but also that of the mother, i.e. not only the purity of the race is important but the descent of a noble family. Even the most famous heroes of ancient Arabia including Antar(a) had to suffer from their mothers' descent from an unrespected tribe, not to speak of black descent. Even today a Bedouin of pure blood, asil, has no inter-marriage with members of tribes which are considered not pure or not of noble blood such as the Scherarat and the Hutem and those gypsie-like wanderers of the dersert, the Sleb.

It is the same frame of mind which makes the chiefs of powerful Bedouin tribes prefer to marry the daughters of noble families even if they belong to tribes which are unimportant in number of tribesmen and the power they hold, but who are considered of especially noble descent. Thus the marrying practice of the Islam which tends to blur racial contrasts did not prevail among the Bedouins.

It is this pride in the purity of their descent which explains the close connection of the Bedouin with his family, his relatives and his tribe. The high value given to genealogy is based on this aristocratic pride. Beyond their own tribe the acknowledgement of being asil is the common tie which holds together all Bedouins in contrast to the Arabian town dwellers, peasants or Turks which are no longer considered of pure blood.

From childhood the Bedouin is taught to ride and fight, to be tough and steadfast and to bear all inconveniences, sufferings and dangers. His life is hard, a persistent struggle for survival against nature and man.

Despite all this, humanity, chivalry and magnanimity are definite characteristics of the Bedouin. Innumerable stories and legends are told about this. As in battles and raids when the enemy is deprived of his horse or camel and arms, the Bedouin when raiding a caravan will content himself with the booty – unless the travellers had previously arranged for protection by one of the raiding fellow-tribesmen. He will perhaps strip the travellers naked but will not kill them but, on the contrary, will provide them with bread and water and will show them the way to the next tent village. I met native travellers pillaged like this several times. It does not occur to the Bedouin to kidnap persons in order to extort a high ransom as it happens in America and China.

When an enemy camp is raided and plundered it is an ancient custom of war that the defeated men, if they can no longer resist, take flight because they know that

Weiter aber ist der Beduine unendlich stolz auf die Reinheit seiner Abstammung, die er hütet und pflegt. Nur die Beduinen sind für ihn *aṣīl* (reinblütig). Tief eingewurzelt ist ihm der Glaube an die verbindende und verpflichtende Macht des Blutes. Das Pochen auf den Adel des Geschlechts und des Stammes spielt schon in den Gedichten der vorislamischen Zeit die größte Rolle. Dabei wird keineswegs nur auf die Abstammung von Vaters Seite Wert gelegt, sondern auch auf die von seiten der Mutter, und zwar kommt es nicht nur auf die rassische Reinheit an, sondern es wird auch auf die Herkunft aus einem Edelgeschlecht gesehen. Unter der Herkunft der Mutter aus einem ungeachteten Stamm, oder gar von einem Schwarzen, haben selbst die größten Recken der altarabischen Zeit, zu denen auch der berühmte ʿAntar(a) gehörte, zu leiden gehabt. Auch heute noch hat der Beduine reinen Blutes *aṣīl* kein Konnubium mit Angehörigen von Stämmen, die als nicht reinblütig oder unedlen Blutes gelten, wie die Scherārāt und die Hutēm und die in der Wüste zigeunerartig herumwandernden Ṣlēb. In demselben Gedankengange nehmen die Häupter mächtiger Beduinenstämme mit Vorliebe Töchter aus den vornehmen Familien auch von Stämmen, die nach Zahl und Macht unbedeutend sind, aber als von besonders edler Abstammung gelten, zu Frauen. Somit hat sich die die Rassengegensätze verwischende Heiratspraxis des Islām bei den Beduinen nicht durchgesetzt.

Aus dem Stolz auf die Reinheit ihrer Abstammung erklärt sich die enge Verbundenheit der Beduinen mit ihrer Familie, ihrer Sippe und ihrem Stamm. Mit dem Adelsstolz hängt die hohe Wertschätzung der Genealogie zusammen. Jenseits des eigenen Stammes bildet die Anerkennung als *aṣīl* das gemeinsame Band, das alle Beduinen zusammenhält gegenüber den nicht mehr reinblütigen arabischen Stadtbewohnern und Bauern oder den Türken.

In dem ungebundenen Beduinenleben gelten Überfälle und Raub als Heldentaten.

Von Kindheit an wird der Beduine zum Reiten und Kämpfen, zur Zähigkeit und Standhaftigkeit gegen alle Mühen, Leiden und Gefahren erzogen. Hart ist sein Leben, ein dauernder Kampf um das Dasein gegen Natur und Mensch.

Dabei ist dem Beduinen entschieden Menschlichkeit, Ritterlichkeit und Edelmut eigen. Hierüber gibt es seit alter Zeit unzählige Geschichten und Legenden. Wie bei den Kämpfen und Raubzügen, wenn der Gegner Reittier und Waffen hergibt, wird der Beduine bei Überfällen auf Karawanen – falls die Reisenden sich nicht vorher des Schutzes eines seiner Stammesgenossen versichert haben – sich mit der gewonnenen Beute begnügen. Er wird vielleicht die Karawanenleute bis auf das Hemd ausziehen, aber er wird sie nicht töten, sondern im Gegenteil, ihnen Brot und Wasser mitgeben und ihnen den Weg zum nächsten

Fantasia. Foto: C. R. Raswan

the victors will never harm women, children or the old. In this case, too, the victorious assailants will often leave the women with food and a horse or camel to insure that they are out of danger. One of the most wonderful characteristics of the Bedouin is his hospitality and the custom to give protection even to an enemy reaching his tent. From the most ancient times till recent days there are innumerable stories which praise these virtues. The hospitality arises from the necessities of life in the desert. Nowhere in the world it is exerted in such a sincere and heartfelt manner as here.

The generosity of the Bedouin, too, has become proverbial. It is a special obligation of the sheik but in order to comply with it he must capture booty. Gifts presented to him personally he will normally share with the people around him. Everything is regulated according to the unwritten laws of the desert. Justice is administered by the sheik or by a special judge but their judgments are not binding. Those who will not obey cannot stay within the tribe but have to seek ref-

Lagerleben der Rualla. Foto: C. R. Raswan. Archiv R. Pritzlaff

Zeltdorf weisen. Ich habe selbst mehrfach in der Wüste derart ausgeraubte eingeborene Reisende getroffen. Menschen zu entführen, um ein hohes Lösegeld zu erpressen, wie dies in Amerika und China vorkommt, kennt der Beduine nicht.

Wenn ein feindliches Zeltlager überfallen und ausgeraubt wird, pflegen nach uraltem Kriegsbrauch die überwundenen Männer, falls sie keinen Widerstand mehr zu leisten imstande sind, zu flüchten, wissen sie doch, daß der Sieger Frauen und Kindern sowie Greisen niemals etwas antun wird. Auch in diesem Falle pflegen die siegreichen Angreifer den Frauen oft genug Nahrung und Reittiere zu belassen, damit sie sich in Sicherheit bringen können.

Eine der schönsten Eigenschaften der Beduinen ist ihre Gastlichkeit und der Brauch, selbst dem Feinde Schutz zu gewähren, wenn dieser in ihre Zelte gelangt. Von den ältesten Zeiten bis in die Gegenwart gibt es zahllose Geschichten, die diese Tugenden preisen. Die Gastfreundschaft ist den Notwendigkeiten

uge with another tribe together with their families. The tribe is not only the political community but also the legal community. The only real binding thing, the only power the real Bedouin submits to is public opinion, the fear of blame and the mockery of the others. Public opinion is the second most important factor besides the unwritten moral code of the desert which every Bedouin has to respect. Its ideal requests primarily comprise the solidarity with his tribesmen and the execution of the blood feud, but at the same time all the characteristics which we call the virtues of the Bedouins. If a Bedouin is found guilty of doing anything against the customs of the desert, he loses his reputation with his tribe and with the Bedouins at large.

Hospitality, too, is primarily the sheik's obligation. Anybody who wants to seek sanctuary will ask for his protection and the sheik is bound to care for his well-being. Especially when they are young the sheiks and their relatives are expected to excel by bravery and even rashness. Many of them used to die during raids or wars. Lately the modern, long-range rifles have caused an exceptionally high number of victims. As a rule these military actions are led by the sheik or by one of his sons. This leader is called Akid, and in some tribes the title of the Akid belongs to another family and it is a hereditary title.

The Bedouin has an intense love of poetry and takes a lively interest in it. Poets and singers wander from one tribe to the other in order to recite old tunes or self-made poems and old heroic songs in honour of the tribe, its bravery, its victorious wars and raids and, of course, in glorification of the sheik's hospitality who in turn has to make special presents to the singer.

The sheiks especially have several wives. The islamic religion allows them up to four wives at the same time and their aspiration is to have as many sons as possible. Many sons strengthen the dynastic power and are principally assistants in fighting. But the daughters, too, are of high value, because according to old traditions a Bedouin who wants to marry has to pay the father or the family of his bride a dowry in the form of camels, horses or sheep. As it is easy to divorce it is possible frequently to take a new wife and thus to obtain more sons. Sometimes sheiks also marry out of political considerations.

The quiescence of the desert has influenced the Bedouin character. Every master of the house has a certain undeniable nobility. He receives his guests in his tent like a prince though he only has to offer them camel milk and dates, rarely bread or rice. All he owns he shares with his guests. The Bedouin has a sure feeling for manners and behaviour which follow ancient traditions. The preparation of the coffee and its pouring out has become a ceremony. Strictly according to the individual guest's dignity they are presented in turn with a small cup of the unsweetened aromatic Bedouin coffee by one of the master's relatives or slaves. Only a sheik or a rich Bedouin can afford to have a special coffee tent.

der Wüste entsprossen. Nirgendwo in der Welt wird sie in so aufrichtiger, herzlicher Weise geübt wie hier.

Auch die Freigebigkeit der Beduinen ist sprichwörtlich geworden. Sie gehört insbesondere zu den Pflichten des Schēchs, aber um sie üben zu können, muß er Beute machen. Geschenke, die er selber erhält, pflegt er in den meisten Fällen mit seiner Umgebung zu teilen.

Alles regelt sich bei den Beduinen nach den ungeschriebenen Gesetzen der Wüste. Die Rechtsprechung wird von dem Schēch oder einem besonderen Richter ausgeübt, die Urteile sind aber nicht bindend. Nur können diejenigen, welche sich ihnen nicht fügen wollen, nicht länger im Stamme verbleiben, sondern müssen mit ihrer Familie bei einem anderen Stamm Zuflucht und Unterkunft suchen, denn der Stamm ist nicht nur die politische, sondern auch die Rechtsgemeinschaft.

Das einzig wirklich Bindende, die einzige Macht, vor der der echte Beduine sich beugt, ist die öffentliche Meinung, die Furcht vor dem Tadel und Spott der anderen. Die öffentliche Meinung steht hinter dem ungeschriebenen Ehrenkodex der Wüste, den jeder Beduine respektieren muß. Zu den ideellen Forderungen desselben gehört in erster Linie die Solidarität mit seinen Stammesgenossen, der Vollzug der Blutrache, ferner aber all das, was wir unter den Tugenden der Beduinen verstehen. Läßt der Beduine sich etwas zuschulden kommen, was gegen das Brauchtum der Wüste verstößt, so verliert er sein Ansehen im Stamm und überhaupt unter den Beduinen.

Der Führer des Stammes ist der Schēch. Die Würde ist an seine Familie gebunden und vererbt sich gewöhnlich vom Vater auf den Sohn.

Der Schēch hat für das Wohl des Stammes zu sorgen; er entscheidet über den Wechsel der Weideplätze, über Krieg und Frieden, über Bündnisse mit anderen Stämmen, über die zu unternehmenden Raubzüge, über das Verhältnis des Stammes zur jeweiligen Regierung, soweit eine solche über den Stamm Macht hat.

Auch die Gastfreundschaft liegt in erster Linie dem Schēch ob. Bei ihm pflegt jeder, der das Asylrecht in Anspruch nehmen will, Schutz zu suchen. Der Schēch ist gehalten, dafür zu sorgen, daß dem Betreffenden nichts geschieht. Besonders in ihrer Jugend müssen die Schēche und deren Familienangehörige sich durch Tapferkeit und selbst durch Tollkühnheit auszeichnen. Ein großer Teil von ihnen findet seit alters im Kampf bei Kriegen oder Raubzügen den Tod. In der jüngsten Zeit verursacht die Führung moderner, weitreichender Gewehre besonders zahlreiche Opfer. In der Regel ist der Schēch oder einer seiner Söhne der Anführer (ʿAḳīd) dieser Kampfesunternehmungen. Bei einzelnen Stämmen gehört die Würde des ʿAḳīd jedoch einer anderen Familie an und ist in ihr erblich.

Carle Vernet. Attaque de Mameluck. Archiv Olms

Of utmost importance in the life of the Bedouins are the raids which have been undertaken since time immemorial, the ghazus of the Bedouin tribes. The Bedouin regards them as his ancient right. They still take place exactly as the Arabian poets and historians of old described them. The consequences of the raids follow the eternal unwritten laws of the desert and in certain respects they remind one of the traditions of our medieval robber-knights.
As I was able to see for myself, up to the world war they were mainly carried out by riders armed with spears. The burden of the fight was borne by the owners of horses. Rather unimportant ghazus were undertaken almost exclusively on horseback. However, far-reaching raids were undertaken on riding camels. Sometimes several hundred Bedouins participated in these raids and travelled some weeks to reach the enemy. Two men sat on one camel while the horses were led beside. Only when the enemy came in sight were the horses mounted. It was the obligation of the camel riders to seize on the booty and to cover the

Carle Vernet, Mameluck d'Ordonnance. Archiv Heriot/Loveday

Der Beduine hat lebhaften Sinn für Poesie und liebt diese. Dichter und Sänger ziehen von Stamm zu Stamm, um alte Weisen, alte Heldenlieder oder selbstgemachte Gedichte zu Ehren des Stammes, seiner Tapferkeit, seiner siegreichen Kriege und Raubzüge sowie natürlich zur Verherrlichung der Gastfreundschaft des Schēches vorzutragen, wofür dieser den Sänger besonders beschenken muß.

Georges Washington. The Lookout. Öl auf Leinwand. With courtesy Richard Redding & Colin Stodgell, Fine Art Ltd.

Horace Vernet. Chasse au Sangliers. Bibliothèque Nationale, Paris

Besonders die Schēche besitzen mehrere Frauen. Der Islam gestattet ihnen, vier gleichzeitig zu halten. Ihr Bestreben ist, möglichst viele Söhne zu haben. Diese stärken ihre Hausmacht. Sie sind in erster Linie ihre Helfer im Kampf. Aber auch die Töchter sind von hohem Wert, weil der Beduine nach uraltem Brauch, um eine Frau zu heiraten, dem Vater oder der Familie ein Entgelt meist in Gestalt von Kamelen, Pferden oder Schafen zu geben hat. Die Leichtigkeit der Scheidung gibt immer wieder die Möglichkeit, eine neue Frau zu nehmen und dadurch weitere Söhne zu erhalten. Manche Ehen der Schēche entspringen politischen Erwägungen.

Die Ruhe der Wüste hat auf den Beduinen selber abgefärbt. Eine nicht abzusprechende Vornehmheit ist jedem einzelnen Hausherrn eigen. In seinem Zelt empfängt er seine Gäste wie ein Fürst, wenn er ihnen auch nur Kamelmilch und Datteln, selten Brot oder Reis, vorsetzen kann. Aber was er hat, teilt er mit den Gästen. Der Beduine besitzt ein ausgeprägtes Gefühl für die Form des Auftre-

M. Bieler. Archiv Sigg-Gietz

back and the flanks. Herds grazing apart and being little protected were readily caught and driven away. If they did not succeed or if the attacked defended themselves and pursued the thieves, the battle dissolved into a number of individual fights as has been the case for ages. These individual fights are a sort tournament and develop almost like horse games. The weaker fighter who perhaps is riding a tired horse or camel may save his life if he leaves his weapon and mount to his enemy. When the members of a ghazu realize that their enemies are superior to themselves they consider it their right, their obligation and quite in accordance with their traditional fighting spirit to rely on the speed of their horses or riding camels for a – so called – "brave" flight.

These ghazus are operations on which naturally only the barest minimum of provisions and water are taken. They are undertakings which demand the highest levels of frugality and toughness. Sometimes the sons of a sheik take part when they are but boys. Without doubt it takes great courage when the Bedouins – as they often do – raid tribes in regions which one or two of them en-

Heuer d'après Carle Vernet. Cheval Sauvage. Bibliothèque Nationale, Paris

tens, das sich nach uraltem Brauch regelt. Die Kaffeebereitung und das Ausschenken des Kaffees ist zu einer Zeremonie geworden. Genau abgestuft nach der Würde des Gastes wird der Reihe nach diesem von einem Verwandten oder Sklaven des Zeltherrn der ungesüßte, aromatische Beduinenkaffee in den kleinen Tassen gereicht. Aber eine Kaffeestelle zu haben, kann sich nur der Schēch oder ein Reicher unter den Beduinen leisten.

Von größter Bedeutung für das Beduinenleben sind die seit unvordenklichen Zeiten geübten Raubzüge, die Ghazus der Beduinenstämme untereinander. Sie zu üben, betrachtet der Beduine als uraltes Recht. Sie erfolgen auch heute noch, genau so wie sie uns von den Dichtern und Geschichtsschreibern der altarabischen Zeit beschrieben werden. Ihre Konsequenzen regeln sich nach den ewigen ungeschriebenen Gesetzen der Wüste. In gewisser Hinsicht erinnern sie an die Tradition unseres mittelalterlichen Raubrittertums.

Carle Vernet. Archiv Olms

tered but once many years ago on the occasion of another raid. I witnessed myself small groups of not more than 10 to 20 riders going out on these raids. With scarce food and always with the fear of being spotted by superior forces, of being pursued, cut off and perhaps beaten up. If blood is shed, ghazus easily develop into wars.

For the foundations of his life, for pasture and water, the nomad will fight to the utmost. . .

Some sheiks already own automobiles. It is even possible as in the case of the above mentioned Emir Nuri ibn Scha'lan, the head of the Ruwala, that they have built-in machine-guns in their cars protected by tin plates. The raids against other tribes are then performed using these "armoured cars."

v. Oppenheim, Die Beduinen

Sie wurden, wie ich mich überzeugen konnte, bis zum Weltkrieg in erster Linie von Lanzenreitern ausgeführt. Die Last des Kampfes ruhte auf den Pferdebesitzern. Kleinere Ghazus wurden fast nur zu Pferde gemacht. Die weit ausholenden Raubzüge dagegen, an denen sich manchmal mehrere hundert Beduinen beteiligten und die bis zum Feinde oft einen wochenlangen Anmarsch erforderten, wurden auf Reitkamelen unternommen, indem die Pferde an der Leine mitgeführt wurden. Die Reiter saßen je zu zweit auf einem Kamel. Erst angesichts des Feindes wurden die Pferde bestiegen; den Kamelreitern lag es ob, sich der Beute zu bemächtigen und den Rücken und die Flanken zu decken. Gern versucht man, abseits weidende, wenig geschützte Herden zu fangen und mitzunehmen. Gelingt dies nicht oder setzen sich die Überfallenen zur Wehr und verfolgen die Räuber, so löst sich der Kampf, wie schon seit Jahrhunderten, in eine Reihe von Einzelgefechten auf. Diese Einzelgefechte sind wie eine Art Turnier und entwickeln sich fast wie Reiterspiele. Der schwächere Kämpfer, der vielleicht ein abgehetztes Pferd oder Kamel unter sich hat, kann sein Leben retten, indem er Waffe und Reittier dem Gegner überläßt. Wenn die Leute eines Ghazus sich überzeugen, daß ihre Feinde überlegen sind, halten sie es für ihr Recht und ihre Pflicht und mit ihrem traditionellen Kampfsinn durchaus in Übereinstimmung, daß sie sich auf die Schnelligkeit ihrer Pferde oder Reitkamele verlassend – um mich so auszudrücken – ,,tapfer" die Flucht ergreifen.

Die Ghazus, bei denen natürlich nur das Allernotwendigste an Lebensmitteln oder Wasser mitgenommen werden kann, sind aber ein die höchsten Anforderungen an die Zähigkeit und die Entsagungsmöglichkeit stellendes Unternehmen. Die Söhne der Schēche beteiligen sich oft schon im Knabenalter an diesen.

Es gehört zweifellos ein großer Mut dazu, wenn die Beduinen oft in kleinen Trupps – ich habe solche von nur 10–20 Reitern gesehen – Raubzüge gegen feindliche Stämme in Gebiete ausführen, die vielleicht nur von dem einen oder anderen vor vielen Jahren gleichfalls auf einem Raubzug betreten worden waren. Schlecht ernährt, immer mit der Not des Wassers kämpfend, müssen sie sich an den Feind heranschleichen, gewärtig, von einer Übermacht aufgegriffen, verfolgt und abgeschnitten und dann eventuell zusammengehauen zu werden. Ist Blut geflossen, so können leicht Kriegszüge aus den Ghazus entstehen.

Für die Grundlagen seiner Existenz, für Weide und Wasser, wird der Nomade bis zum äußersten kämpfen. . . .

Einige Schēche besitzen bereits Automobile. Es ist sogar vorgekommen, wie bei dem obengenannten Emīr Nūrī ibn Scha'lān, dem Oberschēch der Ruwalā, daß sie Maschinengewehre in ihre mit Blechplatten geschützten Autos eingebaut haben. Mit diesen ,,Panzerautos" wurden dann die Raub- oder Kriegszüge gegen andere Stämme unternommen.

v. Oppenheim, Die Beduinen

Essence of the Bedouin

... in this point ... they have continued to be the faithful depositaries of primeval Arab tradition, and constitute a sort of standard rule for the whole nation. Hence, when genealogical doubts and questions of descent arise, as they often do, among the fixed inhabitants – or "dwellers in brick," to give citizens and villagers their collective Arab denomination – recourse is often had to the neighbouring Bedouins for a decision unattainable in the complicated records of town life; whereas the living Gwillym of the desert can readily explain every quartering and surcharging in every scutcheon of Arab nobility.

Palgrave

The Bedouins have slender bodies of wonderfully harmonious proportions, and extremely delicate limbs. Their faces are noble and clearly shaped, their bearing is proud and gracious, their blood runs fast and passionate but is controlled by extraordinary self-discipline and dignity. Their clear, sharp eyes tell of natural intelligence, of undeterred courage and of a beautiful, strong self-confidence and self-assurance. In their youth the girls and women are of a grace and beauty otherwise seldom to be seen.

The free, proud but not immodest appearance of the Bedouin demonstrates prudence, constant readiness and an unmistakable inclination to contempt. He is cautious towards strangers until he thinks he knows them thoroughly. If a stranger seems to be worth his friendship, he is capable of devoted loyalty and will not forget him during all his normally very long life.

Many years ago I had travelled for several weeks with a tribe across the desert. Some time later the sheikh of this tribe heard that I and a company of Turk troopers, about 2000 of them, had to endure great hardships and lack of food in the desert near Akaba and that I myself was near death from exhaustion and starvation. He immediately sent me lamb or a young kid and a sack of barley for my horses every week over a distance of more than one hundred kilometers. For nothing is dearer to the heart of a Bedouin than the well-being of his horse or of his riding camel. He knows that travelling the huge distances in the lonely desert and steppes where death from exhaustion is lurking everywhere, horses and camels are his best friends, and that their loss or failure will mean death. So sharing the same conditions of life in the steppe and in the desert forms a close bond between man and mount, and in the course of thousands of years has evoked many equally noble qualities in both of them. In no other country will you find better proof of the influence of a country and its conditions on the formation of the body and character of its inhabitants. For time immemorial desert and steppe have been the home of the Bedouins.

Tzschirner

Aufbruch des Beduinenlagers nach Sonnenaufgang. Foto: C.R. Raswan

. . ., so dass . . . sie die treuen Bewahrer der uralten arabischen Tradition geblieben sind und so eine Art Richtschnur für die ganze Nation bilden. Daher, wenn bei der festangesessenen Bevölkerung, den „Ziegelbewohnern", – um die Städter und Dörfer mit ihrem gemeinsamen arabischen Namen zu nennen – genealogische Zweifel und Fragen über Abkunft auftauchen, wie oft geschieht, so wendet man sich oft an die nächsten Beduinen, um von ihnen eine Entscheidung zu verlangen, welche die städtischen Archive versagen, und diese Heraldiker der Wüste werden leicht über Echtheit und Berechtigung jedes Wappenschildes des arabischen Adels entscheiden.

Palgrave

Die Beduinen ... sind von einem wundervollen schlanken Ebenmaß und sehr feinen Gliedern. Ihr Gesichtsschnitt ist trocken und edel, ihre Haltung stolz und graziös, ihr Blut feurig und rasch bei außerordentlicher Selbstzucht und Würde. Aus ihrem klaren, scharfen Blick spricht eine natürliche Intelligenz, ein vor nichts zurückschreckender Mut und ein schönes, starkes Selbstbewußtsein und Selbstvertrauen. Die Mädchen und Frauen gehören in ihren jungen Jahren zu den liebreizendsten und schönsten Erscheinungen, die man sich denken kann.

Tzschirner

Rudolph Valentino (rechts) und Carl R. Raswan mit Jadaan. Archiv E. Raswan

Beduinen vor dem Hauptzelt. Foto: C. R. Raswan

Alles in allem ist sich der Beduine durch alle Zeiten gleichgeblieben: tapfer und freiheitsliebend, stolz, genügsam, ritterlich-räuberisch und konservativ. Der Beduine ist Demokrat und dabei doch der reinste Herrenmensch ... Die wenigen Gesetze, die er anerkennt, denen er sich beugt und die er nie verletzt, liegen in seinem Blute. Es sind die der Wüste, die der Blutrache, der Gastfreundschaft und des Respektes vor dem Eigentum des Stammesgenossen, zu dem auch das Weib und der Sklave gehört, der bei den Wanderstämmen nicht schlechter lebt als sein Herr. Ferner Todestreue dem Stamme, Unverkäuflichkeit der besten Pferde, besonders der Stuten als den alten Geschlechtern und schließlich – ihm unterliegt er am unbedingtesten – das Gesetz seines Wandertriebes. Der Beduine ist stolz und selbstgenügsam, ernst wie die Steppe und als Feind grausam und unerbittlich wie die Wüste. Diebstahl ist für ihn eine sklavische Eigenschaft, verächtlich und schmachvoll, offenen Raub aber mit der Waffe in der Hand hält er für eine ritterliche und ehrenvolle Beschäftigung, die allgemein in hohem Ansehen steht und viel besungen wird. Diesem abendländisch-frühmittelalterlichen Strauchrittertum angemessen, hat er eine ganz besonders ausgebildete Banditenehre. Der Reisende, der Verirrte, ob arm oder reich, bittet in keinem Beduinenzelt vergebens um Gastfreundschaft. Der Beduine schlachtet sein letztes Schaf für ihn und teilt mit ihm sein letztes Wasser.

Tzschirner

o. N. Kampf der Franzosen um Constantine 1836/37, Blatt 4. Kolorierte Lithographie. Germanisches Nationalmusem Nürnberg

Those who do not submit to the very ancient rules of Bedouin community life and offend against one of its decisive points of honour, will be expelled from the community. It is thus the community itself, the tribe, which has the ultimate executive power for this only feasible punishment. It forms an indestructible backing of Bedouin community life without which it could desintegrate into arbitrary actions of individuals, – if there were any "individuals". But in this respect the Bedouin is quite original; contrary to the inhabitants of the Western world who have gone through the period of Enlightenment, he is not able to live as an individual who purposely makes himself stand out from the rest. All his feelings are "collective", meaning connected whith the community. This is why the expulsion from the community really destroys his very base of life.

L. Clauß (1937)

Twofold, I learned, is the purpose of this month of fasting. One has to abstain from food and drink in order to feel in one's own body what the poor and hungry feel: thus, social responsibility is being hammered into human consciousness as a religious postulate. The other purpose of fasting during Ramadan is selfdiscipline – an aspect of individual morality strongly accentuated in all Islamic teachings (as, for instance, in the total prohibition of all intoxicants, which

o. N. Kampf der Franzosen um Constantine 1836/37, Blatt 2. Kolorierte Lithographie.
Germanisches Nationalmusem Nürnberg

Wer sich den überkommenen uralten Regeln beduinischen Gemeinschaftslebens nicht fügt und gegen einen seiner entscheidenden Ehrenpunkte verstößt, der wird aus der Gemeinschaft ausgestoßen. Die Gemeinschaft selbst also, der Stamm, hat die letzte Vollzugsgewalt zu dieser einzigen wirklich vollziehbaren Strafe. Sie bildet einen unzerstörbaren Rückhalt des beduinischen Gemeinschaftslebens, ohne den es in Willkürhandlungen der einzelnen zerfallen könnte – wenn es eben „einzelne" gäbe. Aber der Beduine ist in diesem Punkte ganz urtümlich, daß er nicht – wie er durch eine Aufklärung hindurchgegangene „moderne" Abendländer – als bewußt herausgehobener Einzelmensch zu leben vermag; er ist in allem seinem Erleben „kollektiv", d.h. gemeinschaftlich gebunden. Darum ist der Ausschluß aus der Gemeinschaft auch wirklich eine Vernichtung seiner Daseinsgrundlage.

L. Clauß (1937)

Doppelt ist der Sinn dieses Fastenmonats, erklärte mir ein Freund. Man soll Speise und Trank entbehren, um die Leiden der Armen und Hungernden am eigenen Leib zu erproben: so wird dem einzelnen das soziale Verantwortungsbewußtsein als eine Forderung des Glaubens beigebracht. Der andere Zweck des Fastens ist Selbstdisziplin: Erziehung des Menschen zu verantwortungsvoller Wachheit und seelischer Bereitschaft – ein Aspekt der persönlichen Moral, den die islamische Lehre immer wieder betont (wie auch, unter anderm, im Ver-

o. N. Königreich Frankreich. Afrikanische Armee. Maurische Gendarmen, Offizier und Gemeiner. Kolorierte Lithographie (um 1840). Germanisches Nationalmuseum Nürnberg

Islam regards as too easy an avenue of escape from consciousness and responsibility). In these two elements – brotherhood of man and individual self-discipline – I began to discern the outlines of Islam's ethical outlook.

Muhammad Asad (1954)

o. N. Königreich Frankreich. Afrikanische Armee. Regulierte Spahis, Offizier in großer Uniform. Kolorierte Lithographie (um 1840). Germanisches Nationalmuseum Nürnberg

bot aller alkoholischen Getränke, die ja so leicht zu einer Flucht vor dem Bewußtsein und vor Verantwortung führen können). In diesen beiden Momenten – Brüderlichkeit und Selbstzucht – begann sich mir allmählich die Ethik des Islam zu offenbaren.

Muhammad Asad (1992)

Maderst. Mameluks. Stich nach Mason. Archiv Olms

Lawrence wrote in *Seven Pillars of Wisdom,* 'Bedouin ways were hard, even for those brought up in them and for strangers terrible: a death in life.' No man can live this life and emerge unchanged. He will carry, however faint, the imprint of the desert, the brand which marks the nomad; and he will have within him the yearning to return, weak or insistent according to his nature. For this cruel land can cast a spell which no temperate clime can match.

Thesiger (1959)

We returned to find the Sheikh holding court. He is the lord of these parts, the true father of his tribe, and wherever he goes men appear, to greet him with affection and bring him their troubles, trusting to his wisdom in arbitration, and his help in need.

J. Campbell (1966)

Lawrence schrieb in seinen „Sieben Säulen der Weisheit“: „Das Leben der Beduinen war hart selbst für diejenigen, die darin aufgewachsen waren, und für Fremde war es entsetzlich – der Tod mitten im Leben.“ Niemand kann dieses Leben leben und unverändert daraus hervorgehen. Er wird für immer, mehr oder weniger deutlich, das Zeichen der Wüste, das Zeichen des Nomaden tragen; und er wird immer das Heimweh nach diesem Leben spüren, leise oder brennend, je nach seiner Veranlagung. Denn dieses grausame Land kann einen Zauber ausüben, dem ein gemäßigtes Klima nichts Vergleichbares entgegenzusetzen hat.

Thesiger (1991)

Als wir zurückkehrten, hielt der Scheich gerade Hof. Er ist hierzulande der Herr, der wahre Vater seines Stammes, und wo immer er auftaucht, ist er bald von Männern umringt, die ihn voll Zuneigung willkommen heißen und ihm ihre Sorgen darlegen, im Vertrauen auf seinen weisen Schiedsspruch und seine Hilfe in der Not.

J. Campell (1966)

Es war gut, mit solch erfahrenen Wüstenmännern zu reiten. Freilich würde man es mit Unerfahrenen gar nicht versuchen. Das Beduinenleben war auf das Überleben ausgerichtet, und seit über tausend Jahren schickten die führenden Familien in Mekka, Medina oder Damaskus ihre Söhne zu den Stämmen in der Wüste. Dort wurden die Jünglinge zu Männern gemacht, lernten sie Hunger, Durst und Überleben, wurden sie an den Waffen und Kamelen geschult, in der Kunst der Raubzüge und der Wüstendiplomatie unterrichtet und mit dem Ehrenkodex der Wüste vertraut. Die Traditionen wurden ihnen auf eine Weise beigebracht, daß sie diese bis ans Ende des Lebens nicht mehr vergaßen. Hier in der Wüste, unter den wirklichen Aristokraten Arabiens, lernten sie die Bedeutung der Reinhaltung des Blutes verstehen und das strikte Verbot, je unter ihrem Stand zu heiraten. Die Stammbäume ihrer Sippen wurden ihnen so geläufig wie die Suren des Korans; diese Söhne großer Familien konnten ohne Stottern die Namen von vierzig Generationen aufzählen. Hier lernten sie, sich den Vorschriften des Korans zu unterziehen und die tausend ungeschriebenen Tabus der Wüste zu respektieren.

Für die jungen Männer der großen Familien war die Zeit beim Stamm in der Wüste eine lange und gründliche Reinigungszeremonie. Nach ihrem Abschluß waren sie sehnige, kräftige Männer geworden, listig, stahlhart und brutal, vertraut mit dem Wesen der Menschen aus der Wüste, dieser unversiegbaren Kraftquelle der Familien, mit der Macht und Stärke, aber auch mit den Fehlern und Schwächen ihrer selbst wie ihrer Stammesgenossen. Sie hatten Unterricht in arabischer Eloquenz und Poesie erhalten, hatten einen gewaltigen Wortschatz aufgenommen und waren bewandert in allen Formen des Anstandes und der Höf-

Victor Huguet. The falcon hunt. Öl auf Leinwand. With courtesy Richard Redding & Colin Stodgell, Fine Art Ltd.

It was good to ride in the company of such expert inhabitants of the desert. It is true, though, that one would not try it with inexpert ones. The life of the Bedouins was dominated by the need for survival, and for more than a thousand years the leading families of Mecca, Medina and Damascus sent their sons to the desert tribes. There they were made men, they experienced hunger, thirst and the struggle for survival, they learned to handle arms and camels, were schooled in the art of raiding and of desert diplomacy and were made familiar with the moral code of the desert. Those traditions were imparted to them in such a way that they never forgot them for the rest of their lives. It was here in the desert, among the real aristocrats of Arabia, that they learnt to understand the importance of the pure blood and the strict prohibition to marry beneath their rank. The pedigrees of the tribes became as familiar to them as the laws of the Koran; these sons of great families were able to recite the names of fourty generations without stammering. Here they learnt to obey the laws of the Koran and to respect the thousand unwritten taboos of the desert.

Victor Huguet. Algerian falconers. Öl auf Leinwand. With courtesy Mathaf Gallery, London

lichkeit. Mehr als tausend Jahre lang hatte sich Arabien von der Welt abgekapselt, und in diesem ganzen Jahrtausend hatte sich an der Lebensweise und Lebensart der Beduinen aus den zentralen Stammlanden nichts geändert; das starre Festhalten an den Traditionen und am Koran erhielt sie als lebendigen Anachronismus bis ins zwanzigste Jahrhundert. Die Kalifate in Bagdad und Cordoba waren an der Verweichlichung ihrer Bewohner zugrunde gegangen, die eroberten Länder, welche das größte Reich bildeten, das es jemals gegeben hatte, gingen verloren. Doch im Innern Arabiens war die Kraft der Wüstenbewohner ungebrochen erhalten geblieben, blieben die Menschen von den Entwicklungen in der Welt unberührt, weil die unpassierbaren Einöden sie gegen alle Einflüsse abschirmten. Hier war noch ein Kern jener damals unbändigen Kraft, die eine halbe Welt erobert und großen Teilen der Erde den Islam aufgezwungen hatte ...

Georges Washington. Training the Horses. Öl auf Leinwand (1880). With courtesy Richard Redding & Colin Stodgell, Fine Art Ltd.

For these young men of the important families their time with the desert tribe meant a long and thorough ceremony of purification. When it was finished they had become strong, muscular men, cunning, hard as steel, brutal, familiar with the mentality of the inhabitants of the desert, this inexhaustible source of strength of the families, with all the strength and power, but also with all the defects and weaknesses they shared with their fellow tribesmen. They had been taught Arabian eloquence and poetry, had taken in an enormous vocabulary and were experienced in all forms of decency and courtesy. For more than thousand years Arabia had isolated herself from the world, and in the whole millennium nothing had changed in the way of life of the Bedouins of the central region. As they rigidly kept up the traditions and the Koran, they survived as a living anachronism up to the twentieth century. The caliphates of Bagdad and Cordoba had perished because the inhabitants had become lax in their ways, had degenerated and had lost their strength. The countries they had conquered and which formed the largest empire we know, were lost. In the centre of Arabia however, the strength of the desert men had been preserved unbroken, men remained untouched by the developments in the world because they were protected against all outside influences by impassable deserts ... Here a core remained of that indomitable strength that had conquered half the world and had forced large parts of the world to accept the islamic religion ...

Georges Washington. Arab Warriors. Öl auf Leinwand (1870). With courtesy Richard Redding & Colin Stodgell. Fine Art Ltd.

Nun, im Alltagsleben eines Beduinen passieren halt nicht sehr viele aufregende Dinge, und ein Leben unter und mit Kamelen und in einer Wüste ist nicht gerade mit Sensationen gespickt. So pflegt er dann auf Ereignisse zurückzugreifen, die sich vor Jahren abspielten und die sich so deutlich in sein Gedächtnis eingravierten wie ein Bild auf die Kupferplatte. Es ist einfach unglaublich, wie

H. Alken. Weichgrundätzung. Archiv Olms

In the daily life of a Bedouin there are not that many exciting things happening, and a life with and among camels and in a desert does not offer many sensations. For this reason the Bedouin will go back to events which occurred years before and are engraved in his mind as clearly as a picture on a copper plate. The memory of a Bedouin and the exactness with which he is able to report incidents of as long as ten years ago, are simply incredible. Not the slightest detail is lost, no name is missing, and he remembers very well that he then drank milk from a wooden bowl adorned with brass studs in a star design. Probably he even knows how many studs there were ... It was no exception that Abu Chdeir shouted the advantages of a Rouallah camel saddle into the desert four hours without having mentioned as much as half of the details important for a Bedouin.

J. H. Mueller (1977)

H. Alken. Weichgrundätzung. Archiv Olms

gut das Erinnerungsvermögen eines Bedu funktioniert und mit welcher Genauigkeit er Ereignisse schildern kann, die zehn Jahre zurückliegen. Da ist nicht die kleinste Kleinigkeit verlorengegangen, kein einziger Name fehlt, und er erinnert sich noch sehr genau, daß er damals Milch aus einer Holzschüssel trank, die mit Messingnägeln im Sternenmuster verziert war. Wahrscheinlich weiß er auch noch, wieviele einzelne Nägel es waren ...

Es war nicht außergewöhnlich, daß Abu Chdeir die Vorzüge eines Ruallakamelsattels vier Stunden lang in die Wüste hinausschrie und dabei noch nicht einmal die Hälfte der für einen Beduinen wichtigen Einzelheiten berührte.

J. H. Mueller (1977)

o. N. In der syrischen Wüste. Stich. Archiv Olms

In my eyes every Saudi is a prince, a nobleman. These people have great presence. They have several thousand princes, that is noblemen, but any Bedouin thinks he is every bit as good as the king himself and that's exactly what he is. He has a lineage reaching back over 30 to 40 generations and he can recite it to you. He knows every name on it 40 generations back. When he goes to Riyad and he speaks to the king he calls him "Abu" meaning "father" not "King". "You are my father", he says. That's the rule. He does not prostrate in front of the king, no, not at all. He thinks, it's purely by chance that this man is king, it might just as easily have been me. When we are dead we will be equal – the two of us.

J. H. Mueller (1977)

The Arabian owes his best qualities to the desert: his deep religiosity expressed by the Islam; the feeling of fellowship uniting him with his brother in faith; his pride of race, his generosity and hospitality, his dignity and respect for the dignity of his fellow-men; his sense of humour, his courage. I shall never forget how often I felt poor compared with these analphabetic herdsmen because they were so much more generous, more courageous, more enduring and more chivalrous than I was. With no other people on earth I have ever experienced such a feeling of minority.

W. Thesiger (1981)

F. S. Lachenwitz. Pferd und Wüstengeier

In meinen Augen ist jeder Saudi ein Fürst, ein Edelmann. Diese Leute haben so ungeheures Format, sie haben mehrere tausend Prinzen, das sind Edelleute, aber jeder Bedu dünkt sich so gut wie ein König, er ist es auch. Er hat einen Stammbaum, der geht 30–40 Generationen zurück, und die kann er Ihnen heruntererzählen, er weiß jeden Namen. Und wenn er nach Riyad geht, dann geht er zum König und sagt, Abu, Vater, nicht König, Du bist mein Vater. Das ist normal. Er fällt vor dem König nicht auf die Knie, durchaus nicht; dieser ist eben zufällig König, der andere hätte es ja auch werden können. Es war eben nicht vorbestimmt. Wenn er tot ist, sind wir beide gleich.

J. H. Mueller (1977)

Seine besten Tugenden verdankt der Araber der Wüste: die tiefe Religiosität, die ihren Ausdruck im Islam gefunden hat; das Zusammengehörigkeitsgefühl, das ihn mit seinem Glaubensbruder verbindet; den Rassestolz, die Großzügigkeit und die Gastlichkeit, die Würde und die Achtung, die er seinem Mitmenschen entgegenbringt; den Humor, den Mut, und ich werde nie vergessen, wie oft ich mich diesen analphabetischen Hirten gegenüber armselig vorgekommen bin, weil sie soviel großzügiger, soviel mutiger, ausdauernder, geduldiger und ritterlicher waren als ich. Bei keinem anderen Volk der Erde habe ich je ein ähnliches Gefühl der Minderwertigkeit verspürt.

W. Thesiger (1981)

A. Schreyer. Cheik Arabe en Voyage. Archiv R. Schmitz

The riders were now very close. They were seven rashids. We formed a line to welcome them. Thirty metres away from us they halted their camels, made them kneel by slapping their necks, dismounted, and walked towards us. Mahsin, whom I recognized by his limp, called "Salam alaikam". And we replied in chorus: "Alaikam-as-Salam". Then they filed past us one by one and greeted everyone with the triple nose-kiss.

Tamtain called: "What news do you bring?" Mahsin replied: "Only good news." Again Tamtaim asked: "Has anyone died? Has anyone gone away?" Immediately the answer came: "No! Do not say such things!" Question and answer were as unchangeable as a litany. No matter what had really happened, they never changed. The new arrivals might have fought against robbers, might have lost half their men and been unable to bury them; their camels might have been stolen; they might have suffered every kind of misfortune, hunger, thirst, or illness; yet they would never have said anything at this first official greeting but "Only good news." Now they returned to their camels, took off their saddles, hobbled their front legs, and let them go. In the meantime we had spread carpets for them.

When this was done, Musallim set a plate filled with dates in front of each man; still standing, he poured out the coffee and gave the cups to Mahsin and the

Alberto Pasini. O. T. (Falkenjagd). Öl auf Leinwand (1866)

Die Reiter waren nun ganz nahe gekommen.

Es waren sieben Raschid. Wir stellten uns in einer Reihe auf, um sie zu empfangen. Dreißig Meter vor uns brachten sie ihre Kamele zum Stehen, ließen sie durch einen Schlag auf den Hals in die Knie gehen, saßen ab und kamen auf uns zu. Mahsin, den ich an seinem Hinkebein erkannte, rief: „Salam Alaikum". Und wir antworteten im Chor: „Alaikum as- Salam." Dann kamen sie im Gänsemarsch an uns vorüber und begrüßten jeden mit dem dreifachen Nasenkuß. Tamtaim rief: „Was habt ihr Neues zu berichten?" Mahsin antwortete: „Nur Gutes." Wieder fragte Tamtaim: „Ist einer gestorben? Ist einer fortgegangen?" Sofort kam die Antwort: „Nein! Sag so etwas nicht!" Frage und Antwort waren so unveränderlich wie die des Wechselgesangs einer Litanei. Ganz gleich, was sich tatsächlich ereignet hatte, sie änderten sich nie. Die Ankömmlinge hätten mit Räubern gekämpft, die Hälfte ihrer Leute verloren und noch immer nicht bestattet haben können, ihre Kamele hätten geraubt, jederlei Unglück, Hunger, Durst oder Krankheit hätte sie getroffen haben können, und doch hätten sie bei dieser ersten offiziellen Begrüßung niemals etwas anderes gesagt als: „Nur Gutes." Nun kehrten sie zu ihren Kamelen zurück, nahmen die Sättel ab, banden die Vorderbeine zusammen und ließen die Tiere laufen. Inzwischen hatten wir Teppiche für sie ausgebreitet. Als dies geschehen war, stellte Musallim vor jeden der Männer eine Schale mit Datteln, schenkte stehend den Kaffee aus

Johann Tobias Bauer. Eine arabische Familie von einem Löwen angegriffen. Kupferstich. Archiv Wimmer

others in the order of their rank. They drank, ate dates, and were given fresh coffee. Now at last we were to learn their news.

W. Thesiger (1981)

We should be like a bedouin. A bedouin does not hurry; he strides slowly, he strides with dignity and with his head held high. He is, as J.H. Mueller appropriately puts it, himself a king. He despises our haste, our unsteady glances that are often directed at the ground.

Picture this: you are sitting in a suburban pub, somewhere in Saudi Arabia. Burning mid-day heat, paralyzing silence. Suddenly a bedouin enters, followed by a veiled woman. He glances briefly around the pub, walks with measured steps and head held high to one of the tables, deliberately takes the water jar, just as deliberately raises it, and drinks with long, quiet draughts, – then he hands the jar to the woman, waits, taking no notice of the stares he is getting from the patrons, unmoving. He leaves the pub in as dignified a manner as he has come, followed by the veiled woman. Water is there for everyone!

W. Georg Olms (1984)

León Cogniet. Rebecca enlevée le Templier. Gestochen von F. Girard. Archiv Wimmer

und reichte Mahsin und den anderen in der Reihenfolge ihres Ansehens den Kaffee. Sie tranken, aßen Datteln und bekamen neuen Kaffee. Nun endlich sollten wir ihre Neuigkeiten erfahren.

W. Thesiger (1981)

Wir sollten sein wie ein Beduine. Ein Beduine hastet nicht, er schreitet, er schreitet würdevoll, erhobenen Hauptes. Er verachtet unsere Hast, unsere unsteten, oft auf den Boden gerichteten Blicke.

Stellen Sie sich vor: Sie sitzen irgendwo in Saudi Arabien in einem Vorstadtlokal. Glühende Mittagshitze, lähmende Stille. Plötzlich kommt ein Beduine herein, gefolgt von einer verschleierten Frau. Er mustert kurz das Lokal, geht gemessenen Schrittes, hoch erhobenen Hauptes auf einen der Tische zu, ergreift bedächtig einen Wasserkrug, hebt ihn ebenso bedächtig und trinkt in langen ruhigen Zügen, – reicht dann den Krug der Frau, wartet, der neugierigen Blicke der Gäste nicht achtend, bewegungslos. Er verläßt das Lokal ebenso würdevoll, wie er gekommen ist, gefolgt von der verschleierten Frau. Das Wasser ist für alle da!

W. Georg Olms (1984)

Pausinger. Ausritt zur Falkenjagd. Stich. Archiv Olms

Pausinger. Jordan-Beduinen. Stich. Archiv Olms

Carle Vernet. Halt of Mamelukes. Aquatinta. Archiv Olms

Identity of Type in old and new Illustrations

The wonderful type of the Arabian horse was not created by us; what we regard as a "typey" Arabian was and is a result of Bedouin breeding. This can be seen anytime by studying the pictures of the famous masters of art, especially of the 19th century.

On the following pages we have shown some reproductions of old engravings and paintings, comparing them to the corresponding modern photographs. Thus it becomes obvious that the most refined stock could be found as late as in the past century at the Royal stables in the Nejd and with the Bedouins of the Arabian peninsula. These paintings and engravings clearly show the same identity of type and presence of those asil Arabian horses, as those bred by some European, American and Egyptian studs of the present day. Also renowned painters, the so-called orientalists, on their voyages to the East, portrayed the Arabian horse as well as new acquisitions from Arabian countries and their progeny in Europe. This must mean that the noble type of the asil Arabian is not due to us, but that we have merely preserved and sometimes intensified that which the knowledgeable Bedouins created in the course of many centuries.

Even so, possibly with the exception of the stock of dreamlike horses of the Royal stud, of which Palgrave and others reported (see page 72), these noble horses were not to be found in great numbers in the Arabian studs. In the 19th century experts on horses, horse lovers representatives of European and Egyptian princes sent in order to procure horses for their royal studs, had come upon the Arabian peninsula more and more frequently. The asil Arabian stock never fully recovered from this looting of the legendary bloodlines which gradually became more and more systematic and at which the Egyptian conquerors particularly excelled (Raswan). So in this way finally the Egyptian potentates by fair means and foul collected the greater part of the most classical asil Arabians. The relevant literature of that time tells of four or five hundred, some of nearly a thousand of the highest bred horses standing at stud at the luxurious Egyptian stables, e.g. at Shubra.

It is a great tragedy that these fantastic treasures could not be preserved and that in the end hardly a dozen asil mares were left to form the root stock of the Royal Agricultural Society's (E.A.O. today) stud at the turn of the century. But the fact that must be admired is that in spite of the miserable start as regards

Identität des edlen Typs in alten und neuen Darstellungen

Das arabische Pferd in seinem herrlichen Typ wurde nicht erst von uns geschaffen, der typvolle Araber war und ist eine Zuchtleistung der Beduinen. Das läßt sich jederzeit ablesen aus den Darstellungen alter Meister, insbesondere des 19. Jahrhunderts. Auf den folgenden Seiten haben wir einige Motive alter Grafik und Gemälde entsprechenden Fotografien unserer heutigen Pferde gegenübergestellt.

Daß die edelste Zucht noch im vergangenen Jahrhundert vor allem in den königlichen Ställen des Nedjd und bei den Beduinen der arabischen Halbinsel anzutreffen war, wird somit augenfällig. Diese Gemälde und Stiche früherer Zeit zeigen deutlich die Identität in Typ und Ausstrahlung mit den edlen asilen Arabern so mancher heutiger Gestüte Europas, Amerikas und Ägyptens. Namhafte Maler, die sogenannten Orientalisten, haben damals auf ihren Reisen auch das arabische Pferd porträtiert oder in Europa die Neuerwerbungen aus arabischen Ländern und ihre Nachzucht im Bilde festgehalten. Der edle Typ des asilen Arabers ist also nicht unser Verdienst, wir haben lediglich bewahrt, zuweilen intensiviert, was kundige Beduinenzüchter in vielen Jahrhunderten geschaffen haben.

In den Zuchten der arabischen Halbinsel waren auch damals die edlen Pferde nicht zahlreich, von dem Bestand der traumhaften Pferde im königlichen Gestüt, von der Palgrave (s. S. 73) u. a. berichtet, vielleicht einmal abgesehen. Hippologen, Pferdenarren sowie die Ankaufsmissionen im Auftrage europäischer und ägyptischer Fürsten hatten im 19. Jahrhundert immer häufiger die arabische Halbinsel heimgesucht. Von der schließlich immer systematischeren Plünderung der sagenumwobenen Blutlinien, besonders durch die ägyptischen Eroberer, hat sich die arabische Halbinsel nicht wieder erholt (Raswan). Schließlich hatten die ägyptischen Potentaten mit erlaubten und unerlaubten Mitteln eine Vielzahl typvollster Asil Araber in ihren Besitz gebracht. Man findet Berichte, denen zufolge gar an die 1000 der edelsten Pferde in den ägyptischen Luxus-Ställen z. B. in Schubra gelebt haben sollen. Um so tragischer ist es, daß diese märchenhaften Schätze nur in wenigen Exemplaren bewahrt werden konnten, daß, abgesehen von den geringen Beständen einiger Privatgestüte, kaum mehr als ein Dutzend asiler Stuten um die Jahrhundertwende den Grundstock für das Gestüt der Royal Agricultural Society (heute E.A.O) bilden konnten. Um so mehr muß man bewundern, daß trotz der zahlenmäßig so kläglichen Ausgangsbasis, aber dank kluger Hinzuführung weiterer asiler Hengste aus dem Originalzuchtgebiet sowie von Pferden aus der

o. N. o. T. Lithographie. Archiv Olms

numbers but thanks to a clever introduction of further asil stallions from the original breeding regions it was possible to found a new quality stud of such extremely high standard. Such heredity, such prepotency!
Personages of the Arabian Equestrian Clubs, princes and Bedouin sheikhs are now fully aware of the fate of the Arabian horse and they realize their high responsibilities to asil breeding. Asil blood, performance and the highest refinement are again regarded as the most important assets and are without doubt the most valuable goal to be reached.

W. Georg Olms

Menha (Mohawed – Nagwa). Foto: H. Reinhard

Blunt-Zucht und dem Inshass-Gestüt erneut eine solche hohe Qualität erreicht werden konnte. Welch eine Vererbung, welch eine Durchschlagskraft!

Die Leiter der arabischen Equestrian Clubs, die Prinzen und Beduinenscheichs wissen um die Geschicke des arabischen Pferdes, sie sind sich der hohen Verpflichtung zur Asilzucht wohl bewußt. Asiles Blut, Leistung und die Strahlkraft von höchstem Adel gelten auch heute wieder bei führenden Persönlichkeiten arabischer Länder als kostbares Gut, als eine große Tradition, die es erneut zu pflegen gilt.

W. Georg Olms

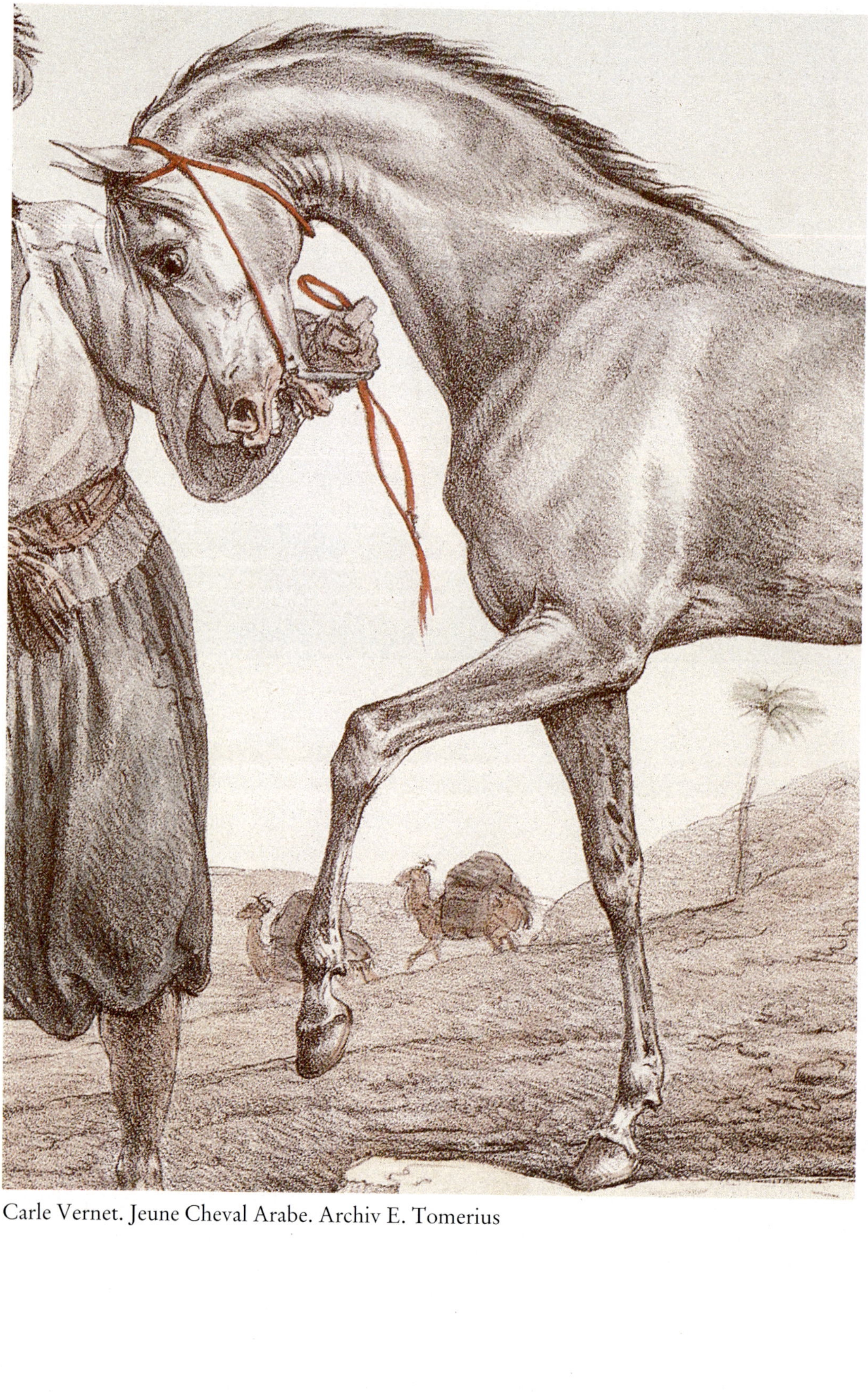

Carle Vernet. Jeune Cheval Arabe. Archiv E. Tomerius

Fol Gamil (Hamdan – Folla). Foto: E. Schiele

Albrecht Adam. König Wilhelm v. Württemberg. S. D. Joachim Fürst zu Fürstenberg

Farag (Morafic – Bint Kateefa). Foto: B. Braun

Hasfoura. Silberschimmel. Archiv Olms

Mofeedah (Hadban Enzahi – Malikah) Foto: B. Rohde

Albrecht Adam. Bairactar. S. K. H. Herzog Carl von Württemberg

Farag (Morafic – Bint Kateefa). Foto: E. Schiele

Victor Adam. Mogador. Archiv E. Tomerius

Kaisoon (Nazeer – Bint Kateefa). Foto: W. G. Olms

Franz Adam. Banka. Lithographie. Germanisches Nationalmuseum Nürnberg

Salha (Sameh – Saklawia II). Foto: H. Reinhard

Bairactar. Archiv K. Thieme

Morafic (Nazeer – Mabrouka). Foto: E. Schiele

J. A. Gros. Bonaporte haranguant l'armée avant la bataille des Pyramides. Musée National du Château de Versailles

Outstanding Breeds Owing to the Best of Sires: the Asil Arabian

Most breeds of horses, especially those producing outstanding international performers, carry some percentage of Arabian blood. Our jumping, dressage, racing, event and driving horses, even a utility horse like the Haflinger, can all be traced more or less to the Arabian.

Not only did they inherit stamina, character, intelligence and beauty from the Arabian, but some breeds even owe their very existence to him. His manifold talents were shown to advantage in other newly created breeds. He clearly proves his talent of speed in the thoroughbred; of dressage, jumping and eventing in the Trakehner, Hannoverian, Anglo-Arabian and many other breeds; of Haute Ecole in the Lipizzaner; of courage and agility, for instance when working cattle or even bull-fighting, in the Andalusian or the American quarter horse and of trotting in the Orlov trotter. On the following pages, experts of international reputation have commented on this subject.

European kings and knowledgeable owners and breeders in Europe have always understood the great value of this breed from the East and have personally witnessed the important improvement of type in the originally ungainly native stock. Still today the mating of a well bred Arabian stallion with a mare of another breed will almost always result in a considerable improvement of type, even as early as in the first generation. Other attributes to be gained by such a mating are toughness, frugality, improved intelligence and fertility.

But the real success in performance is more often reached in the second or third generation. This is one of the reasons why responsible breeders of warm-blooded horses think in generations. Consequently the pure blood of the Asil Arabian must be conserved in order to keep it available for the regeneration of other breeds. In all animal breeding there is the most outstanding fact that the crossing of a pure bred animal with other breeds will produce, in the progeny, the highest possible prepotency.

The question is often asked to which other uses an Arabian horse can be put. Anyone who has ever ridden one knows the answer immediately. He is the most pleasant event horse and almost invincible when tackling long distances.

W. Georg Olms

Die herausragenden Pferderassen dank des besten Vererbers: des Asil Arabers

Fast alle Pferderassen, insbesondere die im internationalen Pferdesport herausragenden Leistungsträger, sie alle haben arabische Blutanteile. Unsere Spring-, Dressur-, Renn-, Military- und Kutschpferde, ja selbst Arbeitspferde wie die Haflinger, gehen mehr oder weniger auf Araber zurück.

Der Araber hat im Laufe der Jahrhunderte den Edel- und Warmblutrassen, sogar manchen Kaltblütern nicht nur mehr Ausdauer, Charakter, Intelligenz und Schönheit vermittelt, er hat viele Zuchten überhaupt erst ermöglicht. Seine vielfältigen Talente hat er innerhalb vieler Rasseschöpfungen überzeugend zur Geltung gebracht. Die Veranlagung zur Schnelligkeit beweist er schlagend im Englischen Vollblut, sein Dressur- und Springtalent, seine Militaryeignung in den Trakehnern, Hannoveranern, Anglo-Arabern und vielen anderen Rassen, seine Eignung für die Hohe Schule im Lipizzaner, Mut und Wendigkeit (z.B. bei der Arbeit mit dem Rind oder gar bei den Stierkämpfen) im Andalusier oder im amerikanischen Quarterhorse, seine Trabaktion im Orlow-Traber. Auf den folgenden Seiten haben sich international bekannte Hippologen zu diesem Thema geäußert.

Europäische Fürsten und Hippologen von Rang wußten um die kostbare Gabe aus dem Orient. Sie selbst konnten die Verbesserung der damals unansehnlichen Landpferde miterleben (Wenzler). Noch heute kann bei der Anpaarung eines gut durchgezüchteten Araberhengstes mit der Stute einer anderen Rasse bereits in der F 1-Generation fast immer eine wesentliche Typverbesserung erzielt werden. Zähigkeit, Genügsamkeit, mehr Intelligenz und höhere Fruchtbarkeit sind weitere Merkmale.

Die ganz großen Leistungserfolge stellen sich oft in der zweiten oder dritten Generation ein. Auch das ist einer der Gründe, warum verantwortliche Pferdezüchter in Generationen denken.

Der asile Araber muß folglich in seiner reinen Blutführung bewahrt werden, um jederzeit als Regenerator für andere Rassen verfügbar zu sein. Wie in der gesamten Tierzucht ablesbar: das reingezüchtete Tier beweist bei der Einkreuzung in andere Rassen die größtmögliche Durchschlagskraft in der Vererbung.

W. Georg Olms (1985)

The English Thoroughbred

A high percentage of the mares and probably all the stallions which founded the English breed of thoroughbred horses came from the East. Most of them were Arabians, Turks or Barbs. The origin of some of the foundation mares remains in the dark. Most of them came from the East, the so-called Royal Mares were of oriental ancestry. Some mares were of unknown British origin – presumably celtic ponies, especially Galloways.

After a relatively short period of time only the direct progeny of three foundation sires – Byerley Turk, Darley Arabian and Godolphin Arabian – were able to hold their own. A sure source of the origin of thoroughbred horses is the first volume of the General Stud Book published in England in 1793.
According to this source about 100 mares and their daughters have been bred to about 100 oriental stallions and their sons whereby continued in-breeding was the custom. The English thoroughbred owes his genetic health, his performance, hardiness, stamina and beauty to his oriental ancestors, especially to the Arabian and to the impartial performance tests, the races, which were inseparable part of the breeding selection. The foundation of the English thoroughbred breed based on the Arabian horse is regarded a highlight of successful breeding work.

Dr. W. Uppenborn, Prussian Landstallmeister (ret.)

Orofino, Derby-Winner. Gestüt Zoppenbroich. Foto: H. Menzendorf

Englisches Vollblut

Ein hoher Prozentsatz der Stuten und wahrscheinlich alle Hengste, die die englische Vollblutzucht begründeten, waren Orientalen, vor allem Araber, Türken und Berber. Der Ursprung einiger Stammütter dieser Zucht konnte nicht mehr nachgewiesen werden. Die meisten Stammütter waren Orientalen bzw. die sogenannten Royal Mares, die sich auch wieder aus Orientalen zusammensetzten, sowie auch einige Stuten unbekannter englischer Herkunft – vermutlich zum Teil keltische Ponies, insbesondere Galloways.
Als Hengstlinien konnten sich nach verhältnismäßig kurzer Zeit nur direkte Nachkommen der drei Stammväter „Byerley Turk“, „Darley Arabian“ und „Godolphin Arabian“ behaupten. Eine sichere Quelle für den Ursprung des Vollblutpferdes bietet der im Jahre 1793 in England herausgegebene 1. Band des General Stud Book. Danach sind in den Jahren 1650 – 1750 etwa 100 Stuten und deren weibliche Nachzucht mit ca. 100 orientalischen Hengsten und ihren männlichen Nachkommen gepaart worden, wobei fortgesetzte Inzucht üblich war. Seine Erbgesundheit, seine Leistung, Härte und Ausdauer und seine Schönheit verdankt das englische Vollblutpferd seinen orientalischen Ahnen, vor allem dem Araber und den mit seiner Zuchtwahl untrennbar verbundenen objektiven Leistungsprüfungen – den Rennen.
Diese auf der Basis des Arabers begründete Züchtung des englischen Vollblutpferdes gilt als ein Höhepunkt erfolgreicher tierzüchterischer Arbeit.

Dr. W. Uppenborn, Preuß. Landstallmeister a. D.

Victor Adam. General L'Hotte, Saumur 1866, auf Laruns (Angloaraber)

The Anglo-Arabian

Following the brilliant development of the English breed of thoroughbreds in the 19th century, regular matings could successfully be undertaken between this breed and the Arabian horse. The aim was to combine the characteristics of both breeds which basically had the same origin: the conformation, bone, substance and speed of the thoroughbred with the hardiness, mental and physical balance and the intelligence of the Arabian horse.
In the middle of the 19th century France created a new breed at Pompadour; the majority of its representatives were the result of crossings between Anglo-Arabians, whereas real thoroughbreds were only used from time to time for the regeneration of the blood.
In the 19th and 20th century this breed was systematically tested on the race course (on the flat and over hurdles), and in the sporting field (jumping- dressage – eventing) and were selected accordingly. Before and after the last war Anglo-Arabian horses won numerous Olympic medals as members of the French team.
Today the Anglo-Arabian represents a highly-strung competition horse, that is a relatively light, medium-sized, elegant, intelligent horse which co-operates willingly and is suited for many riding disciplines but it usually does require a rider with good hands. From time to time breeding has to return to the Arabian sire who not only transmits the main attributes of the breed but also the characteristics of the useful competition horse.

Pierre Pechdo
Directeur du Haras de Pompadour

Lt. Col. de Beauregard, Saumur, auf einem Angloaraber. Foto: R. Hebel

Angloaraber

Nach der großartigen Entwicklung der englischen Vollblutzucht im 19. Jahrhundert konnten äußerst erfolgreich systematische Kreuzungen mit dem Araberpferd vorgenommen werden. Das Ziel war, die Eigenschaften beider Rassen aus gleichem Ursprung zu vereinen: Figur, Rahmen, Schnelligkeit des Vollblüters, – Gleichgewicht, Härte, Ausgeglichenheit und das Denkleistungsvermögen des Arabers.

Frankreich schuf Mitte des 19. Jahrhunderts in Pompadour eine neue Rasse, von der die meisten Vertreter als Kreuzungen von Angloarabern unter sich entstanden, während Vollblüter und Araber nur von Zeit zu Zeit zur Blutauffrischung dienten.

Diese Rasse wurde im 19. und 20. Jahrhundert systematisch auf der Rennbahn (Flach – wie Hürdenrennen) ebenso wie in sportlichen Prüfungen (Springen – Dressur – Military) selektiert. Die Angloaraber errangen in den französischen Equipen vor und nach dem letzten Krieg zahlreiche olympische Medaillen.

Gegenwärtig stellt der Angloaraber ein hoch im Blut stehendes Sportpferd dar, somit relativ leicht, mittelgroß, elegant, intelligent, eifrig bei der Arbeit, für viele Sportdisziplinen geeignet; im allgemeinen bedarf er eines Reiters mit guter Hand. Von Zeit zu Zeit muß man auf den arabischen Vererber zurückgreifen, der nicht nur die hauptsächlichen Rassequalitäten vermitteln soll, sondern auch die Eigenschaften des guten Sportpferdes.

Pierre Pechdo
Directeur du Haras de Pompadour

Albrecht Adam. The great Siglawi. Deutsches National Museum, Nürnberg

The Lipizzaner

Very few of the existing stud-bred breeds of horses have been so deeply influenced in their history of orgin by the percentage of Barb or especially Arabian blood, as the Lippizzaner. Even the early ancestors, those "Spanish Stallions" which have given their name to the Spanish Riding School and the brood mares which belonged to a native of the Carso breed and were already appreciated by the Romans because of their frugality, hardiness and endurance, transmitted percentages of this blood. Consequently more stallions were bought, either directly from Spain or out of Italian, Danish or German successive breeds. After diverse crossing experiments with Arabian stallions in the 18th century, a sixth strain was finally established by the Arabian stallion SIGLAVY born in 1810. The Arabian blood which he carried with him is visible in the Lipizzaner until today.

After the First World War the Lipizzaner herd of brood mares, formerly belonging to the military stud of Piber, was assigned to Austria. The conditions for the raising of youngstock are similar there, to those of Lipizza in Yugoslavia, so it was possible for breeding to be successfully continued there. Thanks to the thorough selection of brood mares and the equally severe testing of the future sires at the Spanish Riding School, we were able to preserve the outstanding characteristics of the Lipizzaner - his gentle disposition, his willingness to learn, his high intelligence quotient and above all those physical talents which make him especially suited for the "Haute Ecole".

Brigadier Kurt Albrecht
Spanish Riding School, Vienna

Siglavy Modena executing the piaffe. Spanish Riding School. Foto: E. Lessing

Lipizzaner

Wie kaum eine andere der heute existierenden Kulturpferderassen wurde der Lipizzaner vom Blutanteil des Berbers und besonders des Arabers in seiner Entstehungsgeschichte beeinflußt. Schon die Urahnen, also jene „Spanischen Hengste", denen die Spanische Reitschule ihren Namen verdankt, ebenso wie die im Karst beheimateten, einer bereits von den Römern wegen ihrer Genügsamkeit, Härte und Ausdauer sehr geschätzten Rasse angehörenden Mutterstuten, vererbten Anteile dieses Blutes. In weiterer Folge wurden dann immer wieder Hengste entweder direkt aus Spanien oder aus italienischen, dänischen oder deutschen Nachfolgezuchten angekauft. Nach verschiedenen Einkreuzungsversuchen mit Arabern im 18. Jahrhundert wurde schließlich mit dem 1810 geborenen Araberhengst *SIGLAVY* ein sechster Hengststamm gegründet. Das mit ihm eingebrachte arabische Blut ist bis heute beim Lipizzaner erkennbar. Nach dem ersten Weltkrieg wurde Österreich die Lipizzaner-Stutenherde des ehemaligen Militärgestüts Piber zugesprochen. Hier fanden sich ähnliche Aufzuchtverhältnisse wie in dem in Jugoslawien liegenden Lipizza, so daß mit Erfolg weitergezüchtet werden konnte. Dank der peinlich genau beachteten Selektion der Mutterstuten und der mit ebensolcher Strenge gehandhabten Prüfung der Vatertiere in der „Spanischen Reitschule" konnten bis heute die hervorragenden Eigenschaften des Lipizzaners, wie seine guten Charaktereigenschaften, seine Lernwilligkeit, sein hoher Intelligenzgrad und vor allem alle jene physischen Anlagen, die ihn für die „Hohe Schule" besonders geeignet machen, erhalten bleiben.

Brigadier Kurt Albrecht
Spanische Reitschule, Wien

E. Volckers. Zarif, purchased by Fürst Pückler from the Roala bedouins. Archiv Olms

The Trakehner

At the Olympic Games in 1984 the Trakehner stallion Abdullah (Donauwind/Abiza) won a gold and a silver medal jumping for the USA and won the World Cup at Berlin, 1985. This fine grey stallion whose overall appearence very clearly tells of his Arabian blood, was in-bred to the pure-bred Arabian stallion Fetysz, who, as a senior stallion at Trakehnen stud, had great impact on the breed. So also did Adamas, Ibn Nedjary and Lowales. Donauwind traces in tail female to Donna born at Trakehnen in 1938, by the Anglo-Arabian Cancara out of the Marbach pure-bred Arabian mare Dongola by Jasir. In the 30's the Trakehnen stud had purchased some pure-bred Arabian mares for the refinement of the breed. Thus Abdullah's pedigree is a classical example of the influence of Arabian blood and its effects on the breeding of Trakehner competion horses which sprang from the main stud of Trakehnen. From its beginning in 1732 the breed of Trakehner horses were strongly influenced by Arabian and thoroughbred blood.

Of special importance among the oriental sires were Nedjed, Bagdadly and Turcmainatti. Arabian blood was then introduced not only with a view to strengthening the extraordinary beauty of the Arabian horse but also to emphasize the inner values of frugality, adaptability, stamina and hardiness, health and a pleasent disposition. Even today many breeders of Trakehner horses are eager to introduce some Arabian blood from time to time.

Dr. Otto Saenger

Abdullah, winner of Olympic gold and silver, World Cup '85. Foto: T. Zimmermann

Trakehner

Bei den Olympischen Spielen 1984 wurde eine Gold- und eine Silbermedaille im Springreiten von den USA mit dem Trakehnerhengst Abdullah (Donauwind / Abiza) errungen und 1985 gelang mit Abdullah auch noch der Sieg im Nations Cup. Dieser edle Schimmelhengst, dessen Gesamterscheinung sehr stark durch arabisches Blut bestimmt ist, wurde auf den Vollblutaraberhengst *Fetysz* ingezüchtet, der als Hauptbeschäler die Zucht in Trakehnen maßgebend beeinflußt hat, ebenso wie *Adamas, Ibn Nedjary* und *Lowales. Donauwind* geht im Mutterstamm zurück auf die 1938 in Trakehnen geborene *Donna,* vom Anglo-Araber *Cancara* und der Marbacher Vollblutaraberstute *Dongola* v. *Jasir.* In den 30er Jahren hatte Trakehnen Vollblutaraberstuten zur Veredlung der Zucht angekauft. So ist die Abstammungstafel von *Abdullah* ein klassisches Beispiel für den Einfluß arabischen Blutes, der sich – vom Hauptgestüt in Ostpreußen ausgehend – auf die Trakehner Sportpferdezucht ausgewirkt hat. Die Trakehnerzucht ist vom Beginn an (1732) sehr stark durch englisches Vollblut und arabisches Blut geprägt worden. Unter den Arabern und Orientalen hatten vor allem *Nedjed, Bagdadly* und *Turcmainatti* eine nachhaltige Bedeutung.

Bei Zuführung des arabischen Blutes hatte man neben seiner außergewöhnlichen Schönheit die inneren Eigenschaften des Arabers im Auge, so Genügsamkeit und Anpassungsfähigkeit, Ausdauer und Härte, Gesundheit und das hervorragende Temperament. Auch heute sind viele Züchter des Trakehners bemüht, der Rasse immer wieder wertvolles arabisches Blut zuzuführen.

Dr. Otto Saenger

E. Volckers. Amourath. Significant ancestor of Amourath 1881. Archiv Olms

The Hannoverian

A culmination point in the breeding of the Royal Wurttemberg Stud of Weil was the stallion Amurath 1881 (Tajar/Koheil III). The successes achieved in breeding by this stallion have hardly ever been matched. Via the Radautz stud the asil Arabian Amurath formed the Austrian pure-bred Arabian and warm-blooded breeds. The most important son of Amurath 1881 was Amurath I out of a Gidran mare, who was to have considerable impact on the Hannoverian breed. The majority of his progeny have inherited the gentle disposition typical of the Arabian. His inheritance has been spread through some of his sons, especially through his grandson Amateur I by Amulett. The important producers of Hannoverian jumping horses Agram and Gotthard both trace to a mare by Amateur I. It would be beyond the scope of this essay to list all the important and very successful jumping horses which trace to these two grey stallions. Also Amurath II by Amurath 1881 out of a Shagya mare, bred in the Bucovina, gained great importance through his son Amos, who left a numerous progeny including the well-tried Aumund, to the Hannoverian stud. And for three years the stallion Jason, son of the asil Jasir stood at stud at Altenbruch.

This shows that a certain percentage af Arabian blood has been essential for the high standard of performance of the Hannoverian riding horse.

Dr. Otto Saenger/Alwin Schockemöhle

World Champion G. Wiltfang on Galipolis, a Gotthard-descendant. Foto: W. Ernst

Hannoveraner

Mit dem Hengst *Amurath 1881 (Tajar / Koheil III)* wurde in der Zucht des Königlich-Württembergischen Arabergestüts Weil ein Gipfelpunkt erreicht. Die Zuchterfolge dieses Hengstes haben seither kaum ihresgleichen gefunden. Der asil gezogene *Amurath* formte die Arabervollblut- und Warmblutzuchten Österreichs und Ungarns über das Gestüt Radautz. Der bedeutendste Sohn von *Amurath 1881,* der die Hannoversche Zucht maßgebend beeinflussen sollte, war *Amurath I* aus einer Gidran-Stute. Seine Nachkommen verfügten durchweg über das dem Araber eigene gutartige Temperament. Über einige Söhne, vor allem aber den Enkel *Amateur I.* v. *Amulett,* ist sein Erbe verbreitet worden. Die bedeutenden Springpferdevererber in der Hannoverschen Zucht *Agram* und *Gotthard* stammen beide aus einer Stute von *Amateur I.* Es würde den Rahmen dieser Darstellung sprengen, die Vielzahl der bedeutenden und sehr erfolgreichen Springpferde aufzuzählen, die von diesen beiden Schimmelhengsten abstammen.

Daneben hat der in der Bukowina gezogene *Amurath II* von *Amurath 1881* und einer Shaggya-Stute dadurch züchterische Bedeutung erlangt, daß vor allem sein Sohn *Amos* dem hannoverschen Zuchtgebiet zahlreiche Nachkommen hinterlassen hat, darunter den bewährten *Aumund.* Drei Jahre lang wurde auf der Deckstelle Altenbruch der Weiler *Jason,* Sohn des asilen *Jasir,* eingesetzt. Für die hohe Leistungsfähigkeit des Hannoverschen Reitpferdes ist also ein arabischer Blutanteil von großer Bedeutung.

Dr. Otto Saenger / Alwin Schockemöhle

ZWEITER TEIL
STUTBUCH AUSGEWÄHLTER ASIL ARABER

Stammtafeln mit Fotos von Pferden
im Besitz von Mitgliedern des Asil Clubs

PART TWO
STUD BOOK OF SELECTED ASIL ARABIANS

Pedigrees with photographs of horses owned
by members of the Asil Club

Die Daten im Stutbuch beruhen auf den Angaben der einzelnen Züchter. Obwohl alle erdenkliche Sorgfalt bei der Erstellung der Druckvorlage aufgewendet worden ist, kann der Asil Club keine Gewähr für Fehlerfreiheit übernehmen (s. Corrigenda, S. 673).

The information contained in the Studbook section was supplied by the individual breeders. Although all possible care was taken in the preparation of this book, the Asil Club regrets that he cannot assume responsibility for any errors (see Corrigenda, page 673).

Serr Maariner

سر مارينر

SERR MAARINER (Ibn Fa Serr/ Maarena) Z./ *Breeder:* Babson, B./ *Owner:* Princeton Arabians, USA

Three times National Champion through 4th Level Dressage. Twice National Reserve Champion. Four times United States Dressage Federation of the Year. The first Arabian to win U.S.D.F. Horse of the year at the F.E.I. (International) Levels among all breds. Six times Eastern States Dressage Champion through the F.E.I. Level.

Dreimal nationaler Champion in der Dressur bis Klasse S. Zweimal nationaler Reservechampion. Viermal Pferd des Jahres der U.S.-Dressur-Vereinigung. Erster Araber, der Pferd des Jahres der U.S.D.F. wurde, auf internationaler Ebene von allen Rassen. Sechsmal Dressur-Champion der Oststaaten bis zur F.E.I.-Stufe.

Khalif El Assuad

خليف الأسود

Foto: A. Fontana

			Tuhotmos
		Kasr El Nil OA	
			Bint El Nil
	Khaled El Assuad		
			Sabeel
		Kaythara OA	
			Rakia
KHALIF EL ASSUAD			
			AN Monte Carlo
		Ser-Rom	
			AL Nahr Serroya
	DR Wafin Tifla		
			Ibn Zaghloul
		Jamala Tifla	
			Bint Shar Gemla

08/21448/92
H. R./*St. Black*
* 28. 4. 92
Fam.: DS △

Z./*Breeder:* Ebony Arabians, Bad Wurzach

AL ASHAM ARABIANS
Astrid Fontana
Kemittalstr. 38
CH-8320 Fehraltorf
Schweiz

Almoraima Alazan المريمة ألزان

Foto: N. Ruiz

ALMORAIMA ALAZAN	Serr Rou	Ibn Fa-Serr	Fa-Serr
			Fa Deene
		Bahrou	Fabah
			Aaroufa
	Fa Mahrouf	Mahrouf	Fabah
			Aaroufa
		Bint Bahretta	Serr Rou
			Bahretta

AHR-435210
H. F./*St. Chestnut*
* 1989
Fam.: DS △

Z./*Breeder:* Almoraima Farm, Goshen, NY, USA

ALMORAIMA FARM
Sefi & Nelson Ruiz
P. O. Box 467
Goshen, New York 10924
USA

Amir AlBadeia

أمير البادية

Foto: van Lent jr.

AMIR ALBADEIA OA	Kayed	Morafic OA	Nazeer
			Mabrouka
		Kaydahom	Azmy
			Om El Saad
	Malekat El Gamal	Waseem	Nazeer
			Malaka
		Nagdia	Nazeer
			Zahia

EAO IV p.129 № 54
H. Sch./*St. Grey*
* 20. 2. 74
Fam.: HE △

Z./*Breeder:* Al Badeia Stables, Cairo

AL RAYYAN STUD FARM
Sheikh Abdulaziz Bin Khalid Al-Thani
P.O. Box 375
Doha
Qatar

Ibn Nazeema

ابن نظيمة

Foto: van Lent jr.

IBN NAZEEMA OA	Ameer	Galal	Nazeer
			Farasha
		Moniet El Nefous	Shahloul
			Wanisa
	Nazeema	Alaa El Din	Nazeer
			Kateefa
		Bint Kamla	El Sareei
			Kamla

VZAP – AV – 2603
H. F./*St. Chestnut*
* 12. 6. 83
Fam.: HE △

Z./*Breeder:* El Zahraa Stud, Cairo

AL RAYYAN STUD FARM
Sheikh Abdulaziz Bin Khalid Al-Thani
P.O. Box 375
Doha
Qatar

Safir

سافِر

Foto: van Lent jr.

		Ansata Halim Shah	Ansata Ibn Halima OA
	Salaa el Dine		Ansata Rosetta
		Hanan OA	Alaa El Din
SAFIR			Mona
		Ansata Halim Shah	Ansata Ibn Halim OA
	Aisha		Ansata Rosetta
		Ghazalla	Ghazal OA
			Hanan OA

08/20378/91
H. Sch./*St. Grey*
* 14. 4. 91
Fam.: OS △

Z./*Breeder:* Dr. Hans-J. Nagel, Großenkneten

AL RAYYAN STUD FARM
Sheikh Abdulaziz Bin Khalid Al-Thani
P.O. Box 375
Doha
Qatar

Ziyaad El Tareef زياد الطريف

Foto: van Lent jr.

		Imperial Imdal	Ansata Imperial
			Dalia
	Hadaya el Tareef		
		Hadaya Nile Merytate	Ansata Halim Bey
			Hadaya Nile Nefertiti
ZIYAAD EL TAREEF			
		Ansata Shah Zaman	Morafic OA
			Ansata Bint Mabrouka OA
	Hadaya Meketater		
		Hadaya Nile Nefertiti	Ramses Fayek OA
			Ansata Nile Jewel

H. Sch./*St. Grey*
* 11. 7. 90
Fam.: DS △

Z./*Breeder:* Chapel Arabians, Newnan, GA, USA

AL RAYYAN STUD FARM
Sheikh Abdulaziz Bin Khalid Al-Thani
P.O. Box 375
Doha
Qatar

Aisha

عائشة

Foto: van Lent jr.

AISHA	Halim Shah	Ansata Ibn Halima OA	Nazeer
			Halima
		Ansata Rosetta	Ansata Shah Zaman
			Ansata Bint Bukra OA
	Ghazalla	Ghazal OA	Nazeer
			Bukra
		Hanan OA	Alaa El Din
			Mona

VZAP – AV – 3484
St. Sch./*M. Grey*
* 9. 5. 85
Fam.: OS △

Z./*Breeder:* Dr. Hans-J. Nagel, Großenkneten

AL RAYYAN STUD FARM
Sheikh Abdulaziz Bin Khalid Al-Thani
P.O. Box 375
Doha
Qatar

Amar

أمر

Foto: van Lent jr.

AMAR	Ansata Halim Shah	Ansata Ibn Halima OA	Nazeer
			Halima
		Ansata Rosetta	Ansata Shah Zaman
			Ansata Bint Bukra OA
	Ameera	Madkour	Hadban Enzahi OA
			Moheba II
		Hanan OA	Alaa El Din
			Mona

08/20106/86
St. Sch./*M. Grey*
* 21. 2. 86
Fam.: OS △

Z./*Breeder:* Dr. Hans-J. Nagel, Großenkneten

AL RAYYAN STUD FARM
Sheikh Abdulaziz Bin Khalid Al-Thani
P.O. Box 375
Doha
Qatar

Bint Sabah

بنت صباح

Foto: van Lent jr.

BINT SABAH	Ibn Nazeema OA	Ameer	Galal
			Moniet El Nefous
		Nazeema	Alaa El Din
			Bint Kamla
	Sabah	Ibn Galal OA	Galal
			Mohga
		Maheeba OA	Alaa El Din
			Mouna

08/20871/87
St. F./*M. Chestnut*
* 27. 4. 87
Fam.: SGIS △

Z./*Breeder:* Dr. Hans-J. Nagel, Großenkneten

AL RAYYAN STUD FARM
Sheikh Abdulaziz Bin Khalid Al-Thani
P.O. Box 375
Doha
Qatar

Ansata Majesta

أنساتا ماجستا

Foto: van Lent jr.

		Ansata Ibn Halima OA	Nazeer
			Halima
	Ansata Halim Shah	Ansata Rosetta	Ansata Shah Zaman
			Ansata Bint Bukra OA
ANSATA MAJESTA		Jamil	Madkour I
			Hanan OA
	Ansata Malika	Masouda	Madkour OA
			Maymoonah

AHR – 0430171
St. Sch./*M. Grey*
* 9. 3. 83
Fam.: DS △

Z./*Breeder:* Ansata Arabian Stud, Mena, AR, USA

AL RAYYAN STUD FARM
Sheikh Abdulaziz Bin Khalid Al-Thani
P.O. Box 375
Doha
Qatar

Imperial Jaliisah

إمبريال جليسة

Foto: van Lent jr.

IMPERIAL JALIISAH	Royal Jalliel	Ansata Imperial	Ansata Ibn Sudan
			Ansata Delilah
		Pharrah	Farag OA
			Tamria OA
	Glorieta Maarqesa	Ansata Abu Nazeer	Ansata Ibn Halima OA
			Ansata Ibn Zaafarana
		Monaroufa	Roufas
			Al Nahr Mona Lisa

AHR – 0481660
St. Sch./*M. Grey*
* 26. 1. 92
Fam.: DS △

Z./*Breeder:* Imperial Egyptian Stud, USA

AL RAYYAN STUD FARM
Sheikh Abdulaziz Bin Khalid Al-Thani
P.O. Box 375
Doha
Qatar

Ansata Splendora

أنساتا سبلندورا

Foto: van Lent jr.

ANSATA SPLENDORA	Jamil	Madkour I	Hadban Enzahi OA
			Moheba II
		Hanan OA	Alaa El Din
			Mona
	Ansata Sabrina	Ansata Ibn Sudan	Ansata Ibn Halima OA
			Ansata Bint Mabrouka OA
		Ansata Sabiha	Ansata Ibn Halima OA
			Sabrah

AHR – 0355890
ST. F./*M. Chestnut*
* 17. 2. 86
Fam.: DS △

Z./*Breeder:* Ansata Arabian Stud, Mena, AR, USA

AL RAYYAN STUD FARM
Sheikh Abdulaziz Bin Khalid Al-Thani
P.O. Box 375
Doha
Qatar

Metric

مِترك

Foto: E. Escher

METRIC OA	Mourtadi	Seef	Mashhour
			Elwya
		Jehan	Anter
			Fatin
	Farfoura	Morafic	Nazeer
			Mabrouka
		Bint Mouna	Nazeer
			Mouna

VZAP – AV – 3634
H. Sch./*St. Grey*
* 13. 10. 80
Fam.: SGIS △

Z./*Breeder:* El Zahraa Stud, Cairo

AL ROBAN VOLLBLUTARABER
Robert u. Angelika Kaufmann
Langau 1
D-83670 Bad Heilbrunn

Samira Morganat Al Badeia

مرجانة
البادية

Foto: E. Escher

SAMIRA MORGANAT AL BADEIA OA	Amir Al Badeia	Kayed	Morafic
			Kaydahom
		Malekat El Gamal	Waseem
			Nagdia
	Om Habeeba	Kayed	Morafic
			Kaydahom
		Anzar	El Sareei
			Hanaa

VZAP – AV – 2974
St. Sch./*M. Grey*
* 6. 6. 84
Fam.: S △

Z./*Breeder:* Al Badeia Stables, Cairo

AL ROBAN VOLLBLUTARABER
Robert u. Angelika Kaufmann
Langau 1
D-83670 Bad Heilbrunn

Hamasa Mutadil

حماسة معتدل

Foto: E. Liebl

HAMASA MUTADIL	Malik	Hadban Enzahi OA	Nazeer
			Kamla
		Malikah	Ghazal OA
			Malacha OA
	Hamasa Farida	Farag OA	Morafic
			Bint Kateefa
		Shar Duda	Negem
			Shar Hiba

08/20913/86
H. Sch./*St. Grey*
* 8. 5. 86
Fam.: SG ⚔

Z./*Breeder:* Olms Araber Hamasa Gestüt, Treis, Lda.

AL SAFI STUD
Edelgard Liebl
P. O. BOX 45959
Abu Dhabi,
Vereinigte Arabische Emirate

3rd place in the DRAV-race at Verden/Aller, 1989.
Winner in the DRAV-race at Moers, 1989.
Winner in the DRAV-race at Verden/Aller, 1990.
Winner in the DRAV-race at Bad Harzburg, 1990.
Winner in the DRAV-race at Schwanewede, 1990.
Winner in the DRAV-race at Rastede, 1991.

Hamasa Mutadil

حماسة معتدل

3. Platz beim DRAV-Rennen in Verden/Aller, 1989.
Sieger beim DRAV-Rennen in Moers, 1989.
Sieger beim DRAV-Rennen in Verden/Aller, 1990.
Sieger beim DRAV-Rennen in Bad Harzburg, 1990.
Sieger beim DRAV-Rennen in Schwanewede, 1990.
Sieger beim DRAV-Rennen in Rastede,1991.

Foto: E. Liebl

El Thay Misk

إلثاي مِسك

Gemälde: G. Tobinski

El Thay Misk

إلثاي مِسك

Foto: C. Kugler

EL THAY MISK	Ibn Nazeema OA	Ameer	Galal
			Moniet El Nefous
		Nazeema	Alaa El Din
			Bint Kamla
	El Thay Mansoura	Machmut	Ibrahim
			Molesta
		Morawa	Nizam OA
			Momtaza OA

VZAP – AV – 4004
H. F./*St. Chestnut*
* 8. 4. 87
Fam.: KAIR △

Z./*Breeder:* El Thay – El Thayeba, Großenkneten

AL TAIR – VOLLBLUTARABER
Sabrina & Karsten Scherling
Osterdiecksfeld 25
D-21 274 Undeloh

El Thay Meseda

إلثاي مسِدة

Foto: E. Escher

		Ansata Halim Shah	Ansata Ibn Halima OA
	El Thay Ibn Halim Shah		Ansata Rosetta
		Mahameh	Ibrahim
EL THAY MESEDA			Mona III
		Nizam OA	Shaarawi
	Morawa		Nazeema
		Momtaza OA	Sameh
			Mamlouka

08/21248/89
St. Sch./*M. Grey*
* 10. 7. 89
Fam.: KAIR △

Z./*Breeder:* El Thay – El Thayeba, Großenkneten

AL TAIR – VOLLBLUTARABER
Sabrina & Karsten Scherling
Osterdiecksfeld 25
D-21 274 Undeloh

KP Nazeem

ك ب نظيم

Foto: van Lent

KP NAZEEM	KP Malik El Nil	Idrees OA	Adeeb
			Bint El Nil
		Hania OA	Tuhotmos
			Hodhoda
	KP Naneeza	Nizam OA	Shaarawi
			Nazeema
		Nana OA	Tuhotmos
			Nazic

08/21217/91
H. B./*St. Bay*
* 17. 6. 91
Fam.: KAIR △

Z./*Breeder:* Kauber Platte Araber Gestüt, Kaub am Rhein

H. H. SHEIKH HAMAD BIN KHALIFA AL-THANI
P. O. Box 7559
Doha
Qatar

Thaisha

طائشة

Foto: N. Sachs

THAISHA	Masoud	Ibrahim	Mahomed
			Maheeba OA
		Mona II	Hadban Enzahi OA
			Moheba II
	Tamara	Jamil	Madkour I
			Hanan OA
		Taghreed OA	Shaarawi
			Naama

VZAP-AV-4762
St. B./*M. Bay*
* 20. 5. 88
Fam.: HE △

Z./*Breeder:* El Thay – El Thayeba, Großenkneten

ALWIRATHE JESZNA
Lucia Paulsen
Pferdekrüger Weg 8
D-25779 Hennstedt

Amir Mahabb

أمير مهب

Foto: E. Escher

AMIR MAHABB	Kaisoon OA	Nazeer	Mansour
			Bint Samiha
		Bint Kateefa	Sid Abouhom
			Kateefa
	Morasha	Anchor Hill Halim	Hadbah
			Silima
		Mofeedah	Hadban Enzahi OA
			Malikah

VZAP-AV-3885
H. Sch./*St. Grey*
* 29. 1. 85
Fam.: DS △

Z./*Breeder:* Amira El Arab, Königsbach

AMIRA EL ARAB
Susanne Fritz
Brettener Str. 55
D-75203 Königsbach/Stein

Sieger der Hengstleistungsprüfung der Vollblutaraber in Medingen, 1989.

Winner in the stallion performance test of pured bred Arabians at Medingen, 1989.

Morasha

مراشة

Foto: E. Escher

MORASHA	Anchor Hill Halim	Hadbah	Fabah
			Fa Deene
		Silima	Ansata Ibn Halima OA
			Asal Sirabba
	Mofeedah	Hadban Enzahi OA	Nazeer
			Kamla
		Malikah	Ghazal OA
			Malacha OA

VZAP-AV-2074
St. Sch./*M. Grey*
* 25. 3. 79
Fam.: DS △

Z./*Breeder:* Gestüt Horsch, Hellmansberg

AMIRA EL ARAB
Susanne Fritz
Brettener Str. 55
D-75203 Königsbach/Stein

Siegerin Seniorenchampionat Stuten, Asil Cup International, Ludwigsburg 1988.

Senior Championesse Mares, Asil Cup International, Ludwigsburg 1988.

Amir Al Fahim

أمير الفهم

Foto: R. Brehm

AMIR AL FAHIM	Kasr El Nil OA	Tuhotmos	El Sareei
			Moniet El Nefous
		Bint El Nil	Anter
			Shahrzada
	Fazirah	Masir	Mehanna OA
			Bint Shahbaa OA
		Shams El Faanah	Farouk OA
			Narges OA

08/20930/92
H. R./*St. Black*
* 16. 4. 92
Fam.: S △

Z./*Breeder:* Amira El Arab, Königbach/Stein

AMIRA EL ARAB
Susanne Fritz
Brettener Str. 55
D-75203 Königsbach/Stein

Jellaby Nejib 404

جلابي نجيب ٤٠٤

Foto: van Lent

			Mlolshaan 514
		Dhahmann 530	
			Dhahma 527
	Jellaby Alsakhir 270		
			Wadhnaan 513
		Jellabieh 531	
			Jellabieh 513
JELLABY NEJIB 404			
			Jellaby 517
		Krushaan 572	
			Krush 555
	Jellabieh 229		
		Jellabieh 565	

Nº 404
H. B./*St. Bay*
* 1982
Fam.: KJ ⚔

Z./*Breeder:* The Amiri Arabian Stud of Bahrain, Bahrain

THE AMIRI ARABIAN STUD OF BAHRAIN
H. H. Sheikh Hamad Bin Isa Alkhalifa
P. O. Box 29199
BAH-Bahrain
Arabischer Golf

Shawafah 323

شوافة ٣٢٣

Foto: van Lent

SHAWAFAH 323	Ma'anaghy 300	Jellaby Alwasmiya 548	Dhahmaan 530
			Jellabieh 531
		Ma'anaghieh 543	
			Ma'anaghieh 516
	Shawafah 60	Jellaby Alwasmiya 548	Dhahmaan 530
			Jellabieh 531
		Shawafah Bint Shawafah 558	
			Shawafah 518

№ 323 (698)
St. B./*M. Bay*
* 1980
Fam.: (SuWa) ⚔

Z./*Breeder:* The Amiri Arabian Stud of Bahrain, Bahrain

THE AMIRI ARABIAN STUD OF BAHRAIN
H. H. Sheikh Hamad Bin Isa Alkhalifa
P. O. Box 29199
BAH-Bahrain
Arabischer Golf

Shuwaimeh 414

شويمة ٤١٤

Foto: van Lent

SHUWAIMEH 414	Jellaby 274	Wadhnaan 208	Jellaby Alsakhir 270
			Wadhna't Sulman bin Jasim 535
		Jellabieh 229	Krushaan 572
			Jellabieh 565
	Shuwaimeh 165		
		Shuwaimeh 47	Jellaby 517
			Shuwaimeh 532

Nº 414
St. Sch./*M. Grey*
* 1983
Fam.: (ShWa) ⨯

Z./*Breeder:* The Amiri Arabian Stud of Bahrain, Bahrain

THE AMIRI ARABIAN STUD OF BAHRAIN
H. H. Sheikh Hamad Bin Isa Alkhalifa
P. O. Box 29199
BAH-Bahrain
Arabischer Golf

Jellabieh 418 جلابية ٤١٨

Foto: van Lent

JELLABIEH 418	Jellaby 274	Wadhnaan 208	Jellaby Alsakhir 270
			Wadhna't Sulman bin Jasim 535
		Jellabieh 229	Krushaan 572
			Jellabieh 565
	Jellabieh 220	Jellaby Alsakhir 270	Dhahmaan 530
			Jellabieh 531
		Jellabieh 564	

Nº 418
St. B./*M. Bay*
* 1984
Fam.: KJ ⚔

Z./*Breeder:* The Amiri Arabian Stud of Bahrain, Bahrain

THE AMIRI ARABIAN STUD OF BAHRAIN
H. H. Sheikh Hamad Bin Isa Alkhalifa
P. O. Box 29199
BAH-Bahrain
Arabischer Golf

Saqlawieh 836

صقلاوية ٨٣٦

Foto: G. Araya

			Dhahmaan 530
		Jellaby Alsakhir 270	Jellabieh 531
	Jellab Nejib 404		Krushaan 572
		Jellabieh 229	Jellabieh 565
SAQLAWIEH 836			Jellaby Alwasiya 548
		Dhamaan 596	Dhahma 552
	Saqlawieh 285		
		Saqlawie't Alriyad 271	

№ 836
St. Sch./*M.*
* 1990
Fam.: S ⚔

Z./*Breeder:* The Amiri Arabian Stud of Bahrain, Bahrain

THE AMIRI ARABIAN STUD OF BAHRAIN
H. H. Sheikh Hamad Bin Isa Alkhalifa
P. O. Box 29199
BAH-Bahrain
Arabischer Golf

Kuheila't Aafas 851   كحيلة عافص ٨٥١

Foto: G. Araya

KUHEILA'T AAFAS 851	Hamdaany Shahab 754	Jellaby 274	Wadhnaan 208
			Jellabieh 229
		Hamdanieh 305	Mlolshaan 623
			Hamdanieh 660
	Kuheila't Aafas 170	Hamdaany 71	Jellaby 517
			Hamdanie't Fatis 202
		Kuheila't Aafas 169	

№ 851
St. Sch./*M. Grey*
* 1990
Fam.: (KAF) ⚔

Z./*Breeder:* The Amiri Arabian Stud of Bahrain, Bahrain

THE AMIRI ARABIAN STUD OF BAHRAIN
H. H. Sheikh Hamad Bin Isa Alkhalifa
P. O. Box 29199
BAH-Bahrain
Arabischer Golf

Ansata Halim Shah أنساتا حليم شاه

Foto: J. Sparagowski

ANSATA HALIM SHAH	Ansata Ibn Halima OA	Nazeer	Mansour
			Bint Samiha
		Halima	Sheikh El Arab
			Ragia
	Ansata Rosetta	Ansata Shah Zaman	Morafic OA
			Ansata Bint Mabrouka OA
		Ansata Bint Bukra OA	Nazeer
			Bukra

AHR-219546
H. Sch./*St. Grey*
* 28. 4. 80
Fam.: DS △

Z./*Breeder:* Ansata Arabian Stud, Mena, AR, USA

ANSATA ARABIAN STUD
Judith Forbis
Route 2
Mena, Arkansas 71953
USA

Prince Fa Moniet

أمير فا منية

Foto: J. Sparagowski

PRINCE FA MONIET	The Egyptian Prince	Morafic OA	Nazeer
			Mabrouka
		Bint Mouna OA	Nazeer
			Mouna
	Fa Moniet	Ibn Moniet El Nefous OA	Morafic
			Moniet El Nefous
		Fada	Faddan
			Aaroufa

AHR-239446
H. Sch./*St. Grey*
* 23. 8. 81
Fam.: KJ △

Z./*Breeder:* Jarrell McCracken, USA

ANSATA ARABIAN STUD
Judith Forbis
Route 2
Mena, Arkansas 71953
USA

Ansiba Joumanah

أنسيبة جُمانة

Foto: E. Behrens

ANSIBA JOUMANAH	Shaikh Al Jiwan	Ansata Omar Halim	Ansata Ibn Halima OA
			Ansata Rosetta
		Ansata Wanisa	Ansata Ibn Sudan
			Ansata Bint Nazeer
	Menaifah	Moneef	Hadbani Enzahi OA
			Moheba II
		Messaouda	Gharib OA
			Mahari

08/20787/90
St. Sch./*M. Grey*
* 5. 5. 90
Fam.: DS △

Z./*Breeder:* Gestüt Ansiba Arabians, Ennigerloh-Westkirchen

GESTÜT ANSIBA ARABIANS
Elke Behrens
Holtrup 63
D-59320 Ennigerloh-Westkirchen

Reserve Siegerin Stutfohlen-Championat, Asil Cup International, Mannheim 1990.

Reserve-Championesse Fillies, Asil Cup International, Mannheim 1990.

Moneera Soker منيرة سكر

Foto: E. Escher

MONEERA-SOKER	Maymoon	Kaisoon OA	Nazeer
			Bint Kateefa
		Maymoonah	Hadban Enzahi OA
			Malikah
	Saady	Kaisoon OA	Nazeer
			Bint Kateefa
		Salha OA	Sameh
			Saklawia II

IT – 784
H. Sch./*St. Grey*
* 3. 7. 86
Fam.: SGIS △

Z./*Breeder:* Gestüt Moneera Thierer-Araber, Bad Schönborn

THE ARABIAN STALL
Monica Bevilacqua
Via Pedemontana, 26
I-00010 Gallicano nel Lazio
Italien

Abbas Pasha I-12 عباس باشا ١_١٢

Foto: S. Schreibvogel

ABBAS PASHA I-12	Abbas Pasha I	Ansata Abbas Pasha	Ansata Ibn Halima OA
			Ansata Bint Mabrouka OA
		2 Ghalion	Ghalion OA
			Bint Inas OA
	211 Zohair	Zohair OA	Alaa El Din
			Zebeda
		28 Farag	Farag OA
			Tamria OA

08/02/1804/88
St. Sch./*M. Grey*
* 30. 7. 88
Fam.: DS △

Z./*Breeder:* Arabergestüt Babólna, Ungarn
Imp. 1992

ARABERHOF AL ZAMET
Susanne Schreibvogel
D-21 220 Seevetal

Madkoura I

مدكورة ١

Foto: E. Krafka

		Hadban Enzahi OA	Nazeer
	Madkour I		Kamla
		Moheba II	Ghazal OA
MADKOURA I			Malacha OA
		Melek	Ibrahim
	Melekah		Moheba II
		Bint Ghalion	Ghalion OA
			19 Kayed OA

08/21416/90
St. Sch./*M. Grey*
* 7. 3. 90
Fam.: KJ △

Z./*Breeder:* Ar Rih-Araber, Berlin

AR RIH-ARABER
Kontaktanschrift: Dr. Helmut Krafka
Gardeschützenweg 14
D-12203 Berlin

Ibrahim

ابراهيم

Foto: Denart

IBRAHIM	Mahomed	Hadban Enzahi OA	Nazeer
			Kamla
		Malikah	Ghazal OA
			Malacha OA
	Maheeba OA	Alaa El Din	Nazeer
			Kateefa
		Mouna	Sid Abouhom
			Moniet El Nefous

VZAP – AV – 1171
H. Sch./*St. Grey*
* 25. 5. 73
Fam.: SGIS △

Z./*Breeder:* Dr. Hans-J. Nagel, Großenkneten

ASIL ARABIAN HORSE CENTER
State of Kuwait
P.O. Box 22436
Safat 13085
Kuwait

3. Platz in der Hengstleistungsprüfung in Medingen, 1979.
3rd place in the stallion performance test at Medingen, 1979.

Gharoon

غارون

Foto: W. G. Olms

GHAROON	Kaisoon OA	Nazeer	Mansour
			Bint Samiha
		Bint Kateefa	Sid Abouhom
			Kateefa
	Ghroub OA	Galal	Nazeer
			Farasha
		Set el Wadi	El Sareei
			Mamlouka

VZAP – AV – 1411
H. Sch./*St. Grey*
* 11. 5. 75
Fam.: KAIR △

Z./*Breeder:* E. Ehrke, Moritzheim

ASIL ARABIAN HORSE CENTER
State of Kuwait
P.O. Box 22436
Safat 13085
Kuwait

Sieger im Araberrennen, Sonsbeck 1980.
Top Ten Hengste, Asil Cup International, Ludwigsburg 1988.

Winner of the Sonsbeck Arabian race, 1980.
Top Ten Stallions, Asil Cup International, Ludwigsburg 1988.

Hamasa Tarifa

حماسة طريفة

Foto: L. Miček

			Nazeer
		Morafic	
			Mabrouka
	Farag OA		
			Sid Abouhom
		Bint Kateefa	
			Kateefa
HAMASA TARIFA			
			Alaa El Din
		Mohawed	
			Rafica
	Menha OA		
			Sameh
		Nagwa	
			Bint Bukra

VZAP – AV – 3876
St. Sch./*M. Grey*
* 25. 5. 85
Fam.: DS △

Z./*Breeder:* Olms Araber Hamasa Gestüt, Treis/Lda.

ASIL ARABIAN HORSE CENTER
State of Kuwait
P.O.Box 22436
Safat 13085
Kuwait

2. Platz der einjährigen Stuten, Asil Cup International, Dillenburg 1986.

2nd place of the 1 year old mares, Asil Cup International, Dillenburg 1986.

Hamasa Safina

حماسة سفينة

Foto: L. Miček

HAMASA SAFINA	Manar	Maymoon	Kaisoon OA
			Maymoonah
		Maamounah	Madkour OA
			Maymoonah
	Sadya	Kaisoon OA	Nazeer
			Bint Kateefa
		Salha OA	Sameh
			Saklawia

08/20945/87
St. F./*M. Chestnut*
* 13. 6. 87
Fam.: SGIS △

Z./*Breeder:* Olms Araber Hamasa Gestüt, Treis/Lda.

ASIL ARABIAN HORSE CENTER
State of Kuwait
P.O.Box 22436
Safat 13085
Kuwait

Reservesiegerin Juniorenchampionat Stuten, Asil Cup International, Ludwigsburg 1988.
2. Platz der 3jährigen Stuten, Asil Cup International, Mannheim 1990.

Reserve-Championesse/Junior Mares, Asil Cup International, Ludwigsburg 1988.
2nd place of the 3 year old Mares, Asil Cup International, Mannheim 1990.

Ashamah Salam

أشامة سلام

Foto: W. G. Olms

ASHAMAH SALAM	Hassan „S“	Fikri OA	Fayek
			Nadeemah
		Bint Fayek OA	Fayek
			Abeer
	Monieta „S“	AK Khattar Moniet	Amaal
			AK Monisa Moniet
		Malika „S“	Fikri OA
			Bint Fayek OA

08/21341/88
St. Sch./*M. Grey*
* 9. 7. 88
Fam.: DS △

Z./*Breeder:* G. Bell, Alphen, Niederlande

ASIL ARABIAN HORSE CENTER
State of Kuwait
P.O.Box 22436
Safat 13085
Kuwait

Hamasa Mahuda

حماسة مهودة

Foto: W. G. Olms

HAMASA MAHUDA	Masir	Mehanna OA	Galal
			Mouna
		Bint Shahbaa OA	Gassir
			Shahbaa
	Hamasa Kahila	Kaisoon OA	Nazeer
			Bint Kateefa
		Shar Zarqa	Negem
			Shar Turfa

08/02/1180/88
St. B./*M. Bay*
* 31. 7. 88
Fam.: SG ⚔

Z./*Breeder:* Olms Araber Hamasa Gestüt, Treis/Lda.

ASIL ARABIAN HORSE CENTER
State of Kuwait
P.O.Box 22436
Safat 13085
Kuwait

Hamasa Nafila

حماسة نفيلة

Foto: H. Reinhard

HAMASA NAFILA	Maysoun	Ansata Halim Shah	Ansata Ibn Halim OA
			Ansata Rosetta
		Maysouna	Ibn Galal OA
			Kis Mahiba
	Hamasa Bint Nafteta	Farag OA	Morafic
			Bint Kateefa
		Nafteta	Kaisoon OA
			Moneera OA

08/21224/89
St. Sch./*M. Grey*
* 11. 7. 89
Fam.: SGIS △

Z./*Breeder:* Olms Araber Hamasa Gestüt, Treis/Lda.

ASIL ARABIAN HORSE CENTER
State of Kuwait
P.O.Box 22436
Safat 13085
Kuwait

Hamasa Marisi

حماسة مريسي

		Morafic	Nazeer
			Mabrouka
	Farag OA	Bint Kateefa	Sid Abouhom
			Kateefa
HAMASA MARISI		Anchor Hill Halim	Hadban
			Silima
	Mona I	Moneera OA	Alaa El Din
			Mouna

08/20771/89
St. Sch./*M. Grey*
* 19. 4. 89
Fam.: SGIS △

Z./*Breeder:* Olms Araber Hamasa Gestüt, Treis/Lda.

ASIL ARABIAN HORSE CENTER
State of Kuwait
P.O.Box 22436
Safat 13085
Kuwait

Klassensiegerin im Asil Cup International, Mannheim 1990.
Winner of her class, Asil Cup International, Mannheim 1990.

Raswan

رضوان

Foto: J. Karlsson

RASWAN	Gharib OA	Anter	Hamdan
			Obeya
		Souhair	Sid Abouhom
			Salwa
	Rawyana	Shaker El Masri OA	Morafic
			Zebeda
		Bint Rawya OA	Bandong
			Rawya

SA/FA 79/86
H. R./*St. Black*
* 10. 12. 84
Fam.: DS △

Z./*Breeder:* Arabergestüt Karlstal, Haigerloch

ASILRÔS
Thor & Tina Sjöberg
Fribäcken
S-81692 Lingbo
Schweden

Gazeera

غزيرة

Foto: E. Escher

GAZEERA	Sindbad	Hadban Enzahi OA	Nazeer
			Kamla
		Sahmet	Hadban Enzahi OA
			Jatta
	Golson OA	Tuhotmos	El Sareei
			Moniet El Nefous
		Tamara	Amrulla
			Tahia

VZAP – AV – 1546
St. Sch./*M. Grey*
* 12. 4. 76
Fam.: SGIS ⚔

Z./*Breeder:* Gestüt Buchenhof, Twistringen-Stelle

ASSAD ARABIANS
Margit und Bernd Loewenherz
Am Brammerhoop
D-31 275 Lehrte/OT Immensen

Bint Dalul

بنت دلول

Foto: Berger

BINT DALUL	Dalul	Morafic OA	Nazeer
			Mabrouka
		Dawlat OA	Anter
			Shahrzada
	EH Bakreia	El Hilal OA	Nader
			Ameena
		Bassama OA	Anter
			Basima

AHR-0444400
St. B./*M. Bay*
* 26. 2. 89
Fam.: HE △

Z./*Breeder:* E. Hagenlocher, Paso Robles, CA, USA
Imp. 1991

AWEGA VOLLBLUTARABERGESTÜT

A. u. G. Wirths	ab 1994
Edhof	Thanham 1
D-94 140 Ering	D-94 149 Kößlarn

Barikah

بريكة

Foto: Berger

BARIKAH	Messaoud	Madkour OA	Morafic
			Maisa
		Maymoonah	Hadban Enzahi OA
			Malikah
	EH Bahigah	Al Nowasy OA	Hamid
			Shukria
		Bint Bint Basima	El Hilal
			Bassama OA

AHR-0468060
St. Sch./*M. Grey*
* 3. 3. 91
Fam.: HE △

Z./*Breeder:* E. Hagenlocher, Paso Robles, CA, USA
Imp. 1991

AWEGA VOLLBLUTARABERGESTÜT

A. u. G. Wirths	ab 1994
Edhof	Thanham 1
D-94 140 Ering	D-94 149 Kößlarn

Ibn Galal III

ابن جلال ٣

Foto: I. N. DuMont

IBN GALAL III	Ibn Galal I	Ibn Galal (Magdi) OA	Galal
			Mohga
		Hanan OA	Alaa El Din
			Mona
	208 Farag II	Farag II	Farag OA
			25 Amurath Sahib
		Tamria OA	Tuhotmos
			Kamar

H. Sch./*St. Grey*
* 27. 9. 84
Fam.: DS ⚔

Z./*Breeder:* Arabergestüt Båbolna, Ungarn

ARABERGESTÜT BABOLNA
H-2943 Båbolna
Ungarn

201 Ibn Galal

٢٠١ ابن جلال

Foto: E. Escher

201 IBN GALAL	Ibn Galal (Magdi) OA	Galal	Nazeer
			Farasha
		Mohga	El Sareei
			Yosreia
	Hanadi OA	Alaa El Din	Nazeer
			Kateefa
		Rahma	Mashhour
			Yashmak

St. F./*M. Chestnut*
* 8. 1. 76
Fam.: KAIR △

Z./*Breeder:* Arabergestüt Båbolna, Ungarn

ARABERGESTÜT BABOLNA
H-2943 Båbolna
Ungarn

220 Ibn Galal I

٢٢٠ ابن جلال ١

Foto: E. Escher

220 IBN GALAL I	Ibn Galal I	Ibn Galal (Magdi) OA	Galal
			Mahga
		Hanan OA	Alaa El Din
			Mona
	20 Farag	Farag OA	Morafic
			Bint Kateefa
		25 Amurath Sahib	Amurath Sahib
			221 Kuhaylan Zaid

St. Sch./*M. Grey*
* 20. 11. 81
Fam.: KA ⚔

Z./*Breeder:* Arabergestüt Båbolna, Ungarn

ARABERGESTÜT BABOLNA
H-2943 Båbolna
Ungarn

Elf Layla Walayla ألف ليلة وليلة (أسد ـ ٤)

Foto: E. Escher

ELF LAYLA WALAYLA (ASSAD-4)	Assad	Ansata Halim Shah	Ansata Ibn Halima OA
			Ansata Rosetta
		Arussa	Madkour I
			Hanan OA
	223 Ibn Galal I	Ibn Galal I	Ibn Galal OA
			Hanan OA
		23 Ghalion	Ghalion OA
			El Aziza OA

St. Sch./*M. Grey*
* 22. 2. 91
Fam.: KJ △

Z./*Breeder:* Arabergestüt Bàbolna, Ungarn

ARABERGESTÜT BABOLNA
H-2943 Bàbolna
Ungarn

Siegerin des Lufthansa Asil Cup Stuten, Asil Cup International, Mannheim 1993.

Championesse of the Lufthansa Asil Cup Mares, Asil Cup International, Mannheim 1993.

Amasis El Afram

أماسيس الأفرم

Foto: C. Kugler

AMASIS EL AFRAM	El Thay Mansour	Ansata Halim Shah	Ansata Ibn Halima OA
			Ansata Rosetta
		El Thay Maheera	Nizam OA
			Mona II
	El Thay Aziza	Malik	Hadban Enzahi OA
			Malikah
		Amal	Mohafez
			Hanan OA

08/02/0224/92
H. B./*St. Bay*
* 7. 2. 92
Fam.: OG △

Z./*Breeder:* El Afram Araber, Sersheim

BAIT AL ARAB
Gabriele Schweiher
Hauptstr. 75
D-74354 Besigheim

Inshat Al Rih

انشط الريح

Foto: van Lent jr.

INSHAT AL RIH	Ibrahim	Mahomed	Hadban Enzahi OA
			Malikah
		Maheeba OA	Alaa El Din
			Mouna
	Inshraa	Shaker El Masri OA	Morafic
			Zebeda
		Hosna OA	Ibn Maisa
			Rida

VZAP- AV-3248
H. Sch./*St. Grey*
* 1 .6. 83
Fam.: HE △

Z./*Breeder:* W. C. Hansen, Ahrensburg

BARAIMU EL SAHRA
Olivia Prehn
Hof Reidenbruch
D-53547 Reidenbruch

Sieger des Zuchtrennens der Hengstleistungsprüfung in Bad Harzburg, 1986.
Winner in the DRAV race of the stallion performance test at Bad Harzburg, 1986.

Abet

عبد

Foto: B. Bergmann

ABET	El Hilal OA	Nader	Nazeer
			Elwya
		Ameena	Ibn Maisa
			Rabeea
	Abeer OA	El Sareei	Shahloul
			Zareefa
		Absa	Gassir
			Zahra

VZAP-AV-3935
H. F./*St. Chestnut*
* 19. 6. 79
Fam.: DS △

Z./*Breeder:* Vollblutaraber-Gestüt El Hilal, Eberhardzell

DR. KARL-HEINZ & BIRGIT BERGMANN
Am Uttenbach 6
D-72379 Hechingen

Bint Hilala

بنت هلالة

Foto: R. Hügin

BINT HILALA	Ibn Galal OA	Galal	Nazeer
			Farasha
		Mohga	El Sareei
			Josreia
	Hilala	El Hilal OA	Nader
			Ameena
		El Garia OA	Ibn Galila
			Noosa

CH-AV/4/80
St. F./*M. Chestnut*
* 29. 5. 80
Fam.: KAIR △

Z./*Breeder:* Gestüt „Rebhalde“, Niederweningen, Schweiz

DR. KARL-HEINZ & BIRGIT BERGMANN
Am Uttenbach 6
D-72379 Hechingen

Madheen Pascha

مدحين باشا

Foto: G. Waiditschka

MADHEEN PASCHA	Messaoud	Madkour OA	Morafic
			Maisa
		Maymoonah	Hadban Enzahi OA
			Malika
	Madinah	Ibn Galal OA	Galal
			Mohga
		Mona II	Mahomed
			Maheeba OA

CH – AV – 41/87
H. B./*St. Bay*
* 3. 6. 87
Fam.: SGIS △

Z./*Breeder:* Madheen-Araber, Göttingen/Roringen

ARABERVOLLBLUTGESTÜT BIRKENHOF
Katrin und Hanspeter Krause
Baechleten 74
CH-6265 Roggliswil
Schweiz

Abdallah

عبد الله

Foto: E. Escher

ABDALLAH	Ghalion OA	Morafic	Nazeer
			Mabrouka
		Lubna	Sid Abouhom
			Moniet El Nefous
	Hanan OA	Alaa El Din	Nazeer
			Kateefa
		Mona	Badr
			Mahdia

AV-1301
H. Sch./*St. Grey*
* 31. 3. 74
Fam.: OS △

Z./*Breeder:* Dr. H.-J. Nagel, Großenkneten

ARABERVOLLBLUT-GESTÜT BIRKENHOF
Familie Weiershäuser
Am Wollenberg 13
D-35094 Lahntal

2. Platz im Luzerner Distanzritt über 50 km, 1980.
Sieger im Oberländer Winterdistanzrennen über 50 km, 1981.
1. Platz, zusammen mit Anchor Hill Halim,
im Schnabelsberg-Cup-Rennen über 100 km, 1981.

2nd place in the Lucerne long-distance ride, 50 km, 1980.
Winner in the Oberländer long-distance ride, 50 km, 1981.
Tied for 1st place with Anchor Hill Halim
in the Schnabelsberg Cup race, 100 km, 1981.

Hamasa Saad

حماسة سعد

Foto: P. Hebler

Hamasa Saad

حماسة سعد

Foto: T. Miček

		Maymoon	Kaisoon OA
	Manar		Maymoonah
		Maamounah	Madkour OA
HAMASA SAAD			Maymoonah
		Kaisoon OA	Nazeer
	Sadya		Bint Kateefa
		Salha OA	Sameh
			Saklawia II

VZAP-AV-4976
H. B./*St. Bay*
* 20. 5. 90
Fam.: SGIS △

Z./*Breeder:* Olms Araber Hamasa Gestüt, Treis/Lda.

GESTÜT „B'MEHAMAM“
Familie Schmitz-Thürsam
Tannenkamp 1
D-21379 Neu-Boltersen

Hamasa Khaznah

حماسة خزنة

Foto: E. Escher

HAMASA KHAZNAH	Hamasa Khazzan	Kasr El Nil OA	Tuhotmos
			Bint El Nil
		Nafteta	Kaisoon OA
			Moneera OA
	Hamasa Tarifa	Farag OA	Morafic
			Bint Kateefa
		Menha OA	Mohawed
			Nagwa

08/20507/90
St. Sch./*M. Grey*
* 27. 3. 90
Fam.: DS △

Z./*Breeder:* Olms Araber Hamasa Gestüt, Treis/Lda.

GESTÜT „B'MEHAMAM“
Familie Schmitz-Thürsam
Tannenkamp 1
D-21 379 Neu-Boltersen

Chalima Salám

كليمة سلام

Foto: W. G. Olms

CHALIMA SALÁM

08/22999/90
St. Sch./*M. Grey*
* 27. 6. 90
Fam.: SG ⚔

RKS Haziz	Mosry	Morafic OA
		Sanaa OA
	PH Natascha	Ansata Abbas Pasha
		Bah Dena
Hamasa Duhiya	Farag OA	Morafic
		Bint Kateefa
	Shar Duda	Negem
		Shar Hiba

Z./*Breeder:* Es-Salám Arabians, Alphen, Niederlande

GESTÜT „B'MEHAMAM"
Familie Schmitz-Thürsam
Tannenkamp 1
D-21 379 Neu-Boltersen

Madheen Sahib

مدحين صاحب

Foto: E. Escher

MADHEEN SAHIB	Ibn Moheba	Nizam OA	Shaarawi
			Nazeema
		Moheba II	Ghazal OA
			Malacha OA
	Madinah	Ibn Galal OA	Galal
			Mohga
		Mona II	Mahomed
			Maheeba OA

VZAP – AV – 4719
H. B./*St. Bay*
* 27. 5. 90
Fam.: SGIS △

Z./*Breeder:* Madheen Araber, Göttingen/Roringen

GESTÜT BROMBACHER
Bodo Brombacher
Im Grammert 19
D-54427 Kell am See

Mashalla

ما شا الله

Foto: C. Buchter

MASHALLA	Nami	Gharib OA	Anter
			Souhair
		Nabya	Hadban Enzahi OA
			Nadia OA
	Masuda	Ibn Galal OA	Galal
			Mohga
		Mahari	Hadban Enzahi OA
			Malacha OA

St. Sch./*M. Grey*
* 6. 5. 88
Fam.: DS △

Z./*Breeder:* Haupt- und Landgestüt Marbach, Gomadingen

CAROLA BUCHTER
Hohenzollernstr. 69
D-71 083 Herrenberg-Haslach

Marah

مَرَح

MARAH	Ameen	Kaisoon OA	Nazeer
			Bint Kateefa
		Nana OA	Tuhotmos
			Nazic
	Mahasin	Morhaf OA	Akhtal
			Mahlaha
		Bint Alifa OA	Mourad
			Alifa

08/21136/91
St. F./*M. Chestnut*
* 1. 5. 91
Fam.: HE △

Z./*Breeder:* Gestüt Kentauros, Phillipsthal

CORNELIA CASPAR & DR. MED. VET. IDRISS TRAORÉ
Braunauerstr. 8
D-91 301 Forchheim

Naheed

نهيد

Foto: Archiv Kern

NAHEED	Madkour OA	Morafic	Nazeer
			Mabrouka
		Maisa	Shahloul
			Zareefa
	Nagha	Gharib OA	Anter
			Souhair
		Nazeefa OA	Gassir
			Nazic

VZAP-AV-3101
H. Sch./*St. Grey*
* 19. 3. 84
Fam.: KAIR △

Z./*Breeder:* Vollblutaraber-Gestüt Seidlitz, Sesslach

CLASSIC ARABIANS FOR HIGHEST PERFORMANCE
Urte L. Kern
Herrenhausgasse 38
D-35321 Laubach

Gesamtsieger der Hengstleistungsprüfung in Medingen, 1988 mit 132,72 Punkten.
Sieger der Reitklasse in der E-Dressur in Leipheim 1989 und in Augsburg 1990.
Reservesieger der Reitklasse in der E-Dressur in Baden-Baden 1990 und 1992.

Total champion in the stallion performance test at Medingen, 1988 with 132,72 points.
Champion of the riding class in E-dressage at Leipheim 1989 and at Augsburg 1990.
Reserve Champion of the riding class in E-dressage at Baden-Baden 1990 and 1992.

Sheika Bint Pasha

شيخة بنت باشا

Foto: van Lent

SHEIKA BINT PASHA	Sherif Pasha	Abbas Pasha	Ansata Ibn Halima OA
			Ansata Bint Mabrouka OA
		Sabah	Ibn Galal OA
			Maheeba OA
	Sheykha-Abbayah	Ibn Galal OA	Galal
			Mohga
		Sherifa	Mahomed
			Marah OA

VZAP-AV-3377
St. R./*M. Black*
* 11. 6. 86
Fam.: OG △

Z./*Breeder:* Arabergestüt von Smetenka, Oftringen, Schweiz
Imp. 1989

DR. AXEL & MARION CHRISTIANSEN
Viktor-von Scheffel-Str. 4
D-96231 Staffelstein

Shariha

شريحة

Foto: van Lent

SHARIHA	Moniet El Sharaf	Ibn Moniet El Nefous OA	Morafic
			Moniet El Nefous
		Bint Bint Moniet	Rashad Ibn Nazeer OA
			Bint Moniet El Nefous OA
	AK Tashiha	Farazdac OA	Alaa El Din
			Farasha
		Hegrah OA	Alaa El Din
			Hagir

VZAP-AV-3339
St. B./*M. Bay*
* 16. 3. 85
Fam.: DS △

Z./*Breeder:* Bentwood Farms Inc., Waco, TX, USA
Imp. 1989

DR. AXEL & MARION CHRISTIANSEN
Viktor-von Scheffel-Str. 4
D-96231 Staffelstein

Messaoud

مسعود

Foto: P. Knoll

MESSAOUD	Madkour OA	Morafic	Nazeer
			Mabrouka
		Maisa	Shahloul
			Zareefa
	Maymoonah	Hadban Enzahi OA	Nazeer
			Kamla
		Malikah	Ghazal OA
			Malacha OA

AV-1826
H. Sch./*St. Grey*
* 1. 4. 79
Fam.: DS △

Z./*Breeder:* Vollblutaraber-Gestüt Seidlitz, Sesslach

GESTÜT CHRYMONT
Erika Rudolph
Am Hils 4
D-37574 Einbeck-Wenzen

Top Ten Hengste, Asil Cup International, Dillenburg 1985.
Sieger, Asil Cup International, Dillenburg 1986.
Sieger der Nachzuchtsammlung Hengste, Asil Cup International, Ludwigsburg 1988.

Top Ten Stallions, Asil Cup International, Dillenburg 1985.
Champion, Asil Cup International, Dillenburg 1986.
Winner of young foal collection/Stallions, Asil Cup International, Ludwigsburg 1988.

Ghalion-6 CL

غليون

Foto: E. Escher

GHALION-6 CL	Ghalion OA	Morafic	Nazeer
			Mabrouka
		Lubna	Sid Abouhom
			Moniet El Nefous
	25 Amurath Sahib	Amurath Sahib	35 Amurath II
			Sahiba
		221 Kuhaylan Zaid	Kuhaylan Zaid db
			11 Sigl. Bagdady II

AV – 3954
H. F./*St. Chestnut*
* 22. 2. 73
Fam.: KA ⚔

Z./*Breeder:* Arabergestüt Babólna, Ungarn

ASIL ROYAL CORINNA ARABIANS
Fridl Leuthäuser
Postfach 1360
D-96 106 Ebern/Ufr.

2. Platz im Distanzritt Wien – Budapest, 300 km, 1983.
2 Siege in 60 km Distanzritten.
1 Sieg im 100 km Distanzritt.
2. Platz im 100 km Distanzritt.

2nd in the Vienna-Budapest long-distance ride, 300 km, 1983.
Two wins in 60 km long-distance rides.
One win in 100 km long-distance ride.
One 2nd place in 100 km long-distance ride.

Farag II-6 CL

فرج ٢

Foto: Corinna

FARAG II-6 CL	Farag II	Farag OA	Morafic
			Bint Kateefa
		25 Amurath Sahib	Amurath Sahib
			221 Kubaylan Zaid
	Tamria OA	Tuhotmos	El Sareei
			Moniet El Nefous
		Kamar	Nazeer
			Komeira

AV – 3757
H. F./*St. Chestnut*
* 6. 12. 78
Fam.: DS ⚔

Z./*Breeder:* Arabergestüt Babòlna, Ungarn

ASIL ROYAL CORINNA ARABIANS
Fridl Leuthäuser
Postfach 1360
D-96 106 Ebern/Ufr.

CL Royal Fa-Turfa

ك.ل رويال فا_طرفة

Foto: Corinna

CL ROYAL FA-TURFA	Farag II-6 CL	Farag II	Farag OA
			25 Amurath Sahib
		Tamria OA	Tuhotmos
			Kamar
	Hamasa Serra CL	Farag OA	Morafic
			Bint Kateefa
		Shar Duda	Negem
			Shar Hiba

02/21681/91
St. F./*M. Chestnut*
* 91
Fam.: SG ⚔

Z./*Breeder:* Asil Royal Corinna Arabians, Ebern/Ufr.

ASIL ROYAL CORINNA ARABIANS
Fridl Leuthäuser
Postfach 1360
D-96106 Ebern/Ufr.

Plantagenet

بلانتاجونيه

PLANTAGENET	Akmet Haffez	Prince Hal	Tripoli
			Dharebah
		Ceres	Aramis
			Dharebah
	Iras	El Alamein	Dhareb
			Antarah
		Portia	Tripoli
			Dhalana

AHR – 138778
H. F./*St. Chestnut*
* 1976
Fam.: KH ⚔

Z./*Breeder:* Craver Farms, Hillview, ILL., USA

CRAVER FARMS
Charles & Jeanne Craver
Rt. 1 Box 158
Hillview, ILL. 62050,
USA

Ibn Tuhotmos

ابن تحتمس

Foto: E. Hagenlocher

IBN TUHOTMOS	Tuhotmos OA	El Sareei	Shahloul
			Zareefa
		Moniet El Nefous	Shahloul
			Wanisa
	Bahiga	Al Nowasy OA	Hamid
			Shukria
		Bint Bint Basima	El Hilal OA
			Bassama OA

AHR-0443764
H. F./*St. Chestnut*
* 25. 6. 89
Fam.: HE △

Z./*Breeder:* Crescent El Hilal, Paso Robles CA, USA

CRESCENT „EL HILAL"
Erich Hagenlocher
Rt. 2, Box 523 Wellsona Road
Paso Robles, California 93446
USA

Khaled El Nile

خالد النيل

Foto: Dabrock

KHALED EL NILE	Kasr El Nil OA	Tuhotmos	El Sareei
			Moniet El Nefous
		Bint El Nil	Anter
			Shahrzada
	Kaythara OA	Sabeel	Gassir
			Shahbaa
		Rakia	Anter
			Bint Bint Mabrouka

VZAP-AV-4081
H. R./*St. Black*
* 6. 6. 87
Fam.: S △

Z./*Breeder:* „Al Sachra“ Brigittenhof, Heidelberg

DABROCK ARABIANS
Manja Schröder
Molkereistr. 1
D-21 789 Wingst

Nile Prince

أمير النيل

Foto: Dabrock

NILE PRINCE	Kasr El Nil OA	Tuhotmos	El Sareei
			Moniet El Nefous
		Bint El Nil	Anter
			Shahrzada
	Al Sachra Bint Om el Arab	Morhaf OA	Akhtal
			Mahlaha
		Om El Arab OA	Alaa El Din
			Tifla

VZAP-AV-3814
H. B./*St. Bay*
* 20. 5. 87
Fam.: DS △

Z./*Breeder:* „Al Sachra“ Brigittenhof, Heidelberg

DABROCK ARABIANS
Manja Schröder
Molkereistr. 1
D-21 789 Wingst

Dabrock Gazbeya

دبروك قصبية

Foto: Dabrock

DABROCK GAZBEYA	Nile Prince	Kasr El Nil OA	Tuhotmos
			Bint El Nil
		Al Sachra Bint Om El Arab	Morhaf OA
			Om El Arab OA
	Ruala Ganiyya	Golmoud El Ahmar OA	Galal
			Sharara
		Bint Gawaher	Masir
			Gawaher OA

08/21748/91
St. F./*M. Chestnut*
* 7. 7. 91
Fam.: SGIS △

Z./*Breeder:* Dabrock Arabians, Wingst

DABROCK ARABIANS
Manja Schröder
Molkereistr. 1
D-21 789 Wingst

Ruala Ganiyya

روالة غنية

Foto: Dabrock

RUALA GANIYYA	Golmoud El Ahmar OA	Galal	Nazeer
			Farasha
		Sharara	Morafic
			Sherifa
	Bint Gawaher	Masir	Mehanna OA
			Bint Shahbaa OA
		Gawaher OA	Amrulla
			Rasmia

VZAP-AV-3350
St. B./*M. Bay*
* 29. 5. 85
Fam.: SGIS △

Z./*Breeder:* Stall Ruala, Neunkirchen-Seelscheid

DABROCK ARABIANS
Manja Schröder
Molkereistr. 1
D-21 789 Wingst

Dabrock Faiyum

دبروك فيوم

Foto: Dabrock

DABROCK FAIYUM	Morhaf OA	Akhtal	Amrulla
			Hagir
		Mahlaha	Alaa El Din
			Mouna
	Ruala Fedala	Golmoud El Ahmar OA	Galal
			Sharara
		Ruala Farida	Blue Hassan
			Isis

08/20191/90
H. F./*St. Chestnut*
* 26. 2. 90
Fam.: DS △

Z./*Breeder:* Dabrock Arabians, Wingst

DABROCK ARABIANS
Manja Schröder
Molkereistr. 1
D-21 789 Wingst

Dabrock Farras El Nile دبروك فرس النيل

Foto: Dabrock

DABROCK FARRAS EL NILE	Nile Prince	Kasr El Nil OA	Tuhotmos
			Bint El Nil
		Al Sachra Bint Om el Arab	Morhaf OA
			Om El Arab OA
	Ruala Fedala	Golmoud El Ahmar OA	Galal
			Sharara
		Ruala Farida	Blue Hassan
			Isis

08/20171/92
H. B./*St. Bay*
* 15. 2. 92
Fam.: DS △

Z./*Breeder:* Dabrock Arabians, Wingst

DABROCK ARABIANS
Manja Schröder
Molkereistr. 1
D-21 789 Wingst

El Thay Shah Manial

إلثاي شاه مَنيال

EL THAY SHAH MANIAL	El Thay Ibn Halim Shah	Ansata Halim Shah	Ansata Ibn Halima OA
			Ansata Rosetta
		Mahameh	Ibrahim
			Mona III
	El Thay Maheera	Nizam OA	Shaarawi
			Nazeema OA
		Mona II	Mahomed
			Maheeba OA

08/20333/89
H. Sch./*St. Grey*
* 13. 4. 89
Fam.: SGIS △

Z./*Breeder:* El Thay-El Thayeba, Großenkneten

DAHMAN EL AZRAK-VOLLBLUTARABERGESTÜT
Sabine Hohenberger & Wilfried Ehrlich
Neuhaus 1
D-95213 Münchberg

Mahameh

محامح

Foto: D. Gross

MAHAMEH

VZAP-AV-2168
St. Sch./*M. Grey*
* 8. 8. 79
Fam.: DS △

Ibrahim	Mahomed	Hadban Enzahi OA
		Malikah
	Maheeba OA	Alaa El Din
		Mouna
Mona III	Hadban Enzahi OA	Nazeer
		Kamla
	Moheba II	Ghazal OA
		Malacha OA

Z./*Breeder:* Gräfin zu Inn- und Knyphausen, Lütetsburg

ARABERGESTÜT GUT DIECKHORST
Peter Gross
D-38539 Müden-Dieckhorst

Mahfouz

محفوظ

Foto: van Lent jr.

Mahfouz

محفوظ

Foto: van Lent jr.

			Nazeer
		Hadban Enzahi OA	Kamla
	Madkour I		Ghazal OA
		Moheba II	Malacha OA
MAHFOUZ			Mahomed
		Ibrahim	Maheeba OA
	Mahameh		Hadban Enzahi OA
		Mona III	Moheba II

VZAP – AV – 4321
H. Sch./*St. Grey*
* 28. 5. 88
Fam.: DS △

Z./*Breeder:* Gestüt Dieckhorst, Müden-Dieckhorst

ARABERGESTÜT GUT DIECKHORST
Peter Gross
D-38539 Müden-Dieckhorst

El Shahwan

الشهوان

Foto: van Lent jr.

EL SHAHWAN	Machmut	Ibrahim	Mahomed
			Maheeba OA
		Molesta	Hadban Enzahi OA
			Moheba II
	Saemah	Madkour I	Hadban Enzahi OA
			Moheba II
		El Samraa	Kaisoon OA
			Bint Wedad OA

VZAP – AV – 3808
H. Sch./*St. Grey*
* 20. 5. 86
Fam.: SGIS △

Z./*Breeder:* Gestüt Dieckhorst, Müden-Dieckhorst

ARABERGESTÜT GUT DIECKHORST
Peter Gross
D-38539 Müden-Dieckhorst

El Araby I. العربي ١

Foto: van Lent jr.

			Mahomed
		Ibrahim	
			Maheeba OA
	Machmut		
			Hadban Enzahi OA
		Molesta	
			Moheba II
EL ARABY I.			
			Hadban Enzahi OA
		Madkour I	
			Moheba II
	Bint Bint El Araby		
			El Araby
		Bint El Araby OA	
			El Ameera

08/02/0663/91
H. F./*St. Chestnut*
* 20. 2. 91
Fam.: SGIS △

Z./*Breeder:* Gestüt Dieckhorst, Müden-Dieckhorst

ARABERGESTÜT GUT DIECKHORST
Peter Gross
D-38 539 Müden-Dieckhorst

Maboubah

مبوبة

Foto: van Lent jr.

MABOUBAH	Madkour I	Hadban Enzahi OA	Nazeer
			Kamla
		Moheba II	Ghazal OA
			Malacha OA
	Mahameh	Ibrahim	Mahomed
			Maheeba OA
		Mona III	Hadban Enzahi OA
			Moheba II

VZAP – AV – 4140
St. Sch./*M. Grey*
* 12. 5. 87
Fam.: DS △

Z./*Breeder:* Gestüt Dieckhorst, Müden-Dieckhorst

ARABERGESTÜT GUT DIECKHORST
Peter Gross
D-38539 Müden-Dieckhorst

Bint Maboubah

بنت مبوبة

Foto: van Lent jr.

			Ibrahim
		Machmut	
			Molesta
	El Shahwan		
			Madkour I
		Saemah	
			El Samraa
BINT MABOUBAH			
			Hadban Enzahi OA
		Madkour I	
			Moheba II
	Maboubah		
			Ibrahim
		Mahameh	
			Mona III

08/20664/91
St. Sch./*M. Grey*
* 24. 2. 91
Fam.: DS △

Z./*Breeder:* Gestüt Dieckhorst, Müden-Dieckhorst

ARABERGESTÜT GUT DIECKHORST
Peter Gross
D-38539 Müden-Dieckhorst

Saemah

سماح

Foto: D. Gross

SAEMAH	Madkour I	Hadban Enzahi OA	Nazeer
			Kamla
		Moheba II	Ghazal OA
			Malacha OA
	El Samraa	Kaisoon OA	Nazeer
			Bint Kateefa
		Bint Wedad OA	Hassan
			Wedad

St. Sch./*M. Grey*
* 3. 4. 81
Fam.: SGIS △

Z./*Breeder:* Gestüt Dieckhorst, Müden-Dieckhorst

ARABERGESTÜT GUT DIECKHORST
Peter Gross
D-38539 Müden-Dieckhorst

Siegerin Asil Cup International, Dillenburg 1985 und 1986.

Championesse Asil Cup International, Dillenburg 1985 and 1986.

Nazeerah

نظيرة

Foto: G. Boiselle

			Mansour
		Nazeer	
			Bint Samiha
	Kaisoon OA		
			Sid Abouhom
		Bint Kateefa	
			Kateefa
NAZEERAH			
			Balance
		Amlam Emam	
			Komeira
	Nadia OA		
			Nazeer
		Foze	
			Fathia

VZAP-AV-2358
St. Sch./*M. Grey*
* 7. 5. 81
Fam.: HE △

Z./*Breeder:* Vollblutaraber-Gestüt Dömken, Dörverden

VOLLBLUTARABER-GESTÜT DÖMKEN
Constanze Dömken
Hof Borstel
D-27313 Dörverden

Toman

طومان

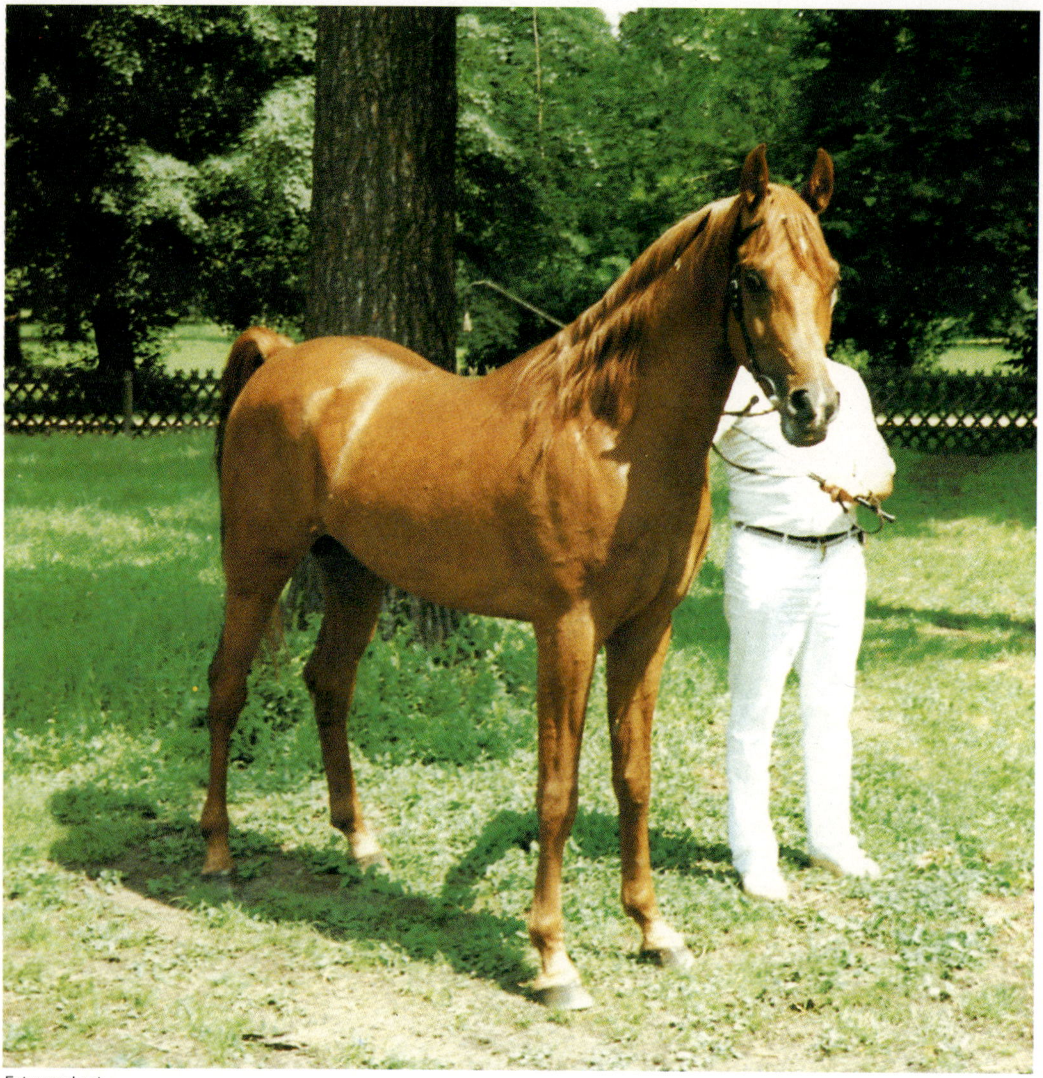

Foto: van Lent

TOMAN OA

- Shadwan
  - Shaarawi
    - Morafic
    - Bint Kamla
  - Kamar
    - Nazeer
    - Komeira
- Safinaz
  - Alaa El Din
    - Nazeer
    - Kateefa
  - Ramza
    - El Sareei
    - Shahbaa

AV-2000-78
H. F./*St. Chestnut*
* 20. 9. 78
Fam.: KK △

Z./*Breeder:* El Zahraa Stud, Cairo
Imp. 1979

DÖRNHOF
Dipl.-Ing. Erich Roth
Bismarckallee 26
D-63739 Aschaffenburg

Toman

طومان

Foto: van Lent

Marzuq Ibn Montasar مرزوق بن منتصر

Foto: H. Müller

MARZUQ IBN MONTASAR	Montasar	Madkour OA	Morafic
			Maisa
		Maymoonah	Hadban Enzahi OA
			Malikah
	Hamasa Dhana	Farag OA	Morafic
			Bint Kateefa
		Shar Duda	Negem
			Shar Hiba

08/20627/90
H. B./*St. Bay*
* 5. 5. 90
Fam.: SG ⚔

Z./*Breeder:* Araberhof „Drei Linden“, Hofbieber

ARABERHOF „DREI LINDEN“
Horst u. Elisabeth Müller
Siedlerstr. 1
D-36 145 Hofbieber/OT Wiesen

Bint Iman

بنت إيمان

Foto: H. Müller

mit Stutfohlen von Montasar

BINT IMAN OA	Mourad	Gassir	Kheir
			Badia
		Mabrouka	Sid Abouhom
			Moniet El Nefous
	Iman	Ikhnatoon	Farazdac
			Bint Om El Saad
		Enayah	Nawaf
			Adaweya

VZAP – AV – 3996
St. Sch./*M. Grey*
* 27. 4. 85
Fam.: DS △

Z./*Breeder:* El Zahraa Stud, Cairo
Imp. 1988

ARABERHOF „DREI LINDEN“
Horst u. Elisabeth Müller
Siedlerstr. 1
D-36145 Hofbieber/OT Wiesen

Rodan El Pharo

رودان الفارو

Foto: Escher

		Raisuli El Pharo	Ansata Ibn Halima OA
	Nahabi El Pharo		Al Nahr Modonna
		Ansata Jasmin	Ansata Ibn Sudan
RODAN EL PHARO			Maarqada
		Talalson	Talal OA
	AK Taldinaa		Lebleda OA
		Noha OA	Mashhour
			Samia

AHR-449263
H. R./*St. Black*
* 7. 5. 90
Fam.: KAIR △

Z./*Breeder:* Clark Arabians, USA

EBONY ARABIANS WOLFGANGSHOF
Familie Franz Bott
Weitprechts
D-88410 Bad Wurzach

Dr. Nico Jung
Brunnenwiesenstr. 10
D-73342 Bad Ditzenbach

El Thay Aziza

إلثاي عزيزة

Foto: C. Kugler

EL THAY AZIZA	Malik	Hadban Enzahi OA	Nazeer
			Kamla
		Malikah	Ghazal OA
			Malacha OA
	Amal	Mohafez	Ibn Moniet El Nefous OA
			Ahroufa
		Hanan OA	Alaa El Din
			Mona

VZAP – AV – 2956
St. Sch./*M. Grey*
* 29. 2. 84
Fam.: OS △

Z./*Breeder:* Dr. Hans-J. Nagel, Großenkneten

EL AFRAM-ARABER
Frank Mozer
Hartwaldstr. 124
D-70 378 Stuttgart-Hofen

Ibn Galal I-9

ابن جلال ١ــ٩

Foto: C. Moschini

IBN GALAL I-9	Ibn Galal I	Ibn Galal OA	Galal
			Mohga
		Hanan OA	Alaa El Din
			Mona
	Bint Azza I OA	Tuhotmos	El Sareei
			Moniet El Nefous
		Azza I	Sameh
			Ahlam II

IT – 452
H. Sch./*St. Grey*
* 22. 6. 83
Fam.: DS △

Z./*Breeder:* Arabergestüt Babolna, Ungarn

EL ASIL
Renzo Moschini
Via Fontana e Crocefisso 8
Collina Bassa di Pontelungo
I-51 030 Pistoia
Italien

Rajan 7 ريان ٧

Foto: C. A. Rosselini

RAJAN 7	Rayyan OA	Bilal I	Morafic
			Mona
		Katr El Nada	Farazdac
			Sara
	207 Farag II	Farag II	Farag OA
			25 Amurath Sahib
		26 Ibn Galal	Ibn Galal OA
			Momtaza OA

IT – 943
H. F./*St. Chestnut*
* 30. 12. 85
Fam.: KAIR ⚔

Z./*Breeder:* Arabergestüt Babolna, Ungarn

EL ASIL
Renzo Moschini
Via Fontana e Crocefisso 8
Collina Bassa di Pontelungo
I-51 030 Pistoia
Italien

206 Farag II

٢٠٦ فرج ٢

Foto: C. A. Rosellini

206 FARAG II	Farag II	Farag OA	Morafic
			Bint Kateefa
		25 Amurath Sahib	Amurath Sahib
			221 Kuhaylan Zaid
	Bint Azza I OA	Tuhotmos	El Sareei
			Moniet El Nefous
		Azza I	Sameh
			Ahlam II

IT – 1497
St. Sch./*M. Grey*
* 11. 2. 77
Fam.: DS ⚔

Z./*Breeder:* Arabergestüt Babolna, Ungarn

EL ASIL
Renzo Moschini
Via Fontana e Crocefisso 8
Collina Bassa di Pontelungo
I-51 030 Pistoia
Italien

Abbas Pasha I-6

عباس باشا ١ـ٦

Foto: C. Moschini

ABBAS PASHA I-6	Abbas Pasha I	Ansata Abbas Pasha	Ansata Ibn Halima OA
			Ansata Bint Mabrouka OA
		2 Ghalion	Ghalion OA
			Bint Inas OA
	201 Ibn Galal	Ibn Galal OA	Galal
			Mohga
		Hanadi OA	Alaa El Din
			Rahma

IT-1475
St. F./*M. Chestnut*
* 16. 3. 88
Fam.: KAIR △

Z./*Breeder:* Arabergestüt Babolna, Ungarn

EL ASIL
Renzo Moschini
Via Fontana e Crocefisso 8
Collina Bassa di Pontelungo
I-51 030 Pistoia
Italien

El Thay Mameluk

إلثاي مملوك

Foto: N. Sachs

EL THAY MAMELUK	Ibn Nazeema OA	Ameer	Galal
			Moniet El Nefous
		Nazeema	Alaa El Din
			Bint Kamla
	El Thay Mansoura	Machmut	Ibrahim
			Molesta
		Morawa	Nizam OA
			Momtaza OA

VZAP-AV-4433
H. F./*St. Chestnut*
* 1. 5. 88
Fam.: KAIR △

Z./*Breeder:* El Thay – El Thayeba, Großenkneten

VOLLBLUTARABERGESTÜT VON ELM
Holger & Sabine von Elm
Schlottweg 5
D-25365 Klein Offenseth

El Thay Thamam

إلثاي تمام

Foto: E. Escher

EL THAY THAMAM	Madkour I	Hadban Enzahi OA	Nazeer
			Kamla
		Mobeha II	Ghazal OA
			Malacha OA
	Taghreed OA	Shaarawi	Morafic
			Bint Kamla
		Naama	Anter
			Bint Maysouna

VZAP-AV-2826
H. Sch./*St. Grey*
* 15. 7. 83
Fam.: HE △

Z./*Breeder:* El Thay – El Thayeba, Großenkneten

VOLLBLUTARABERGESTÜT VON ELM
Holger & Sabine von Elm
Schlottweg 5
D-25365 Klein Offenseth

Sieger des Omega Asil Cup Hengste.
Sieger des H. H. Sheikh Zayed Bin Sultan al Nahyan Cup, Asil Cup International, Mannheim 1993.

Winner of the Omega Asil Cup Stallions.
Winner of the H. H. Sheikh Zayed Bin Sultan al Nahyan Cup, Asil Cup International, Mannheim 1993.

Moneera Safin

منيرة سفين

Foto: G. Waiditschka

MONEERA SAFIN	Kasr El Nil OA	Tuhotmos	El Sareei
			Moniet El Nefous
		Bint El Nil	Anter
			Shahrzada
	Salima	Kaisoon OA	Nazeer
			Bint Kateefa
		Salha OA	Sameh
			Saklawia II

CH – AV – 38/85
H. B./*St. Bay*
* 12. 8. 85
Fam.: SGIS △

Z./*Breeder:* Gestüt Moneera Thierer-Araber, Bad Schönborn
Imp. 1989

EL CALIF ARABIANS
Martin & Michèle Gugelmann-Vaucher
CH-4708 Luterbach
Schweiz

Mashuga

مشوقة

Foto: G. Maiworm

MASHUGA	Mohafez	Ibn Moniet El Nefous OA	Morafic
			Moniet El Nefous
		Ahroufa	Ibn Fa Serr
			Bah Roufa
	Maysouna	Ibn Galal OA	Galal
			Mohga
		Kis Mahiba	Ibn Galal OA
			Maheeba OA

CH – AV – 32/84
ST. B./*M. Bay*
* 31. 1. 84
Fam.: SGIS △

Z./*Breeder:* Dr. Hans-J. Nagel, Großenkneten
Imp. 1987

EL CALIF ARABIANS
Martin & Michèle Gugelmann-Vaucher
CH-4708 Luterbach
Schweiz

Hamasa Kadir

حماسة قدير

2nd place in A-jumping by playing off ties, Reit- und Fahrverein Spiesen 1984.
2nd place at VDD-Landesverband-Saarland-ride over 50 km, 1992.

Foto: E. Escher

Hamasa Kadir حماسة قدير

Foto: E. Escher

HAMASA KADIR	Farag OA	Morafic	Nazeer
			Mabrouka
		Bint Kateefa	Sid Abouhom
			Kateefa
	Hamasa Kahila	Kaisoon OA	Nazeer
			Bint Kateefa
		Shar Zarqa	Negem
			Shar Turfa

VZAP – AV – 1620
H. Sch./*M. Grey*
* 2. 6. 77
Fam.: SGIS ⚔

Z./*Breeder:* Olms Araber Hamasa Gestüt, Treis, Lda.

ASIL ARABER GESTÜT EL KADIR
Andrea Klein
D-66583 Spiesen-Elversberg

2. Platz im A-Springen nach Stechen, Reit- und Fahrverein Spiesen 1984.
2. Platz beim VDD-Landesverbandsritt Saarland über 50 km, 1992.

Indschima Bint Kadir إنْجيمة بنت قدير

Foto: E. Escher

INDSCHIMA BINT KADIR

INDSCHIMA BINT KADIR	Hamasa Kadir	Farag OA	Morafic
			Bint Kateefa
		Hamasa Kahila	Kaisoon OA
			Shar Zarqa
	Inja	Tufail	Kaisoon OA
			Faziza
		Hamasa Zaalee	Kaisoon OA
			Shar Zarqa

08/20988/89
St. Sch./*M. Grey*
* 26. 5. 89
Fam.: SGIS ⚔

Z./*Breeder:* Asil Araber Gestüt El Kadir, Spiesen-Elversberg

ASIL ARABER GESTÜT EL KADIR
Margit Meiser
D-66583 Spiesen-Elversberg

Kaeema Bint Kadir قائمة بنت قدير

Foto: E. Escher

KAEEMA BINT KADIR	Hamasa Kadir	Farag OA	Morafic
			Bint Kateefa
		Hamasa Kahila	Kaisoon OA
			Shar Zarqa
	Inja	Tufail	Kaisoon OA
			Faziza
		Hamasa Zaalee	Kaisoon OA
			Shar Zarqa

08/21111/91
St. F./*M. Chestnut*
* 15. 5. 91
Fam.: SGIS ⚔

Z./*Breeder:* Asil Araber Gestüt El Kadir, Spiesen-Elversberg

ASIL ARABER GESTÜT EL KADIR
Andrea Klein
D-66583 Spiesen-Elversberg

„M“ Sharin

"م" شرين

Reserve-Champion of the Saudia Junior-Championship Stallions, Asil Cup International, Mannheim 1993.

Foto: K. Anders

„M" Sharin

„م" شرين

Foto: M. Grefenstein

„M" SHARIN

08/21361/91
H. F./*St. Chestnut*
* 28. 5. 91
Fam.: OG △

Ibn Bint Inas (Halim Shah 3)	Ansata Halim Shah	Ansata Ibn Halima OA
		Ansata Rosetta
	Bint Inas OA	Gassir
		Inas
Shannah	Ibn Galal OA	Galal
		Mohga
	Layla	Mahomed
		Marah OA

Z./*Breeder:* Margaretenhof, Eitorf

VOLLBLUT-ARABER-STALL EL MAREES
Monika Grefenstein
Oberdorf 21
D-53945 Blankenheim-Reetz

Reservesieger des Saudia Junioren-Championats Hengste, Asil Cup International, Mannheim 1993.

El Marees

المريس

Foto: E. Escher

EL MAREES	Nizam OA	Shaarawi	Morafic
			Bint Kamla
		Nazeema	Alaa El Din
			Bint Kamla
	Mahdia Bint Malikah	Madkour OA	Morafic
			Maisa
		Malikah	Ghazal OA
			Malacha OA

VZAP-AV-3939
H. Sch./*St. Grey*
* 5. 1. 82
Fam.: DS △

Z./*Breeder:* Kauber Platte Araber Gestüt, Kaub am Rhein

VOLLBLUT-ARABER-STALL EL MAREES
Monika Grefenstein
Oberdorf 21
D-53945 Blankenheim-Reetz

KP Hediya

هدية

Foto: E. Escher

KP HEDIYA	Malik El Nil	Idrees OA	Adeep
			Bint El Nil
		Hania OA	Tuhotmos
			Hothoda
	Set Husen OA	Tuhotmos	El Sareei
			Moniet El Nefous
		Set Abouhom	Alaa El Din
			Noha

VZAP-AV-5091
St. B./*M. Bay*
* 22. 5. 89
Fam.: KAIR △

Z./*Breeder:* Kauber Platte Araber Gestüt, Kaub am Rhein

VOLLBLUT-ARABER-STALL EL MAREES
Monika Grefenstein
Oberdorf 21
D-53945 Blankenheim-Reetz

Shayla

شيلا

Foto: W. Grefenstein

Shayla

شيلا

Foto: M. Grefenstein

SHAYLA	Malik El Nil	Idrees OA	Adeep
			Bint El Nil
		Hania OA	Tuhotmos
			Hodhoda
	„M" Shalimah	Ansata Halim Shah	Ansata Ibn Halima OA
			Ansata Rosetta
		Shannah	Ibn Galal OA
			Layla

08/02/1132/92
St. B./*M. Bay*
* 8. 5. 92
Fam.: OG △

Z./*Breeder:* Vollblut-Araber-Stall El Marees, Blankenheim-Reetz

VOLLBLUT-ARABER-STALL EL MAREES
Monika Grefenstein
Oberdorf 21
D-53945 Blankenheim-Reetz

Masoud

مسعود

Foto: E. Escher

MASOUD	Ibrahim	Mahomed	Hadban Enzahi OA
			Malikah
		Maheeba OA	Alaa El Din
			Mouna
	Mona III	Hadban Enzahi OA	Nazeer
			Kamla
		Moheba II	Ghazal OA
			Malacha OA

VZAP – AV – 2189
H. Sch./*St. Grey*
* 21. 6. 81
Fam.: DS △

Z./*Breeder:* Gräfin zu Innhausen und Knyphausen, Lütetsburg

VOLLBLUTARABERGESTÜT EL NAARAH
Dr. H. Freimüller
Grenzbachhof
D-71 297 Mönsheim

Top Ten Hengste, Asil Cup International, Mannheim 1990.
Top Ten Stallions, Asil Cup International, Mannheim 1990.

El Thay Ibn Halim Shah

إلثاي ابن حليم شاه

Foto: N. Sachs

EL THAY IBN HALIM SHAH	Ansata Halim Shah	Ansata Ibn Halima OA	Nazeer
			Halima
		Ansata Rosetta	Ansata Shah Zaman
			Ansata Bint Bukra OA
	Mahameh	Ibrahim	Mahomed
			Maheeba OA
		Mona III	Hadban Enzahi OA
			Moheba II

VZAP – AV – 3022
H. Sch./*St. Grey*
* 13. 4. 85
Fam.: DS △

Z./*Breeder:* El Thay – El Thayeba, Großenkneten

VOLLBLUTARABERGESTÜT EL NAARAH
Dr. H. Freimüller/C. u. Dr. H. J. Tauschke
Grenzbachhof
D-71 297 Mönsheim

Sieger des BMW Asil Cup International, Hengste, Mannheim 1990.
Champion of the BMW Asil Cup International, Stallions, Mannheim 1990.

Badira Bint Malik

بديرة بنت ملك

Foto: E. Escher

BADIRA BINT MALIK	Malik	Hadban Enzahi OA	Nazeer
			Kamla
		Malikah	Ghazal OA
			Malacha OA
	Bassima OA	Kayed OA	Morafic
			Kaydahom
		Bint Rawya	Bandong
			Rawya

VZAP – AV – 2955
St. Sch./*M. Grey*
* 24. 2. 83
Fam.: DS △

Z./*Breeder:* Om el Arab, Lauterbach/Schwarzwald

VOLLBLUTARABERGESTÜT EL NAARAH
Dr. H. Freimüller
Grenzbachhof
D-71 297 Mönsheim

Shaakirah

شاكرية

Foto: E. Escher

SHAAKIRAH	Al Nowasy OA	Hamid	Alaa El Din
			Hafiza
		Shukria	Seef El Arab
			Sharara
	Shaklana	Shaker El Masri OA	Morafic
			Zebeda
		Naglaa OA	Mamdouh
			Fadila

VZAP – AV – 4176
St. F/*M. Chestnut*
* 16. 4. 85
Fam.: SGIS △

Z./*Breeder:* Vollblutarabergestüt El Naarah, Mönsheim

VOLLBLUTARABERGESTÜT EL NAARAH
Dr. H. Freimüller
Grenzbachhof
D-71 297 Mönsheim

Moneera Mohera

منيرة مهيرة

Foto: E. Escher

MONEERA MOHERA	Ibn Moheba	Nizam OA	Shaarawi
			Nazeema
		Moheba II	Ghazal OA
			Malacha OA
	Moniet	Kaisoon OA	Nazeer
			Bint Kateefa
		Moneera OA	Alaa El Din
			Mouna

VZAP – AV – 5052
St. Sch./*M. Grey*
* 21. 2. 88
Fam.: SGIS △

Z./*Breeder:* Gestüt Moneera Thierer-Araber, Bad Schönborn

VOLLBLUTARABERGESTÜT EL NAARAH
Dr. H. Freimüller
Grenzbachhof
D-71 297 Mönsheim

Moniet Mofisa

منية مفيسة

MONIET MOFISA	Kasr El Nil OA	Tuhotmos	El Sareei
			Moniet El Nefous
		Bint El Nil	Anter
			Shahrzada
	Moufisa Halima	Halim El Kadir	Ansata Ibn Halima OA
			Illaila
		Mofisa	Nizam OA
			Mona II

08/21415/91
St. B./*M. Bay*
* 17. 6. 91
Fam.: SGIS △

Z./*Breeder:* Brigittenhof, Heidelberg

VOLLBLUTARABERGESTÜT EL NAARAH
Dr. H. Freimüller
Grenzbachhof
D-71 297 Mönsheim

Munifeh

منيفة

Foto: E. Escher

MUNIFEH	Montasar	Madkour OA	Morafic
			Maisa
		Maymoonah	Hadban Enzahi OA
			Malikah
	Massilah	Madkour OA	Morafic
			Maisa
		Maymoonah	Hadban Enzahi OA
			Malikah

08/20277/89
St. B./*M. Bay*
* 22. 3. 89
Fam.: DS △

Z./*Breeder:* Vollblutarabergestüt Seidlitz, Sesslach

VOLLBLUTARABERGESTÜT EL NAARAH
Dr. H. Freimüller
Grenzbachhof
D-71297 Mönsheim

Farouk

فاروق

Foto: K. Denart

FAROUK OA	Tuhotmos	El Sareei	Shahloul
			Zareefa
		Moniet El Nefous	Shahloul
			Wanisa
	Fifi	Anter	Hamdan
			Obeya
		Mamlouka	Nazeer
			Malaka

AV-588
H. B./*St. Bay*
* 27. 3. 71
Fam.: KAIR △

Z./*Breeder:* El Zahraa Stud, Cairo

EL SHAMS
Doris & Dr. Otto Saenger
Am Teich 7
D-22 929 Delingsdorf

Kontaktanschrift:
Gut Wengelsdorf
D-06 688 Wengelsdorf

El Thay Mansour

إلثاي منصور

Foto: van Lent

EL THAY MANSOUR	Ansata Halim Shah	Ansata Ibn Halima OA	Nazeer
			Halima
		Ansata Rosetta	Ansata Shah Zaman
			Ansata Bint Bukra OA
	El Thay Maheera	Nizam OA	Shaarawi
			Nazeema
		Mona II	Mahomed
			Maheeba OA

VZAP-AV-3240
H. Sch./*St. Grey*
* 8. 2. 86
Fam.: SGIS △

Z./*Breeder:* El Thay - El Thayeba, Großenkneten

EL THAY – EL THAYEBA
C. &. Dr. H. J. Tauschke
Knetersand 1
D-26197 Großenkneten

Sieger der DRAV-Hengstleistungsprüfung in Baden-Baden, 1991 und Reservesieger des Rennens der Hengstleistungsprüfung in Bad Harzburg, 1991.
Reservesieger des Hunting & Equestrian Clubs Kuwait-Senioren-Championat Hengste, Asil Cup International, Mannheim 1993.

Winner in the DRAV stallion performance test at Baden-Baden, 1991 and reserve champion in the race of stallion performance test at Bad Harzburg, 1991.
Reserve-Champion of the Hunting & Equestrian Club Kuwait-Senior Championship Stallions, Asil Cup International, Mannheim 1993.

Shaik Al Jiwan

شيخ الجِوان

Foto: N. Sachs

SHAIK AL JIWAN	Ansata Omar Halim	Ansata Ibn Halima OA	Nazeer
			Halima
		Ansata Rosetta	Ansata Shah Zaman
			Ansata Bint Bukra (Husnia) OA
	Ansata Wanisa	Ansata Ibn Sudan	Ansata Ibn Halima OA
			Ansata Bint Mabrouka OA
		Ansata Bint Nazeer OA	Nazeer
			El Bataa

VZAP-AV-2849
H. Sch./*St. Grey*
* 24. 5. 83
Fam.: SGIS △

Z./*Breeder:* Zahara Arabian Stud, USA
Imp.: 1984

EL THAY – EL THAYEBA
C. & Dr. H. J. Tauschke
Knetersand 1
D-26 197 Großenkneten

El Thay Taghreed

إلثاي تغريد

Foto: N. Sachs

EL THAY TAGHREED	El Thay Mansour	Ansata Halim Shah	Ansata Ibn Halima OA
			Ansata Rosetta
		El Thay Maheera	Nizam OA
			Mona II
	Tamara	Jamil	Madkour I
			Hanan OA
		Taghreed OA	Shaarawi
			Naama

08/20393/91
St. B./*M. Bay*
* 10. 5. 91
Fam.: HE △

Z./*Breeder:* El Thay-El Thayeba, Großenkneten

EL THAY – EL THAYEBA
C. & Dr. H. J. Tauschke
Knetersand 1
D-26 197 Großenkneten

El Thay Magida

إلثاي ماجدة

Foto: N. Sachs

			Ameer
		Ibn Nazeema OA	
			Nazeema
	El Thay Mameluk		
			Machmut
		El Thay Mansoura	
			Morawa
EL THAY MAGIDA			
			Shaarawi
		Nizam OA	
			Nazeema
	El Thay Maheera		
			Mahomed
		Mona II	
			Maheeba OA

08/20529/92
St. F./*M. Chestnut*
* 6. 4. 92
Fam.: SGIS △

Z./*Breeder:* El Thay-El Thayeba, Großenkneten

EL THAY – EL THAYEBA
C. & Dr. H. J. Tauschke
Knetersand 1
D-26 197 Großenkneten

Mourad

مراد

MOURAD OA	Gassir	Kheir	Ibn Samhan
			Badaouia
		Badia	Ibn Rabdan
			Zareefa
	Mabrouka	Sid Abouhom	El Deree
			Layla
		Moniet El Nefous	Shahloul
			Wanisa

H. Sch./*St. Grey*
* 23. 12. 68
Fam.: SGIS △

Z./*Breeder:* El Zahraa Stud, Cairo

EL ZAHRAA STUD
Egyptian Agricultural Organization
Generalmanager Dr. Ibrahim Zaghloul
P.O. Box 63
ET-Cairo, 11511
Ägypten

Etry

أتري

ETRY OA	Emad	El Araby	Morafic
			Hafiza
		Ebeda	Ezzat
			Obeya
	Baheera	Shaarawi	Morafic
			Bint Kamla
		Raghda	Morafic
			Rayana

H. R./*St. Black*
* 24. 3. 80
Fam.: SGIS △

Z./*Breeder:* El Zahraa Stud, Cairo

EL ZAHRAA STUD
Egyptian Agricultural Organization
Generalmanager Dr. Ibrahim Zaghloul
P.O. Box 63
ET-Cairo, 11511
Ägypten

Hamasa Gharbi

حماسة غربي

Foto: A. Baumann

Champion of the Hülsen long-distance-ride, 60 km, 1988.
Federal Champion of Germany of the long-distance-driving over 90 km, 1989 in an record time of 4^{h}, 26 min. and 26 sec.
Champion of the Heide long-distance-driving, Hannover–Hamburg, 1989.

Hamasa Gharbi

حماسة غربي

Foto: S. Widmann

HAMASA GHARBI	Gharib OA	Anter	Hamdan
			Obeya
		Souhair	Sid Abouhom
			Salwa
	Hamasa Tumaderah	Tufail	Kaisoon OA
			Bint Faziza
		Shar Duda	Negem
			Shar Hiba

VZAP-AV-3327
H. R./*St. Black*
* 27. 7. 82
Fam.: SG ⚔

Z./*Breeder:* Olms Araber Hamasa Gestüt, Treis/Lda.

HANS WERNER FALK
Lohorster Str. 23
D-26 188 Edewecht/Lohorst

Sieger im 60 km Distanzritt in Hülsen, 1988.
Deutscher Bundeschampion im 90 km Distanzfahren, 1989 in der Rekordzeit von 4 Std., 26 Min. und 25 Sek.
Sieger in der 100 km Heidedistanzfahrt Hannover-Hamburg, 1989.

Abbas Pasha I

عباس باشا ١

Foto: R. Schuhmann

ABBAS PASHA I	Ansata Abbas Pasha	Ansata Ibn Halima OA	Nazeer
			Halima
		Ansata Bint Mabrouka OA	Nazeer
			Mabrouka
	2 Ghalion	Ghalion OA	Morafic
			Lubna
		Bint Inas OA	Gassir
			Inas

08/20583/82
H. Sch./*St. Grey*
* 24. 4. 82
Fam.: DS △

Z./*Breeder:* Arabergestüt Babolna, Ungarn
Imp. 1991

BIRGIT & TAMAS FAZEKAS
Niederhohndorfer Str. 64
D-08058 Zwickau

Abbas Pasha I

عباس باشا ١

Foto: R. Schuhmann

Nejidd Ibn Ibn Ghalion نجد بن بن غليون

Foto: A. Gottschalk

			Morafic
		Ghalion OA	
			Lubna
	Ibn Ghalion		
			Tuhotmos
		9 Tamria OA	
			Kamar
NEJIDD IBN IBN GHALION			
			Hadban Enzahi OA
		Madkour I	
			Moheba II
	Noosa		
			Madkour I
		Niesah	
			Shams El Nefisa

08/20454/91
H. B./*St. Bay*
* 23. 4. 91
Fam.: ShS △

Z./*Breeder:* Vollblutaraber-Gestüt Patt, Eitorf-Büsch

ANGELIKA FITZON
Zeppelinstr. 2
D-70825 Korntal-Münchingen

Standort:
Fohlenhof Wörner
Osterburken/Odenwald

Hamasa Dschirha

حماسة جِرها

Foto: M. Pehr

HAMASA DSCHIRHA	Shams El Arabi	Farouk OA	Tuhotmos
			Fifi
		Bint El Arabi OA	El Araby
			El Ameera
	Hamasa Tumaderah	Tufail	Kaisoon OA
			Faziza
		Shar Duda	Neqem
			Shar Hiba

08/20854/90
St. R./*M. Black*
* 7. 5. 90
Fam.: SG ⚔

Z./*Breeder:* Olms Araber Hamasa Gestüt, Treis/Lda.

PIA GAUL
Stefaniestr. 8
D-85 104 Pförring/Forchheim

Ibn Shaker I

ابن شاكر ١

Foto: E. Escher

IBN SHAKER I	Shaker El Masri OA	Morafic	Nazeer
			Mabrouka
		Zebeda	El Sareei
			Galila
	Bint Rawya OA	Bandong	Anter
			Badria
		Rawya	Sid Abouhom
			Bint Zareefa

VZAP-AV-1105
H. Sch./*St. Grey*
* 16. 4. 73
Fam.: DS △

Z./*Breeder:* Om El Arab Vollblutarabergestüt, Lauterbach

VOLLBLUTARABERGESTÜT GEORGENHOF
Familie Holzmann
Grüntenstr. 2
D-86807 Buchloe

Saymoona

سيمونا

Foto: E. Escher

SAYMOONA	Saymoon	Maymoon	Kaisoon OA
			Maymoonah
		Sayameh	Anchor Hill Halim
			Somaya OA
	Munja	Shaker El Masri OA	Morafic
			Zebeda
		Mastura	Saher
			Molesta

VZAP-AV-3309
St. Sch./*M. Grey*
* 18. 5. 85
Fam.: DS ⚔

Z./*Breeder:* Gestüt Südwind, Iffeldorf

VOLLBLUTARABERGESTÜT GEORGENHOF
Familie Holzmann
Grüntenstr. 2
D-86807 Buchloe

Reservesiegerin der Junioren Stuten,
Asil Cup International, Dillenburg 1985.

Reserve Championesse of the Junior Mares,
Asil Cup International, Dillenburg 1985.

Sayoome

سيومه

Foto: E. Escher

SAYOOME	Ibn Shaker I	Shaker El Masri OA	Morafic
			Zebeda
		Bint Rawya OA	Bandong
			Rawya
	Saymoona	Saymoon	Maymoon
			Sayameh
		Munja	Shaker El Masri OA
			Mastura

08/20685/90
St. Sch./*M. Grey*
* 26. 4. 90
Fam.: DS ⚔

Z./*Breeder:* Vollblutarabergestüt Georgenhof, Buchloe

VOLLBLUTARABERGESTÜT GEORGENHOF
Familie Holzmann
Grüntenstr. 2
D-86807 Buchloe

Siegerin des Fohlenchampionats,
Asil Cup International, Mannheim 1990.

Winner of the Foalchampionship,
Asil Cup International, Mannheim 1990.

EL Zaheb

الزاهب

Foto: R. Gersbach-Walt

EL ZAHEB			
	Ibn Moheba	Nizam OA	Shaarawi
			Nazeema
		Moheba II	Ghazal OA
			Malacha OA
	Zaliona el Moniet	Ghalion OA	Morafic
			Lubna
		Zahda	Malik
			Zabia OA

CH/AV/7/88
H. Sch./*St. Grey*
* 4. 4. 88
Fam.: KAIR △

Z./*Breeder:* Hanspeter Krause, Roggliswil, Schweiz

REGULA & TOBIAS GERSBACH-WALT
Sonnegg 88
CH-8006 Zürich
Schweiz

Bint Aja

بنت آيا

Foto: Freimann

BINT AJA	Mirath	Ruta-Am	Taamri db
			Rudann db
		Taamhaal	Taamri db
			Halwaaji db
	Aja	El Haml	El Hamdan
			Al Fellujah
		Taamhaal	Taamri db
			Halwaaji db

CAHR-14069
St. F./*M. Chestnut*
* 21. 5. 80
Fam.: HS ⚔

Z./*Breeder:* Lee Oellerich, Langley, BC, Canada
Imp. 1992

GHAZIEH ASIL ARABER
Jutta u. Jens Sannek
Roseggerstr. 14
D-31 785 Hameln

3. Platz im Okanagan Sun Competitive 14 Meilen *Trail Ride im Okanagan Valley, BC, Kanada, 1992.*

3rd in the Okanagan Sun Competitive 14 miles trail ride at Okanagan Valley, BC, Canada, 1992.

Wazira-Matmoun

وزيرة متمون

Foto: E. Escher

WAZIRA-MATMOUN	Maschadi	Moneef	Hadban Enzahi OA
			Moheba II
		Mahari	Hadban Enzahi OA
			Malacha OA
	Hamasa Wazira	Farag OA	Morafic
			Bint Kateefa
		Shar Gemara	Negem
			Faziza

08/20992/88
H. Sch./*St. Grey*
* 29. 5. 88
Fam.: KJ ⚔

Z./*Breeder:* Wilhelm Kaiser, Pegnitz

THOMAS GRAMß
Mozartstr. 12
D-91 257 Pegnitz

Hamasa Farhan

حماسة فرحان

Foto: H. Reinhard

HAMASA FARHAN	Farag OA	Morafic	Nazeer
			Mabrouka
		Bint Kateefa	Sid Abouhom
			Kateefa
	Hamasa Kahila	Kaisoon OA	Nazeer
			Bint Kateefa
		Shar Zarqa	Negem
			Shar Turfa

VZAP-AV-1835
H. Sch./*St. Grey*
* 2. 6. 78
Fam.: SG ⚔

Z./*Breeder:* Olms Araber Hamasa Gestüt, Treis/Lda.

VOLLBLUTARABER-GESTÜT GRAUERT
Fritz Grauert
Hauptstr. 60
D-74249 Jagsthausen

Top Ten Hengste, Asil Cup International, Dillenburg 1985.
Top Ten Stallions, Asil Cup International, Dillenburg 1985.

Naskhi

نسخي

Foto: E. Escher

NASKHI	Gharib OA	Anter	Hamdan
			Obeya
		Souhair	Sid Abouhom
			Salwa
	Nabya	Hadban Enzahi OA	Nazeer
			Kamla
		Nadia OA	Nazeer
			Nefisa

VZAP-AV-1390
H. Sch./*St. Grey*
* 16. 2. 77
Fam.: DS △

Z./*Breeder:* Haupt- und Landgestüt Marbach, Gomadingen

CLAUDIA GUBLER-HÄGELI
Farud-Araber
Postfach 154
CH-8754 Netstal
Schweiz

Standort:
Gestüt Rosenhof
Repperweiler 43
D-88367 Hohentengen

Abbas Pasha I-3

عباس باشا ١_٣

Foto: E. Escher

		Ansata Abbas Pasha	Ansata Ibn Halima OA
	Abbas Pasha I		Ansata Bint Mabrouka OA
		2 Ghalion	Ghalion OA
ABBAS PASHA I-3			Bint Inas OA
		Ibn Galal OA	Galal
St. B./*M. Bay* * 29. 10. 86 Fam.: HE △	202 Ibn Galal		Mohga
		Hosna OA	Ibn Maysa
			Rida

Z./*Breeder:* Arabergestüt Babólna, Ungarn

ALLEVAMENTO DEL GUASIMO
Federico Fogarin
Via Pola 8
I-30020 Bibione
Italien

Abbas Pasha I-5 عباس باشا ١ـ٥

Foto: E. Escher

ABBAS PASHA I-5	Abbas Pasha I	Ansata Abbas Pasha	Ansata Ibn Halima OA
			Ansata Bint Mabrouka OA
		2 Ghalion	Ghalion OA
			Bint Inas OA
	225 Ibn Galal I	Ibn Galal I	Ibn Galal OA
			Hanan OA
		205 Ghalion	Ghalion OA
			El Aziza OA

VZAP – AV – 4039
St. Sch./*M. Grey*
* 5. 11. 86
Fam.: KJ △

Z./*Breeder:* Arabergestüt Babòlna, Ungarn

ALLEVAMENTO DEL GUASIMO
Federico Fogarin
Via Pola 8
I-30020 Bibione
Italien

Hamasa Itimad

حماسة إعتماد

Foto: Pui

HAMASA ITIMAD	Masir	Mehanna OA	Galal
			Mouna
		Bint Shahbaa OA	Gassir
			Shahbaa
	Hamasa Indschima	Nizam OA	Shaarawi
			Nazeema
		Nafteta	Kaisoon OA
			Moneera OA

08/20796/88
St. F./*M. Chestnut*
* 15. 8. 88
Fam.: SGIS △

Z./*Breeder:* Olms Araber Hamasa Gestüt, Treis/Lda.

HAMDAM ASIL ARABER
Dr. Peter Hörter
Grunweg 1
D-35 117 Münchhausen-Wollmar

Hamasa Ghazwan

حماسة غصوان

Foto: P. Hörter

HAMASA GHAZWAN	Gharib OA	Anter	Hamdan
			Obeya
		Souhair	Sid Abouhom
			Salwa
	Hamasa Tumaderah	Tufail	Kaisoon OA
			Faziza
		Shar Duda	Negem
			Shar Hiba

AV-0411/86
H. R./*St. Black*
* 8. 4. 86
Fam.: SG ⚔

Z./*Breeder:* Olms Araber Hamasa Gestüt, Treis/Lda.

HAMDAN ASIL ARABER
Dr. Peter Hörter
Grunweg 1
D-35 117 Münchhausen-Wollmar

Tamria II

تميرة ٢

Foto: C. Kugler

TAMRIA II	Ansata Halim Shah	Ansata Ibn Halima OA	Nazeer
			Halima
		Ansata Rosetta	Ansata Shah Zaman
			Ansata Bint Bukra OA
	211 Zohair	Zohair OA	Alaa El Din
			Zebeda
		28 Farag	Farag OA
			Tamria OA

08/02/1848/85
St. Sch./*M. Grey*
* 24. 7. 85
Fam.: DS △

Z./*Breeder:* Arabergestüt Babolna, Ungarn

VOLLBLUTARABERGESTÜT HAMMERHOF
Christiane u. Dr. Hans Wettke
D-74743 Seckach-Zimmern

Bint Moniet

بنت منية

Foto: C. Kugler

		Galal	Nazeer
			Farasha
	Ibn Galal OA	Mohga	El Sareei
			Yosreia
BINT MONIET		Kaisoon OA	Nazeer
			Bint Kateefa
	Moniet	Moneera OA	Alaa El Din
			Mouna

VZAP-AV-3163
St. F./*M. Chestnut*
* 30. 7. 84
Fam.: SGIS △

Z./*Breeder:* Gestüt Moneera Thierer-Araber, Bad Schönborn

VOLLBLUTARABERGESTÜT HAMMERHOF
Christiane u. Dr. Hans Wettke
D-74743 Seckach-Zimmern

Hanaya Makhsous

هنايا مخصوص

Foto: E. Escher

HANAYA MAKHSOUS	Madkour OA	Morafic	Nazeer
			Mabrouka
		Maisa	Shahloul
			Zareefa
	Kodwa OA	Shadwan	Shaarawi
			Kamar
		Alifa	Alaa El Din
			Zebeda

H. Sch./*St. Grey*
* 5. 5. 90
Fam.: HE △

Z./*Breeder:* Gestüt Hanaya, Schleinikon, Schweiz

GESTÜT HANAYA
Nayla Hayek
Expohof
CH-8165 Schleinikon
Schweiz

Manaya

مناايا

Foto: I. Filsinger

MANAYA	Madkour OA	Morafic	Nazeer
			Mabrouka
		Maisa	Shahloul
			Zareefa
	Maisa	Hadban Enzahi OA	Nazeer
			Kamla
		Malikah	Ghazal OA
			Malacha OA

St. Sch./*M. Grey*
* 29. 7. 77
Fam.: DS △

Z./*Breeder:* Filsinger Araber, Buchen-Götzingen

GESTÜT HANAYA
Nayla Hayek
Expohof
CH-8165 Schleinikon
Schweiz

Hebat Misr

هبة مصر

Foto: van Lent

HEBAT MISR OA	Adeeb	Shaarawi	Morafic
			Bint Kamla
		Nawal	Tuhotmos
			Nagda
	Basant	Aseel	Sameh
			Inas
		Hayfaa	Sameh
			Abla

St. Sch./*M. Grey*
* 22. 5. 81
Fam.: DS △

Z./*Breeder:* El Zahraa Stud, Cairo

GESTÜT HANAYA
Nayla Hayek
Expohof
CH-8165 Schleinikon
Schweiz

Hanaya Nareekha

هنايا نريخا

Foto: V. Hänsli

HANAYA NAREEKHA	Ibn El Mareekh	El Mareekh OA	Aseel
			Rawayeh
		Bint Deena	Ansata Ibn Halima OA
			Deena OA
	Nahilaa	Shah Nishan	Morafic OA
			Kahramana OA
		AK Entaayah	The Egyptian Prince
			AK Zahira

St. B./*M. Bay*
* 15. 5. 91
Fam.: KJ △

Z./*Breeder:* Gestüt Hanaya, Schleinikon, Schweiz

GESTÜT HANAYA
Nayla Hayek
Expohof
CH-8165 Schleinikon
Schweiz

Tumay

توماي

TUMAY	Saymoon	Maymoon	Kaisoon OA
			Maymoonah
		Sayameh	Anchor Hill Halim
			Somaya OA
	Hamasa Tuëma	Tufail	Kaisoon OA
			Faziza
		Hamasa Kahila	Kaisoon OA
			Shar Zarqa

08/20927/88
H. Sch./*St. Grey*
* 29. 5. 88
Fam.: SG ⚔

Z./*Breeder:* Dr. B. Hantschmann, Lauenbrück

HEIDI & DR. BERND HANTSCHMANN
Richterkamp 6
D-27389 Lauenbrück

Sherhan

شرحان

Foto: E. Escher

SHERHAN	Maysoon	Ansata Halim Shah	Ansata Ibn Halima OA
			Ansata Rosetta
		Maysouna	Ibn Galal (Magdi) OA
			Kis Mahiba
	Saade	El Aswad	Ibn Galal (Magdi) OA
			Hosna OA
		Sahara	Tobrok OA
			191 Wasila OA

08/20806/90
H. Sch./*St. Grey*
* 29. 4. 90
Fam.: SGIS △

Z./*Breeder:* Gestüt Sheherezade, Bad Münstereifel-Ohlerath

SUSANNE HEIMERDINGER
Archfelderstr. 10
D-37293 Herleshausen-Willershausen

Hamasa Tumaderah حماسة توماديرة

HAMASA TUMADERAH	Tufail	Kaisoon OA	Nazeer
			Bint Kateefa
		Faziza	Fa-Turf
			Azyya
	Shar Duda	Negem	Fa-Serr
			Fay-Negma
		Shar Hiba	Fa-Turf
			Schiba

VZAP-AV-1888
St. R./*M. Black*
* 14. 4. 75
Fam.: SG ⚔

Z./*Breeder:* Olms Araber Hamasa Gestüt, Treis/Lda.

ARABERGESTÜT „HOCHSAUERLAND“
Asil-Aegyptische Vollblutaraber
Hans Joachim Heinemann
D-59872 Meschede-Schüren

gepachtet von / *leased by:*
Olms Araber Hamasa Gestüt, Treis/Lda.

Hamasa Tumaderah

حماسة تومادیرة

Foto: H. Reinhard

Mona I

منى

Foto: H. Reinhard

MONA I	Anchor Hill Halim	Hadban	Fabah
			Fa Deene
		Silima	Ansata Ibn Halima OA
			Asal Sirabba
	Moneera OA	Alaa El Din	Nazeer
			Kateefa
		Mouna	Sid Abouhom
			Moniet El Nefous

D-AV-749
St. Sch./*M. Grey*
* 2. 4. 74
Fam.: SGIS △

Z./*Breeder:* Gestüt Moneera Thierer-Araber, Bad Schönborn

ARABERGESTÜT „HOCHSAUERLAND"
Asil-Aegyptische Vollblutaraber
Hans Joachim Heinemann
D-59872 Meschede-Schüren

gepachtet von / *leased by:*
Olms Araber Hamasa Gestüt, Treis/Lda.

Atayyah Moniet

عطية منية

Foto: E. Bahlmann

ATAYYAH MONIET	El Moniet	Mohafez	Ibn Moniet El Nefous OA
			Ahroufa
		Madinah	Ibn Galal OA
			Mona II
	Fasira	Masir	Mehanna OA
			Bint Shahbaa OA
		Shams El Fatimah	Farouk OA
			Bint Fayek I OA

08/20509/90
H. F./*St. Chestnut*
* 9. 3. 90
Fam.: KJ △

Z./*Breeder:* Araber Gestüt Höferhof, Friesenhagen

ARABER GESTÜT HÖFERHOF
Elke u. Dr. E. Bahlmann
Höferhof
D-51 598 Friesenhagen

El Moniet

المنية

Foto: K. Anders

El Moniet

المنية

Foto: E. Escher

			Morafic
		Ibn Moniet El Nefous OA	
			Moniet El Nefous
	Mohafez		
			Ibn Fa-Serr
		Ahroufa	
			Bah Roufa
EL MONIET			
			Galal
		Ibn Galal OA	
			Mohga
	Madinah		
			Mahomed
		Mona II	
			Maheeba OA

VZAP-AV-2395
H. F./*St. Chestnut*
* 14. 3. 82
Fam.: SGIS △

Z./*Breeder:* Madheen Araber, Göttingen/Roringen

ARABER GESTÜT HÖFERHOF
Elke u. Dr. E. Bahlmann
Höferhof
D-51 598 Friesenhagen

Sieger der Hengstleistungsprüfung in Medingen, 1986
Winner of the stallion performance test at Medingen, 1986

Fulana

فلانة

Foto: E. Bahlmann

FULANA	El Moniet	Mohafez	Ibn Moniet El Nefous OA
			Ahroufa
		Madinah (Mona II)	Ibn Galal OA
			Mona II
	Fasira	Masir	Mehanna OA
			Bint Shahbaa OA
		Shams El Fatimah	Farouk OA
			Bint Fayek I OA

08/20399/88
St. F./*M. Chestnut*
* 30. 3. 88
Fam.: KJ △

Z./*Breeder:* Araber Gestüt Höferhof, Friesenhagen

ARABER GESTÜT HÖFERHOF
Elke u. Dr. E. Bahlmann
Höferhof
D-51 598 Friesenhagen

Faranaz

فارَناز

Foto: E. Bahlmann

FARANAZ	El Moniet	Mohafez	Ibn Moniet El Nefous OA
			Ahroufa
		Madinah	Ibn Galal OA
			Mona II
	Fulana	El Moniet	Mohafez
			Madinah
		Fasira	Masir
			Shams El Fatimah

08/02/0790/93
St. F./*M. Chestnut*
* 6. 3. 93
Fam.: KJ △

Z./*Breeder:* Araber Gestüt Höferhof, Friesenhagen

ARABER GESTÜT HÖFERHOF
Elke u. Dr. E. Bahlmann
Höferhof
D-51 598 Friesenhagen

El Thay Anas

إلثاي أنس

Foto: van Lent jr.

EL THAY ANAS	Masoud	Ibrahim	Mahomed
			Maheeba OA
		Mona III	Hadban Enzahi OA
			Moheba II
	Amal	Mohafez	Ibn Moniet El Nefous OA
			Ahroufa
		Hanan OA	Alaa El Din
			Mona

VZAP-AV-3236
H. B./*St. Bay*
* 8. 4. 86
Fam.: OS △

Z./*Breeder:* El Thay-El Thayeba, Großenkneten

VOLLBLUTARABER-STUTEREI ISENTAL
Corinna & Wolfgang Bindl
Großkatzbach 17
D-84405 Dorfen

Ansata Athena

أنساتا أثينا

Foto: van Lent jr.

		Ansata Ibn Halima OA	Nazeer
			Halima
	Ansata Halim Shah	Ansata Rosetta	Ansata Shah Zaman
			Ansata Bint Bukra (Husnia) OA
ANSATA ATHENA		Ansata Ibn Halima OA	Nazeer
			Halima
	Ansata Raquessa	Ansata Regina	Ansata El Wazir
			Ansata Bint Bukra (Husnia) OA

AHR-0392423
St. Sch./*M. Grey*
* 27. 4. 87
Fam.: DS △

Z./*Breeder:* Ansata Arabian Stud, Mena, AR, USA

VOLLBLUTARABER-STUTEREI ISENTAL
Corinna & Wolfgang Bindl
Großkatzbach 17
D-84405 Dorfen

G Dendera

ج ديندير ا

Foto: van Lent jr.

G DENDERA	Ansata Halim Shah	Ansata Ibn Halima OA	Nazeer
			Halima
		Ansata Rosetta	Ansata Shah Zaman
			Ansata Bint Bukra (Husnia) OA
	Ansata Damietta	Ansata Shah Zaman	Morafic OA
			Ansata Bint Mabrouka
		Ansata Bint Misr	Sameh
			Ansata Bint Bukra (Husnia) OA

AHR-0435767
St. Sch./*M. Grey*
* 7. 8. 88
Fam.: DS △

Z./*Breeder:* Ansata Arabian Stud, Mena, AR, USA

VOLLBLUTARABER-STUTEREI ISENTAL
Corinna & Wolfgang Bindl
Großkatzbach 17
D-84405 Dorfen

Mahyubi Son

ابن مهيوبي

Foto: G. Delfan

MAHYUBI SON	Mahyubi Ibn Maisa	Nabil Ibn Nazeefa	Farag OA
			Nazeefa OA
		Maisa	Hadban Enzahi OA
			Malikah
	Zareefah	Malik	Hadban Enzahi OA
			Malikah
		Zabia OA	Tuhotmos
			Zahda

08/20428/88
H. Sch./*St. Grey*
* 13. 4. 88
Fam.: KAIR △

Z./*Breeder:* Filsinger Araber, Buchen-Götzingen

CLAUDIA JÄHRIG
Schlittweg 39
D-69 198 Schriesheim

Sieger der Reitklasse Baden-Baden International, 1992.
Reservesieger Schauklasse englisch, Frauenfeld (Schweiz), 1992.

Winner in the riding class Baden-Baden International, 1992
Reserve champion of the English show class, separate dressage section in Frauenfeld (Switzerland) 1992.

JKB Majida

مجيدة

Foto: J. Kayser

JKB MAJIDA	Ansata Halim Shah	Ansata Ibn Halima OA	Nazeer
			Halima
		Ansata Rosetta	Ansata Shah Zaman OA
			Ansata Bint Bukra (Husnia) OA
	JKB Masouda	Madkour OA	Morafic
			Maisa
		Maymoonah	Hadban Enzahi OA
			Malikah

St. Sch./*M. Grey*
* 13. 3. 87
Fam.: DS △

Z./*Breeder:* JKB Arabians, Lannenhaff, Luxemburg

JKB ARABIANS
The Jean Kayser Breeding
P. O. Box 180
L-9045 Lannenhaff
Luxemburg

JKB Mahrah

مهرة

Foto: C. Kugler

JKB MAHRAH	Prince Fa Moniet	The Egyptian Prince	Morafic OA
			Bint Mouna OA
		Fa Moniet	Ibn Moniet El Nefous OA
			Fada
	JKB Masouda	Madkour OA	Morafic
			Maisa
		Maymoonah	Hadban Enzahi OA
			Malikah

St. Sch./*M. Grey*
* 16. 3. 90
Fam.: DS △

Z./*Breeder:* JKB Arabians, Lannenhaff, Luxemburg

JKB ARABIANS
The Jean Kayser Breeding
P. O. Box 180
L-9045 Lannenhaff
Luxemburg

Hamasa El Fagr

حماسة الفجر

Foto: v. Lent jr.

HAMASA EL FAGR	Farag OA	Morafic	Nazeer
			Mabrouka
		Bint Kateefa	Sid Abouhom
			Kateefa
	Menha OA	Mohawed	Alaa El Din
			Rafika
		Nagwa	Sameh
			Bint Bukra

SA-1599/8
H. Sch./*St. Grey*
* 11. 5. 81
Fam.: DG △

Z./*Breeder:* Olms Araber Hamasa Gestüt, Treis/Lda.

JOHRHEMAR ARABIAN STUD
Johann and Marie-Louise van Wyk
P. O. Box 1202
Klerksdorp 2570
South Africa

Reservesieger der Reitklasse, Nationale Araber Schau, Südafrika 1985.
Sieger der Reitklasse, Nationale Araber Schau, Südafrika 1988.

Reserve-Champion in the riding class, National Arabian Horse Show, South Africa, 1985.
Champion in the riding class, National Arabian Horse Show, South Africa 1988.

Hamasa Ibn Kaisoon حماسة بن قيسون

Foto: v. Lent jr.

HAMASA IBN KAISOON	Kaisoon OA	Nazeer	Mansour
			Bint Samiha
		Bint Kateefa	Sid Abouhom
			Kateefa
	Menha OA	Mohawed	Alaa El Din
			Rafika
		Nagwa	Sameh
			Bint Bukra

SA-1556/8
H. Sch./*St. Grey*
* 18. 4. 83
Fam.: DS △

Z./*Breeder:* Olms Araber Hamasa Gestüt, Treis/Lda.

JOHRHEMAR ARABIAN STUD
Johann and Marie-Louise van Wyk
P. O. Box 1202
Klerksdorp 2570
South Africa

Golmoud El Ahmar جلمود الأحمر

Foto: D. Schlüter

GOLMOUD EL AHMAR OA	Galal	Nazeer	Mansour
			Bint Samiha
		Farasha	Sid Abouhom
			Yosreia
	Sharara	Morafic	Nazeer
			Mabrouka
		Sherifa	Gassir
			Shams

VZAP-AV-2002
H. B./*St. Bay*
* 3. 4. 78
Fam.: HE △

Z./*Breeder:* El Zahraa Stud, Cairo

INGRID KABLAWI/NORBERT TIMMERMANN
Kaiserstr. 190
D-76 133 Karlsruhe

Ein Sieg, zwei 2. Plätze, ein 3. Platz in den Vollblutaraberrennen, 1982.

One win, two 2nd places, one 3rd place in the Arabian races of 1982.

Shahra

شهرة

Foto: A. Kaiser

SHAHRA	Melek	Ibrahim	Mahomed
			Maheeba OA
		Moheba II	Ghazal OA
			Malacha OA
	Samira	Kaisoon OA	Nazeer
			Bint Kateefa
		Shams El Sasama	Sarwat OA
			Sameera OA

VZAP-AV-3562
St F./*M. Chestnut*
* 1. 5. 84
Fam.: KAIR △

Z./*Breeder:* Hans-Udo Pfefferkorn, Bad Pyrmont

ANDREA, MARGARITA U. WILHELM KAISER
Karl-Bröger-Str. 8
D-91 257 Pegnitz

Reservesiegerin der Senioren Stuten,
Asil Cup International, Mannheim 1990.

Reserve Champion of the Senior Mares,
Asil Cup International, Mannheim 1990.

Manial II

منيال ٢

Foto: J. P. Bisilliat

MANIAL II	Machmut	Ibrahim	Mahomed
			Maheeba OA
		Molesta	Hadban Enzahi OA
			Moheba II
	Taghreed OA	Shaarawi	Morafic
			Bint Kamla
		Naama	Anter
			Bint Maysouna

VZAP-AV-3541
H. F./*St. Chestnut*
* 22. 7. 85
Fam.: HE △

Z./*Breeder:* Gut Dieckhorst, Müden-Dieckhorst

ARABER-GESTÜT KARLSTAL
Klaus Meyer
Karlstal 1
D-72401 Haigerloch

Nazeema

نظيمة

Foto: K. Meyer

NAZEEMA	Nizam OA	Shaarawi	Morafic
			Bint Kamla
		Nazeema	Alaa El Din
			Bint Kamla
	Bint Kaisoon	Kaisoon OA	Nazeer
			Bint Kateefa
		Hania OA	Tuhotmos
			Hodhoda

VZAP-AV-2513
St. B./*M. Bay*
* 5. 5. 82
Fam.: ○ △

Z./*Breeder:* Kauber Platte Araber Gestüt, Kaub am Rhein

ARABER-GESTÜT KARLSTAL
Klaus Meyer
Karlstal 1
D-72401 Haigerloch

Mabrouk-3

مبروك - ٣

Foto: H. Meierhofer

MABROUK-3	Mabrouk	Mohafez	Ibn Moniet El Nefous OA
			Ahroufa
		Kis Mahiba	Ibn Galal OA
			Maheeba OA
	212 Zohair-4	Zohair OA	Alaa El Din
			Zebeda
		Bint Azza I OA	Tuhotmos
			Azza I

OE-AV-846
St. F./*M. Chestnut*
* 9. 12. 86
Fam.: DS △

Z./*Breeder:* Arabergestüt Babolna, Ungarn

FERDINAND KARPF
Martin Hospstr. 8
A-9100 Voelkermarkt/Kärnten
Österreich

Moablad

مُعبلد

Foto: H. Meierhofer

MOABLAD	Morhaf OA	Akhtal	Amrulla
			Hagir
		Mahlaha	Alaa El Din
			Mouna
	Bint Kasr El Nil	Kasr El Nil OA	Tuhotmos
			Bint El Nil
		Bint Rowaida OA	Shaarawi
			Rowaida

OE-AV-874
H. F./*St. Chestnut*
* 3. 3. 89
Fam.: KK △

Z./*Breeder:* Al Sachra-Brigittenhof, Heidelberg

FERDINAND KARPF
Martin Hospstr. 8
A-9100 Voelkermarkt/Kärnten
Österreich

Mahab Al Janib

مَهب الجنيب

Foto: N. Sachs

MAHAB AL JANIB	El Thay Mansour	Ansata Halim Shah	Ansata Ibn Halima OA
			Ansata Rosetta
		El Thay Maheera	Nizam OA
			Mona II
	El Thay Mamlouka	Masoud	Ibrahim
			Mona III
		Morawa	Nizam OA
			Momtaza OA

08/20638/91
H. Sch./*St. Grey*
* 21. 2. 91
Fam.: KAIR △

Z./*Breeder:* El Thay-El Thayeba, Großenkneten

KASTANIENHOF
Christina Skubela
Im Rundling 7
D-29594 Soltendiek/OT Bockholt

KP Hakeel Ibn Kaysoon حقيل بن قيسون

Foto: E. Escher

KP HAKEEL IBN KAYSOON	Kaisoon OA	Nazeer	Mansour
			Bint Samiha
		Bint Kateefa	Sid Abouhom
			Kateefa
	Hania OA	Tuhotmos	El Sareei
			Moniet El Nefous
		Hodhoda	Alaa El Din
			Ithad

VZAP-AV-2214
H. Sch./*St. Grey*
* 27. 8. 79
Fam.: O △

Z./*Breeder:* Kauber Platte Araber Gestüt, Kaub am Rhein

KAUBER PLATTE ARABER GESTÜT
Heiner Buschfort
D-56349 Kaub am Rhein

Reservechampion 60 km Distanzritt, Asil Cup International, Dillenburg 1985.

Reserve-Champion of the 60 km long-distance ride, Asil Cup International, Dillenburg 1985.

KP Malik El Nil

ملك النيل

Foto: van Lent

KP MALIK EL NIL

VZAP-AV-3250
H. B./*M. Bay*
* 3. 4. 85
Fam.: O △

Idrees OA
Adeeb
Shaarawi
Nawal
Bint El Nil
Anter
Shahrzada
Hania OA
Tuhotmos
El Sareei
Moniet El Nefous
Hodhoda
Alaa El Din
Ithad

Z./*Breeder:* Kauber Platte Araber Gestüt, Kaub am Rhein

KAUBER PLATTE ARABER GESTÜT
Heiner Buschfort
D-56349 Kaub am Rhein

KP Moataz

معتز

Foto: van Lent

KP MOATAZ	Idrees OA	Adeeb	Shaarawi
			Nawal
		Bint El Nil	Anter
			Shahrzada
	Moetazza OA	Tuhotmos	El Sareei
			Moniet El Nefous
		Aziza	Alaa El Din
			Galila

VZAP-AV-3241
H. F./*St. Chestnut*
* 13. 1. 86
Fam.: HE △

Z./*Breeder:* Kauber Platte Araber Gestüt, Kaub am Rhein

KAUBER PLATTE ARABER GESTUT
Heiner Buschfort
D-56349 Kaub am Rhein

Amira Fayyaadah

أميرة فياضة

Foto: Escher

AMIRA FAYYAADAH	Ibn El Moniet	Maymoon	Kaisoon OA
			Maymoonah
		Moniet	Kaisoon OA
			Moneera OA
	Fazirah	Masir	Mehanna OA
			Bint Shahbaa OA
		Shams El Faanah	Farouk OA
			Narges OA

APS-A-6979
St. Br. Sch./*M. Chestnut.Grey*
* 24. 4. 90
Fam.: S △

Z./*Breeder:* Amira El Arab, Königsbach

KERSTENDAL
Petra Veugelers
Oude kleefse Baan 72
NL-6571 BH Berg en Dal
Niederlande

El Thay Mourad

إلثاي مراد

Foto: E. Klein

EL THAY MOURAD	Machmut	Ibrahim	Mahomed
			Maheeba OA
		Molesta	Hadban Enzahi OA
			Moheba II
	Morawa	Nizam OA	Shaarawi
			Nazeema
		Momtaza OA	Sameh
			Mamlouka

VZAP-AV-3320
H. Sch./*St. Grey*
* 31. 3. 86
Fam.: KAIR △

Z./*Breeder:* El Thay-El Thayeba, Großenkneten

DR. ERWIN KLEIN
Lerchenweg 8
D-31 868 Ottenstein

Erfolgreich in der Hengstleistungsprüfung in Medingen 1989, mit 115 Punkten.

Successful in the stallion performance test at Medingen 1989, with 115 points.

Fatimah

فاطمة

Foto: H. W. Silvester

FATIMAH	Fol Gamil OA	Hamdan	Ibn Rabdan
			Bint Radia
		Folla	Ibn Barakat db
			Shuweyma Sabbah db
	Foze OA	Nazeer	Mansour
			Bint Samiha
		Fathia	Sid Abouhom
			Shams

VZAP-AV-1011
St. Sch./*M. Grey*
* 2. 8. 72
Fam.: HE △

Z./*Breeder:* Hamdan Stables, Cairo
Imp. in utero 1971

MEIKE KLYNSTRA
De Immenhof
NL-6741 KP Lunteren
Niederlande

Hamasa Khozama

حماسة خزامة

Foto: M. Karner

HAMASA KHOZAMA	Hamasa Khazzan	Kasr El Nil OA	Tuhotmos
			Bint El Nil
		Nafteta	Kaisoon OA
			Moneera OA
	Hamasa Kahila	Kaisoon OA	Nazeer
			Bint Kateefa
		Shar Zarqa	Negem
			Shar Turfa

08/20887/91
St. Sch./*M. Grey*
* 23. 3. 91
Fam.: SG ⚔

Z./*Breeder:* Olms Araber Hamasa Gestüt, Treis/Lda.

WALTER UND JUTTA KOMAIER
Puch 136
A-9722 Gummern, Kärnten
Österreich

Nijamin

نجمين

First of the pure-bred Arabians in the stallion performance test at Marbach, 1984, with the best total-placing ever obtained at Marbach by a pure-bred Arabian.

Foto: U. W. Leifert

Nijamin

نجمين

Foto: U. W. Leifert

NIJAMIN	Gharib OA	Anter	Hamdan
			Obeya
		Souhair	Sid Abouhom
			Salwa
	Nedjari	Hadban Enzahi OA	Nazeer
			Kamla
		Nadja OA	Nazeer
			Nefisa

VZAP-AV-2220
H. B./*St. Bay*
* 1. 3. 79
Fam.: DS △

Z./*Breeder:* Haupt- und Landgestüt Marbach, Gomadingen

ULRICH WILHELM LEIFERT
Gerberstr. 14
D-58640 Iserlohn

Sieger der Vollblutaraber in der Hengstleistungsprüfung in Marbach, 1984, mit der besten Gesamtplazierung, die je ein Vollblutaraber in Marbach erreicht hat.

Amra II

عَمرة ٢

AMRA II	Hamdan II OA	Hamdan	Ibn Rabdan
			Bint Radia
		Folla db	Ibn Barakat
			Shuweyma Sabbah
	Abeer OA	Shahriar	Balance
			Sehr
		Ayda	Nazeer
			Lateefa

VZAP-AV-2558
St. dBr./*M. DarkBay*
* 22. 5. 79
Fam.: HE △

Z./*Breeder:* Gestüt Schieferegg, Enns, Österreich

GABY LEY
Hegaustr. 11
D-78467 Konstanz

Moneera Merit

منيرة ميرت

MONEERA MERIT	Farag OA	Morafic	Nazeer
			Mabrouka
		Bint Kateefa	Sid Abouhom
			Kateefa
	Malinche	Kaisoon OA	Nazeer
			Bint Kateefa
		Moneera OA	Alaa El Din
			Mouna

VZAP-AV-3917
St. F./*M. Chestnut*
* 15. 3. 86
Fam.: SGIS △

Z./*Breeder:* Moneera Thierer Araber, Bad Schönborn

MARTINA LIERENFELD
Eichendorfstr. 49
D-97941 Tauberbischofsheim

Amun Re

أمون – ري

Foto: Archiv Lutzhof

AMUN RE	Ibn Galal OA	Galal	Nazeer
			Farasha
		Mohga	El Sareei
			Yosreia
	Bint Gamila	Shaker El Masri OA	Morafic
			Zebeda
		Gamila OA	Fayek
			Shook

VZAP-AV-2825
H. F./*St. Chestnut*
* 24. 7. 83
Fam.: SGIS △

Z./*Breeder:* Kleine Arabians, Büttelborn

LUTZHOFARABER
Erhard Marcher
Strobelstr. 11
D-91 567 Herrieden

Hatschepsut El Nile حتشبسوت النيل

Foto: Archiv Lutzhof

HATSCHEPSUT EL NILE	Sheik El Nile	Kasr El Nil OA	Tuhotmos
			Bint El Nil
		Mofisa	Nizam OA
			Mona II
	Hamasa Halaiwa	Tufail	Kaisoon OA
			Faziza
		Hamasa	Hadban Enzahi OA
			Shar Zarqa

08/20079/91
St. B./*M. Bay*
* 1. 2. 91
Fam.: SG ⚔

Z./*Breeder:* Lutzhofaraber, Herrieden

LUTZHOFARABER
Erhard Marcher
Strobelstr. 11
D-91 567 Herrieden

Maamoon Ibn Gazala مأمون بن غزالة

Foto: H. Gummersbach

MAAMOON IBN GAZALA	Hamasa Arslan	Farag OA	Morafic
			Bint Kateefa
		Shar Zarqa	Negem
			Shar Turfa
	Gazala OA	Saker	Ubayan
			Bashira
		Sultanah	Sarab
			Gazala

VZAP-AV-3810
H. B./*St. Bay*
* 28. 6. 86
Fam.: HK ⚔

Z./*Breeder:* Maamoon Asil Araber, Niederkrüchten

MAAMOON ASIL ARABER
Hedi Geiger/Chris Dohmen
Dorfstr. 122
D-41 372 Niederkrüchten

Maamoon Ibn Gazala مأمون بن غزالة

Foto: H. Gummersbach

Maamoon

مأمون

Foto: H. Reinhard

MAAMOON	Mohafez	Ibn Moniet El Nefous OA	Morafic
			Moniet el Nefous
		Ahroufa	Ibn Fa-Serr
			Bah Roufa
	Hamasa Tulayha	Tufail	Kaisoon OA
			Faziza
		Shar-Duda	Negem
			Shar-Hiba

VZAP-AV-2504
St. B./*M. Bay*
* 23. 4. 81
Fam.: SG ⚔

Z./*Breeder:* Maamoon Asil Araber, Niederkrüchten

MAAMOON ASIL ARABER
Hedi Geiger/Chris Dohmen
Dorfstr. 122
D-41 372 Niederkrüchten

Mesoudah-M

مسعودة ـ م

Foto: Archiv Paufler

MESOUDAH-M	Messaoud	Madkour OA	Morafic
			Maisa
		Maymoonah	Hadban Enzahi OA
			Malikah
	Madinah	Ibn Galal OA	Galal
			Mohga
		Mona II	Mahomed
			Maheeba OA

VZAP-AV-3221
St. Sch./*M. Grey*
* 31. 5. 85
Fam.: SGIS △

Z./*Breeder:* Madheen-Araber, Göttingen-Roringen

MADHEEN ARABER
Ruth u. Prof. Dr. Siegfried Paufler
Zum Ortloh 15
D-37077 Göttingen-Roringen

Erfolgreich in der Stutenleistungsprüfung des Verbandes Hannoverscher Warmblutzüchter in Bilderloh 1992.

Succesful in the mare performance test of the "Verband Hannoverscher Warmblutzüchter" in Bilderloh 1992.

Kar Badiya

كار بادية

Foto: E. Escher

KAR BADIYA	Nijamin	Gharib OA	Anter
			Souhair
		Nedjari	Hadban Enzahi OA
			Nadia OA
	Bint Bassama	El Hilal OA	Nader
			Ameena
		Bassama OA	Anter
			Basima

08/20841/87
St. B./*M. Bay*
* 12. 7. 87
Fam.: HE △

Z./*Breeder:* Gestüt Karolinenhof, Bad Waldsee

ELKE UND KARL MAHLER
Königsberger Str. 37
D-75417 Mühlacker

U. P. Shari

و. ب. شاري

Foto: E. Escher

U. P. SHARI	Ibn El Moniet	Maymoon	Kaisoon OA
			Maymoonah
		Moniet	Kaisoon OA
			Moneera OA
	Shariha	Moniet El Sharaf	Ibn Moniet El Nefous OA
			Bint Bint Moniet
		AK Tashiha	Farazdac OA
			Hegrah OA

08/20881/90
St. B./*M. Bay*
* 24. 5. 90
Fam.: DS △

Z./*Breeder:* Gestüt Poth, Dobel

ELKE UND KARL MAHLER
Königsberger Str. 37
D-75417 Mühlacker

Maysoun

ميسون

Top Ten Stallions, Asil Cup International, Dillenburg 1986.
Junior-Champion Stallions, Asil Cup International, Ludwigsburg 1988.

Foto: E. Escher

Maysoun

ميسون

Foto: E. Escher

MAYSOUN	Ansata Halim Shah	Ansata Ibn Halima OA	Nazeer
			Halima
		Ansata Rosetta	Ansata Shah Zaman
			Ansata Bint Bukra OA
	Maysouna	Ibn Galal (Magdi) OA	Galal
			Mohga
		Kis Mahiba	Ibn Galal (Magdi) OA
			Maheeba OA

VZAP-AV-3031
H. Sch./*St. Grey*
* 25. 4. 85
Fam.: SGIS △

Z./*Breeder:* Gestüt Maiworm, Balve

VOLLBLUTARABER-GESTÜT MAIWORM
Karin u. Günter Maiworm
Zum Hahn 2
D-58802 Balve-Höveringhausen

Top Ten Hengste, Asil Cup International, Dillenburg 1986.
Juniorchampion Hengste, Asil Cup International, Ludwigsburg 1988.

Orashaan

أورشان

Foto: E. Escher

Orashaan

أورشان

Foto: E. Escher

ORASHAAN	Maysoun	Ansata Halim Shah	Ansata Ibn Halima OA
			Ansata Rosetta
		Maysouna	Ibn Galal OA
			Kis Mahiba
	Orasha	Malik	Hadban Enzahi OA
			Malikah
		Ora	Ibn Shaker I
			Omera

VZAP-AV-3627
H. Sch./*St. Grey*
* 12. 5. 88
Fam.: DS △

Z./*Breeder:* Gestüt Maiworm, Balve

VOLLBLUTARABER-GESTÜT MAIWORM
Karin u. Günter Maiworm
Zum Hahn 2
D-58802 Balve-Höveringhausen

Gulf Air-Top Fife of the Show,
Asil Cup International, Mannheim 1993.

Majila Al Schorafaa

مجيلة الشرفاء

Foto: V. Laumer

MAJILA AL SCHORAFAA	Jamil	Madkour I	Hadban Enzahi OA
			Moheba II
		Hanan OA	Alaa El Din
			Mona
	Madinah II	Masir	Mehanna OA
			Bint Shahbaa OA
		Gazeera	Sindbad
			Golson OA

VZAP-AV-3725
St. B./*M. Bay*
* 14. 3. 87
Fam.: SGIS ⚔

Z./*Breeder:* Marion Kleszewski-Ruhnau, Düsseldorf

VOLLBLUTARABERZUCHT MANSAHRA
Vittoria u. Reiner Laumer
Mittelstr. 4
D-40721 Hilden

El Majil

المجيل

Foto: V. Laumer

EL MAJIL	El Abd	Gharib OA	Anter
			Souhair
		El Garia OA	Ibn Galila
			Noosa
	Majila al Schorafaa	Jamil	Madkour I
			Hanan OA
		Madinah II	Masir
			Gazeera

08/20687/91
H. B./*St. Bay*
* 9. 3. 91
Fam.: SGIS ⚔

Z./*Breeder:* Vollblutaraberzucht Mansahra, Hilden

VOLLBLUTARABERZUCHT MANSAHRA
Vittoria u. Reiner Laumer
Mittelstr. 4
D-40721 Hilden

Najmat Halima

نجمة حليمة

Foto: C. Culbertson

NAJMAT HALIMA	Nijamin	Gharib OA	Anter
			Souhair
		Nedjari	Hadban Enzahi OA
			Nadia OA
	SY Kalila	Ruminaja Attallah	Shaik Al Badi
			Negmaa
		Katoura	Mohssen OA
			Nourah

AHSB-881/1989
St. Sch./*M. Grey*
* 1989
Fam.: DS △

Z./*Breeder:* Major & Mrs. P. W. S. Maxwell, England

MARBAT EL JAWAD EL ARABI
H. E. Deputy Minister Abdullah Ibn Fahd Al Sweilem
P. O. Box 59629
SA-Riyadh 11515
Saudi Arabien

Zayrafa

ظيرفة

Foto: C. Culbertson

ZAYRAFA	Shaikh Al Badi	Morafic OA	Nazeer
			Mabrouka
		Bint Maisa El Saghira OA	Nazeer
			Maisa
	AK Zayaadah	The Egyptian Prince	Morafic OA
			Bint Mona OA
		Raalima	Ansata Ibn Halima OA
			Asal Sirabba

AHR-0402837
St. Sch./*M. Grey*
* 1989
Fam.: DS △

Z./*Breeder:* Jarrell McKracken, TX, USA

MARBAT EL JAWAD EL ARABI
H. E. Deputy Minister Abdullah Ibn Fahd Al Sweilem
P. O. Box 59629
SA-Riyadh 11515
Saudi Arabien

Moheba Zayyan

مهيبة زيّان

Foto: S. Stuewer

MOHEBA ZAYYAN	Maymoon	Kaisoon OA	Nazeer
			Bint Kateefa
		Maymoona	Hadban Enzahi OA
			Malikah
	Bint Zebeda	Melek	Ibrahim
			Moheba II
		Zebeda	Madkour OA
			Zeenah

VZAP-AV-3641
H. Sch./*St. Grey*
* 27. 2. 87
Fam.: KAIR △

Z./*Breeder:* Gestüt Moheba-Araber, Langen/Bremerhaven

MOHEBA-ARABER
Siegfried Ginsel
Schmidtkuhlsweg 11
D-27607 Langen

Moneera

منيرة

Foto: H. Reinhard

Moneera

منيرة

Foto: H. Reinhard

MONEERA OA	Alaa El Din	Nazeer	Mansour
			Bint Samiha
		Kateefa	Shahloul
			Bint Rissala
	Mouna	Sid Abouhom	El Deree
			Layla
		Moniet El Nefous	Shahloul
			Wanisa

AV-499
St. F./*M. Chestnut*
* 16. 3. 68
Fam.: SGIS △

Z./*Breeder:* El Zahraa Stud, Cairo

GESTÜT MONEERA THIERER-ARABER
Georg Thierer
Richard-Wagner-Str. 43
D-76669 Bad Schönborn

Siegerin in: „Faszination Wüstenadel“, Asil Cup International, Mannheim 1993.

Championesse of the “Fascination, Nobility of the Desert”, Asil Cup International, Mannheim 1993.

Manaya

مانايا

Foto: H. Reinhard

MANAYA	Kaisoon OA	Nazeer	Mansour
			Bint Samiha
		Bint Kateefa	Sid Abouhom
			Kateefa
	Moneera OA	Alaa El Din	Nazeer
			Kateefa
		Mouna	Sid Abouhom
			Moniet El Nefous

VZAP-AV-2320
St. F./*M. Chestnut*
* 14. 3. 80
Fam.: SGIS △

Z./*Breeder:* Gestüt Moneera Thierer-Araber, Bad Schönborn

GESTÜT MONEERA THIERER-ARABER
Georg Thierer
Richard-Wagner-Str. 43
D-76669 Bad Schönborn

2. Platz Klasse 5–6jähriger Stuten, Asil Cup International, Dillenburg 1985.
Siegerin „The most classic Head", Asil Cup International, Ludwigsburg 1988.

2nd place class 5–6 year old mares, Asil Cup International, Dillenburg 1985.
Championesse "The most classic Head", Asil Cup International, Ludwigsburg 1988.

Salha

صالحة

Foto: H. Reinhard

		El Moez	Ibn Fayda
	Sameh		Bint Zareefa
		Samira	El Deree
SALHA OA			El Samraa
		Mashhour	Shahloul
	Saklawia II		Bint Rustem
		Zamzam	Gamil III
			Bint Radia

AV-498
St. Sch./*M. Grey*
* 24. 3. 67
Fam.: SGIS △

Z./*Breeder:* El Zahraa Stud, Cairo

GESTÜT MONEERA THIERER-ARABER
Georg Thierer
Richard-Wagner-Str. 43
D-76669 Bad Schönborn

Bint Salha

بنت صالحة

Foto: H. Reinhard

BINT SALHA	Kaisoon OA	Nazeer	Mansour
			Bint Samiha
		Bint Kateefa	Sid Abouhom
			Kateefa
	Salha OA	Sameh	El Moez
			Samira
		Saklawia II	Mashhour
			Zamzam

BINT SALHA

08/02/1092/85
St. B./*M. Bay*
* 6. 5. 85
Fam.: SGIS △

Z./*Breeder:* Gestüt Moneera Thierer-Araber, Bad Schönborn

GESTÜT MONEERA THIERER-ARABER
Georg Thierer
Richard-Wagner-Str. 43
D-76669 Bad Schönborn

Moneera-Sumaya

منيرة سُمية

Foto: E. Escher

MONEERA-SUMAYA	Moneer	Kaisoon OA	Nazeer
			Bint Kateefa
		Moneera OA	Alaa El Din
			Mouna
	Salha OA	Sameh	El Moez
			Samira
		Saklawia II	Mashour
			Zamzam

08/21056/91
St. B.Sch./*M. Bay.Grey*
* 19. 3. 91
Fam.: SGIS △

Z./*Breeder:* Gestüt Moneera Thierer-Araber, Bad Schönborn

GESTÜT MONEERA THIERER-ARABER
Georg Thierer
Richard-Wagner-Str. 43
D-76669 Bad Schönborn

Shaahhloul

شهلول

SHAAHHLOUL	Tuhotmos OA	El Sareei	Shahloul
			Zareefa
		Moniet El Nefous	Shahloul
			Wanisa
	Hadassa	The Egyptian Prince	Morafic OA
			Bint Mona OA
		Nafairtiti	Morafic OA
			Bint Maisa El Saghira OA

H. B./*St. Bay*
* 19. 4. 89
Fam.: DS △

Z./*Breeder:* Gleannloch Farms, Barksdale, TX, USA

MONIETA ARABIANS
Raymond a. Karen Kasper
P. O. Box 13593
Lexington, Kentucky 40583
USA

Faatinah Bint Foze

فاتنة بنت فوزة

Foto: E. Escher

			Nazeer
		Morafic	
			Mabrouka
	Farag OA		
			Sid Abouhom
		Bint Kateefa	
			Kateefa
FAATINAH BINT FOZE			
			Mansour
		Nazeer	
			Bint Samiha
	Foze OA		
			Sid Abouhom
		Fathia	
			Shams

AV-3356
St. Sch./*M. Grey*
* 21. 3. 81
Fam.: HE △

Z./*Breeder:* Gestüt Moritzberg, Leinburg

GESTÜT MORITZBERG
W. & W. Zeitelhack
Föhrenwinkel 6
D-91 227 Leinburg

Mohamed

موهامد

Foto: T. Zeitelhack

MOHAMED	Mahomed	Hadban Enzahi OA	Nazeer
			Kamla
		Malikah	Ghazal OA
			Malacha OA
	Foze OA	Nazeer	Mansour
			Bint Samiha
		Fathia	Sid Abouhom
			Shams

AV-1988
H. Sch./*St. Grey*
* 4. 4. 79
Fam.: HE △

Z./*Breeder:* Gestüt Moritzberg, Leinburg

GESTÜT MORITZBERG
W. & W. Zeitelhack
Föhrenwinkel 6
D-91 227 Leinburg

Hamasa Mirjah

حماسة مرجة

			Galal
		Mehanna OA	
			Mouna
	Masir		
			Gasir
		Bint Shabaa OA	
			Shahbaa
HAMASA MIRJAH			
			Morafic
		Farag OA	
			Bint Kateefa
	Hamasa Bint Nafteta		
			Kaisoon OA
		Nafteta	
			Moneera OA

02/21163/88
St. Sch./*M. Grey*
* 18. 7. 88
Fam.: SGIS △

Z./*Breeder:* Olms Araber Hamasa Gestüt, Treis/Lda.

BARB MARIA MÜLLER
Friedrich-Ebert-Str. 5
D-35325 Mücke-Sellnrod

Hamasa Zaalee

حماسة زعلة

HAMASA ZAALEE	Kaisoon OA	Nazeer	Mansour
			Bint Samiha
		Bint Kateefa	Sid Abouhom
			Kateefa
	Shar Zarqa	Negem	Fa-Serr
			Fay-Negma
		Shar Turfa	Fa-Turf
			Shar-Hiba

VZAP-AV-1070
St. Sch./*M. Grey*
* 15. 4. 73
Fam.: SG ✕

Z./*Breeder:* Olms Araber Hamasa Gestüt, Treis/Lda.

BARB MARIA MÜLLER
Friedrich-Ebert-Str. 5
D-35325 Mücke-Sellnrod

Nadija

ندّية

Foto: F. Seidlitz

		Madkour OA	Morafic
			Maisa
	Montasar	Maymoonah	Hadban Enzahi OA
			Malikah
NADIJA			
		Madkour OA	Morafic
			Maisa
	Nahifeh	Nagha	Gharib OA
			Nazeefa OA

08/20066/88
St. Sch./*M. Grey*
* 7. 1. 88
Fam.: KAIR △

Z./*Breeder:* Vollblutaraber-Gestüt Seidlitz, Sesslach

HANS NEFF
Ampferbacherstr. 4
D-96 138 Burgebach

Farag

فرج

Foto: T. Miček

Farag

فرج

Foto: H. W. Silvester

FARAG OA	Morafic	Nazeer	Mansour
			Bint Samiha
		Mabrouka	Sid Abouhom
			Moniet El Nefous
	Bint Kateefa	Sid Abouhom	El Deree
			Layla
		Kateefa	Shahloul
			Bint Rissala

D-AV-50
H. Sch./*St. Grey*
* 29. 3. 69
Fam.: KAIR △

Z./*Breeder:* El Zahraa Stud, Cairo
Imp. 1969. *Until 1973 at the Babolna Arabian Stud, Hungaria*

OLMS ARABER HAMASA GESTUET
Dr. h. c. mult. W. Georg Olms
Am Streitkopf 4
D-35460 Treis/Lda. bei Gießen

Tufail

طفيل

Foto: H. Reinhard

TUFAIL	Kaisoon OA	Nazeer	Mansour
			Bint Samiha
		Bint Kateefa	Sid Abouhom
			Kateefa
	Faziza	Fa-Turf	Fadl OA
			Turfa db
		Azyya	Kenur
			Aziza OA

D-AV-51
H. Sch./*St. Grey*
* 16. 4. 70
Fam.: KJ ⚔

Z./*Breeder:* Olms Araber Hamasa Gestüt, Treis/Lda.

OLMS ARABER HAMASA GESTUET
Dr. h. c. mult. W. Georg Olms
Am Streitkopf 4
D-35460 Treis/Lda. bei Gießen

Trainingsbester und Platz 2 seines Jahrgangs in der Hengstleistungsprüfung in Medingen, 1974.

Best in training and second of his age group at stallion performance test at Medingen, 1974.

Hamasa Khazzan

حماسة خزان

Foto: T. Miček

Champion-Junior Stallions, Asil Cup International, Dillenburg 1985.
Reserve Champion-Junior Stallions, Asil Cup International, Dillenburg 1986.
Top Ten Stallions, Asil Cup International, Mannheim 1990.

Hamasa Khazzan

حماسة خزان

Foto: K. Thieme

HAMASA KHAZZAN	Kasr El Nil OA	Tuhotmos	El Sareei
			Moniet El Nefous
		Bint El Nil	Anter
			Shahrzada
	Nafteta	Kaisoon OA	Nazeer
			Bint Kateefa
		Moneera OA	Alaa El Din
			Mouna

V2AP-AV-2820
H. Sch./*St. Grey*
* 6. 5. 84
Fam.: SGIS △

Z./*Breeder:* Olms Araber Hamasa Gestüt, Treis/Lda.

OLMS ARABER HAMASA GESTUET
Dr. h. c. mult. W. Georg Olms
Am Streitkopf 4
D-35460 Treis/Lda. bei Gießen

Sieger Juniorenchampionat Hengste, Asil Cup International, Dillenburg 1985.
Reservesieger Juniorenchampionat Hengste, Asil Cup International, Dillenburg 1986.
Top Ten Hengste, Asil Cup International, Mannheim 1990.

Hamasa Nabih

حماسة نبيه

Reserve Champion-Junior Stallions, Asil Cup International, Mannheim 1990.

Foto: I. Hohe

Hamasa Nabih

حماسة نبيه

Foto: C. Kugler

HAMASA NABIH	Farag OA	Morafic	Nazeer
			Mabrouka
		Bint Kateefa	Sid Abouhom
			Kateefa
	Nafteta	Kaisoon OA	Nazeer
			Bint Kateefa
		Moneera OA	Alaa El Din
			Mouna

VZAP-AV-4695
H. Sch./*St. Grey*
* 9. 5. 88
Fam.: SGIS △

Z./*Breeder:* Olms Araber Hamasa Gestüt, Treis/Lda.

OLMS ARABER HAMASA GESTUET
Dr. h.c. mult. W. Georg Olms
Am Streitkopf 4
D-35460 Treis/Lda. bei Gießen

Reservesieger Juniorenchampionat Hengste, Asil Cup International, Mannheim 1990.

Hamasa Kahila حماسة كحيلة

Foto: H. Reinhard

HAMASA KAHILA	Kaisoon OA	Nazeer	Mansour
			Bint Samiha
		Bint Kateefa	Sid Abouhom
			Kateefa
	Shar Zarqa	Negem	Fa-Serr
			Fay-Negma
		Shar Turfa	Fa-Turf
			Shar-Hiba

D-AV-215
St. Sch./*M. Grey*
* 25. 4. 71
Fam.: SG ⚔

Z./*Breeder:* Olms Araber Hamasa Gestüt, Treis/Lda.

OLMS ARABER HAMASA GESTUET
Dr. h. c. mult. W. Georg Olms
Am Streitkopf 4
D-35 460 Treis/Lda. bei Gießen

Hamasa

حماسة

Foto: H. Reinhard

HAMASA	Hadban Enzahi OA	Nazeer	Mansour
			Bint Samiha
		Kamla	Sheikh El Arab
			Samha
	Shar Zarqa	Negem	Fa-Serr
			Fay-Negma
		Shar Turfa	Fa-Turf
			Shar-Hiba

VZAP-AV-1010
St. Sch./*M. Grey*
* 26. 4. 72
Fam.: SG ⚔

Z./*Breeder:* Olms Araber Hamasa Gestüt, Treis/Lda.

OLMS ARABER HAMASA GESTUET
Dr. h. c. mult. W. Georg Olms
Am Streitkopf 4
D-35 460 Treis/Lda. bei Gießen

Nafteta

نفطيطة

Foto: C. Kugler

Nafteta

نفطيطة

Foto: H. Reinhard

		Nazeer	Mansour
			Bint Samiha
	Kaisoon OA	Bint Kateefa	Sid Abouhom
			Kateefa
NAFTETA		Alaa El Din	Nazeer
			Kateefa
	Moneera OA	Mouna	Sid Abouhom
			Moniet El Nefous

VZAP-AV-1383
St. Sch./*M. Grey*
* 13. 3. 76
Fam.: SGIS △

Z./*Breeder:* Gestüt Moneera Thierer-Araber, Bad Schönborn

OLMS ARABER HAMASA GESTUET
Dr. h.c. mult. W. Georg Olms
Am Streitkopf 4
D-35460 Treis/Lda. bei Gießen

Hamasa Bint Nafteta حماسة بنت نفطيطة

Foto: H. Reinhard

Hamasa Bint Nafteta حماسة بنت نفطيطة

Foto: T. Miček

HAMASA BINT NAFTETA	Farag OA	Morafic	Nazeer
			Mabrouka
		Bint Kateefa	Sid Abouhom
			Kateefa
	Nafteta	Kaisoon OA	Nazeer
			Bint Kateefa
		Moneera OA	Alaa El Din
			Mouna

VZAP-AV-3217
St. Sch./*M. Grey*
* 4. 5. 83
Fam.: SGIS △

Z./*Breeder:* Olms Araber Hamasa Gestüt, Treis/Lda.

OLMS ARABER HAMASA GESTUET
Dr. h. c. mult. W. Georg Olms
Am Streitkopf 4
D-35460 Treis/Lda. bei Gießen

Siegerin Juniorenchampionat Stuten, Asil Cup International, Dillenburg 1985.

Junior Championesse Mares, Asil Cup International, Dillenburg 1985.

Hamasa Indschima

حماسة نجيمة

Foto: T. Miček

HAMASA INDSCHIMA	Nizam OA	Shaarawi	Morafic OA
			Bint Kamla
		Nazeema	Alaa El Din
			Bint Kamla
	Nafteta	Kaisoon OA	Nazeer
			Bint Kateefa
		Moneera OA	Alaa El Din
			Mouna

VZAP-AV-2532
St. F./*M. Chestnut*
* 8. 5. 81
Fam.: SGIS △

Z./*Breeder:* Olms Araber Hamasa Gestüt, Treis/Lda.

OLMS ARABER HAMASA GESTUET
Dr. h.c. mult. W. Georg Olms
Am Streitkopf 4
D-35460 Treis/Lda. bei Gießen

2. Platz der 6 – 7jährigen Stuten, Asil Cup International, Ludwigsburg 1988.
Top Ten Stuten, Asil Cup International, Mannheim 1990.

2. place of the 6–7 year old Mares, Asil Cup International, Ludwigsburg 1988.
Top Ten Mares, Asil Cup International, Mannheim 1990.

Hamasa Indschima حماسة نجيمة

Foto: T. Miček

Menha

منها

Reserve Championesse-Senior Mares, Asil Cup International, Dillenburg 1986.

Foto: H. Reinhard

Menha

منها

Foto: T. Miček

MENHA OA	Mohawed	Alaa El Din	Nazeer
			Kateefa
		Rafica	Nazeer
			Om El Saad
	Nagwa	Sameh	El Moez
			Samira
		Bint Bukra	Nazeer
			Bukra

VZAP-AV-1163
St. Sch./*M. Grey*
* 10. 1. 74
Fam.: DS △

Z./*Breeder:* El Zahraa Stud, Cairo
Imp. 1975

OLMS ARABER HAMASA GESTUET
Dr. h. c. mult. W. Georg Olms
Am Streitkopf 4
D-35460 Treis/Lda. bei Gießen

Reserve Siegerin Senioren-Championat Stuten, Asil Cup International, Dillenburg 1986.

Sadya

سادية

Foto: H. Reinhard

SADYA	Kaisoon OA	Nazeer	Mansour
			Bint Samiha
		Bint Kateefa	Sid Abouhom
			Kateefa
	Salha OA	Sameh	El Moez
			Samira
		Saklawia II	Mashhour
			Zamzam

VZAP-AV-1382
St. Sch./*M. Grey*
* 26. 2. 75
Fam.: SGIS △

Z./*Breeder:* Gestüt Moneera Thierer-Araber, Bad Schönborn

OLMS ARABER HAMASA GESTUET
Dr. h. c. mult. W. Georg Olms
Am Streitkopf 4
D-35460 Treis/Lda. bei Gießen

Hamasa Khatim

حماسة كاتم

Foto: I. Hohe

HAMASA KHATIM	Hamasa Khazzan	Kasr El Nil OA	Tuhotmos
			Bint El Nil
		Nafteta	Kaisoon OA
			Moneera OA
	Hamasa Indschima	Nizam OA	Shaarawi
			Nazeema
		Nafteta	Kaisoon OA
			Moneera OA

08/02/0734/92
H. Sch./*St. Grey*
* 23. 3. 92
Fam.: SGIS △

Z./*Breeder:* Olms Araber Hamasa Gestüt, Treis/Lda.

OLMS ARABER HAMASA GESTUET
Dr. h. c. mult. W. Georg Olms
Am Streitkopf 4
D-35460 Treis/Lda. bei Gießen

Maf Tarbebe

ماف تربيبة

MAF TARBEBE	Char Jamil	Negem	Fa-Serr
			Fay-Negem
		Bint Ferzarie	Fa-Turf
			Ferzarie
	Tarzela	Tarff	Fadl OA
			Turfa
		Zenzela	Fadl OA
			Zabba

VZAP-AV-5210
St. Sch./*M. Grey*
* 7. 4. 74
Fam.: DS ⚔

Z./*Breeder:* Maxon Arabian Farm, Mason City, Iowa, USA
Imp. 1991

OPTIMA ARABIANS
Carol u. Siegfried Kroll
Hans-Baierlein-Str. 9
D-85361 Moosburg

BQ Namira

نميرة

BQ NAMIRA	Chyann	Ru Star Nebah	Ru Nebah
			Mistara
		Ru Bonni Angel	San Luis Marc Antony
			Abah Angel
	MAF Tarbebe	Char Jamil	Negem
			Bint Ferzarie
		Tarzela	Tarff
			Zenzela

VZAP-AV-5209
St. F./*M. Chestnut*
* 19. 6. 86
Fam.: DS ⚔

Z./*Breeder:* Baraqa Arabians, USA
Imp. 1991

OPTIMA ARABIANS
Carol u. Siegfried Kroll
Hans-Baierlein-Str. 9
D-85361 Moosburg

Hamasa Nidschm

حماسة نجم

Foto: W. G. Olms

HAMASA NIDSCHM	Farag OA	Morafic	Nazeer
			Mabrouka
		Bint Kateefa	Sid Abouhom
			Kateefa
	Hamasa Indschima	Nizam OA	Sharaawi
			Nazeema
		Nafteta	Kaisoon OA
			Moneera OA

08/02/0870/90
H. Sch./*St. Grey*
* 28. 5. 90
Fam.: SGIS △

Z./*Breeder:* Olms Araber Hamasa Gestüt, Treis/Lda.

AZIENDA AGRICOLA PARCO DI VEIO S.R.L
Riccardo Olivieri
Via Sacrofanese, 25
I-00063 Sacrofano (Roma)
Italien

Sieger der Hengstfohlen, Asil Cup International, Mannheim 1990.

Winner of his class, colts '90, Asil Cup International, Mannheim 1990.

Kacim

قاسم

		Ansata Halim Shah	Ansata Ibn Halima OA
	El Thay Maheer		Ansata Rosetta
		El Thay Maheera	Nizam OA
KACIM			Mona II
		Nizam OA	Shaarawi
	Mofisa		Nazeema
		Mona II	Mahomed
			Maheeba OA

08/21416/91
H. B./*St. Bay*
* 9. 6. 91
Fam.: SGIS △

Z./*Breeder:* Al Sachra-Brigittenhof, Heidelberg

AZIENDA AGRICOLA PARCO DI VEIO S.R.L
Riccardo Olivieri
Via Sacrofanese, 25
I-00063 Sacrofano (Roma)
Italien

Munja

منية

MUNJA	Shaker El Masri OA	Morafic	Nazeer
			Mabrouka
		Zebeda	El Sareei
			Galila
	Mastura	Saher	Ghazal OA
			Sahmet
		Molesta	Hadban Enzahi OA
			Moheba II

VZAP-AV-1713
St. Sch./*M. Grey*
* 5. 3. 78
Fam.: DS ⚔

Z./*Breeder:* Franck-Zügel, Murrhard

VOLLBLUTARABERGESTÜT PATT
Marlies u. Franz-Josef Patt
An der Krautwiese 37
D-53783 Eitorf-Büsch

Bint Bint Kaisoon

بنت بنت قيسون

BINT BINT KAISOON	Madkour I	Hadban Enzahi OA	Nazeer
			Kamla
		Moheba II	Ghazal OA
			Malacha OA
	Bint Kaisoon	Kaisoon OA	Nazeer
			Bint Kateefa
		Hania OA	Tuhotmos
			Hodhoda

VZAP-AV-4184
St. Sch./*M. Grey*
* 18. 5. 87
Fam.: O △

Z./*Breeder:* Vollblutarabergestüt Patt, Eitorf-Büsch

VOLLBLUTARABERGESTÜT PATT
Marlies u. Franz-Josef Patt
An der Krautwiese 37
D-53783 Eitorf-Büsch

Thamiyan

ظميان

Foto: N. Sachs

THAMIYAN	El Thay Thamam	Madkour I	Hadban Enzahi OA
			Moheba II
		Taghreed OA	Shaarawi
			Naama
	El Thay Tifla	Masoud	Ibrahim
			Mona III
		Tamara	Jamil
			Taghreed OA

08/21250/91
H. F./*St. Chestnut*
* 27. 6. 91
Fam.: HE △

Z./*Breeder:* Vollblutaraber Gestüt von Elm, Klein Offenseth

MICHAEL PFEIFFER & DANNY HANFT
Standort: Gestüt von Elm
An den Teichen 1
D-25482 Appen

Sameer

سمير

Foto: E. Escher

SAMEER	Mohafez	Ibn Moniet El Nefous OA	Morafic
			Moniet El Nefous
		Ahroufa	Ibn Fa Serr
			Bah Roufa
	Sabah	Ibn Galal OA	Galal
			Mohga
		Maheeba OA	Alaa El Din
			Mouna

VZAP-AV-2832
H. F./*St. Chestnut*
* 4. 4. 83
Fam.: SGIS △

Z./*Breeder:* Dr. Hans-J. Nagel, Großenkneten

GESTÜT ROTHENBERG
Erwin & Annette Escher
Rothenberg 1
D-86653 Monheim

Hamasa Nasran حماسة نصران (خمسة الأصول)

Foto: E. Liebl

Hamasa Nasran حماسة نصران (خمسة الأصول)

Foto: W. G. Olms

HAMASA NASRAN (KHAMSA AL OSSOOL)	Farag OA	Morafic	Nazeer
			Mabrouka
		Bint Kateefa	Sid Abouhom
			Kateefa
	Shar Zarqa	Negem	Fa-Serr
			Fay-Negma
		Shar Turfa	Fa-Turf
			Shar Hiba

H. B./*St. Bay*
* 7. 8. 83
Fam.: SG ⚔

Z./*Breeder:* Olms Araber Hamasa Gestüt, Treis/Lda.

ROYAL STABLES ABU DHABI
H. H. Sheikh Zayed Bin Sultan Al Nahyan
Abu Dhabi/U A E
Vereinigte Arabische Emirate

El Beshir

البشير

Foto: H. Frank

EL BESHIR	Faaris	Fa-Serr	Fadl OA
			Bint Serra I OA
		Maaroufa OA	Ibn Rabdan
			Mahroussa
	Sirrulla	Sirecho	Nasr OA
			Exochorda OA
		Drissulla	Sultan
			Ydrissa

AV-421
H. Sch./*St. Grey*
* 28. 2. 69
Fam.: MH ⚔

Z./*Breeder:* J. E. Ott, Mathews, VA., USA
Imp. 1969

HOF SCHIMMELBERG
Heinrich N. Malz
Brand 26
D-85659 Forstern

Sieger im ersten deutschen Vollblutaraber-Rennen in Verden, 1973.
Winner of the first German Arabian race at Verden, 1973.

Tamir

تامر

Foto: A. Jarc

TAMIR OA

- Hafez
  - Ibn Hafiza
    - Sameh
    - Hafiza
  - Ibtsam
    - Nazeer
    - Mouna
- Malekat El Gamal
  - Waseem
    - Nazeer
    - Malaka
  - Nagdia
    - Nazeer
    - Zahia

SE-XL-374
H. F./*St. Chestnut*
* 21. 3. 73
Fam.: HE △

Z./*Breeder:* Al Badia Stables, Cairo

ARABERGESTÜT SCHIEFEREGG
G. Eutermoser u. U. Marcik
Canada Del Robledo
Apartado 57
E-Villamartin (Cadiz)
Spanien

Hamasa Mahrus

حماسة محروس

Foto: C. Kugler

HAMASA MAHRUS	Manar	Maymoon	Kaisoon OA
			Maymoonah
		Maamounah	Madkour OA
			Maymoonah
	Menha OA	Mohawed	Alaa El Din
			Rafica
		Nagwa	Sameh
			Bint Bukra

08/20898/89
H. Sch./*St. Grey*
* 30. 5. 89
Fam.: DS △

Z./*Breeder:* Olms Araber Hamasa Gestüt, Treis/Lda.

SILVIA SCHMITT
Hilgestr. 37
D-55294 Bodenheim

Hamasa Abdelati

حماسة عبدلاتي

Foto: T. Miček

HAMASA ABDELATI	Farag OA	Morafic	Nazeer
			Mabrouka
		Bint Kateefa	Sid Abouhom
			Kateefa
	Shar Gemara	Negem	Fa-Serr
			Fa-Negma
		Faziza	Fa-Turf
			Azyya

W. Sch./*G. Grey*
* 13. 4. 77
Fam.: KJ ⚔

Z./*Breeder:* Olms Araber Hamasa Gestüt, Treis/Lda.

DR. MED. BERTOLD SCHIRG
Kronengasse 24
D-86609 Donauwörth

Dahma Bey

داهمة بي

Foto: I. Filsinger

DAHMA BEY	Maymoon Bey	Maymoon	Kaisoon OA
			Maymoonah
		Zeenah	Kaisoon OA
			Zabia OA
	Malikah el Dahma	Nabil Ibn Nazeefa	Farag OA
			Nazeefa OA
		Malikah	Ghazal OA
			Malacha OA

08/20527/91
St. B./*M. Chestnut*
* 10. 4. 91
Fam.: DS △

Z./*Breeder:* Filsinger Araber, Buchen-Götzingen

VOLLBLUTARABERGESTÜT SCHÖNAU
Dietrich und Frauke Hartmann
Unterlauerbacher Str. 3
D-08239 Schönau

Zarif El Nabil

ظريف النبيل

Foto: I. Filsinger

			Morafic
		Farag OA	
			Bint Kateefa
	Nabil Ibn Nazeefa		
			Gassir
		Nazeefa OA	
			Nazic
ZARIF EL NABIL			
			Anchor Hill Halim
		Manal	
			Malikah
	Zaba Bint Zeenah		
			Kaisoon OA
		Zeenah	
			Zabia OA

VZAP-AV-4439
H. Sch./*St. Grey*
* 29. 8. 86
Fam.: KAIR △

Z./*Breeder:* Filsinger Araber, Buchen-Götzingen

VOLLBLUTARABERGESTÜT SCHÖNAU
Dietrich und Frauke Hartmann
Unterlauerbacher Str. 3
D-08239 Schönau

Maamoon Nedjme

مأمون نجمة

Foto: H. Reinhard

MAAMOON NEDJME	Blue Hassan	Hamdan II OA	Hamdan
			Folla db
		JKB Mahaweb OA	Ibn Hafiza
			Amani
	Najdiah	Farouss	Kaisoon OA
			Faziza
		Gazala db	Shaker db
			Sultanah db

VZAP-AV-2503
St. B./*M. Bay*
* 23. 4. 81
Fam.: K ⚔

Z./*Breeder:* Maamoon Asil Araber, Niederkrüchten

RENATE SCHUMACHER
Graue 62
D-27 330 Asendorf

Nasira

نصيرة

Foto: S. Jetke

NASIRA	Messaoud	Madkour OA	Morafic
			Maisa
		Maymoonah	Hadban Enzahi OA
			Malikah
	Nabatiyah	Mahomed	Hadban Enzahi OA
			Malikah
		Nadia OA	Amlam (Emam)
			Foze

08/20336/88
St. Sch./*M. Grey*
* 24. 3. 88
Fam.: HE △

Z./*Breeder:* Schendel

SCHWÄRZHOF VOLLBLUTARABER
Gunter Bayer
Am Gründlein-Leithen 1
D-95326 Kulmbach

Montasar

منتصر

Foto: E. Escher

MONTASAR	Madkour OA	Morafic	Nazeer
			Mabrouka
		Maisa	Shahloul
			Zareefa
	Maymoonah	Hadban Enzahi OA	Nazeer
			Kamla
		Malikah	Ghazal OA
			Malacha OA

AV-2404
H. Sch./*St. Grey*
* 1. 5. 81
Fam.: DS △

Z./*Breeder:* Vollblutaraber-Gestüt Seidlitz, Sesslach

VOLLBLUTARABER-GESTÜT SEIDLITZ
Familie Günter W. Seidlitz
Gut Muggenbach
D-96 145 Sesslach

Montasar

منتصر

Foto: C. Kugler

Madmaymour

مد ميمور

Foto: Archiv Mercier

MADMAYMOUR	Madkour OA	Morafic	Nazeer
			Mabrouka
		Maisa	Shahloul
			Zareefa
	Maymoonah	Hadban Enzahi OA	Nazeer
			Kamla
		Malikah	Ghazal OA
			Malacha OA

AV-1641
H. Sch./*St. Grey*
* 1. 4. 77
Fam.: DS △

Z./*Breeder:* Vollblutaraber-Gestüt Seidlitz, Sesslach

VOLLBLUTARABER-GESTÜT SEIDLITZ
Familie Günter W. Seidlitz
Gut Muggenbach
D-96 145 Sesslach

Verpachtet an/*leased to:*
HARAS DU LAC
Christian u. Martine Mercier
Route de Prades
F-81700 Puylaureus
Frankreich

Masr El Dahman مصر الدحمان

Foto: E. Escher

Nagma

نجمة

Foto: F. Seidlitz

NAGMA	Madkour OA	Morafic	Nazeer
			Mabrouka
		Maisa	Shahloul
			Zareefa
	Nagha	Gharib OA	Anter
			Souhair
		Nazeefa OA	Gassir
			Nazic

AV-1858
St. F./*M. Chestnut*
* 7. 9. 78
Fam.: KAIR △

Z./*Breeder:* Vollblutaraber-Gestüt Seidlitz, Sesslach

VOLLBLUTARABER-GESTÜT SEIDLITZ
Familie Günter W. Seidlitz
Gut Muggenbach
D-96 145 Sesslach

Mohebba Bt. Maymoonah مهيبة بنت ميمونة

Foto: E. Escher

MOHEBBA BINT MAYMOONAH	Madkour OA	Morafic	Nazeer
			Mabrouka
		Maisa	Shahloul
			Zareefa
	Maymoonah	Hadban Enzahi OA	Nazeer
			Kamla
		Malikah	Ghazal OA
			Malacha OA

AV-3918
St. Sch./*M. Grey*
* 15. 3. 87
Fam.: DS △

Z./*Breeder:* Vollblutaraber-Gestüt Seidlitz, Sesslach

VOLLBLUTARABER-GESTÜT SEIDLITZ
Familie Günter W. Seidlitz
Gut Muggenbach
D-96 145 Sesslach

Marqueesa

مركيزة

Foto: E. Escher

MARQUEESA	Ansata Amir Zaman	Ansata Shah Zaman	Morafic OA
			Ansata Bint Mabrouka OA
		Ansata Bint Sudan	Ansata Ibn Sudan
			Ansata Bint Bukra OA
	Maareesa	Montasar	Madkour OA
			Maymoonah
		Maamounah	Madkour OA
			Maymoonah

08/20344/91
St. Sch./*M. Grey*
* 26. 4. 91
Fam.: DS △

Z./*Breeder:* Vollblutaraber-Gestüt Seidlitz, Sesslach

VOLLBLUTARABER-GESTÜT SEIDLITZ
Familie Günter W. Seidlitz
Gut Muggenbach
D-96 145 Sesslach

Musinnah

مُسنة

Foto: E. Escher

MUSINNAH	Montasar	Madkour OA	Morafic
			Maisa
		Maymoonah	Hadban Enzahi OA
			Malikah
	Massilah	Madkour OA	Morafic
			Maisa
		Maymonnah	Hadban Enzahi OA
			Malikah

AV-4351
St. B./*M. Bay*
* 16. 4. 87
Fam.: DS △

Z./*Breeder:* Vollblutaraber-Gestüt Seidlitz, Sesslach

VOLLBLUTARABER-GESTÜT SEIDLITZ
Familie Günter W. Seidlitz
Gut Muggenbach
D-96 145 Sesslach

Matthana

مَتهنًّا

Foto: Fr. Seidlitz

		Madkour OA	Morafic
			Maisa
	Montasar	Maymoonah	Hadban Enzahi OA
			Malikah
MATTHANA		Madkour OA	Morafic
			Maisa
	Mohebba Bint Maymoonah	Maymoonah	Hadban Enzahi OA
			Malikah

08/20342/91
St. Sch./*M. Grey*
* 23. 2. 91
Fam.: DS △

Z./*Breeder:* Vollblutaraber-Gestüt Seidlitz, Sesslach

VOLLBLUTARABER-GESTÜT SEIDLITZ
Familie Günter W. Seidlitz
Gut Muggenbach
D-96 145 Sesslach

Malesh

مالش

Foto: A. Studer

MALESH	Mehanna OA	Galal	Nazeer
			Farasha
		Mouna	Sid Abouhom
			Moniet El Nefous
	Ghada OA	Amlam (Emam)	Balance
			Komeira
		Bint Folla	Hamdan
			Folla

AV-8/77
H. F./*St. Chestnut*
* 8. 5. 77
Fam.: ShS △

Z./*Breeder:* Gestüt Schieferegg, Spanien

EDITH UND FRITZ SIGG-GIETZ
Haslenstr. 20
CH-9053 Teufen
Schweiz

oder: Domaine Les Manéous
F-83510 Lorgues
Frankreich

Saade

سعادة

Foto: E. Escher

SAADE	El Aswad	Ibn Galal OA	Galal
			Mohga
		Hosna OA	Ibn Maisa
			Rida
	Sahara	Tobrok OA	Anter
			Tanta
		Wasila OA	Shahriar „Nasralla“
			Bint Abasa

VZAP-AV-3127
St. B./*M. Bey*
* 3. 10. 84
Fam.: SGIS △

Z./*Breeder:* Gestüt Hägerhof, Herzberg

GESTÜT SHEHERAZADE
Dr. Thomas Haan
Suhrstr. 33
D-53902 Bad Münstereifel-Ohlerath

E. H. Burak

إ. هـ. براق

Foto: E. Escher

E. H. BURAK	Madkour OA	Morafic	Nazeer
			Mabrouka
		Maisa	Shahloul
			Zareefa
	Bassama OA	Anter	Hamdan
			Obeya
		Basima	Alaa El Din
			Sherifa

08/20574/88
St. Sch./*M. Grey*
* 10. 4. 88
Fam.: HE △

Z./*Breeder:* Gestüt El Hilal, Eberhardzell

GESTÜT SHEHERAZADE
Dr. Thomas Haan
Suhrstr. 33
D-53902 Bad Münstereifel-Ohlerath

Sahrouss

سهروص

Foto: E. Escher

SAHROUSS	El Thay Mahrouss	Mohafez	Ibn Moniet El Nefous OA
			Ahroufa
		Mona II	Mahomed
			Maheeba OA
	Saade	El Aswad	Ibn Galal OA
			Hosna OA
		Sahara	Tobrok OA
			Wasila OA

08/20596/91
H. B./*St. Bey*
* 28. 3. 91
Fam.: SGIS △

Z./*Breeder:* Gestüt Sheherazade, Bad Münstereifel-Ohlerath

GESTÜT SHEHERAZADE
Dr. Thomas Haan
Suhrstr. 33
D-53902 Bad Münstereifel-Ohlerath

Basil

باسل

BASIL	Hakeel Ibn Kaisoon	Kaisoon OA	Nazeer
			Bint Kateefa
		Hania OA	Tuhotmos
			Hodhoda
	EH Burak	Madkour OA	Morafic
			Maisa
		Bassama OA	Anter
			Basima

08/21941/92
H. Sch./*St. Grey*
* 26. 6. 92
Fam.: HE △

Z./*Breeder:* Gestüt Sheherezade, Bad Münstereifel-Ohlerath

GESTÜT SHEHEREZADE
Dr. Thomas Haan
Suhrstr. 33
D-53902 Bad Münstereifel-Ohlerath

Simeon Sadik

سِميون صديق

Foto: J. Jerrard

		Malik	Hadban Enzahi OA
			Malikah
	Asfour		
		Hanan	Alaa El Din
			Mona
SIMEON SADIK			
		Sankt Georg	Ansata El Salim
			Bint El Bataa OA
	Simeon Safanad		
		27 Ibn Galal V	Ibn Galal OA
			Hosna OA

AAHSB-S13-637
H. R./*St. Black*
* 10. 10. 89
Fam.: HE △

Z./*Breeder:* Simeon Stud, New South Wales, Australia

SIMEON STUD
Marion Richmond
44 Bulkara Road, Bellvue Hill
AUS-New South Wales 2023
Australien

Karim Rodan

كريم رودان

Foto: J. Kan

			Morafic
		Madkour OA	
			Maisa
	Montasar		
			Hadban Enzahi OA
		Maymoonah	
			Malikah
KARIM RODAN			
			Morafic
		Madkour OA	
			Maisa
	Kuhaylan-Rudanya		
			Gharib OA
		Nagha	
			Nazeefa OA

APS-A-5358
H. Sch./*St. Grey*
* 26. 3. 88
Fam.: KAIR △

Z./*Breeder:* Fr. Schmitt-Vogelsberger, Frankfurt

SJÖPPEN OAS-ARABIANS
Comb. H. Tersteppen & J. Seuwen
Keizersbaan 14 A
NL-5995 SE Kessel
Niederlande

Talia Halima

طلية حليمة

Foto: J. Kan

			Morafic OA
		Shaikh Al Badi	
			Bint Maisa el Saghira OA
	Ruminaja Ali		
			Khopho OA
		Bint Magidaa	
			Magida OA
TALIA HALIMA			
			Nazeer
		Ansata Ibn Halima OA	
			Halima
	Charm of Halima		
			Morafic OA
		Nama	
			Bint Nefisa OA

APS-A-6352
St. Sch./*M. Grey*
* 28. 1. 87
Fam.: DS △

Z./*Breeder:* D. H. Lucas & B. A. Griffith, USA

SJÖPPEN OAS-ARABIANS
Comb. H. Terstappen & J. Leuwen
Keizersbaan 14 A
NL-5995 SE Kessel
Niederlande

Minister für Landwirtschaft Senioren-Championat Stuten, Asil Cup International, Mannheim 1993.
Championesse of the Minister of Agriculture Championship-Senior Mares, Asil Cup International, Mannheim 1993.

Mosaad Al Badeia

مسعد البادية

Foto: W. Heininger

Mosaad Al Badeia

مسعد البادية

Foto: E. Escher

		Morafic	Nazeer
			Mabrouka
	Kayed	Kaydahom	Azmi
			Om El Saad
MOSAAD AL BADEIA OA		Maher	Galal
			Mona Inshas
	Meseda	Nagwa	Kayed
			Anzar

E‼534
H. F./*St. Chestnut*
* 1. 3. 83
Fam.: S △

Z./*Breeder:* Al Badeia Stables, Cairo
Imp. 1992

SPESSARTARABER
Willibald Heininger
Grünewiesenstr. 8
D-63768 Feldkahl bei Aschaffenburg

Manial

منيال

Foto: T. Haake

		Mehanna OA	Galal
			Mouna
	Masir	Bint Shahbaa OA	Gassir
			Shahbaa
MANIAL		Hamdan II OA	Hamdan
			Folla
	Shadia	Bint Shahbaa OA	Gassir
			Shahbaa

VZAP-AV-2215
H. F./*St. Chestnut*
* 4. 4. 79
Fam.: KK △

Z./*Breeder:* Arabergestüt Schieferegg, Villamartin, Spanien

VOLLBLUTARABERGESTÜT STEFFESHOF
Thilo Haake
Dorfstr. 8
D-74541 Vellberg-Lorenzenzimmern

Erfolgreich in der Hengstleistungsprüfung in Medingen, 1984.
Successful in the stallion performance test at Medingen, 1984.

Momo

مومو

Foto: H. Marsian

MOMO	Mohafez	Ibn Moniet El Nefous OA	Morafic
			Moniet El Nefous
		Ahroufa	Ibn Fa Serr
			Bah Roufa
	Mohgana	El Abd	Gharib OA
			El Garia OA
		Bint Magdi	Ibn Galal OA
			Momtaza OA

08/20661/90
St. B./*M. Bay*
* 4. 5. 90
Fam.: KAIR △

Z./*Breeder:* Hof Stubben, Schillsdorf

HOF STUBBEN
Familie Hermann Marsian
Ziegelhofer Weg 10
D- 24637 Schillsdorf

J. Jodena

ج. جودينة

J. JODENA	AK El Hassan	Ibn Moniet El Nefous OA	Morafic
			Moniet El Nefous
		Bint Fa Dena	Ansata Ibn Halima OA
			Fa Dena
	AK Maslana	Tuhotmos OA	El Sareei
			Moniet El Nefous
		Sawra OA	Waseem
			Nagdia

AHR-0415382
St. F./*M. Chestnut*
* 19. 6. 88
Fam.: HE △

Z./*Breeder:* James & Barbara Grider, Denton, TX, USA

SUSAR FARM EGYPTIAN ARABIANS, INC.
Susan Mayo & Cyann Looney
Rt. 7 Box SF 91-A
Denton, Texas 76208
USA

Moneera Makris

منيرة مكرِس

Foto: B. Mooser

MONEERA MAKRIS	Moneef	Hadban Enzahi OA	Nazeer
			Kamla
		Moheba II	Ghazal OA
			Malacha OA
	Manaya II	Kaisoon OA	Nazeer
			Bint Kateefa
		Moneera OA	Alaa El Din
			Mouna

MONEERA MAKRIS

08/20715/86
St. Sch./*M. Grey*
* 9. 5. 86
Fam.: SGIS △

Z./*Breeder:* Gestüt Moneera Thierer-Araber, Bad Schönborn

GESTÜT TAUBENHOF
Sonja Roller
D-71 642 Welzheim

Maseena

مسينا

Foto: B. Mooser

		Messaoud	Madkour OA
	Madheen-Pascha		Maymoonah
		Madinah	Ibn Galal OA
MASEENA			Mona II
		Moneef	Hadban Enzahi OA
	Moneera Makris		Moheba II
		Manaya II	Kaisoon OA
			Moneera OA

08/20357/91
St. R./*M. Black*
* 11. 4. 91
Fam.: SGIS △

Z./*Breeder:* Gestüt Taubenhof, Welzheim

GESTÜT TAUBENHOF
Sonja Roller
D-73642 Welzheim

Ken Dalia

كن دالية

Foto: M. Savier

KEN DALIA OA	Mourad	Gassir	Kheir
			Badia
		Mabrouka	Sid Abouhom
			Moniet El Nefous
	Yosra	Shaarawi	Morafic OA
			Bint Kamla
		Yosr	Ibn Fakhri
			Bint Yosreia

VZAP-AV-4920
St. Sch./*M. Grey*
* 4. 11. 87
Fam.: HE △

Z./*Breeder:* Hamdan Arab Horse Stud, Ägypten

ALLEVAMENTO „TRE BALZANE“
Dott. M. T. Feretti & Dott. M. Savier
Casa Mela, Loc Ruicciano
I-06044 Castel Ritaldi (PG)
Italien

Ansata Omar Halim أنساتا عمر حليم

Foto: J. Forbis

ANSATA OMAR HALIM	Ansata Ibn Halima OA	Nazeer	Mansour
			Bint Samiha
		Halima	Sheikh El Arab
			Ragia
	Ansata Rosetta	Ansata Shah Zaman	Morafic OA
			Ansata Bint Mabrouka OA
		Ansata Bint Bukra OA	Nazeer
			Bukra

AHR-0196861
H. Sch./*St. Grey*
* 25. 4. 79
Fam.: DS △

Z./*Breeder:* Ansata Arabian Stud, Mena, AR, USA

VERUSKA ARABIANS
Vera & Peter Stoessel-Vocka
Schwendi
CH-9052 Niederteufen AR
Schweiz

oder: FINCA „PARNAU“
E-17131 Rupià, Catalunya
Spanien

U. P. Sheitan

و. ب. شيطان

Foto: E. Escher

U. P. SHEITAN	Mehanna OA	Galal	Nazeer
			Farasha
		Mouna	Sid Abouhom
			Moniet El Nefous
	Sheykha Abbayah	Ibn Galal (Magdi) OA	Galal
			Mohga
		Sherifa	Mahomed
			Marah OA

CH-AV-34-87
H. R./*St. Black*
* 10. 6. 87
Fam.: OS △

Z./*Breeder:* Arabergestüt von Smetanka, Oftringen, Schweiz

VERUSKA ARABIANS
Vera & Peter Stoessel-Vocka
Schwendi
CH-9052 Niederteufen AR
Schweiz

oder: FINCA „PARNAU“
E-17131 Rupià, Catalunya
Spanien

Mahdia Bint Malikah مهدية بنت ملكة

Foto: I. Filsinger

MAHDIA BINT MALIKAH	Madkour OA	Morafic	Nazeer
			Mabrouka
		Maisa	Shahloul
			Zareefa
	Malikah	Ghazal OA	Nazeer
			Bukra
		Malacha OA	El Sareei
			Moheba

VZAP-AV-1867
St. Sch./*M. Grey*
* 3. 9. 77
Fam.: DS △

Z./*Breeder:* Filsinger Araber-Gestüt Roter Busch, Buchen-Götzingen

VERUSKA ARABIANS
Vera & Peter Stoessel-Vocka
Schwendi
CH-9052 Niederteufen AR
Schweiz

oder: FINCA „PARNAU"
E-17131 Rupià, Catalunya
Spanien

Wasoona Bint Kaisoon وسونة بنت قيسون

Foto: E. Escher

WASOONA BINT KAISOON	Kaisoon OA	Nazeer	Mansour
			Bint Samiha
		Bint Kateefa	Sid Abouhom
			Kateefa
	Waseema	Ibn Galal (Magdi) OA	Galal
			Mogha
		Bint Wedad OA	Hassan
			Wedad

CH-AV-32-85
St. Sch./*M. Grey*
* 1. 6. 85
Fam.: SGIS △

Z./*Breeder:* Veruska Arabians, Niederteufen, Schweiz

VERUSKA ARABIANS
Vera & Peter Stoessel-Vocka
Schwendi
CH-9052 Niederteufen AR
Schweiz

oder: FINCA „PARNAU“
E-17131 Rupià, Catalunya
Spanien

U. P. Sharaftana

و. ب. شرفتانة

Foto: E. Escher

U. P. SHARAFTANA	Nizam OA	Shaarawi	Morafic
			Bint Kamla
		Nazeema	Alaa El Din
			Bint Kamla
	Sadeedah	Ibn Galal (Magdi) OA	Galal
			Mogha
		Saady	Kaisoon OA
			Salha OA

CH-AV-42-85
St. B./*M. Bay*
* 22. 5. 85
Fam.: SGIS △

Z./*Breeder:* Araber Gestüt Dobel, Dobel/Schwarzwald

VERUSKA ARABIANS
Vera & Peter Stoessel-Vocka
Schwendi
CH-9052 Niederteufen AR
Schweiz

oder: FINCA „PARNAU“
E-17131 Rupià, Catalunya
Spanien

Princess Fayrouz

الأميرة فيروز

Foto: E. Escher

PRINCESS FAYROUZ	The Egyptian Prince	Morafic OA	Nazeer
			Mabrouka
		Bint Mouna OA	Nazeer
			Mouna
	Amiri Fayrouz	The Egyptian Prince	Morafic OA
			Bint Mouna OA
		Maather	Tuhotmos OA
			Fayrooz OA

AHR-0401763
St. Sch./*M. Grey*
* 8. 4. 87
Fam.: SGIS △

Z./*Breeder:* Bentwood Gondon, USA

VERUSKA ARABIANS
Vera & Peter Stoessel-Vocka
Schwendi
CH-9052 Niederteufen AR
Schweiz

oder: FINCA „PARNAU“
E-17131 Rupià, Catalunya
Spanien

Ansata Bint Aliha

أنساتا بنت ألِيهة

ANSATA BINT ALIHA	Ansata Halim Shah	Ansata Ibn Halima OA	Nazeer
			Halima
		Ansata Rosetta	Ansata Shah Zaman
			Ansata Bint Bukra OA
	Ansata Aliha	Jamil	Madkour I
			Hanan OA
		Ansata Regina	Ansata El Wazir OA
			Ansata Bint Bukra OA

AHR-0472021
St. Sch./*M. Grey*
* 23. 3. 91
Fam.: DS △

Z./*Breeder:* Ansata Arabian Stud, Mena, AR, USA

VERUSKA ARABIANS
Vera & Peter Stoessel-Vocka
Schwendi
CH-9052 Niederteufen AR
Schweiz

oder: FINCA „PARNAU“
E-17131 Rupia, Catalunya
Spanien

Ansata Sinan

أنساتا سنان

ANSATA SINAN	Prince Fa Moniet	The Egyptian Prince	Morafic OA
			Bint Mona OA
		Fa Moniet	Ibn Moniet El Nefous OA
			Fada
	Ansata Nefara	Ansata Halim Shah	Ansata Ibn Halima OA
			Ansata Rosetta
		Ansata Sudarra	Ansata Abu Sudan
			Ansata Delilah

AHR – 0482308
H. Sch./*St. Grey*
* 16. 2. 92
Fam.: DS △

Z./*Breeder:* Ansata Arabian Stud, Mena, AR, USA

VERUSKA ARABIANS
Vera & Peter Stoessel-Vocka
Schwendi
CH-9052 Niederteufen AR
Schweiz

oder: FINCA „PARNAU“
E-17131 Rupia, Catalunya
Spanien

Fayamina

فيامينة

Foto: van Lent

FAYAMINA	Ramses Maris	Shaikh Al Badi	Morafic OA
			Bint Maisa El Saghira OA
		Ramse Nur El Fayek	Ramses Fayek OA
			Ramses Rahwana OA
	Zahara Shariah	Ansata Omar Halim	Ansata Ibn Halima OA
			Ansata Rosetta
		Samiaa	Kayed OA
			Ameena OA

AHR-0430852
St. Sch./*M. Grey*
* 2. 4. 89
Fam.: SGIS △

Z./*Breeder:* Zahara Arabian Stud, USA

VERUSKA ARABIANS
Vera & Peter Stoessel-Vocka
Schwendi
CH-9052 Niederteufen AR
Schweiz

oder: FINCA „PARNAU“
E-17131 Rupià, Catalunya
Spanien

Alaa Al Din

علاء الدين

Foto: van Lent

			Ansata Ibn Halima OA
		Ansata Halim Shah	
			Ansata Rosetta
	Salaa El Dine		
			Alaa El Din
		Hanan OA	
			Mona
ALAA AL DIN			
			Ibn Moniet El Nefous OA
		Mohafez	
			Ahroufa
	Ashraff		
			Alaa El Din
		Hanan OA	
			Mona

08/20600/90
H. B./*St. Bay*
* 30. 4. 90
Fam.: OS △

Z./*Breeder:* Vetter Araber, Waldenbuch

VETTER ARABER
Liesel Vetter
Burkhardtsmühle 2
D-71 111 Waldenbuch

Ansata Rebecca

أنساتا رِبكا

Foto: U. Beutelmüller

mit Hengstfohlen Radames

ANSATA REBECCA	Ansata Abu Sudan	Ansata Ibn Sudan	Ansata Ibn Halima OA
			Ansata Bint Mabrouka OA
		Ansata Bint Maysouna OA	Nazeer
			Maysouna
	Ansata Rhodora	Ansata Ibn Halima OA	Nazeer
			Halima
		Ansata Bint Bukra OA	Nazeer
			Bukra

St. Sch./*M. Grey*
* 2. 4. 79
Fam.: DS △

Z./*Breeder:* Ansata Arabian Stud, Mena, AR, USA

VETTER ARABER
Liesel Vetter
Burkhardtsmühle 2
D-71 111 Waldenbuch

El Thay Shah Talal

الطايشة طلال

Foto: Viljala

EL THAY SHAH TALAL	El Thay Ibn Halima	Ansata Halim Shah	Ansata Ibn Halima OA
			Ansata Rosetta
		Mahameh	Ibrahim
			Mona III
	Tamara	Jamil	Madkour I
			Hanan OA
		Taghreed OA	Shaarawi
			Naama

FAHS-222/91
H. Sch./*St. Grey*
* 22. 5. 89
Fam.: HE △

Z./*Breeder:* El Thay-El Thayeba, Großenkneten

VILJALA ARABIAN FARM
Ulla & Jouko Viljala
SF-07320 Jakari
Finnland

Hamasa Najiha

حماسة ناجحة

Foto: H. Reinhard

HAMASA NAJIHA	Farag OA	Morafic	Nazeer
			Mabrouka
		Bint Kateefa	Sid Abouhom
			Kateefa
	Nafteta	Kaisoon OA	Nazeer
			Bint Kateefa
		Moneera OA	Alaa El Din
			Mouna

08/20774/89
St. Sch./*M. Grey*
* 25. 5. 89
Fam.: SGIS △

Z./*Breeder:* Olms Araber Hamasa Gestüt, Treis/Lda.

VOLLBLUTARABERZUCHT MARTIN WALTER
Kapellenstr. 31
D-74744 Ahorn-Berolzheim

Top Ten Stuten, Asil Cup International, Mannheim 1990.
Top Ten Mares, Asil Cup International, Mannheim 1990.

Nazmouna

نظمونة

Foto: R. Schuhmann

NAZMOUNA	Maymoon	Kaisoon OA	Nazeer
			Bint Kateefa
		Maymoonah	Hadban Enzahi OA
			Malikah
	Munja	Shaker el Masri OA	Morafic
			Zebeda
		Mastura	Saher
			Molesta

VZAP-AV-2965
St. Sch./*M. Grey*
* 15. 3. 82
Fam.: DS ×

Z./*Breeder:* Dr. Neumaier, Iffeldorf

JOSEF WERMES
Witzlebenstr. 16
D-14057 Berlin

Houda

هدى

Foto: J. Wich

HOUDA	Nasrodin	Ansata Abbas Pasha	Ansata Ibn Halima OA
			Ansata Bint Mabrouka OA
		Noha	Hadban Enzahi OA
			Nadia OA
	Blue Hadbah	El Beshir	Faaris
			Sirulla
		JK Blue Hamda OA	Hamdan II
			Bint Yosreia

St. Sch./*M. Grey*
* 2. 2. 88
Fam.: HE ⚔

Z./*Breeder:* Haupt- und Landgestüt Marbach, Gomadingen

JUDITH WICH
Eichenbühl 26
D-96352 Wilhelmsthal

Alidaar

عليدار

Foto: van Lent

ALIDAAR	Shaik Al Badi	Morafic OA	Nazeer
			Mabrouka
		Bint Maisa El Saghira OA	Nazeer
			Maisa
	Bint Magidaa	Khofo OA	Morafic
			Nabilah
		Magida OA	Alaa El Din
			Maysa

60-013-327-X
H. Sch./*S. Grey*
* 27. 4. 84
Fam.: OS △

Z./*Breeder:* Ruminaja Farm, USA

HANS JÜRGEN WÖLK
Postfach 15 14 82
D-10676 Berlin

Sirhana

سرحانة

Foto: van Lent

SIRHANA	Ansata El Hasan	Ansata Ibn Halima OA	Nazeer
			Halima
		Mawaheb OA	Ibn Hafiza
			Amani
	Negoom OA	Seef	Mashhour
			Elwya
		Farha	Galal
			Fifi

AHR-0326856
St. B./*M. Bay*
* 20. 5. 84
Fam.: KAIR △

Z./*Breeder:* Haarper/Reich, USA

HANS JÜRGEN WÖLK
Postfach 15 14 82
D-10676 Berlin

Allgemeine Abkürzungen / General Abbreviations

B	Braun / bay
D.B.	in der Wüste gezüchtet / Desert Bred
F	Fuchs / chestnut
H	Hengst / Stallion
OA	Originalaraber, in arabischen Ländern geborene Vollblutaraber, die in ihrer Abstammung auf die Beduinenzucht zurückgehen Original Arabian, pure-bred horse born in an Arabian country (including Egypt), who descends from Bedouin breeding
R	Rappe / black
s.S.	siehe Seite / see page
Sch	Schimmel / grey
St	Stute / Mare
W	Wallach / Gelding
Z	Züchter / Breeder

Mutterlinien / Strains

DS	Dahman Shawan
HE	Hadban Enzahi
HK	Hamdan Kuhaylan
HS	Hamdani Semri
K	Kohailan
KA	Koheilan Ajous
KAIR	Koheilan Ajous Ibn Rodan
KAIS	Koheilan Ajous Ibn Sudan
KH	Koheilan Hayfi
KJ	Koheilan Jellaby
KK	Koheilan Kroushan
KR	Koheilan Rodan
M	Muniqui
MH	Maanagi Hedruj
MS	Muniqui Sbaili
O	Obeyan
OG	El Obeya Om Geris
S	Saklawi
SG	Saklawi Gidrani
SGIS	Saklawi Gidrani Ibn Sudan
SGIZ	Saklawi Gidrani Ibn Zobeyni
ShS	Shuweyman Sabbah
SS	Saklawi Sheifi

Asil Araber aus dem Originalzuchtgebiet, der Arabia Deserta, oder Asil Araber mit Vorfahren, die aus dem Originalzuchtgebiet stammen und direkt nach Europa und USA oder andere Länder eingeführt wurden und die nicht oder nicht alle in Ägypten züchterisch zum Einsatz gekommen sind.

Asil Arabians from the original region of breeding, the Arabia Deserta; or Asil Arabians whose ancestors came from the original region of breeding and were imported directly to Europe, the United States or other countries, and who were not, or not all, used in breeding in Egypt.

Z. B.: Nachkommen der Pferde der königlichen Saud-Familie. Diese hatte aus den gleichen Beständen u. a. Pferde an die ägyptischen Paschas geschenkt oder vermittelt bzw. an sie verloren; ihre Nachkommen gelten jetzt als rein ägyptisch, wie die berühmte Jellabiet Feisul. Z.B. Nachkommen der Turfa (Krönungsgeschenk von König Abdul Aziz Ibn Saud an den Hof von England) und folgender Pferde/
e. g. descendants of the horses of the Royal Family of Saud. They had given or lost to the Egyptian pashas horses of the same stock, or aided in their purchase. Their descendants are now considered pure Egyptian, like the famous Jellabiet Feisul. E. g. descendants of Turfa (coronation gift of King Abdul Aziz Ibn Saud to the English Royal Family and of the following horses,
Al Hamdaniah, Al Obayyah, Amiraa, Ghalia, Halwaaji, La Tisa, Mahsuda, Munifan, Munifeh, Nufoud, Rudann, Samirah, Sindidah, Sunshine, Taamri, Tairah, und Davenport Araber, die ausschließlich auf die Importe aus der arabischen Wüste im Jahre 1906 durch Homer Davenport zurückgehen/
and of Davenport Arabians, which can be exclusively traced back to the imports from the Arabian desert by Homer Davenport in 1906:
Abbeian, Abeyah, Azra, Deyr, El Bulad, Farha, Gomusa, Hadba, Haffia, Haleb, Hamrah, Houran, Jedah, Kusof, Muson, Reshan, Urfah, Wadduda, Werdi.

(s. dazu/cf: Al Khamsa Arabians, 1983, Al Khamsa Inc., USA)

Asil Araber ausschließlich ägyptischer Blutführung, dessen Vorfahren dem Originalzuchtgebiet, der Arabia Deserta, entstammen,

Asil Arabians with exclusively Egyptian bloodlines whose ancestors came from the original region of breeding, the Arabia Deserta,

d.h. ein Pferd, das in jeder Linie seiner Abstammung zurückgeht auf Pferde, die im Besitz waren oder gezüchtet wurden von Abbas Pasha I. oder Ali Pasha Sherif, und/oder auf die Pferde, die zum Programm der Royal Agricultural Society, später Egyptian Agricultural Organisation, gehörten (ausgenommen sind die Pferde, die in der Definition auf S. 685 genannt sind).
i. e. a horse which in each line of its ancestry can be traced back to horses owned or bred by Abbas Pasha I or Ali Pasha Sherif, and/or to the horses which belonged to the program of the Royal Agricultural Society, later the Egyptian Agricultural Organization (excluding those horse mentioned in the definition, p. 684).

Stutbücher / Studbooks

AAHSB	Arab Horse Society of Australia Limited (Australien)
ABCCA	Associacao Brasileira dos Criadores do Cavalo Arabe (Brasilien)
AHR	Arabian Horse Registry (USA)
AHSB	Arab Horse Society Studbook (England)
AHSSA	Arab Horse Society of South Africa (Südafrika)
APS	Arabische Volbloedpaarden Stamboek in Nederland (Niederlande)
AV 1-790	Gesellschaft der Züchter und Freunde des Arabischen Pferdes e.V. (Bundesrepublik Deutschland)
BdSb	Al Badeia Stables Studbook (Ägypten)
CAHR	Canadian Arabian Horse Registry (Kanada)
CH-AV	Araber-Zuchtverband Schweiz / Vollblutaraber (Schweiz)
D-AV	Araber Stutbuch von Deutschland e.V. (Bundesrepublik Deutschland)
EAO	Egyptian Agricultural Organization (Ägypten)
FAR	Finish Arab Horse Registry (Finnland)
HSSB	Hamdan Stables Studbook (Ägypten)
IOHB	Inshass Original Herd Book (Ägypten)
ITSB	Italian Arab Stud Book (Italien)
Ö-AV	Araber-Zuchtverband Österreich / Vollblutaraber (Österrreich)
RAS	Royal Agricultural Society (Ägypten)
Sp.	Asociacion Espanola de Criadoresde Caballos Arabes (Spanien)
SA/FA	Swedish Arabian Horse Society (Schweden)
SSB	Spanish Stud Book (Spanien)
VZAP-AV	Verband der Züchter des Arabischen Pferdes e.V. / Araber Vollblut (Bundesrepublik Deutschland)
WAHO	World Arabian Horse Organization

Mitglieder und Bestandsverzeichnis
List of Members and List of Horses

Die Daten im Stutbuch beruhen auf den Angaben der einzelnen Züchter. Obwohl alle erdenkliche Sorgfalt bei der Erstellung der Druckvorlage aufgewendet worden ist, kann der Asil Club keine Gewähr für Fehlerfreiheit übernehmen (s. Corrigenda, S. 673).

The information contained in the Studbook section was supplied by the individual breeders. Although all possible care was taken in the preparation of this book, the Asil Club regrets that he cannot assume responsibility for any errors *(see Corrigenda, page 673).*

Aeschbacher, Toni & Rita, s. Nile Arabian Stud

Ahil Araber, Gerd und Ulrike Wagner
Unterbüchlein 2, D-90547 Stein, Tel. 09127/6293
Großraum Nürnberg/Fürth

Ahil, 08/20061/90, H.B., 1990 (El Karnak/Anthea)

Al Asham Arabians, Astrid Fontana
Kempttalstr. 38, CH-8320 Fehraltorf, Switzerland,
Tel. (41) 1/9550408, Fax: (41) 1/9550410
20km von Zürich entfernt

Khalif El Assuad, 08/2/1448/92, H.R., 1992 (Khaled El Assuad/ Wafin Tifla) 314
Alisha Bint Rasoolah, 08/2/1649/92, St.F., 1992 (Madheen-Pascha/Rasoolah)

Al Hor, Dr. med. Peter E. Horstmann
Rhedebrügge 68, D-46325 Borken/Westf., Tel. 02872/3826
Privat: Am Fußfall 4, D-40670 Meerbusch, Tel. 02159/4635

Shams El Fejrous, AV-2569, St.B., 1982 (Farouk OA/ Shams El Insheeba)
Farida Al Hor, 08/21281/89, St.B., 1989 (Ibn Moheba/ Shams El Fejrous)
Fatima Al Hor, 08/21150/90, St.B., 1990 (Mohafez/ Shams El Fejrous)

Allat, Karin Ulrich
Kirchweg 15, D-64342 Seeheim-Jugenheim, Tel. 06257/81080
Nähe Darmstadt

Allat Al Kazar, VZAP-AV-3974, H.B., 1987 (Kasr El Nil OA/ E.H. Allat)
Allat El Gent, VZAP-AV-4428, H.R., 1989 (Kasr El Nil OA/ E.H. Ghandurah)
E.H. Allat, VZAP-AV-2651, St.B., 1982 (Gharib OA/Aminah)
E.H. Ghandurah, VZAP-AV-2652, St.R, 1982 (Gharib OA/ El Garia OA)
Allat El Gaschya, VZAP-AV-20937, St.R., 1988 (Kasr El Nil OA/ E.H. Ghandurah)

Almoraima Farm, Sefi & Nelson Ruiz
P.O.Box 467, Goshen, NY 10924, USA,
Tel. (1) 914/294/8490, Fax: (1) 914/294/3877
Orange County, 60miles northwest of New York City

H.E. Sheikh Hamad Bin Hamdan Alnahyan, Rainbow Stud
P.O.Box 18, UAE-Abu Dhabi, United Arab Emirates

Al Rayyan Stud Farm, H.E. Sheikh Abdulaziz Bin Khalid Al-Thani
P.O.Box 375, Doha/Qatar, Tel./Fax: (974) 805/150

Al Roban Vollblutaraber, Robert & Angelika Kaufmann
Langau 1, D-83670 Bad Heilbrunn, Tel. 08046/1216
ca. 50km südlich von München

Metric OA, VZAP-AV-3634, H.Sch., 1980 (Mourtadi/ Farfoura) 326
Sahib Al Roban, 08/21297/90, H.Sch., 1990 (Okayl OA/ Samira)
Samira Morganat Al Badeia OA, VZAP-AV-2974, St.Sch., 1984 (Ameer Al Badeia OA/Om Habeeba) 327
Sahiba Al Roban, 08/20155/89, St.Sch., 1989 (Okayl OA/ Samira)
Sidi Al Roban, 08/020149/92, H.Sch., 1992 (Metric OA/ Samira)

Yousuf Ahmed Al-Romaihi
Race and Equestrian Club, State of Qatar
P.O.Box 7559, Doha, Qatar, Arabian Gulf

Classic Tamann, H.B., 1992 (Alidaar/U.P. Tamanny)

Al Safi Stud, Edelgard Liebl
P.O.Box 45959, Abu Dhabi, UAE, Tel. (971) 2/343343, Fax: (971) 2/743344

Hamasa Mutadil, 08/20913/86, H.Sch., 1986 (Malik/ Hamasa Farida) 328, 329

Al Tair - Vollblutaraber, Sabrina & Karsten Scherling
Osterdiecksfeld 25, D-21274 Undeloh, Tel. 04189/363, Fax: 04189/363
50km südlich von Hamburg an der BAB A7 (Egestorf) im NSG-Lüneburger Heide

El Thay Misk, VZAP-AV-4004, H.F., 1987 (Ibn Nazeema OA/ El Thay Mansoura) 330, 331
El Thay Meseda, 08/21248/89, St.Sch., 1989 (El Thay Ibn Halim Shah/Morawa) 332

Al-Thani, H.E. Sheikh Abdulaziz Bin Khalid, s. Al Rayyan Stud Farm

H.H. Sheikh Hamad Bin Khalifa Al Thani
P.O.Box 7556, Doha, Qatar, Tel. (974) 805901, Fax: (974) 805996

KP Nazeem, 08/21217/91, H.B., 1991 (Malik El Nil/ Naneeza) 333

Altländer Araberhof, Rosemarie Kolster
Bassenfleth 14, D-21723 Hollern, Tel. 04141/7202

El Thay Moufeed, H.B., 1987 (Ibn Nazeema OA/ El Thay Maheera)
Sabik El Maymoon, H.Sch., 1988 (Sasan Ibn Maymoon/ Shakmouna)
Taghreed OA, St.B., 1975 (Shaarawi/Naama)
Ghazah, St.Sch., 1978 (Mahomed/Ghazalah)
Afara Bint Malik, St.Sch., 1984 (Malik/Ameera)
Shakmouna, St.Sch., 1984 (Maymoon/Munja)
Sayonara, St.Sch., 1985 (Maymoon/Sayameh)
Mosa El Nile, St.F., 1988 (Kasr El Nil OA/Mofisa)
Amouva, St.Sch., 1990 (Maysoun/Afara Bint Malik)
Sa'Yanah, St.R.-Sch., 1990 (Sasan Ibn Maymoon/Sayonara)
Ghadir Ibn Sasan, H.Sch., 1991 (Sasan Ibn Maymoon/Ghazah)
Aaminah Bint Afara, St.Sch., 1991 (Sasan Ibn Maymoon/ Afara Bint Malik)
Ebony Bahiba, St.B-Sch., 1992 (Khaled el Assuad/Bint Bassama)

Vollblutaraber-Zucht Alwirathe Jeszna, Lucia Paulsen
Pferdekrüger Weg 8, D-25779 Hennstedt, Tel. 04836/1384
Nördliches Schleswig-Holstein

Thaisha, VZAP-AV-4762, St.B., 1988 (Masoud/ Tamara) 334
Tayyid An Nahiza, 08/20505/90, St.Sch., 1990 (El Thay Thamam/El Thay Tifla)
Tayammun Alwirathe Jeszna, 08/02/0159/92, H.F., 1992 (El Thay Mameluk/Thaisha)

Araberhof Al Zamet, Susanne Schreibvogel
D-21220 Seevetal, Tel. 04185/2986
ca. 20km südlich von Hamburg, am nördlichen Rande der Lüneburger Heide

Abbas Pasha I-12, 08/02/1804/88, St.Sch., 1988 (Abbas Pasha I/211 Zohair OA) 348
Haliefee, 20821/89, St.Sch., 1989 (Abbas Pasha I/Hafisa)

Gestüt Amira El Arab, Susanne Fritz
Brettenerstr. 55, D-75203 Königsbach, Tel. 07232/2728
zwischen Karlsruhe und Pforzheim, A8, Abf. Karlsruhe Durlach od. Pforzheim West

Amir Mahabb, VZAP-AV-3885, H.Sch., 1985 (Kaisoon OA/ Morasha) 335
Amir Fayyad, VZAP-AV-4318, H.Sch., 1989 (Mahyubi Ibn Maisa/Fazirah)
Morasha, VZAP-AV-2074, St.Sch., 1979 (Anchor Hill Halim/Mofeedah) 336
Fazirah, VZAP-AV-2104, St.B., 1980 (Masir/Shams El Faanah)

Amira Faaina, VZAP-AV-3424, St.Sch., 1985 (Kaisoon OA/ Fazirah)
Amira Muhra Bint Morasha, VZAP-AV-3700, St.Sch., 1986 (Maymoon/Morasha)
Amira Falacha, St.Sch., 1989 (Mohssen/A. Faaina)
Amira Mahatma, St.Sch., 1990 (Ibn El Moniet/Amira Muhra Bint Morasha)
Amira Mashuga, St.Sch., 1990 (Mohssen/Morasha)
Amir Al Fahim, 08/20930/92, H.R. (Kasr El Nil OA/ Fazirah). 337
Amira Marana, St.Sch., 1992 (Al Kidir/Amira Muhra Bint Morasha)

Amiri Arabian Stud of Bahrain, H.H. Sheikh Hamad bin Isa Alkhalifa, Generalmanager Dr. G. Araya
P.O.Box 29 199, BAH-Bahrain/Arabian Gulf, Fax: (973) 257825

Jellaby Nejib, N° 404, H.B., 1982 (Jellaby Alsakhir 270/ Jellabieh 229) 338
Shawafah, N° 323, St.B., 1980 (Ma'anaghy 300/ Shawafah 60) 339
Shuwaimeh, N° 414, St.Sch., 1983 (Jellaby 274/ Shuwaimeh 165) 340
Jellabieh, N° 418, St.B., 1984 (Jellaby 274/ Jellabieh 220) 341
Saqlawieh, N° 836, St.Sch., 1990 (Jellab Nejib 404/ Saqlawieh 285) 342
Kuheila't Aafas, N° 851, St.Sch., 1990 (Hamdaany Shahab 754/Kuheila't Aafas 170) 343

Krafft J. Angerer
Hufelandstr. 8, D-33014 Bad Driburg

Hamasa Shaheen, H.Sch., 1984 (Farag OA/Hamasa Kahila)

Ansata Arabian Stud, Donald and Judith Forbis
Route 2, Box 312A, Mena, AR 71953, USA, Fax: (1) 501394/3078

Ansata Halim Shah, AHR-219546, H.Sch., 1980 (Ansata Ibn Halima OA/Ansata Rosetta) 344
Prince Fa Moniet, AHR-0239446, H.Sch., 1981 (The Egyptian Prince/Fa Moniet). 345

Ansiba Arabians, Elke Behrens
Holtrup 63, D-59320 Ennigerloh-Westkirchen, Tel. 0172/5396085
5km südlich Warendorf an der B475

Ansiba Jiwan, 08/20207/89, H.Sch., 1989 (Shaikh Al Jiwan/Menaifah)
Menaifah, VZAP-AV-3381, St.Sch., 1984 (Moneef/Messaouda)
Ansiba Joumanah, 08/20787/90, St.Sch., 1990 (Shaikh Al Jiwan/Menaifah) 346
Ansiba Mansuriya, St.Sch., 1992 (El Thay Mansour/Menaifah)

Antique Arabian Stud, R.L. & Edie Booth
P.O.Box 224, Canton, TX 75103, USA, Tel. (1) 903/8489425
50miles east of Dallas, Texas

Ibn Taamri, AHR-78799, H., 1971 (Taamri/Rudann)
Alwal El Shahhat, AHR-169994, St., 1977 (Alwal Bahet/Malika El Shahhat)
Bint Amiraa, AHR-175619, St., 1978 (Taam-Rud/Amiraa)
LC Alwal Yasmeen, AHR-362813, St., 1986 (Alwal Bahet/Fa-Blue)

Arab Al Dzabal, Renate Schai
Mittenwalderstr. 17, D-82499 Wallgau

The Arabian Stall, Monica Bevilacqua
Via Pedemontana 26, I-00010 Gallicano nel Lazio (Roma), Italy, Tel. (39) 6/95460621
30km östlich von Rom; 30km east of Rome

Moneera-Soker, IT-784, H.Sch., 1986 (Maymoon/Saady) 347

Ar Rih-Araber, Dr. Helmut Krafka
Gardeschützenweg 14, D-12203 Berlin, Tel. 030/8345947 oder 030/81049131
Großbeuthen, 30km südlich von Berlin, Autobahn, Berliner Ring, Ausfahrt Ludwigsfelde, B101

Feysul, AV-4432, H.Sch., 1989 (Farag OA/Bint Ghalion)
Mona III, AV-1254, St.Sch., 1974 (Hadban Enzahi OA/Moheba II)
Bint Ghalion, AV-2479, St.Sch., 1975 (Ghalion OA/19 Kayed OA)
Melekah, AV-3411, St.Sch., 1985 (Melek/Bint Ghalion)
Kouhayla, AV-4409, St.Sch., 1988 (Kaisoon OA/Bint Ghalion)
Madkoura I, 08/21416/90, St.Sch., 1990 (Madkour I/Melekah) 349
Maleefaa, St.Sch., 1990 (Madkour I/Bint Ghalion)

Mona IV, St.Sch., 1990 (Kais I OA/Mona III)
Merida, St.Sch., 1991 (Machmut/Mona III)
Murana, St., 1991 (Madkour I/Melekah)
Mahall, H.Sch., 1992 (Madkour I/Bint Ghalion)

Asil Arabian Horse Center, State of Kuwait
P.O.Box 22436, Safat 13085, Kuwait, Tel. (965) 4717270 und (965) 4717271 und (965) 4739199, Fax: (965) 4717126

Ibrahim, VZAP-AV-1171, H.Sch., 1973 (Mahomed/ Maheeba OA) 350
Gharoon, VZAP-AV-1411, H.Sch., 1975 (Kaisoon OA/ Ghroub OA) 351
Hamasa Tarifa, VZAP-AV-3876, St.Sch., 1985 (Farag OA/ Menha OA) 352
Hamasa Safina, 08/20945/87, St.F., 1987 (Manar/Sadya) 353
Ashamah Salam, 08/21341/88, St.Sch., 1988 (Hassan "S"/ Monieta "S") 354
Hamasa Mahuda, 08/02/1180/88, St.B., 1988 (Masir/ Hamasa Kahila) 355
Hamasa Nafila, 08/21224/89, St.Sch., 1989 (Maysoun/ Hamasa Bint Nafteta) 356
Hamasa Marisi, 08/20771/89, St.F., 1989 (Farag OA/ Mona I) 357

Asilrôs Arabstuteri, Thor & Tina Sjöberg
Fribäcken, S-81692 Lingbo, Sweden, Tel. (46) 297/50141 oder (46) 297/50201

Raswan, SA/FA-79/86, H.R., 1984 (Gharib OA/ Rawyana) 358

Assad-Arabians, Bernd & Margrit Loewenherz
Am Brammerhoop, D-31275 Lehrte, OT. Immensen,
Tel. 05175/31117 oder 05136/83876
Privat: Am Gümmekanal 5A, D-31303 Burgdorf
Ortsausgang Immensen-Lehrte, BAB A2, Lehrte-Ost (Nähe Hannover Kreuz BAB)

Gazeera, VZAP-AV-1546, St.Sch., 1976 (Sindbad/ Golson OA) 359
Maamoon Tarik, 08/21305/91, H.F., 1991 (Maamoon Ibn Gazala/Hamasa Tulayha)
Gamrah, 08/20803/91, St.R. (w.Sch.), 1991 (Shams El Arabi/ Gazeera)
Assad, 08/20981/92, H.Sch., 1992 (Abdallah/Gazeera)

Walter Augustin
Sedanstr. 1, D-65183 Wiesbaden

Marika Auth-Zepezauer
Am Erbsengarten 1, D-65510 Idstein-Kröftel, Tel. 06082/3232

Isami Bint Kadir, 08/20902/90, St.B., 1990 (Hamasa Kadir/ Inja)

Awega Vollblutaraber-Gestüt, A. & G. Wirths
Edhof, D-94140 Ering/Inn, Tel. 08573/1200
(ab 1994: Thanham 1, D-94149 Kößlarn)

Azal Ibn Arousa, 08/20594/90, H.Sch., 1990 (Madkour OA/ El Arousa OA)
Mushandi, 08/20219/90, H.Sch., 1990 (Kasr El Nil OA/ A.S. Moneefa)
El Arousa OA, D-AV-163, St.Sch., 1970 (Ibn Sharzada/ Lateefa II)
Mastorat OA, 08/20559/82, St.Sch., 1981 (Ameer Al Badeia OA/Atfa)
Bint Dalul, AHR-0444400, St.B., 1989 (Dalul/ EH Bakreia) 360
Miriya, 08/20133/89, St.Sch., 1989 (Madkour OA/ Mastorat OA)
Barikah, AHR-0468060, St.Sch., 1991 (Messaoud/ EH Bahigah) 361
Beenah, St.Sch., 1991 (Messaoud/EH Bakreia)

Arabergestüt Bábolna Co.
H-2943 Bábolna, Hungary, Tel. (34) 69/111 und (34) 69/333, Fax: (34) 69/002

Ibn Galal III, H.Sch., 1984 (Ibn Galal I/208 Farag II) 362
201 Ibn Galal, St.F., 1976 (Ibn Galal (Magdi) OA/ Hanadi OA) 363
220 Ibn Galal I, St.Sch., 1981 (Ibn Galal I/20 Farag) 364
Elf Layla Walayla (Assad-4), St.Sch., 1991 (Assad/ 223 Ibn Galal I) 365

Bachmann, Liliane, s. Amsaya Arabians

Bahlmann, Elke & Dr. E., s. Höferhof, Arabergestüt

Bait al Arab, Gabriele Schweiher
Hauptstr. 75, D-74354 Besigheim, Tel. 07143/36542
Im mittleren Neckartal zwischen Stuttgart und Heilbronn

Amasis El Afram, 08/02/0224/92, H.B. (w.Sch.), 1992 (El Thay Mansour/El Thay Aziza) 366

Gestüt Baraimu el Sahra, Olivia Prehn
Hof Reidenbruch, D-53547 Reidenbruch Post Hausen,
Tel. 02638/1277, Fax: 0261/3043130
Zwischen Koblenz und Bonn

Inshat Al Rih, VZAP-AV-3248, H.Sch., 1983 (Ibrahim/Inshraa OA) 367
Inshraa OA, AV-587, St.Sch., 1970 (Shaker El Masri OA/Hosna OA)
El Sahra Bint Inshraa, 08/21255/88, St.Sch., 1988 (Mahomed/Inshraa OA)
Bint Ittasama El Sahra, 08/21520/91, St.Sch., 1991 (Souhayl OA/Ittasama El Sahra)
Fatin El Sahra, 08/21110/91, St.B., 1991 (Assiut/Medani)

Bayer, Gunter, s. Schwärzhof Vollblut Araber

Behrens, Elke, s. Ansiba Arabians

Béoth-Noach Arabians, Babette Krüger & Hartmut Walter
Hauptstr. 30, D-21442 Toppenstedt, Tel. 04173/6931, Fax: 04173/6841

Adolf Bergmann
Heimstättenstr. 2, D-96215 Lichtenfels

Dr. Karl-Heinz & Birgit Bergmann
Am Uttenbach 6, D-72379 Hechingen, Tel. 07471/13455

Abet, VZAP-AV-3935, H.F., 1979 (El Hilal OA/Abeer OA) 368
Bint Hilala, CH-AV/4/80, St.F., 1980 (Ibn Galal OA/Hilala) 369

Horst Bernlöhr
Schweizerhof, Fraschstr. 41, D-74405 Gaildorf

Kerstin Bertsch
Friedhofstr. 7/9, D-74927 Eschelbronn, Tel. 06226/40388

Nabila, 3413, St.B., 1985 (Nabil Ibn Nazeefa/Bint Garia)

Bevilacqua, Monica, s. Arabian Stall, The

Bindl, Corinna & Wolfgang, s. Isental, Vollblutaraber-Stuterei

Birkenhof, Günther Dieball
Steinkamp Str. 1a, D-31084 Freden/Leine, Tel. 05184/1877, Fax: 05184/1607

Aneeza OA, VZAP-AV-1925, St.F., 1979 (Yakout/Horees)
Waheeda, VZAP-AV-3429, St.Sch., 1985 (Melek/Bint Wedad)
Anefa, 08/20212/90, St.Sch., 1990 (Madkour I/Aneeza OA)
Anega, 08/20133/91, St.Sch., 1991 (Madkour I/Aneeza OA)

AV-Gestüt Birkenhof, Hanspeter & Katrin Krause
Baechleten 74, CH-6265 Roggliswil, Switzerland, Tel. (41) 62/841346
Autobahn Basel N2 Richtung Luzern, Abfahrt Reiden, 10min. bis Roggliswil/Pfaffnau

Madheen-Pascha, CH-AV-41/87, H.B., 1987 (Messaoud/Madinah) 370
Zahda (gest. 1992), CH-AV-4/74, St.Sch., 1974 (Malik/Zabia OA)
Zaliona El Moniet, CH-AV-6/82, St.Sch., 1982 (Ghalion OA/Zahda)
Bint Zahda, CH-AV-45/88/89, St.Sch., 1988 (Messaoud/Zahda)
Shahalim El Moniet, CH-AV-6/91, H.Sch., 1991 (Sindibad/Zaliona El Moniet)
Maheebah El Moniet, CH-AV-49/92, St.Sch., 1992 (Madheen Pascha/Zaliona El Moniet)

Vollblutarabergestüt Birkenhof, Familie Weiershäuser
Am Wollenberg 13, D-35094 Lahntal-Caldern, Tel. 06420/7089
zwischen Kassel und Frankfurt, bei Marburg/Lahn

Abdallah, AV-1301, H.Sch., 1974 (Ghalion OA/Hanan OA) 371
Waleefah, 08/21386/91, St.F. (w.Sch.), 1991 (Abdallah/Winda)
Mubarak, 08/20062/92, H.B., 1992 (Moataz/Moawada)

Gestüt B' Mehamam - Vollblutaraber- und Vollblutangloaraberzucht,
Helmut Schmitz-Thürsam
Tannenkamp 1, D-21379 Neu-Boltersen,
Tel. 05850/497 und 05850/1531, Fax: 05850/1461
15km nordöstlich von Lüneburg in einem Waldgebiet am Fluß Neetze

Hamasa Saad, VZAP-AV-4976, H.B., 1990 (Manar/Sadya) 372, 373
Hamasa Khaznah, 08/20507/90, St.Sch., 1990 (Hamasa Khazzan/Hamasa Tarifa) 374
Chalima Salam, 08/22999/90, St.Sch., 1990 (RKS Haziz/Hamasa Duhiya) 375

Booth, R.L. & Edie, s. Antique Arabian Stud

Bott, Familie Franz, s. Ebony Arabians Wolfgangshof

Vollblutarabergestüt zur Brandheide, Fritz Karp
Henrichenburger Str. 220, D-45665 Recklinghausen, Tel. 02361/82738

Sybille Brandmeier
Löwengasse 6, D-64380 Roßdorf, Tel. 06154/82615

José Raul Brasiliense-Carneiro
Rua Gaspar Moreira 774, BR-Sao Paulo, Brasil

Briggs, Julie Ann, E. Michael Jr., s. El Bedu Arabians

Gestüt Brombacher, Fam. Bodo Brombacher
Im Grammert 19, D-54427 Kell am See, Tel. 04589/1408
10km von der A1 zwischen Trier und Saarbrücken, Abfahrt Reinsfeld

Madheen Sahib, VZAP-AV-4719, H.B., 1990 (Ibn Moheba/ Madinah) 376
Ronja, 3453, St.F., 1986 (Morhaf OA/Rawyana)
Marahna, 4828, St.F., 1988 (Ameen/Matala Bint Marah)
Ranyana, St.F., 1990 (Maysoun/Ronja)
Mayron, H.Sch., 1991 (Maysoun/Ronja)
Rayya, St.F., 1992 (Halim Al Kadir/Ronja)
Monisa, St.F., 1992 (Ansata El Salaam/Marahna)

Vollblutarabergestüt Brunnenhof, Ursula Rothenbücher
Rütschdorfer Str. 4, D-74736 Hardheim-Rütschdorf, Tel. 06283/6380
Hinterer Odenwald zwischen Buchen, Tauberbischofsheim und Miltenberg

Hamasa Markada, 08/21174/90, St.Sch., 1990 (Manar/Nafteta)
Hamasa Itidal, 08/21021/91, St.Sch., 1991 (Hamasa Khazzan/ Hamasa Indschima)
Haziba, 08/21418/91, St.F., 1991 (Kasr El Nil OA/ Halima el Nile)

Carola Buchter
Hohenzollernstr. 69, D-71083 Herrenberg-Haslach,
Tel. 07032/22316, Fax: 07032/26220
40km südl. von Stuttgart

Mashalla, St.Sch., 1988 (Nami/Masuda) 377

Buschfort, Heiner, s. Kauber Platte Araber Gestüt

Giuseppe Capurso
Via Dante 101, I-70023 Gioia del Colle (Bari), Italia

Cornelia Caspar & Dr. med. vet. Idriss Traore
Braunauerstr. 8, D-91301 Forchheim, Tel. (Privat) 09191/2305,
(Geschäftlich) 09131/44228, Fax: 09131/42440

Marah, 08/21136/91, St.F., 1991 (Ameen/Mahasin) 378

Dr. Axel & Marion Christiansen
Viktor-von-Scheffel-Str. 4, D-96231 Staffelstein, Tel. 09573/6897 oder 0951/25704

Sherif Pasha, 2391, H.F., 1982 ("Ansata" Abbas Pasha/Sabah)
Shariha, VZAP-AV-3339, St.B., 1985 (Moniet El Sharaf/ AK Tashiha) 381
Imp.: 1989 v.Z.: Bentwood Farms Inc., USA
Sheika Bint Pasha, VZAP-AV-3377, St.R., 1986 (Sherif Pasha/Sheykha-Abbayah) 380
Imp.: 1989 v.Z.: Gestüt von Smetenka, Othingen, Schweiz
Fatima, 08/21135/87, St.B., 1987 (Ezz/Shagiah Bint Shadwan OA)
Fadheem, 08/02/1504/92, H.B., 1992 (Alidaar/Fatima)

Christoph, Elisabeth, s. Schwarzwald-Baar, Vollblutaraber-Gestüt

Vollblutaraber-Gestüt Chrymont, Erika Rudolph
Am Hils 4, D-37574 Einbeck-Wenzen, Tel. 05565/1695 und 05565/1696
Wenzen liegt direkt an der B64/BAB A7, Ausfahrt Seesen, B64 in Richtung Holzminden oder Ausfahrt Northeim Nord B3 bis hinter Einbeck zur B64, dann Richtung Holzminden bis Wenzen

Messaoud, AV-1826, H.Sch., 1979 (Madkour OA/ Maymoonah) 382
CM Tut Ench Amun, AV-3527, H.Sch., 1987 (Messaoud/ El Aziza OA)
CM Gasoudah, AV-2593, St.Sch., 1982 (Messaoud/ Gawaher OA)
Moussameh, AV-4773, St.Sch., 1983 (Madmaymour/ Maamounah)
CM Madishah, AV-3502, St.Sch., 1985 (Messaoud/Montaha)
CM Bint Madishah, 08/20247/89, St.Sch., 1989 (Messaoud/ CM Madishah)
CM Bint Gasoudah, 08/02/0146/90, St.Sch., 1990 (Maysoun/ CM Gasoudah)
CM Bint Moussameh, 08/02/0243/90, St.Sch., 1990 (Maysoun/ Moussameh)
CM Gaasallh Ibn Gasoudah, 08/21369/92, H.F., 1992 (Laheeb Ibn Looza/CM Gasoudah)
CM Malifah Bint Moussameh, 08/22014/92, St.B., 1992 (Messaoud/Moussameh)

Classic Arabians for Highest Performance, Urte Louise Kern
Herrenhausgasse 38, D-35321 Laubach-Wetterfeld, Tel. 06405/4350
Wetterfeld liegt in der Höhe von Gießen im Dreieck BAB5/BAB45. Von Norden kommend BAB5 Ausfahrt Homberg (Ohm) Richtung Grünberg-Hungen oder von Süden kommend BAB5 Ausfahrt Fernwald Richtung Lich-Laubach. Dann jeweils an großer Ampel-Kreuzung nach Wetterfeld.

Naheed, VZAP-AV-3101, H.Sch., 1984 (Madkour OA/ Nagha) 379
Nuray Bint Naheed, 08/20085/91, St.B., 1991 (Naheed/ Nichane)

Dr. John C. Coles
111 Waterloo St., Suite 306, CDN-London, Ontario NGB 2M4, Canada

Asil Royal Corinna Arabians, Fridl Leuthäuser
Postfach 1360, D-96106 Ebern/UFR, Tel. 09547/6791
80km nördl. von Nürnberg

Ghalion-6 CL, AV-3954, H.F., 1973 (Ghalion OA/ 25 Amurath Sahib) 383
Farag II-6 CL, AV-3757, H.F., 1978 (Farag II/ Tamria OA) 384
Hamasa Nazim CL, AV-345, H.Sch., 1981 (Nizam OA/ Mona I)
CL Prince Serr-Turf, AV-3756, H.B., 1987 (Hamasa Nazim CL/Hamasa Serra CL)
CL Royal Amurath Fa-Turf, 21135/90, H.B., 1990 (Ghalion - 6 CL/CL Princess Amurath Turfa)
Hamasa Serra CL, AV-2551, St.B., 1981 (Farag OA/ Shar Duda)
Hamasa Zafira CL, AV-2867, St.Sch., 1982 (Farag OA/ Shar Zarqa)
Hamasa Duqa CL, VZAP-AV-2868, St.F., 1982 (Tufail/ Shar Duda)
Hamasa Nujaima, AV-2972, St.Sch., 1983 (Farag OA/Mona I)
CL Princess Amurath Feisala, 08/02/0802/86, St.F., 1986 (Mascha-Farag/Hamasa Duqa CL)
CL Princess Amurath Nazeera, 08/02/0801/86, St.F., 1986 (Mascha-Farag/Hamasa Serra CL)
CL Princess Amurath Sahiba, 08/02/0800/86, St.Sch., 1986 (Mascha-Farag/Hamasa Zafira CL)
CL Princess Amuratha, 08/21037/87, St.F., 1987 (Ghalion - 6 CL/ Hamasa Duqa CL)
CL Princess Amurana, 08/21238/88, St.F., 1988 (Ghalion - 6 CL/ Hamasa Serra CL)

CL Princess Amuzaida, 08/21239/88, St.B., 1988 (Ghalion - 6 CL/Hamasa Zafira CL)
CL Princess Farascha, 08/21337/88, St.F., 1988 (Mascha-Farag/ 18 Ibn Galal)
CL Princess Amutifle, 08/21134/90, St.F., 1990 (Ghalion - 6 CL/Hamasa Zafira CL)
CL Royal Ghalion - 6, 08/21680/91, H.B., 1991 (Ghalion - 6 CL/Hamasa Zafira CL)
CL Royal Fa-Turfa, 02/21681/91, St.F., 1991 (Farag II - 6 CL/ Hamasa Serra CL) 385
Mascha-Farag, H.F. (Farag II/18 Ibn Galal)

Craver Farm, Charles & Jeanne Craver
Rt. 1 Box 158, Hillview, IL 62050, USA, Tel. (1) 217/9456226

Plantagenet, AHR-138778, H.F., 1976 (Akmet Haffez/ Iras) 386

Culbertson, Cynthia L., s. El Miladi Arabian Stud

Dabrock Arabians, Manja Schröder
Molkereistr. 1, D-21789 Wingst, Tel. 04778/232, Fax: 04778/7088
Nördl. Dreieck zwischen Hamburg und Bremen

Khaled El Nile, VZAP-AV-4081, H.R., 1987 (Kasr El Nil OA/Kaythara OA) 388
Nile Prince, VZAP-AV-3814, H.B., 1987 (Kasr El Nil OA/ Al Sachra Bint Om El Arab) 389
Dabrock Faiyum, 08/20191/90, H.F., 1990 (Morhaf OA/ Ruala Fedala) 392
Dabrock Gamil El Nasih, 08/20193/90, H.Sch., 1990 (El Thay Ibn Halim Shah/Ruala Ganiyya)
Asra Nahema, VZAP-AV-2959, St.F., 1983 (El Abt/Narges)
Ruala Fedala, 3349, St.F., 1985 (Golmoud El Ahmar OA/ Ruala Farida)
Ruala Ganiyya, VZAP-AV-3350, St.B., 1985 (Golmoud El Ahmar OA/Bint Gawaher) 391
Dabrock El Faheem, 08/20094/91, H.F., 1991 (Nile Prince/ Ruala Fedala)
Dabrock Farras El Nile, 08/20171/92, H.B., 1992 (Nile Prince/ Ruala Fedala) 393
Dabrock Gazebeya, 08/21748/91, St.F., 1991 (Nile Prince/ Ruala Ganiyya) 390

Vollblutarabergestüt Dahman El Azrak, Sabine Hohenberger & Wilfried Ehrlich
Neuhaus 1, D-95213 Münchberg/Hildbrandsgrün, Tel. 09251/5166
Münchberg liegt an der A9 Nbg. Richtung Berlin, Abfahrt Münchberg Süd, in Münchberg Richtung Kulmbach, nach 2km rechts nach Hildbrandsgrün

El Thay Shah Manial, 08/20333/89, H.Sch., 1989 (El Thay Ibn Halim Shah/El Thay Maheera) 394
A.S. Moneefa, St.Sch., 1985 (Moneef/Om El Arab OA)
Amal Halima, St.Sch., 1986 (Halim Al Kadir/Amal Al Badiea OA)
Aliha El Nile, St.Sch., 1990 (El Thay Maheer/Bint Bint El Nil OA)
Ashira, St.Sch., 1990 (Al Kidir/Om El Arab OA)
Nafsah, St.Sch., 1990 (Maysoun/Naghiba)

Dar Al Tifla, Helmut & Jutta Voß
Stemwarder Str. 39, D-22043 Hamburg 70, Tel. 040/6547746
BAB Hamburg-Lübeck/Berlin, im Osten Hamburgs, Abfahrt HH-Jenfeld, an der Grenze zu Barsbüttel, Kreis Stormarn

Anthea, AV-2781, St.Sch., 1982 (El Abd/Hamasa Bint Wafaa)
El Thay Tifla, AV-3660, St.Sch., 1986 (Masoud/Tamara)
Asrani, H.w.Sch., 1992 (Asra Gabani/Anthea)
Taima, St.w.Sch., 1992 (El Thay Thamam/El Thay Tifla)

Deicke, Peter, s. Rih el Aswad

Denzinger, Dr. Ferdinand, s. Halim Stables

Dieball, Günther, s. Birkenhof

Gut Dieckhorst, Peter Gross
D-38539 Müden-Dieckhorst, Tel. 05375/361

Arabergestüt Gut Dieckhorst

Machmut, AV-2025, H.Sch., 1979 (Ibrahim/Molesta)
El Shahwan, VZAP-AV-3808, H.Sch., 1986 (Machmut/Saemah) 398
Mahfouz, VZAP-AV-4321, H.Sch., 1988 (Madkour I/Mahameh) 396, 397
Ibn Kais, 08/20535/89, H.F., 1989 (Kais I OA/Mona III)
Mahameh, AV-2168, St.Sch., 1979 (Ibrahim/Mona III). 395
Saemah, AV-2473, St.Sch., 1981 (Madkour I/El Samraa) 402
Bint Mona, AV-2966, St.F., 1983 (Machmut/Mona III)
Shamah, AV-3707, St.B., 1985 (Nizam OA/El Samraa)
Bint Bint El Araby, AV-4141, St.Sch., 1987 (Madkour I/Bint El Araby OA)
Maboubah, VZAP-AV-4140, St.Sch., 1987 (Madkour I/Mahameh) 400
Sabrina, AV-4874, St.Sch., 1987 (Madkour I/Sabra OA)

Bint Saemah, 08/20031/88, St.Sch., 1988 (Machmut/ Saemah)
Mahfouza, 08/21139/89, St.Sch., 1989 (Madkour I/ Mahameh)
Molesta I, 08/20534/89, St.Sch., 1989 (Madkour I/ Bint Mona)
Bint Bint Mona, 08/20572/90, St.Sch., 1990 (Madkour I/ Bint Mona)
Sahara, 08/02/0404/90, St.Sch., 1990 (Machmut/Shamah)
El Araby I, 08/02/0663/91, H.F., 1991 (Machmut/ Bint Bint El Araby) 399
Moheeb, 08/02/0662/91, H.Sch., 1991 (El Shahwan/ Mahameh)
Bint Maboubah, 08/20664/91, St.Sch., 1991 (El Shahwan/ Maboubah) 401
Mahboub, 08/02/0698/92, H.Sch., 1992 (El Shahwan/ Maboubah)
Safeer, 08/02/0699/92, H.Sch., 1992 (Manial II/Saemah)
Safira, 08/02/0700/92, St.Sch., 1992 (Mahfouz/Sabrina)
Maleeh El Din, 08/02/0701/92, H.Sch., 1992 (Manial II/ Mahameh)
Shadia, 08/02/1142/92, St.Sch., 1992 (Mahfouz/Shamah)
Sid El Araby, 08/02/1768/92, H.B., 1992 (Machmut/ Bint Bint El Araby)

Gestüt Dömken, Constanze Dömken
Hof Borstel, D-27313 Dörverden, Tel. 04239/361, Fax: 04239/361
BAB-Abfahrt Verden-Nord, Richtung Nienburg, hinter Verden links Richtung Rethem, durch Wahnebergen und Ahnebergen

Sihdih, VZAP-AV-1582, H.B., 1977 (Sawlagan OA/Nadia OA)
Muqatamm, VZAP-AV-1984, H.Sch., 1979 (Mahomed/ Ghazalah)
Sinai, VZAP-AV-2616, H.Sch., 1982 (Sihdih/Ghazah)
Maschallah, 08/21014/89, H.Sch., 1989 (Muqatamm/Nazeerah)
Nadia OA, D-AV-89, St.Sch., 1969 (Amlam-Emam/Foze OA)
Imp.: 1971 v.Z.: Hamdan Stables, Kairo
Ghazalah, VZAP-AV-1084, St.Sch., 1973 (Ghazal OA/ Afifa OA)
Aqaba, VZAP-AV-1949, St.F., 1978 (Sawlagan OA/ Afifa OA)
Nazeerah, VZAP-AV-2358, St.Sch., 1981 (Kaisoon OA/ Nadia OA) 403
Naadiyah, VZAP-AV-3820, St.Sch., 1983 (Kaisoon OA/ Nadia OA)
Amareh, VZAP-AV-3452, St.Sch., 1985 (Mahomed/ Afifa OA)
Noseirah, VZAP-AV-3819, St.Sch., 1986 (Mahomed/ Nazeerah)

Nabasha, St.Sch., 1989 (Muqatamm/Nadia OA)
Afiah, St.Sch., 1990 (Muqatamm/Amareh)
Ghazeelah, St.Sch., 1990 (Muqatamm/Ghazalah)
Nameeh, St.Sch., 1990 (Muqatamm/Nadia OA)
Nazzirrih, St.Sch., 1990 (Muqatamm/Nazeerah)
Mamour, H.Sch., 1991 (Muqatamm/Naadiyah)
Muqdam, VZAP-AV-08/21645, H.Sch., 1991 (Muqatamm/Noseirah)
Rih Ibn Khaled, VZAP-AV-08/20253, H.R., 1991 (Khaled El Assuad/Halwa)
Nassiriyah, St.Sch., 1991 (Muqatamm/Nazeerah)

Dörnhof Aschaffenburg, Dipl.Ing. Erich Roth
Bismarckallee 26, D-63739 Aschaffenburg, Tel. 06021/92138, Fax: 06021/92133

Toman OA, AV-2000/78, H.F., 1978 (Shadwan/ Safinaz) 404, 405
Imp.: 1979 v.Z.: El Zahraa, Ägypten

Dowdstown House Stud, Fam. F. Schwestermann-Lawless
Dowdstown, Maynooth, Co. Kildare, Ireland,
Tel. (353) 1/6286227, Fax: (353) 1/6289402

Araberhof "Drei Linden", Horst & Elisabeth Müller
Siedlerstr. 1, D-36145 Hofbieber, OT. Wiesen,
Tel. 06657/6665 oder 06657/289, Fax: 06657/8626
BAB-Abfahrt Fulda-Nord, Richtung Tann/Rhön und Hofbieber, 10km von Fulda

Hamasa Moharra, 08/02280/80, H.Sch., 1980 (Mehanna OA/ Mona I)
Marzuq Ibn Montasar, 08/20627/90, H.B., 1990 (Montasar/ Hamasa Dhana) 406
verpachtet an/leased to: Gestüt "Goldegg" der Gebrüder Valersi, I-39055 Leifers (Bozen) Italien
Bint Iman OA, VZAP-AV-3996, St.Sch., 1985 (Mourad/ Iman) 407
El Dahma, 08/020770/92, St.w.Sch., 1992 (Montasar/ Bint Iman OA)

Ebony Arabians Wolfgangshof
Familie Franz Bott, Weitprechts, D-88410 Bad Wurzach,
Tel. 07527/6625, Fax: 07527/6845
Dr. Nico Jung, Brunnenwiesenstr. 10, D-73342 Bad-Ditzenbach

Rodan El Pharo, AHR-449263, H.R., 1990 (Nahabi El Pharo/ AK Taldinaa) 408
Bint Bassama, 1544, St.F., 1977 (El Hilal OA/Bassama OA)
Eskada Bahiya, 4500, St.Sch., 1983 (Halim El Nefous/Toofah)
DR Wafin Tifla, 4135, St.R., 1986 (Ser Rom/Jamala Tifla)
E.H. Baraka, St.Sch., 1986 (Madkour OA/Bint Bint Basima)
Faa Matara, St.R., 1989 (DHAR Faa Halim/BV Marhaba)

Kar Baschahr, 08/20890/89, St.F., 1989 (Sameer/
Bint Bassama)
Faa Matala, St.R., 1990 (DHAR Faa Halim/BV Marhaba)
Kar Waziri, 08/20258/91, St.R., 1991 (Serhabas/DR Wafin Tifla)
Ebony Bahiba, St.B., 1992 (Khaled El Assuad/Bint Bassama)

Vollblutarabergestüt Ehrke, Erika Ehrke
D-56865 Hofgut Moritzheim, Tel. 06545/6858

Mak El Ahmar, AV-3880, H.B., 1985 (Montasar/
Maamounah)
E-Ghezal, AV-3948, H.Sch., 1986 (Gharoon/Ghardaia)
Ghardaia, AV-1518, St.F., 1977 (Farag OA/Ghroub OA)
E-Golea, 08/21191/89, St.Sch., 1989 (Gharoon/Ghardaia)
E-Gandhara, 08/21319/90, St.B., 1990 (Nijamin/Ghardaia)

El Afram-Araber, Frank Mozer & Elisabeth Feßler
Hartwaldstr. 124, D-70378 Stuttgart, OT. Hofen, Tel. 07042/33225 oder 07043/8537

El Thay Aziza, VZAP-AV-2956, St.Sch., 1984 (Malik/
Amal) 409

El Asil, Renzo Moschini
Via Fontana e Crocefisso 8, Collina Bassa di Pontelungo, I-51030 Pistoia, Italy,
Tel. (39) 573/975313, Fax: (39) 573/28165
Address for Correspondence: Renzo Moschini, C.P. 175, I-51100 Pistoia, Italy
Motorway Firenze-mare (A11): about 3km far from Pistoia exit, direction Pontelungo

Ibn Galal I-9, IT-452, H.Sch., 1983 (Ibn Galal I/
14 Bint Azza I OA) 410
Rajan 7, IT-943, H.F., 1985 (Rayyan OA/207 Farag II) 411
206 Farag II, IT-1497, St.Sch., 1977 (Farag II/
14 Bint Azza I OA) 412
231 Ibn Galal I, St.F., 1982 (Ibn Galal I/207 Farag II)
Ibn Galal I-5, St.Sch., 1985 (Ibn Galal I/23 Ghalion)
Abbas Pasha I-6, IT-1475, St.F., 1988 (Abbas Pasha I/
201 Ibn Galal) 413
Eclipse Ibn Assad, St.F. (w.Sch.), 1989 (Assad/206 Farag II)
Halina Ibn Zohair, St.F., 1990 (Zohair I/231 Ibn Galal I)
Mizara, St.R., 1991 (Iktaan/Ibn Galal I-5)
Karim el Asil, H.F., 1992 (Ibn Galal I-9/Abbas Pasha I-6)
Sheikh el Asil, H.B., 1992 (Iktaan/231 Ibn Galal I)
Samira el Asil, St.F., 1992 (Rajan 7/206 Farag II)

El Bedu Arabians, Julie Ann Briggs, E. Michael Briggs Jr.
24511 Old Hundred Road, Comus, MD 20842, USA

El Calif Arabians, Dr. med. vet. Martin und Michèle Gugelmann-Vaucher
Affolterstr. 5, CH-4708 Luterbach, Switzerland,
Tel. (41) 65/421311, Fax: (41) 65/421511
5km von Solothurn, zwischen Basel und Bern

Calif, CH-AV-9/80, W.F., 1980 (Mohafez/Set Abouha)
Moneera Safin, CH-AV-38/85, H.B., 1985 (Kasr El Nile OA/Salima) 416
El Calif Sadiq Ben Safin, CH-AV-12/91, H.B., 1991 (Moneera Safin/Mashuga)
Mashuga, CH-AV-32/84, St.B., 1984 (Mohafez/Maysouna) 417
El Calif Marama, CH-AV-28/88, St.B., 1988 (Morhaf OA/Mashuga)
El Calif Mayefa, CH-AV-29/89, St.Sch., 1989 (Nayef/Mashuga)

El Chamsin - VA Gestüt, Hartmut und G. Wohlann
Ratsstr. 51, D-27313 Dörverden (Hülsen/Aller), Tel. 04239/1375, Fax: 04239/1539

Aikah, 08/21920/92, St.R., 1992 (Hamasa Gharbi/Yoruba)

Crescent El Hilal Arabians, Erich Hagenlocher
Rt. 2, Box 523, Wellsona Road, Paso Robles, CA 93446, USA,
Tel. (1) 805/2393266, Fax: (1) 805/2393266

Al Nowasy OA, AHR-406073, H.B., 1978 (Hamid/Shukria)
E.H. Ibn Tuhotmos, AHR-443764, H.F., 1989 (Tuhotmos OA/E.H. Bahiga) 387
Bassama OA, AHR-423219, St.F., 1971 (Anter/Basima)
E.H. Amira, AHR-327448, St.B., 1974 (Gharib OA/Abeer OA)
E.H. Aminah, AHR-417151, St.F., 1977 (El Hilal OA/Abeer OA)
E.H. Bashirah, AHR-399695, St.F., 1979 (Shawki OA/Bassama OA)
E.H. Gharibah, AHR-417152, St.R., 1980 (Gharib OA/El Garia OA)
E.H. Bakreia, AHR-328170, St.B., 1981 (El Hilal OA/Bassama OA)
E.H. Bashoosha, AHR-416854, St.B., 1982 (Al Nowasy OA/Bassama OA)
E.H. Barisah, AHR-399694, St.B., 1984 (Al Nowasy OA/E.H. Bashirah)
E.H. Badrah, AHR-406072, St.F., 1985 (El Hilal OA/Bassama OA)
E.H. Bahigah, AHR-399759, St.F., 1985 (Al Nowasy OA/E.H. Bint Bint Basima)

E.H. Bint Tuhotmos, AHR-443765, St.F., 1989 (Tuhotmos OA/
E.H. Amira)
E.H. Boukrah, AHR-478804, St.F., 1991 (Messaoud/Bassama OA)
E.H. Barettah, AHR-478803, St.F., 1991 (Messaoud/E.H. Barisah)

Asilarabergestüt El Kadir, Andrea Klein
D-66583 Spiesen-Elversberg, Tel. 06821/79822
Saarland

Hamasa Kadir, VZAP-AV-1620, H.Sch., 1977 (Farag OA/
Hamasa Kahila) 418, 419
Inja, VZAP-AV-3451, St.Sch., 1985 (Tufail/Hamasa Zaalee)
Indschima Bint Kadir, 08/20988/89, St.Sch., 1989
(Hamasa Kadir/Inja). 420
Maamoon Anthea, St.w.Sch., 1989 (Hamasa Arslan/
Maamoon)
Kaeema Bint Kadir, 08/21111/91, St.F., 1991 (Hamasa Kadir/
Inja) 421

Vollblutaraber-Gestüt von Elm, Holger & Sabine von Elm
Schlottweg 5, D-25365 Klein Offenseth-Sparrieshoop,
Tel. 04121/82869, Fax: 04121/94455

Vollblutaraber-Gestüt von Elm

El Thay Thamam, VZAP-AV-2826, H.Sch., 1983 (Madkour I/
Taghreed OA) 415
El Thay Mameluk, VZAP-AV-4433, H.F., 1988 (Ibn
Nazeema OA/El Thay Mansoura) 414
El Thay Mamlouka, 3568, St.Sch., 1985 (Masoud/Morawa)
Momtaza Bint Mameluk, St.F., 1992 (El Thay Mameluk/
El Thay Mambuka)

Vollblutaraberstall El Marees, Monika Grefenstein
Oberdorf 21, D-53945 Blankenheim-Reetz, Tel. 02449/7253, Fax: 02449/7253
Naturpark Nordeifel, 70km südl. von Köln, am Ende der BAB1

"M" Sharin, 08/21361/91 H.F., 1991 (Ibn Bint Inas
(Halim Shah 3)/Shannah) 422, 423
El Marees, VZAP-AV-3939, H.Sch., 1982 (Nizam OA/
Mahdia Bint Malikah). 424
KP Hediya, VZAP-AV-5091, St.B., 1989 (Malik El Nil/
Set Husen OA) 425
Shayla, 08/02/1132/92, St.B., 1992 (Malik El Nil/
"M" Shalimah). 426, 427

El Miladi Arabian Stud, Cynthia L. Culbertson
P.O.Box 53460, Riyadh 11583, Saudi Arabia

Tangiers, AHR-0464327, H.Sch., 1989 (Zedann/Bint Barakaa)
Ansata Starletta, AHR-0430213, St.Sch., 1989 (Ansata
Halim Shah/Ansata Marietta)

Gestüt El Naarah, Dr. H. Freimüller
Grenzbachhof, D-71297 Mönsheim, Tel. 07044/7286 oder 07044/42022
Geschäftsanschrift: Heimsheimerstr. 7, D-71292 Friolzheim
zwischen Stuttgart und Pforzheim, Autobahnausfahrt Heimsheim/Mönsheim

EL NAARAH

Masoud, VZAP-AV-2189, H.Sch., 1981 (Ibrahim/Mona III) 428
El Thay Ibn Halim Shah, VZAP-AV-3022, H.Sch., 1985 (Ansata Halim Shah/Mahameh) 429
Bint Bassima, 211/82, St.Sch., 1982 (Malik/Bassima OA)
Badira Bint Malik, VZAP-AV-2955, St.Sch., 1983 (Malik/Bassima OA) 430
Sununu, 539/84, St.B., 1984 (Al Nowasy OA/Shaklana)
Shaakirah, VZAP-AV-4176, St.F., 1985 (Al Nowasy OA/Shaklana) 431
Moneera-Mohera, VZAP-AV-5052, St.Sch., 1988 (Ibn Moheba/Moniet) 432
Munifeh, 08/20277/89, St.B., 1989 (Montasar/Massilah) 434
Moniet Mofisa, 08/21415/91, St.B., 1991 (Kasr El Nil OA/Moufisa Halima) 433

Gestüt El Nafeesah, Ing. Johannes Krammer
A-7522 Deutsch-Bieling 48, Austria, Tel. (43) 3324/6149 oder (43) 3322/22880
195km südlich von Wien, 90km östlich von Graz

E.H. Asfour, OE-AV-492, H.B. (w.Sch.), 1985 (El Hilal OA/El Arousa OA)
E.H. Asfoura, 0431528, St.B., 1988 (Dalul/Algasoorah)
Shira, 20604, St.B., 1989 (Mohafez/Safia)

El Shams, Doris & Dr. Otto Saenger
Gut Wengelsdorf, D-06688 Wengelsdorf, Tel. 034446/222
Gestüt: Am Teich 7, D-22929 Delingsdorf, Tel. 04532/1850
25km nordöstlich von Hamburg zwischen Ahrensburg und Bargteheide, Autobahn Lübeck

Farouk OA, AV-588, H.B., 1971 (Tuhotmos AO/Fifi) 435
Shams Insheebah, AV-1861, St.Sch., 1978 (Ibrahim/Inshraa OA)
Shams Selene, AV-3863, St.Sch., 1985 (Ibrahim/Sayadah)
Shams Saskia, St.F., 1986 (Ibrahim/Sayadah)
Shams Anthea, St.B., 1987 (Farouk OA/Shams El Arabia)
Shams Fa-Iba, St.Sch., 1988 (Ibrahim/Shams El Farabiah)
Shams Anthares, St.Sch., 1989 (Madkour I/Shams El Arabia)
Shams Kaita, St.Sch., 1990 (Kais I OA/Shams Selene)

El Thay - El Thayeba, C. & Dr. H.J. Tauschke
Kneter Sand 1, D-26197 Großenkneten, Tel. 04435/5552, Fax: 04435/5552
BAB Osnabrück-Bremen, Abfahrt Wildeshausen-West, in Alhorn-Großenkneten

Shaik Al Jiwan, 2849, H.Sch., 1983 (Ansata Omar Halim/ Ansata Wanisa) 437
El Thay Ibn Halim Shah, 3032, H.Sch., 1985 (Ansata Halim Shah/Mahameh)
Co-owned: Dr. Freimüller, Mönstein
El Thay Mansour, VZAP-AV-3240, H.Sch., 1986 (Ansata Halim Shah/El Thay Maheera) 436
28 Farag, St.F., 1973 (Farag OA/Tamria OA)
El Thay Morawa, 2027, St.Sch., 1979 (Nizam OA/Mom Taza)
El Thay Maheera, 2437, St.B., 1981 (Nizam OA/Mona II)
El Thay Mansoura, 2880, St.F., 1983 (Machmut/Morawa)
El Thay Kamla, 3569, St.Sch., 1985 (Ansata Halim Shah/ Mona III)
El Thay Mabrouka, St.Sch., 1988 (El Thay Ibn Halim Shah/ El Thay Maheera)
El Thay Bt. Kamla, St.Sch., 1989 (El Thay Mansour/ El Thay Kamla)
El Thay Bt. Mofeedah, St.Sch., 1990 (El Thay Ibn Halim Shah/Mofeedah)
El Thay Taghreed, 08/20393/91, St.B., 1991 (El Thay Mansour/ Tamara). 438
El Thay Magida, 08/20529/92, St.F., 1992 (El Thay Mameluk/ El Thay Moheera) 439

El Zahraa Arab Horse Stud - Egyptian Agricultural Organisation,
Generalmanager Dr. Ibrahim Zaghloul
P.O.Box 63, ET-Cairo, Egypt

Mourad OA, H.Sch., 1968 (Gassir/Mabrouka) 440
Etry OA, H.R., 1980 (Emad/Baheera) 441

Escher, Erwin & Annette, s. Rothenberg, Gestüt

Es-Salám Arabians, C. & D. Treadwell
Sluisweg 9, NL-Alphen, The Netherlands

RKS Haziz, H.F., 1985 (Mosry/Natascha)
Hamasa Duhiya, St.Sch., 1986 (Farag OA/Shar Duda)
Hamasa Fasiha, St.Sch., 1986 (Farag OA/Hamasa Bint Faziza)

Eutermoser, Gustl, s. Schieferegg, Gestüt

Hans Werner Falk
Lohorsterstr. 23, D-26188 Edewecht/Lohorst, Tel. 04497/1275

Hamasa Gharbi, VZAP-AV-3327, H.R., 1982 (Gharib OA/
Hamasa Tumaderah) 442, 443
Mocha, 08/20834/89, H.B., 1989 (El Moniet/Naomi)

Fazenda Morro Vermelho Ltda., Harras Morro Vermelho
Rua Funcah, 160-Vila Olimpia, SP-04481 Sao Paulo (CEP), Brazil

Abbas Pasha, E-1480, H.Sch., 1976 (Shakhs/Attalah)
Shalil Ibn Kaisoon, E-6601, H.Sch., 1984 (Kaisoon OA/
Salha OA)
Katar Ibn Amaal, E-8501, H.F., 1986 (Amaal/Wafa)
Al Nawasy M5, E-9188, H.Sch., 1987 (Shahlil Ibn Kaisoon/
Al Azali Pasha)
Al Katif M5, E-11123, H.Sch., 1988 (Shahlil Ibn Kaisoon/
Al Azali Pasha)
Serenity Sagda OA, E-1715, St.Sch., 1966 (Antar/Samia)
Imperial Al Azali, E-1714, St.Sch., 1976 (Amaal/
AK Moniet Ami)
Malima Bint Malikah, E-9210, St.Sch., 1980 (Madkour OA/
Malikah)
Serenity Pasha M5, E-3244, St.Sch., 1981 (Abbas Pasha/
Serenity Sagda OA)
Sayeda, E-6600, St.B., 1984 (Ibn Galal OA/Saady)
Al Sachra Monifa, E-6602, St.Sch., 1985 (Morhaf OA/
Moregha)
Moneera Mumtazah, E-6990, St.Sch., 1985 (Moneef/
Manaya II)
Hamasa Musaliha, E-12047, St.Sch. (Farag OA/Mona I)
Shams El Amira, E-9207, St.F. (Ibrahim/Shams El Faroussa)
Nabil Ibn Nazeefa, E-12048, St.Sch. (Nabil Ibn Nazeefa/
Zaba Bint Zeenah)

Tamas & Birgit Fazekas
Niederhohndorfer Str. 64, D-08058 Zwickau, Tel. 0375/241574, Fax: 0375/241574

Abbas Pasha I, 08/20583/82, H.Sch., 1982 (Ansata Abbas
Pasha/2 Ghalion) 444, 445

Gestüt Felsenberg, Dr. Utta Moro
Steinbruchweg 1, D-34587 Felsberg-Beuern, Tel. 05662/5308

Ferretti, Dr. Maria Teresa & Monika Savier, s. Tre Balzane, Allevamento di Cavalli

Feßler, Elisabeth & Frank Mozer, s. El Afram-Araber

Fink, Thomas, s. Manaya Arabians, Gestüt

Vollblut Araber Gestüt Philipp Fischer, Philipp Fischer
Heidestr. 2, D-35085 Ebsdorfergrund, OT. Hachborn,
Tel. 06424/3987, Fax: 06424/4045

Hamasa Bint Faziza, AV-1258, St.Sch., 1975 (Farag OA/Faziza)
gepachtet von/leased by: Olms Araber Hamasa Gestüt

Angelika Fitzon
Zeppelinstr. 2, D-70825 Korntal-Münchingen, Tel. 0711/8380422

Nejidd Ibn Ibn Ghalion, 08/20454/91, H.B., 1991 (Ibn Ghalion/
Noosa) 446

Flaxman Arabian Stud, J.M. van Nes
Achterambachtseweg 14, NL-3342 Hendrik-Ido-Ambacht LB, The Netherlands

Fogarin, Federico, s. Allevamento del Guasimo

Fontana, Astrid, s. Al Asham Arabians

Forbis, Donald and Judith, s. Ansata Arabian Stud

Gabriele Form
Winkelerstr. 11, D-55218 Ingelheim

Freimüller, Dr. H., s. El Naarah, Gestüt

Fritz, Susanne, s. Amira El Arab, Gestüt

Monika Fuchs
Bildstr. 20, D-63820 Elsenfeld

Faraj, H.Sch., 1987 (Farag OA/Menha OA)

Arabervollblutgestüt Gaughof KG, Peppi Selva
I-39050 Wangen-Ritten (BO), Italy

Pia Gaul
Stefaniestr. 8, D-85104 Pförring/Forchheim, Tel. 08403/1576

Hamasa Dschirha, 08/20854/90, St.R., 1990 (Shams El Arabi/
Hamasa Tumaderah) 447

Geiger, Hedi & Chris Dohmen, s. Maamoon Asil Araber

Vollblut-Arabergestüt Georgenhof, Gerald & Georg Holzmann
Grüntenstr. 7, D-86807 Buchloe,
Tel. 08241/4369 oder 08241/6850 oder 08241/2777

Ibn Shaker I, VZAP-AV-1105, H.Sch., 1973 (Shaker El Masri OA/Bint Rawya OA) 448
Marsuk, H.Sch., 1989 (El Thay Mahrouss/Saymoona)
Saymoona, VZAP-AV-3309, St.Sch., 1985 (Saymoon/Munja) 449
Sayoome, 08/20685/90, St.Sch., 1990 (Ibn Shaker I/Saymoona) 450

Regula & Tobias Gersbach-Walt
Sonneggstr. 88, CH-8006 Zürich, Switzerland,
Tel. (41) 1/3621121, Fax: (41) 1/3639779

El Zaheb, CH/AV/7/88, H.Sch., 1988 (Ibn Moheba/Zaliona El Moniet) 451

Ghazieh Asil Araber, Jutta & Jens Sannek
Roseggerstr. 14, D-31785 Hameln, Tel. 05151/21292

Bint Aja, CAHR-14069, St.F., 1980 (Mirath/Aja) 452

Ginsel, Siegfried, s. Moheba-Araber, Gestüt

Götzinger, Richard & Dietrich A. Pröckl, s. Heliopolis Desert Arabians, Gestüt

Thomas Gramß
Mozartstr. 2, D-91257 Pegnitz, Tel. 09241/6922

Wazira-Matmoun, 08/20992/88, H.Sch., 1988 (Maschadi/Hamasa Wazira) 453

Vollblutaraber Gestüt Grauert, Fritz Grauert
Hauptstr. 60, D-74249 Jagsthausen, Tel. 07943/2400, Fax: 07943/8394

Hamasa Farhan, VZAP-AV-1835, H.Sch., 1978 (Farag OA/Hamasa Kahila) 454
Nadschef, H.Sch., 1980 (Gharib OA/Nedjari)

Grefenstein, Monika, s. El Marees, Vollblut-Araber-Stall

Edgar Griebel
Engländerstr. 15, D-63825 Sommerkahl, Tel. 06024/3146

Gross, Peter, s. Dieckhorst, Gut

Allevamento del Guasimo, Federico Fogarin
Via Pola 8, I-30020 Bibione, Venezia, Italy, Tel. (39) 337/548549 und (39) 431/438024

Ibn Galal I-1, H.Sch., 1980 (Ibn Galal I/15 Ghalion)
AK Rasafah, VZAP-AV-3476, St.Sch., 1983
(Ansata) Abbas Pasha/Lohelia)
Abbas Pasha I-3, St.F., 1986 (Abbas Pasha I/
202 Ibn Galal) 456
Abbas Pasha I-5, VZAP-AV-4039, St.Sch., 1986
(Abbas Pasha I/225 Ibn Galal I) 457
Sabbah, IT-1243, St.B., 1988 (Shams El Arabi/Bint Sahara 83)
Ghaida, St.Sch., 1990 (Maysoun/Ghandura (ex. 234 Ibn
Galal-I))
Bint Shah El Mesch, St.F., 1991 (Halim Shah I/Abbas
Pasha I-3)
Odaliska Guasimo, St.Sch., 1991 (Ibn Galal I-1/Hamasa
Hanifa)
Halim Shah El Mesch, H.F., 1992 (Maysoun/Abbas Pasha I-3)
Shehab, H.B., 1992 (Salaa El Dine/AK Rasafah)
Fahadla Guasimo, St.Sch., 1992 (Shams Fahad/Hamasa
Farida)
Maysouna Guasimo, St.Sch., 1992 (Maysoun/Abbas
Pasha I-5)

Gubler-Hägeli, Claudia & Elisabeth Braig, s. Rosenhof, Gestüt

Gugelmann-Vaucher, Dr. med. vet. Martin & Michèle, s. El Calif Arabians

Haake, Thilo, s. Steffeshof, Vollblutarabergestüt

Haan, Dr. Thomas, s. Sheherazade, Gestüt

Hagenlocher, Erich, s. El Hilal Arabians, Crescent

Halim Stables, Dr. Ferdinand Denzinger
Hans-Watzlikstr. 21, D-92539 Schönsee, Tel. 09674/8221, Fax: 09674/1597
Bayern/Oberpfälzer Wald

Souad, 1584, H.F., 1976 (Sawlagan OA/Nana OA)
Mawia, 08/20017/90, St.B., 1990 (Nami/Moussa)

Hamasa Gestüt, s. Olms Araber Hamasa Gestüt

Gestüt Hamdan Asil Araber, Dr. Peter Hörter
Grunweg 1, D-35117 Münchhausen-Wollmar, Tel. 06457/8630, Fax: 02751/3023
Landkreis Marburg, B252 bis Münchhausen

Hamasa Ghazwan, AV-0411/86, H.R., 1986 (Gharib OA/ Hamasa Tumaderah) 459
Hamasa Hamdan, H.Sch., 1988 (Hamasa Khazzan/Hamasa)
Hamasa Itimad, 08/20796/88, St.F., 1988 (Masir/Hamasa Indschima) 458
Hamasa Safwa, St.Sch., 1989 (Manar/Sadya)

Vollblutarabergestüt Hammerhof, Christiane & Dr. Hans Wettke
D-74743 Seckach-Zimmern, Tel. 06291/1306, Fax: 06291/2436
A81, zwischen Würzburg und Heilbronn, Abfahrt Osterburken

Sansour, H.B., 1990 (Moataz/Samohga)
Samohga, 2547, St.R., 1982 (Ibn Galal OA/Salima)
Bint Moniet, VZAP-AV-3163, St.F., 1984 (Ibn Galal OA/ Moniet) 461
Tamria II, 08/02/1848/85, St.Sch., 1985 (Ansata Halim Shah/ 211 Zohair) 460
Mounazzah, St.F., 1991 (Maysoun/Bint Moniet)
Satazza, St.B., 1991 (Moataz/Samohga)
Samantha, St.B., 1992 (Salaam/Samohga)

Gestüt Hanaya, Nayla Hayek
Expohof, CH-8165 Schleinikon, Switzerland, Tel. (41) 18560995, Fax: (41) 18750255
15km von Zürich, 10km vom ZH-Flughafen

HANAYA ARABIAN STUD

Madkour OA, H.Sch., 1964 (Morafic/Maisa)
Ibn Yakout OA, H.B., 1976 (Yakout/Horees)
Rihan OA, H.F., 1977 (Aseel/Hakima)
Monzer OA, H.F., 1980 (Mohawed/Fifi)
Hanaya Rafek, H.Sch., 1985 (Rihan OA/Kodwa OA)
Hanaya Moheb, H.Sch., 1987 (Monzer OA/Manaya)
Hanaya Makhsous, H.Sch., 1990 (Madkour OA/ Kodwa OA) 462
Kodwa OA, St.Sch., 1977 (Shadwan/Alifa)
Manaya, St.Sch., 1977 (Madkour OA/Maisa) 463
Bint Nouran OA, St.R., 1977 (Ashour/Nouran)
Moaza OA, St.Sch., 1980 (Moataz/Yahala)
Song of Halima, St.Sch., 1980 (Ansata Ibn Halima OA/ Il Mara)
Hebat Misr OA, St.Sch., 1981 (Adeeb/Basant) 464
Amana OA, St.Sch., 1982 (Ameer/Amna)
Hanaya Bint Ikhnatoon OA, St.Sch., 1984 (Ikhnatoon/ Moaza OA)
Hanaya Karaama, St.F., 1986 (Monzer OA/Bint Nouran OA)
Nahilaa, St.F., 1987 (Shah Nishan/AK Entaayah)

Hanaya Alia Halim, St.Sch., 1987 (Halim Al Kadir/Amana OA)
Hanaya Kodwina, St.R. (w.Sch.), 1988 (Rihan OA/Kodwa OA)
Hanaya Hazar, St.Sch., 1989 (Monzer OA/Hebat Misr OA)
Hanaya Malaka, St.Sch., 1990 (Rihan OA/Manaya)
Hanaya Amoun, H.R., 1991 (Ibn Yakout OA/Bint Nouran OA)
Hanaya Ibn Imdal, H.Sch., 1991 (Imperial Imdal/Song of Halima)
Hanaya Masri, H.B. (w.Sch.), 1991 (Madkour OA/ Hebat Misr OA)
Hanaya Aneesa Bint Madkour, St.Sch., 1991 (Madkour OA/ Amana OA)
Hanaya Khamala, St.Sch., 1991 (Madkour OA/Kodwa OA)
Hanaya Nareekha, St.B., 1991 (Ibn El Mareekh/ Nahilaa) 465
Hanaya Madgid, H.Sch., 1992 (Hanaya Moheb/Kodwa OA)
Hanaya Munja, St.Sch., 1992 (H. Rafek/Manaya)
Hanaya Nour el Misr, St.R., 1992 (Rihan OA/Bint Nouran OA)
Hanaya Rafeekha, St.Sch., 1992 (H. Rafek/Hebat Misr OA)

Heidi & Dr. Bernd Hantschmann
Richterkamp 6, D-27389 Lauenbrück, Tel. 04267/445

Tumay, 08/20927/88, H.Sch. (R.-Sch.), 1988 (Saymoon/ Hamasa Tuema) 466
"Moneera" Saadymay, St.Sch., 1985 (Maymoon/Saady)
Samya, St.B., 1990 (Mohafez/Saadymay)
Saymoha, St.B., 1992 (Mohafez/Saadymay)

Hartmann, Dietrich und Frauke, s. Schönau, Vollblutarabergestüt

Jutta Hartmann
Hermann-Löns-Str. 6, D-65549 Limburg

Hatchie Hill Farm, William C. Weeks
Rt. 1, Box 215, Sommerville, TN 38068, USA

Hayek, Nayla, s. Hanaya, Gestüt

Hayla-Arabians - Ägyptische Reinblutaraber, Reiner Luke
Hollenbocker Str. 44, D-57413 Finnentrop-Heggen,
Tel. 02721/70691, Fax: 02721/79300
NRW, Südsauerland, Kreis Olpe

Hayla, AV-3432, St.F., 1984 (Hakeel Ibn Kaysoon/Set Husen OA)
Tarfa Bint Maysoun, 08/20605/91, St.Sch., 1991 (Maysoun/ Hayla)
Radia Bint Hayla, 08/02/0646/92, St.Sch., 1992 (Maysoun/ Hayla)

Susanne Heimerdinger
Archfelderstr. 10, D-37293 Herleshausen-Willershausen,
Tel. (Geschäftlich) 05654/6429, Fax: 05654/780

Sherhan, 08/20806/90, H.Sch., 1990 (Maysoun/Saade) 467

Heinemann, Hans Joachim, s. Arabergestüt Hochsauerland - Asil-Äegyptische Vollblutaraber

Heliopolis Desert Arabians, Richard Götzinger & Dietrich A. Pröckl
Gronauer Str. 163, D-64625 Bensheim 6, Tel. 06251/63830
Gestüt rein ägyptischer Vollblutaraber im Zeller Tal an der Bergstraße

Mouneera, 08/20068/88, St.Sch., 1988 (Montasar/Maamounah)
Bint Zarah, 08/20216/89, St.Sch., 1989 (Messaoud/Zarah Bint Zebeda)

Emilio Paleari Henssler
Az. Agricola S. Anna, I-Eupilio/Gomo, Italia

Arabergestüt Hochsauerland - Asil-Ägyptische Vollblutaraber,
Hans Joachim Heinemann
Mathmecke 18, D-59889 Eslohe/Wenholthausen, Tel. 02973/402

El Faatin, H.B., 1990 (Masir/Shams El Faanah)
(Gemeinschaftsbesitz: Ulrike Vogel, Nordstr. 23, D-50127 Bergheim)
Mona I, D-AV-749, St.Sch., 1974 (Anchor Hill Halim/ Moneera OA) 470
gepachtet von/leased by: Olms Araber Hamasa Gestüt
Hamasa Tumaderah, VZAP-AV-1888, St.R., 1975 (Tufail/ Shar Duda) 468, 469
gepachtet von/leased by: Olms Araber Hamasa Gestüt
Hamasa Hanifa, St.Sch., 1982 (Farag OA/Hamasa Kahila)
gepachtet von/leased by: Olms Araber Hamasa Gestüt
Jidrani Bint Araby, St.R., 1988 (Shams El Arabi/Hamasa Tumaderah)

Arabergestüt Höferhof, Elke & Dr. E. Bahlmann
Höferhof, D-51598 Friesenhagen, Tel. 02294/6175

El Moniet, VZAP-AV-2395, H.F., 1982 (Mohafez/Madinah) 472, 473
Atayyah Moniet, 08/20509/90, H.F., 1990 (El Moniet/Fasira) 471
Fasira, VZAP-AV-3012, St.F., 1983 (Masir/Shams El Fatimah)
Fulana, 08/20399/88, St.F., 1988 (El Moniet/Fasira) 474
Shanini, St.Sch., 1990 (Masoud/Shannah)
Faranaz, 08/02/0790/93, St.F., 1993 (El Moniet/Fulana) 475

Hoff-Carmona, Maj. Hektor and Dr. Gail, s. Princeton-Arabians

Hohenberger, Sabine & Wilfried Ehrlich, s. Dahman El Azrak, Vollblutarabergestüt

Holzmann, Gerald & Georg, s. Georgenhof, Vollblut-Arabergestüt

Kerstin Hopp
Konrad-Adenauer-Str. 10a, D-42553 Velbert

Klaus Horsch
D-83329 Hellmannsberg

Horstmann, Dr. med. Peter E., s. Al Hor

Hörter, Dr. Peter, s. Hamdan Asil Araber, Gestüt

Ingen, P.J. van, s. Rashad El Khedive, Gestüt

Winfried Isbert
Gartenstr. 22, D-56337 Eitelborn

Manar, H.Sch., 1982 (Maymoon/Maamounah)

Vollblutaraber-Stuterei Isental, Corinna & Wolfgang Bindl
Großkatzbach 17, D-84405 Dorfen, Tel. 08081/2730, Fax: 08081/4373

El Thay Anas, VZAP-AV-3236, H.B., 1986 (Masoud/Amal) 476
Ansata Athena, AHR-0392423, St.Sch., 1987 (Ansata Halim Shah/Ansata Raquessa) 477
G Dendera, AHR-0435767, St.Sch., 1988 (Ansata Halim Shah/Ansata Damietta) 478

Claudia Jährig
Schlittweg 39, D-69198 Schriesheim, Tel. 06203/65102

Mahyubi Son, 08/20428/88, H.Sch., 1988 (Mahyubi Ibn Maisa/Zareefah). 479

Lore Jattiot
Hof Schellberg, D-53783 Eitorf/Sieg

Heiko Jensen "Königl.Privil. Apotheke"
Postfach 25771, P.-H.-Kühl-Platz 4, D-25774 Lunden,
Tel. 04882/364, Fax: 04882/5705

Shalom, 08/21106/88, H.Sch., 1988 (Shahal/Souhayla)

JKB Arabians - the Jean Kayser Breeding, Prof. Jean Kayser
P.O.Box 180, L-9045 Lannenhaff, Luxembourg, Tel. (352) 82369, Fax: (352) 82369
ca. 30km nördlich von Luxembourg-City

Mahees, H.Sch., 1986 (Ruminaja Ali/AK Dareeba)
JKB El Malim, H.Sch., 1987 (Ansata Halim Shah/Ansata Malima)
JKB Bint Sudan, St.F., 1977 (Ansata Ibn Sudan/Bint Bint Mona)
JKB Masouda, St.Sch., 1980 (Madkour OA/Maymoonah)
JKB Monahalima, St.B., 1981 (Ansata Ibn Halima OA/ JKB Mamdouhah)
JKB Mona Moniet, St.B., 1983 (Moniet El Sharaf/ JKB Bint Sudan)
JKB Monietta, St.Sch., 1985 (The Egyptian Prince/ JKB Bint Sudan)
Impress Saffera, St.F., 1986 (Moniet El Nafis/Imperial Impress)
JKB Majida, St.Sch., 1987 (Ansata Halim Shah/ JKB Masouda) 480
Ansata Gala Nile, St.Sch., 1988 (Ansata Halim Shah/ Ansata Nile Charm)
JKB Mahrah, St.Sch., 1990 (Prince Fa Moniet/ JKB Masouda) 481
JKB Majid, H.Sch., 1992 (Montasar/JKB Majida)
JKB Mah Moniet, St.F., 1992 (Mahees/JKB Mona Moniet)
JKB Mauhiba, St.B., 1992 (Montasar/JKB Masouda)
JKB Safrah, St.F., 1992 (Mahees/Impress Saffera)

Johrhemar Arabian Stud, Johann & Marie-Luise van Wyk
P.O.Box 1202, Klerksdorp 2570, South Africa

Hamasa El Fagr, SA-1599/8, H.Sch., 1981 (Farag OA/ Menha OA) 482
Hamasa Ibn Kaisoon, SA-1556/8, H.Sch., 1983 (Kaisoon OA/ Menha OA) 483

Jung, Dr. Nico, s. Ebony Arabians Wolfgangshof

Ingrid Kablawi - Norbert Timmermann
Kaiserstr. 190, D-76133 Karlsruhe 1, Tel. 0721/22660 (Kontaktadresse)

Golmoud El Ahmar OA, VZAP-AV-2002, H.B., 1978
(Galal/Sharara) 484

Andrea & Margarita & Wilhelm Kaiser
Karl-Bröger-Str. 8, D-91257 Pegnitz, Tel. 09241/3024
30km südlich von Bayreuth, an der Autobahn München-Berlin

Hamasa Wazira, VZAP-AV-2535, St.Sch., 1979 (Farag OA/
Shar Gemara)
Shahra, VZAP-AV-3562, St.F., 1984 (Melek/Samira) 485
Wazira Hajar, 08/020502/85, St.Sch., 1985 (Anchor Hill
Halim/Hamasa Wazira)
Wazira Mabrouka, 08/20452/87, St.Sch., 1987 (Maschadi/
Hamasa Wazira)
Shaheerah, 08/21116/89, St.Sch., 1989 (Moneef/Shahra)
Shareefah, 08/20943/91, St.Sch., 1991 (El Shahwan/Shahra)

Araber-Gestüt-Karlstal, Klaus Meyer
Karlstal, D-72401 Haigerloch, Tel. 07474/6909-0, Fax: 07474/6909-44
Anfahrt: A81 Stuttgart-Singen, Ausfahrt Empfingen, Richtung Haigerloch (6km),
vor Haigerloch: Richtung Karlstal

Araber-Gestüt-Karlstal

Manial II, VZAP-AV-3541, H.F., 1985 (Machmut/
Taghreed OA) 486
Moraf, VZAP-AV-4420, H.F., 1988 (Morhaf OA/Afrah
Al Badeia OA)
Memos, H.F., 1990 (Mehanna OA/Bint Tuhotmos)
Rawjana, VZAP-AV-1566, St.B., 1977 (Shaker El Masri OA/
Bint Rawja OA)
Afrah Al Badeia OA, VZAP-AV-2175, St.Sch., 1980 (Ameer
Al Badeia OA/Sharbat)
Nazeema, VZAP-AV-2513, St.B., 1982 (Nizam OA/
Bint Kaisoon) 487
Bint Tuhotmos, VZAP-AV-2789, St.F., 1983 (Tuhotmos OA/
Bint Bint Wedad)
Saleha, VZAP-AV-2787, St.F., 1983 (Melek/Sameera OA)
Saida II, VZAP-AV-4435, St.Sch., 1987 (Madkour I/Saleha)
Bint Nazeema, VZAP-AV-4265, St.B., 1988 (Machmut/
Nazeema)
Kazeema, St.B., 1989 (Kais I OA/Nazeema)
Rasil, H.B., 1991 (Rasmil/Rawjana)
Maneeza, St.B., 1991 (Manial II/Nazeema)
Halimal, H.Sch., 1992 (Halim Al Kemal/Saida)
Masral, H.Sch., 1992 (Masri/Afrah Al Badeia OA)

Karp, Fritz, s. Brandheide, Vollblutarabergestüt zur

Ferdinand Karpf
Martin-Hospstr. 8, A-9100 Völkermarkt, Austria,
Tel. (43) 4232/3284, Fax: (43) 4232/3284
Kärnten im Süden von Österreich

Moablad, OE-AV-874, H.F., 1989 (Morhaf OA/Bint Kasr El Nil) 489
Bint Sabria, OE-AV-652, St.F., 1985 (Machmut/Sabria)
Mabrouk-3, OE-AV-846, St.F., 1986 (Mabrouk/ 212 Zohair-4) 488
Samir, OE-AV-763, H.F., 1991 (Shams El Arabi/Bint Sabria)
Halim Kadir, H.Sch., 1992 (Halim Al Kadir/Mabrouk-3)
Ibn Kasr El Nile, H.B., 1992 (Kasr El Nil OA/Bint Sabria)

Kasper, Raymond and Karen, s. Monieta Arabians

Gestüt und Hengstaufzuchtstätte Kastanienhof, Christine Skubela
Im Rundling 7, D-29594 Soltendiek, OT. Bockholt, Tel. (Privat) 030/2152236, (Gestüt) 05874/244, Fax: 05722/85668
Lüneburger Heide, 20km südöstl. von Uelzen

Mahab Al Janib, 08/20638/91, H.Sch., 1991 (El Thay Mansour/El Thay Mamlouka) 490
Ibn Halim Shah, H.Sch., 1992 (Ansata Halim Shah/ Ansata Maliha)
Imp.: 1993 v.Z.: Rickeby Arabians, Enköping, Schweden
Ghamuqah, 08/2/0285/92, St.Sch., 1992 (Muqatamm/ Ghazalah)

Kauber Platte Araber Gestüt, Heiner Buschfort
D-56349 Kaub am Rhein, Tel. 06774/284 oder 06774/519, Fax: 06774/285
80km nördlich von Frankfurt/Main auf einem Hochplateau direkt über dem Rhein

KP Hakeel Ibn Kaysoon, VZAP-AV-2214, H.Sch., 1979 (Kaisoon OA/Hania OA) 491
Idrees OA, EAO-1195, H.Sch., 1981-1985 (Adeeb/ Bint El Nil)
KP Malik El Nil, VZAP-AV-3250, H.B., 1985 (Idrees OA/ Hania OA) 492
KP Moataz, VZAP-AV-3241, H.F., 1986 (Idrees OA/ Moetazza OA) 493
KP Hadeer, H.B., 1989 (Moataz/Hania OA)
KP Hameed, H.F., 1990 (Moataz/Hania OA)
Hania OA, EAO-828, St.B., 1971 (Tuhotmos OA/Hodhoda)
Nana OA, EAO-800, St.F., 1971 (Tuhotmos OA/Nazic)
Set Husen OA, EAO-795, St.F., 1971 (Tuhotmos OA/ Set Abouhom)
Moetazza OA, EAO-760, St.F., 1972 (Tuhotmos OA/Aziza)
Bint Alifa OA, EAO-1120, St.Sch., 1980 (Mourad/Alifa)

KP Maseeha, St.B., 1982 (Nizam OA/Moetazza OA)
KP Naneeza, St.B., 1982 (Nizam OA/Nana OA)
KP Fayza, St.B., 1984 (Nizam OA/Bint Tuhotmos)
KP Mofida, St.Sch., 1985 (Idrees OA/Manaya)
KP Nameeza, St.Sch., 1985 (Idrees OA/Nana OA)
KP Malikah el Nil, St.Sch., 1986 (Idrees OA/Hania OA)
KP Bint Mohssen, St.Sch., 1989 (Mohssen/Mofida)
KP Medallela, St.B., 1989 (Malik El Nil/Maseeha)
KP Saada, St.B., 1990 (Hakeel I.K./B. Idrees)

Kaufmann, Robert & Angelika, s. Al Roban Vollblutaraber

Kayser, Prof. Jean, s. JKB Arabians - the Jean Kayser Breeding

Gestüt Kentauros, Unika & Christoph Puppe
Hof Thalhausen Nr. 2, D-36269 Philippsthal, Tel. 06620/7466, Fax: 06620/7153

Kern, Urte Louise, s. Classic Arabians for Highest Performance

Kerstendal, Petra Veugelers
Oudekleefsebaan 72, NL-6571 BH Berg en Dal, The Netherlands,
Tel. (31) 8895/43434, Fax: (31) 8895/43919

Amira Fayyaadah, APS-A-6979, St.B. (w.Sch.), 1990
(Ibn El Moniet/Fazirah) 494

Vollblutarabergestüt Khamal El Assuad, Angela & Otto Schmidt
Kohnhofstr. 5, D-91805 Polsingen, Tel. 09093/1020, Fax: 09093/578

Hamasa Zaydan, H.Sch., 1978 (Farag OA/Shar Zarqa)

Dr. med. vet. Karl-Heinz Kirsch
Kirchstr. 6, D-76879 Essingen

Hamasa Tarb, H.Sch. (Farag OA/Wafaa OA)
Co-owned: U. Brackmann, Ostercappeln 1

Klein, Andrea, s. El Kadir, Asilarabergestüt

Dr. med. vet. Erwin Klein
Lerchenweg 8, D-31868 Ottenstein, Tel. 05286/237
Weserbergland

El Thay Mourad, VZAP-AV-3320, H.Sch., 1986
(Machmut/Morawa) 495
Amara, AV-3717, St.F., 1986 (Sherif Pasha/Amra II)
Nazira, St.B., 1990 (Golmoud El Ahmar OA/Nizea)

Meike Klynstra
De Immenhof, NL-6741 KP Lunteren, The Netherlands, Tel. 08388/2052

Fatimah, VZAP-AV-1011, St.Sch., 1972 (Fol Gamil OA/ Foze OA) 496

Vollblutarabergestüt A. Knüppel - J. Nöller
Ketzendorf 10, D-21614 Buxtehude

Kolster, Rosemarie, s. Altländer Araberhof

Walter & Jutta Komaier
Puch 136, A-9722 Gummern/Kärnten, Austria, Tel. (43) 4258/498

Hamasa Khozama, 08/20887/91, St.Sch., 1991 (Hamasa Khazzan/Hamasa Kahila) 497

Wolfgang Köngeter
Schulstr. 33, D-71111 Waldenbuch, Tel. 07157/3464

Krafka, Dr. Helmut, s. Ar Rih-Araber

Krammer, Ing. Johannes, s. El Nafeesah, Gestüt

Krause, Hanspeter & Katrin, s. Birkenhof, AV-Gestüt

Kroll, Carol & Siegfried, s. Optima Arabians

Krüger, Babette & Hartmut Walter, s. Béoth-Noach Arabians

Laumer, Vittoria & Reiner, s. Mansahra, Vollblutaraberzucht

Helge Lehmann
Hauptstr. 12, D-69245 Bammental

Maydan, VZAP-AV-1839, H.Sch. (Madkour OA/Maisa I)

Ulrich Wilhelm Leifert
Gerberstr. 14, D-58640 Iserlohn, Tel. 02371/46476 und 02371/40374

Nijamin, VZAP-AV-2220, H.B., 1979 (Gharib OA/ Nedjari) 498, 499

Lenz, Heike, s. Mahara, Vollblutaraber Gestüt

Vollblutarabergestüt Walter Letsch
Rossberg 1, D-72458 Albstadt-Ebingen

Leuthäuser, Fridl, s. Corinna Arabians, Asil Royal

Gaby Ley
Hegaustr. 11, D-78467 Konstanz am Bodensee,
Tel. 07531/50439, Fax: 07531/581028
Autobahn Stgtt.-Singen, Autobahnausfahrt Allensbach A81, direkte Nähe zum Bodensee und Schweizer Grenze mit schweiz. Nachbarstadt Kreuzlingen

Amra II, VZAP-AV-2558, St.B., 1979 (Hamdan II OA/ Abeer OA) 500
Ashir, 08/02/0028/93, H.F., 1992 (El Thay Mourad/ Amra II)

Liebl, Edelgard, s. Al Safi Stud

Martina Lierenfeld
Kontaktadresse: Eichendorffstr. 49, D-97941 Tauberbischofsheim

Moneera Merit, VZAP-AV-3917, St.F., 1986 (Farag OA/ Malinche) 501
Nuhja Bint Merit, 08/21672/91, St.Sch., 1991 (Shareef/ Moneera Merit)

Liesegang, B., s. Smetenka, Arabergestüt

Loewenherz, Bernd & Margrit, s. Assad-Arabians

Lönhult Arabstuteri, Ann & William Nordén
Lönhult, S-26393 Höganäs, Sweden, Tel. (46) 42/65390, Fax: (46) 42/65067

Ibn Halim, FA 508/90, H.Sch., 1990 (Maysoun/219 Ibn Galal I)
Hamasa Khafifa, FA 53/79, St.Sch., 1978 (Kaisoon/Hamasa Bint Wafaa)
219 Ibn Galal I, FA 387/86, St.Sch., 1981 (Ibn Galal I/19 Kayed)
Bint Galal, FA 271/91, St.Sch., 1991 (Maysoun/219 Ibn Galal I)
India, FA 289/92, St.Sch., 1992 (Siam/219 Ibn Galal I)

Luder, Willy & Kurt, s. Podernuovo, Azienda Agricola

Luke, Erich, s. Waheebah-Vollblutaraber-Gestüt

Luke, Reiner, s. Hayla-Arabians - Ägyptische Reinblutaraber

Lutzhofaraber, Erhard Marcher
Strobelstr. 11, D-91567 Herrieden, Tel. 09825/8432, Fax: 09825/8408
Direkt an der A6 Nürnberg-Heilbronn, Ausfahrt Herrieden, 40km westlich von Nürnberg

El Karnak, VZAP-AV-2211, H.Sch., 1980 (Kaisoon OA/ Om El Arab OA)
Amun-Re, VZAP-AV-2825, H.F., 1983 (Ibn Galal OA/ Bint Gamila) 502
Hamasa Bint Wafaa, AV-1164, St.Sch., 1974 (Farag OA/ Wafaa OA)
Hamasa Halaiwa, VZAP-AV-2375, St.Sch., 1980 (Tufail/ Hamasa)
Sanisa, St.F., 1982 (Nizam OA/Sameera OA)
Hafida, St.Sch., 1990 (Motassem/Hamasa Halaiwa)
Hatschepsut El Nile, 08/20079/91, St.B., 1991 (Sheik El Nile/ Hamasa Halaiwa) 503
MA Marissa El Nile, St.F., 1991 (Al Kidir/Manaya El Nile)

Lyalands Arabstuteri, Gertrud und Tore Svensson
Lyaland, 26090 Båstad, Sweden, Tel. (46) 431/71159

Ramses, FA 196/78, H.Sch., 1977 (Fikri/Nora)
Eknathon, FA 62/81, H.Sch., 1981 (Ramses/Hamasa Fadila)
Yusria, FA 122/76, St.F., 1975 (Kaisoon OA/Bint Wedad)

Maamoon Asil Araber, Hedi Geiger & Chris Dohmen
Dorfstr. 122, D-41372 Niederkrüchten, Tel. 02163/82238

MAAMOON
ASIL ARABER

Hamasa Arslan, AV-1646, H.Sch., 1976 (Farag OA/ Shar Zarqa)
Maamoon Ibn Gazala, VZAP-AV-3810, H.B., 1986 (Hamasa Arslan/Gazala) 504, 505
Najdiah, 1728, St.F., 1977 (Farouss/Gazala)
Sabbah Sultanah, AV-2246, St.Sch., 1978 (Farouss/Gazala)
Maamoon, VZAP-AV-2504, St.B., 1981 (Mohafez/Hamasa Tulayha) 506

Madheen-Araber, Ruth & Prof. Dr. Siegfried Paufler
Zum Ortloh 15, D-37077 Göttingen, OT. Roringen, Tel. 0551/22530
Autobahn-Abfahrt Göttingen-Nord, 5km auf B27 Richtung Braunlage bis Roringen

Madinah, AV-1759, St.B., 1978 (Ibn Galal OA/Mona II)
Mesoudah-M, VZAP-AV-3221, St.Sch., 1985 (Messaoud/ Madinah) 507

Vollblutaraber Gestüt Mahara, Heike Lenz
Poststr. 4, D-55469 Horn/Hunsrück, Tel. 06766/710

Karl & Elke Mahler
Königsbergerstr. 37, D-75417 Mühlacker, Tel. 07041/5807, Fax: 07041/84615

Kar Badiya, 08/20841/87, St.B., 1987 (Nijamin/ Bint Bassama) 508
U.P. Shari, 08/20881/90, St.B., 1990 (Ibn El Moniet/ Shariha) 509
Bashida, 1764, St.B., 1992 (Khaled El Assuad/Kar Badiya)

Vollblutarabergestüt Maiworm, Karin & Günter Maiworm
Zum Hahn 2, D-58802 Balve 12, Tel. 02375/2209, Fax: 02375/1060
A45 Frankfurt-Dortmund, Abfahrt Lüdenscheid

Maysoun, VZAP-AV-3031, H.Sch., 1985 (Ansata Halim Shah/ Maysouna) 510, 511
Orashaan, VZAP-AV-3627, H.Sch., 1988 (Maysoun/ Orasha) 512, 513
Majii Mareekh, AV-4531, H.B., 1989 (Ibn El Mareekh/ Majidaa)
Maysouna, AV-1892, St.F., 1978 (Ibn Galal OA/ Kis Mahiba)
Ora, AV-1870, St.Sch., 1978 (Ibn Shaker I/Omera)
Matala Bint Marah, AV-2743, St.Sch., 1983 (Jamil/Marah)
Orasha, AV-2930, St.Sch., 1984 (Malik/Ora)
Oraya, AV-3714, St.Sch., 1986 (Messaoud/Ora)
Bint Shahila, 08/02/0037/91, St.F., 1990 (Maysoun/Shahila)
Orianah, 08/02/0237/92, St.Sch., 1992 (Orashaan/Ora)

Maltz, Heinrich N., s. Schimmelberg, Hof

Gestüt Manaya Arabians, Thomas Fink
Stuttgarter Str. 136, D-73066 Uhingen, Tel. 07161/31680

Vollblutaraberzucht Mansahra, Vittoria & Reiner Laumer
Mittelstr. 4, D-40721 Hilden, Tel. 02103/23636 oder 02103/47392

Majila Al Schorafaa, VZAP-AV-3725, St.B., 1987 (Jamil/ Madinah II) 514
El Majil, 08/20687/91, H.B., 1991 (El Abd/Majila Al Schorafaa) 515

Marbat El Ajawad El Arabi, H.E. Deputy Minister Abdullah Ibn Fahd Al Sweilem
P.O.Box 59629, Riyadh 11515, Saudi Arabia,
Tel. (966) 1/488/954, Fax: (966) 1/488/1052
Adjacent to the historic city of Dir'iyah, just outside of Riyadh, Kingdom of Saudi Arabia

Najmat Halima, AHSB-881/1989, St.Sch., 1989 (Nijamin/SY Kalila) 516
Zayrafa, AHR-0402837, St.Sch., 1989 (Shaikh Al Badi/AK Zayaadah) 517
El Wajeeh, AHR-0479103, H.Sch., 1991 (Ansata Cairo Bey/Ansata Joy Halima)

Marcher, Erhard, s. Lutzhofaraber

Marcik, Ulrike, s. Schieferegg, Gestüt

Marsian, Hermann, s. Stubben, Hof

Mathieu, C. & Jacques, s. RO-Arabians

Hans-Peter May
Wildbachstr. 13, D-52074 Aachen, Tel. 0241/172408

El Shams Noor, St.Sch., 1986 (Farouk OA/Shams El Insheeba)

Mayo, Susan, s. Susar Farm Egyptian Arabians

Araberhof Mehlbek, Sabine & Dieter Parting
Mühlenweg 3, D-25588 Mehlbek, Tel. 04827/2562

Asra Alia, 08/20417/90, St.F., 1990 (Maysoun/Asra Hazibah)

Merz, Heinz-Rüdiger, s. Om El Arab Vollblutaraber-Gestüt

Meyer, Klaus, s. Araber-Gestüt Karlstal

Ernest Miny-Flammang
66 Grand Rue, L-Beaufort, Luxembourg,
Tel. (Privat) (352) 86779, (Geschäftl.) (352) 32139
Deutsch-Lux.-Grenze, 1Std. Fahrt, Trier Richtung Echternach

Hamasa Fadil, 08/20514/87, H.Sch., 1987 (Farag OA/Hamasa Kahila)
Hamasa Faziha, 08/20868/90, St.Sch., 1990 (Manar/Hamasa Bint Faziza)

Gestüt Moheba-Araber, Siegfried Ginsel
Schmidtkuhlsweg 11, D-27607 Langen/Bremerhaven,
Tel. 04743/1488 und 0471/58891, Fax: 0471/503411
direkt nördlich von Bremerhaven, 5km von der Nordsee entfernt

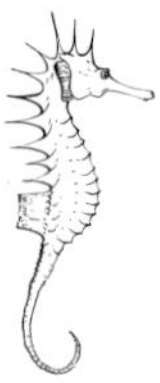

Moheba Zayyan, VZAP-AV-3641, H.Sch., 1987 (Maymoon/Bint Zebeda) 518
Bint Zebeda, AV-2756, St.Sch., 1983 (Melek/Zebeda)
Malaha Bint Maymoonah, AV-2757, St.Sch., 1983 (Madkour OA/Maymoonah)
Masha Bint Maysouna, AV-3470, St.Sch., 1986 (Messaoud/Maysouna)
Matiyah-M, AV-3469, St.B., 1986 (Messaoud/Madinah)
Moheba Merlina, St.Sch., 1988 (Shaik Al Jiwan/Malaha Bint Maymoonah)
Moheba Morelia, St.Sch., 1990 (El Thay Ibn Halim Shah/Malaha Bint Maymoonah)
Moheba Zubaar, H.Sch., 1991 (El Thay Mansour/Bint Zebeda)

Marcus Möller
Mövenstr. 5, D-65201 Wiesbaden-Schierstein

Gestüt Moneera Thierer-Araber, Georg Thierer
Richard-Wagner-Str. 43, D-76669 Bad Schönborn,
Tel. 07253/4190, Fax: 07253/31175
eine Autostunde südlich von Frankfurt an der A5 (25km südlich von Heidelberg)

Shareef (gest. 1992), AV-1637, H.Sch., 1977 (Kaisoon OA/Salha OA)
Moneer, AV-3793, H.F., 1981 (Kaisoon OA/Moneera OA)
Moneera-Siptah, H.R.-Sch., 1986 (Moneef/Shaheera)
Salha OA, AV-498, St.Sch., 1967 (Sameh/Saklawia II) 522
Moneera OA, AV-499, St.F., 1968 (Alaa El Din/Mouna) 519, 520
Salima, AV-693, St.Sch., 1973 (Kaisoon OA/Salha OA)
Moniet, AV-1352, St.Sch., 1975 (Kaisoon OA/Moneera OA)
Saady, AV-1551, St.B., 1976 (Kaisoon OA/Salha OA)
Malinche, AV-2094, St.F., 1978 (Kaisoon OA/Moneera OA)
Manaya, VZAP-AV-2320, St.F., 1980 (Kaisoon OA/Moneera OA) 521
Shaheera, AV-2519, St.R.-Sch., 1981 (Kaisoon OA/Salha OA)
Bint Salha, 08/021092/85, St.B., 1985 (Kaisoon OA/Salha OA) 523
Moneera-Sumaya, 08/21056/91, St.B.-Sch., 1991 (Moneer/Salha OA) 524
Moneera-Bint Shareef, St.Sch., 1992 (Shareef/Moneera OA)
Moneera-Shaiba, St.B., 1992 (Maysoun/Saady)

Monieta Arabians, Raymond and Karen Kasper
P.O.Box 13593, Lexington, KY 40583, USA

Shaahhloul, H.B., 1989 (Tuhotmos OA/Hadassa) 525

Monti Arabians, Madame Milly Monti
8-10 Rue du Village, L-3311 Abweiler, Luxembourg

Ursula Moritz
Mezenmacherweg 103a, D-50321 Brühl

Gestüt Moritzberg, W. & W. Zeitelhack
Föhrenwinkel 6, D-91227 Leinburg, Tel. 09120/6166, Fax: 09120/6156
östlich von Nürnberg - 20km

Mohamed, AV-1988, H.Sch., 1979 (Mahomed/ Foze OA) 527
Faatinah Bint Foze, AV-3356, St.Sch., 1981 (Farag OA/ Foze OA) 526
Faaina, St.Sch., 1990 (Ameen/Faatinah Bint Foze)
AL Maktoum, H.F. (w.Sch.), 1992 (Mohamed/Eskada Bahija)

Moro, Dr. Utta, s. Felsenberg, Gestüt

Moschini, Renzo, s. El Asil

Victoria Mosley
Vanxains, F-24600 Riberac, France

C. Mudde
Riouwstraat 20, NL-2585 Den Haag HA, The Netherlands

Barb Maria Müller
Friedrich-Ebert-Str. 5, D-35325 Mücke-Sellnrod, Tel. 06400/8716

Jidaan, 480/84, H.Sch., 1984 (Tufail/Hamasa Zaalee)
Hamasa Zaalee, VZAP-AV-1070, St.Sch., 1973 (Kaisoon OA/ Shar Zarqa) 529
Hamasa Mirjah, 02/21163/88, St.Sch., 1988 (Masir/ Hamasa Bint Nafteta) 528

Müller, Horst & Elisabeth, s. Drei Linden, Araberhof

Nahyan, H.H. Sheikh Zayed bin Sultan Al, s. Royal Stables Abu Dhabi

Hans Neff
Ampferbacherstr. 4, D-96138 Burgebrach, Tel. 09546/1226, Fax: 09546/1229

Nadija, 08/20066/88, St.Sch., 1988 (Montasar/ Nahifeh) 530
Nabillah, 08/02/0653/92, St.Sch., 1992 (Mak El Ahmar/ Nadija)

Nes, J.M. van, s. Flaxman Arabian Stud

Neubacher, Dr. Manfred, s. Rosental, Vollblutarabergestüt im

Neumaier, Dr.med. Gottfried, s. Südwind, Gestüt

Nile Arabiab Stud, Toni & Rita Aeschbacher
CH-1681 Brenles VD, Switzerland

Noli, Dieter, s. Sahibi Arabian Stud

Olivieri, Riccardo, s. Parco di Veio S.R.L., Azienda Agricola

Olms Araber Hamasa Gestuet, W. Georg Olms und Söhne
Am Streitkopf, D-35460 Treis/Lda. b. Gießen,
Tel. 06406/5855 und 06406/1056, Fax: 05121/150150
70 kilometres north of Frankfurt/M., motorway exit Gießen Süd or Gießen Nord

Olms Araber
Hamasa Gestüt

Farag OA, D-AV-50, H.Sch., 1969 (Morafic/Bint Kateefa) 531, 532
Imp.: 1969 v.Z.: El Zahraa, Ägypten
Tufail, D-AV-51, H.Sch., 1970 (Kaisoon OA/Faziza). 533
Prince Egypt, FA 58/87, H.B., 1982 (The Egyptian Prince/ Sallama)
Hamasa Khazzan, VZAP-AV-2820, H.Sch., 1984 (Kasr El Nil OA/Nafteta) 534, 535
Hamasa Nabih, VZAP-AV-4695, H.Sch., 1988 (Farag OA/ Nafteta) 536, 537
Hamasa Merzoug, 08/02/1247/90, H.Sch., 1990 (Maysoon/ Hamasa Bint Nafteta)
Hamasa Kahila, D-AV-215, St.Sch., 1971 (Kaisoon OA/ Shar Zarqa) 538
Hamasa, VZAP-AV-1010, St.Sch., 1972 (Hadban Enzahi OA/ Shar Zarqa) 539
Menha OA, VZAP-AV-1163, St.Sch., 1974 (Mohawed/ Nagwa) 546, 547
Imp.: 1975 v.Z.: El Zahraa, Ägypten
Mona I, VZAP-AV-1259, St.Sch., 1974 (Anchor Hill Halim/ Moneera OA)
verpachtet an/leased to: Heinemann
Hamasa Bint Faziza, VZAP-AV-1258, St.Sch., 1975 (Farag OA/Faziza)
verpachtet an/leased to: Fischer

Hamasa Tumaderah, VZAP-AV-1888, St.R., 1975 (Tufail/ Shar Duda)
verpachtet an/leased to: Heinemann
Sadya, VZAP-AV-1382, St.R.-Sch., 1975 (Kaisoon OA/ Salha OA) 548
Nafteta, VZAP-AV-1383, St.Sch., 1976 (Kaisoon OA/ Moneera OA) 540, 541
Hamasa Farida, VZAP-AV-2163, St.Sch., 1979 (Farag OA/ Shar Duda)
Hamasa Indschima, VZAP-AV-2532, St.F., 1981 (Nizam OA/Nafteta) 544, 545
Hamasa Hanifa, St.Sch., 1982 (Farag OA/Hamasa Kahila)
verpachtet an/leased to: Heinemann
Hamasa Bint Nafteta, VZAP-AV-3217, St.Sch., 1983 (Farag OA/Nafteta) 542, 543
Nadirah, FA 185/83, St.Sch., 1983 (Ramses/Hamasa Fadila)
Bint Layla, St.B., 1985 (Ramses/Layla)
Nausicaa, FA 366/86, St.F., 1986 (Ramses/Yusria)
Hamasa Halfa, 08/02/1175/90, St.Sch., 1990 (Manar/Hamasa)
Hamasa Karoun, 08/02/1022/91, H.F., 1991 (Hamasa Khazzan/Hamasa Tarifa)
Hamasa Nadira, 08/02/1368/91, St.Sch., 1991 (Maysoon/ Nafteta)
Mahiba, St.R., 1991 (Prince Egypt/Nausicaa)
Hamasa Khatim, 08/02/0734/92, H.Sch., 1992 (Hamasa Khazzan/Hamasa Indschima) 549
Hamasa Sakr, 08/02/1116/92, H.Sch., 1992 (Masoud/Sadya)
Hamasa Gamila, St.R., 1992 (Shams El Arabi/Hamasa Tumadera)
Hamasa Talawa, 08/02/0734/92, St.Sch., 1992 (Masoud/ Hamasa Tarifa)

OL-RI Allevamento Cavalli Arabi - Straight Egyptian, Fausto Scanzi
Via Foresto 1° N° 22, 24018 Villa d'Almè (Bergamo), Italy,
Tel. (39) 35/543693 und (39) 35/541698

Halim Raquim, H.Sch., 1987 (Halim Al Kadir/Bint Ragawat OA)
A.S. Masuya, St.Sch., 1985 (Melek/Bint Manaya)
Bint Masuya, St.F., 1989 (Al Kidir/A.S. Masuya)
Halima Wanisa, St.F., 1992 (Halim Raquim/A.S. Masuya)

Om El Arab Vollblutaraber-Gestüt, Heinz-Rüdiger Merz
D-78730 Lauterbach/Schwarzwald

Optima Arabians, Carol & Siegfried Kroll
Hans-Baierlein-Str. 9, D-85361 Moosburg, Tel. 08761/4383, Fax: 08761/1613

Maf Tarbebe, VZAP-AV-5210, St.Sch., 1974 (Char Jamil/ Tarzela) 550
BQ Namira, VZAP-AV-5209, St.F., 1986 (Chyann/ Maf Tarbebe) 551
Harmonie, 08/02/1857/92, H.B. (w.Sch.), 1992 (Moghar/ Namira)

Azienda Agricola Parco di Veio S.R.L., Riccardo Olivieri
Via Sacrofanese, 25, I-00063 Sacrofano (Roma), Italy,
Tel. (39) 6/33624347 und (39) 6/3294731, Fax: (39) 6/4871400

Hamasa Nidschm, 08/02/0870/90, H.Sch., 1990 (Farag OA/ Hamasa Indschima) 552
Bint Bint Ragawat, 08/21285/90, St.B. (w.Sch.), 1990 (Halim Al Kadir/Bint Ragawat)
Kacim, 08/21416/91, H.B. (w.Sch.), 1991 (El Thay Maheer/ Mofisa) 553
Musad, 92-0735, H.Sch., 1992 (Masoud/Hamasa Mirjah)
Nacira, 08/20444/92, St.F. (w.Sch.), 1992 (Al Kidir/ Amal Halima)

Parting, Sabine & Dieter, s. Mehlbek, Araberhof

Parzeller Asil Araber, Heinrich Parzeller
Dorfstr. 122, D-41372 Niederkrüchten
Nähe Mönchengladbach/Roermond NL

Hamasa Tulayha, VZAP-AV-1729, St.Sch., 1976 (Tufail/ Shar Duda)

Vollblutarabergestüt Patt, Marlies & Franz J. Patt
An der Krautwiese 37, D-53783 Eitorf-Büsch, Tel. 02243/2573, Fax: 02243/7030
30km östl. von Bonn

Munja, VZAP-AV-1713, St.Sch., 1978 (Shaker El Masri OA/Mastura) 554
Bint Bint Kaisoon, VZAP-AV-4184, St.Sch., 1987 (Madkour I/Bint Kaisoon) 555
M-Laylata-Amsi, 08/21133/88, St.B., 1988 (Halim Al Kadir/ Layla)
Khalifa, 08/20475/90, St.Sch., 1990 (El Thay Ibn Halim Shah/Bint Kaisoon)
M-Lolitah, 08/21466/90, St.Sch., 1990 (El Thay Mansour/ Layla)
Cyros, H.Sch., 1992 (Ibn Bint Inas/Bint Kaisoon)
Kasan, 08/02/0726/92, H.B., 1992 (Ibn Bint Inas/Bint Bint Kaisoon)
Lateefa, 08/02/1571/92, St.Sch., 1992 (Madkour I/Laylata)

Paufler, Ruth & Prof. Dr. Siegfried, s. Madheen-Araber

Paulsen, Lucia, s. Alwirathe Jeszna, Vollblutaraber-Zucht

Michael Pfeiffer & Danny Hanft
An den Teichen 1, D-25482 Appen,
Tel. 04122/83231 oder 04122/47346, Fax: 04122/47445

Thamiyan, 08/21250/91, H.F. (w.Sch.), 1991 (El Thay Thamam/El Thay Tifla) 556

Margit Plötz
Fürther Str. 6, D-90556 Seukendorf

Hamasa Karim, H.Sch., 1989 (Manar/Hamasa Kahila)

Azienda Agricola Podernuovo, Willy & Kurt Luder
I-56030 Morrona PI, Italy, Tel.: (39) 587/658541, Fax: (39) 587/655040
Kontaktadresse: Al Naizah Arabians, Barbara Pfistner,
Spitzstr. 12, CH-8155 Niederhasli, Switzerland, Tel. (41) 18502101

Prehn, Olivia, s. Baraimu el Sahra, Gestüt

Princeton-Arabians, Maj. Hektor and Dr. Gail Hoff-Carmona
R.D. 5, Burlington Road, Freedhold, NY 07727, USA

Serr Maariner, AHR-67754, H.B., 1970 (Ibn Fa-Serr/ Maarena) 313

Puppe, Unika & Christoph, s. Kentauros, Gestüt

Vollblutaraber und Pintogestüt Ramona, Elisabeth Welzmüller & Martin Klein
Am verlorenen Bach 9, D-86929 Penzing
Kontaktanschrift: Benedikt-Haagstr. 7, D-86899 Landsberg, Tel. 08191/21356

Sayooma, 08/21359/91, St.F., 1991 (Ibn Shaker I/Saymoona)

Gestüt Rashad El Khedive, P.J. van Ingen
de Droo 8, NL-6921 Xe Duiven, The Netherlands,
Tel. (31) 8367/65118, Fax: (31) 8367/65865
The Netherlands/by Arnhem

C.D. Maseedah, St.F., 1992 (Azal 'S'/Marecha)

RASHÂD EL KHEDIVE

Peter Renner
Gründelsteig 14/128/95, D-01324 Dresden

Hamasa Khamsin, H.Sch., 1989 (Hamasa Khazzan/
Hamasa Bint Faziza)

Richmond, Marion, s. Simeon Stud

Rih el Aswad, Peter Deicke
Ziegeleistr. 28, D-31188 Holle, Tel. 05062/8860
Familienpark Sottrum, BAB7, Hannover-Kassel, Abfahrt Derneburg, noch 4km

Naomi, VZAP-AV-3506, St.R., 1985 (El Abd/Yamara)
Mardjana, AV-4186, St.B., 1987 (Mohafez/Yamara)
Amira, St.R., 1990 (Hamasa Gharbi/Naomi)

Ro-Arabians, C. & Jacques Mathieu
Ro-Hoeve, Rohoek 4, 9930 Zomergem, Belgien,
Tel. (32) 91/726628, Fax: (32) 91/725937

Enshalla, B.A.-74, St.Sch., 1976 (Fikri OA/Nora OA)
Sawsan'Ara, B.A.-1074, St.Sch., 1979 (Ibn Saaida/Sawsan)
Yencha-Ro, B.A.-1008, St.Sch., 1986 (Chalil/Enshalla)
Serra Bint Gabriel, B.A.-1138, St.Sch., 1987
(RG Gabriel/Sawsan'Ara)
Yosheha-Ro, B.A.-1199, St.Sch., 1987 (Chalil/Enshalla)
Yamatha-Ro, B.A.-1453, St.Sch., 1989 (Chalil/Enshalla)
Sawcha-Ro, B.A.-1690, St.Sch., 1990 (Chalil/Sawsan'Ara)
Yemaddah-Ro, St.Sch., 1992 (Maddah OA/Enshalla)

Roller, Sonja, s. Taubenhof, Gestüt

Gestüt Rosenhof, Claudia Gubler-Hägeli & Elisabeth Braig
Repperweiler 43, D-88367 Hohentengen-Repperweiler, Tel. 07572/2237

Naskhi, VZAP-AV-1390, H.Sch., 1977 (Gharib OA/
Nabya) 455
Shahana, St.B., 1989 (Shams El Arabi/Bint Sahara)

Vollblutarabergestüt im Rosental, Dr. Manfred Neubacher
Oberkrajach 5, A-9181 Feistritz-Rosental/Kärnten, Austria

Roth, Dipl.Ing. Erich, s. Dörnhof Aschaffenburg

Gestüt Rothenberg, Erwin & Annette Escher
Rothenberg 1, D-86653 Monheim, Tel.: 09091/3707, Fax: 09091/3708

Sameer, VZAP-AV-2832, H.F., 1983 (Mohafez/
Sabah) 557
Hamasa Hadbah, AV-1788, St.Sch., 1978 (Tufail/Hamasa)
Asra Handama, AV-3187, St.Sch., 1984 (Messaoud/
Hamasa Hadbah)
Mareekah, AV-3427, St.F., 1985 (Kaisoon OA/Bint Magdi)
Hafeedah, St.F., 1989 (Sameer/Hamasa Hadbah)
Samara Bint Moheba, St.B., 1990 (Ibn Moheba/Safiniya)

Rothenbücher, Ursula, s. Brunnenhof, Vollblutarabergestüt

Royal Stables Abu Dhabi, H.H. Sheikh Zayed bin Sultan Al Nahyan
Abu Dhabi/UAE

Hamasa Nasran (Khamsa Al Ossool), H.B., 1983
(Farag OA/Shar Zarqa) 558, 559

Rudolph, Erika, s. Chrymont, Vollblutaraber-Gestüt

Ruiz, Sefi & Nelson, s. Almoraima Farm

Saenger, Doris & Dr. Otto, s. El Shams

Sahibi Arabian Stud, Dieter Noli
99 Milner Road, Rondebosch 7700, South Africa

Sannek, Jutta & Jens, s. Ghazieh Asil Araber

Dr. Francesco Santoro - La Frasera -
Via Borneo 25, I-0144 Roma, Italia

Savier, Monika, s. Tre Balzane, Allevamento di Cavalli

Scanzi, Fausto, s. OL-RI Allevamento Cavalli Arabi - Straight Egyptian

Schai, Renate, s. Arab Al Dzabal

Scherling, Sabrina & Karsten, s. Al Tair - Vollblutaraber

Gestüt Schieferegg, Gustl Eutermoser und Ulrike Marcik
La Canada del Robledo, Apartado 57, E-11650 Villamartin (Cadiz), Spain,
Tel. (34) 08155401
7km ostw. von Villamartin

Tamir OA, SE-XL-374, H.F., 1973 (Hafez/Malekat El Gamal) 561
Habib, S.E.-39/77, H.R., 1974 (Hamdan II OA/Mariam)
Hashem, S.E.-39/77, H.Sch., 1979 (Hamdan II OA/Bint Shahbaa OA)
Manal, S.E.-39/86, H.F., 1981 (Mehanna OA/Isis)
Husein, S.E.-39/275, H.Sch., 1984 (Habib/Bint Shahbaa OA)
Sadat, S.E.-40/457, H.Sch., 1985 (Saab OA/Tohfa)
Sharim, S.E.-40/176, H.Sch., 1986 (Saab OA/Shadia)
Ibn Miriam, S.E.-410/2921, H.B., 1988 (Magid/Miriam)
Shadia, S.E.-39/78, St.B., 1972 (Hamdan II OA/Bint Shahbaa OA)
Isis, S.E.-39/72, St.Sch., 1974 (Ibn Galal OA/Bint Inas OA)
Mabrouka, S.E.-39/78, St.R., 1975 (Mehanna OA/Mariam)
Shammara, S.E.-39/80, St.B., 1979 (Masir/Shahra)
Bint Tohfa, S.E.-39/82, St.Sch., 1980 (Habib/Tohfa)
Ghaza, S.E.-40/460, St.F., 1985 (Saab OA/Ghariba)
Shamman, S.E.-40/459, St.F., 1985 (Saab OA/Shammara)
Ghazala, S.E.-40/178, St.Sch., 1986 (Saab OA/Ghadia)
Maseera, S.E.-40/177, St.B., 1986 (Saab OA/Mabrouka)
Bint Isis, S.E.-410/2913, St.Sch., 1988 (Magid/Isis)
Bint Shadia, S.E.-410/2919, St.F., 1988 (Mehanna OA/ Shadia)
Bint Shammara, S.E.-410/2918, St.R., 1988 (Magid/ Shammara)
Iryna, S.E.-410/3013, St.B., 1989 (Magid/Isis)
Manaya, S.E.-410/3017, St.Sch., 1989 (Hashem/Mabrouka)
Tamara, S.E.-410/3014, St.B., 1989 (Magid/Bint Tohfa)
Salmara, S.E.-410/3508, St.R., 1990 (Hashem/Shammara)

Familie Architekt C.J. Schiele
Gestüt Ägyptischer Araber, Am Höhlacker 10, D-95326 Kulmbach/Bayern,
Tel. 09221/2977, Fax: 09221/2977

Assiut, VZAP-AV-2850, H.B., 1982 (Nizam OA/ M.B. Malikah)
Khaled El Assuad, VZAP-AV-2848, H.R., 1983 (Kasr El Nil/Kaythara)
Rawyana, St.B., 1977 (Shaker El Masri OA/Bint Rawya OA)
Galia, AV-3882, St.Sch., 1985 (Masoud/Ibn-Galal I-25)
Shams Bint Inriah, 0836/85, St.Sch., 1985 (Farouk OA/ Shams El Inriah)
E.T. Kasima, AV-3884, St.Sch., 1986 (Masoud/ 19 Kayed OA)

Hof Schimmelberg, Heinrich N. Maltz
Brand 26, D-85659 Forstern, Tel. 08124/490, Fax: 08124/9415
30km östl. von München, B12/A94 Richtung Passau, Ausfahrt Forstern, Flugpl. München 2, Richtung Hohenlinden ca. 16km

El-Beshir, AV-421, H.Sch., 1969 (Faaris/Sirrulla) 560
Moshana, AHRA-0247303, St.Sch., 1980 (Anchor Hill Halim/Mofeedah)
H.S. Morgana, AHRA-0345593, St.Sch., 1985 (Jamilll/Moshana)
H.S. Marmar, AHAR-0445083, St.Sch., 1989 (Raadin Inshalla/Moshana)
H.S. Mamdooh, H.w.Sch., 1992 (Ja Ali Atic/H.S. Mayeda)

Schindler, Heidrun, s. Tell el Amarna

Dr. med. Bertold Schirg
Kronengasse 24, D-86609 Donauwörth, Tel. 0906/5444

Hamasa Abdelati, W.Sch., 1977 (Farag OA/Shar Gemara) 563

Schmidt, Angela & Otto, s. Khamal El Assuad, Vollblutarabergestüt

Silvia Schmitt
Hilgestr. 37, D-55294 Bodenheim, Tel. 06135/7547

Hamasa Mahrus, 08/20898/89, H.Sch., 1989 (Manar/Menha OA) 562

Schmitz-Thürsam, Helmut, s. Gestüt B' Mehamam - Vollblutaraber- und Vollblutangloaraberzucht

Vollblutarabergestüt Schönau, Dietrich und Frauke Hartmann
Unterlauterbacher Str. 3, D-08239 Schönau,
Tel. 0161/1817740 oder 0172/4087387
A72 zwischen Hof und Chemnitz, Ausfahrt Plauen Ost, 10km auf B169 in Richtung Falkenstein/Aue

Zarif El Nabil, VZAP-AV-4439, H.Sch., 1986 (Nabil Ibn Nazeefa/Zaba Bint Zeenah) 565
Nazima, VZAP-AV-4149, St.F., 1986 (Mohafez/Nadra)
Nephthys Bint Nazeefa, VZAP-AV-4566, St.Sch., 1986 (Maymoon/Nazeefa)
Dahma Bey, 08/20527/91, St.B., 1991 (Maymoon Bey/Malikah el Dahma) 564

Namira, 08/20630/91, St.F., 1991 (Ansata Amir Zaman/
Nazima)
Nahrib El Mahyubi, 08/02/1817/92, H.F. (w.Sch.), 1992
(Mahyubi Ibn Maisa/Nazima)

Schreibvogel, Susanne, s. Al Zamet, Araberhof

Schröder, Manja, s. Dabrock Arabians

Siegrid Schuller
Arrenweg 20, CH-3604 Thun

Renate Schumacher
Graue 62, D-27330 Asendorf, Tel. 04253/575, Fax: 04253/1296

Zalul, H.B., 1989 (Mohafez/Maamoon Nedjme)
Maamoon Nedjme, VZAP-AV-2503, St.B., 1981
(Blue Hassan/Najdiah) 566

Gestüt Schwarze, Claudia Schwarze
Alte Beeke 6, D-28857 Syke/Okel, Tel. 04242/2945, Fax: 04242/2843

Schwärzhof Vollblut Araber, Gunter Bayer
Am Gründlein-Leithen 1, D-95326 Kulmbach,
Tel. 09221/3574, Fax: 09221/84832, Auto-Tel. 0172/8678070

El Thay Basra, St.Sch., 1988 (El Thay Ibn Halim Shah/
El Thay Baheia)
Nasira, 08/20336/88, St.Sch., 1988 (Messaoud/
Nabatiyah) 567
Malik-Maheer, H.B., 1992 (El Thay Mansour/Nasira)

Vollblutaraber-Gestüt Schwarzwald-Baar, Elisabeth Christoph
Villinger Str. 9-11, D-78073 Bad Dürrheim

Schweiher, Gabriele, s. Bait al Arab

Birgit Sehlbach
Rathausstr. 8a, D-65606 Villmar-Seelbach, Tel. 06474/1675

Sherifah, 08/20860/89, St.R., 1989 (Shams El Arabi/Saade)

Vollblutaraber-Gestüt Seidlitz, Familie Günter W. Seidlitz
Gut Muggenbach, D-96145 Sesslach, Tel. 09567/230, Fax: 09567/1576

Madmaymour, AV-1641, H.Sch., 1977 (Madkour OA/ Maymoonah) 570
Montasar, AV-2404, H.Sch., 1981 (Madkour OA/ Maymoonah) 568, 569
Ansata Amir Zaman, AV-3616, H.Sch., 1984 (Ansata Shah Zaman/Ansata Bint Sudan)
Masr El Dahman, AV-3779, H.B., 1986 (Madkour OA/ Maymoonah) 571
Mashkour, 08/20348/88, H.Sch., 1988 (Montasar/Massilah)
Munasab, 08/20112/88, H.Sch., 1988 (Madkour OA/ Maymoonah)
Massallam, 08/20542/90, H.B., 1990 (Montasar/Massilah)
Nasrat, 08/21128/90, H.Sch., 1990 (Montasar/Nagma)
Nagha, AV-714, St.F., 1973 (Gharib OA/Nazeefa OA)
Maamounah, AV-1613, St.F., 1976 (Madkour OA/ Maymoonah)
Nagma, AV-1858, St.F., 1978 (Madkour OA/Nagha) 572
Massilah, AV-2686, St.B., 1982 (Madkour OA/Maymoonah)
Nahifeh, AV-3205, St.F., 1983 (Madkour OA/Nagha)
Nichane, AV-3201, St.B., 1985 (Madkour OA/Nagha)
Maareesa, AV-3919, St.B., 1986 (Montasar/Maamounah)
Mohebba Bint Maymoonah, AV-3918, St.Sch., 1987 (Madkour OA/Maymoonah) 573
Musinnah, AV-4351, St.B., 1987 (Montasar/Massilah) 575
Matthana, 08/20342/91, St.Sch., 1991 (Montasar/ Mohebba Bint Maymoonah) 576
Marqueesa, 08/20344/91, St.Sch., 1991 (Ansata Amir Zaman/Maareesa) 574
Mayyada, 08/20341/91, St.Sch., 1991 (Montasar/Massilah)
Meyamieh, 08/20086/91, St.B., 1991 (Montasar/Maamounah)
Naama-Princess, 08/20087/91, St.B., 1991 (Montasar/ Nahifeh)
Naheda, 08/20343/91, St.F., 1991 (Mak El Ahmar/Nagma)
Nuray Bint Naheed, 08/20085/91, St.B., 1991 (Naheed/ Nichane)
Mahdan, 08/21028/92, H.Sch., 1992 (Maysoun/Musinnah)
Mahreesi, 08/21029/92, H.F., 1992 (Ansata Amir Zaman/ Maareesa)
Najiy, 08/20338/92, H.B., 1992 (Mak El Ahmar/Nichane)
Noohas, 08/20339/92, H.F., 1992 (Mak El Ahmar/Nahifeh)
Marabi, 08/20341/92, St.Sch., 1992 (Montasar/Mohebba Bint Maymoonah)
Mimrah, 08/21030/92, St.B., 1992 (Montasar/Massilah)
Miniette El Dahmah, 08/21031/92, St.B., 1992 (Montasar/Maamounah)
Nashita, 08/20340/92, St.B., 1992 (Mak El Ahmar/Nagha)

Selva, Herrn Peppi, s. Gaughof KG, Arabervollblutgestüt

Shalom Farm Arabians, Inc., J. Leslie Wagschal
R.R.No. 1, Gormley, Ontario, Canada LOH 1 GO

Gestüt Sheherazade, Dr. Thomas Haan
Suhrstr. 33, D-53902 Bad Münstereifel-Ohlerath,
Tel. 02257/1613 oder 02693/1040, Fax: 02693/1080
Nähe Bad Münstereifel

Saade, VZAP-AV-3127, St.B., 1984 (El Aswad/ Sahara) 578
E.H. Burak, 08/20574/88, St.Sch., 1988 (Madkour OA/ Bassama OA) 579
Sahiba, 08/21139/88, St.B., 1988 (El Aswad/Saade)
Sahrouss, 08/20596/91, H.B., 1991 (El Thay Mahrouss/ Saade) 580
Basil, 08/21941/92, H.F., 1992 (Hakeel Ibn Kaysoon/ E.H. Burak) 581

Edith & Fritz Sigg-Gietz
Haslenstr. 20, CH-9053 Teufen, Switzerland,
Tel. (Privat) (41) 71/333649, (Geschäftlich) (41) 71/333659
oder: Domaine Les Manéous, F-83510 Lorgues, France, Tel. (33) 94/676622

Malesh, AV-8/77, H.F., 1977 (Mehanna OA/ Ghada OA) 577
El Sayed, AV-23/80, H.Sch., 1980 (Mohafez/Salima)
Marsina, AV-16/82, St.Sch., 1982 (Kaisoon OA/ Moneera OA)
Massada Bint Farag, AV-19/87, St.Sch., 1987 (Farag OA/ Marsina)
Medina Bint Farag, AV-19/88, St.Sch., 1988 (Farag OA/ Marsina)
Mandala Bint Malesh, St.Sch., 1992 (Malesh/Massada Bint Farag)
Marusha Bint Marsina, St.R., 1992 (El Sayed/Marsina)

Simeon Stud, Marion Richmond
44 Bulkara Road, Bellevue Hill, New South Wales 2023, Australia,
Tel. (61) 2/3271649, Fax: (61) 2/3321294

Simeon Sadik, AAHSB-S13-637, H.R., 1989 (Asfour/ Simeon Safanad) 582

Sjöberg, Thor & Tina, s. Asilrôs Arabstuteri AB

Sjöppen Oas-Arabians, H. Terstappen & J. Seuwen
Keizersbaan 14A, 5995 SE Kessel, The Netherlands,
Tel. (31) 4762/1790, Fax: (31) 4762/2537
20km südlich von Venlo und 50km östlich von Eindhoven

Karim Rodan, APS-A-5358, H.Sch., 1988 (Montasar/ Kuhaylan-Rudanya) 583
Talia Halima, APS-A-6352, St.Sch., 1987 (Ruminaja Ali/ Charm of Halima) 584
Maheera, APS-A-5504, St.F., 1988 (El Thay Maheer/Amal Al Badiea OA)
Halima .S., APS-A-5589, St.B., 1989 (Mahrus El Nabil/ Muntasira)
Khediva-Rodaniya, APS-A-6267, St.Sch., 1989 (Montasar/ Kuhaylah-Rudanya)
Ibn Karim Rodan, APS-A-6864, H.Sch., 1992 (Karim Rodan/ Talia Halima)
Bint Maheera, APS-A-7189, St.F., 1992 (Karim Rodan/Maheera)
Nour Bint Manal, 08/020207/93, St.F. (w.Sch.), 1993 (Manal/Nephthys Bint Nazeefa)

Skubela, Christine, s. Kastanienhof, Gestüt und Hengstaufzuchtstätte

Arabergestüt von Smetenka, Herr B. Liesegang
Papierfabrik, CH-4665 Oftringen, Switzerland

Spessartaraber, Willibald Heininger
Grünewiesenstr. 8, D-63768 Feldkahl bei Aschaffenburg, Tel. 06024/4230
Feldkahl, Ortsteil von Hösbach bei Aschaffenburg, BAB 3, Frankfurt/Würzburg, 3 km von der Ausfahrt Hösbach

Mosaad Al Badeia, E=534, H.F., 1983 (Kayed/ Meseda) 585, 586

Stalder, Miss Esther, s. Vers Corpataux

Vollblutarabergestüt Steffeshof, Thilo Haake
Dorfstr. 8, D-74541 Vellberg-Lorenzenzimmern,
Tel. 07904/7165 oder 07904/1020
(Nahe Autobahn A6 und A7, Landkreis Schwäbisch Hall, Baden-Württemberg)

Manial, VZAP-AV-2215, H.F., 1979 (Masir/Shadia) 587
Waseemah Bint Manial, 08/21114/88, St.Sch., 1988 (Manial/ Wasama)

Montasirah Bint Manial, 08/20973/89, St.F., 1989 (Manial/
Bint Hilala)
Mabrookah Bint Manial, 08/21335/91, St.F., 1991 (Manial/
Bint Hilala)

Stoessel-Vocka, Vera & Peter, s. Veruska Arabians

Dr. Helga Gräfin Strachwitz
Deutsche Botschaft Nairobi, Postfach 155, D-24637 Bonn

Damas OA, H.Sch. (Waseem/Bint El Nil)
Imp.: 1979 v. S. Marei, Kairo, Z.: El Zahraa, Kairo

Hof Stubben, Hermann Marsian
Ziegelhofer Weg 10, D-24637 Schillsdorf, Tel. 04394/507
70km nördlich von Hamburg

Mohgana, AV-2926, St.B., 1984 (El Abd/Bint Magdi)
Shulamite Haliwa, AV-4404, St.Sch., 1988 (Ansata Halim
Shah/Ansata Haliwa)
Momo, 08/20661/90, St.B., 1990 (Mohafez/Mohgana) 588
Mutlak, 08/20356/92, H.B., 1992 (El Thay Kayed/Mohgana)

Gestüt Südwind, Dr.med. Gottfried Neumaier
Antdorfer Straße 12, D-82393 Iffeldorf, Tel. 08856/3777 oder 08856/2646
An der BAB München-Garmisch, südl. vom Starnberger See

Sayameh, 02/08212/76, St.Sch., 1976 (Anchor Hill Halim/
Somaya)
Mahrana, 08/21023/87, St.B., 1987 (El Thay Mahrouss/
"M" El Sheitana)
Mahroussa, 08/21022/87, St.Sch., 1987 (El Thay Mahrouss/
Munja)
Bint Sheitana, 08/20602/90, St.B., 1990 (El Thay Mahrouss/
"M" El Sheitana)
Ibn Moataz, 08/021234/92, H.F., 1992 (Moataz/Moneera
Bint Moniet)
Ghazira, 08/02/2129/92, St.Sch., 1992 (Ibn Ghalion/
Saghira)

Susar Farm Egyptian Arabians, Susan Mayo
RT.7, Box SF, 91-A Denton, TX 76208, USA, Tel. (1) 817/566/0630

Masada El Rabdan, AHR-0346599, H.B., 1985 (Tuhotmos
OA/Masada Dahma)
AK Maslaha, AHR-0264491, St.B., 1980 (Tuhotmos OA/
Sawiaa)
J. Jodena, AHR-0415382, St.F., 1988 (AK El Hassan/
AK Maslana) 589

Svensson, Gertrud und Tore, s. Lyalands Arabstuteri

Sweilem, Abdullah Ibn Fahd Al, s. Marbat El Ajawad El Arabi

Gestüt Taubenhof, Sonja Roller
D-73642 Welzheim, Tel. 0711/2578387 oder 07182/2280,
(Gestütsverwaltung: 07182/7642)
Raum Stuttgart

GESTÜT TAUBENHOF

Moneera Makris, 08/20715/86, St.Sch., 1986 (Moneef/ Manaya II) 590
Maseena, 08/20357/91, St.R. (w.Sch.), 1991 (Madheen-Pascha/ Moneera Makris) 591
Marcia, 08/02/1495/92, St.F. (w.Sch.), 1992 (Moataz/Moneera Makris)

Tauschke, C. & Dr. H.J., s. El Thay - El Thayeba

Tell el Amarna, Heidrun Schindler
Düsseldorferstr. 62, D-53909 Zülpich, Tel. 02252/5573, Fax: 02252/81150

El Thay Labeeba, VZAP-AV-3837, St.Sch., 1985 (Masoud/ Lateefa)
Amarna Lahalima, 08/20397/92, St.Sch., 1992 (El Thay Halim Shah/El Thay Labeeba)

Terstappen, H. & J. Seuwen, s. Sjöppen Oas-Arabians

Thierer, Georg, s. Moneera Thierer-Araber, Gestüt

Timmernann, Norbert, s. Ingrid Kablawi - Norbert Timmernann

Treadwell, C. & D., s. Es-Salám Arabians

Allevamento di Cavalli "Tre Balzane", Dr. Maria Teresa Ferretti & Monika Savier
Casa Mela Loc Ruicciano, I-06044 Castel Ritaldi (PG), Italy,
Tel. (Privat) (39) 743/56056, (Gestüt) (39) 743/51291, Fax: (39) 743/56389
Umbrien, im Herzen Italiens-zwischen Spoleto und Assisi

ALLEVAMENTO 3B TREBALZANE

Sahib, H.Sch., 1990 (Machmut/Sameera OA)
Ken Dalia OA, VZAP-AV-4920, St.Sch., 1987 (Mourad/ Yosra) 592

Ulrich, Karin, s. Allat

Vermelho, Harras Morro, s. Fazenda Morro Vermelho Ltda.

Vers Corpataux, Miss Esther Stalder
CH-1733 Treyvaux, Switzerland

Veruska Arabians, Vera & Peter Stoessel-Vocka
Schwendi, CH-9052 Niederteufen AR, Switzerland,
Tel. (41) 71/333567, Fax: (41) 71/334058
oder: Cabballos arabes, Finca "Parnau",
E-17131 Rupia (Girona), Spain, Tel. (972) 769230
Schweiz: Nähe St. Gallen / Spanien: Nähe Barcelona

Ansata Omar Halim, AHR-0196861, H.Sch., 1979 (Ansata Ibn Halima OA/Ansata Rosetta) 593
U.P. Sheitan (Black Egyptian Prince), CH-AV-34/87, H.R., 1987 (Mehanna OA/Sheykha Abbayah) 594
Nabucco, H.Sch., 1989 (Mohssen/Waseema)
Mahdia Bint Malikah, VZAP-AV-1867, St.Sch., 1977 (Madkour OA/Malikah) 595
Waseema, 300/80, St.F., 1980 (Ibn Galal OA/Bint Wedad)
Waneesa, 11/80, St.F., 1984 (Morhaf OA/Waseema)
U.P. Sharaftana, CH-AV-42/85, St.B., 1985 (Nizam OA/Sadeedah) 597
Wasoona Bint Kaisoon, CH-AV-32/85, St.Sch., 1985 (Kaisoon OA/Waseema) 596
Princess Fayrouz, AHR-0401763, St.Sch., 1987 (The Egyptian Prince/Amiri Fayrouz) 598
Fayamina, AHR-430852, St.Sch., 1989 (Ramses Maris/Zahara Shariah) 601
Egyptian Rabia, AHR-461232, St.Sch., 1990 (Ruminaja Ali/Bint Sahra)
Ansata Bint Aliha, AHR-0472021, St.Sch., 1991 (Ansata Halim Shah/Ansata Aliha) 599
Nahema, AV-49/91, St.F., 1991 (Sherif Pasha/Waneesa)
Shalimar, AV-28/91, St.R., 1991 (Mehanna OA/Sharaftana)
Ansata Sinan, AHR-0482308, H.Sch., 1992 (Prince Fa Moniet/Nefara) 600
Egyptian Amira, AV-58/92, St.F., 1992 (Sherif Pasha/Waseema)
Egyptian Aziza, AV-57/92, St.Sch., 1992 (Mahyubi/Mahdia)

Vetter-Araber, Liesel Vetter
Burkhardtsmühle 2, D-71111 Waldenbuch, Tel. 07157/72296
8km vom Flughafen Stuttgart

Alaa Al Din, 08/20600/90, H.B., 1990 (Salaa El Dine/Ashraff) 602
Ansata Rebecca, St.Sch., 1979 (Ansata Abu Sudan/Ansata Rhodora) 603

Veugelers, Petra, s. Kerstendal

Mirko Vidakovic
Zeppelinstr. 2, D-78573 Wurmlingen

Viljala Arabian Farm, Ulla & Jouko Viljala
SF-07320 Jakari, Finland, Tel. (358) 15/27197

El Thay Shah Talal, FAHS-222/91, H.Sch., 1989 (El Thay Ibn Halima/Tamara) 604

Ulrike Vogel
Nordstr. 23, D-50127 Bergheim

El Faatin, H.B., 1990 (Masir/Shams El Faanah) (Gemeinschaftsbesitz: Arabergestüt Hochsauerland - Asil-Ägyptische Vollblutaraber, Hans Joachim Heinemann, D-59872 Meschede-Schüren)

Voß, Helmut & Jutta, s. Dar Al Tifla

Wagner, Gerd und Ulrike, s. Ahil Araber

Wagschal, J. Leslie, s. Shalom Farm Arabians, Inc.

Waheebah-Vollblutaraber-Gestüt, Erich Luke
Hochstr. 19, D-57413 Finnentrop-Heggen

Vollblutaraberzucht Martin Walter
Kapellenstr. 31, D-74744 Ahorn-Berolzheim, Tel. 06296/1233

Hamasa Najiha, 08/20774/89, St.Sch., 1989 (Farag OA/ Nafteta) 605

Weeks, William C., s. Hatchie Hill Farm

Dr. Gisela Wegener
Voßring 9, D-27313 Dörverden-Westen, Tel. 04239/1301

Kara Ben Nemsi, AV-2241, H.Sch., 1980 (Kaisoon OA/ Nadia OA)
Ghabra, St.Sch., 1989 (Shams el Arabi/Ghanduia)

Weiershäuser, Familie, s. Birkenhof, Vollblutarabergestüt

Welzmüller, Elisabeth & Martin Klein, s. Ramona, Vollblutaraber und Pintogestüt

Josef Wermes
Witzlebenstr. 16, D-14057 Berlin, Tel. 030/3219448

Nazmou-Najeeb, 08/20361/89, H.F. (w.Sch.), 1989 (Gharib OA/Nazmouna)
Nazmouna, VZAP-AV-2965, St.Sch., 1982 (Maymoon/Munja) 606
Nazima, 08/21670/91, St.Sch., 1991 (Maysoun/Nazmouna)

Wettke, Christiane & Dr. Hans, s. Hammerhof, Vollblutarabergestüt

Judith Wich
Eichenbühl 26, D-96352 Wilhelmsthal, Tel. 09260/265

Houda, St.Sch., 1988 (Nasrodin/Blue Hadbah) 607

Vollblutaraber-Gestüt Winterbauer, Reinhold & Eveline Winterbauer
Daisbacher Str. 5, D-74933 Neidenstein, Tel. 07263/3421
ca. 30km südlich von Heidelberg

Moneera - Bint Manaya, 20918/88, St.(w.Sch.), 1988 (Moneef/Manaya II)

Wirths, A. & G., s. Awega Vollblutaraber-Gestüt

Wohlann, Hartmut und G., s. El Chamsin - VA Gestüt

Hans Jürgen Wölk
Postfach 15 14 82, D-10676 Berlin
Kontaktanschrift: Classic Egyptian Arabians, Ursula Poth,
Font Rubis, Baudinard-sur-Verdon, F-83630 Aups, France
120km from Airport Nice or Marseille, close to the Lake St. Croix (Haute-Provence)

Alidaar, 60-013-327-XH.Sch., 1984 (Shaik Al Badi/Bint Magidaa) 608
Classic Lohim (Partnership with Ursula Poth), H.Sch., 1990 (Ansata Halim Shah/Lohelia)
Classic Maalouf, H.Sch., 1990 (Mehanna OA/Ruminaja Alia)
Shagiah Bint Shadwan OA, St.Sch., 1978 (Shadwan/Samar)
Sirhana, AHR-0326856, St.B., 1984 (Ansata El Hasan/Negoom) 609
U.P. Bint Marah, St.Sch., 1984 (Malik/Marah)
Amiri Alani, St.Sch., 1987 (The Egyptian Prince/Arabest Sahira)
Classic Shadwan, H.w.Sch., 1991 (Alidaar/Shagiah Bint Shadwan OA)
Classic Mahari, St.Sch., 1991 (Ibn El Moniet/U.P. Bint Marah)
Classic Medaba, St.Sch., 1992 (Alidaar/U.P. Bint Marah)

Reggy Wumkes-Minder
Taveernelaan 51, NL-3735 KB Bosch en Duin, The Netherlands,
Tel. (31) 30/285046, Fax: (31) 30/285067

B.S.A. Nadiaa, 0380496, St.Sch., 1987 (Nabiel/Diaa)

Wyk, Dr. Johann & Marie-Luise van, s. Johrhemar Arabian Stud

Zeitelhack, W. & W., s. Moritzberg, Gestüt

Marjorie Zietek
Le Meyrat, F-24750 Trelissac, France

Sidi Ibn Suleima, H.Sch., 1988 (Ibn Mowaffac/Suleima)

Corrigenda

Page / Seite

318	Safir: Ansata Ibn *Halima* OA
320	Aisha: *Ansata* Halim Shah, Ansata Ibn *Halima* OA
321	Amar: *Madkour I*
324	Imperial Jaliisah: Ansata Bint *Zaafarana*
350	Ibrahim, Schimmel / *grey*
351	Hamasa Marisi: Schimmel / *grey*
353	Hamasa Safina: Saklawia *II*
363	201 Ibn Galal: Mutterstute: *11* Hanadi OA
364	220 Ibn Galal I: *Mogha*
369	Bint Hilala: *Yosreia*
370	Madheen Pascha: *Malikah*
390	Dabrock *Gazebeya*
518	Moheba Zayyan: *Maymoonah*

DRITTER TEIL
DER ASIL CLUB
Die Argumente für die Arterhaltung des Asil Arabers

PART THREE
THE ASIL CLUB
Arguments for the Preservation of the Asil Arabian

Introductory Note

We have, in the central statements, included the most important remarks made by important authors on the subject of the Asil Arabian and the Bedouin breeds of Arabia Deserta. This collection of quotations consists of the general arguments which speak in favour of the Asil Arabian. The grave special problems making the work of the Asil Club necessary are to be dealt with in this third section.

After the list of honorary members and funding members, details of memberships and the definition, the chapters "Why we Founded the Asil Club" and "Original Arabians: The Elite of Asil Arabians in the Original Region" analyze and answer the essential questions of international Arabian breeding.

The latter also include a discussion of the hypotheses of populational genetics, which Prof. Dr. Dr. *F. Bakels* has brought to a convincing conclusion with his lecture on the Asil Arabian breed.
The author stresses the great importance of performance for the Asil Arabian breed. The following chapters "Suitability for Riding" – "Performance Records" show that the Asil Arabian is especially characterized by its character, ridability, its willingness to perform and its performance. All breeders are required to again and again prove its ability to perform, as shown to be significant in the stallion performance tests held in Germany. However, the Asil Arabian breed cannot only be seen in isolation. The Arabian Bedouins have also been successful with other breeds, such as the Salukis, which have also been bred in intimate community with their owners. Here we find a parallel in the breeding methods, which is why Salukis are also shown here and presented at the Asil Cup International. Asil Arabians, Asil Salukis and Asil Camels form a natural symbiosis.

"Although our breeding successes are immediately convincing and inspire others to emulate them, we may not simply let correct actions speak for themselves, for many an elite has died out as a result of an attitude of this kind. On the contrary, the truth needs its proclaimers, its confessors and missionaries" (from the preface to Asil Arabians III).

The Asil Club must, then, function as an attorney and carry out its public relations work not in any old way, but in an extraordinary fashion, in the form of another showcase of the Asil breed: the Asil Cup International. This, the largest show of Asil Arabian horses in Europe has come to the attention of personalities from all over the world and especially from Arabia. These meetings are fascinating because of their abundant folklore performances and have become social events.

Our personal contact and cooperation with experts and responsible persons in the Arabian states, maintained over decades of constant exchange of experience, were demonstrated by the patronage of the Arabian astronaut H. R. H. Prince

Vorwort

In der Sammlung zentraler Aussagen haben wir die wichtigsten Belege bedeutender Autoren, die dem Asil Araber und den Zuchten der Beduinen der Arabia Deserta gelten, erfaßt. Dieser „Zitatenschatz" enthält die generellen Argumente, die für den Asil Araber sprechen. Die gravierenden speziellen Probleme, welche die Arbeit des Asil Clubs notwendig machten, sollen in diesem dritten Teil behandelt werden.

Nach der Auflistung der Ehrenmitglieder, der Fördernden Mitglieder, den Ausführungen zur Mitgliedschaft und zur Definition werden mit den Kapiteln *Gründe für die Gründung des Asil Clubs* und *Original Araber: die Elite der asilen Araber im Ursprungsgebiet* die wesentlichen Fragen der Internationalen Araberzucht analysiert und beantwortet.

Hierzu gehört auch die Diskussion um die Thesen der Populationsgenetik, unter die Professor *Dr. Dr. F. Bakels* mit seinem Vortrag über die Asil Araberzucht einen überzeugenden Schlußpunkt gesetzt hat. Der Autor weist mit Nachdruck auf die hohe Bedeutung der Leistung für die Asil Araberzucht hin. Die folgenden Kapitel *Reiteignung – Rittigkeit* und *Leistungsfähigkeit – Leistungsnachweise* verdeutlichen: der Asil Araber zeichnet sich vor allem aus durch Charakter, Rittigkeit, Leistungsbereitschaft, Leistung. Alle Züchter sind gefordert, den hohen Grad der Leistungsfähigkeit, wie er sich auch innerhalb der in Deutschland durchgeführten *Hengstleistungsprüfungen* als signifikant bestätigt hat, stets aufs neue unter Beweis zu stellen. Die Asil Araberzucht kann man aber nicht nur isoliert sehen. Es gibt auch andere Zuchtleistungen der arabischen Beduinen, so die *Salukis,* die ebenfalls innerhalb einer engen Lebensgemeinschaft mit ihren Besitzern gezogen worden sind. Hier finden wir eine Parallele innerhalb der Zuchtmethoden, weswegen auch Salukis beim Asil Cup International vorgestellt werden. Asile Araber, asile Salukis, asile Kamele bilden eine naturgegebene Symbiose.

„Obwohl unsere Zuchtleistungen unmittelbar überzeugen und zur Nachahmung auffordern, dürfen wir richtiges Handeln nicht einfach für sich sprechen lassen, denn mit solch einer Haltung ist schon manche Elite untergegangen. Vielmehr bedarf auch die Wahrheit dringend ihrer Fürsprecher, ihrer Bekenner, ihrer Missionare" (aus dem Vorwort zu Asil Araber III).

So hat der Asil Club als Anwalt zu fungieren, darf nicht auf eine beliebige, sondern muß auf eine außergewöhnliche Art für Öffentlichkeitsarbeit sorgen, für ein weiteres Schaufenster der Asilzucht: den *Asil Cup International.* Diese größte Schau asiler Araberpferde in Europa hat weltweit und besonders auch bei den arabischen Persönlichkeiten Beachtung gefunden. Diese Veranstaltungen faszinieren u. a. durch ihre vielfältigen folkloristischen Darbietungen, sie wurden zu einem gesellschaftlichen Ereignis.

Sultan Ben Salman, Riyadh (1986) and by the minister presidents of Baden-Württemberg *Dr. Lothar Späth* (1988 and 1990) and *Erwin Teufel* (1993), by the *H. H. Sheikh Zayed Bin Sultan Al Nahayan Cup* (1993), by the preface of Chancellor *Helmut Kohl* and by the membership of leading Arabian personalities and state studs in the Asil Club.

Our task is to shed some light on the mentality of our Arabian friends and to maintain cultural exchanges between East and West. We have a mediating role here, and so we have given special emphasis to the fact that Arabian culture has had a considerable influence on our peoples. Our awareness that this connection has existed for more than one thousand years leads us to consider the corresponding cooperation as absolutely necessary. This will be dealt within an article entitled "The Influence of Arabian Culture and Science on Western Civilisation" (see p. 855).

Parallel to our literary documentation, we have included a pictorial documentation in this edition. These artistic representations of sculptures, paintings and lithographies by artists of renown also show the high status of the Asil Arabian horse. We are all impressed by the special sensitivity with which the artists in question portray this noble horse. These works of art are important historical evidence; they, too – in their own way – preserve the Asil Arabian.

There are some outstanding personalities in international Arabian breeding who, through their commitment to the breeding of Arabians, have done excellent work in this century and have served the cause of the Arabian horse. We have devoted the final chapter of this work to them in the hope that these leading figures and their activities will encourage us all to follow in their footsteps with our own modest means.

W. Georg Olms

Unsere seit Jahrzehnten im ständigen Erfahrungsaustausch gepflegten persönlichen Kontakte und Kooperationen mit den Fachkundigen und Verantwortlichen in den arabischen Staaten wurden dokumentiert durch die Schirmherrschaft des arabischen Astronauten *S.K.H. Prinz Sultan Ben Salman*, Riyadh (1986) und durch die Schirmherrschaft der Ministerpräsidenten von Baden-Württemberg *Dr. Lothar Späth* (1988 und 1990) und *Erwin Teufel* (1993), den *H. H. Sheikh Zayed Bin Sultan Al Nahayan Cup* (1993), das Geleitwort unseres *Bundeskanzlers Helmut Kohl* und die Mitgliedschaften führender arabischer Persönlichkeiten und Gestüte im Asil Club.

Es geht darum, die Mentalität unserer arabischen Freunde verständlich zu machen, den kulturellen Austausch zwischen Abendland und Orient zu pflegen. Wir haben hier eine Mittlerfunktion, und so haben wir besonders herausgestellt, daß das arabische Kulturgut unsere Völker in erheblichem Maße beeinflußt hat. Im Bewußtsein einer solchen über ein Jahrtausend alten Verbindung erscheint uns eine entsprechende Zusammenarbeit unerläßlich. Sie soll durch einen angemessenen Artikel *Der Einfluß arabischer Kultur und Wissenschaft auf das Abendland* besonders verdeutlicht werden (s. S. 855)

Parallel zu unserer literarischen Dokumentation haben wir in diese Ausgabe eine *Bilddokumentation* einbezogen. Auch diese Kunstdarstellungen von Skulpturen, Gemälden und Lithographien namhafter Künstler sollen den hohen Stellenwert des asilarabischen Pferdes verdeutlichen. Die besondere Sensibilität, mit der die Künstler dieses edle Pferd überliefern, beeindruckt uns alle. Diese Kunstwerke gelten als wichtige historische Zeugnisse, auch sie bewahren – auf ihre Weise – den Asil Araber.

In der internationalen Araberzucht gibt es einige herausragende Persönlichkeiten, die mit ihrem Engagement für die Zucht des arabischen Pferdes in diesem Jahrhundert in hervorragender Weise gewirkt, sich um das arabische Pferd verdient gemacht haben. Ihnen ist das Schlußkapitel dieses Werkes gewidmet in der Hoffnung, daß diese Leitfiguren, ihre Aktivitäten uns alle anspornen, ihnen nachzueifern, es ihnen mit unseren bescheidenen Mitteln gleichzutun.

W. Georg Olms

Der Asil Cup 1988. Kaisoon-Bronze von Karen Kasper, Lexington, USA

Ehrenmitglieder / Honorary Members

Brigadier
Kurt Albrecht
ehem. Direktor
der Spanischen Hofreitschule
Wien/Österreich

Detlef von Arentschildt †
Oberstleutnant a. D.,
ehem. Kommandant des
Staatl. Gestüts Bábolna
Ungarn

Dr. Johannes Erich Flade
D-23968 Fliemstorf

Dr. Foppe Bonno Klynstra †
Niederlande

Dr. Mohamed Marsafi
ehem. Direktor des
Staatsgestütes El Zahraa
Kairo/Ägypten

Robert Mauvy †
Président de l'Union pour la
Sauvegarde
du Cheval Arabe
France

Mrs. Esperanza Raswan
3221 Calle Noguera
Santa Barbara, Ca. 93105
USA

Dr. Wilhelm Uppenborn †
Preuß. Landstallmeister a. D.

Dr. Georg Wenzler †
Landoberstallmeister a. D.
Leiter des Haupt- und Landgestüts
Marbach 1949–1974

Dr. Ameen Zaher †
formerly Minister
of Agriculture
Kairo/Ägypten

Der Asil Cup 1990. Hadban Enzahi-Bronze von Karen Kasper, Lexington, USA

VORSTAND/ THE BOARD OF DIRECTORS

Dr. h.c. mult.,
Senator h.c. W. Georg Olms
1. Vorsitzender/Chairman
Hagentorwall 7
D-31134 Hildesheim

Georg Thierer, Dipl.-Ing.
2. Vorsitzender/ Vice Chairman
Richard-Wagner-Straße 43
D-76669 Bad Schönborn

Peter Groß, Architekt
Araber-Gestüt Dieckhorst
D-38539 Müden-Dieckhorst

Nayla Hayek
Hanaya Arabians
Expohof
CH-86650 Schleinikon

Dr. med. vet. Karl-Heinz Kirsch
Kirchstr. 6
D-76879 Essingen

Douglas B. Marshall
Ehrenpräsident/Honorary
President
Las Palmas
Vance Route
Barksdale, Texas 78828, USA

Dr. Helmut Krafka
Gardeschützenweg 14
D-12203 Berlin

Dr. Otto Saenger
Landwirtschaftsdirektor
Gut Wengelsdorf
D-06688 Wengelsdorf

Mohammed M.Al Shaheen
President of the Kuwait
Equestrian Federation, Secretary
General of the Arab Equestrian
Federation, President of
Championship and Shows for pure
Arabian Horse Federation
Kuwait

Michael Müller
Schatzmeister/Treasurer
Scribastraße 26
D-64354 Reinheim

Membership – Definition

The Asil Club is an international association for the preservation and rearing of the Asil Arabian Horse.

The Asil Club defines its breeding as follows:

> *The ASIL ARABIAN is a horse whose pedigree is exclusively based on Bedouin breeding of the Arabian peninsula, without any crossbreeding with non-Arabian horses at any time. The word "aṣīl" is derived from the Arabic language and means pure, true, noble and genuine.*
>
> *The ASIL ARABIAN horse should have the riding qualities and the characteristics of type which distinguish the desert Arabian.*

The Asil Club is particulary involved in the application of the ancient breeding methods of the Bedouins, and in guarding the asil blood lines so as to foster and preserve with the utmost care the outstanding qualities of the Arabian.
The ASIL CLUB endeavors to maintain or establish friendly relations with Arab countries of the Arabia Deserta and Egypt, as well as their diplomatic representatives and the League of Arab Nations.

The members' assembly decides on the admission of new members to the Asil Club.

Horses owned by members of the Asil Club may be recognized as Asil Arabians and entered into the stock list of the Asil Arabian Documentation under the following conditions:

1. Their parents must be registered in the stock list of the Asil Club.
2. All other horses must
   a) be registered in a stud book recognized by the World Arabian Horse Organisation (WAHO) or be worthy of such registration,
   b) trace back directly to the Arabia Deserta[1]
   or correspond in every line of their pedigrees with the breeding program of the EAO[2] or of private studs[2] controlled by this organization,
   c) display the distinct type of conformation and the riding qualities of the desert-bred Arabian.

[1] The horse in question or its parents must be registered in a stud book of Saudi-Arabia or of Bahrain.
[2] With the exception of the descendants of the horses Registan (Skowronek/Riz), Sharkasi and Ibn Galabawi.

Mitgliedschaft – Definition

Der Asil Club ist eine internationale Gemeinschaft zur Erhaltung und Pflege des Asil Arabers.

Die Definition für das verpflichtende Zuchtziel des Asil Clubs lautet:

> *Ein ASIL ARABER ist ein Pferd, dessen Abstammung ausschließlich auf die Beduinenzucht der arabischen Halbinsel zurückgeht, und bei dem zu keiner Zeit nichtarabische Pferde eingekreuzt worden sind. Aṣīl (arabisch, gesprochen aßihl) = rein, echt, edel, unverfälscht.*
> *Der ASIL ARABER soll die Reiteigenschaften und die Typmerkmale aufweisen, die den Wüstenaraber auszeichnen.*

Der ASIL CLUB setzt sich insbesondere für die Anwendung der altbewährten Zuchtmethoden der Beduinen ein und möchte durch asile Blutführung die herausragenden Qualitäten des Asil Arabers mit Sorgfalt bewahren und fördern. Der ASIL CLUB unterhält oder bemüht sich um enge freundschaftliche Kontakte zu den arabischen Staaten der Arabia Deserta, zu Ägypten sowie zu deren diplomatischen Vertretungen und zur Liga der arabischen Staaten.

Über die Aufnahme neuer Mitglieder in den Asil Club entscheidet die Mitgliederversammlung.

Pferde im Besitz von Mitgliedern des Asil Clubs können unter folgenden Voraussetzungen als Asil Araber anerkannt und in die Bestandsliste der Asil Araber Dokumentation eingetragen werden:

1. Die Eltern müssen in der Bestandsliste des Asil Clubs enthalten sein.

2. Alle übrigen Pferde müssen
   a) in einem von der World Arabian Horse Organization (WAHO) anerkannten Stutbuch eingetragen oder eintragungsfähig sein,
   b) unmittelbar der Arabia Deserta[1] entstammen oder in jeder Linie ihres Pedigrees auf das Zuchtprogramm der Egyptian Agricultural Organization (EAO)[2], Ägypten, bzw. den von ihr überwachten Privatgestüten[2] zurückgehen,
   c) sie müssen den Typmerkmalen und Reiteigenschaften des Wüstenarabers entsprechen.

[1] Das betreffende Pferd oder dessen Eltern müssen im Stutbuch von Saudi-Arabien oder Bahrain nachgewiesen sein.

[2] Ausgenommen bleibt hier insb. die Nachzucht der Pferde Registan (Skowronek/Riz), Sharkasi und Ibn Galabawi.

Membership – Definition

The Asil Club welcomes all individuals who identify with the goals of the Club as formulated in this book, and especially in the definition, and who are prepared to realize them through co-operative effort.

Office:
ASIL CLUB e. V.
Hagentorwall 7
D-31134 Hildesheim, Germany

The Asil Club was entered into the Vereinsregister at Amtsgericht Hildesheim on 8th June 1990 under registration no. 1636.

Honorary Members (p. 681), Breeders (p. 613), Promotive Members (p. 689).

From 1994, the Asil Club will put a special pedigree for Asil Arabians with registration number at the disposal of its members. This pedigree, designed by Professor Paul König, is proof that the horse in question has been recognized by the Asil Club; it is on no account intended to replace the pedigree of the national stud book. It can be made out in English or in Arabian (see enclosed sample).

ASIL CLUB

Note:
"Asīl:" The term used by the Bedouins for themselves. Today, in international usage, it means "of pure race, genuine, noble", and it replaces the word *'atīq* (noble), which was the word originally used in Arab terminology. Additionally, the following must be noted:
The term "Asil" Arabian is today no longer identical with the terms "pure-bred" Arabian, Arabian, and Arabian horse, because internationally the original definition of purity – a pure-bred Arabian is a horse that must trace all of its ancestors to the Bedouin breeding of the Arabian peninsula – cannot be maintained due to the outcrossing of the Arabian with other breeds. In order to characterize the Asil Arabians (approx. 2 % of all horses accepted internationally as pure-bred Arabians) and to safeguard them in the interests of their preservation, we now use the term "Asil Arabian". (Dietrich Olms, 1991)

Mitgliedschaft – Definition

Im Asil Club ist jeder willkommen, der sich mit den Zielen des Clubs wie sie in diesem Buch und besonders in der Definition formuliert sind, identifiziert und bereit ist, sie durch Zusammenarbeit zu verwirklichen.

Geschäftsstelle:
ASIL CLUB e. V.
Hagentorwall 7
D-31134 Hildesheim, Germany

Der Asil Club wurde am 8. Juni 1990 als Verein unter der Nr. 1636 in das Vereinsregister beim Amtsgericht Hildesheim eingetragen.

Ehrenmitglieder s. S. 680, Züchter s. S. 613, Fördernde Mitglieder s. S. 689.

Ab 1944 stellt der Asil Club e. V. seinen Mitgliedern eine gesonderte Abstammungstafel für Asil Araber mit Registrierungsnummer zur Verfügung.
Dieses von Professor Paul König gestaltete Pedigree gilt als Ausweis dafür, daß das jeweilige Pferd vom Asil Club e. V. anerkannt ist; es soll keineswegs das Abstammungspapier des jeweiligen nationalen Stutbuches ersetzen. Wahlweise kann es in englischer oder arabischer Sprache ausgefertigt werden (s. beigefügtes Muster).

ASIL CLUB

Anmerkung
Asīl: Der von den Beduinen auf sich selbst angewandte und heute international gebräuchliche Begriff („reinrassig, original, edel") ersetzt in der arabischen Terminologie ursprünglich verwendetes *ʿatīq* (edel). Dabei ist zu beachten:
Der Begriff Asīl- oder Reinblutaraber ist heute nicht mehr identisch mit den Bezeichnungen „Vollblutaraber, Araber, arabisches Pferd", da international die ursprüngliche Definition *„ein Vollblutaraber ist ein Pferd, das in all seinen Vorfahren auf die Beduinenzucht der arabischen Halbinsel zurückgehen muß"* durch Einkreuzen anderer Rassen nicht mehr aufrechterhalten werden kann. Um die Elitegruppe der Asil Araber (ca. 2 % aller international als Vollblutaraber akzeptierten Pferde) kenntlich zu machen, sie im Sinne der Arterhaltung zu sichern, wird heute der Begriff „Asil Araber" benutzt. (Dietrich Olms, 1991)

Der Asil Cup 1993. Ghazal-Bronze von Karen Kasper, Lexington, USA

Fördernde Mitglieder
Promotive Members

Promotive Members

H. R. H.
Prince Ali Bin Nayef
P.O.Box 2296
JOR-Amman
Jordan

H.E. Khalid Al-Babtin
Ambassador of the State of
Kuwait
Embassy of the State of Kuwait
Godesberger Allee 77-79
D-53175 Bonn

H.E. Abbas Al-Ghazzawi
The Ambassador of the Kingdom
of Saudi Arabia
Godesberger Allee 40-42
D-53175 Bonn

Management
Palace of H.E. Sheikh
Sultan Bin Khalifa Bin Zayed
Al Nahyan
P.O.Box 771
UAE-Abu Dhabi
United Arab Emirates

Sami S. Al-Nohait
Arabian Horse Center General
Manager, Dirab
P.O.Box 33840
Riyadh 11458
Saudi Arabia

M.I. Al-Shaibani
Head of Heritage Manuscripts
& Documents Center
P.O.Box 3904
KT-13040 Safat
Kuwait

H.E. Ibrahim Al-Tassan
Deputy Minister
Ministry of Finance
P.O.Box 131
SA-11411 Riyadh
Saudi Arabia

Brigadier
Kurt Albrecht
Prinz-Eugen-Str. 27
A-1030 Wien
Österrreich

Mazen Amawi
Peter-Böhler-Str. 11
D-60431 Frankfurt M.

Dr. G. Araya
Generalmanager
Amiri Arabian Stud of Bahrain
P.O.Box 29199
Bahrain

H.H. Ira Safia Arustu
Begum of Hyderabad
Throngton Hall
- Suffolk IP 173 QZ -
GB-Thorington, Nr. Saxmundham
Great Britain

Arnim Basche
Michaelplatz 6
D-53177 Bonn

Anton Baumann
Weidener Str. 13
D-86672 Thierhaupten

Franz Bauriedl
Vollmoellerstr. 11
D-70563 Stuttgart

Christian H. Becker
Kölner Str. 72
D-53913 Swisttal 1 /
Heimerzsheim

Uta Bilke
Friedrichstr. 58
D-79098 Freiburg i.Br.

Ariane Bremer
Dorfstr. 50
D-31832 Springe

Ursula Bruns
Venusbergweg 10
D-53115 Bonn

Dr. Serge Salmane Catahier
Domaine de la Rivière Bat.B 2
F-91290 Arpajon
France

Prof. Dr. phil.
Albert Dietrich
Benfeyweg 7
D-37075 Göttingen

Chris Dohmen
Maamoon Asil Araber
Dorfstr. 122
D-41372 Niederkrüchten

Wolf Martin Domke
Hagelberger Str. 17
D-10965 Berlin

Stefan Ehrke
c/o Vollblutarabergestüt Erika
Ehrke
D-56865 Hofgut Moritzheim

René H. Felder
Postfach 121
Albisstr. 33
CH-8134 Adliswil
Schweiz

Eberhard Fischbach
Auf der Halde 1
D-79862 Höchenschwand

Dr. Johannes Erich Flade
Haus 54
D-23968 Fliemstorf, Kr. Wismar

Dr. Otto Frey
Scheerstr. 82
D-73054 Eislingen / Fils

Fördernde Mitglieder

Heiko Fuchs
Fine Gemstone Objects
Hauptstr. 22
D-55758 Kempfeld

Andrea Giansanti
Via Aldrovandi 7
I-20129 Milano
Italia

Michael Gross
Neuhöfer Str. 75
D-63263 Neu-Isenburg

Dr. phil.
M. Fayez Hamouda
Pettenkoferstr. 39
D-45147 Essen

Jutta Hartmann
Hermann-Löns-Str. 6
D-65549 Limburg

Juliane Hy
Triefenbergweg 10
D-65388 Schlangenbad

Tawfiq Jarrar
P.O.Box 59587
SA-11535 Riyadh
Saudi Arabia

Walter G. Jenkner
P.O.Box 572
USA-Liberty Hill, TX 78642

Esben Juhl
Sct. Annegade 1B
DK-1416 Kobenhavn
Danmark

Araber-Vollblut-Gestüt
v. Kameke/Grabau
Gabriele von Kameke-
Streckenthin
D-23845 Grabau über Bad
Oldeslohe

Promotive Members

Najo Katkhuda
P.O.Box 36369
KT-24754 Al-Ras
Kuwait

Karen Kasper
3452 Newton Pike
USA-Lexington, Kentucky 40511

Eva-Maria Knoche
Finkenstr. 18
D-57439 Attendorn

Bodo Koch
Schweizerhof
D-56457 Westerburg

Dr. Wilhelm Kopf
Botschafter a.D.
D-95131 Schwarzenbach am
Wald

Viktor Kortschnoi
Allmenweg 7
CH-5610 Wohlen
Schweiz

Dr. Marit Kretschmar
Rheinhöhenweg 5
D-65366 Geisenheim-
Stephanshausen

Simone Krämer
Auchterbstr. 23
D-72127 Jettenburg

Carola Kugler
Kirchspiel 1
D-65205 Wiesbaden-Delkenheim

Dr. Eberhard Kuhnt
Telemannstr. 12
D-53173 Bonn

Stefan Lehr
Hauptstr. 45
D-04932 Großthiemig

Udo Leinhäuser
Rollefstr. 37
D-52078 Aachen

Prof.Dr.
Ernst-Heinrich Lochmann
Rebhuhnweg 2
Nordgoltern
D-30890 Barsinghausen

Marion Löwenhaupt
Möwenstr. 5
D-65201 Wiesbaden-Schierstein

Carol Lyons
Al Khamsa, Inc.
5839 Nonpareil Road
USA-Sutherlin, Oreg. 97479

Dr.med.vet.
Helmut Mayer
Hungener Str. 21
D-35423 Lich

Carole J. Monkhouse
P.O.Box 6386
SA-31311 Aramco, Dhahran
Saudi Arabia

Heinrich Morueco
Postfach 1
Bettenstr. 162
CH-8219 Trasadingen
Schweiz

Ruth Morueco-Kräuchi
Postfach 1
Bettenstr. 162
CH-8219 Trasadingen
Schweiz

H.E. Jusuf Motabbakani
Ambassador of the Kingdom
of Saudi Arabia
PAK-Islamabad
Pakistan

M. Moutafis
Kamarie Arabian Stud
P.O.Box 682
SA-1540 Brakpan
South Africa

Michael Müller
Scribastr. 26
D-64354 Reinheim

Carol D. Neubauer
8900 No. 5 Road
USA-Delphi Falls, N.Y. 13501

Dietrich Olms
Am Neuen Teiche 23
D-31139 Hildesheim

Manfred Olms
Breitlenstr. 2
CH-8634 Hombrechtikon
Schweiz

Ingeborg Ortwein
Flockenbusch 38
D-69483 Wald-Michelbach

Salvatore di Palma
Via Nicotera 38
I-80069 Vico Equense
Italia

J. Parks
Silver Unicorn
International, Inc.
1551 N.E. 120th Street
USA-Anthony, FL 32617

Hans-Ulrich Pauly
Exclusive Gravierungen
Im Staden 29
D-55743 Idar-Oberstein

Landstallmeister
Bert Petersen
Hessisches Landgestüt Dillenburg
D-35683 Dillenburg

Fördernde Mitglieder

Grete von Pettkö-Szandtner
Waldschmiedstr. 16
Zimmer 123
D-82319 Starnberg

Barbara Pfistner
Al Naizah Arabians
Spitzstr. 12
CH-8155 Niederhasli
Schweiz

Prof.Dr.phil.
Gert Preiser
Rolloßweg 36
D-69121 Heidelberg

Gabriele Röttger-Akgüz
Nackenheimer Weg 15 B
D-12099 Berlin

Esperanza Raswan
3221 Calle Noguera
USA-Santa Barbara, CA 93105

Shirley S. Reilich
Arborwood Arabians
12005 Fox Road
USA-Alpharetta, Ga. 30201

Dr. G.C. & Johanna C. Reyl
Neuenheimerlandstr. 46
D-69120 Heidelberg

Tamás Rombauer
Direktor
Ungarisches Staatsgestüt
Bábolna-Ungarn

Dipl.-Volkswirt
Dipl.-Ing. Rainer M. Sachadae
Spenerstr. 21
D-01309 Dresden

Sultanate of Oman
Diwan of Royal Court,
Directorate General of Royal
Stables

Promotive Members

Brigadier Ali Ben Saif
P.O.Box 1070
OM-Seeb
Sultanate of Oman

Jürgen Schäfer
Am Wiekenbrink 7
D-31840 Hessisch-Oldendorf

Marianne Schild-Tegeler
Bahnhofstr. 21
D-59394 Nordkirchen

Heidrun Schindler
Düsseldorfer Str. 62
D-53909 Zülpich

Alwin Schockemöhle
Münsterlandstr. 53
D-49439 Mühlen

R.H. Wolfgang Schraps
(-Cavalleria-)
Nelkenweg 2
D-21376 Salzhausen

Daniela Schroeder
Hegenichhof 1
D-69124 Heidelberg

Prof.Dr.phil.
Rudolph Sellheim
Bross-Str. 5
D-60487 Frankfurt

H.E. Tarek Shawaf
General Secretary of the
Equestrian Club, Riyadh
P.O.Box 2341
SA-Riyadh
Saudi Arabia

Barbara S. Shuler
Sotheby's
4281 Baseline
USA-Santa Ynez, CA 93450

Dr. Alfred Stiene
Staatsgestüt Topolcianky
SLK-95193 Topolcianky
Slovakia

Wilfried Stoll
Höhenstr. 10
D-75378 Bad Liebenzell

Dr. Helga Gräfin Strachwitz
Deutsche Botschaft Nairobi
Postfach 155
D-53001 Bonn

Elsie Streiff
"Tugla"
Bahnhofstr. 67
CH-8620 Wetzikon
Schweiz

Hans-Joachim Theis
Theodor-Heuss-Str. 1
Postfach 123
D-78126 Königsfeld im
Schwarzwald

Dr.rer.nat. Karin Thieme
Dipl.-Geogr. Univ.
Nebelhornstr. 1
D-86343 Königsbrunn

Lt. General Mustapha Tlass
Vice Commander-in-Chief
of the Army and Armed Forces
Minister of Defence
SYR-Damascus
Syria

Staatsgestüt Topolcianky
Ing. Emil Dzian und Ing. Juraj
Kovalcik
Plemenarsky podnik
SLK-95193 Topolcianky
Slovakia

Michaela von Treu
Weidboden 1
D-83339 Chieming

Tripoli Club for Riding
Att. Dr. Abdul Majid Haddad
P.O.Box 983
RL-Tripoli
Libanon

Bärbel Vollberg
VVP + Partner
Postfach 1108
D-46519 Alpen

Richard & Pamela Weidel
- Boxwood Farm -
Rt. 579, RR 1 / Box 364
USA-Pennington, NJ 08534

Rosl Wenzler
Zum Klausenhorn 4B
D-78465 Konstanz

Oliver Wibihal
Hans-Böckler-Str. 2
D-65199 Wiesbaden

Fördernde Mitglieder

Colonel E. Bearby Wilson
Director of the Royal Stables
P.O.Box 240
UAE-Abu Dhabi / Arabian Gulf
United Arab Emirates

Peter H Windrath
Via Eletta 6
I-30020 Bibione
Italia

Anna Winter
Voigtstr. 16a
D-30826 Garbsen

K.L.A. Wolters-Marres
Maastrichersteenweg 145
B-3779 Vroenhoven
Belgien

Dr. Ibrahim Zaghloul
El Zahraa Arab Horse Stud
Egyptian Agricultural
Organisation
P.O.Box 63
ET-Cairo / Egypt

PHARAOH'S HORSES

To Richard Nicholson Esq.re of Clifton near York, this Engraving from the Original Picture, is by permission respectfully Dedicated, by his obliged Servant, James Gilbert

Gründe für die Gründung des Asil Clubs

Originalaraber / Araberrennen
Asil – Asil Ägyptisch

Why we founded the Asil Club

Original Arabians / Arabian Races
Asil · Asil Egyptian

WHY WE FOUNDED THE ASIL CLUB

As polite people, we have limited our previous documentations to a portrayal of the virtues of Asil Arabians, that is, we have decided not to mention the foreign blood of the Polish Arabian and avoided a clear statement to the effect that approx. 98 % of the horses recognized by the WAHO (World Arabian Horse Organization) have Polish or other foreign blood. The latter therefore do not fulfil the requirements which we, like the Bedouins before us and, until recently, the breeders of pure-bred Arabians themselves, demand of the pedigree of these horses: all generations of ancestors must originate from the Bedouin breed of the Arabian peninsula (see the definition of the Asil Club e.V. p. 684). We have omitted to mention that the remaining approx. 2 % of authentic pure-bred Arabians were threatening to die out and that it was this dramatic situation which prompted us to found the Asil Club. As, in international usage, the term "pure-bred" has been retained for all pure-bred Arabian horses, we have chosen the Arabian term *"asil"* in order to distinguish the remaining group of authentic pure-bred Arabians from the others. The task of portraying the real reasons was left to the publications by Guttman/Klynstra[1] and Klynstra[2] as well as Schiele, Uppenborn and to the articles and lectures by the Chairman[3] and, last but not least, to those by the president of the WAHO himself. (In order to firmly ensure the admission of further short-listed horses, the respected *J. Stream* had, at the WAHO conference in Cairo in November 1992, confronted the meeting of delegates with the remark that horses of doubtful pedigree (i.e. with alien blood) could be found in the national stud books of any of the delegations present – and just about all were there.)

The statements we made in the publications ASIL ARABER / ASIL ARABIANS I–III were easy to grasp for experts in the field as well as for many of our Arabian friends. However, in spite of our annual trips to the Arabian peninsula and our constant contact with the Equestrian Clubs there, one thing did not fail to happen: Individual breeders imported non-asil Arabian horses, believing that a pure-bred Arabian would then automatically be asil. Quite a number of people who put their faith in the documents containing the detailed pedigrees for pure-bred Arabians, issued by the national stud book in question and approved in turn by the WAHO, were not successful in their attempts to be admitted with their horses into the Asil Club. Understandably, those concerned are not withholding of their criticism.

[1] Guttmann, U. – F. B. Klynstra, The Lineage of the Polish Arabian Horses – Die Abstammung der polnischen Araber. Marbach/Lauter 1968.

[2] Klynstra, F. B., Arabische Paarden. Den Haag 1974. Wüstenadel. Hildesheim 1978. Nobility of the Desert. Hildesheim 1990. Il Cavallo Arabo. Milano 1990.

[3] S. other lectures, s. Bibliography p. 917.

GRÜNDE FÜR DIE GRÜNDUNG DES ASIL CLUBS

Wir sind höfliche Menschen, und so haben wir uns damit begnügt, in unseren bisherigen Dokumentationen die Vorzüge der asilen Araber herauszustellen, d.h. wir haben darauf verzichtet, die Fremdblutanteile beim polnischen Araber zu erwähnen. Wir haben darauf verzichtet, klar zu sagen: ca. 98% der von der WAHO (World Arabian Horse Organization) anerkannten Pferde führen diese polnischen oder andere Fremdblutanteile. Sie erfüllen damit nicht die Bedingungen, die wir, wie früher die Beduinen und bis vor kurzem alle Vollblutaraberzüchter selbst, an die Abstammung eines Vollblutarabers geknüpft haben: sie müssen in allen Vorfahrengenerationen auf die Beduinenzucht der arabischen Halbinsel zurückgehen (vgl. die Definiton des Asil Clubs e.V. S. 685). Wir haben nicht eigens betont, daß der völlige Untergang der restlichen ca. 2% der authentischen Vollblutaraber drohte, und daß diese dramatische Situation der Anlaß für die Gründung des Asil Clubs war. Da international der Begriff *Vollblutaraber* bzw. *pure bred* für alle Vollblutaraberpferde beibehalten wurde, haben wir zur Unterscheidung den arabischen Terminus *„asil“* gewählt, um so die verbliebene Gruppe der authentischen Vollblutaraber kenntlich zu machen. Die wahren Gründe zu schildern, diesen Part hatten wir den Publikationen von Guttmann/Klynstra[1], von Klynstra[2] sowie Schiele, Uppenborn und den Artikeln und Vorträgen des Vorsitzenden[3] überlassen, nicht zuletzt auch dem Präsidenten der WAHO selbst. (Um die Aufnahme von weiteren Pferden, die zur Diskussion standen, durchzusetzten, hatte der verdienstvolle *Jay Stream* zuletzt auf der WAHO-Konferenz im November 1992 in Kairo die Versammlung der Delegierten konfrontiert mit dem Hinweis: er könne in jedem nationalen Stutbuch der anwesenden Delegationen – und es waren so gut wie alle anwesend – Pferde mit zweifelhaften Abstammungen (sprich: Fremdblutanteilen) nachweisen. Er wiederholte, jedem Stutbuch, es gab keinen Widerspruch. Ich wiederhole: keinen Widerspruch.

Zwar waren für Kenner der Szene unsere Aussagen in den Dokumentationen ASIL ARABER/ASIL ARABIANS I-III verständlich, auch für viele unserer arabischen Freunde. Aber trotz unserer jährlichen Reisen auf die arabische Halbinsel und trotz des ständigen Kontaktes mit den dortigen Equestrian Clubs blieb eines nicht aus: es wurden auch von einzelnen Züchtern nichtasile Araberpferde importiert in der Überzeugung, ein Vollblutaraber müsse zwangsläufig asil sein. Im Vertrauen auf die Dokumente mit den ausführlichen Pedigrees für Vollblutaraber, ausgestellt vom jeweiligen nationalen Stutbuch und dieses wie-

[1] Guttmann, U. – F. B. Klynstra, The Lineage of the Polish Arabian Horses – Die Abstammung der polnischen Araber. Marbach/Lauter 1968.

[2] Klynstra, F. B., Arabische Paarden. Den Haag 1974. Wüstenadel. Hildesheim 1978. Nobility of the Desert. Hildesheim 1990. Il Cavallo Arabo. Milano 1990.

[3] s. die einzelnen Vorträge, verzeichnet in der Bibliographie S. 917.

Why we founded the Asil Club

Our Arabian friends translate the word "pure-bred" as "asil", and, not surprisingly, they are shocked at the fact that a pure-bred Arabian is not automatically recognized by the Asil Club as an Asil Arabian. Our experience has been that, on race courses or at horse shows in the Gulf states, pure-bred Arabians are presented in good faith as al-ḫail al-'arabía al-aṣīla, i.e. as Asil Arabians. Those suffering from this arrangement include a growing number of Arabian personalities who years ago acquired our documentation ASIL ARABIANS, occasionally even in large numbers, for themselves and their friends. The allegations to which we are exposed, and which we now take very seriously, culminate in the question as to why we have not clearly stated the original motive behind our activities in our documentation, considered to be the "finest stud book of all time".
After all, the critics say, we have quoted so many significant ethnologists and experts on the subject of horses in general and Arabians in particular and have illustrated and characterized the whole range of virtues shown by Arabian horses. They appear to have understood that these virtues are mainly to be found in Asil Arabians; but that Asil Arabians are to the pure-bred Arabians of other blood lines as flawless diamonds are to those with inclusions (Abdullah Al Bassam) is a fact which, in their opinion, we have neglected to mention. Why did we fail to give the main point of all, which is that Asil Arabians are rare in the "ocean of mixed blood" (Wenzler), the attention it deserves by means of a discussion and the appropriate quotations? Thus, they say, the report by *Erika Schiele* is the best possible proof of the fact that in the opposite case, i.e. if the asil pure-bred Arabians formed the majority and the Polish Arabians were a clear minority, the latter would have been flatly refused the status of pure-bred Arabian:

"Upon subsequent investigation, the responsible gentlemen of the German Arabian Association discovered a small flaw in Nigra-Zscheiplitz's pedigree, namely seven generations back through her sire, Mazud. With great courage and laudable correctness, they eliminated the mare and all of her descendents from the pure-bred Arabian registery, and declared them to be of Arabian, though not pure-bred, blood. However admirable such a procedure may seem, it is regrettable that the gentlemen did not extend their worthwile investigations to other Arabians, Nigra-Zscheiplitz would not have been alone in her expulsion from paradise, but would have galloped across the threshold among a stately herd."
E. Schiele (in: Araber in Europa, 1967)

After all, our critics say, even one of the most outstanding European horse experts, Landstallmeister and author of the standard work "Pferdezucht und Pferdehaltung", has said the following: *"These pedigrees prove without a shadow of a doubt that it is on no account possible here to speak of an Arabian breed in the true sense of the word, and that, at present, neither original Arabians*

derum akzeptiert von der WAHO, sind nicht wenige in der Absicht, mit ihren Pferden im Asil Club aufgenommen zu werden, gescheitert. Die Betroffenen sind bitter enttäuscht und sparen nicht mit ihrer Kritik.

Unsere arabischen Freunde übersetzen die Worte pure bred bzw. Vollblutaraber mit *asil,* und sie sind verständlicherweise darüber entsetzt, daß ein Vollblutaraber nicht auch gleichzeitig ein vom Asil Club anerkannter Asil Araber ist. Wir haben es erlebt, daß in den Golfstaaten auf der Rennbahn oder auf den Schauveranstaltungen offiziell sogenannte Vollblutaraber im guten Glauben vorgestellt werden als al-ḫail al-ʿarabīa al-aṣīla, also als Asil Araber. Unter den Leidtragenden befinden sich vermehrt auch arabische Persönlichkeiten, die schon vor Jahren unsere Dokumentation ASIL ARABER gelegentlich sogar in einer größeren Zahl für sich und ihren Freundeskreis erworben hatten.

Die Vorwürfe, denen wir nunmehr ausgesetzt sind und die wir uns jetzt sehr zu Herzen nehmen, gipfeln in der Frage, warum wir denn in unserer Dokumentation, dem als „schönsten Stutbuch aller Zeiten" apostrophierten Werk, nicht auch eindeutig den ursprünglichen Anlaß für unsere Aktivitäten geschildert haben. Schließlich hätten wir so viele bedeutende Hippologen, Araberexperten und Ethnologen zitiert, die ganze Palette der Vorzüge illustriert und verdeutlicht, nicht zuletzt durch die überzeugende Arbeit von Prof. Dr. D. F. Bakels, Der Asil Araber im Lichte neuer genetischer Erkenntnisse, Hildesheim 1980. Daß diese Vorzüge in erster Linie beim Asil Araber zu finden sind, habe man durchaus begriffen. Daß sich aber diese Asil Araber unterscheiden von den Vollblutarabern anderer Blutlinien „wie lupenreine Diamanten gegenüber solchen mit Einschlüssen" (Abdullah Al-Bassam), hätten wir unterschlagen.

Warum hätten wir denn die Hauptsache – daß Asil Araber in dem „Meer der Mischblütigkeit" (Wenzler) selten sind – nicht auch durch entsprechende Darlegungen und Zitate angemessen herausgestellt?

So sei der Bericht von *Erika Schiele* der beste Beweis dafür, daß im umgekehrten Falle – die asilen Vollblutaraber in der Mehrzahl und die polnischen in der Minderzahl – letzteren der Status eines Vollblutarabers mit eherner Konsequenz aberkannt worden wäre:
„Maßgebliche Herren des deutschen Araberverbandes entdeckten bei späteren Nachforschungen einen kleinen Webfehler in dem Stammbaum der Nigra-Zscheiplitz, und zwar sieben Generationen zurück über ihren Vater Mazud. Mit großem Mut und anerkennenswerter Korrektheit veranlaßten sie, daß die Stute mit allen ihren Nachkommen aus dem Register für arabisches Vollblut gestrichen und als Araberrasse erklärt wurde. So bewundernswert ein solches Vorgehen ist, so bedauerlich ist es, daß die Herren ihre wertvollen Untersuchungen nicht auf andere Vollblutaraber ausgedehnt haben. Dann wäre Nigra-Zscheiplitz nicht so einsam bei der Vertreibung aus dem Paradies gewesen, sondern in einer stattlichen Schar über seine Schwelle galoppiert." E. Schiele (in: Araber in Europa, 1967)

Carle Vernet. O. T. (Über die Weide). Lithographie

nor European pure-bred stallions are being used in Poland. The breeders there use their own blood base only." Landstallmeister Dr. W. Uppenborn (in: Equipe 1970)

Finally, the charge was given an altogether more blunt expression by journalists, for example in GEO:
"As it turned out, Skowronek was not a pure-bred Arabian at all, but nothing but a half-blood from four different breeds with an Arabian part. The Potockis had claimed pure breeding although they knew better.

Descendants of breeds from the most excellent of the pure bred desert Arabians, to be found in America since the 18th century, were then crossed with this half-blood material.
If it wasn't for Skowronek and the other ..... Arabians from the East, which were smuggled into the ranks of the Asil Arabians, there would be more of them."* W. Schraps. (in: GEO No. 4, 1982)

* Not quoted in its entirety here for reasons of civility

Carle Vernet. O. T. (Kämpfende Araberpferde). Lithographie

Selbst einer der herausragenden europäischen Hippologen, Autor des Standardwerks „Pferdezucht und Pferdehaltung“ und Landstallmeister seines Zeichens, habe sich schließlich wie folgt geäußert:

„Diese Ahnentafeln beweisen eindeutig, daß man hier keineswegs mit Recht von einer arabischen Zucht im wahrsten Sinne des Wortes sprechen kann und daß gegenwärtig weder Original-Araber noch europäische Reinbluthengste in Polen verwendet werden. Es wird vollständig auf eigener Blutbasis gezüchtet.“
Landstallmeister Dr. W. Uppenborn (in: Equipe 1970)

Drastisch hätten es schließlich Journalisten formuliert, so in der Ausgabe von GEO:

„Wie es sich herausstellte, war der Skowronek überhaupt kein reiner Araber, sondern nichts als ein Halbblut aus vier verschiedenen Pferdeschlägen mit arabischem Anteil. Die Potockis hatten Reinrassigkeit wider besseres Wissen vorgetäuscht. Mit diesem Halbblut-Material wurden nun Nachkommen von Zuchten aus den hervorragendsten reinrassigen Wüsten-Arabern gekreuzt, die seit dem 18. Jahrhundert in Amerika existierten.
Ohne den Skowronek und die anderen östlichen ..... araber – die heimtückisch in die Reihen der Asilen eingeschleust wurden, und verdarben wie Wasser den Wein – gäbe es mehr von ihnen.“* W. Schraps, (in: GEO Nr. 4, 1982)

* wird aus Gründen der Höflichkeit hier nicht vollständig zitiert.

Carle Vernet. O. T. (Araberpferde mit Hund). Lithographie

In 1964, the president of the French breeders of Arabian horses uttered the following warning:

"It is absolutely essential and of the greatest importance to save what remains of the true purebred Arabian. We must not let one of Creation's most beautiful works become endangered or even disappear ... I hope that friends and admirers of the authentic Arabian will unite and immediately take in hand the admirable but difficult task of saving the Arabian horse at any price. I beg them to do so, for tomorrow ... tomorrow it will be too late..." R. Mauvy (in: Le cheval de pur sang arabe, 1964)

We would like to apologize if we have failed to do justice to the whole range of arguments involved here. We promise to better ourselves and begin by quoting the biologist Dr. F. B. Klynstra in the most important passages of his book "Wüstenadel", „Nobility of the Desert", "Il Cavallo Arabo", "Arabische Paarden", published in four languages, and, finally, Landstallmeister H. Fellgiebel:

Carle Vernet. O. T. (Galoppierende Araberpferde). Lithographie

Schon 1964 habe der Präsident der Araberzüchter Frankreichs gewarnt: *„Man soll unbedingt alles retten, was noch übrig ist an Reinblutarabern. Es sollte ausgeschlossen sein, eine der schönsten Schöpfungen Gottes verludern oder gar verschwinden zu lassen ... Mögen die Freunde und die Bewunderer des Reinblutes sich einigen und diese bewundernswerte aber harte Aufgabe in die Hand nehmen: um jeden Preis das arabische Pferd zu retten. Ich bitte inständig darum, denn morgen ... morgen ist es zu spät!“* R. Mauvy (in: Le cheval de pur sang arabe, 1964)

Wir bitten um Nachsicht, daß wir die Palette der Argumente nicht im vollen Umfang zur Geltung gebracht hatten. Wenn wir jetzt Besserung geloben, so beginnen wir damit, daß wir den Biologen, Dr. F.B. Klynstra in den entscheidenden Passagen seiner in vier Sprachen erschienenen Ausgabe von „Wüstenadel“, „Nobility fo the Desert“, „Il Cavallo Arabo“, „Arabische Paarden“ zu Wort kommen lassen und anschließend den Landstallmeister H. Fellgiebel:

"Polish Arabian horse breeding before 1930 is the perfect example of such a situation. In *The Lineage of the Polish Arabian Horse,* the authors *Guttman* and *Klynstra* analyse Polish 'purebreds' bloodlines back to the 12th generation. During the first decades of the 19th century, this strain was produced from native Polish horses and a considerable percentage of Arabian blood. Aside from these two breeds, the pedigrees from this period also include English Thoroughbred, Turkoman, and Persian horses, as well as many of unknown origin. Although many Arabian desert-breds were used for breeding, the fact remains that many part-bred Arabians and part-bred Anglo-Arabs were crossed with each other in this 'pure' breeding. Thorough study of the pedigrees published in the above mentioned book should convince any skeptic.

The famous "purebred" Arabian stallion Dardziling (1903) is a fine example of how "purebred" Arabians were being produced at that time in Poland. This stallion had some 90 % ascertainable Arabian blood. Other "purebred" Arabians from that period with, lesser percentage of ascertainable Arabian blood are known, such as Arabella (1898), granddam of Adamas (1930) and of Arabeska (1931). Only 37½ % of this mare's blood was actually traceable as being Arabian (see *Guttman & Klynstra,* 1968, pedigree # 3). On the other hand, some Polish Arabians were truly asil, i.e., of 100 % traceable Arabian blood, but they were the exceptions and unfortunately can no longer be found today. A closer look at Dardziling, again, gives us the following information. His four grandparents were:

Achmed Ejub (1881)
Delia (1884)
Antar (D.B.)
Dulcinea (1894)

Of these four ancestors, only Antar is an original, desert-bred Arabian. The other three must be considered as part-bred Anglo-Arabs.

Looking at Achmed Ejub's 16 great-grandparents behind these three grandparents, we see that

Achmed Ejub's ancestory includes:
2 part-bred Anglo-Arabs; and,
1 half-bred Arab;
Delia's ancestory includes:
4 part-bred Anglo-Arabs; and,
4 half-bred Arabians;
Dulcinea's ancestory includes:
3 part-bred Anglo-Arabs; and,
3 half-bred Arabians.

Crossing these various part-breds with each other occasioned widely varying breeding results. The get included horses of extreme Arabian type as well as

„Bezeichnend für solche Vorgänge dürfte die polnische Araberzucht vor 1930 sein. In dem Buch *The Lineage of the polish Arabian Horses/Die Abstammung des polnischen Arabers* von *Guttmann* und *Klynstra* werden die Blutlinien der polnischen Vollblutaraberpferde analysiert bis zur zwölften Generation. Während der ersten Jahrzehnte des 19. Jahrhunderts wurde dieser Stamm aus polnischen Landpferden und starken arabischen Blutanteilen gezüchtet. Außer diesen beiden Rassen finden wir in den Stammbäumen aus dieser Periode auch Englisches Vollblut, Turkmenen und Perser und viele Pferde unbekannter Herkunft. Obwohl viele arabische Wüstenpferde in der Zucht eingesetzt wurden, bleibt die Tatsache, daß in dieser „Vollblutzucht" häufig Halbblut-Araber und Halbblut-Angloaraber miteinander gekreuzt wurden. Für Zweifler wird das genaue Studium der Pedigrees empfohlen, die in dem oben genannten Werk veröffentlicht sind.

Der bekannte „Vollblut"-Araberhengst Dardziling (1903) ist ein schönes Beispiel dafür, wie damals in Polen „Vollblutaraber" gezüchtet wurden. Dieser Hengst führte etwa 90 % nachweisbares arabisches Blut. Es sind aus dieser Periode auch polnische „Vollblutaraber" bekannt, die weit weniger nachweisbares arabisches Blut hatten, wie z. B. Arabella (1898), die Großmutter von Adamas (1930) und von Arabeska (1931). Bei dieser Stute war nur 37½ % nachweisbares arabisches Blut vorhanden (siehe *Guttmann* und *Klynstra,* 1968, pedigree 3). Andererseits gab es auch polnische Vollblutaraber, die asil waren, also 100 % nachweisbares arabisches Blut führten, aber das waren Ausnahmen, und heute sind sie leider nicht mehr festzustellen. Kommen wir zurück auf Dardziling. Seine vier Großeltern waren:

Achmed Ejub (1881)
Delia (1884)
Antar Or. Ar.
Dulcinea (1894)

Von diesen vier Vorfahren ist Antar ein originaler Wüstenaraber, aber die drei übrigen können wir nur als Halbblut-Angloaraber bezeichnen.

Sehen wir uns die 16 Urgroßeltern von jedem dieser drei Großeltern des Dardziling an:

Unter den 16 Urgroßeltern finden wir bei
Achmed Ejub (1881)
2 Halbblut-Angloaraber und
1 arabisches Halbblut
Delia
4 Halbblut-Angloaraber
4 Halbblut-Araber
Dulcinea
3 Halbblut-Angloaraber
3 Halbblut-Araber

many throwbacks to the non-Arabian ancestors. These crossbreds, however, were not eliminated in the Polish environment; the desert horse population was not automatically purified of foreign blood. Also lacking was any consistent re-breeding to desert Arabians to displace the throwbacks. Quite the contrary – part-breds were even bred to part-breds.

Measurements of 88 Polish Arabians foaled between 1899 and 1929 definitely show the part-bred characteristics of these "purebred" Arabians. The height, girth, and bone were used to calculate a caliber index illustrating the ratio of trunk and bone to height. The following table gives the statistics for purebred Arabians from various countries, as well as for other breeds and races:

Caliber Index for Asil and Purebred Arabians (Ar) and Other Breeds and Races

Asil Arabians (Arabia Deserta and Egypt)	130
France (Ar)	137
Romania (Ar)	138
Germany (Ar)	140
English Thoroughbred	140
Hungary (Ar)	141
Bulgaria (Ar)	142
Spain (Ar)	144
Great Britain (Ar)	144
Soviet Union (Ar)	146
Poland, 1936–1956 (Ar)	148
Half-Bred Arabian	150
Poland, 1899–1929 (Ar)	152
Trakehner	154
Lippizzaner	159
Polish Konik	160

This table clearly shows that, according to the caliber index, Polish 'purebred' Arabians foaled between 1899 and 1929 resemble the part-bred Arabian, and also that those foaled between 1936 and 1956 are not essentially different. The foreign blood's influence is even outwardly visible, and far from eliminated.

Around 1930, 3 desert-bred stallions: Koheilan Haifi D.B., Koheilan Afas D.B., and Koheilan Kruszan D.B.; as well as French asil Arabian stallions such as Nemer and Khartoum (both sons of El Sbaa, D.B.) were stood at stud. Polish breeders' expert selection of breeding stock partially succeeded in recapturing the Arabian type. As the table above shows, the caliber index was reduced from 152 to 148 within 20 years, i.e., between 1936 and 1956. Compared to the asil desert and Egyptian Arabian's scores, it is still too high, but this could be due in part to their soil type (*Seydel,* 1933, p. 75; *Bilke,* 1976, p. 81). The use of asil Arabian stallions led to other positive results which do not appear in the caliber index. For instance, the average trunk length was shortened from 57.3 inches

Dieses Kreuzen verschiedener Halbblüter untereinander hatte eine große Variabilität in den Zuchtresultaten zur Folge. Außer Pferden mit ausgesprochen arabischem Typus befanden sich unter den Nachkommen auch viele Rückschläge auf ihre nicht-arabischen Ahnen. Diese Kreuzungsprodukte aber werden hier in der polnischen Umwelt nicht eliminiert. Hier wird die Wüstenpferdpopulation nicht automatisch von Fremdblut gereinigt. Auch fehlte hier eine konsequente Verdrängungskreuzung durch Wüstenaraber. Nein, im Gegenteil, man kreuzte Halbblut mit Halbblut.

Messungen an 88 polnischen Arabern, die Jahrgänge 1899 – 1929, zeigen deutlich den Halbblutcharakter dieser „Vollblut"-Araber. Stockmaß, Brustumfang und Röhrbeinumfang benutzen wir für die Berechnung eines Kaliberindex, der die Rumpf- und Fundamentstärke in ihrem Verhältnis zur Widerristhöhe erfaßt. In der Tabelle sind diese Werte für die Vollblutaraber der verschiedenen Länder sowie für andere Rassen und Schläge wiedergegeben.

Tabelle:
Kaliberindex für Asil-, Vollblutaraber (Ar) und andere Rassen und Schläge

Asilaraber (Arabia Deserta und Ägypten)	130
Frankreich (Ar)	137
Rumänien (Ar)	138
Deutschland (Ar)	140
Englisches Vollblut	140
Ungarn (Ar)	141
Bulgarien (Ar)	142
Spanien (Ar)	144
Großbritannien (Ar)	144
Sowjetunion (Ar)	146
Polen, 1936–1956 (Ar)	148
Arabisches Halbblut	150
Polen, 1899–1929 (Ar)	152
Trakehner Warmblut	154
Lippizzaner	159
Polnischer Konik	160

Aus dieser Tabelle geht klar hervor, daß die polnischen Vollblutaraber der Jahrgänge 1899–1929 nach dem Kaliberindex dem arabischen Halbblut gleichen und daß auch die Jahrgänge 1936–1956 sich noch nicht wesentlich davon unterscheiden. Der genetische Einfluß des Fremdblutes ist also noch immer auch äußerlich erkennbar und nicht schon längst ausgemerzt.

Um 1930 wurden drei Wüstenhengste Koheilan Haifa Or. Ar., Koheilan Afas Or. Ar. und Koheilan Kruszan Or. Ar., aber auch französische Asilhengste wie z.B. Nemer und Khartoum, beide Söhne von El Sbaa Or. Ar., in der Zucht eingesetzt. Durch sachverständige Auswahl der Zuchttiere gelang es den polnischen Züchtern einigermaßen, den arabischen Typus wieder zurückzuzüchten.

(1899–1929) to 56.5 inches (1936–1956), and the girth increased over the same period from 66.3 inches to 68.6 inches. These data regarding Polish Arabians conclusively prove the great value of pure blood for Arabian breeders. The environmental culling which protected the Shetland pony on its islands, the Huzule in the Carpathians, and the Arabian in the desert against the long term influence of foreign blood is totally lacking in western Europe's moderate climate. Centralized governmental breeding programs such as are carried out in Poland can restrict the damage done by cross-breeding to foreign blood, by expert use of asil blood. However, this task is not simple in most other countries with their many small, private breeders. What breeder, for instance will withdraw his broodmare from breeding because of some defect in type? Practically every executive committee of Arabian breed associations was therefore fully convinced that purebred Arabians must be of the purest bloodlines if breeding was to be successful. Hence, when developing their articles and by-laws, the definition of a purebred Arabian horse always required an uninterrupted line to desert-bred ancestors.

The Arab Horse Society of the United Kingdom founded in 1919, states in the *Memorandum and Articles of Association* (1983) that "*The term 'Arab or Arabian horse' shall mean those horses in whose pedigrees there is none than pure Arab blood.*"

The former chairman of the Arab Horse Society, the well-known author Mr. *R. S. Summerhays,* again stressed this definition of a purebred Arabian quite clearly in his book, *The Arab Horse in Great Britain* (1967, p. 55): "... alien blood is unknown; indeed, should it be introduced, the result is that it at once becomes either Anglo-Arab or part-bred Arab."

Based on this definition and Mr. Summerhays' statements, one would expect that no Arabian with any traceable foreign blood would be registered as purebred in the English studbook. The reality of the situation is quite different. When entering horses in the purebred registery, purity of blood was apparently not taken too accurately in England. Right at the start, in 1919, the beautiful and later so famous grey Polish stallion, Skowronek, was registered as purebred in the English studbook, despite the fact that his dam, Jaskolka, had foreign blood in her pedigree, namely:

5 times English Thoroughbred
2 times Turkoman

16 times native Polish mares:	Kobyla (5x)	Woloszka	Szejkowska
	Demianka (2 x)	Milordska	Anielka
	Kwiata (3 x)	Sawicka	Ilniecka

– documented foreign ancestors of Jaskolka dam of Skowronek (see *Guttmann & Klynstra,* 1968, Pedigree II).

Wie aus der Tabelle des Kaliberindex hervorgeht, wurde während der Jahre 1936–1956, also innerhalb von zwanzig Jahren, dieser Kaliberindex von 152 auf 148 zurückgebracht. Im Vergleich mit den Werten für asile Araber aus der Wüste und Ägypten noch immer zu hoch, aber vielleicht könnte das zum Teil schollebedingt sein (*Seydel,* 1933, S. 75; *Bilke,* 1976, S. 81). Die Verwendung von Asilaraberhengsten hatte auch noch Erfolge, die nicht im Kaliberindex verwertet sind. So konnte man feststellen, daß die Rumpflänge durchschnittlich kürzer geworden war, nämlich von 147 cm (1899–1929) auf 145 cm (1936–1956), während der Brustumfang in dieser Periode zunahm von 170 cm auf 176 cm. Diese Daten, den polnischen Araber betreffend, zeigen eindeutig den großen Wert des reinen Blutes für unsere europäische Araberzucht. Die umweltbedingte Auslese, die die Shetlandponies auf den Shetland Inseln, die Huzulen in den Karpaten und die Araber in der Wüste gegen Dauereinflüsse durch Fremdblut schützte, fehlt uns völlig in unserem westeuropäischen gemäßigten Klima. In einer zentral geführten Staatszucht wie in Polen kann man mit Hilfe der asilen Blutführung und viel Sachkenntnis den durch Beimischung fremden Blutes entstandenen Schaden beschränken, aber in den meisten europäischen Ländern mit ihren kleinen Privatgestüten geht das nicht so leicht. Welcher Privatzüchter wird seine Zuchtstute zum Beispiel wegen irgendeines Typmangels aus der Zucht nehmen? Fast jeder Vorstand arabischer Pferdezuchtvereine war deshalb auch voll davon überzeugt, daß die Vollblutaraber reinsten Blutes sein mußten, sollte die Zucht gelingen. Bei der Festlegung der Satzungen wurde in der Definition eines Vollblutarabers die lückenlose Zurückführung auf Wüstenaraber stets gefordert.

The Arab Horse Society, England, gegründet im Jahre 1919, schrieb noch 1979 im Vorwort zum Band X ihres *The Arab Horse Society Stud Book: „Arabian Horses are those in whose pedigrees there is no other than pure Arab blood"*. Das heißt wörtlich übersetzt: *„Arabische Vollblutpferde sind die, in deren Pedigrees es kein anderes als rein arabisches Blut gibt."*

Der ehemalige Präsident von *The Arab Horse Society,* der bekannte Autor Mr. *R. S. Summerhays,* unterstrich diese Definition eines Vollblutarabers noch einmal eindeutig in seinem Buch *„The Arab Horse in Great Britain"* (1967, S. 55) mit dem Worte ... *alein blood is unknown; indeed should it be introduced, the result is that it at once becomes either Anglo-Arab or Part-bred Arab. – (... sie kennt kein Fremdblut; sollte tatsächlich welches eingeführt werden, so ist das Ergebnis schlagartig entweder ein Angloaraber oder ein Halbblutaraber.)*

Man sollte also aufgrund dieser Defintion und der Ausführungen von Herrn Summerhays erwarten, daß in dem englischen Studbook kein Vollblutaraber eingetragen ist mit nachweisbarem Fremdblut. Die Wirklichkeit aber sieht anders aus. Beim Eintragen von Pferden in das Vollblutregister hat man es in England mit der Reinheit des Blutes offensichtlich nicht so genau genommen. Schon zu Anfang, im Jahre 1919, wurde der schöne, später so berühmte polni-

Victor Adam. Chasse aux Autruches. Archiv Olms

After this initial Polish importation, several other imported Arabians with traceable foreign blood arrived. They, too, were registered without further ado as purebred Arabians ...

In Germany, too, foreign blood frequently found its way into the Arabian breed. The stallion mentioned previously, Dardziling, for instance, stood at stud in Weil in 1913. As we have seen, only 89% of his blood was ascertainably Arabian. After World War II, quite a few Polish Arabians with foreign blood were used at stud in Germany. Therefore, in 1967, only a very few German Arabians conformed with the strict statutory rules of the Gesellschaft der Züchter und Freunde des Arabischen Pferdes e.V. (Society of Breeders and Friends of the Arabian Horse): *"In accordance with breeding goals, purebred Arabian horses are those which demonstrably trace back exclusively to desert-bred Arabians. Those horses will be registered which have incontestable proof of such parentage."*

As a logical consequence, Nigra-Zscheiplitz, foundation mare of the Arabian stud farm, Roblingen, was excluded from the AV studbook, together with all her offspring.

Victor Adam. Le roi de Tombouctou. Archiv Olms

sche Schimmelhengst Skowronek als Vollblutaraber im englischen Stutbuch eingetragen, ungeachtet der Tatsache, daß seine Mutter Jaskolka nachweisbares Fremdblut in ihrem Pedigree führte, nämlich:
5mal Englisches Vollblut
2mal Turkmenen

16mal polnische Landstuten:	Kobyla (5mal)	Woloszka	Szejkowska
	Demianka (2mal)	Milordska	Anielka
	Kwiata (3mal)	Sawicka	Ilniecka

– nachweisbar fremde Vorfahren von Jaskolka, Mutter von Skowronek (vergl. *Gutmann* und *Klynstra,* 1968, Pedigree II).

Nach diesem ersten polnischen Import gab es noch mehrere Importaraber mit nachweisbarem Fremdblut. Auch diese wurden ohne weiteres als Vollblutaraber eingetragen ...

Auch in Deutschland hat häufig Fremdblut seinen Weg in die Vollblutaraberzucht gefunden. Der schon erwähnte Hengst Dardziling z. B. stand bereits 1913 in Weil auf Deckstation. Wie wir sahen, führte er nur 89 % nachweisbares arabi-

Why we founded the Asil Club

For 19 years, the Society issued pedigrees for purebred Arabians. After the *Guttmann-Klynstra* book (1968) proved that the registrations for Polish Arabians were not valid, the Society altered the definition of purebred Arabian in September 1968 in such a way that everything could subsequently be legitimized.

It later read: "*In accordance with breeding goals, purebred Arabian horses are those which are recognized as such in their country of origin (country of birth), and are, or were, registered in its studbook for purebred Arabians ...*"

Many more examples could be cited. So it is easy to understand why many horse breeders and experts feared that asil blood was dying out.

Pure blood cannot be preserved if there is no clear distinction between Asil Arabians and Arabians with foreign blood. The first step in the right direction was taken by an American, Mrs. *Jane L. Ott.* She published *The Blue Arabian Horse Catalog* in 2 volumes. Volume I had already appeared in 1961, a work whose significance for the Arabian world cannot be overestimated. This catalogue contains all American Asil Arabians, as well as the asil imports to the USA. Considering that, through ignorance, asil mares were covered by non-asil stallions, by 1956, the number of asil foals in the entire American Arabian breeding stock was down to ten. *Raswan* and J. L. Ott deserve thanks for preserving asil breeding in the USA.

We owe recognition to the *Pyramid Society* of the USA for having bestowed due respect and esteem on the Egyptian Asil Arabians, which had not been at all highly regarded in the Commonwealth and the USA. We must say that the main force behind the new glory of Egyptian asil breeding was General *Tibor von Pettkó-Szandtner.* Now, however, the sale of a great number of essential breeding animals after his time has weakened asil breeding in Egypt. It would be advisable now, as a few decades ago, to bring asilbred performance stallions in from Arabia Deserta and other countries. It is equally advisable to subject horses, or at least the stallions, principally to difficult performance tests such as were previously decisive, but which today are only partially carried out on Egyptian racetracks. If this were done, breeding could not be reproached for having beauty as its only goal. Remember: to breed only for beauty, to pander to aesthetics or even mere head-hunters, does not only risk degeneration – it enforces it. Breeding with just one objective in mind has always been accompanied by the degeneration of the neglected factors. This applies to all breeding, not just horse breeding. This cannot be overemphasized to horse breeders. The Pyramid Society deserves great recognition for having served the cause of Arabia Deserta's Bedouin asil breeding, that region being practically the exclusive source of Egypt's stock. Why asil horses which stem directly from the scource of the Arabia Deserta must first pass through Egypt, however, remains a puzzling inconsistency."

F. B. Klynstra (1978)

sches Blut. Nach dem Zweiten Weltkrieg wurde noch eine Anzahl von fremdblutführenden polnischen Vollblutarabern zur deutschen Zucht verwandt. 1967 entsprachen hierdurch nur noch wenige deutsche Vollblutaraber den strengen statuarischen Anforderungen der *Gesellschaft der Züchter und Freunde des Arabischen Pferdes e.V.: „Vollblutaraber im Sinne des Zuchtziels sind Pferde, welche nachweisbar ausschließlich auf Originalaraber zurückgehen ... Eingetragen werden solche Pferde, welche einen einwandfreien Ahnennachweis besitzen."*

So wurde dann auch folgerichtig Nigra-Zscheiplitz, die Stammstute des Arabergestütes Röblingen, zusammen mit der Nachzucht aus dem AV-Stutbuch ausgeschlossen. Neunzehn Jahre lang stellte die „Gesellschaft" Papiere aus für Vollblutaraber. Nachdem *Guttmann-Klynstra* (1968) mit ihrem Buch den Beweis angetreten hatten, daß die Eintragungen für polnische Araber nicht haltbar waren, wurde im September 1968 von der „Gesellschaft" die Definition für Vollblutaraber so geändert, daß alles nachträglich legitimiert werden konnte.

Später hieß es: *„Vollblutaraber im Sinne des Zuchtzieles sind Pferde, welche im Ursprungsland (Geburtsland) als solche anerkannt und in dessen Stutbuch für Arabisches Vollblut eingetragen sind bzw. waren ...".*

So könnten wir noch viele Beispiele zitieren. Es ist denn auch leicht verständlich, daß es Züchter und Hippologen gab, die Angst hatten, daß das asile Blut aussterben würde. *Mauvy* (1964) schrieb zum Schluß seines Buches (s. S. 704).

Man kann das Reinblut aber nicht erhalten, wenn kein scharfer Unterschied gemacht wird zwischen Asilarabern und fremdblutführenden Vollblutarabern. Die erste Initiative dazu unternahm die Amerikanerin *Frau Jane L. Ott.* Sie verfaßte *The Blue Arabian Horse Catalog* (2 vols.). Band 1 erschien schon 1961, ein Werk, dessen Bedeutung für die Araberwelt nicht hoch genug zu veranschlagen ist. In diesem Katalog sind alle asilen amerikanischen Vollblutaraber, auch die asilen Importe in die USA, aufgeführt. Man bedenke, daß durch Unkenntnis asile Stuten von nichtasilen Hengsten gedeckt wurden und auf diese Weise 1956 ein Tiefstand erreicht war mit nur 10 asilen Fohlen in der gesamten Araberzucht der USA. *Raswan* und *J. L. Ott* ist es zu verdanken, wenn hier grundlegender Wandel geschaffen und die Asilzucht in den USA erhalten werden konnte.

Der *Pyramid Society*, USA, gebührt das Verdienst, den über viele Jahre hinweg besonders im Commonwealth und den USA geringgeschätzten Asil-Araber Ägyptens wieder zu Ansehen und Geltung gebracht zu haben. Jetzt wird ihr vorgehalten, den ägyptischen Asil-Araber aus wirtschaftlichen Überlegungen hochgespielt zu haben, und man verunglimpft das Ganze als eine Modeströmung. Hierzu ist zu sagen: einem General *Tibor von Pettkö-Szandtner* ist es in erster Linie zu verdanken, wenn die Asilzucht Ägyptens zu neuer Höhe emporgeführt worden ist. Zwar hat der Verkauf vielen hochwichtigen Materials seit dieser Zeit die asile Zucht in Ägypten geschwächt. Man ist dort gut beraten,

A. Fritsch. O. T. (Kamelreiter). Archiv Olms

What success Janow would have had if it had begun breeding Arabians immediately when it was founded in 1819. Instead, it first bred with English blood for a whole century.
Originally, Anglo-Arabian half-blood was produced, but more and more the mistake was made to cross in too much English blood.

Carle Vernet. Mameluck en Eclaireur. Aquatinta. Bibliothèque Nationale, Paris

wird man künftig wie bis vor wenigen Jahren wieder Leistungshengste aus der Arabia Deserta heranholen, und ebenso ratsam ist es, die Pferde, zumindest die Hengste, künftig grundsätzlich harten Leistungstests zu unterziehen, wie dies früher sehr entschieden durchgeführt wurde und heute nur noch teilweise auf den Rennbahnen Ägyptens geschieht. So kann der Vorwurf, man züchte nur auf Schönheit, entkräftet werden. Wir erinnern uns: nur auf Schönheit zu züchten, auf die Ästheten oder gar die Kopfjäger als Kaufinteressenten zu zielen, birgt nicht nur die Gefahr der Degeneration, sondern sie erzwingt eine Degeneration.

Nuri Scha'lan, der Fürst der Ruala. Foto: C. R. Raswan

Das Züchten nur auf einen Faktor hat schon immer ein Degenerieren in bezug auf die vernachlässigten Faktoren mit sich gebracht und dies nicht nur in der Pferdezucht. Das kann allen Züchtern nicht genug eingeschärft werden. Der Pyramid Society ist jedenfalls hoch anzurechnen, daß sie der asilen Beduinenzucht der Arabia Deserta, aus der sich Ägyptens Bestände fast ausschließlich zusammensetzen, mit ihren Bestrebungen einen großen Dienst erwiesen hat. Warum nach ihren Vorstellungen aber asile Pferde, die direkt der Quelle, dem Hochzuchtgebiet entstammen, Ägypten durchlaufen haben müssen, bleibt rätselhafte Inkonsequenz.

Frei von solchen Faktoren sind zwei andere Vereinigungen: Der *Asil Club* mit Hauptsitz in Deutschland und *Al Khamsa Inc., USA*. Beide haben sich ohne Umschweife zu dem bekannt, was Hauptziel einer jeden Arabervollblutzucht zu sein hat: *Zum Züchten mit dem reinen Blut, zur Asilzucht.*"

Klynstra (1978)

Welche Erfolge hätte Janow gehabt, wenn es gleich bei seiner Gründung 1819 mit der Araberzucht begonnen hätte. Statt dessen züchtete man erst ein ganzes Jahrhundert mit englischem Blut. Man produzierte ursprünglich angloarabisches Halbblut, verfiel aber immer mehr in den Fehler, zuviel englisches Vollblut einzukreuzen. ...

In der ganzen Zeit bis 1919 wurden nur wenige Araberhengste als Hauptbeschäler benutzt, darunter die Originalaraber Alabadzak, Bagdad Koheilan und Tuissan, welche bald nach der Gründung des Gestüts angekauft wurden. Sie waren importiert von Emir *Rzewuski*. Zur gleichen Zeit fand ein von Baron *Mohrenheim* gekaufter arabischer Fuchshengst Verwendung, der nicht namentlich genannt wird. Ebenso wurde der persische Hengst Ali Szach mit gutem Erfolg zur Zucht benutzt. 1867 kamen drei weitere arabische Hengste nach Janow. Dies waren: Bagdadi ox geb. 1859 in Slavuta, Iskander Pasza ox geb. 1851 in Slavuta und der Weiler Dzelabi ox geb. 1850 ...

Das war aber auch alles, was in den 100 Jahren bis zur Neugestaltung des Gestüts 1919 an Araberhengsten Verwendung fand."

H. Fellgiebel (ca. 1950)

Betroffene Züchter und Autoren, die auf beiden Schultern tragen, wiegeln hier ab mit dem Hinweis: schließlich könnten die einzelnen fremden Pferde, die Klynstra als polnische Landstuten auflistet, auch gewisse arabische Blutanteile führen.
Dazu Klynstra: „*Und wenn sie soviel arabisches Blut führten wie die Englischen Vollblüter, was ändert das? Einige Prozente fremden Blutes weniger ergeben keinen Asil Araber, selbst die Anwendung der Verdrängungskreuzung – und sie gab es in Polen nicht – bringt die Fremdblutanteile nie auf Null. ... Dessen unge-*

Why we founded the Asil Club

All the time until 1919, only few Arabian stallions were used as main covering stallion, including the original Arabians Alabadzak, Bagdad Koheilan and Tuissan, which were bought soon after the founding of the stud. They were imported by Emir Rzewuski. At the same time, an Arabian fox stallion bought by Baron Mohrenheim, and of which we do not know the name, was used. The Persian stallion Ali Szach was also used for breeding, with good results. In 1867, three other Arabian stallions came to Janow. These were: Bagdadi ox, born in Slavuta in 1869, Iskander Pasza ox, born in Slavuta in 1851 and Dzelabi ox, born in 1850.

However, they were the only Arabian stallions which were used in the 100 years until the stud was redesigned in 1919.

H. Fellgiebel (around 1950)

The breeders and authors concerned decline and remark that the individual foreign horses which Klynstra considers to be Polish country mares can themselves be partly of Arabian blood.

Klynstra on this subject: "*And even if they have as much Arabian blood as the English thoroughbred, what difference does it make? A few percent less foreign blood don't make an Asil Arabian, and even the use of repressive crossing – which they didn't have in Poland – would not make it zero ...*
Regardless of this, these lines are guaranteed the status of pure-bred Arabians, and the majority situation in the individual breeding associations such as the WAHO lets no hopes or fears surface that this could change in any way".

Until a short time ago, one of the most important aims of the WAHO constitution was: "to maintain throughout the world the purity of the blood of horses of the Arabian breed", obviously in emulation of the turn of phrase employed in the constitutions of most national stud books. WAHO information now includes the following remark:

"The WAHO has decided to present to the stud books of the world a comprehensive and useful definition of the Arabian horse."

The official definition used by the WAHO now reads: "A purebred Arabian horse is one which appears in any stud book or register listed by the WAHO as acceptable."

We would like to emphasize that credit is due to the national stud books and the WAHO for recording the international Arabian breeds. It is proof of the superior wisdom of the WAHO that it has finally altered the definition of international pure-bred Arabians. However, it would have been more consistent to also replace the term "pure-bred Arab", by whichever term is appropriate, or to at least take charge of the noblest and most important task of breeders of pure-bred Arabians: to mark the stock of authentic, i.e. asil horses and to safeguard

P. J. Mène. Arabische Stute. Bronze. Archiv Olms

achtet ist der Vollblutaraberstatus für diese Linien gewährleistet, und die Mehrheitsverhältnisse in den einzelnen Zuchtverbänden wie in der WAHO lassen keine Hoffnungen oder Befürchtungen aufkommen, daß sich daran je etwas ändern könnte.“

In der WAHO-Satzung lautete eine der wichtigsten Zielsetzungen noch vor kurzem: „weltweit die Reinheit des Blutes der arabischen Pferdezucht zu bewahren“, offensichtlich in Anlehnung an die Formulierungen in den Satzungen der meisten nationalen Stutbücher. Nunmehr heißt es in Mitteilungen der WAHO:
„Die WAHO hat beschlossen, den Stutbüchern der Welt eine verständliche und nützliche Definition des arabischen Pferdes zu bieten“.

Diese offizielle Definition der WAHO lautet jetzt:
„Ein Vollblutaraber ist ein Pferd, das in einem von der WAHO anerkannten Stutbücher bzw. Register enthalten ist.“

Wir betonen: Die nationalen Stutbücher und auch die WAHO haben hohe Verdienste bei der Erfassung der internationalen Araberzuchten. Es beweist die

them in the interests of preservation of the species. The tasks of the Asil Club would then be fulfilled in the principal areas.

"The important thing is that the work (of the Asil Club) is based primarily on breeding aspects pertinent to the breeding of pure-bred Arabians in general. The situation is very simple: to keep together and bring together by means of breeding those pedigrees which have excelled by handing down the original racial type. This breeding substance in the pedigrees of the horses is to be kept in its genetic quality in order to benefit the future breeding of pure-bred Arabians."
Dr. O. Saenger (1989)
From time to time, the asil blood line of a Desert Bred from an earlier decade is contested, thus making the proportion of foreign blood in other pure-bred Arabians seem smaller than it is. Someone who gets onto the wrong track like this insults the Bedouins of Arabia Deserta, with their code of honour and their blood fanatism. This is also an indication of ignorance, for, as described above in the chapter on "Pure breeding, Inbreeding and Resistance to Inbreeding" (see page 28) with reference to the Shetland Ponies of the Shetland Islands and the Huzulen of the Carpathian, the products of crossing have no chance of survival in the region of origin. For the Arabian horse, too, the same process of self-purification took place in Arabia Deserta. The Kadishis, to be found with the Bedouins, were in actual fact asil horses in our sense of the word, but had lost their asil status, for the Bedouins' concept of honour did not allow a horse to be accepted as asil if it had fallen into someone else's hands, for example as a result of a raid, and its descent had remained unknown. An asil mare and her later asil stallion offspring were considered as Kadish once the mare had, successfully or unsuccessfully, been covered by a Kadish stallion. [Kadish = the ordinary, common horse (not asil)]

We would like to stress that the separate blood lines enjoying pure-bred status, the Spanish, Polish and Russian lines etc., are the result of breeding with unknown or non-asil horses and are of great value to us. We would breed with these Arabians if we did not have the Asil Arabians. But these authentic descendants of one of the first pure-bred races in the world exist, and it is our duty to preserve them for posterity in proven quality so that they can again become a link to the breeders of Arabia, the descendants of the Bedouins, the creators of Asil Arabian horses.

überlegene Einsicht der WAHO, daß sie endlich die Definition für die internationalen Vollblutaraber geändert hat. Konsequent wäre es allerdings gewesen, hätte man ebenfalls den Begriff Vollblutaraber/Pure Bred Arab, auf welche Weise auch immer, ersetzt oder hätte man sich zumindest der vornehmsten und wichtigsten Aufgabe der Vollblutaraberzucht angenommen: den Bestand an authentischen, also asilen Pferden zu markieren und im Sinne der Arterhaltung zu sichern. Die Aufgaben des Asil Clubs wären dann in den wichtigsten Bereichen erfüllt gewesen.

„Wesentlich ist, daß in dem Zusammenschluß (des Asil Clubs) primär züchterische Überlegungen der gesamten Vollblutaraberzucht Pate gestanden haben. Die Verhältnisse sind ganz einfach: Solche Abstammungen zusammenzuhalten und züchterisch zusammenzuführen, die sich durch Vererbung des originären Rassetyps besonders ausgezeichnet haben. Diese züchterische Substanz in den Abstammungen der Pferde soll in ihrer genetischen Qualität im Dienste der gesamten Vollblutaraberzucht für die Zukunft erhalten werden.“ Dr. O. Saenger (1989)

Zuweilen wird die asile Blutführung eines Desert Bred früherer Jahrzehnte angezweifelt, um auf diese Weise die Fremdblutanteile anderer Vollblutaraber zu bagatellisieren. Wer sich auf solche Irrwege begibt, beleidigt die Beduinen der Arabia Deserta mit ihrem Ehrenkodex und Blutfanatismus. Es zeugt auch von Unkenntnis, denn wie schon im Kapitel „Reinzucht, Inzucht, Inzuchtresistenz“ (s. S. 29) unter Hinweis auf die Erfahrungen mit den Shetlandponys auf den Shetlandinseln und den Huzulen in den Karpaten geschildert, haben Kreuzungsprodukte unter den harten Umweltbedingungen keine Überlebenschance. Auch beim Araberpferd war der gleiche Prozeß der Selbstreinigung in der Arabia Deserta gegeben. Die Kadishis, die es bei den Beduinen gegeben hat, waren in der Regel nach unseren Begriffen asile Pferde, die aber ihren asilen Status verloren hatten, denn die Ehrauffassung der Beduinen ließ nicht zu, daß ein Pferd als asil akzeptiert wurde, wenn es zum Beispiel durch einen Beutezug in andere Hände geraten und die Abstammung unbekannt geblieben war. Eine asile Stute und ihre spätere Nachzucht von asilen Hengsten galt als Kadish, wenn sie nur einmal mit oder ohne Erfolg von einem Kadishhengst gedeckt worden war. [Kadish = gewöhnlich, mittelmäßig (nicht asil)]

Wir betonen: Die einzelnen Blutlinien, die den AV-Status genießen, die Spanischen, Polnischen, Russischen u. a. sind das Ergebnis der Anpaarung mit unbekannten oder nicht asilen Pferden, sie sind uns lieb und wert. Wir würden mit diesen Kulturarabern züchten, gäbe es die Asilen nicht. Aber es gibt diese authentischen Nachkommen einer der ersten Reinzuchtrassen der Welt, und es ist unsere Pflicht, sie in bewährter Qualität der Nachwelt zu erhalten, damit sie wieder zum Bindeglied werden zu den Züchtern Arabiens, den Nachkommen der Beduinen, den Schöpfern asiler arabischer Pferde.

A. Schreyer. Avant-Poste Arabe. Archiv R. Schmitz

Ad. Schreyer

Original Arabians: The Elite of Asil Arabians in the Original Region

It is an urgent concern to preserve the Asil Arabian for posterity unscathed, but it is of equal importance that this Asil Arabian is again to be found in its region of origin, on the Arabian peninsula, in adequate quantity and quality.

In the Arabian desert, the Bedouins have created the most noble and hardy creature, the Asil Arabian horse. In the past centuries, the expeditions of the Arabians and Egyptians repeatedly took stallions and mares of the utmost nobility to other countries, thus reducing the stocks; but the stocks were also reduced in an especially tragic way by the raids of the Egyptian pashas and their passion for collecting.

The war mare has long disappeared from the life of the Bedouins, and the classical type of the Asil Arabian is rare now. The asil horses to be found there today are marked by a high disposition for achievement, and their type is rarely of such quality that the breeders of other countries are interested in using them to improve their breeds.

The descendants of the Bedouins have rediscovered the asil desert horses as their "national inheritance" (Schraps). They know what treasures they lost before, and they know that the high nobility of the authentic Arabian was their own breeding accomplishment (see "Identity of Type in Old and New Illustrations", p. 279).

However the matter in hand is not the museum-like preservation of a great cultural treasure or the satisfaction of seeing noble Asil Arabian horses in their original environment again, but principally the following: The breeders of pure breeds – or so animal breeding experience shows – constantly, at the latest after three to five generations, require animals from the area of origin. For the breeding of Asil Arabians, we need original Arabians of the classical type. A few 20th-century authors are of a different opinion in the question of the home soil (for example G. Rau and O. Saenger); however, this is contradicted by the majority of statements made by other hippologists and, finally, by the experience of numerous breeders.

Seydel tells us the following:
"For this, the purely oriental breeds (in Europe) have been the object of examination, as they display the influence of the home soil with the most clarity, and it must be quite clear to the European breeders that, in crossing different breeds, they can only get as much out of the genotype of the Arabian as is still in evidence on European soil. We can confirm here that none of these breeds have been able to do without the constant importation of original animals. Thus we can see that, when environmental conditions change, the outer type cannot be preserved completely and permanently.

Originalaraber: die Elite der asilen Araber im Ursprungsgebiet

Wenn es ein hohes Anliegen ist, den Asil Araber unversehrt der Nachwelt zu erhalten, so ist es von gleich großer Bedeutung, daß dieser Asil Araber auch wieder im Ursprungsgebiet, auf der arabischen Halbinsel, in entsprechender Qualität und Zahl zu finden ist.

In der Wüste Arabiens haben die Beduinen das edelste und härteste Geschöpf, das asilarabische Pferd, geschaffen. In den vergangenen Jahrhunderten wurden durch die Expeditionen der Europäer und Ägypter immer wieder edelste Hengste und Stuten in andere Länder verbracht, auf diese Weise wurden die Bestände gemindert, in besonders tragischer Weise aber durch die Sammelleidenschaft und die Raubzüge der ägyptischen Paschas.

Längst ist die Kriegsstute aus dem Leben der Beduinen verschwunden, den Asil Araber im klassischen Typ gibt es auf der arabischen Halbinsel kaum noch. Die asilen Pferde, die heute dort anzutreffen sind, zeichnen sich gewiß durch hohe Leistungsveranlagung aus, selten sind sie so typvoll, daß sie das Interesse der Züchter anderer Länder zur Verbesserung ihrer Zuchten finden.

Die Nachfahren der Beduinen haben die asilen Wüstenpferde als „nationales Erbe“ (Schraps) wiederentdeckt. Sie wissen um die Schätze, die sie seinerzeit verloren haben, sie wissen auch, daß der hohe Adel des authentischen Arabers ihre eigene Zuchtleistung war (s. Kapitel „Identität des edlen Typs in alten und neuen Darstellungen“, S. 278).

Es geht aber nicht um die museale Pflege eines großen Kulturgutes, um die Genugtuung, asile edle Araberpferde in ihrem ursprünglichen Lebensraum wieder anzutreffen, es geht in erster Linie um folgendes: Die Züchter reiner Rassen – so die Erfahrungen in der gesamten Tierzucht – brauchen stets aufs neue, spätestens nach drei bis fünf Generationen, Tiere aus dem Ursprungsgebiet. Für die Asil Araber-Zucht benötigen wir den Originalaraber im klassischen Typ. Es gibt im 20. Jahrhundert einige Autoren, die in der Frage der „Scholle“ anderer Meinung sind (G. Rau und O. Saenger z. B.); aber dagegen steht die Mehrzahl der Aussagen anderer Hippologen und schließlich auch die Erfahrung vieler Züchter.

Wir lesen bei Seydel:
„Es sind hierfür die rein orientalischen Zuchten (in Europa) einer Betrachtung unterzogen worden, da bei ihnen der Einfluß der Scholle am deutlichsten in Erscheinung tritt und die europäischen Züchter sich darüber klar sein müssen, daß sie bei Kreuzungen nur soviel aus dem Genotyp des Arabers werden herausholen können, als dieser in der Reinzucht auf europäischer Scholle noch in Erscheinung tritt. Dabei kann man nun feststellen, daß all diese Zuchten ohne

o. N. Araberpferd. Farblithographie (1880). Archiv Olms

Changes in type .. usually only become obvious from the 4th generation onwards. In addition to the increase in size already mentioned, the changes are as follows: The typical characteristics of the head disappear, the horizontal croup silhouette and the bearing of the tail are no longer as pronounced, the "dryness" and characteristic metallic sheen of the hair suffer changes ... The type cannot be preserved permanently without constant importation of original animals" (Das arabische Vollblut, 1932).

Klynstra makes the following remarks:
"These differences in type were reported by Abbas Pasha as being true for the Egyptian breeding of Arabians. Robert Mauvy, who has had 60 years of breeding experience, describes the influence of French soil on the Arabian breed and comes to the conclusion that this breed has proved to be extremely bound to the soil. Dr. Houtappel also claims that 40 years of breeding experience have convinced him that, in Holland, Arabians cannot be bred for more than three generations without 'cows' being the result. I could also report how, in modern populational genetics, the degree to which breeds are bound to their home soil is of central importance, and that each change in the environment immediately

Grey Stallion Zarif, acquired by Sovereign Pückler from the Ruala Bedouins, mated in Eastern Prussia and later in the King's Stud in Weil. Archiv Olms

ständigen Import von Originaltieren nicht ausgekommen sind. Wir sehen also, daß sich unter veränderten Umweltverhältnissen auf die Dauer der äußere Typ selbst bei Reinzucht nicht ganz bewahren läßt.

Veränderungen des Typs ... zeigen sich merklich in der Regel erst von der 4. Generation ab. Außer der schon erwähnten Zunahme der Größe bestehen sie darin, daß die typischen Merkmale des Kopfes verschwinden, die horizontale Kruppensilhouette und Schweifhaltung nicht mehr so ausgeprägt auftreten, die „Trockenheit" und der eigentümliche Metallglanz des Haares Abänderungen erleiden ... Der Typ läßt sich auf die Dauer nicht erhalten ohne ständigen Import von Originaltieren" (Das arabische Vollblut, 1932).

Klynstra bemerkt:

„Diese Veränderungen im Typ meldete schon Abbas Pasha für die ägyptische Araberzucht. Robert Mauvy mit 60 Jahren Zuchterfahrung beschreibt den Einfluß der französischen Scholle auf die Araberzucht und kommt zu der Schlußfolgerung, daß sie sich als äußerst schollegebunden erwiesen hat. Auch Dr. Houtappel behauptet, 40 Jahre Zuchterfahrung hätten ihn davon überzeugt, daß man in Holland Araber nicht mehr als drei Generationen züchten kann, will man keine ‚Kühe' bekommen. So könnte ich weiter berichten, wie in der modernen Populationsgenetik die Schollegebundenheit der Rassen von zentraler Bedeutung ist und daß jede Änderung in der Umgebung sofort eine, sei es eine winzige, sei es eine größere Änderung im Organismus verursacht. Tier und Umwelt sind eine Einheit" (1976).

Adolph Schreyer. Arabische Kundschafter. Öl auf Leinwand (1870). With courtesy Richard Redding & Colin Stodgell, Fine Art Ltd.

causes a change in the organism, whether a very small change or a larger one. Animal and environment are one" (1976).

Finally, let us quote Bakels:
"Animal breeding is not a sterile mathematical science. The hereditary factors of animals are of the utmost complexity. Even when the factors are identical, each interaction with its environment makes something different of the genes available. The Arabian desert was, and still is, a completely different biotope, i. e. with different climatic conditions. In former times, the high demands of the breeders were added to this" (1991).

Responsible breeders and the chiefs of the large state studs or royal stables now know of the great significance of the Asil Arabian breed in its region of origin for horse breeding in the whole world. Fortunately, the hereditary substance, the basis for the creation of an elite breed, now exists thanks to the activity of the responsible breeders of the Asil Club.

In the interests of international horse breeding as a whole, we expect from the reponsible personalities of the countries of the Arabian peninsula that they urgently set up a new genetic pool, a new leading breed, a mecca for the Arabian horse breeders: an original Arabian of the best type imaginable and with undoubted purity of blood.

W. Georg Olms

Adolph Schreyer. Arabische Reiter. Öl auf Leinwand. Dr. Hintz, Kirchhain

Schließlich sei Bakels zitiert:
„In der Tierzucht haben wir es nicht zu tun mit einer sterilen mathematischen Wissenschaft. Tiere sind in ihren Anlagen äußerst komplex. Selbst bei den gleichen Erbanlagen macht jeder Betrieb mit seiner Umwelt aus dem Erbgut etwas anderes. Die arabische Wüste war und ist ein völlig anderer Biotop, also mit anderem Nährstoffangebot und wesentlich anderen Belastungen durch das Klima. Hinzu kamen früher auch noch die hohen Anforderungen durch seine Züchter" (1991).

Verantwortliche Züchterpersönlichkeiten und die Leiter der großen Staatsgestüte bzw. Royal Stables wissen inzwischen um die hohe Bedeutung der Asilzucht im Ursprungsgebiet für die gesamte Pferdezucht der Welt. Die Substanz, die Grundlage für den Aufbau einer Elitezucht ist heutzutage glücklicherweise dank der Tätigkeit der verantwortlichen Züchter des Asil Clubs vorhanden.

Wir erwarten von den verantwortlichen Persönlichkeiten der Länder der arabischen Halbinsel im Interesse der gesamten internationalen Araberzucht dringend die Schaffung eines neuen Genpools, einer neuen Spitzenzucht, eines Mekka für die arabischen Pferdezüchter: den Originalaraber im denkbar besten Typ und zweifelsfreier Blutführung.

W. Georg Olms

M. SHAKA (Farag OA – Shannah) Z./Breeder: Douglas B. Marshall – B./Owner: Paolo Gucci, Winner of the 3rd race, 6 Furlongs, Los Alamitos USA, Nov. 1990. Winner of the 5th race, 6 Furlongs, Los Alamitos USA, Dec. 1990.

Arabian Races

The short distance is surely not the ideal distance for an Arabian horse. English pure-breds with their high proportion of oriental blood are automatically superior to them and every other breed of horse; after all, for almost two hundred years, they have been bred with only one thing in mind – speed. The Arabian displays its incomparable performance in endurance. Over longer distances, whether 30, 50, 100, 160, 300 km or more, no English pure-bred can compare with it.

If the Arabian is deliberately bred for several generations for use over short distances, it must be feared that changes in type and character will ensue (Uppenborn). This would mean that, sooner or later, we would have an Arabian of the Muniqui type or of the English pure-bred type (see also the Asil Tahawy Arabians). This can and must not be the object of responsible breeding of Arabians.

We welcome the recent surge of interest in Arabian horses on the Arabian peninsula. There, just a short time ago, there was a lamentable decline in camel keeping of any kind; the cleverly promoted camel races radically changed this situation, and it was thus possible to preserve a great tradition. Interest in Arabian horses is now aroused using the same methods, i.e. races of Arabians,

HAMASA MUTADIL (Malik – Hamasa Farida), Z./Breeder: Olms Araber Hamasa Gestüt – B./Owner: Al Safi Stud, 3rd place in the DRAV race at Verden/Aller, 1989. Winner in the DRAV race at Moers, 1989. Winner in the DRAV race at Verden/Aller, 1990. Winner in the DRAV race at Bad Harzburg, 1990. Winner in the DRAV race at Schwanewede, 1990. Winner in the DRAV race at Rastede, 1991. 2nd place in the International Arabian Rrace, Den Haag, 1991.

Araber-Rennen

Die Kurzstrecke ist für das arabische Pferd sicherlich nicht die ideale Distanz. Die Englischen Vollblüter mit ihren hohen orientalischen Blutanteilen sind ihnen und jeder anderen Pferderasse zwangsläufig überlegen, schließlich sind sie seit bald 200 Jahren auf den einen Faktor, die Schnelligkeit, gezüchtet. Der Araber zeigt seine unvergleichliche Leistungsfähigkeit in der Ausdauer. Auf längeren Distanzen, ob nun über 30, 50, 100, 160, 300 km oder mehr, kann es ihm kein Englischer Vollblüter gleichtun.

Wird der Araber gezielt über mehrere Generationen für den Einsatz auf die Kurzstrecke gezüchtet, sind Veränderungen im Typ und im Charakter zu befürchten (Uppenborn). Das würde bedeuten, wir hätten es über kurz oder lang mit dem Araber im Muniqui-Typ bzw. im Typ des Englischen Vollbluts zu tun (siehe auch die asilen Tahawy-Araber). Solches kann und darf aber nicht das Ziel verantwortungsbewußter Araberzucht sein.

Wir begrüßen das neuerwachte Interesse an arabischen Pferden auf der arabischen Halbinsel. Dort war noch vor kurzer Zeit der Niedergang jeglicher Haltung von Kamelen zu beklagen; durch die mit großem Geschick geförderten Kamelrennen wurde ein grundsätzlicher Wandel geschaffen, und so konnte eine

HAMASA GHARBI (Gharib OA – Hamasa Tumaderah), Z./Breeder: Olms Araber Hamasa Gestüt – B./ Owner: Hans-Werner Falk, Winner of the 60 km long-distance ride at Hülsen, 1988, German Champion with a record time of 4 hours, 26 minutes and 26 seconds at the 90 km drivers' championship at Edewecht, 1989. Winner of the 100 km heath long-distance ride Hannover-Hamburg, 1989.

which are effective as regards public relations and media coverage. The commitment of an excellent connoisseur of Arabian horses and of English pure-breds, *H.H. Sheikh Mohammed Bin Rashid al Maktoum,* Dubai, shows just how aware responsible personalities are of the status of the long distance. Accompanied by one of his children, the Sheikh took part in, and won, an endurance test over 40 km of inaccessible desert country of Arabian horses. The big chance we are all waiting for is our own asil breed on the Arabian peninsula with the best breeding material possible. Up to now, the owners of racing horses which they have just acquired as pure-bred Arabians must feel cheated, as the asil status which the ancestors of every Arabian horse required is lacking in a number of cases.

The necessary re-importation of proven asil stocks to the Arabian peninsula is today not demanded for superficial, mercenary reasons; we are talking here of permanent cultural interests and of economical interests, which will not play a role until later and which will be beneficial for all parties. ASIL CLUB – AL KHAMSA – PYRAMID SOCIETY. All breeders of Arabians and of horses in general again require the original Arabian, that is, the authentic, Asil Arabian from region of origin. This contributes to our central object, which is preservation of the species.

W. Georg Olms

HAMASA DURAN (Farag OA – Shar Duda). Z./Breeder: Olms Araber Hamasa Gestüt B./Owner: Karin Wagner. Winner of the Bad Orb long-distance ride over 42 km, 1988. 2nd place in the Dettenhof long-distance ride over 60 km, 1989. 3rd place in the Heßdorf long-distance ride over 60 km, 1989. 4th place in the Mehrstett long-distance ride (condition prize) over 50 km, 1989. Top Ten of the Bedouin Arabians, 1990. Winner in the Spessartperle long-distance ride over 61 km, 1990. Winner in the Rulamanspur long-distance ride over 120 km, 1990. 2nd place in the Bad Orb long-distance ride over 42 km, 1990. 4th place in the Dettenhof long-distance ride over 75 km, 1990.

große Tradition bewahrt werden. Mit den gleichen Mitteln, also über die publikums- und medienwirksamen Araberrennen wird jetzt auch das Interesse an arabischen Pferden geweckt. Wie sehr verantwortungsbewußte Persönlichkeiten aber um den Stellenwert der großen Distanz wissen, zeigt das Engagement eines hervorragenden Kenners des arabischen Pferdes und des Englischen Vollblutes, *H. H. Sheikh Mohammed Bin Rashid al Maktoum,* Dubai, der zusammen mit einem seiner Kinder selbst an einem Härtetest über 40 km durch unwegsames Wüstengelände auf arabischen Pferden teilgenommen und gewonnen hat.

Eine eigene Asilzucht auf der arabischen Halbinsel mit edelstem Zuchtmaterial, verbunden mit solchen Tests, das ist die große Chance, auf die wir alle warten. Noch müssen sich die Besitzer der gerade als Vollblutaraber erworbenen Rennpferde getäuscht fühlen, da der asile Status, den die Vorfahren von jedem arabischen Pferd verlangt haben, in einer Reihe von Fällen nicht gegeben ist.

Der notwendige Reimport an gesicherten asilen Beständen auf die arabische Halbinsel wird heute nicht aus vordergründigen merkantilen Absichten gefordert, es geht um dauerhafte kulturelle, erst in späteren Jahren zum Tragen kommende wirtschaftliche Interessen, die allen Teilen zugute kommen. ASIL CLUB – AL KHAMSA – PYRAMID SOCIETY, alle Araber- und Pferdezüchter der Welt brauchen erneut den Originalaraber, also den authentischen, den asilen Araber aus dem Ursprungsgebiet. Das gehört zu unserer zentralen Zielsetzung der Arterhaltung.

W. Georg Olms

Asil – Asil Egyptian

Again and again the question is raised as to what the difference between Asil and Egyptian actually is. Let the following be said:
The term *Straight Egyptian* is amiably tolerated by the majority of breeders of pure-bred Arabians, but often met with sarcasm: then, they say, there is no difference to *Straight Polish, Straight Russian, Straight Spanish etc.* However, there is one essential difference which is not obvious from the trademark *Straight Egyptian*. The vast majority of Egyptian Arabs is asil, i.e. all prior generations come directly from the Bedouin breeders of the Arabian peninsula. The members of the Asil Club will in future clear up this problem by using the term *Asil Egyptian* or *Asil Egyptian blood line,* in the case of the descendants of asil horses bred in Egypt.

This is also the answer to the question raised above: As regards the descent of asil horses from the Bedouin breed, there is no difference, for all Asil Arabians are descended from the Bedouin breed of the original region, Arabia Deserta, whether they came via Egypt or were brought directly to the West (Davenport, Turfa etc.).

Egyptian Asil Arabians are recorded separately by the *Pyramid Society USA,* Davenport horses by *Dr. Ch. and J. Craver,* Turfa by the Turfa Club and almost all of these horses by *Al Khamsa Inc.*

The glorification of the "Egyptian" at the expense of the great achievement of the Bedouins is hardly legitimate, partly for well-known historical reasons and partly because all Asil Arabians derive from the Bedouin breed. If, therefore, the Arabian peninsula, with some exceptions, was deprived of its incomparable breeds by purchase, theft, looting, war tributes and blackmail, its seems appropriate to emphasize the origins and give credit to the Bedouins, the fathers of the Arabian horse. If we can ever use the term "Straight", it is here, but then in the phrase "Straight Arabian"; preferably, we should use the term "Asil" from the start. And as this noble stock with its unique prepotency deserves additional qualification, we can speak of "Egyptian Asil Arabian", "Asil Arabian of Egyptian blood line", "Asil Arabian accepted by the Pyramid Society" or whatever. But to bring the Egyptian Asil Arabian down to the level of the other "Straights" would be doing it an injustice.

"For the Asil Club, the important thing should be to set the correct goals. This is why it is necessary to clarify the significance of the "pure Egyptian" horse. Here a comparison with the history of literature can be made. We no longer have the original editions of the texts of classical Greek authors such as Hippocrates, Thucydides, Plato and Aristotle, these having been handed down in the form of later transcripts only. The papyri retrieved from the Egyptian desert

Asil – Asil Ägyptisch

Immer wieder wird die Frage gestellt, worin denn nun eigentlich der Unterschied zwischen asil und ägyptisch läge. Hierzu ist festzustellen:
Der Terminus *Rein Ägyptisch* bzw. *Straight Egyptian* wird von der Mehrheit der Vollblutaraberzüchter freundlich geduldet, ja oft mit Häme begrüßt, nach dem Motto: dann gibt es keinen Unterschied zu *Rein Polnisch/Straight Polish, Rein Russisch/Straight Russian, Rein Spanisch/Straight Spanish* etc. Es gibt aber einen wesentlichen Unterschied, und der kommt mit dem Markenzeichen *Rein Ägyptisch* nicht zum Tragen. Die überwiegende Mehrzahl der ägyptischen Araber ist nämlich asil, kommt also in allen Vorfahrengenerationen direkt von der Beduinenzucht der arabischen Halbinsel. Die Mitglieder des Asil Clubs werden darum künftig für Klarstellung sorgen, indem sie formulieren:
Asil Ägyptisch oder *Asil, ägyptischer Blutführung,* soweit es sich um Nachkommen von asilen Pferden handelt, die die Zucht in Ägypten durchlaufen haben.

Dies ist auch gleichzeitig die Antwort auf die oben gestellte Frage: es gibt hinsichtlich der Abkunft von asilen Pferden der Beduinenzucht keinen Unterschied, denn alle asilen Araber gehen auf die Beduinenzucht des Ursprungsgebiets, die Arabia Deserta, zurück, ob sie nun den Weg über Ägypten genommen haben oder direkt in den Westen verbracht wurden (Davenport, Turfa etc.).

Die ägyptischen Asil Araber werden durch die *Pyramid Society* USA gesondert erfaßt, ebenso die Davenport-Pferde durch *Dr. Ch. u. J. Craver,* die Turfa durch den Turfa-Club und fast alle diese Pferde durch die *Al Khamsa Inc.*

Die Verklärung des „Ägyptischen" zu Lasten der großen Leistung der Beduinen ist kaum zu verantworten, zum einen aus den bekannten historischen Gründen, zum anderen da alle Asil Araber auf die Beduinenzucht zurückgehen. Wenn also die arabische Halbinsel, von einigen Ausnahmen abgesehen, durch Kauf, Diebstahl, Plünderung, Kriegstribute und Erpressung um ihre unvergleichlichen Zuchten gebracht wurde, erscheint es angemessen, die Ursprünge herauszustellen und die Väter des arabischen Pferdes, die Beduinen, zu würdigen. Wenn von „Straight" irgendwo gesprochen werden kann, dann hier, aber mit der Bezeichnung „Straight Arabian" oder besser gleich mit „Asil". Und weil dieser edle Bestand mit seiner einzigartigen Durchschlagskraft ein Prädikat wohl verdient hat, kann man durchaus sprechen vom ägyptischen Asil Araber, Asil Araber ägyptischer Blutführung, Asil Araber Pyramid Society accepted – wie auch immer. Aber auf das Nieveau von den anderen „Straights" sollte man den Asil Araber Ägyptens nicht herabstufen, das hat er nicht verdient.

„Es sollte dem Asil Club darum gehen, die richtigen Ziele zu setzen. Deshalb ist auch eine Klärung der Bedeutung des „rein ägyptischen" Pferdes notwendig. Hierzu kann man einen Vergleich mit der Literaturgeschichte heranziehen. Die

A. Carse. Ibrahim Pashas Camp. Archiv Sigg-Gietz

sand have also left us copies of this kind. As valuable as these papyri are for modern research, they remain mere intermediate forms between the original texts and today's reader. Philological research attempts to reconstruct the original texts, whereby the Egyptian papyri are only a means to this end. For the breeders of Asil Arabian horses, too, the "pure Egyptian" is only an intermediary. The actual aim is to recover the Bedouin breed which created the noble Arabian horse." (Prof. Dr. G. Preiser)

The question is whether to thank or to chide the Egyptians. After all, the often disgraceful conditions in which horses were kept in Egypt repeatedly caused many of these superb animals to die, often in a very wretched way. In fact, when the Royal Agricultural Society (RAS) was founded at the beginning of the century, there was a total of only 16 horses, to which other blood lines were added by the return of the Blunt horses from England and by amalgamation with the Inshas stud. Finally, it was possible to create a convincing new basis for a true-to-type Arabian breed from these remaining stocks of the legendary Bedouin horses. What heredity, what prepotency!

A. Fritsch. Ibrahim Pashas Lager. Archiv Olms

Texte der klassischen griechischen Autoren wie Hippokrates, Thukydides, Platon und Aristoteles stehen uns nicht mehr in den Originalausgaben zur Verfügung, vielmehr sind sie uns nur in späteren Abschriften überliefert. Auch die im ägyptischen Wüstensand wiedergefundenen Papyri mit griechischen Texten haben uns solche Abschriften beschert. So wertvoll diese Papyri aber für die heutige Forschung auch sind, sie sind und bleiben doch nur Zwischenstufen zwischen den originalen Texten und dem heutigen Leser. Die philologische Forschung aber sucht die ursprünglichen Texte zu rekonstruieren, wobei die ägyptischen Papyri nur ein Hilfsmittel sind. Auch für den Züchter des asilen arabischen Pferdes ist das „rein ägyptische" nur eine Zwischenstufe. Das tatsächliche Ziel ist es, die Beduinenzucht wiederzugewinnen, die das edle arabische Pferd geschaffen hat." (Prof. Dr. G. Preiser)

Es fragt sich, ob wir den Ägyptern danken oder zürnen müssen. Schließlich sind durch die oft unsäglichen Haltungsbedingungen in Ägypten von den herrlichen Pferden stets aufs neue Hunderte und Aberhunderte eingegangen, oft elendiglich krepiert, so daß bei der Gründung der Royal Agricultural Society (RAS) Anfang des Jahrhunderts nur ganze 16 Pferde zur Verfügung standen, zu denen sich dann durch die Rückführung der Blunt-Pferde aus England und durch den Zusammenschluß mit dem Inshassgestüt weitere Blutlinien gesellten. Aus diesen Restbeständen der sagenumwobenen Beduinenpferde konnte schließlich eine solch überzeugende neue Basis für eine typvolle Araberzucht geschaffen werden. Welch eine Vererbung, welch eine Durchschlagskraft!

Prof. Dr. Dr. Frederik Bakels

Der Asil Araber im Lichte neuer genetischer Erkenntnisse

Kurzfassung des Vortrages,
gehalten am 29. September 1979 vor dem Asil Club

The Asil Arabian in the light of new genetic knowledge

Short version of the lecture
held before the Asil Club on 29 September 1979

The Asil Arabian in the light new genetic knowledge

by Frederik Bakels*

While today's lecture is dedicated entirely to the horse, biological study follows an old tradition of observing several different species of animals comparatively. In the present case, experiences gathered with milk cattle shall help illuminate our topic, the Asil Arabian.

If we speak of the Arabian horse without further qualification, then we are thinking of the noble animal bred by the Bedouins. Thanks to its outstanding constitution this horse has contributed to the upgrading of many other breeds. An outstanding constitution is defined as the hereditary disposition to above-average performance in the course of a long life, without any loss of health or fertility. In the horse, endurance, as required in long-distance riding for example, signifies constitution. For broodmares and stallions constitution also means a long and prolific life. In milk cattle we take the life production of milk as an index of constitution. The average life production of milk cows amounts to 15000 kg of milk. Top quality animals may produce more than 100000 kg during their lives.

In order to comprehend what constitution actually means, one must realize that every organism, including our domestic animals, exhibits a hierarchic order. An example: The mid-brain determines the function of the pituitary gland, while the pituitary gland in turn controls other hormonal glands, such as the adrenal gland cortex. Among its other tasks, the adrenal gland cortex acts upon connective tissue. The hierarchic order in an organism is the exact reflection of the hierarchic order of its genes. The hierarchic order of its genes may be compared to a cone, at the tip of which we find one gene locus of the highest order. Logically then, this top-ranking gene locus is responsible for the basic type of constitution.

Consequently, in the hereditary process, the trait "basic type of constitution" must be transmitted in a manner similar to coat colour. When F_1 animals are used, the crossing of two extremely different constitution-types should show a definite splitting of these types in the offspring. Let us look at an example: Since 1958 the author, as active breeder, has taken part in a cattle breeding program in which constitution is viewed as the basis for all performance capacities. Constitution is judged by a cow's life output of milk. The dams of the foundation bulls showed an average life production of over 100000 kg of milk. These bulls, of American origin, were crossed with German cows in order to suppress specific unwanted features. German cattle needed improvement because the last several decades had witnessed grave mistakes in breeding. Cows, for instance, had been

*) Professor for Genetics of Domestic Animals with the Veterinary Faculty at the University of Munich

The unshortened lecture "The Asil Arabian in the Light of New Genetic Knowledge" by Professor Dr. Dr. F. Bakels has been published together with a technical summary. It appears in both German and English and can be ordered through the Asil Club.

Der Asil Araber im Lichte neuer genetischer Erkenntnisse

von Frederik Bakels*

Diese Ausführungen sind zwar ausschließlich dem Pferd gewidmet, in der Biologie ist es jedoch eine alte Tradition, vergleichende Betrachtungen anhand mehrerer Tierarten anzustellen. Im vorliegenden Falle können Erfahrungen mit dem Milchrind helfen, das angesprochene Thema besser zu durchleuchten.

Wenn hier vom Araber ohne weitere Angaben gesprochen wird, dann ist damit das edle, von den Beduinen gezogene Pferd gemeint. Aufgrund seiner hervorragenden Konstitution hat dieses Pferd zur Veredelung vieler Rassen beigetragen. Eine hervorragende Konstitution beinhaltet die erbliche Anlage für überdurchschnittliche Leistungen während eines langen Lebens, ohne Einbußen an Gesundheit und Fruchtbarkeit. Beim Pferd bedeutet Konstitution die Grundlage für Dauerleistungen, wie sie bei Distanzritten gefordert werden, aber auch für ein langes, fruchtbares Leben der Stuten und Zuchthengste. Bei der Milchkuh ist die Milch-Lebensleistung ein Indikator für die Konstitution. Die mittlere Lebensleistung der Milchkühe liegt bei 15000 kg Milch. Spitzentiere geben über 100000 kg während ihres Lebens.

Für das Verständnis der Konstitution ist es notwendig zu wissen, daß alle Organismen, somit auch die unserer Haustiere, eine hierarchische Ordnung aufweisen. Ein Beispiel: das Zwischenhirn regelt die Funktionen der Hypophyse. Die Hypophyse hat zentrale Gewalt über andere Hormondrüsen, wie z.B. die Nebennierenrinde. Diese wiederum wirkt u.a. mit ihren Hormonen auf das Bindegewebe. Die hierarchische Ordnung in einem Organismus ist ein Spiegelbild der hierarchischen Ordnung der Erbanlagen. Die hierarchische Ordnung der Erbanlagen läßt sich mit einem Kegel vergleichen, in dessen Spitze ein Genort der höchsten Rangordung liegt. Dieser höchste Genort muß logischerweise für den Grundtypus der Konstitution zuständig sein. Daraus folgt: der Grundtypus der Konstitution muß in der Vererbung ein Verhalten zeigen, das an die Vererbung von Haarfarben erinnert. Bei Anpaarung extrem unterschiedlicher Konstitutionstypen müßte, bei Verwendung von F_1-Tieren, eine Aufspaltung der Typen erkennbar sein. Hierzu ein Beispiel: Seit 1958 arbeitet der Verfasser als aktiver Züchter an einem Rinderzuchtprogramm mit, in dem die Konstitution als Basis jeder Nutzleistung berücksichtigt wird. Die Konstitution wird anhand der Milch-Lebensleistung der Kühe beurteilt. Die Mütter der Stammbullen haben eine mittlere Lebensleistung von über 100000 kg Milch. Diese Bullen amerikanischer Herkunft wurden im Sinne einer Verdrängungskreuzung mit deutschen Kühen angepaart. Die deutschen Rinder waren verbes-

*) Professor Dr. agr. Dr. med. vet. Frederik Bakels ist Inhaber des Lehrstuhls für Haustiergenetik der Tierärztlichen Fakultät der Universität München.

Der ungekürzte Vortrag „Der Asil Araber im Lichte neuer genetischer Erkenntnisse“ von Professor Dr. Dr. F. Bakels ist zusammen mit einem wissenschaftlichen Summary in deutsch und englisch erschienen und kann beim Asil Club bestellt werden.

Horace Vernet. Mameluck chargeant l'ennemi. Aquatinta mit Punktierstich (um 1810). Archiv Dr. Thieme.

selected for strong muscle, although the degree of muscle development and the capacity for lactation represent opposing secondary sexual traits. The former may not be increased in females too, without serious consequences. (Other faulty breeding aims had negative effects on the quality of connective tissue.) During the first years of our breeding program, we occasionally mated F_1 bulls with German cows that had problems in fertility. The offspring always exhibited clearly the one or the other basic type of constitution.

We should also remember that alleles with negative influence on constitution are almost always recessive. These traits may be passed on unrecognized for any number of generations. At some point, however, two identical negative recessive alleles will meet, and the resulting individual will exhibit phenotypical damage. Thus we cannot afford to make compromises with regard to constitution.

Unfortunately, in cattle breeding the world over, the show created a situation in which good constitution was sacrificed for the benefit of appereance. Breeding aims shifted from inner worth to exterior looks, and many breeding stocks suffered serious damage to the performance traits of milk production, fertility, resistance, and longevity.

Otto Fikentscher. Arabische Stuten des Königs von Württemberg in Scharnhausen. Stich. Archiv Olms

serungsbedürftig, weil in den vergangenen Jahrzehnten schwerwiegende Fehler bei der Züchtung gemacht worden waren. Zum Beispiel war auf eine starke Bemuskelung der Kühe selektiert worden. Der Ausbildungsgrad der Muskulatur und die Fähigkeit zur Laktation sind sekundäre, einander entgegengesetzte Geschlechtsmerkmale, die nicht ungestraft beim weiblichen Geschlecht gleichzeitig gesteigert werden können. Andere Fehler des Zuchtziels wirkten negativ auf die Qualität des Bindegewebes. In den ersten Jahren unseres Zuchtprogramms wurden gelegentlich F_1-Bullen mit deutschen Kühen, die Fruchtbarkeitsprobleme hatten, angepaart. Die Nachzucht stand dann immer deutlich in dem einen oder anderen Grundtypus der Konstitution.

Weiterhin ist zu bedenken, daß Erbanlagen, welche die Konstitution negativ beeinflussen, praktisch immer rezessiv sind. Rezessive Anlagen können über beliebig viele Generationen unerkannt weitergegeben werden. Irgendwann jedoch kommen zwei identische, negative, rezessive Anlagen zusammen, und das Individuum ist phänotypisch geschädigt. Was also die Konstitution betrifft, dürfen aus diesen Gründen keine Kompromisse gemacht werden.
In der Rinderzucht schuf die Show weltweit Situationen, in denen gute Konstitution zugunsten der Show-Schönheit geopfert wurde. Das Zuchtziel verlagerte sich von den inneren Werten auf das äußerlich Sichtbare, auf das Exterieur. In vielen Zuchten entstanden so große Schäden bei den Nutzmerkmalen Milch, Fruchtbarkeit, Widerstandskraft und Langlebigkeit.
Für die Frage nach der Anzahl der züchterisch bedeutsamen Generationen ergibt sich hieraus, daß Abstammung um so wichtiger wird, je weniger konsti-

The question as to the number of genetically "significant" generations may be answered as follows: the less one carries out performance tests for constitution, the more important becomes origin. This means that in the breeding of Arabian horses, the most valuable animals are purebred Arabians whose origins can be traced, without interruption, to horses bred by the Bedouins of Central Arabia. However, we should not forget that in the long run, there is no alternative to performance tests for constitution. Long-distance riding is a particularly suitable performance test for the Arabian horse.

After we have recognized constitution as the inevitable basis for all performance breeding, we must then ask the question: What are the appropriate breeding methods? First, a few comments on the genetics of quantitative traits. The conventional school of quantitative genetics has made two very serious errors (among others):

1. It has not taken into account the hierarchic order of hereditary matter. It treats all genes as equivalent.
2. It has viewed the similarity between parents and their children as genetically determined, dissimilarity as being caused by environment alone. The example of colour transmission in the coats of domestic animals shows, however, that dissimilarity may also be genetically determined.

Existence of interactions between alleles (dominance, epistasis) leads to the conclusion that allele combinations are the true basis for understanding genetically determined similarity and genetically determined dissimilarity. The more a parent's allele combinations reappear in his or her children, the closer the genetically determined similarity will be.

The history of animal husbandry shows that all important animal breeds were created by means of line breeding and inbreeding. As already indicated, the outcome of line and inbreeding relies on the fact that a parent's allele combinations will recur in his or her offspring with greater probability than after an outcross. The methods which proved to be so successful in our cattle breeding program are also applicable to the breeding of Asil Arabian horses. It is a simple procedure. Select the three best strains available. When mating, rotate these strains. A x B gives AB, AB x C gives C AB, etc. In time particularly valuable individuals can be used to establish new sub-trains. Top quality animals from other line breeding programs may also be tried out on occasion with caution. The fascinating thing about such a program is that the breeder gets to know the individual combinations better and better. His selection acts as a kind of filter between generations, and each new generation appears as an improved edition of the preceding one. It is absolutely necessary, however, that performance tests for constitution be carried out, and that one takes into account the relationship between genetic traits and the natural laws they obey.

tutionsbezogene Leistungsprüfungen durchgeführt werden. Für die Araberzucht bedeutet dies, daß Vollblut-Araber, die lückenlos auf Pferde der Beduinen Zentral-Arabiens zurückgehen, besondes wertvoll sind. Es darf dabei aber nicht übersehen werden, daß auf die Dauer konstitutionsbezogene Leistungsprüfungen durch nichts ersetzt werden können. Für das arabische Pferd ist als Leistungsprüfung der Distanzritt besonders geeignet.

Nachdem nun die Konstitution als unumgängliche Basis für jede Leistungszucht erkannt wurde, stellt sich die Frage nach geeigneten Zuchtverfahren. Zunächst einige Anmerkungen zur Genetik der quantitativen Merkmale. Die konventionelle Schule der quantitativen Genetik hat unter anderem zwei schwerwiegende Fehler gemacht:

1. Die hierarchische Ordnung des Erbes wird nicht berücksichtigt. Die Erbanlagen werden so behandelt, als wären sie gleichberechtigt.

2. Ähnlichkeit zwischen Eltern und ihren Kindern wird als genetisch bedingt, Unähnlichkeit als umweltbedingt interpretiert. Am Beispiel der Farbvererbung des Haarkleides kann jedoch demonstriert werden, daß auch Unähnlichkeit genetisch bedingt sein kann.

Die Tatsache, daß zwischen Erbanlagen Wechselwirkungen bestehen (Dominanz, Epistasie), führt zu der Erkenntnis, daß die Erbanlagen-Kombinationen die Grundlage für das Verständnis von genetisch bedingter Ähnlichkeit und genetisch bedingter Unähnlichkeit bilden. Je mehr Erbanlagen-Kombinationen eines Elters bei dessen Kindern wiederkehren, desto größer wird die genetisch bedingte Ähnlichkeit sein.

Die Geschichte der Tierzucht zeigt, daß alle bedeutenden Rasseschöpfungen mit Hilfe von Linienzucht und Inzucht zustande gekommen sind. Der Verfasser konnte zeigen: die Wirkung von Linienzucht und Inzucht beruht darauf, daß die Erbanlagen-Kombinationen eines Elters mit größerer Wahrscheinlichkeit bei den Kindern wiederkehren, als dies nach Fremdpaarung (outcross) der Fall ist. Auch für die Asil-Araberzucht bietet sich das in unseren Rinderzuchtprogrammen bewährte Zuchtverfahren an, in dem diese Erkenntnisse verwertet werden können. Das Rezept ist einfach: Man selektiere die drei besten Linien die man bekommen kann. Bei der Anpaarung werden diese Linien rotiert. A x B ergibt AB, AB x C ergibt C AB usw. Mit der Zeit können besonders wertvolle Tiere neue Unterlinien begründen. Außerdem können gelegentlich Spitzentiere fremder Linienzuchtprogramme vorsichtig ausprobiert werden. Das Faszinierende bei einem solchen Programm besteht darin, daß der Züchter die einzelnen Kombinationen immer besser kennenlernt. Zwischen den Generationen liegt die Selektion als Filter. Somit bedeutet jede neue Generation eine verbesserte Auflage der vorigen. Voraussetzung ist allerdings, daß konstitutionsbezogene Leistungsprüfungen durchgeführt und die gesetzmäßigen Beziehungen zwischen den Merkmalen berücksichtigt werden.

carle Vernet

Reiteignung – Rittigkeit
Suitability for Riding

mit Beiträgen von/with Contributions by
W. G. Olms, B. Schirg
M. Simms, U. L. Kern, D. Falteysek

RASHAD IBN NAZEER (Nazeer – Yashmak) gezüchtet in El Zahraa im Besitz von *Richard Pritzlaff* wird hier von *Oberst H. Handler,* dem Direktor der Spanischen Reitschule, Wien, in der Hohen Schule ausgebildet. Oberst Handler, häufiger Gast auf Rancho San Ignacio, New Mexico, USA, wußte die Qualitäten des arabischen Pferdes sehr zu schätzen und lobte insbesondere den grundehrlichen Charakter, die hohe Intelligenz und die stete Lernbereitschaft. „*Er war erstaunt, wie schnell Rashad die Dressurbewegungen lernte, und wie elegant und willig er sie ausführte. Bei späteren Besuchen überraschte es ihn, daß Rashad alles erinnerte, was er ihn gelehrt hatte, und mit welcher Freude er arbeitete. Rashad lernte eine beachtenswerte Piaffe in ungefähr zehn Lektionen – einige Pferde brauchen fast ein Jahr, um in etwa den gleichen Leistungsstand zu erreichen*".
R. Pritzlaff

RASHAD IBN NAZEER (Nazeer – Yashmak), bred at El Zahraa, Cairo, owned by *Richard Pritzlaff,* is here being trained by *Oberst H. Handler,* director of the Spanish Riding School in Vienna, in lessons of the High School. Oberst Handler, frequent guest at Rancho San Ignacio, New Mexico, USA, appreciated the qualities of the Arabian horse and especially stressed its honest disposition, its high intelligence and its steady willingness of learning. "*He was astonished how quickly Rashad learned the dressage movements and how elegantly and willingly he performed, and he was astonished on later visits to see how Rashad remembered what he had been taught and how he enjoyed performing. Rashad learned a creditable Piaffe in about ten lessons, some horses require almost a year to accomplish the same degree in performance.*"
R. Pritzlaff

W. Georg Olms

Wir wissen um die Gelehrigkeit, das Einfühlungsvermögen und die Rittigkeit des Asil Arabers. Für uns gibt es kein besseres grundanständiges Pferd, er ist das ideale Freizeitpferd.

Reiter anderer Pferderassen – oft in Unkenntnis des hohen Einflusses von Arabern auf ihre Pferde – wenden ein: der Araber sei zu klein, zu temperamentvoll, zu eigenwillig, damit ungeeignet für den großen Sport, also die Springprüfungen, die Dressur, die Hohe Schule. Ohnehin seien die Richter der Dressur- und Reitklassen fixiert auf ein Mindestmaß an Größe und Raumgriff; die Ästhetik gebiete große Pferde, selbst wenn sie von Reitern kleinerer Statur vorgestellt werden. Daraus folgt: die Könner und ihre Schüler suchen nach Pferden von Rassen, die aufgrund dieser Erfahrungen schnelle Erfolge verheißen.

Folglich vermissen wir in der Spitze dieser Prüfungen die Araberpferde und ebenso die qualifizierten Reiter, die das arabische Pferd zu Erfolgen, ja auch zu spektakulären Leistungen führen können.

Welch ein Erstaunen erfaßte die Pferdewelt, als vor wenigen Jahren die Amerikaner mit verblüffenden Erfolgen u. a. auf der Olympiade Englische Vollblüter einsetzten bzw. ihren Trakehner Abdullah – er hat hohe arabische Blutanteile – und olympisches Gold und Silber gewannen. Mit welcher Behendigkeit, Leichtigkeit und Schnelligkeit wurde den europäischen Warmblutschlägen die Schau gestohlen.

Ich war Zeuge, wie der einzige Araber des Hildesheimer Reitstalles, ein graziler, kleiner Wallach, unter unserem ca. 85 kg schweren Reitlehrer die Konkurrenz deklassierte, wenn es nur gelang, seinen Eifer, der das Publikum zu Beifallsstürmen hinriß, wenigstens etwas zu drosseln. Er flog über die Hindernisse in bestechender Manier. Da gibt es manche Araber, die das gleiche anbieten.

Nicht nur Oberst *H. Handler* und sein Nachfolger im Amt, Brigadier *Kurt Albrecht,* Direktoren der Spanischen Hofreitschule, wußten bzw. wissen um die hervorragende Veranlagung des Arabers auch für die Dressur und die Hohe Schule. Zusammen mit Brigadier Albrecht verfolgen wir immer noch den Plan, eine Reitakademie für Asil Araber ins Leben zu rufen.

Der asile Babson-Hengst Serr Maariner ist der lebende Beweis für die herausragende Eignung des Arabers zum Dressurpferd. Er wurde in den USA dreimal nationaler Champion in der Dressur bis Klasse S, zweimal nationaler Reservechampion, viermal Pferd des Jahres der U.S. Dressur-Vereinigung. Er ist der erste Araber, der Pferd des Jahres von allen Rassen der U.S.D.F. wurde auf internationaler Ebene, war sechsmal Dressur-Champion der Oststaaten bis zur F.E.I.-Stufe.

Nicht von ungefähr zeigt der Araber in den einzelnen Disziplinen hohe Qualitäten. Dafür verantwortlich ist nach Seydel und Wenzler auch die Bauart des Vollblutarabers für den Reitgebrauch:

W. Georg Olms

We all know about the quickness to learn, the comprehension and the other qualities that make the Asil Arabian a near ideal riding horse. For us, there is no better mount. The Asil Arabian is the perfect pleasure horse.

Riders of other breeds, often unaware of the great influence of the Arabian breed upon their chosen mount, complain that the Arabian is too small, too spirited, too self-possessed and hence unsuitable for the "grand" sports (i.e. jumping, dressage and the "haute école"). And the judges of the dressage, hunter-jumper and "haute école" competitions have a real fixation on minimum size and length of stride. Aesthetics tend to demand tall horses, even when presented by smaller riders. Consequently, the experts and their students look for the particular breeds of horses that experience has shown to be successful in these competitions. Thus the Arabian is not used, and not to be found at the top of, these competitions, and the talented riders who could and should be riding them with spectacular success are mounted on other, more politically correct breeds.

The horse world was shocked a few years ago when the Americans, with stunning success, used thoroughbreds and their Trakehner, Abdullah (who has a lot of Arabian blood), at the Olympics. They won the Gold and the Silver. What swiftness, lightness and quickness did they exhibit as they stole the show from the European warmbloods.

I was a personal witness when the only Arabian in the riding stables of Hildesheim (Germany) outclassed his competitors. Our riding instructor, who weighed 85 kgs, was up on the delicate, small gelding. Our Walter Müller's size and weight succeeded in diminishing only slightly the horse's spirited eagerness, which elicited thunderous applause from the audience. He flew over the fences in a captivating manner. There are many Arabian horses capable of offering the same presentation.

Colonel *H. Handler* and his successor, Brigadier *Kurt Albrecht,* Directors of the Spanish Riding School, are not the only ones who recognize the excellent disposition of the Arabian for dressage and haute école. We, too, are planning, together with Brigadier Albrecht, the organization of a Riding Academy for Asil Arabians.

The asil Babson stallion, Serr Mariner, is living proof of the outstanding suitability of the Arabian for dressage. In the U.S.A., he was National Dressage Champion up to class S three times, National Reserve Champion twice, and U.S. Dressage Federation Horse of the Year four times. He is the first Arabian to become U.S.D.F. Horse of the Year on an international level against all breeds, and he was a dressage champion of the eastern states up to the F.E.I. level six times.

It's no coincidence that the Arabian displays special qualities in the individual disciplines. According to Seydel and Wenzler, the conformation of the pure-

HAMASA KHAZZAN (Kasr El Nil – Nafteta), * 1984, beim Stallions Performance Test 1988, München-Riem. Z./*Breeder:* und B./*Owner*: Olms Araber Hamasa Gestüt. Junior Champion, Asil Cup International, Dillenburg 1985, Res.-Junior Champion, Asil Cup International, Dillenburg 1986.

bred Arabian for riding use is also responsible for this: "Relatively long withers, short back and long croup combine to meet in an extraordinary way the rider's wish to transfer the weight to the hind quarters in order to relieve the forehand ... Nature bestowed the pure-bred Arabian with talent other horses have normally to be trained and taught to develop: Because of this typical conformation, he has no difficulty in collecting himself on his hind quarters and balancing himself under the rider.

Moreover, the flexibility of his neck vertebrae, especially of the epistropheus and its neighbouring vertebra, allows him to bend his neck easily. The natural free carriage of the head and neck, plus the bulk of the weight shifted towards the hind quarters as shown by the Arabian, is always a source of admiration." (*Seydel,* 1933).

The above information and the following articles should encourage breeders and owners of Asil Arabians to use their horses in these disciplines, to seek out talented and understanding riders for their Arabian horses, and to present the Asil Arabian boldly and successfully in all manner of competitions.

Happily, our asil horses are increasingly used in endurance riding and driving, and they show off their great performance abilities in these disciplines, which are seemingly tailor-made for them.

Short racing distances are the domain of thoroughbreds. If the interest in using Arabians on the racecourse is increasing worldwide, the Asil Arabian will surely prove its abilities in this sport as well (see performance table on page). However, if breeders concentrate purely on racing speed, the result will eventually be an Arabian of the Muniqi or thoroughbred type after only a few generations. This cannot and must not be the sole purpose of Arabian breeding. As *Uppenborn* emphasized, in the long term such genetic manipulation not only alters type, but puts the quality of disposition in jeopardy as well.

All performance disciplines should be welcomed and engaged in by Arabian horse owners. Arabians are descendants of the legendary Bedouin horses, which are traditionally not for pampering. They have achieved incredible feats in the past. Arabian owners and supporters could do the breed no greater favor than to encourage its participation in all manner of performances and competitions in the future.

„Der relativ lange Widerrist, kurze Rücken und die lange Kruppe kommen dem Verlangen des Reiters, das Gewicht mehr auf die Hinterhand zu verlegen, um die Vorhand zu entlasten, außerordentlich entgegen ... Der Vollblutaraber bringt von Natur schon mit, wozu andere Pferde meist erst ausgebildet und erzogen werden müssen: wegen dieses ihm eigenen Baues fällt es ihm von vornherein sehr leicht, sich auf die Hinterhand zu versammeln und auch unter dem Reiter im Gleichgewicht zu gehen.

Überdies gestattet die größere Beweglichkeit seiner Nackenwirbel, insonderheit des Epistropheus und seines Nachbarwirbels, ein bequemes Beizäumen und Abbiegen. So bewundert man immer wieder die natürliche Aufrichtung und Selbsthaltung der Araberpferde" *(H. Seydel,* 1933).

Diese Ausführungen und die folgenden Artikel sollen Züchter und Besitzer asiler Araber ermutigen, ihre Pferde auch in diesen Disziplinen einzusetzen, nach talentierten, einfühlsamen Reiterinnen und Reitern zu suchen und schließlich asile Pferde auch vorzustellen.

Erfreulicherweise werden unsere Asilen vermehrt in Distanzritten und Distanzfahrten eingesetzt und zeigen in diesen ihnen auf den Leib geschriebenen Disziplinen ihre hohe Leistungsveranlagung.

Die Kurzstrecke ist die Domäne des Englischen Vollblutes. Wenn jetzt weltweit größeres Interesse besteht, auch Araber auf der Rennbahn einzusetzen, dann wird der Asil Araber sicherlich auch hier seine Qualitäten unter Beweis stellen (siehe Leistungsnachweise S. 773). Eine Ausrichtung der Zucht auf Schnelligkeit wird allerdings schon nach wenigen Generationen einen Araber im Muniquityp bzw. im Typ des Englischen Vollblutes hervorbringen. Das kann und darf nicht die Aufgabe der Araberzucht sein. Wie von *Uppenborn* herausgestellt, sind auf Dauer nicht nur Veränderungen im Typ, sondern auch im Charakter zu befürchten.

Jede Leistung, die der Araber erbringen muß, ist zu begrüßen, schließlich ist er kein Hätschelobjekt, sondern der Nachfahre der legendären Beduinenpferde, die oft unglaubliche Leistungen vollbracht haben, und man kann diesem Pferd sicherlich keinen größeren Gefallen tun, als es in sinnvoller Weise zu fordern und damit zu fördern.

Bertold Schirg

My father taught me to ride in a style which integrated thought and feeling, an invaluable basis occasionally refined by Mr. von Neindorff in Karlsruhe and unforgettable Olympic hours at the Cadre Noir in Saumur. In spite of a regrettable lack of detailed work, this and all the available literature from two thousand years of riding have allowed me to develop a faint idea of what makes riding an art. More groping in the dark than bathed in the shining light of knowledge only acquired by hard work, I was fortunate in that, along with the latest publication by Nuño Oliveira, a horse came to me whose nobility of movement and good nature in conjunction with the utmost intelligence radiated, after the short period of three months and without deliberate effort on my part, a perfection hitherto unknown to me. He owes his belief that the world is only populated by good people to his breeder Dr. Olms. His back knows no mistrust thanks to the loving way in which he was backed and schooled by Miss Bärbel Müller of the Olms Arabian Hamasa Stud. He stands 15.1 hands high, i.e. he is of ideal conformation. It is a well-known fact that too much size is of considerable disadvantage where graceful movements are required, and what goes for ballet and gymnastics also goes for „fine riding" (E.v. Neindorff). I myself am 1.93 m tall, but even if I had been shorter I would still have begun with the basic exercises on the lungeing rein, firstly for reasons of weight, but mainly because the horse is then initially confronted with a smaller stock of far more definite tactile messages and there are no annoying extra movements, which only a master in the saddle can avoid. In this way, the extremely difficult dialogue between two biologically different individuals can be restricted to fewer, more clear signals. In the best possible adherence to the latest publication by Nuno Oliveira, which I consider to be catechism and at the same time exegesis especially of Guérinière and Baucher, we practiced clean „walking at heel", the standing position, sidesways movement at a walk and at a trot and standing still in the sideways position, mainly shoulder in. After the horse had in this way become more conscious of its hindquarters and of each of its hind legs, and thus also of the shifting of the weight, in the standing position, from the front to the rear and back to the front again via the legs, as it was first described by von Krane in 1879, this rocking finally almost automatically turned into mobilisation on the spot as the first result of the delicate interplay of snaffle, whip, voice, stroking hand, diced carrot and sugar cubes. All this came about logically and organically, led by no other ambition than simply to do gymnastics. In some areas, the described phase of the movement practiced here would be termed „piaffe", but I think that this exercise is only a preliminary to it, in the form of moving concentration on the centre of gravity. The flow of movement still appears somewhat sluggish and pieced together. My current wish is to develop it into a cleanly executed piaffe as they can be seen in Saumur, a more stretched, more relaxed and flowing movement, which thus tends towards a passage. Sometimes the beginnings of it

Bertold Schirg

Dank einer Erziehung zu denkend-fühlendem Reiten durch meinen Vater, dank gelegentlicher Veredelung dieser unschätzbaren Grundlage durch Herrn von Neindorff in Karlsruhe und durch unvergeßlich olympische Stunden beim Cadre Noir von Saumur ist es mir trotz leider fehlender Kleinarbeit unter Zuhilfenahme aller verfügbaren Reitliteratur aus zwei Jahrtausenden im Sattel zu erahnen gelungen, was Reiten zur Kunst macht. Tastend, mehr im dunkeln als auf leuchtendem Gipfel, der mühselig erstiegen sein will, hatte ich schließlich das Glück, daß mit der jüngsten Schrift von *Nuño Oliveira* zugleich ein Pferd zu mir gekommen ist, dessen Bewegungsadel ebenso wie sein liebenswerter Charakter im Verein mit höchster Intelligenz ohne mein gezieltes Wollen bereits binnen eines Vierteljahres eine für mich bis dahin unvorstellbare Vollkommenheit ausgestrahlt hat. Seinen Glauben, daß diese Welt nur von guten Menschen bevölkert ist, verdankt es seinem Züchter, Herrn Dr. Olms. Sein Rücken ist ohne Mißtrauen geblieben dank der liebevollen Remontengymnastik mit Fräulein Bärbel Müller im Olms Araber Hamasa Gestüt. Er ist 1,55 m groß, also ideal configuriert. Übergrößen haben bekanntlich bei graziösem Bewegungsablauf wenig Chancen (Ballett, Kunstturnen etc.), so sicher auch bei „feinem Reiten" (E.v. Neindorff). Ich selbst bin 1,93 m groß, und auch bei anderen Größenverhältnissen hätte ich mit den Grundübungen stets erst an der Hand begonnen, schon aus Gewichtsgründen (83 kg), vor allem aber weil zunächst ein weit eindeutigeres und kleineres Arsenal an Berührungschiffren auf das Pferd einstürmt und auch störende Mitbewegungen, die nur ein Meister im Sattel vermeiden kann, wegfallen. So ist die äußerst schwierige Zwiesprache zweier verschiedener biologischer Individualitäten auf wenige, klarere Signale beschränkt. Unter möglichst genauer Beachtung jener jüngsten Schrift von Nuño Oliveira, die ich als Katechismus und Exegese zugleich insbesondere von *Guérinière* und *Baucher* auffasse, wurde sauberes „bei Fußgehen", Stehen, Seitwärtsgehen in Schritt und Trab eingespielt, Stehenbleiben auch in Seitwärtsstellung, hauptsächlich Schulterherein. Nachdem so dem Pferd seine Hinterhand und in ihr jedes Bein bewußter geworden war, somit auch das Hinweggehen des Gewichtes im Stande über die Beine von vorn nach hinten und wieder zurück, wie es erstmals *v. Krane* 1879 genauer beschreibt, ist fast von selbst aus diesem Wiegen schließlich die Mobilisation auf der Stelle entstanden als erstes Ergebnis feinen Zusammenspieles von Trense, Gerte, Stimme, streichelnder Hand, Karotten- und Zuckerwürfeln. All das ergab sich sinnvoll organisch, von keiner anderen Zielvorstellung geleitet, als eben einfach zu gymnastizieren. Mancherorts würde man zum jetzigen Stand der eingeübten Bewegung Piaffe sagen. Ich halte diese Übung aber nur für Vorstufe dessen in Form beweglicher Konzentration aufs Gravitationszentrum. Der Bewegungsablauf hat noch etwas Haftendes, Zusammengeschobenes. Eine sauber durchgetrabte Piaffe, wie man sie in Saumur so schön sieht, daraus zu entwickeln, die gestreckter, lockerer, fließender, transportbereiter ist und so zur Passage tendiert, ist mein derzeitiger Wunsch. Zuweilen gelingt es im Ansatz und – „wo einige Tritte sind, da sind auch mehr" heißt es bei *Adolph Schmidt* 1909.

HAMASA ABDELATI (Farag – Shar Gemara), Z./*Breeder:* Olms, B./*Owner:* Dr. B. Schirg. Hamasa Abdelati, geführt und ausgebildet von seinem Besitzer, zeigt am hängenden Führzügel eine Hebung, die sich der Levade nähert.

Terre à terre (Zweitaktgalopp fast auf der Stelle). Das Pferd reagiert, indem der Führer sich in die Vorwärtsbewegung in der Endphase der ersten Hebung neigt. Terre à terre kann ebenso wie Piaffe als Grundgymnastik zur Levade dienen.

Zusätzliches Aufsitzen stets nach der Handarbeit ergab sich etwa vier Wochen später. Das Aufsitzen wurde erst vom Treppchen aus erledigt, um das Pferd nicht einseitig zu belasten durch falschen Bügeltritt, gegen den es sich nicht abstumpfen sollte. Mittlerweile reagiert es auf den Bügeltritt als feine Gewichtshilfe ausgezeichnet, und das Aufsitzen kann in üblicher Form stattfinden. Länger als eine lange Seite wollte und mußte das Pferd anfangs nicht traben. So wuchs die Gehlust von sich aus; eine Treiberei wurde es nie, und das Pferd behielt seine Initiative, was sich später belohnt hat. Reiterliche Hilfen: Gerte, Gewicht, Schenkel besonders, bemühten sich, zum richtigen Zeitpunkt zu sprechen, also immer nur zum anhebenden, vorschwingenden Hinterbein. Das Wegfallenlassen einzelner Hilfen oder mehrerer, schließlich aller nach und nach, bis das Pferd etwas von sich aus weiter tut aus Freude, nicht automatisch, ist das schönste Erlebnis. Zum schnelleren Einüben lasse ich der sogenannten reiterlichen Hilfe nach gelungenem Effekt sofort ein weiteres Signal folgen durch Belohnung mit Stimme, Leckerbissen, Hand, auch vom Sattel aus. Wenn etwas Neues erstmals begriffen wurde, nicht erst bei idealer Ausführung, wird abgesessen und „heimgekehrt".

Nicht abstumpfen wollen, möglichst wenig Quengeln und Gängeln, wollen lassen, wo ein Wille ist, können lassen, wo ein Können winkt: – so kann man Freude nur dem Tier bewahren. Eine Bedingung aber ist stets zu stellen: „Herr, schütze mich vor genverpfuschten Pferden". Dieses Lauschen dürfen, wo noch Echo ist und dieses Federn von der Fessel bis zur Wirbelbrücke habe ich nur bei Lipizzanern und Pferden in Saumur und auf Iberern und Vollblütern erlebt, welche dahinfliegen „gleich einem Vogel, schwebeleicht" (L'Hotte) und noch ausgeprägter bei dem asil-arabischen Pferd, welches „Trunkenheit ohne Wein" (v. Vietinghoff) beschert Tag für Tag.

Ziemlich sicher bin ich mir, daß kein Pferd anderer Rasse so schnell einem alles geradezu in den Schoß wirft, während man nur auf Grundlagengymnastik ausgewesen ist. Man fragt sich, nachdem man bald fünfzig Jahre geritten ist, warum die Achtung vor dem reinblütigen, also schöpfungskonsequent weitergezüchtetem Pferd, wie es der Asil Araber darstellt, in der Welt der Dressurreiter dem Nullpunkt nahe ist. Antworten könnte ich darauf viele geben. Sie sind alle nicht schön, und dieser Bericht möchte etwas Schönes sein, deshalb schweige ich dazu und will lieber noch zum Schluß bemerken, daß jene Edelrassen, welche dem arabischen Pferd teils züchterisch, teils gebäude- und wesensmäßig besonders nahestehen, so Lipizzaner und Iberer, von welchletzteren der Herzog von Newcastle um 1700 sagte, sie seien die Fürsten unter den Pferden, für feines Reiten besonders geeignet sind, ganz vornan aber auch der reinblütige Araber!

Entfalte mich, ich bleib' Dir Freund
Dressierst Du mich, werd' ich zum Feind.

are visible and, as Adolph Schmidt said in 1909, „where some steps exist, there must be more".

Additional mounting, in each case following work with the lungeing rein, came about approximately four weeks later. The horse was first mounted from the stepladder, in order not to put too much weight on the one side by wrong foot pressure in the stirrups, of which it should always remain aware. It now reacts excellently to pressure in the stirrup as a delicate weight aid and can be mounted in the customary manner. Initially, the horse did not want to, or have to, trot more than one long side. In this way, its eagerness to walk developed naturally; the horse was never driven, and it maintained its initiative, which paid off later. The rider took pains to apply the various aids at his disposal – whip, weight and especially thighs – at the correct time, that is, only when the hind leg was lifted and swung forward. The leaving away of separate aids or of several, and finally, gradually, of all, until the horse does something of its own accord instead of automatically, is a beautiful experience. In order to help the horse to learn more rapidly after a successful effect, I immediately follow the so-called riding aid with another signal by rewarding him with my voice, a titbit or my hand, sometimes from the saddle. I dismount and we „return home" when it has learnt something new for the first time: I do not wait for it to do it perfectly first.

Do not deaden its feelings, use as little coercion as possible, if it has a will, let it have it, and if it seems to have a certain ability, let it use it: this is the only way to keep a horse happy. But we must always pray for one thing: „Oh Lord, protect me from horses with bungled genes". This listening when an echo remains, this resilience from the fetlock to the vertebrae: these are things which I have only experienced on Lipizzaners and on horses in Saumur, on Iberians and on pure-breds, horses which „fly like a bird, as light as a feather" (L'Hotte) – these qualities are even more pronounced with the Asil Arabian, a horse which „makes me drunk without wine" (v. Vietinghoff) every day.

I am quite sure that there is not another race of horse which makes it so easy for you so quickly when you are only aiming at some basic gymnastics. When you have been riding for nearly fifty years, you begin to wonder why the world of dressage riders has so little reverence for the pure-bred, that is, the horse whose breeding has been improved consequently, which is what the Asil Arabian is. I could give a lot of answers to this. They are all not very pleasant, and this report is supposed to be pleasant, so I will remain silent, preferring to make the following final comment: those noble races which are especially similar to the Arabians, partly in breeding and partly in nature and conformation, such as Lipizzaners and Iberians, of which the Duke of Newcastle said in 1700 that they were the princes among horses, are especially suitable for fine riding, but the pure-bred Arabian is also right at the top!

Let me develop and I will be your friend
Break me in and I will be your foe.

SERR MAARINER (Ibn Fa Serr – Maarena) Z./*Breeder*: Babson B./*Owner:* Princeton Arabians, USA

Dreimal nationaler Champion in Dressur bis Klasse S. Zweimal nationaler Reservechampion. Viermal Pferd des Jahres der U.S.-Dressur-Vereinigung. Erster Araber, der Pferd des Jahres der U.S.D.F. wurde, auf internationaler Ebene von allen Rassen. Sechsmal Dressur-Champion der Oststaaten bis zur F.E.I.-Stufe.
Three times National Champion through 4th Level Dressage. Twice National Reserve Champion. Four times United States Dressage Federation of the Year. The first Arabian to win U.S.D.F. Horse of the year at the F.E.I. (International) Levels among all breds. Six times Eastern States Dressage Champion through the F.E.I. Level. Foto: Phelps

PRINCETON EL NISR (Ansata Ibn Halima – Ansata Bint Zaafarana), Z./*Breeder:* Princeton Arabians, USA, B./*Owner:* M. Simms
In der Piaffe unter Frau Melissa Simms. Foto: Neindorff

Melissa Simms

Bei einer Reise in meine Heimat, die USA, wo ich alljährlich noch Unterricht erteile, führte mich mein Weg in das Gestüt von Mrs. Gail Carmona, Princeton Arabians, New Jersey. Mrs. Carmona besitzt ein kleines asil-ägyptisches Arabergestüt. Ihr wunderschöner Serr Mariner hat als einziger Araber der Welt den Gold Medal Grand Prix im Dressur-Championat in den USA gewonnen. Noch heute führt er alle Lektionen trotz seiner 28 Jahre bei voller Elastizität aus.

Um erneut zu beweisen, daß Araber sich auch für die Dressur eignen, wählte Mrs. Carmona den Zuchthengst Princeton el Nisr aus, um ihn dem Reitinstitut von Neindorff zur Verfügung zu stellen. Nisr stammt von Ansata El Nisr und Ansata Bint Zaafarana und gewann als Jährling das N. J. State Championat. Er stammt in 3. Generation aus der Babson- und Forbis-Zucht.

Obwohl man sich als Reiter einen etwas besseren Rücken wünscht, sind seine Grundgangarten außergewöhnlich. Bis zu einem gewissen Grad stellt er ein Reitpferdemodell dar, was seine Gestütskollegen ebenfalls beweisen. Sein „arabischer Hals“ hat sich durch die Arbeit vorteilhaft verändert. Nisr ist mittlerweile ein gutes Jahr im Neindorff'schen Institut. Trotz der langen Fahrt – langer Flug, Quarantäne – kam er in voller Frische als Siebenjähriger hier in gutem Futterzustand an. In den USA war er nur als Deckhengst eingesetzt, so daß er völlig ungeritten und unerfahren war. Zu Beginn habe ich ihn nur longiert; er fand sehr bald sein Gleichgewicht, zeigte viel Schulterfreiheit und Schub aus der Hinterhand, so daß er für die Dressur geeignet erschien. Auf Grund seines Alters und seines Körperbaus konnten wir ihn bald unter den Sattel nehmen. Er zeigte sich bald im Reitpferderahmen, und wir konnten behutsam mehr von ihm verlangen. Um die Arbeit unter dem Sattel zu unterstützen, arbeitete ich ihn an der Hand; nachdem er sehr schnell die seitlichen und versammelten Hilfen annahm, bot er piaffeartige Tritte an. Bei weiterer Förderung nahm er sowohl die reiterlichen Hilfen, sowie auch die bei der Arbeit an der Hand so gut an, daß es ein Leichtes war, ihn auch unter Schülern gehen zu lassen. Er hat ein herrliches Temperament, viel Vorwärtstrieb, ohne weglaufen zu wollen, so daß er unter guten Schülern weiter gefördert wird; auf Grund seiner Ausgeglichenheit akzeptiert er auch die Hilfen von noch nicht so erfahrenen Reitern.

In letzter Zeit konnte ich ihm fleißige, taktreine Piaffetritte abfordern – mit und ohne Reiter –, wobei er vollkommene Ruhe behält und auf die leiseste Hilfe zum Stand kommt. Kraft seiner Schönheit und seines Gehorsams wird er auch bei den Festveranstaltungen des Reitinstituts gezeigt. Bereits jetzt zeigt er die ersten Passagetritte. Das gute Temperament, die Beweglichkeit, Härte, Genügsamkeit, das Lernen-Wollen begeistern mich so, daß ich am liebsten einen ganzen Stall dieser Araber haben möchte.

Melissa Simms

During one of my trips to my homeland, America, where I often give riding lessons, I was approached by Mrs. Gail Carmona to join her at her farm in Freehold, New Jersey to give a dressage clinic. Mrs. Carmona is a succesful Grand Prix dressage competitor and judge and owns and runs "Los Alamos Dressage School" as well as a small Asil Egyptian Arabian breeding programme, "Princeton Arabians". Her still very beautiful "Serr Mariner" has the distinction of being the only Arabian in the world to win the gold medal in the Grand Prix dressage championship. Even today, he performs all the Grand Prix dressage lessons, regardless of his ripe old age of 28 years, with elasticity and joy! Mrs. Carmona wanted to again demonstrate the trainability and capability of the Arab in dressage and so presented me with a 10-year-old breeding stallion of hers, "Princeton El Nisr", and gave him to the well-known Riding School von Neindorff in Karlsruhe, Germany for further training. He was bred from 3 generations of Babson and Forbis breeding lines.

To a large extent, his conformation is representative of a "riding horse model", as with so many of the Princeton Arabians which I encountered. His "typical Arabian neck" has changed much for the better due to the systematic gymnastic training that he has received.

Nisr has been at the Neindorff riding school for a good 1½ years. When he arrived, regardless of the long trip by air, the quarantine period etc., he arrived in Karlsruhe fresh, lively and in good condition. In America, Nisr was used almost exclusively as a breeding stallion, and was totally inexperienced as far as riding was concerned. In the beginning I only lunged him, but I found that he was very quick to understand and to find his balance and rhythm. He demonstrated a lot of shoulder freedom and drive, i. e. impulsion from his strong hindquarters, so that I could surmise that the would be quite suitable for dressage. Because of his age and conformation, we could begin to ride him after a relatively short period of time. It was easy to teach him stretching forwards and downwards, and I often worked him "at the hand" to complement the work under the saddle. He quickly comprehended the forwards and sideways driving aids, and collection in the form of piaffe-like steps seemed to be no obstacle. In time, with increased training, he became very pleasurable and dependable to ride, so that he could be given to better students at the school for riding lessons, where he also learnt the lesson of walking in quadrille formation. In the last months, I have been able to bring him to a very rhythmical and active piaffe, with and without a rider, where he demonstrated admirable calmness and obedience. Because of the quality of the piaffe work, his beauty, and his obedience, he has often performed at our twice-yearly performances of classical riding. He is always a favourite! Nisr is now learning his first passage steps. Due to his good and calm temperament, elasticity, soddness, cleverness and ability to learn, he and all Arabians have become great favourites of mine. He has astounded and convinced me so much that I would like to have a stable full of this type of horse!

Urte Kern

Als Dressurreiterin werde ich immer wieder gefragt, warum es denn ausgerechnet ein Vollblutaraberhengst sein müsse, den ich sowohl im Sport als auch in Schaunummern vorstelle. Die Antwort darauf ist einfach: Asile Araber verbinden zu einem Großteil in idealer Weise die Interieur- und Exterieureigenschaften, die ein gutes Dressurpferd ausmachen. Ein Gegensatz zu der Tatsache, daß nicht mehr Araber im offiziellen Dressursport mitlaufen, ist das nicht, denn unterschieden werden muß zwischen der klassisch orientierten Dressur und den Anforderungen im heutigen Turniersport.

Die klassische Dressurarbeit baut auf den Grundvoraussetzungen Takt und Losgelassenheit auf und hat eine immer feiner werdende Hilfengebung vor Augen. Sie zielt nicht auf spektakuläre Gangverstärkungen wie etwa den Mitteltrab, der bei den modernen Sportpferden im Vordergrund steht, sondern will die völlige Gymnastizierung der Pferde mit Schwerpunkt auf den versammelnden Lektionen erreichen. Die einzelnen Lektionen sind daher bei der klassischen Dressur im Gegensatz zum Turniersport nur Mittel auf dem Weg zu diesem Ziel, nicht aber Selbstzweck. Dieser grundsätzliche Unterschied muß beim Einsatz eines asilen Arabers Berücksichtigung finden, denn er hat Auswirkungen auf die Anforderungen sowohl an die inneren Werte eines Pferdes (Interieur), als auch an die bauartlichen Voraussetzungen (Exterieur).

Was das Interieur betrifft, bringt der Araber nach meinen Erfahrungen eindeutig ein Optimum an positiven reitrelevanten Eigenschaften mit.

Zu nennen ist hier insbesondere sein hohes Maß an Intelligenz, das es ihm ermöglicht, die Hilfengebung schnell umzusetzen und selbst schwierigste Lektionen ohne größere Probleme zu verstehen. Dafür exemplarisch ist für mich ein asiler Vollblutaraberhengst, der in nur wenigen Stunden die Ansätze zum Spanischen Schritt beherrscht. Parallel zur Intelligenz wird daran die hohe Konzentrationsfähigkeit der Araber auch über einen längeren Zeitraum deutlich. Andererseits ist es aber gerade die Intelligenz des Vollblutarabers, die dazu führt, daß er sich nie zu etwas zwingen läßt. – Übermäßiges Treiben von hinten bei ständigem Verbremsen vorne oder ein stures „Einpauken“ von Lektionen, wie in der modernen Sportreiterei häufig üblich, macht ein Araber von daher nicht mit, genauso wie er immer Mittel und Wege finden wird, sich falscher Behandlung und Reiterfehlern zu entziehen. Daß er dadurch seinen Reiter „erzieht“, ist für mich von großem pädagogischen Wert, wenn ich Reitunterricht auf arabischen Pferden erteile.

Zu der hohen Lernfähigkeit kommt aber vor allem auch die Lernbereitschaft, also der Wille, mit ganzer Kraft lernen zu wollen. Ich habe noch keinen asilen Araber erlebt, der nicht von sich aus mitmachen wollte oder den man erst hätte überlisten müssen, um ihn zur Arbeit zu veranlassen. Daraus folgt, daß ein Araber bei weniger Wiederholungen den gleichen Lernerfolg erzielt, was insgesamt

Urte Kern

Classical dressage is based on the requirements of rhythm and suppleness, with a view to giving less and less aid. It does not only aim at spectacular reinforcement of the paces such as the extended trot, which is emphasized with modern sport horses, but wishes to attain complete suppleness of the horses, and stresses the collecting lessons. In contrast to competitive sport, then, the separate lessons in classical dressage are only a means to an end and not an end in themselves. This fundamental difference must be taken into account when working with an Asil Arabian, for it affects the demands made on the inner qualities of the horse (interior) as well as on its conformation (exterior).

As far as the interior is concerned, the Arabian has, in my experience, a definite innate disposition towards an optimum combination of positive riding qualities.

One of the most important qualities of this kind is its high level of intelligence, which allows it to react quickly to aid and to understand even the most difficult lessons without major problems. To my mind, a perfect example of this was an Arabian pure-bred stallion which, in not more than a few hours, was conversant with the rudiments of the Spanish walk. In addition to its intelligence, this also demonstrates the Arabian's ability to concentrate even for a relatively long period of time. On the other hand, it is precisely the intelligence of the pure-bred Arabian which accounts for its never letting anyone force it to do anything. This is why the Asil Arabian does not react to excessive driving from behind or stubborn „drumming in" of lessons, which are often the practice in modern competitive riding, just like it will always find ways and means to evade wrong treatment and riding mistakes. When I give riding lessons on Asil Arabian horses, it is of great educational value for me that they „train" their rider in this sense.

In addition to the Asil Arabian's great ability to learn, its willingness to learn is also of great importance, that is, its will to learn with heart and soul. I have never known an Asil Arabian which would not want to cooperate of its own free will or which would have to be tricked into working. This means that an Asil Arabian learns as successfully as other horses after fewer repetitions, which allows altogether more rapid progress in training. This is definitely a considerable advantage of dressage work with Asil Arabians, although it can now and then lead to the horse's being overtaxed for a short while, even with an experienced trainer.

Character and temperament of the Asil Arabian are also to be seen in connection with its ability to learn. Its amiable nature, its trust and its affection for human beings come to its aid in dressage riding just as much as its temperament, thanks to which it enjoys walking and can at the same time be reined in easily. The Asil Arabian is not a horse which can be driven constantly; it usually offers to react to the slightest aid of its own accord, even if the aid is often only in the mind of the trainer.

NAHEED (Madkour OA – Nagha) Z./*Breeder:* Seidlitz, B./*Owner:* U. Kern
Reservesieger in der Dressur in Baden-Baden 1992. Foto: Sachs

Thus, all of these inner qualities generally displayed by the Asil Arabian predestinate it especially for classically oriented dressage riding.

For me, a positive aspect of the exterior of the Asil Arabian is the fact that, classically, it has a tendency to be a square rather than a rectangular horse. This is why the collecting lessons tend to be easier for it.

However, this only applies when the conformation of its hindquarters is such that they are able to go below the centre of gravity. What is meant here is a favourable angle with long levers, which improves the forward thrust of the horse, and its carrying capacity, which is very important in the collecting lessons. This is more likely to be the case with Arabians which have in one way or another been selected with a view to performance than with pure show horses, for a good dressage performance, just like a good racing performance, requires a good gait, which in turn depends on well-angled hindquarters. With the addition of sufficient freedom in the shoulders, the force applied from behind can be transmitted freely to the front and is not interrupted. One of the most famous examples of this must have been the stallion Morafic with his long and sloping shoulder. This is also of significance for its use in both types of dressage: if an Asil Arabian is to be pitted against warm-blooded horses in the competitive sport of today, it must exhibit an expressive extended trot from, at the latest, Class A onwards – and this can only succeed with the necessary freedom in the shoulders.

To conclude this discussion of conformation, let us bring to mind the classical engravings of the mounted Mamelukes: even there, the Arabians exhibit well-muscled hindquarters with good carrying capacity and a foreleg which swings forward freely.

All in all, the above discussion emphasizes the fact that ability and willingness to learn are just as much a part of the demands made on a good dressage horse as is a balanced relationship between square and rectangular frame and well-angled extremities. I personally have found an optimum combination of these qualities in the Asil Arabian in particular. Far removed from all objective criteria, however, one of the greatest pleasures of all lies in the highly aesthetic sight of a horse of this type during dressage.

ein schnelleres Fortkommen in der Ausbildung ermöglicht. Hierin liegt sicher ein ganz großer Reiz bei der Dressurarbeit mit Asilarabern, während es andererseits – selbst bei erfahrenen Ausbildern – ab und zu einmal kurzzeitig zu Überforderungen führen kann.

Im Zusammenhang mit der Lernfähigkeit stehen auch Charakter und Temperament des Vollblutarabers. Sein liebenswertes Gemüt, das Vertrauen und die Menschenbezogenheit kommen ihm in der Dressurreiterei genauso zugute wie sein Temperament, durch das er gleichzeitig gehfreudig und immer weich parierbar ist. – Der Asilaraber ist kein Pferd, das permanent getrieben werden will, sondern er bietet meistens von sich aus an, auf die kleinsten – oft nur gedachten – Hilfen zu reagieren.

All diese inneren Werte, die dem Asilaraber im allgemeinen eigen sind, prädestinieren ihn somit für die klassisch orientierte Dressurreiterei.

Beim Exterieur des Asilarabers schlägt sich für mich positiv nieder, daß er klassischerweise eher zum Quadrat- als zum Rechteckpferd tendiert. Das führt dazu, daß ihm die versammelnden Lektionen tendentiell leichter fallen.

Das gilt allerdings nur, wenn die Hinterhand so konstruiert ist, daß sie unter den Schwerpunkt treten kann. Gemeint ist damit eine günstige Winkelung mit langen Hebeln, die sowohl die Schubkraft, also den Vorwärtsmotor des Pferdes, als auch die Tragkraft, die in den versammelnden Übungen wichtig wird, begünstigt. Bei Arabern, die in irgendeiner Form auf Leistung selektiert worden sind, wird das eher der Fall sein als bei reinen Schaupferden, denn eine gute Dressurleistung – ebenso wie eine gute Rennleistung – setzt Gangvermögen voraus, welches sich wiederum nur aus einer gut gewinkelten Hinterhand ergibt.

Wenn dazu noch eine genügende Schulterfreiheit kommt, kann die Kraft, die von hinten initiiert wird, auch frei nach vorne ausschwingen und bleibt nicht „hängen". Eines der legendärsten Beispiele dafür war sicher der Hengst *Morafic* mit seiner langen und schrägen Schulter. Auch für die Einsatzmöglichkeiten in den beiden Dressurrichtungen hat das Bedeutung: Soll ein Asilaraber im heutigen Turniersport gegen Warmblutpferde eingesetzt werden, muß er spätestens ab Klasse A einen ausdrucksvollen Mitteltrab zeigen können – und das geht erfolgreich nur bei entsprechender Schulterfreiheit.

Die Erörterungen betonen im Ergebnis, daß zu den Anforderungen an ein gutes Dressurpferd Lernbereitschaft und Lernfähigkeit genauso gehören wie ein ausgewogenes Verhältnis zwischen Quadrat- und Rechteckrahmen und einer guten Winkelung der Extremitäten. Ich persönlich habe eine optimale Kombination jener Eigenschaften besonders beim Asilaraber gefunden. – Fernab von allen objektiven Kriterien liegt einer der größten Reize aber in dem hochästhetischen Anblick eines solchen Pferdes bei der Dressurarbeit.

Dorothee Faltejsek

There is a widespread view that a pygmy is not human, that a pony is not a horse, that people of other races and colours are third-class human beings, that the „exotic horse“ has no faculties of note and that the domestic horse is the pinnacle of creation. Fortunately, this view is changing, slowly but surely.

For just as science looks more and more to Africa for the origin of human race, man should wonder why the oldest race of horses in the world, that of the Asil Arabians,was selected for the refinement of all indigenous races. Only refinement by means of Arabian blood made it possible to bring the warm-blooded European horse up to the standard it possesses today. If the warm-blooded horse is of such a high standard, how excellent must the Arabian itself then be?

The professional rider should therefore not restrict himself to handling warm-blooded horses only, but should develop his sensitivity by also working with various different races of pure-bred horse, with the Asil Arabian at the top of the list.

In my career, I repeatedly made the experience that pure-bred horses only work with good teachers. The Asil Arabian for instance has a strong character and resists the work of a dilettante in its own way.

When the stallion „Moneera-Siptah“, owned and bred by Ute and Georg Thierer from the Moneera stud, came to me for training two and a half years ago, he had just been lightly ridden in.

Thanks to his eagerness, his clearheadedness and his power of rapid comprehension, his training in the campagne school is almost finished. A lot of things were easy for him to learn, for he already possessed the required disposition. Where he was less inclined to do a certain thing, he nevertheless learnt it very rapidly due to the good, long and conscientious basic training in rhythm and pace, suppleness and affection in the three natural gaits. I even had to give him a break now and then in order not to overtax him. His character and his nature, which are typical for the Arabian race, made it possible for him to also become acquainted with the piaffe and even the rudiments of passage, and one always had to bear in mind that he was only seven years old. A large part of his training so far was taken in by hand work. Precisely in this part of his training, in which it would have been easy for him to say „no“, he always said „yes“ to my way of teaching him, and this is the reason for his success in learning.

My wish for the future is only to have the pleasure of working with horses possessing the qualities displayed by Asil Arabians.

Dorothee Faltejsek

Die verbreitete Meinung, daß ein Pygmäe kein Mensch ist, daß ein Pony kein Pferd ist, daß „Exoten“ Menschen anderer Rasse und Hautfarbe, Menschen dritter Klasse sind, daß das „Exotische Pferd“ keine nennenswerten Fähigkeiten besitzt, daß Einheimische aber das Nonplusultra der Schöpfung wären, – diese Meinung verändert sich nun glücklicherweise, zwar langsam, aber stetig.

Denn so, wie die Wissenschaft den Ursprung der Menschheit immer mehr in Afrika sucht, so sollte der Mensch sich fragen, warum man für die Veredelung aller einheimischen Rassen die älteste Pferderasse der Welt, den asilen Araber, ausgesucht hat.

Nur durch die Veredelung mit arabischem Blut war es möglich, das Europäische Warmblutpferd auf das Niveau der heutigen Zeit zu bringen. Wenn das Warmblutpferd schon ein so hohes Niveau hat, wie hoch ist dann erst das der Araber selbst?

Daher sollte sich auch der Berufsreiter nicht nur einseitig auf den Umgang mit Warmblütern beschränken, sondern zur Schulung seines Gefühls auch mit verschiedenen Blutpferderassen arbeiten, angeführt vom asilen Araber.

In meiner Berufslaufbahn konnte ich immer wieder feststellen, daß hoch im Blut stehende Pferde nur mit guten Lehrern zusammenarbeiten. Einem dilettantischen Wirken widerspricht z.B. der charakterstarke Araber auf seine Weise.

Als der Hengst Moneera-Siptah, im Besitz und aus der Zucht von Ute und Georg Thierer, Gestüt Moneera, vor zweieinhalb Jahren zu mir in Ausbildung kam, war er gerade leicht angeritten.

Sein Eifer, sein klarer Kopf und seine schnelle Auffassungsgabe haben es möglich gemacht, daß seine Ausbildung in der Campagneschule fast abgeschlossen ist. Vieles lernte er leicht, weil er die Anlage dazu schon mitbrachte. Das, was ihm nicht so lag, lernte er dennoch sehr schnell durch die gute, lange und gewissenhafte Grundausbildung in Takt und Tempo, Losgelassenheit und Anlehnung in den drei natürlichen Gangarten. Ich mußte ihm sogar da und dort eine Pause gönnen, um ihn nicht zu überfordern. Sein Charakter, sein rassetypisches arabisches Wesen hat es ihm ermöglicht, nebenbei Piaffetritte und sogar Passageansätze kennenzulernen, wobei man immer berücksichtigen muß, daß er erst sieben Jahre alt ist. Einen großen Teil seiner bisherigen Ausbildung nahm die Arbeit an der Hand ein. Gerade in diesem Ausbildungsabschnitt, in dem es ein leichtes für ihn wäre, nein zu sagen, sagte er immer ja zu meiner Art, ihn zu unterrichten, und eben dies ist der Grund seines Lernerfolgs.

Mein Wunsch für die Zukunft wäre, nur Pferde mit den Qualitäten, wie sie die asilen Araber besitzen, arbeiten zu dürfen.

MONEERA-SIPTAH (Moneef – Shaheera), Z./*Breeder:* Moneera-Thierer Araber, B./*Owner:* dto.
Ausgebildet und auf dem Asil Cup International 1993 vorgestellt von Dorothee Faltesjek.

Foto: D. Schneider

Leistungsnachweise/
Hengstleistungsprüfung

Performance Records/
Stallion Performance Test

Performance Records

We value the Asil Arabian as an excellent riding horse – we could not imagine a better family riding horse. But its effective usefulness goes further, from the individual training tasks to the exercises of the Haute Ecole, from its use before a carriage to long-distance riding with sulkies, from short-distance racing to cross-country riding and, finally, its actual domain, which is long-distance riding.

The disposition and the readiness of rendering performances lay dormant in every Arabian horse. It is the breeder's duty to wake up these qualities and to prove them. If in the next few years all Arabian horses available would be properly trained and entered in the regional, national and international tests, the Arabian and the anglo-Arabian horse would increasingly dominate the field in some of the disciplines.

We know that the asil Arabian has the best conceivable character, and many people express to me the feeling that this excellent quality of character bases itself on a high level of rideability. This rideability is in turn essentially responsible for the level of performance.

As a rule, the performance of our domestic animals is easily measured. This is true of the Arabian as much as of most other races of horses.

The performance of English Thoroughbreds and of trotters can be ascertained without difficulty, as can that of other pure and warm-blooded races, especially jumping and dressage horses.

The Arabian horse, it is true, proves, sometimes more and sometimes less, suitable for all these disciplines and is especially convincing through its outstanding performance in endurance rides, but impresses most horse lovers rather with its type, charm and beauty. Here lies a great danger, since some breeders want their horses only to stand out at shows. This, however, necessarily means ignoring the manifold virtues of the Arabian horse. The multiple talents of the Arabian horse should and must be tested under the rider. Only this will convince the skeptics. How often must we breeders witness how some trainers deal with our horses critically or even scoffingly, particularly when breaking them in. And we often note with great satisfaction that even after a short while these trainers express the wish to acquire an Arabian horse of their own.

This chapter and the section "Stallion Performance Tests" intend to prove how much the Asil Arabian is characterized by its outstanding performance in comparison to other purebred Arabians.

Leistungsnachweise

Wir schätzen den Asil Araber als hervorragendes Reitpferd – wir können uns kein besseres Familienreitpferd vorstellen. Seine effektive Verwendbarkeit reicht aber weiter, und zwar von den einzelnen Dressuraufgaben bis zu den Übungen der Hohen Schule, vom Einsatz vor der Kutsche bis zum Distanzfahren, von den Kurzstreckenrennen zum Geländeritt und schließlich zu seiner eigentlichen Domäne, dem Distanzritt.

In jedem arabischen Pferde schlummern Leistungsveranlagung und Leistungsbereitschaft. Es ist die Aufgabe eines jeden Züchters und Besitzers, diese Qualitäten zu wecken, unter Beweis zu stellen. Würden in den nächsten Jahren konsequent alle verfügbaren Araber nach entsprechendem Training in die regionalen, nationalen und internationalen Prüfungen geschickt, das arabische und das angloarabische Pferd beherrschten in mancher Disziplin mehr und mehr die Szene.

Wir wissen: Der Asil Araber hat den denkbar besten Charakter, und mit mir teilen viele die Auffassung, diesen herausragenden charakterlichen Qualitäten verdanken wir ein Höchstmaß an Rittigkeit. Und diese Rittigkeit ist wieder wesentlich verantwortlich für die Leistung.

Die Leistung unserer Nutztierrassen ist in der Regel leicht meßbar. Das gilt auch für die meisten anderen Pferderassen. So ist die Leistung beim Englischen Vollblut oder beim Traber ohne Schwierigkeit festzustellen, und ähnliches gilt auch für die anderen Edel- und Warmblutrassen, insbesondere für ihre Spring- oder Dressurpferde.

Das arabische Pferd erweist sich zwar für alle diese Disziplinen als manchmal mehr, manchmal weniger geeignet, überzeugt vor allem durch seine überragenden Leistungen innerhalb der Distanzritte, besticht aber die meisten Pferdefreunde eher durch seinen Typ, seinen Charme, seine Schönheit. Darin liegt eine große Gefahr, denn manche Züchter möchten mit ihren Pferden nur noch auf der Schau glänzen. Hier muß aber die Vielfalt der Tugenden des arabischen Pferdes zwangsläufig zu kurz kommen.

Die Vielfalt der Talente des Arabers soll und muß unter dem Reiter getestet werden. Nur so werden auch die Skeptiker überzeugt. Wie oft müssen wir Züchter erleben, daß sich Bereiter anfangs kritisch oder gar spöttisch unseren Pferden, vor allem beim Zureiten, widmen. Und es ist immer wieder mit großer Genugtuung festzustellen, daß schon nach kurzer Zeit der Wunsch laut wird: wenn einmal ein eigenes Pferd, dann nur noch einen Araber.

Wie sehr gerade die Asil Araber durch ihre Leistungen herausragen, soll in diesem Kapitel und im Vergleich zu anderen Vollblutarabern im Abschnitt „Hengstleistungsprüfungen“ unter Beweis gestellt werden.

MOHGANA (El Abd - Bint Magdi), Z./Breeder: Asuad El Arab - B./Owner: Hof Stubben, Successful as only Arabian mare of 40 Trakehn warm-blooded mares at the mare performance test, station test at Medingen, 1991, with 8 points.

ABDALLAH (Ghalion OA - Hanan) Pedigree s. page.......................................371
born 1974, Breeder: Dr. H.J. Nagel, D-26197 Großenkneten
Owner: Arabervollblut-Gestüt Birkenhof, D-35094 Lahntal-Caldern
2nd place in the Lucerne long-distance-ride, 50km, 1980.
Winner in the Oberländer long-distance-ride, 50km, 1981.
Tied for 1st place with Anchor Hill Halim in the Schnabelsberg Cup race, 100 km, 1981.

ALLAT AL KAZAR (Kasr el Nil OA - E.H. Allat)
born 1987, Breeder: Gestüt Allat, D-64342 Seeheim-Jugenheim
Owner: dto.
3rd place in the stallion performance test at Warendorf, 1991.

AMIR MAHABB (Kaisoon OA - Morasha) Pedigree s. page.............................335
born 1985, Breeder: Amira El Arab, D-75203 Königsbach
Owner: dto.
Winner in the stallion performance test of pure-bred Arabians at Medingen, 1989.

BINT AJA (Mirath - Aja), Z./Breeder: Lee Oellerich - B./Owner: Ghazieh Asil Araber, 3rd place in the Okanagan Sun Competitive 14-mile trail ride at Okanagan Valley, BC, Canada, 1992.

ANCHOR HILL HALIM (Hadbah - Silima)
born 1970, Breeder: Dr. T.E. Atkinson, Springfield/Miss., USA
(+ 1986) Owner: Petra Horsch, D-83329 Hellmannsberg
First in training and second in the stallion performance test at Medingen, 1975.
Reserve Champion of the international jumping competition, Aachen, 1979.
Winner in Cross-Country Ride (small military) 2400m at Münchmünster, 1980.
2nd in the Vilstal long-distance ride, 1980.
Winner in the relay jumping competition at Ising, 1980.
Winner in the Viertäler-Passage long-distance ride, 80km, 1981.
Winner in the Böhmer Wald long-distance ride, 55km, 1981.
2nd in the Hannover-Hamburg long-distance ride, 160km, 1981.
Winner in the Schnabelsberg Cup long-distance ride, Switzerland, 100km, 1981.

BINT AJA (Mirath - Aja) Pedigree s. page...452
born 1980, Breeder: Lee Oellerich, Langley, BC, Canada
Owner: Ghazieh Asil Araber, D-31785 Hameln
3rd place in the Okanagan Sun Competitive 14-mile trail ride at Okanagan Valley, BC, Canada, 1992.

EL BESHIR (Faaris - Sirulla), Z./Breeder: F.E. Ott - B./Owner: Hof Schimmelberg, Winner of the first German race for purebreds, 1973 at Verden over the distance of 2400m (= 1.5 miles). Second was a Russian purebred stallion, which has raced successfully 26 times in Russia (one winner, six seconds, nine thirds) and was ridden at Verden by a Polish professional jockey. Foto: Schiele

EL BESHIR (Faaris - Sirulla) Pedigree s. page...561
born 1969, Breeder: F.E. Ott, Mathews/VA., USA
Owner: Hof Schimmelberg, D-85659 Forstern
Winner of the first German race for purebreds, 1973 at Verden over the distance of 2400m (= 1.5 miles).
Second was a Russian purebred stallion, which has raced successfully 26 times in Russia (one winner, six seconds, nine thirds) and was ridden at Verden by a Polish professional jockey.

EL MONIET (Mohafez - Madinah) Pedigree s. page..................................472,473
born 1982, Breeder: Madheen-Araber, D-37077 Göttingen-Roringen
Owner: Arabergestüt Höferhof, D-51598 Friesenhagen
Winner of the stallion performance test of pure-bred Arabians at Medingen, 1986.

EL THAY BASRA (El Thay Ibn Halim Shah - El Thay Baheia)
born 1988, Breeder: El Thay-El Thayeba, D-26197 Großenkneten
Owner: Schwärzhof Vollblutaraber, D-95326 Kulmbach
Winner of race of the mare performance test at Ströhen, 1991.

EL THAY BASRA (El Thay Ibn Halim Shah - El Thay Baheia), Z./Breeder: El Thay-El Thayeba - B./Owner: Schwärzhof Vollblutaraber, Winner of race of the mare performance test at Ströhen, 1991. Foto: Bayer

EL THAY IBN HALIM SHAH (Ansata Halim Shah - Mahameh)
born 1985, Breeder: Zahara Stud, USA
Owner: El Thay-El Thayeba, D-26197 Großenkneten
Three first places in the performance tests of the DRAV at Rastede, Verden and at Ganderkesee, 1989.

EL THAY MANSOUR (Ansata Halim Shah - El Thay Maheera)
Pedigree s. page...........436
born 1986, Breeder: El Thay-El Thayeba, D-26197 Großenkneten
Owner: dto.
Winner of the DRAV stallion performance test at Baden-Baden 1991 and reserve champion of the race of the stallion performance test at Bad Harzburg, 1991.

EL THAY MOURAD (Machmut - Morawa) Pedigree s. page...........................495
born 1986, Breeder: El Thay-El Thayeba, D-26197 Großenkneten
Owner: Dr. Erwin Klein, D-31868 Ottenstein
Successful in the stallion performance test at Medingen, 1989, with 115 points.

FALEH OA (Alaa El Din - Farasha), Z./Breeder: El Zahraa Stud - B./Owner: Gleannloch Farm, Winner in 100-mile Competitive Trail Competition, 1972. Foto: Rhita

FALEH OA (Alaa El Din - Farasha)
born 1967, Breeder: El Zahraa Stud, Cairo
Owner: Gleannloch Farm, Barksdale, Texas 78828, USA
Winner in 100-mile Competitive Trail Competition, 1972.

GHALION-6 CL (Ghalion OA - 25 Amurath Sahib) Pedigree s. page...............383
born 1973, Breeder: State Stud Babolna, Hungary
Owner: Asil Royal Corinna Arabians, D-96104 Ebern/Ufr.
2nd in the Vienna-Budapest long-distance ride, 300km, 1983.
Two wins in 60km long-distance rides, one win in 100km long-distance ride, one 2nd place in the 100km long-distance ride.

GHAROON (Kaisoon OA - Ghroub OA) Pedigree s. page.................................351
born 1975, Breeder: E. Ehrke, D-56865 Hofgut Moritzheim
Owner: Asil Arabian Horse Center, Safat, Kuwait
Winner of the Arabian race in Sonsbeck, 1980.

GHAROON (Kaisoon OA - Ghroub OA), Z./Breeder: E. Ehrke - B./Owner: Asil Arabian Horse Center, Kuwait, Winner of the Arabian race in Sonsbeck, 1980. Foto: M. Hofmann

GOLMOUD EL AHMAR OA (Galal - Sharara) Pedigree s. page......................484
born 1978, Breeder: El Zahraa Stud, Cairo
Owner: I. Kablawi / N. Timmermann, D-76133 Karlsruhe
One win, two 2nd places, one 3rd place in the Arabian races of 1982.

HABIB (Hamdan II OA - Mariam)
born 1974, Breeder: Gestüt Schieferegg, Canada del Robledo, Spain
Owner: dto.
First in training and Reserve Champion in the stallion performance test at Medingen, 1978.
Winner of the condition prize in the 60km long-distance ride at Seibersdorf, 1982.
Successful at the 180km long-distance ride at Badahoz/Spain, 1986.

HAMAL (Messaoud - Hamasa Halaiwa)
born 1985, Breeder: Fränkel
Owner: Jutta Osterhoff
Reserve Champion of the Arabian Trail, Hamburg-Berlin, 360km, 1991.

HABIB (Hamdan II OA - Mariam), Z./Breeder: Gestüt Schieferegg - B./Owner: dto., First in training and Reserve Champion in the stallion performance test at Medingen, 1978. Winner of the condition prize in the 60km long-distance ride at Seibersdorf, 1982. Successful at the 180km long-distance ride at Badahoz/Spain, 1986. Foto: A. Jarc

HAMASA DURAN (Farag OA - Shar Duda)
born 1980, Breeder: Olms Araber Hamasa Gestüt, D-35460 Treis/Lda.
(+ 1990) Owner: Karin Wagner, Aidlingen
Winner of the Bad Orb long-distance ride over 42km, 1988.
2nd place in the Dettenhof long-distance ride over 60km, 1989.
3rd place in the Heßdorf long-distance ride over 60km, 1989.
4th place in the Mehrstett long-distance ride (condition prize) over 50km, 1989.
Top Ten of the Bedouin Arabians, 1990.
Winner in the Spessartperle long-distance ride over 61km, 1990.
Winner in the Rulamanspur long-distance ride over 120km, 1990.
2nd place in the Bad Orb long-distance ride over 42km, 1990.
4th place in the Dettenhof long-distance ride over 75km, 1990.

HAMASA EL FAGR (Farag OA - Menha OA) Pedigree s. page........................482
born 1981, Breeder: Olms Araber Hamasa Gestüt, D-35460 Treis/Lda.
Owner: Johrhemar Arabian Stud, Klerksdorp 2570, South Africa
Reserve Champion in the riding class, National Arabian Horse Show, South Africa, 1985.
Champion in the riding class, National Arabian Horse Show, South Africa, 1986.

MENAIFAH (Moneef - Messaouda), Z./Breeder: Ansiba Arabians - B./Owner: dto., Westphalian champion in Western Horsemanship, Trail and Pleasure 1989, 1990, 1991 and 1992. Foto: T. Rothkegel

HAMASA GHARBI (Gharib OA - Hamasa Tumaderah)
Pedigree s. page....442,443
born 1982, Breeder: Olms Araber Hamasa Gestüt, D-35460 Treis/Lda.
Owner: Hans Werner Falk, Edewecht/Lohorst
Champion of the Hülsen long-distance-ride, 60 km, 1988.
Federal Champion of Germany of the long-distance-driving over 90 km, 1989 in an record time of 4^{h}, 26 min. and 26 sec.
Champion of the Heide long-distance-driving, Hannover-Hamburg, 1989.

HAMASA KADIR (Farag OA - Hamasa Kahila) Pedigree s. page...........418, 419
born 1977, Breeder: Olms Araber Hamasa Gestüt, D-35460 Treis/Lda.
Owner: Asilarabergestüt El Kadir, D-66583 Spiesen-Elversberg
2nd place in A-jumping by playing off ties, Reit- und Fahrverein Spiesen 1984.
2nd place at VDD-Landesverband Saarland ride over 50km, 1992.

ASJAH IBN FALEH (Faleh - Dawlat), Z./Breeder: Gleannloch Farms - B./Owner: dto., Winner and new record in the California Auxillary race meet.

HAMASA MUTADIL (Malik - Hamasa Farida) Pedigree s. page..............328,329
born 1986, Breeder: Olms Araber Hamasa Gestüt, D-35460 Treis/Lda.
Owner: Al Safi Stud, Abu Dhabi
3rd place in the DRAV race at Verden/Aller, 1989.
Winner in the DRAV race at Moers, 1989.
Winner in the DRAV race at Verden/Aller, 1990.
Winner in the DRAV race at Bad Harburg, 1990.
Winner in the DRAV race at Schwanewede, 1990.
Winner in the DRAV race at Rastede, 1991.

HAMASA TIRF (Tufail - Shar Duda)
born 1977, Breeder: Olms Araber Hamasa Gestüt, D-35460 Treis/Lda.
Owner: Marcella Heer
Winner of the Scherenhütte long-distance ride, 48km, 1987.

HAMASA EL FAGR (Farag OA - Menha OA), Z./Breeder: Olms Araber Hamasa Gestüt - B./Owner: Johrhemar Arabian Stud, Reserve Champion in the riding class, National Arabian Horse Show, South Africa, 1985. Champion in the riding class, National Arabian Horse Show, South Africa, 1986. Foto: J. Theron

HASHEM (Hamdan II OA - Bint Shahbaa OA)
born 1977, Breeder: Gestüt Schieferegg, Canada Del Robledo, Spain
Owner: dto.
9th place in Lissabon-Madrid long-distance ride, 620km, 1986.
8th place in Jerez long-distance ride, over 240km, Spain 1986.
4th place in the L-dressage at Jerez, Spain, 1992.

IBN YAKOUT OA (Yakout - Horees)
born 1976, Breeder: Hamdan Stables, Cairo
Owner: Hanaya Arabian Stud, CH-8165 Schleinikon, Switzerland
Reserve Champion of the stallion performance test at Avenches, 1984.

IBRAHIM (Mahomed - Mahiba) Pedigree s. page...350
born 1973, Breeder: Dr. H.J. Nagel, D-26197 Großenkneten
Owner: Asil Arabian Horse Center, Safat, Kuwait
Third in the stallion performance test at Medingen, 1979.

HAMASA KADIR (Farag OA - Hamasa Kahila), Z./Breeder: Olms Araber Hamasa Gestüt - B./Owner: Asilarabergestüt El Kadir, 2nd place in A-jumping by playing off ties, Reit- und Fahrverein Spiesen 1984. 2nd place at VDD-Landesverband Saarland ride over 50km, 1992. Foto: E. Escher

INSHAT AL RIH (Ibrahim - Inshraa) Pedigree s. page......................................367
born 1983, Breeder: El Shams, Delingsdorf
Owner: Baraimu El Sahra, D-53547 Reidenbruch Post Hausen
Winner in the DRAV race of the stallion performance test at Bad Harzburg, 1986.

MAHYUBI SON (Mahyubi Ibn Maisa - Zareefah) Pedigree s. page..................479
born 1988, Bredder: Gestüt Roter Busch, D-74722 Buchen-Götzingen
Owner: Claudia Jährig, D-69198 Schriesheim
Winner in the riding class Baden-Baden International, 1992.
Reserve champion of the English show class, separate dressage section in Frauenfeld, Switzerland, 1992.

MANAL (Anchor Hill Halim - Malikah)
born 1974, Breeder: Gestüt Roter Busch, D-74722 Buchen-Götzingen
Owner: dto.
Best Arabian horse in the performance test of the stallion performance test at Marbach, 1979.

TUFAIL (Kaisoon OA - Faziza), Z./Breeder: Olms Araber Hamasa Gestüt - B./Owner: dto., First in training and second of his age group in the stallion performance test at Medingen, 1974.

MANAL (Mehanna OA - Isis)
born 1986, Breeder: Gestüt Schieferegg, Canada Del Robledo, Spain
Owner: dto.
Winner in L-dressage at Jerez, Spain, 1992.

MANIAL (Masir - Shadia) Pedigree s. page..587
born 1979, Breeder: Gestüt Schieferegg, Canada del Robledo, Spain
Owner: Vollblutarabergestüt Steffeshof,
D-74541 Vellberg-Lorenzenzimmern
Successful in the stallion performance test at Medingen, 1984.

MEHANNA OA (Galal - Mouna)
born 1971, Breeder: El Zahraa, Cairo
Owner: Gestüt Schieferegg, Canada Del Robledo, Spain
Champion of the stallion performance test and second in training at Medingen, 1975.
Reserve Champion in A-dressage at Vienna, Austria, 1977.

HASHEM (Hamdan II OA - Bint Shahbaa OA), Z./Breeder: Gestüt Schieferegg - B./Owner: dto., 9th place in Lissabon-Madrid long-distance ride, 620km, 1986. 8th place in Jerez long-distance ride, over 240km, Spain 1986. 4th place in the L-dressage at Jerez, Spain, 1992. Foto: A. Jarc

MENAIFAH (Moneef - Messaouda)
born 1984, Breeder: Ansiba Arabians, D-59320 Ennigerloh-Westkirchen
Owner: dto.
Westphalian champion in Western Horsemanship, Trail and Pleasure 1989, 1990, 1991 and 1992.

MESOUDAH-M (Messaoud - Madinah) Pedigree s. page.................................507
born 1985, Breeder: Madheen Araber, D-37077 Göttingen-Roringen
Owner: dto.
Successful in the mare performance test of the "Verband Hannoverscher Warmbluzüchter" at Bilderloh 1992.

MOHGANA (El Abd - Bint Magdi)
born 1984, Breeder: Asuad El Arab, Ludwigsburg
Owner: Hof Stubben, D-24637 Schillsdorf
Successful as only Arabian mare of 40 Trakehn warm-blooded mares at the mare performance test, station test at Medingen, 1991, with 8 points.

INSHAT AL RIH (Ibrahim - Inshraa), Z./Breeder: El Shams - B./Owner: Baraimu El Sahra, Winner in the DRAV race of the stallion performance test at Bad Harzburg, 1986.

M. SHAKA (Farag OA - Shannah)
born 1986, Breeder: Douglas B. Marshall
Owner: Paolo Gucci
Winner of the 3rd race, 6 Furlongs, Los Alamitos USA, Nov. 1990.
Winner of the 5th race, 6 Furlongs, Los Alamitos USA, Dec. 1990.

MUQATAMM (Mahomed - Ghazala)
born 1977, Breeder: Gestüt Dömken, D-27313 Dörverden
Owner: dto.
3rd place in the stallion performance test at Medingen, 1984.

NABIL IBN NAZEEFA (Farag OA - Nazeefa OA)
born 1977, Breeder: Gestüt Roter Busch, D-74722 Buchen-Götzingen
Owner: dto.
Reserve Champion of the pure-bred Arabians in the stallion performance test at Medingen, 1982.

MANIAL (Masir - Shadia), Z./Breeder: Gestüt Schieferegg - B./Owner: Vollblutarabergestüt Steffeshof,
Successful in the Stallion performance test at Medingen, 1984. Foto: T. Haake

NAHEED (Madkour OA - Nagha) Pedigree s. page...379
born 1984, Breeder: Vollblutaraber-Gestüt Seidlitz, Sesslach
Owner: Urte Kern, D-35321 Laubach-Wetterfeld
Total champion in the stallion performance test at Medingen, 1988, with 132,72 points.
Champion of the riding class in E-dressage at Leipheim 1989 and at Augsburg 1990.
Reserve Champion of the riding class in E-dressage at Baden-Baden 1990 and 1992.

NIJAMIN (Gharib OA - Nedjari) Pedigree s. page.....................................498,499
born 1979, Breeder: Haupt- und Landgestüt Marbach, Gomadingen
Owner: Ulrich Wilhelm Leifert, D-58640 Iserlohn
First of the pure-bred Arabians in the stallion performance test at Marbach, 1984, with the best total-placing ever obtained at Marbach by a pure-bred Arabian.

PRI SERR SUDAN (Serr Maariner - Pri Serr Kuhaylah)
born 1980, Breeder: Princeton Arabians, N.J. 07728, USA
Owner: dto.
Qualified for the I.A.H.A. Nationals at first level by competing among all breeds. He has won several classes in open competition at training level.

MANAL (Mehanna OA - Isis), Z./Breeder: Gestüt Schieferegg - B./Owner: dto., Winner in L-dressage at Jerez, Spain, 1992. Foto: A. Jarc

SERR MAARINER (Ibn Fa Serr - Maarena)
born 1970, Breeder: H. Babson, USA
Owner: Princeton Arabians, N.J. 07728, USA
Three times National Champion through 4th Level Dressage. Twice National Reserve Champion.
Four times United States Dressage Federation of the Year. The first Arabian to win U.S.D.F. Horse of the Year at the F.E.I. (International) Levels among all breeds.
Six times Eastern States Dressage Champion through the F.E.I. Level.

SHULAMITE HALIWA (Ansata Halim Shah - Ansata Haliwa)
born 1988, Breeder: F. Dinert, USA
Owner: Hof Stubben, D-24637 Schillsdorf
Successful as the sole Arabian mare of 40 Trakehn warm-blooded mares at the mare performance test, station test at Medingen, 1992, with 7.5 points.

TUFAIL (Kaisoon OA - Faziza) Pedigree s. page..533
born 1970, Breeder: Olms Araber Hamasa Gestüt, D-35460 Treis/Lda.
Owner: dto.
First in training and second of his age group in the stallion performance test at Medingen, 1974.

Stallion performance tests

According to the law ruling the breeding of domestic animals in Germany, now in force for some years, the stallions to be used for breeding had to pass a performance test. One of the most important training centres of Germany is Medingen where the largest proportion of pure-bred Arabians is schooled for the stallion performance tests.

On account of the small number of pure-bred Arabians who participated in the stallion performance tests at Marbach, München-Riem and Warendorf little can be said of the results.

The evaluation of the stallion performance tests of 1974–84 as passed by pure-bred Arabians at Klosterhof E. Wahler, Medingen, shows the following top results for asil Arabians:

1974 participation:		9 pure-bred Arabians, 1 asil
Asil Arabian	=	First in training
1975 participation:		14 pure-bred Arabians, 3 asil
Asil Arabians	=	First in training and reserve champion Second in training and champion
1976 no participation of Asil Arabians		
1977 participation:		7 pure-bred Arabians, 1 asil
Asil Arabian	=	Champion
1978 participation:		13 pure-bred Arabians, 1 asil
Asil Arabians	=	First in training and reserve champion
1979 participation:		14 pure-bred Arabians, 7 asil
Asil Arabians	=	Champion, first in training, reserve champion Third place
1980 participation:		22 pure-bred Arabians, 6 asil
Asil Arabians	=	Reserve champion and Third place
1981 participation:		17 pure-bred Arabians, 4 asil
Asil Arabians	=	Fourth and Fifth place
1982 participation:		11 pure-bred Arabians, 5 asil
Asil Arabians	=	Champion, first in training Reserve champion, Third place
1983 participation:		22 pure-bred Arabians, 10 asil
Asil Arabians	=	Third and Fourth place
1984 participation:		13 pure-bred Arabians, 6 asil
Asil Arabians	=	Champion, first in training Reserve champion
1985 participation:		10 pure-bred Arabians, 1 asil
Asil Arabians	=	no significant result
1986 participation:		17 pure-bred Arabians, 6 asil
Asil Arabians	=	3rd place
1987 participation:		15 pure-bred Arabians, 6 asil
Asil Arabians	=	Champion

Hengstleistungsprüfungen

Seit 1974 wurde in der Bundesrepublik Deutschland verlangt, daß Hengste, die zur Zucht eingesetzt werden, eine Leistungsprüfung ablegen. Als Trainingszentrum steht hier an erster Stelle Medingen, das den größten Anteil an der Ausbildung von Vollblutarabern für die Hengstleistungsprüfungen hat.

Der Anteil von Vollblutarabern in den Hengstleistungsprüfungen in Marbach, München-Riem und Warendorf hat mit der Beteiligung von nur wenigen Vollblutarabern eine zu geringe Aussagekraft.

Die Auswertung der Hengstleistungsprüfungen der Jahrgänge 1974–1989 für Arabisches Vollblut auf dem Klosterhof E. Wahler, Medingen, ergibt folgende Spitzenergebnisse für Asil Araber:

1974 Beteiligung:		9 Vollblutaraber, davon 1 Asil Araber
Asil Araber	=	Trainingsbester
1975 Beteiligung:		14 Vollblutaraber, davon 3 Asil Araber
Asil Araber	=	Trainingsbester und Reservesieger
		2. Platz Trainingsnote und Sieger
1976 Beteiligung:		14, keine Teilnahme von Asil Arabern
1977 Beteiligung:		7 Vollblutaraber, davon 1 Asil Araber
Asil Araber	=	Sieger (Nachprüfung)
1978 Beteiligung:		13 Vollblutaraber, davon 1 Asil Araber
Asil Araber	=	Trainingsbester und Reservesieger (Nachprüfung)
1979 Beteiligung:		14 Vollblutaraber, davon 7 Asil Araber
Asil Araber	=	Sieger, Trainingsbester
		Reservesieger
		3. Platz
1980 Beteiligung:		22 Vollblutaraber, davon 6 Asil Araber
Asil Araber	=	Reservesieger und 3. Platz
1981 Beteiligung:		17 Vollblutaraber, davon 4 Asil Araber
Asil Araber	=	4. u. 5. Platz
1982 Beteiligung:		11 Vollblutaraber, davon 5 Asil Araber
Asil Araber	=	Sieger, Trainingsbester
		Reservesieger
		3. Platz
1983 Beteiligung:		22 Vollblutaraber, davon 10 Asil Araber
Asil Araber	=	3. u. 4. Platz
1984 Beteiligung:		13 Vollblutaraber, davon 6 Asil Araber
Asil Araber	=	Sieger und Trainingsbester
		Reservesieger
1985 Beteiligung:		10 Vollblutaraber, davon 1 Asil Araber
Asil Araber	=	ohne signifikantes Ergebnis
1986 Beteiligung:		17 Vollblutaraber, davon 6 Asil Araber
Asil Araber	=	3. Platz

ANCHOR HILL HALIM (Hadbah – Silima), Z./Breeder: Atkinson, B./Owner: Horsch
First in training, second in the stallion performance test at Medingen. Foto: de Vol

1988 participation:		13 pure-bred Arabians, 4 asil
Asil Arabians	=	Champion
1989 participation:		15 pure-bred Arabians, 5 asil
Asil Arabians	=	3rd place
1990 participation:		9 pure-bred Arabians, 1 asil
Asil Arabians	=	Champion

Seen as a whole, the 15 years during which Asil Arabians have participated in the tests at Medingen produced the following results:
1974–90 participation: 221 pure-bred Arabians, 67 asil
except 1976

Asil Arabians	=	9 times Champion
		(7 times First in training)
		6 times Reserve champion
		6 times Third place

MUQUATAMM (Mohamed – Ghazalah). Z./Breeder: Dömken, B./Owner: dto.
Dritter Platz bei der Hengstleistungsprüfung in Medingen, 1984 Foto: Kübe

1987 Beteiligung:		15 Vollblutaraber, davon 6 Asil Araber
Asil Araber	=	Sieger
1988 Beteiligung:		13 Vollblutaraber, davon 4 Asil Araber
Asil Araber	=	Sieger
1989 Beteiligung:		15 Vollblutaraber, davon 5 Asil Araber
Asil Araber	=	3. Platz
1990 Beteiligung:		9 Vollblutaraber, davon 1 Asil Araber
Asil Araber	=	Sieger

Die Zusammenfassung von 15 Jahrgängen, an denen Asil Araber in *Medingen* teilgenommen haben, ergibt:

1974–1990 Beteiligung: 221 Vollblutaraber, davon 67 Asil Araber (ohne 1976)

Asil Araber = 9mal Sieger
(7mal Trainingsbeste)*
6mal Reservesieger
6mal 3. Platz

MEHANNA OA (Galal – Mouna), Z./Breeder: El Zahraa Stud – B./Owner: Gestüt Schieferegg, Champion of the stallion performance test and second in training ad Medingen, 1975. Reserve Champion in A-dressage at Vienna, Austria, 1977.

Asil Arabians, which represent less than one third of pure-bred Arabians, thus provided almost two thirds of the winners and nearly half of the first three places.

The training mark of the 10 years 1974–1984 (excluding 1976) was, with 7 Asil Arabians as "Best in Training", also of special significance. This total training mark was not specially calculated for the years 1985–90.

If we add the 10 Marbach years to the 15 Medingen years, we get the following result:
25 years, participation: 272 pure-bred Arabians, of which 89 Asil Arabians

Asil Arabians = 15 winners

The Asil Arabians represent less than one third of the purebred Arabians in both stallion performance tests (32.7 %) and have provided more than half of the winners (60 %), that is, twice as many as the other purebred Arabians. These are significant results.

Again: 89 Asil Arabians = 15 winner (17 %)!
183 non-Asil purebred Arabians = 10 winners (5.5 %)!

We knew that the Asil Arabian had the best character imaginable, the results of which are ridability and willingness to perform, and these are required for success in performance. The stallion performance tests have confirmed impressively what we expected on the basis of this hypothesis.

AMIR MAHABB (Kaisoon OA – Morasha), Z./Breeder: Amira El Arab – B./Owner: dto., Winner in the stallion performance test of pure-bred Arabians at Medingen, 1989.

Damit wurden von den Asil Arabern, die weniger als ein Drittel der Vollblutaraber ausmachten, fast zwei Drittel der Sieger gestellt und fast die Hälfte der ersten drei Plätze belegt.

* Die Trainingsnote der 10 Jahrgänge 1974–1984 (ohne 1976) war mit 7 Asil Arabern als Trainingsbeste ebenfalls von überragender Bedeutung. Diese Trainingsgesamtnote wurde in den Jahrgängen 1985–90 nicht gesondert ausgeworfen.

Rechnet man diesen *15 Medinger Jahrgängen* die *10 Jahrgänge von Marbach* hinzu, ergibt sich:
25 Jahrgänge, Beteiligung: 272 Vollblutaraber, davon 89 Asil Araber
Asil Araber = 15 Sieger

Die Asil Araber, sie bilden weniger als ein Drittel der Vollblutaraber in beiden Hengstleistungsprüfungen (32,7 %), haben mehr als die Hälfte der Sieger gestellt (60 %), also doppelt so viel, wie die anderen Vollblutaraber. Das sind signifikante Ergebnisse.

Also: 89 Asil Araber = 15 Sieger (das sind 17 %)!
183 nicht asile Vollblutaraber = 10 Sieger (das sind 5,5 %)!

Wir wußten: der Asil Araber hat den denkbar besten Charakter, daraus resultieren Rittigkeit und Leistungsbereitschaft, und diese bilden die Voraussetzung für Leistungserfolge. Was wir aufgrund dieser Hypothese erwarteten, hat sich in den Hengstleistungsprüfungen eindrucksvoll bestätigt.

ASIL CUP INTERNATIONAL
Europas größte Schau der Asil Araber

ASIL CUP INTERNATIONAL
Europe's Greatest Show of Asil Arabians

Mannheim 1993
unter der Schirmherrschaft von / under the patronage of
Ministerpräsident Erwin Teufel

Mannheim 1990
unter der Schirmherrschaft von / under the patronage of
Ministerpräsident Dr. Lothar Späth

Ludwigsburg 1988
unter der Schirmherrschaft von / under the patronage of
Ministerpräsident Dr. Lothar Späth

Dillenburg 1986
unter der Schirmherrschaft von / under the patronage of
HRH Prince Sultan Bin Salman Bin Abdulaziz, Riyadh

Dillenburg 1985

Asil Cup International

We know about the international situation of the pure-bred Arabian breed. We are required to clarify this situation. This responsibility led the Asil Club to present its documentations. The Asil Club contributes to the preservation of the Asil Arabian breed by means of one further instrument: the Asil Cup International. Of course, as impressive as this show of Asil Arabian horses is, it is only a fleeting presentation. It hardly does justice to the standards of performance. But it is one more way in which the public with its intense interest in horses can be enlightened and won for our goals.

These goals include the fact that we require our members to test their asil horses in the most diverse performance disciplines and to select the horses used for breeding accordingly.

For this reason, we have endeavoured to focus the attention on certain factors and combine show with performance. Thus, endurance rides of over 60 km were included in the Asil Cup events at Dillenburg in 1985 and 1986. In Ludwigsburg in 1988 and Mannheim in 1990 and 1993, we had to omit them due to the urban surroundings. The dressage classes which we have introduced since then are no substitute, and we therefore intend to carry out special endurance rides at other locations.

Asil horses cannot always take the lead at international Arabian shows as they only represent 2% of the purebred Arabians recognized as such by the WAHO. Nonetheless, experienced breeders are well aware that a foal which is not purebred may well be endowed with a greater degree of beauty *(Raswan)*, this being related to inherited prepotency. Fortunately there is a wide spectrum of varying types within the Asil Arabian race as a whole. An Asil Arabian can assert itself with more ease when mated with other races or with western Arabian horses recognized as purebred Arabians than when mated with an Arabian mare with asil blood.

The excellent qualities of the Asil Arabian, a race that has been instrumental in the creation of most other breeds, have been absorbed by many individual strains. Indeed, asil horses are responsible for the Polish, Russian, and Spanish bloodlines of western Arabians, not to mention the Shagya-Arabians and the Anglo-Arabians. By appropriate mating with national types or western Arabians that are able to contribute size or extreme trotting action on the basis of their sturdy ancestry, horses with the respective additional characteristics will frequently be the result. When skilfully matched in this way, the Asil Arabian brings various of its myriad qualities to bear in other bloodlines, thus providing long-lasting refinement. Those impressed by breeding results should bear in mind that their true origin, indeed, their basis, their foundation, lies with the Asil Arabian. As a noted breeder and respected judge of Arabian horses once said several years ago: "The US National Show-Champion may be a superb, faultless and truly beautiful horse, but it is not an Arabian."

Wir wissen um die internationale Situation der Vollblutaraberzucht. Wir sind gefordert, Klarheit zu schaffen. Aus dieser Verantwortung heraus hat der Asil Club seine Dokumentationen vorgelegt. Er bedient sich aber eines weiteren Instruments, um für die Erhaltung des Asil Arabers zu wirken: des Asil Cup International. Diese Schau asiler arabischer Pferde kann natürlich eine zwar äußerst eindrucksvolle, aber doch nur flüchtige Präsentation sein. Der Leistungsnachweis kommt hier kaum zum Tragen. Eine pferdebegeisterte Öffentlichkeit muß auch auf diese Weise aufgeklärt, für unsere Zielsetzungen gewonnen werden.

Zu diesen Zielsetzungen gehört, daß wir unsere Mitglieder anhalten, ihre asilen Pferde in den verschiedensten Leistungsdisziplinen zu prüfen und dementsprechend ihre Zuchtwahl zu treffen.

Wir haben darum versucht, Akzente zu setzen, also die Schau mit der Leistung zu verbinden. So wurden bei den Asil Cups in Dillenburg 1985 und 1986 Distanzritte über 60 km durchgeführt. In Ludwigsburg 1988 und in Mannheim 1990 und 1993 ließen sie sich wegen der Gegebenheiten in diesen städtischen Ballungsgebieten nicht einbeziehen. Unsere inzwischen eingeführten Dressurklassen bieten dafür keinen Ersatz, darum sind wir bestrebt, andernorts gesonderte Distanzritte zu veranstalten.

Auf den internationalen Araberschauen können die Asilen nicht immer vorn sein – sie machen schließlich nur 2% der von der WAHO anerkannten Vollblutaraber aus. Erfahrene Züchter wissen aber auch, daß ein nicht reingezogenes Fohlen oft schöner fällt *(Raswan)*. Das hat etwas mit der Durchschlagskraft in der Vererbung zu tun. Innerhalb der Asil Araber-Population gibt es glücklicherweise noch eine Bandbreite unterschiedlicher Typen. Bei der Anpaarung mit anderen Rassen oder den als Vollblutaraber anerkannten Kulturarabern wird sich der Asil Araber leichter durchsetzen können als bei der Anpaarung mit einer Araberstute, die selbst asil ist.

Der Asil Araber, verantwortlich für die Schaffung der meisten Pferderassen, hat seine großen Qualitäten in die einzelnen Zuchten versenkt. Er ist ebenso verantwortlich für die als Vollblutaraber anerkannten polnischen, russischen, spanischen und anderen Blutlinien bzw. den Shagya-Araber oder Anglo-Araber. Bei entsprechenden Anpaarungen, mit welchen Landschlägen auch immer, oder bei Anpaarungen mit Kulturarabern, die von ihren bodenständigen Vorfahren noch Größe oder extreme Trabaktion einbringen, lassen sich Pferde mit eben diesen zusätzlichen Faktoren herauszüchten. Es ist also der Asil Araber, der bei geschicktem Einsatz die Vielfalt seiner Qualitäten auch in anderen Blutlinien zur Geltung bringt und sie nachhaltig veredelt. Wer also von solchen Zuchtergebnissen beeindruckt ist, sollte nicht die Basis vergessen, den Grundstein, das Fundament: den Asil Araber. Eine renommierte Züchterin arabischer Pferde, die sich als Richterin einen Namen gemacht hat, kommentierte bereits vor Jahren: „Der US-Nationalchampion ist ein großartiges, ein korrektes, ein wunderschönes Pferd – nur eben kein Araber."

Thus we are able to state with satisfaction that despite their low numbers, Asil Arabians come off excellently at shows – and this too is a fact of significance. For our part , we shall do our utmost to ensure that other factors, namely character, riding qualities and general performance, also remain of significance. Despite its being a minority breed, the Asil Arabian on average clearly leads the field in such aspects – indeed, to the extent of several lengths, as the performance table proves (s. p. 773).

One could therefore say that we have managed to make a virtue out of necessity. And we can also say with a certain degree of pride that the Asil Cup International is not only an outstanding success but that it also distinguishes itself from the numerous other Arabian horse shows in terms of its elite horses and with regard to the event itself, which has become a social occasion of some standing. In creating the Asil Cup show, our intention was not to restrict it to breeding show classes or participating breeders, but to present the range of the asil horses with their original nobility within a festive event of international scope. This festival we extended to an opportunity for breeders to encounter the interested public and guests from home and abroad, particularly from the Arabian nations.

The Arabian astronaut Prince Sultan *Bin Salman Ben Abdulaziz,* Riyadh, was patron of the Asil Cup International Show in 1986, with patronage being assumed in 1988 and 1990 by *Dr. Lothar Späth,* Minister President of Baden-Württemberg. This year it is under the patronage of the Minister President of Baden-Württemberg *Erwin Teufel.* At the same time, the State President of the United Arab Emirates honoured us with the *H. H. Sheikh Zayed Bin Sultan Al Nahyan Cup.*

The inaugural evenings of the past, set against the magnificient backdrops of the Prinzenhaus in Dillenburg, Ludwigsburg Baroque Palace and Mannheim's Electoral Palace, were widely acclaimed. With its oriental flair and display of champion horses, each gala evening was an unforgettable event, and the art exhibitions centered on portrayals of the Arabian horse attracted considerable interest. Various show features, such as driving demonstrations with antique coaches, presentations of hawks and Salukis and in particular the fantasia met with considerable appreciation on the part of the guests and the media. The selection of the Top Ten, the champion horses and the Asil Cup Winner were in each case a fascinating scene never to be forgotten.

Corporations such as *Omega, Lufthansa, Mercedes, BMW, Saudia* and *Kodak* were among the sponsors at these events. In 1993, seven television companies reported, partly live, from the Asil Cup International, and Saudi Arabian television alone has broadcast six programmes by satellite on the Arabian peninsula.

We thank all concerned for their commitment and for their joint effort to preserve one of the most noble creatures in this world, the Asil Arabian.

W. Georg Olms

Wir dürfen mit Genugtuung feststellen: Gemessen an ihrer geringen Zahl schneiden die Asilen auf Schauen ausgezeichnet ab. Wir werden aber immer wieder Wert darauf legen, daß folgende Faktoren signifikant sind: Charakter, Rittigkeit, Leistung – da liegt der Asil Araber im Schnitt eindeutig vorn, trotz seiner Minderzahl oft mit Abstand (siehe dazu Hengstleistungsprüfungen S. 773).

Wenn man so will, haben wir aus der Not eine Tugend gemacht, und wir sind nicht wenig stolz, daß der Asil Cup International herausragt aus der Vielzahl anderer Araberschauen, nicht nur dank seiner Elitepferde, sondern auch dank der Veranstaltung selbst, von der man sagt, sie sei auch ein gesellschaftliches Ereignis. Mit Absicht haben wir unseren Asil Cup nicht eingeengt auf die Zuchtschauklassen oder auf die teilnehmenden Züchter, sondern wir präsentieren die Palette der Asilen mit ihrem ursprünglichen Adel innerhalb einer Festveranstaltung auf internationaler Ebene. Diese Veranstaltung haben wir zu einer Begegnung der Züchter mit dem interessierten Publikum und Gästen aus dem In- und Ausland, insbesondere aus den arabischen Ländern, erweitert. 1986 stand der Asil Cup International unter der Schirmherrschaft des arabischen Astronauten Prinz *Sultan Bin Salman Ben Abdulaziz*, Riyadh, und 1988 und 1990 unter der Schirmherrschaft des Ministerpräsidenten *Dr. Lothar Späth* und 1993 unter dem Patronat des Ministerpräsidenten *Erwin Teufel.* In diesem Jahr hat uns der Staatspräsident der Vereinigten Arabischen Emirate mit dem *H.H. Sheikh Zayed Bin Sultan Al Nayan Cup* geehrt.

Die Eröffnungsabende vor der Kulisse des Prinzenhauses in Dillenburg, des Barockschlosses in Ludwigsburg und des Kurfürstlichen Residenzschlosses in Mannheim wurden weithin beachtet. Der jeweilige Galaabend ist mit seinem orientalischen Flair, so mit den Championatspferden auf der Bühne, immer ein unvergeßliches Ereignis. Großes Interesse finden die Kunstausstellungen mit Werken zum arabischen Pferd. Vom Publikum und von den Medien besonders geschätzt werden die vielfältigen Schaueinlagen, z. B. die Präsentation von Falken und Salukis, die Fahrvorführungen mit historischen Kutschen und die Fantasia. Von besonderer Faszination ist jeweils die Wahl der Top Ten, der Championatspferde und der Asil Cup-Sieger.

Firmen wie *Omega, Lufthansa, Mercedes, BMW, Saudia, Kodak* u. a. wirken als Sponsoren. 1993 haben sieben Fernsehanstalten u. a. auch live vom Asil Cup International berichtet, das Saudi-Arabische Fernsehen hat allein sechs Beiträge per Satellit auf die arabische Halbinsel ausgestrahlt.

Wir danken allen Beteiligten für ihr Engagement, für das gemeinsame Wirken, eines der edelsten Geschöpfe dieser Welt, den Asil Araber, zu bewahren.

W. Georg Olms

ASIL CUP
INTERNATIONAL
ASIL ARABER SCHAU
MAIMARKT MANNHEIM
10.–12. September 1993
ASIL CLUB
Lufthansa
OMEGA
POSTREKLAME

ASIL CUP
INTERNATIONAL
mit dem H. H. Sheikh Zayed Bin Sultan Al Nahyan Cup

Residenzschloß/Maimarkt
Mannheim 10. bis 12. September 1993
unter der Schirmherrschaft von/
under the patronage of

Ministerpräsident Erwin Teufel

ASIL CLUB

Asil Club e. V.
Internationale Gemeinschaft zur Erhaltung und Pflege des Asil Arabers/International Association for the Preservation and Rearing of the Asil Arabian
Hagentorwall 7 · D-31134 Hildesheim · Germany

Grußwort / Greeting

Wir begrüßen die Aktivitäten des Asil Clubs. Kaum eine andere Vereinigung hat sich in solcher Weise um unsere Asilen verdient gemacht. Daß dies von hervorragenden Persönlichkeiten, wie dem Bundeskanzler der Bundesrepublik Deutschland und dem Ministerpräsidenten von Baden-Württemberg und von herausragenden Wissenschaftlern und Hippologen gewürdigt wird, findet auch bei uns Achtung und Bewunderung.
Unsere asilen arabischen Pferde gehörten über viele Jahrhunderte hinweg zu unserem wertvollsten Besitz. Sie waren ein Teil unseres Daseins, sicherten oft unser Überleben. Kein anderes Pferd konnte es mit dem harten Dasein in der Arabia Deserta aufnehmen. Die Boden- und Klimaverhältnisse, die Gewohnheiten des Wüstenlebens und die ehernen Zuchtregeln – das Züchten mit asilem Blut – schufen das zäheste, ausdauernste und zuverlässigste Pferd, das sich hier in der Wüste und Steppe auch als das schnellste erwies. Auch dies ist ein Grund, warum wir heute die Rennen für arabische Pferde fördern und dabei künftig die Domäne des Arabers, die lange Distanz, vermehrt pflegen werden.
Der Wunsch der Züchter des Asil Clubs, wieder eine authentische Araberzucht, also eine Zucht asiler Blutlinien höchster Qualität auf der arabischen Halbinsel in angemessener Zahl anzutreffen und so künftig den Einsatz von Originalarabern in den internationalen Zuchten zu gewährleisten, findet dank des Festhaltens an alten Traditionen bzw. der Rückbesinnung auf unser kulturelles Erbe in verstärktem Maße Widerhall.
Wir danken dem Asil Club und wünschen für die Ausrichtung des Asil Cup International ein gutes Gelingen.

We welcome the activities of the Asil Club. Hardly any other association rendered such outstanding services to our Asil Horses. The fact that it is appreciated by outstanding personalities, like the Federal Chancellor of Germany and the Minister President of Baden-Württemberg as well as by excellent scientists and hippologists, also finds our attention and admiration.
For several centuries our asil Arab horses belonged to our most valuables treasures. They were a part of our being, often secured our surviving. No other horse could endure the hard life in the Arabia Deserta. The soil and climate conditions, the habits of desert life and the strong breeding stipulations – the breeding with asil blood – created the most resistant, enduring and reliable horse, which also turned out to be the quickest here in the desert and the steppe. This is another reason why nowadays we promote the races for Arab horses and intend to support in future the domain of the Arab, the long distance, increasingly.
The wish of the Asil Club's breeders and its first chairman, Dr. W. Georg Olms, to have in an appropriate number an authentic Arab breed again, that is a breed of asil bloodlines of highest quality on the Arab peninsula, and to guarantee the use of original Arabs in the international breeds, meets, thanks to the strict keeping to ancient traditions and the re-consideration on our cultural heritage, with a positive response.
We thank the Asil Club for its untireless activities and wish good luck with the realization of the Asil Cup International.

Mohammed Sultan Abdulla Al-Awais
Botschafter der Vereinigten Arabischen Emirate
Ambassador of the United Arab Emirates

Grußwort / Greeting

Als Botschafter des *Hüters der Beiden Heiligen Moscheen – König Fahd Bin Abdulaziz* – in Deutschland habe ich die Aktivitäten des Asil Clubs zur Betreuung der edlen arabischen Pferde mit großem Interesse verfolgt, ebenso wie die vom Club veröffentlichte Literatur, die auch alle wichtigen kulturellen Aspekte beinhaltet.
Ferner habe ich die Kontakte des Asil Club-Vorsitzenden zum Herkunftsland der edlen arabischen Pferde – nämlich dem Königreich Saudi Arabien – immer begrüßt. *Seine Königliche Hoheit Kronprinz Abdullah Bin Abdulaziz* hat dies in seiner Eigenschaft als Präsident des Equestrian Clubs gewürdigt durch die Verleihung einer Ehrenmedaille an *Dr. W. Georg Olms* und durch das Bekunden der großen Bedeutung einer intensiven Zusammenarbeit bei dem Bewahren dieses wichtigen Kulturerbes.
Mit dem Beschluß des Asil Clubs, ein internationales Asil Festival zu Ehren des edlen arabischen Pferdes zu veranstalten, wurde ein bedeutendes Ereignis initiiert, das breites internationales Interesse findet und den hohen Stellenwert des arabischen Pferdes betont.
Bundeskanzler Dr. Helmut Kohl hat herausgestellt, daß die Zucht edler Pferde von alters her ein wichtiges Bindeglied zwischen Orient und Okzident war und daß die Veranstalter und Gäste des internationalen Asil Cup Festivals einer ausgezeichneten Tradition folgen, indem sie Respekt und Verständnis für die Leistungen anderer Kulturkreise für unentbehrlich halten. Diese Worte finden unsere volle Bestätigung.
Wir wünschen dem Asil Cup International weiterhin viel Erfolg.

As the ambassador of the Two Holy Mosques custodian – King Fahd Bin Abdulaziz – *in Germany I followed the activities of the Asil Club for the noble Arab horses with great interest, as well as the literature published by the club, which also contains all important cultural aspects.*
Furthermore, I always welcomed the contacts of the Asil Club's chairman with the country of origin of the noble Asil Arabian horses, that is the Kingdom of Saudi Arabia. His Royal Highness, the Crown Prince Abdullah Bin Abdulaziz, *appreciated this in his capacity as the President of the Equestrian Club by bestowing an honorary medal to* Dr. W. Georg Olms *and by stating the great value of an intensive cooperation in preserving this important cultural heritage.*
With its decision to organize an international Asil Festival in honour of the Asil Arabian horse, the Asil Club initiated an important event which meets with a large international interest and emphasizes the high status of the Arab horse.
The German Federal Chancellor, Dr. Helmut Kohl, *pointed out that the breeding of noble horses has always been an important link between east and west and that the organizers and guests of the international Asil Cup Festival are following an outstanding tradition by considering respect and understanding for the achievements of other culture groups to be indispensable.*
We can entirely confirm this. Good luck to the international Asil Cup Festival!

Abbas F. Ghazzawi
Botschafter des Königreichs Saudi Arabien
Ambassador of the Kingdom of Saudi Arabia

Supplementary program

Vernissage showing paintings, lithographies and sculptures of Arabian horses.
Festive opening of the Hall of Stallions and the Hall of Mares on the Maimarkt riding grounds

Trumpeter Arabs with Drummer horse of the Arab horse stud Babolna, Hungary

Arabian impressions with falcons, Salukis and camels.

Dressage demonstration with Asil Arabian Stallion Moneera-Siptah, ridden by Dorothee Faltejsek

Pas de deux of the camels with Frank Bock

Count Marc de Broissia and Anja Beran with the Asil Arabian Ibn Gazala (Hamasa Arslan - Gazala OA) and Hispano-Arabians in **international training lessons.**

Western Riding featuring the Westphalian Champion Elke Behrens, Daniela Döbler and Renate Gall

Pure-bred Arabian mares of the Haupt- und Landgestüt Marbach and of the Arab horse stud Babolna driven five-in-hand in the Hungarian way

Arabian versatility: Peter Deicke on Assad and Reinhold Sponagel on Shaklan

Hamasa Gharbi (Gharib-Hamasa Tumaderah), Federal Champion of long-distance driving (90 km), driven from the sulky by his owner Hans-Werner Falk

Falcons and eagles of the game preserve Hellenthal presented by Oberfalkenmeister Horst Niesters in conjunction with Gestüt Sheherazade Fam. Dr. Haan

Presentation of Salukis (Else Spiegel)

Free running stallions and free running herd of mares / Fantasia

The boy and his stallion: Asil Cup winner Messaoud (Madkour I – Maymoonah) presented by Philipp Rudolph

Stud parade of the elite horses from the Hall of Mares and Hall of Stallions

Gala evening "1001 Nights" in the Musensaal of the Rosengarten
Presentation of selected asil Arabians on stage; Artist Pepper, Kanada; Jean Herberts Black theatre; Pantomime Clown Petruccelli; Al-Batra music ensemble with Abu Hassan and belly dancer Rita Sherif; "The Holidays" dance band; tombola with valuable prizes; moderator Wolf Kröber

Program subject to change

Das Araber Gestüt von Bábolna, Ungarn, zu Gast beim Asil Cup Int. mit den Fanfaren-Arabern mit Paukenpferd und dem Araber-Fünferzug in ungarischer Anspannung
Foto: S. Stuewer

Der frühere Vize-Schachweltmeister Viktor Kortschnoi und Dr. W. G. Olms überreichen die Top Ten-Medaille an den späteren H. H. Sheikh Zayed- und Omega-Asil Cup-Sieger
Foto: S. Stuewer

Der stolze Sieger/the proud winner of the H. H. Sheikh Zayed Bin Sultan Al Nahyan Cup:
El Thay Thamam Foto: C. Kugler

Die Sieger der Asil Cups International/The winners of the Asil Cups International, Omega Asil Cup Hengste/Stallions:
El Thay Thamam und Lufthansa Asil Cup Stuten/Mares: Elf Layla Walaya Foto: I. Kirsch

ERGEBNISSE/RESULTS
ASIL CUP INTERNATIONAL

Schirmherrschaft / Patronage
Ministerpräsident Erwin Teufel
mit dem H. H. Sheikh Zayed Bin Sultan
Al Nahyan Cup
Mannheim, 10. – 12. September 1993
gesponsert von / sponsored by
OMEGA · POSTREKLAME · LUFTHANSA

ASIL CLUB

Feierliche Eröffnung des Asil Cup International und Empfang der Stadt Mannheim im Residenzschloß. Im Anschluß an die Begrüßung durch Oberbürgermeister Widder, Staatssekretär L. Reddemann, S. E. Botschafter A. F. Ghazzawi, Saudi Arabien, spricht S. E. Sheikh Abdul Aziz Al Suleiman das Grußwort in seiner Eigenschaft als Ehrenpräsident der Deutsch-Arabischen Gesellschaft Fotos: N. Scarlett

H. H. Sheikh Zayed bin Sultan Al Nahyan Cup für El Thay Thamam (Madkour I – Tagreed)
Z.: Tauschke, B.; Gestüt v. Elm
Adnan Saif Sultan al Nuami, Generaldirektor vom Abu Dhabi Equestrian Club, und der Botschaftsrat Issam Al Salim Al Kattam, V.A.E. gratulieren Frau von Elm Foto: N. Sachs

H. H. SHEIKH ZAYED BIN SULTAN AL NAHYAN CUP

El Thay Thamam (Madkour I – Taghreed)
Z.: El Thay – El Thayeba, B.: Vollblutaraber-Gestüt von Elm

REITKLASSE/PERFORMANCE CLASS NIESTERS-Patronat

1. Allat Al Adin (Kasr el Nil – E. H. Allat)
   Z.: Allat, Karin Ulrich/Otto-Ernst Egge
   B. u. R.: Daniela Schroeder
2. Mahyubi Son (Mahyubi Ibn Maisa – Zareefah)
   Z.: Filsinger Araber-Gestüt
   B.: Claudia Jährig, R.: Heike Kühn
3. Serenity Habib
   (Khofo – SF Bint Mamlouka)
   Z.: Serenity Farms Ltd., Kanada
   B.: W. u. K. Luder, Italien, R.: Sabine Uschmann

OMEGA ASIL CUP INT. Hengste/Stallions für El Thay Thaman
Hubertus Kläs von SMH Omega überreicht die Asil Cup-Trophäe

Foto: G. Waiditschka

OMEGA ASIL CUP – Hengste / Stallions

El Thay Thamam (Madkour I – Taghreed)
Z.: El Thay – El Thayeba, B.: Vollblutaraber-Gestüt von Elm

Reservechampion:
Al Maktoum (Mohamed – Eskada Bahiya)
Z. u. B.: Gestüt Moritzberg

LUFTHANSA ASIL CUP – Stuten / Mares

Elf Layla Walayla (Assad – 223 Ibn Galal I)
Z. u. B.: Bábolna Arabergestüt, Ungarn
Reservechampionesse:
Talia Halima (Ruminaja Ali – Charm of Halima)
Z.: Lucas & Griffith, USA, B.: Sjöppen OAS-Arabians, Holland

Gulf Air Top Five of the Show. Postreklame Res. Junioren Championat Stuten für Hamasa Nadirah (Maysoon – Nafteta). Z. u. B.: Olms Araber Hamasa Gestüt, der mehrfache Olympiasieger und Weltmeister Michael Groß gratuliert Dr. W. Georg Olms Foto: C. Kugler

GULF AIR – TOP FIVE OF THE SHOW

	Typnote/	type note
El Thay Thamam (Madkour I – Thagreed) Z.: El Thay-El Thayeba, B.: Vollblutaraber-Gestüt von Elm	19,33	(19)
Hamasa Nadira (Maysoun – Nafteta) Z. u. B.: Olms Araber Hamasa Gestüt	19	(19,33)
Elf Layla Walayla (Assad – 223 Ibn Galal I) Z. u. B.: Bábolna Arabergestüt, Ungarn	19	(19,33)
El Thay Mansour (Ansata Halim Shah – El Thay Maheera) Z. u. B.: El Thay – El Thayeba	19	(19,33)
Orashaan (Maysoun – Orasha) Z. u. B.: Vollblutarabergestüt Maiworm	19	(19)

BUNDESMINISTERIUM FÜR LANDWIRTSCHAFT
Fohlenchampionat / Foalchampionship

KP Nagib Hafid Idress (Motassem – Nameeza)
Z. u. B.: Kauber Platte Araber Gestüt
Res.-Championesse:
Fazeerah (Moataz – Fadeelah)
Z. u. B.: Edgar Griebel

Res.-Champion des Omega Asil-Cups Hengste und Sieger des Junioren Championats Hengste Al Maktoum (Mohamed – Eskada Bahiya). Z./Breeder and B./Owner: Gestüt Moritzberg-Zeitelhack.
Foto: E. Escher

SAUDIA Juniorenchampionat – Hengste / Stallions

Al Maktoum (Mohamed – Eskada Bahiya)
Z. u. B.: Gestüt Moritzberg
Res.-Champion:
„M" Sharin (Ibn Bint Inas – Shannah)
Z.: Lore Jattiot, Hof Schellberg, B.: Vollblutaraberstall El Marees

HUNTING AND EQUESTRIAN CLUB KUWAIT Seniorenchampionat – Hengste / Stallions

El Thay Thamam (Madkour I – Taghreed)
Z.: El Thay – El Thayeba, B.: Vollblutaraber-Gestüt von Elm
Res.-Champion:
El Thay Mansour (Ansata Halim Shah – El Thay Maheera)
Z. u. B.: El Thay – El Thayeba, C. u. Dr. H. J. Tauschke

POSTREKLAME JUNIORENCHAMPIONAT – Stuten / Mares

Elf Layla Walayla (Assad – 223 Ibn Galal I)
Z. u. B.: Bábolna Arabergestüt, Ungarn
Res.-Championesse:
Hamasa Nadira (Maysoun – Nafteta)
Z. u. B.: Olms Araber Hamasa Gestüt

MINISTER FÜR LANDWIRTSCHAFT SENIORENCHAMPIONAT – Stuten / Mares

Talia Halima (Ruminaja Ali – Charm of Halima)
Z.: Lucas & Griffith, USA, B.: Sjöppen OAS-Arabians, Holland
Res.-Championesse:
Alifa (Jamil – Ghazala)
Z.: Dr. H. J. Nagel, B.: Gestüt Schwarze

HAYEK TOP TEN – Hengste/Stallions

in der Reihenfolge des Alters/to the order of the age
Classic Tamann (Alidaar – U. P. Tamanny)
Z.: Classic Egyptian Arabians
B.: Mr. Yousef Ahmed Al Romaihi, Qatar
Al Maktoum (Mohamed – Eskada Bahiya)
Z. u. B.: Gestüt Moritzberg
Baruth El Nadrah (El Thay Ibn Halim Shah – Badira Bint Malik)
Z. u. B.: Gestüt El Naarah
„M" Sharin (Ibn Bint Inas – Shannah)
Z.: Lore Jattiot, Hof Schellberg, B.: Vollblutaraberstall El Marees
Alaa-Al Din (Salaa el Dine – Ashraff)
Z. u. B.: Vetter Araber, Liesel Vetter
Orashaan (Maysoun – Orasha)
Z. u. B.: Vollblutarabergestüt Maiworm
El Thay Mansour (Ansata Halim Shah – El Thay Maheera)
Z. u. B.: El Thay – El Thayeba
Ibn Yathreb (Shaik al Badi – Yathreb)
Z.: Kareem Abdul-Jabbar, USA
B.: Vollblutarabergestüt Walter Letsch
Serenity Habib (Khofo – SF Bint Mamlouka)
Z.: Serenity Farms Ltd., Kanada
B.: Willy und Kurt Luder, Italien
El Thay Thamam (Madkour I – Taghreed)
Z.: El Thay – El Thayeba, B.: Vollblutaraber-Gestüt von Elm

MICHAEL GROSS TOP TEN – Stuten/Mares

Orianah (Orashaan – Ora)
Z. u. B.: Vollblutarabergestüt Maiworm
Lateefa (Madkour I – Laylata-Amsi)
Z. u. B.: Vollblutarabergestüt Patt
Hamasa Nadira (Maysoun – Nafteta)
Z. u. B.: Olms Araber Hamasa Gestüt
Elf Layla Walayla (Assad – 223 Ibn Galal I)
Z. u. B.: Bábolna Arabergestüt, Ungarn
Bint Galia (El Thay Ibn Halim Shah – Galia)
Z.: Fam. C. J. Schiele, B.: Pfau-Arabians, Kim V. Hillen
Hanaya Kodwina (Rihan – Kodwa)
Z. u. B.: Gestüt Hanaya, Nayla Hayek, Schweiz
Fulana (El Moniet – Fasira)
Z. u. B.: Arabergestüt Höferhof
Talia Halima (Ruminaja Ali – Charm of Halima)
Z.: Lucas & Griffith, USA, B.: Sjöppen OAS-Arabians, Holland
Alifa (Jamil – Ghazala)
Z.: Dr. H. J. Nagel, B.: Gestüt Schwarze
Sadana (Saher – Sandara)
Z. u. B.: Haupt- und Landgestüt Marbach

„Faszination Wüstenadel"/Nobility of the Desert Esperanza Raswan Patronat, Championesse Moneera (Alaa el Din – Mouna), Z.: El Zahraa, B.: Moneera Gestüt Thierer Araber, Mrs. E. Raswan und Dr. W. Georg Olms gratulieren Georg und Frank Thierer Foto: C. Kugler

Faszination Wüstenadel, Elitestuten der legendären Vererber/ Fascination „Nobility of the desert", the elite mares
ESPERANZA RASWAN-Patronat

1. Moneera (Alaa el Din – Mouna)
   Z.: El Zhahraa, Ägypten
   B.: Gestüt Moneera Thierer-Araber
2. Taghreed (Shaarawi – Naama)
   Z.: Staatsgestüt El Zahraa, Ägypten
   B.: Altländer Araberhof
3. Hamasa (Hadban Enzahi – Shar Zarqa)
   Z. u. B.: Olms Araber Hamasa Gestüt

Elitehengste/the elite stallions
KAREN KASPER-Patronat

1. Hamasa Zaydan (Farag – Shar Zarqa)
   Z.: Olms Araber Hamasa Gestüt
   B.: Khamal El Assuad Gestüt
2. Mohamed (Mahomed – Foze)
   Z. u. B.: Gestüt Moritzberg
3. Amir Mahabb (Kaisoon – Morasha)
   Z. u. B.: Gestüt Amira El Arab

ASIL CUP INTERNATIONAL

ASIL ARABER SCHAU MAIMARKT MANNHEIM

14. bis 16. SEPTEMBER 1990

ASIL CLUB

ASIL CUP INTERNATIONAL
ERGEBNISSE/RESULTS

Mannheim, 14.–16. September 1990
gesponsert von / sponsored by

OMEGA · BMW · LUFTHANSA

ROYAL STABLES ABU DHABI · SAUDIA · KODAK

ASIL CLUB

Hamasa Gharbi (Z.: Olms Araber Hamasa Gestüt / B.: H. W. Falk) Sieger im 60 km Distanzritt in Hülsen, 1988. Deutscher Bundeschampion in 90 km Distanzfahren, 1989 in der Rekordzeit von 4 Std., 26 Min. und 25 Sek. Sieger in der 100 km Heidedistanzfahrt Hannover – Hamburg, 1989. Foto: B. Kamppeter

Grußwort / Greeting

Den Züchtern und Freunden edler Pferde, die sich in Mannheim zur ASIL ARABER-SCHAU 1990 versammelt haben, übermittle ich meine besten Grüße. Das Programm im Umfeld der Pferdeprämierungen bietet zugleich Einblick in Kultur und Tradition der arabischen Welt.
Wohl kaum ein Tier, das der Mensch im Laufe seiner Geschichte domestiziert und für sich nutzbar gemacht hat, ist ihm mehr zum Gefährten und Freund geworden als das Pferd. Es war ihm unentbehrlich – in vielfältiger Hinsicht. Zucht und Haltung des arabischen Pferdes galten dabei stets als Zeichen hoher Kultur und waren selbst immer wieder Gegenstand bedeutender Werke der bildenden Kunst. Für den Menschen im technischen Zeitalter hat sich die Rolle des Pferdes natürlich grundlegend geändert. Der Umgang mit Pferden – mit Tieren als Mitgeschöpfen überhaupt – in Sport und Freizeit hat für uns indes nichts an Bedeutung verloren. In der Liebe und Fürsorge für das Tier erweist sich auch unsere Verantwortung für die Schöpfung.
Der Erfahrungsaustausch über Zucht und Haltung edler Pferde war von alters her ein wichtiges Bindeglied zwischen Orient und Okzident. Viele unserer europäischen Pferderassen haben auch arabisches Blut in sich, und die Züchter heben das mit Stolz hervor.
Auch in dieser Hinsicht folgen die Veranstalter und Gäste des ASIL CUP INTERNATIONAL 1990 bester abendländischer Tradition. In einer Welt, in der die Völker enger zusammenarbeiten müssen, sind Respekt und Verständnis für Werte und Leistungen anderer Kulturkreise unerläßlich.
Ich wünsche den Veranstaltern und Gästen der ASIL ARABER-SCHAU 1990 in Mannheim Glück und Erfolg.

I convey my cordial greetings to the breeders and lovers of noble horses gathered in Mannheim for the 1990 Asil Cup International. The programme arranged to complement the championships provides an insight into the culture and traditions of the Arab world.
Probably more than any other animal domesticated and put to use through the history of mankind, the horse has become man's friend and companion. It was in many ways indispensable. The breeding and keeping of Arabian horses was always taken as an indication of cultural refinement, and the animals themselves were frequently portrayed in great works of art. Of course, in this age of technology, the horse's role has changed considerably. Nonetheless, dealing with horses, indeed with all animals as our fellow creatures, be it for sport or for leisure, is as important for us as ever. Our love and care for animals reflects our sense of responsibility for Creation.
The exchange of experience as regards the breeding and keeping of noble horses has from time immemorial provided an important link between the eastern and the western world. Many European breeds have Arabian blood, a fact proudly emphasized by breeders.
In this regard, too, the Asil Cup International's organizers and visitors are following in the best western tradition. In a world requiring closer cooperation among nations, respect and understanding for the values and achievements of other cultures are imperative.
I wish the 1990 Asil Cup International in Mannheim every success.

Dr. Helmut Kohl
Bundeskanzler der Bundesrepublik Deutschland
Chancellor of the Federal Republic of Germany

OMEGA ASIL CUP –
Pferd der Schau/Horse of the Show

Moufisa Halima (Halim Al Kadir – Mofisa)
Z. u. B.: „Al Sachra“ Brigittenhof

BMW ASIL CUP – Hengste/Stallions

El Thay Ibn Halim Shah (Ansata Halim Shah – Mahameh)
Z.: El Thayeba Gestüt,
B.: co-owned: Dr. H. Freimüller & El Thayeba Gestüt
Reservechampion:
Dahman Maymoon (Maymoon x Maydana Bint Maisa)
Z. u. B.: Filsinger Araber

LUFTHANSA ASIL CUP – Stuten/Mares

Moufisa Halima (Halim Al Kadir – Mofisa)
Z. u. B.: „Al Sachra“ Brigittenhof
Reservechampionesse:
Maslama (Moneef – Messaouda)
Z. u. B.: Haupt- und Landgestüt Marbach

OLMS JUNIORENCHAMPIONAT –
Stuten/Mares

Moufisa Halima (Halim Al Kadir – Mofisa)
Z. u. B.: „Al Sachra“ Brigittenhof
Reservechampionesse:
El Thay Mabrouka (El Thay Ibn Halim Shah – El Thay Maheera)
Z. u. B.: El Thayeba Araber

SAUDIA SENIORENCHAMPIONAT –
Stuten/Mares

Maslama (Moneef – Messaouda)
Z. u. B.: Haupt- und Landgestüt Marbach
Reservechampionesse:
Naima (Mohafez – Nyaba)
Z. u. B.: Haupt- und Landgestüt Marbach

Cornelia Tauschke wird der erste Preis für ihre 2jährige Stute EL THAY MABROUKA (El Thay Ibn Halim Shah-El Thay Maheera) auf dem Asil Cup in Mannheim, 1990 überreicht. Foto: Escher

ARABER JOURNAL Reitklasse/Performance class

1. Hamasa Shaheen (Farag – Hamasa Kahila)
   Z.: Olms Araber Hamasa Gestüt, B.: Krafft J. Angerer
   R.: Kirsten Ewald
2. E. H. Asab Hafid Hilal (Al Nowasy – E. H. Aminah)
   Z.: Gestüt El Hilal, B.: Walter Augustin, R.: Renate Gall
3. Hanaya Almas (Rihan – Almasa)
   Z. u. B.: Hanaya Arabians, R.: Katja Weiss
3. Hamasa Al Motamed (Mahomed – Hamasa Indschima)
   Z.: Olms Araber Hamasa Gestüt, B.: Barb Müller
   R.: Kirsten Ewald

MINISTERIUM FÜR LÄNDLICHEN RAUM, Ernährung, Landwirtschaft u. Forsten Baden-Württemberg: Prize for the breeder who earned the maximum number of 1st places in the show and performance classes:

Olms Araber Hamasa Gestüt:
Show class 2a: Hamasa Marisi (Farag-Mona), 2b: Hamasa Najiha (Farag-Hamasa Bt. Nafteta), 9: Hamasa Nidschm (Farag-Hamasa Indschima), 11: Hamasa Nabih (Farag-Nafteta), 14: Hamasa Khazzan (Kasr El Nil-Nafteta), Performance class: Hamasa Shaheen (Farag-Hamasa Kahila)

MARSHALL Junior Reserve Championship Stallions, Hamasa Nabih (Farag-Nafteta)
H. E. Abbas Al-Ghazzawy, Embassador of Saudi-Arabia, congratulates Dr. h. c. W. Georg Olms
Photo: G. Boiselle

MARSHALL JUNIORENCHAMPIONAT – Hengste/Stallions

Dahman Maymoon (Maymoon – Maydana Bint Maisa)
Z. u. B.: Filsinger Araber
Reservechampion:
Hamasa Nabih (Farag – Nafteta)
Z. u. B.: Olms Araber Hamasa Gestüt

KODAK SENIORENCHAMPIONAT – Hengste/Stallions

El Thay Ibn Halim Shah (Ansata Halim Shah – Mahameh)
Z.: El Thayeba Gestüt
B.: co-owned: Dr. H. Freimüller & El Thayeba Gestüt
Reservechampion:
Nasran Ibn Maymoon (Maymoon – Nazeefa)
Z. u. B.: Filsinger Araber

ROYAL STABLES ABU DHABI – Fohlenchampionat/Foal Championship, Karen Kasper, U.S.A., congratulates Mrs. Holzmann, Georgenhof Photo: E. Escher

ROYAL STABLES ABU DHABI
Fohlenchampionat/Foalchampionship

Sayoome (Ibn Shaker I – Saymoona)
Z. u. B.: Vollblut-Arabergestüt Georgenhof
Reservechampion:
Hamasa Nidschm (Farag – Hamasa Indschima)
Z. u. B.: Olms Araber Hamasa Gestüt

HAYEK TOP TEN – Hengste/Stallions

Hamasa Nabih (Farag – Nafteta)
Z. u. B.: Olms Araber Hamasa Gestüt

Dahman Maymoon (Maymoon – Maydana Bint Maisa)
Z. u. B.: Filsinger Araber

Sheikh Maymoon (Maymoon – Maisa)
Z. u. B.: Filsinger Araber

R. K. S. Haziz (Mosry – P. H. Natascha)
Z.: Sova Arabians, B.: Es-Salàm Arabians

Ibn Bint Inas (Ansata Halim Shah – Bint Inas)
Z.: Babolna, B.: Lore Jattiot

El Thay Ibn Halim Shah (Ansata Halim Shah – Mahameh)
Z.: El Thayeba Gestüt, B.: co-owned: Dr. H. Freimüller & El Thayeba Gestüt

Hamasa Khazzan (Kasr El Nil – Nafteta)
Z. u. B.: Olms Araber Hamasa Gestüt

Ansata Amir Zaman (Ansata Shah Zaman – Ansata Bint Sudan)
Z. u. B.: Ansata Stud, P.: H. u. M. Kretschmann

Masoud (Ibrahim – Mona III)
Z.: Fürstin zu Inn- u. Knyphausen, B.: Dr. H. Freimüller

Nasran Ibn Maymoon (Maymoon – Nazeefa)
Z. u. B.: Filsinger Araber

LEUTHÄUSER TOP TEN – Stuten/Mares

Bint Mohssen (Mohssen – Mofida)
Z. u. B.: Kauber Platte Araber Gestüt

Hamasa Najiha (Farag – Nafteta)
Z. u. B.: Olms Araber Hamasa Gestüt

El Thay Mabrouka (El Thay Ibn Halim Shah – El Thay Maheera)
Z. u. B.: El Thayeba Araber

Moufisa Halima (Halim Al Kadir – Mofisa)
Z. u. B.: „Al Sachra“ Brigittenhof

Maslama (Moneef – Messaouda)
Z. u. B.: Haupt- und Landgestüt Marbach

Shara (Melek – Samira)
Z.: Peter Groß, B.: Andrea u. Margarita Kaiser

Hamdana (Messaoud – Hamasa Hadbah)
Z.: Willy Fränkel, B.: A. Baur & E. Escher

Mansoura Bint Maisa (Maymoon – Maisa)
Z. u. B.: Filsinger Araber

Naima (Mohafez – Nyaba)
Z. u. B.: Haupt- und Landgestüt Marbach

Hamasa Indschima (Nizam – Nafteta)
Z. u. B.: Olms Araber Hamasa Gestüt

ASIL CUP
INTERNATIONAL

ASIL ARABER SCHAU

SCHLOSS LUDWIGSBURG

2. bis 4. September 1988

ASIL CLUB

ASIL CUP INTERNATIONAL
ERGEBNISSE/RESULTS

Schloß Ludwigsburg, 2.–4. September 1988
unter der Schirmherrschaft von/
under the Patronage of
Ministerpräsident Dr. Lothar Späth

ASIL CLUB

Ministerpräsident Dr. h.c. Lothar Späth enthüllt die Trophäen für den Asil Cup Int. 1988 anläßlich der Eröffnung im Marmorsaal von Schloß Ludwigsburg.

Juniorenchampion Asil Cup Hengste/Stallions MAYSOUN (A. Halim Shah-Maysouna) Dillenburg '86 und Ludwigsburg '88.
Z. u. B.: Vollblutaraber-Gestüt Maiworm

Foto: Escher

SAUDIA ASIL CUP HENGSTE/STALLIONS:	Manal (Anchor Hill Halim – Malikah) Z. u. B.: Filsinger Araber Reservechampion: Maysoun (Ansata Halim Shah – Maysouna) Z. u. B.: Vollblutaraber-Gestüt Maiworm
KODAK ASIL CUP STUTEN/MARES:	Bint Ibn Maymoon (Nasran Ibn Maymoon – Zaba Bint Zeenah) Z. u. B.: Filsinger Araber Reservechampion: Morasha (Anchor Hill Halim – Mofeedah) Z.: Vollblut-Araber-Gestüt Horsch B.: Amira el Arab
PFERD DER SCHAU/ HORSE OF THE SHOW: SACHADAE PATRONAT	Manal (Anchor Hill Halim – Malikah) Z. u. B.: Filsinger Araber

Einer der Höhepunkte beim Galaabend: Asil Araber Top Ten Hengst Masoud (Ibrahim – Mona III) gezüchtet von Prinzessin Inn- und Knyphausen, Besitzer: Gestüt El Naarah, Dr. H. Freimüller Grenz-

Fahrvorführungen beim Asil Cup Int. Mannheim 1990

JUNIORENCHAMPIONAT HENGSTE/STALLIONS: DUNHILL-PATRONAT	Maysoun (Ansata Halim Shah – Maysouna) Z. u. B.: Vollblutaraber-Gestüt Maiworm Reservechampion: Motassem (Ansata Halim Shah – Messaouda) Z. u. B.: Haupt- und Landgestüt Marbach
SENIORENCHAMPIONAT HENGSTE/STALLIONS: MARSHALL-PATRONAT	Manal (Anchor Hill Halim – Malikah) Z. u. B.: Filsinger Araber Reservechampion: Al Kidir (Egyptian Prince – AK-Khattara) Z.: Gleannloch Farms, Texas B.: "Al Sachra" Brigittenhof
JUNIORENCHAMPIONAT STUTEN/MARES: OLMS-PATRONAT	Bint Ibn Maymoon (Nasran Ibn Maymoon – Zaba Bint Zeenah) Z. u. B.: Filsinger Araber Reservechampion: Hamasa Safina (Manar – Sadya) Z. u. B.: Olms Araber Hamasa Gestüt
SENIORENCHAMPIONAT STUTEN/MARES: ARABER JOURNAL – PATRONAT	Morasha (Anchor Hill Halim – Mofeedah) Z.: Vollblut-Araber-Gestüt Horsch B.: Amira el Arab Reservechampion: Noosa (Gharib – Nadja) Z. u. B.: Haupt- und Landgestüt Marbach
TOP TEN HENGSTE/STALLIONS: LEUTHÄUSER-PATRONAT	Sheik El Nile (Kasr El Nile – Mofisa) Z. u. B: Al Sachra El Shahwan (Machmut – Saemah) Z. u .B.: P. Groß Moneera Siptah (Moneef – Shaheera) Z. u. B.: G. Thierer Maysoun (Ansata Halim Shah – Maysouna Z. u. B.: Vollblutarabergestüt Maiworm Motassem (Ansata Halim Shah – Messaouda) Z. u. B.: Haupt- und Landgestüt Marbach Manar (Maymoon – Maamounah) Z.: Gestüt Seidlitz, B.: W. Isbert, P.: Olms Sameer (Mohafez – Sabah) Z.: Dr. Nagel, B.: Gestüt El Araby Al Kidir (Egyptian Prince – AK-Khattara) Z.: Gleannloch Farms, B.: „Al Sachra" Brigittenhof Manal (Anchor Hill Halim - Malikah) Z. u. B.: Filsinger Araber Gharoon (Kaisoon – Ghroub) Z. u. B.: Erika Ehrke
TOP TEN STUTEN/MARES: THIERER-PATRONAT	Sarah Maymoon (Maymoon – Zareefah) Z. u. B.: Filsinger Araber Hamasa Safina (Manar – Sadya) Z. u. B.: Olms Araber Hamasa Gestüt Zarqa Bint Zaalee (Manal – Hamasa Zaalee) Z. u. B.: Barb Müller Oraya (Messaoud – Ora) Z. u. B.: Vollblutaraber-Gestüt Maiworm Ramses Nur El Thai (Ansata Abou Thai – Ramses Nur El Fayek) Z.: Mr. Johns, B.: „Al Sachra" Brigittenhof Bint Ibn Maymoon (Nasran Ibn Maymoon – Zaba Bint Zeenah) Z. u. B.: Filsinger Araber Asra Handama (Messaoud – Hamasa Hadbah) Z.: Gestüt Asradam, B.: A. Baur/E. Escher E-Ghasgay (Gharoon – Ghardaia) Z. u. B.: Erika Ehrke Noosa (Gharib – Nadja) Z. u. B.: Haupt- und Landgestüt Marbach Morasha (Anchor Hill Halim – Mofeedah) Z.: Horsch, B.: Amira El Arab

Major Khalfan Al Busaidy überreichte am Galaabend im Auftrag von Sultan Quaboos, Oman, dem Vorsitzenden Dr. h.c. W. Georg Olms ein Wappen. (v.r.n.l.: Ibrahim Al Tassan, Stellv. Finanzminister Saudi Arabiens, Abbas Al Ghazzawy, Botschafter Saudi Arabiens, Frau Professor Dr. Willmanns, Major Khalfan, Al Busaidy, Frau Kinzel, Tarek Al Shawaf, Generalsekretär des Equestrian Clubs Riyadh, Dr. W. Georg Olms, Dietrich Olms, Dr. Al Shamsi, Botschafter der VAR). Foto: Augusiak

Im Marmorsaal des Schlosses Ludwigsburg eröffnet Ministerpräsident Dr. h.c. Lothar Späth den Asil Cup International 1988.

ASIL CUP INTERNATIONAL

ASIL ARABER SCHAU

ASIL CLUB

Dillenburg, 5.–7. September 1986

ASIL CUP INTERNATIONAL
ERGEBNISSE/RESULTS

Hessisches Landgestüt
Dillenburg, 5. bis 7. September 1986
unter der Schirmherrschaft von/
under the Patronage of
H. R. H. Prince Sultan Ben Salman
Ben Abdul Aziz

ASIL CLUB

Sieger Asil Cup Hengste/Winner Asil Cup Stallions
MESSAOUD (Madkour-Maymoonah) Z: Seidlitz, B: Gestüt Chrymont
SKH Prinz Sultan Ben Salman Ben Abdul Aziz überreicht Frau Erika Rudolph den von Ehrenpräsident Douglas Marshall gestifteten Ehrenpreis. Foto: M. Olms

Zu Ehren Douglas Marshall, Ehrenpräsident des Asil Clubs, und seiner Ehefrau Margret wurden die drei in Europa noch lebenden Morafic-Söhne präsentiert. Hier Ehepaar Marshall mit dem 25jährigen Farag.

ASIL CUP DISTANZRITT/ ENDURANCE RIDE:	Hakeel Ibn Kaisoon (Kaisoon-Hania) Z. u. B.: Kauber Platte, R: R. Moritz Reservechampion: E. H. Anwar (El Hilal-El Arousa) Z: Gestüt El Hilal, B. u. R.: W. Jedele
ASIL CUP STUTEN/MARES:	Saemah (Madkour I-El Samraa) Z. u. B.: P. Gross Reservechampion: Zakija Bint Zareefah (Maymoon-Zareefah) Z. u. B.: Filsinger
ASIL CUP HENGSTE/STALLIONS:	Messaoud (Madkour-Maymoonah) Z: Seidlitz, B: Gestüt Chrymont Reservechampion: Maysoun (Ansata Halim Shah-Maysouna) Z. u. B.: Maiworm
JUNIORENCHAMPIONAT STUTEN/MARES:	Zakija Bint Zareefah (Maymoon-Zareefah) Z. u. B.: Filsinger Reservechampion: Shahila (Ibn Galal-Salima) Z: G. Thierer, B: Maiworm
SENIORENCHAMPIONAT STUTEN/MARES:	Saemah (Madkour I-El Samraa) Z. u. B.: P. Gross Reservechampion: Menha OA (Mohawed-Nagwa) Z: El Zahraa, B: Olms
JUNIORENCHAMPIONAT HENGSTE/STALLIONS:	Maysoun (Ansata Halim Shah-Maysouna) Z. u. B.: Maiworm Reservechampion: Hamasa Khazzan (Kasr El Nil-Nafteta) Z. u. B.: Olms
SENIORENCHAMPIONAT HENGSTE/STALLIONS:	Messaoud (Madkour-Maymoonah) Z: Seidlitz, B: Gestüt Chrymont Reservechampion: Nijamin (Gharib-Nedjari) Z: Marbach, B: T. Klier-Maholick

Junioren Reservechampion Hengste/Stallions
HAMASA KHAZZAN (Kasr El Nil-Nafteta) * 1984. Z. u. B.: Olms Foto: I. Filsinger

TOPTEN HENGSTE/STALLIONS:	Messaoud (Madkour-Maymoonah) Z: Seidlitz, B: Gestüt Chrymont
	Nijamin (Gharib-Nedjari) Z: Marbach, B: T. Klier-Maholick
	Manar (Maymoon-Maamounah) Z: Seidlitz, B: Gestüt Chrymont
	Balance (Kaisoon-Hamasa Farouza) Z: De Landtsheer, B: Kan's Arabians
	Masiid (Nizam-Manaya) Z: Kauber Platte, B: S. Ginsel
	Sameer (Mohafez-Sabah) Z: Nagel, B: Gestüt El Araby
	Khaled El Assuad (Kasr El Nil-Kaythara) Z. u. B.: „Al Sachra" Brigittenhof
	Hamasa Khazzan (Kasr El Nil-Nafteta) Z. u. B.: Olms
	El Thay Maheer (Ansata Halim Shah-El Thay Maheera) Z: El Thayeba-Gestüt
	Maysoun (Ansata Halim Shah-Maysouna) Z. u. B.: Maiworm

TOPTEN STUTEN/MARES:	Mofeedah (Hadban Enzahi-Malikah) Z: Filsinger, B: P. Horsch
	Menha OA (Mohawed-Nagwa) Z: El Zahraa, B: Olms
	Nassrin (Moneef-Noosa) Z. u. B.: Marbach
	E. H. Bint Bint Basima (El Hilal-Bassama) Z. u. B.: Gestüt El Hilal
	Saemah (Madkour I-El Samraa) Z. u. B.: P. Gross
	Nusra (Ansata Abbas Pasha-Noosa) Z. u. B.: Marbach
	Shahila (Ibn Galal-Salima) Z: G. Thierer, B: Maiworm
	Zenaya Bint Zeenah (Maymoon-Zeenah) Z. u. B.: Filsinger
	Orasha (Malik-Ora) Z. u. B.: Maiworm
	Zakija Bint Zareefah (Maymoon-Zareefah) Z. u. B.: Filsinger

DISTANZRITT/ ENDURANCE RIDE 60 km:	1. Hakeel Ibn Kaisoon (Kaisoon-Hania) Z. u. B.: Kauber Platte, R: R. Moritz
	2. E. H. Anwar (El Hilal-El Arousa) Z: Gestüt El Hilal, B. u. R.: W. Jedele
	3. Hamasa Danis (Farag-Hamasa Kahila) Z: Olms, B. u. R.: S. Wagenbach

ASIL CUP INTERNATIONAL

ASIL ARABER SCHAU

ASIL CLUB

Dillenburg, 6.–8. September 1985

Sieger Asil Cup Stuten/Winner Asil Cup Mares
SAEMAH (Madkour I-El Samraa) * 1981. Z. u. B.: P. Gross

Foto: S. Kübe

Ergebnisse/Results

ASIL CUP DISTANZRITT/ ENDURANCE RIDE:	Shareef (Kaisoon-Salha) Z.u.B.: G. Thierer, R: Roser Reservechampion: Hakeel Ibn Kaisoon (Kaisoon-Hania), Z.u.B.: Kauber Platte, R: R. Moritz
ASIL CUP STUTEN/MARES:	Saemah (Madkour I-El Samraa), Z.u.B.: P. Gross Reservechampion: Hamasa Bint Nafteta (Farag-Nafteta), Z.u.B.: Olms
ASIL CUP HENGSTE/ STALLIONS:	Muqatamm (Mahomed-Ghazala), Z.u.B.: Dömken Reservechampion: Hamasa Khazzan (Kasr el Nile-Nafteta), Z.u.B.: Olms
DISTANZRITT/ ENDURANCE RIDE: 60 km	1. Shareef (Kaisoon-Salha), Z.u.B.: G. Thierer, R.: H. Roser 2. Hakeel Ibn Kaisoon (Kaisoon-Hania), Z.u.B.: Kauber Platte, R: R. Moritz ex aequo: 3. Anchor Hill Halim (Hadbah-Silima), Z: Atkinson, B.u.R.: P. Horsch 3. Hamasa Wudije (Farag-Shar Zarqa), Z: Olms, B.u.R.: Trettin 5. Souad (Sawlagan-Nana), Z: Kauber Platte, B.u.R.: Kampmann 6. Hamasa Danis (Farag-Hamasa Kahila), Z: Olms, B.u.R.: Wagenbach 7. Ibn Galal I (Ibn Galal-Hanadi), Z: Gestüt Oberland, B.u.R.: Kurzacz
DISTANZRITT/ ENDURANCE RIDE: 40 km	Leistungsklasse 1: El Karnak (Kaisoon-Om el Arab), Dutzi, B.u.R.: Th. Fink Nawan Ibn Malik (Malik-Naglaana), Merz, B.u.R.: Dr. Wecker Leistungsklasse 2: E.H. Anwar (El Hilal-El Arousa), Gestüt El Hilal, B.u.R.: W. Jedele Shams el Fakri (Farouk-Inshraa), Gestüt El Shams, B.u.R.: C. Schulze

Sieger Asil Cup Hengste/Winner Asil Cup Stallions
MUQATAMM (Mahomed-Ghazala) *1979. Z.u.B.: C. Dömken
Constanze Dömken erhält aus der Hand von Landoberstallmeister Dr. Cranz den Asil Cup „Hengste", die Ghazal-Figur von Hutschenreuther. Foto: B. Finke

Reservechampion Asil Cup, Junioren Champion Stuten/Mares
HAMASA BINT NAFTETA (Farag-Nafteta) *1983. Z.u.B.: Olms Foto: I. Filsinger

Sieger/Winner Asil Cup Distanzritt/Long distance ride 60 km unter dem Reiter H. Roser: SHAREEF (Kaisoon-Salha) *1977. Z. u. B.: G. Thierer
Der Botschafter des Königreichs Jordanien, S. E. Dharif Fawaz Sharaf, überreicht den Asil Cup „Distanzritt" an Georg Thierer und einen Sattel für den siegreichen Reiter. Foto: S. Kübe

JUNIORENCHAMPIONAT STUTEN/MARES:	Hamasa Bint Nafteta (Farag-Nafteta), Z. u. B.: Olms Reservechampion: Saymoona (Saymoon-Munja), Z. u. B.: Gestüt Südwind
SENIORENCHAMPIONAT STUTEN/MARES:	Saemah (Madkour I-El Samraa), Z. u. B.: P. Gross Reservechampion: E.H. Bint Bt. Basima (El Hilal-Bassama), Z. u. B.: Gestüt El Hilal
JUNIORENCHAMPIONAT HENGSTE/STALLIONS:	Hamasa Khazzan (Kasr el Nile-Nafteta), Z. u. B.: Olms Reservechampion: El Thay Mahrouss (Mohafez-Mona II), Z. u. B.: El Thayeba-Gestüt
SENIORENCHAMPIONAT HENGSTE/STALLIONS:	Muqatamm (Mahomed-Ghazala), Z. u. B.: Dömken Reservechampion: Messaoud (Madkour-Maymoonah), Z: Seidlitz, B: Gestüt Chrymont

Terence J. Gilbert. The desert falconer. Öl auf Holz. With courtesy Mathaf Gallery, London

Priscilla Balles
Der asile arabische Saluki

The Asil Arabian Saluqi

The Asil Arabian Saluqi

The Arabian horse has been lauded for centuries, but the Arabs did not restrict their breeding techniques to the horse; they applied the same criteria to both the dog and the camel.

The Arabian saluqi is a rare animal; knowledgeable Arab sources contended that it only survived with some families in the heart of Saudi Arabia.[1)] It was pushed almost into oblivion by the popularity of the crossbreed, which appears to have been created by a crossing with the Persian greyhound. There is some confusion about these two breeds. As the Persian greyhound is not recognized as a distinct breed in the West, what is termed "Arabian saluqi" has been a Persian greyhound or a crossing of the two.

The Persian greyhound, so named by early Western travellers, is an ancient animal, at least as old as the saluqi. It is known by the name of "tazi" (pronounced *Tahzee*) in Iran. This name is derived from the term "tazidan" which means "very fast running". It is quite usual in the Farsi language for a descriptive term to be adopted as a name. However, there is a second meaning for the word "Tazi" in Farsi; it is the word for "Arab". It is a common fallacy among Farsi speakers, who are unfamiliar with the animal and its history, to assume that as it is called "tazi" it must be an Arab dog and is, therefore, the saluqi of the desert Arab.

While the two breeds are noticeable cousins, they are completely different animals. One has missed the significant Arabian breeding. The origin of the Arabian animals in ancient times is irrelevant. What is important is that over the millenium the Arabs, by their breeding methods, recreated every cell and gene thus producing their unique and exclusive animals.

The Arabians were not the only greyhounds of the area. All the ancient peoples used greyhounds as a necessity for catching rabbits and running down gazelles. Well-bred animals underpinned the sophisticated civilizations of the Middle East and were highly prized merchandise.

It is reported that the bones of a saluqi-type dog were found in a 6,000-year-old tomb in Mesopotamia, and it has been suggested that such an animal was probably the ancestor of all the greyhounds in the vicinity.

2,500 years ago, Cyrus the Great, King of Persia, who was a passionate hunter, kept hundreds of greyhounds. He exempted four towns from taxation to keep them all fed. His son, Kambudjia, en route to conquer Egypt, crossed the Arabian desert at the head of an enormous expedition comprised of vast numbers of horses, camels and greyhounds. From this event alone, it can be said that Persian bloodlines were established in Egypt over 1,000 years before the Arab conquest. Persian animals, including the greyhound, would have been established in all the territories that were once the Persian Empire. Therefore,

Seit Jahrhunderten schon wird das arabische Pferd gepriesen, aber die Araber haben ihre Zuchttechniken nicht auf das Pferd beschränkt; dieselben Kriterien wandten sie sowohl auf den Hund als auch auf das Kamel an.

Der arabische Saluki ist ein seltenes Tier. Kenntnisreiche arabische Quellen behaupteten, daß er nur bei einigen Familien im Herzen Saudi-Arabiens überlebte.[1] Er geriet durch die Beliebtheit der Mischform, die durch Kreuzung mit dem persischen Windhund geschaffen worden zu sein scheint, nahezu in Vergessenheit. Es gibt einige Unklarheiten hinsichtlich dieser zwei Rassen. Da der persische Windhund nicht als eigene Rasse im Westen anerkannt ist, waren, was ‚Arabischer Saluki' genannt wird, persische Windhunde oder eine Kreuzung der beiden.

Der persische Windhund, wie er von frühen westlichen Reisenden genannt wurde, ist eine alte Rasse – wenigstens so alt wie der Saluki. Er ist unter dem Namen „Tazi" (Tahsie ausgesprochen) im Iran bekannt. Dieser Name ist von dem Ausdruck „tazidan" abgeleitet, der „sehr schnelles Laufen" bedeutet. In der Farsi-Sprache sind sprechende Namen nicht ungewöhnlich. Es gibt jedoch auf Farsi eine zweite Bedeutung für das Wort „Tazi"; es ist das Wort für „Araber". So nehmen Farsi-Sprecher, die mit dem Tier und seiner Geschichte nicht vertraut sind, häufig irrtümlich an, Tazi müsse ein arabischer Hund und damit der Saluki des Wüstenarabers sein.

Wenn es sich auch bei beiden Rassen erkennbar um Verwandte handelt, so sind es doch völlig verschiedene Tiere, deren eines die echte arabische Zucht nicht erfahren hat.

Die arabischen waren nicht die einzigen Windhunde in dieser Region. Für alle alten Völker waren Windhunde unabdingbar für den Kaninchenfang und die Gazellenhatz. Gut gezüchtete Tiere waren eine Bestätigung der hochentwickelten Zivilisation des Mittleren Ostens und eine hochgeschätzte Handelsware.

Es wird berichtet, daß die Knochen eines Hundes vom Salukityp in einem 6000 Jahre alten Grab in Mesopotamien gefunden wurden. Es gibt Annahmen, daß ein derartiges Tier wahrscheinlich der Urahn aller Windhunde dieser Gegend war.

Vor 2500 Jahren hielt der leidenschaftliche Jäger Cyrus der Große, König von Persien, Hunderte von Windhunden. Er befreite vier Städte von den Steuern, um ihnen so zu ermöglichen, die Ernährung der Hunde zu gewährleisten. Sein Sohn Kambyses durchquerte auf dem Eroberungszug nach Ägypten die arabische Wüste an der Spitze einer gewaltigen Expedition, die eine ungeheure Anzahl von Pferden, Kamelen und Windhunden einschloß. Dieses Ereignis allein läßt schon die Feststellung zu, daß die persischen Blutlinien sich über 1000 Jahre vor der arabischen Eroberung in Ägypten etabliert hatten. Persische Tiere, einschließlich die Windhunde, waren in allen Gebieten, die einst zum Persi-

Molony. Portrait of Mr. Blunt. Holzstich (ca. 1881)

much of what has been attributed to the saluqi has been the result of the ubiquitous tazi.

In the U.S.A., the official criteria of the "Saluqi" breed states:
"The first saluqi to come to the West was introduced in Britain by Sir Hamilton Smith in 1840. This was a bitch, while there was a dog in Regent's Park Zoolo-

schen Weltreich gehörten, verbreitet. Deshalb geht vieles von dem, was dem Saluki zugeschrieben worden ist, auf den allgegenwärtigen Tazi zurück.

Die amerikanischen offiziellen Kriterien für die Salukizucht stellen fest: „Der erste Saluki im Westen wurde in Großbritannien durch Sir Hamilton Smith im Jahre 1840 eingeführt. Es war eine Hündin, während sich im Zoologischen Garten in Regent's Park ein Rüde befand und ein weiterer im Besitz des Herzogs von Devonshire in Chatsworth. Da alle drei aus dem Iran kamen, wurden sie persische Windhunde genannt."

Der Bericht fährt fort: „Die ersten arabischen Salukis wurden 1895 von Florence Amherst nach Großbritannien eingeführt. Sie stammten aus den Zwingern von Prinz Abdullah von Transjordanien."

Daher scheinen die mit den Arabern gekreuzten Tazidan aus dem Iran die im Westen als „Salukis" bekannte Rasse begründet zu haben. Die Kreuzung all dieser Hunde und zusätzlich derer, die von anderen Reisenden aus Nordafrika und dem Mittleren Osten in den Westen gebracht wurden, hat zur Rasse der „arabischen Saluki" beigetragen. So ist die Geschichte der arabischen Saluki und der Wüstenaraber mit einer Kreuzung und nicht mit einem reinblütigen Tier verbunden.

Der arabische Saluki ist ein kleineres Tier als die Kreuzung, und das Wort „saluqi" bezeichnet die Reinheit des Tieres. Jede Windhundkreuzung wurde von den alten Beduinen „luqi" genannt. Mit dem Aufkommen der Ölförderung wurde die Kreuzung zum bevorzugten Jagdhund des Wüstenarabers. Nachdem die Beduinen ihren traditionellen Lebensstil aufgegeben hatten, wechselten auch ihre Ansprüche an die Salukis vom Überlebenshelfer hin zum Begleiter beim Wochenendsport.

Die Ausdauer des arabischen Hundes wurde dabei nicht mehr gebraucht, wenn die Beduinen mit ganzen Meuten von Mischlingshunden in Autos mit Klimaanlage und Vierradantrieb in die Wüste fuhren. Diese nervösen blitzschnellen Tiere töteten alles, was sich bewegte, oder griffen es an.

Der arabische Saluki läßt sich nach zwei Haupttypen unterscheiden: die glattfelligen, schwarzen und dunkelbraunen Tiere des Mutair-Stammes und die weißen, sand-, beige- und graufarbenen Tiere mit Haarbüscheln an Ohren und Schwanz, die von dem Awazim-Stamm gezüchtet werden. Diese beiden Beduinenstämme waren Todfeinde, und so wurden die Hunde nie gekreuzt. Obwohl diese beiden Typen für Tausende von Jahren getrennt voneinander gehalten worden waren, wird ein Beduine immer erklären: „Es sind genau die gleichen Hunde." Sie sind alle identisch in ihrem Charakter, weil sie unter den gleichen Bedingungen und zum gleichen Zweck gezüchtet wurden. Bis vor einigen Jahren konnte man weder schwarze noch weiße Salukis bei den Beduinen sehen. Gleiches gilt für den Windhund mit langer schwarzer Fahne und langhaarigem Fell.

gical Gardens and also another owned by the Duke of Devonshire at Chatsworth. They were all called Persian Greyhounds as all three came from Iran."

The report continues: "The first Arabian Saluqis were imported into Britain by Florence Amherst in 1895 from the kennels of Prince Abdulla of Transjordania."

It appears, therefore, that the tazidan of Iran crossed with the Arabians, thus founding the breed known in the West as "saluqis". All of these dogs in crossing, plus those taken to the West by other travellers from North Africa as well as the Middle East, contributed to the breed of "Arabian saluqi". Thus, the history of the Arabian saluqi and the desert Arabs has been attached to a crossbreed and not a pure animal.

The Arabian saluqi is a smaller animal than the crossbreeds, and the word "saluqi" denotes the animal's purity. Any crossed greyhound was called "luqi" by the old Bedouin. The crossbreed became the dominant hunting dog of the desert Arab with the advent of oil production. Having abandoned traditional lifestyles, the Bedouin's interest in the saluqi changed from the necessity for survival to weekend sport.

The stamina of the Arabian dog became obsolete. Stamina was unnecessary when the Bedouin could transport themselves into the desert in air-conditioned, four-wheel drives with full complements of crossbreeds. These animals, highly strung and as quick as lightning, would kill or attack anything that moved. They were spectacular and exciting.

The Arabian saluqi falls into two main types; the smooth-coated black and dark brown animals owned by the Mutair tribe and the white, sand-coloured, beige and grey types with feathering on the ears and tail bred by the Awazim tribe. These two Bedouin tribes were deadly enemies and the dogs were never crossed. Although these two types were kept apart for thousands of years, a Bedouin will declare: "They are exactly the same dog." All are character clones because they were bred under the same conditions and for the same reasons. Black and white saluqis were never seen among the Bedouin until recent years. Neither was the greyhound with long black feathering and a long stapled coat.

The chest of the Arabian is more barrel-shaped than the crossbreed; allowing room for more heart. The very deep chest is characteristic of the tazi.[2)] Stamina was essential for desert life. Speed was necessary where there was vegetation because the prey could seek refuge more readily.

The feathering on the light-shaded type is never as long and luxurious as that of its cousin. The general coat is smooth, of short staple and with strong, thick hair along the back. In the summertime, the Arabian loses most of the hair on the underside until it is almost naked. This shedding occurs when the temperature

Saluki mit Welpen im Beduinenzelt. Foto: Carl R. Raswan

Der Brustkorb des arabischen Hundes ist tonnenförmiger als der des Mischlings und bietet so Raum für ein größeres Herz. Der sehr tiefe Brustkasten ist für den Tazi charakteristisch.[2)] Ausdauer war für das Leben in der Wüste äußerst wichtig. Geschwindigkeit war notwendig, wo es Vegetation gab, denn die Beute konnte dort eher Zuflucht suchen.

Die Fahne ist bei dem helleren Typ nie so lang und üppig wie bei seinem Verwandten. Das gewöhnliche Fell ist glatt und kurz, mit starkem, dickem Haar den Rücken entlang. Im Sommer verliert der arabische Hund die meisten Haare auf der Unterseite, bis er fast nackt ist. Dieser Haarabwurf tritt ein, wenn die Temperatur in ihrem natürlichen Verbreitungsgebiet ansteigt. Wenn er in einem kühleren Klima gehalten wird, tritt dieser drastische Haarausfall nicht ein. Niemals, nicht einmal in Zuchten mit Fahnen, hat ein arabischer Hund Fell an der Unterseite, noch hat er Haarfransen, die an den Vorderbeinen hinabführen. Dem arabischen Hund wächst auch kein langes Haar zwischen den Zehen. Das wäre in der Wüste eine Behinderung. Der feine Staub, mit Schweiß vermischt, sammelte sich in diesen Haaren und bildete harte, betonähnliche Klumpen aus.

Huyot. Hetzjagd. Archiv Gerda von Brincken, Verden

rises in its natural habitat. When kept in cooler climates, this drastic shedding does not occur. There is never long hair on an Arabian's underside, not even in the feathered strains, nor fringe hair running down the fore-legs. The Arabian does not have long hair growing between its toes. This is a handicap in the desert. The fine dust, coupled with perspiration, collects around this hair and forms hard, concrete-like lumps. It becomes so uncomfortable for the crossbreeds that they try to bite it out.

The leather of the ear is not as long as that of the crossbreeds. Also the muzzle is shorter, although there is a slight variation between the colours, which appear to represent differing strains as with the horses. In puppies, the muzzle can be blunt, extending to the point of prettiness at maturity. The Arabian does not have the long, elegant muzzle admired in the crossbreed.

Nevertheless, it is always a very fine head.

When standing on loose sand or gravel, expecially with the weight forward, the toes of the Arabian splay. This provides tremendous manoeuverability in the

Janet Lange. Chasse aux Gazelles. Archiv Olms

Das Ohrleder ist nicht so lang wie bei den Mischlingen. Auch ist die Schnauze kürzer, wenn es auch zwischen den Farben leichte Abweichungen gibt. Bei Welpen kann die Schnauze stumpf sein, um sich dann während der Reife gefällig zu entwickeln. Der arabische Hund hat nicht die bei den Mischlingen bewunderte lange, elegante Schnauze.

Ungeachtet dessen aber ist der Kopf immer sehr fein gebaut.

Wenn der arabische Hund auf losem Sand oder Kies steht, besonders wenn das Gewicht nach vorn gelagert ist, spreizt er seine Zehen. Das verleiht einen hohen Grad an Beweglichekeit in der Wüste. Das lediglich zweizehige Kamel spreizt seine Zehen auf dieselbe Weise. Die Salukis sind widerstandsfähig, zäh und praktisch, um so den Bedingungen der Wüste zu entsprechen. Unglücklicherweise gibt es hartnäckige romantische und von falschem Zauber gekennzeichnete ausländische Vorstellungen von der arabischen Wüste, die nicht weiter von der Realität entfernt sein könnten. Sechs Monate im Jahr ist sie eine der häßlichsten und grausamsten Umwelten, die Mensch und Tier jemals ertragen haben. Nähme man den Reichtum und die moderne Technologie fort, würde auch der Rest des Jahres nicht viel Trost bieten.

There are still Asil Salukis in Europe. In all his ancestors, Bassim, goes directly back to the Saluki breed of H. M. King Chaled Ben Abdul Aziz, Saudi Arabia. He is extremely similar to the asil Barakh in Saudi Arabia. See adjacent photograph. Foto: H. Reinhard

desert. The camel with only two toes splays the same way. Basically, the saluqis are hard, tough and practical, thus suiting the conditions of the desert. Unfortunately, there is a persistant romanticism and glamour attached to foreign perceptions of the Arabian desert, whereas nothing is further from reality. For six months of the year, it is one of the ugliest, cruelest environments man and animal ever endured. Stripped of wealth and modern technology, the rest of the year would not provide much comfort either.

The Arabs were never obsessed by physical appearance. How the animal looked was not as important as its other qualities. They looked for manners, gestures, behaviour, responses and character, which are indicative that they descend in absolute purity from the old stock.

If there is the slightest wrong reaction, the Bedouin know the animal is not pure and cannot be trusted to stand up to the rigours of the Arabian desert.

The old Bedouin recognize instantly those animals which have come down with their own lineage. These are the blood lines bequeathed by the ancient Arabs so that their progeny will survive and endure in the desert. It is a heritage for survival. If an animal is going to save your life, who cares how it looks? Man can depend on the Asil Arabian; the crossbreed depends on man. The Arabian

Saluqui "Barakh", bred and living in Saudi Arabia. Barakh means "He holds but does not kill", which is typical for the character of the male saluqi. Foto: Yusuf Al Gallaf

Die Araber legten nie Wert auf die körperliche Erscheinung. Das Aussehen des Tieres war weniger bedeutend als seine übrigen Qualitäten. Sie achten auf Stil, Gestik, Verhalten, Reaktionen und Charakter als Hinweise, die anzeigen, ob die Tiere absolut rein von der alten Linie abstammen.

Wenn es auch nur die kleinste falsche Reaktion zeigt, weiß der Beduine, daß das Tier nicht blutrein ist –, dann kann man sich nicht darauf verlassen, daß es den Härten der Arabischen Wüste zu widerstehen vermag.

Die alten Beduinen erkennen die Tiere sofort, die mit ihrem eigenen Geschlecht überliefert worden sind. Das sind jene Blutlinien, die von den alten Arabern vererbt wurden, auf daß ihre Nachkommenschaft in der Wüste überlebe und aushalte. Es ist ein Erbe zum Überleben. Wenn ein Tier dein Leben retten soll, was macht es schon, wie es aussieht? Der Mensch kann sich auf einen reinen Araber verlassen; der Mischling hängt vom Menschen ab. Der arabische Saluki ist ein sehr ruhiges Tier. Das war Voraussetzung, um zu verhindern, daß der Standort der Beduinen durch weit in die Wüste getragenen Schall verraten wird. Der Grund, warum Beduinen Stuten ritten, war, daß diese nicht wieherten.

Der unveränderte Lebensstil, die Nahrung und jahrhundertelange enge Verwandtschaftszucht zu dem spezifischen Zweck des Überlebens im Backofen der

saluqi is a very quiet animal. This was necessary as the Bedouin did not want their positions revealed in the desert, where sound carries over vast distances. The reason they rode mares was because they did not neigh.

The unvaried lifestyle, diet, centuries of very close breeding and much in-breeding for the specific purpose of survival in the furnace of the Arabian desert did not produce an animal for all seasons and situations unless it was crossed with the Persian stock. This crossing is also the formula for glamour.

The tazi is a much more versatile animal. Although parts of Southern Iran resemble conditions of the Arabian desert, the rest of the country consists of vastly different landscapes and climatic conditions.

The Arabians possess the sweetest nature imaginable (a baby can take a bone out of their mouths) but their extraordinary character is their most endearing attribute. Those who are enamoured of the horse can well imagine what the Arabs did with the dog!

The thoroughbred racehorse is a popular animal in modern Arabia and, like the crossbreed greyhound, has been imported from breeders all over the world. Unlike the greyhound, the racehorse does not pretend to be the pure Arabian horse of the desert Arab.

The only world experts of the saluqi are the old pure Bedouin of the Arabian heartland. They will testify that the majority of so called "saluqis" are not pure and are not their animals.

It is hoped that Western breeders will realize that they are dealing with an hybrid and that these ancient animals will be disentangled. Moreover, it is hoped that in modern Arabia, breeding programmes will be established which are based entirely on the expertise of the old Bedouin. This expertise has been acquired by thousands of years of Arab experience and can be lost in one generation.

If it were not for the skills, courage, intelligence and affection of the magnificent Arabian animals, there would not be a race of desert Arabs in existence.

1) Within the last six years, however, there are reports that kennels have been established by Arabian Breeders.

2) Professor Moeen of Teheran states in the Farhange (Directory) Moeen, that "Tazi has a long body and long legs. It is very quick-running and has a very deep chest and long muzzle. It is not clever and shows less loyalty to its master than others."

arabischen Wüste brachten kein Tier für alle Jahreszeiten und die unterschiedlichsten Verhältnisse hervor. Dazu war die Kreuzung mit der persischen Zucht notwendig. Diese Kreuzung ist auch die Formel für die bezaubernde Schönheit.

Der Tazi ist ein weitaus vielfältigeres Tier. Obgleich Teile des südlichen Irans den Bedingungen der arabischen Wüste entsprechen, besteht der Rest des Landes doch aus sehr unterschiedlichen Landschaften und Klimagebieten.

Die arabischen Hunde besitzen ein äußerst sanftes Naturell (ein kleines Kind kann ihnen einen Knochen aus der Schnauze nehmen), was jedoch am meisten für sie einnimmt, ist ihr außerordentlicher Charakter. Wer in das Pferd verliebt ist, kann sich gut vorstellen, was die Araber mit diesem Hund geschaffen haben!

Das Vollblutrennpferd ist ein beliebtes Tier im modernen Arabien und ist – wie der Mischlingswindhund – von Züchtern aus der ganzen Welt importiert worden. Anders als der Windhund, gibt das Rennpferd nicht vor, das reinblütige arabische Pferd des Wüstenarabers zu sein.

Die einzigen Salukiexperten der Welt sind die alten reinblütigen Beduinen des arabischen Kernlandes. Sie werden bezeugen, daß die Mehrzahl der sogenannten „Salukis" nicht reinblütig ist und daß sie nicht ihre Tiere sind.

Es ist zu hoffen, daß die westlichen Züchter erkennen, daß sie sich mit Mischlingen befassen, und daß diese alten Tiere wieder herausgezüchtet werden. Überdies ist zu hoffen, daß im modernen Arabien Zuchtprogramme eingerichtet werden, die sich vollständig auf das Expertenwissen der alten Beduinen gründen. Dieser Sachverstand wurde in Tausenden von Jahren arabischer Erfahrung erworben und kann in einer Generation verloren gehen.

Wenn es nicht die Fähigkeiten, den Mut, die Intelligenz und Zuneigung der wundervollen arabischen Tiere gegeben hätte, gäbe es heute keine Rasse von Wüstenarabern.

1) Aus den letzten fünf Jahren gibt es jedoch Berichte, daß zwei arabische Züchter Zwinger eingerichtet haben.

2) Professor Moeen aus Teheran schreibt in der Farhange (Verzeichnis) Moeen, daß „Tazi einen langen Körper und lange Beine hat. Er ist ein sehr schneller Läufer und hat einen sehr tiefen Brustkasten und eine lange Schnauze. Er ist nicht schlau und zeigt weniger Loyalität für seinen Herrn als andere."

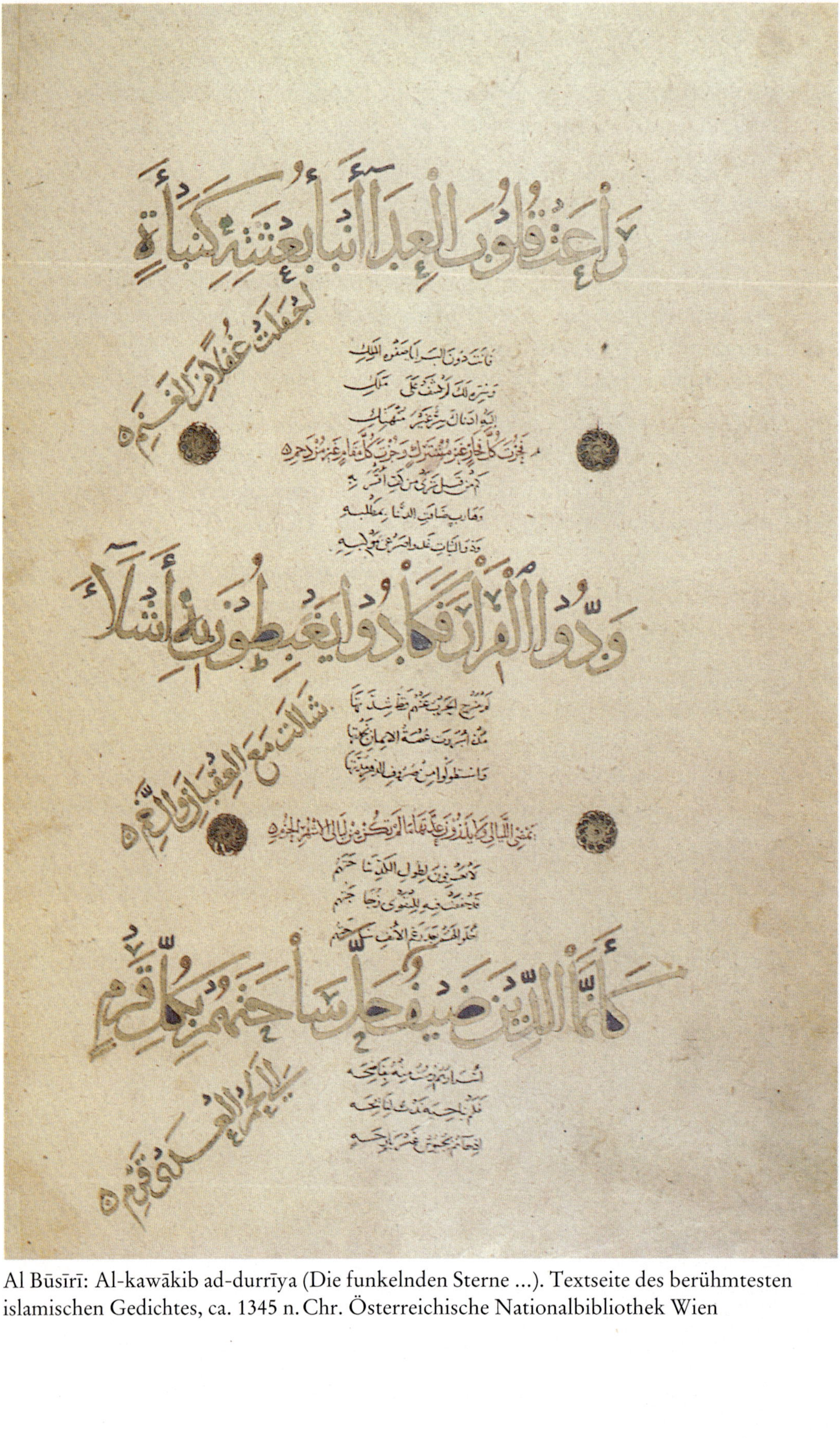

Al Būsīrī: Al-kawākib ad-durrīya (Die funkelnden Sterne ...). Textseite des berühmtesten islamischen Gedichtes, ca. 1345 n. Chr. Österreichische Nationalbibliothek Wien

Der Einfluß arabischer Kultur und Wissenschaft auf das Abendland

The influence of Arab culture and science on Western civilization

The breeding of pure Arabians throughout the world is often an important topic of conversation with Arab friends. In this context I have often had to explain why early Arab oral tradition has been the source of doubt and suspicion to westerners so occupied with documented evidence.

A telling example of this can be found in *Anecdota Graeca*, a collection of Greek anecdotes. A man from the city says to a Bedouin, "I thought you were dead", to which the Bedouin answers, "As you can see, I'm alive." At that, the man from the city says, "That is impossible. The paper I read it in is much more trustworthy than you."

There is still a lot of important educating to be done. One of the tasks at hand is to change the distorted image of the Arab, which still haunts so many.

We have already commented on the Bedouin character. The following chapter on the influences of Arab culture and science, Arab tolerance and education on Western civilization intends to further the understanding of Arab character and contributions.

This chapter also shows indirectly that Arab reliability and ethics, as well as their remarkable success in breeding pure breds have a long standing in tradition.

Western authors have had little to say about the accomplishments of the Near East. Has it been so embarrassing to admit that much was not first thought, invented, practiced or experienced in the West? Has it been easier to credit the Greeks with the fame the Arabs were denied? The Arabs of the Middle Ages have barely been acknowledged as cultural mediators through their translations.

What is the truth? The wealth of valuable contributions to Western civilization, all fields of knowledge, vocabulary, poetry, art and architecture is immense. For 800 years the Arabs were the leading civilization of the known world. In her excellent work *Allahs Sonne über dem Abendland** (Allah's Sun over the West), Sigrid Hunke has brought together a large number of highly interesting but generally unknown facts, which should not be hidden from breeders and friends of the Arabian horse.

Stets aufs neue ist in Gesprächen mit arabischen Freunden die internationale Vollblutaraberzucht ein wichtiges Thema. Oft genug müssen wir dann erklären, warum in den westlichen Ländern mit ihrem Dokumentenwahn die früher bei den Arabern übliche mündliche Überlieferung Anlaß ist für Zweifel und Verdächtigungen.

Einer der Sheikhs zitierte eine Geschichte, die in den *„Anecdota Graeca"* in ähnlicher Form zu finden ist: Ein Städter spricht einen Beduinen an: „Ich denke, Du bist tot", worauf der Beduine antwortet: „Wie Du siehst, lebe ich." Darauf der Städter: „Das kann unmöglich sein, denn das Schriftstück, dem ich diese Kunde entnahm, ist viel vertrauenswürdiger als Du."

Wir haben noch wesentliche Aufklärungsarbeit zu leisten. Eine dieser Aufgaben ist, das Zerrbild vom arabischen Menschen, wie es in manchen Köpfen spukt, zu ändern.

Wir haben zum Wesen der Beduinen (s. S. 281)Stellung genommen. Um es noch besser begreiflich zu machen, was wir von den Arabern zu halten, wie wir sie einzuschätzen haben, werden wir hier ein Kapitel den Einflüssen widmen, die arabische Kultur und Wissenschaft, arabische Toleranz und Bildung auf das Abendland gehabt haben.

Aus diesem Kapitel läßt sich dann auch indirekt ablesen, daß der hohe Grad an Zuverlässigkeit und Ethos ebenso wie die bewundernswerte Züchterkunst nicht von ungefähr sind.

Kläglich ist es um die Aussagen der abendländischen Autoren bestellt, wenn es darum geht, die Verdienste des Morgenlandes zu würdigen. War es so peinlich einzugestehen, und ist es das immer noch, daß vieles nicht zuerst bei uns gedacht, erfunden, praktiziert, gelebt wurde? Wollte man lieber den Griechen zubilligen, was man den Arabern verwehrte? Die Mittlerfunktion dank fleißiger Übersetzertätigkeit wurde den Arabern des Mittelalters gerade noch zugestanden.

Wie verhielt es sich nun tatsächlich? Die Fülle der fruchtbaren Einwirkungen auf die gesamte Kultur, auf fast alle Wissensgebiete, auf unseren Sprachschatz, die Poesie, die Kunst, die Bautechnik sind unüberschaubar. Ein Dreivierteljahrtausend waren die Araber das führende Kulturvolk der Welt. *SIGRID HUNKE* hat in ihrem großartigen Werk *„Allahs Sonne über dem Abendland"* *

Influence of Arab Culture

Originally, the present author had intended to write the following chapter himself. The extensive scope of topics and the conflicting opinions of two rival schools of thought led him to give up this plan. It was especially discouraging to find that even reputable scholars often slight the scientific and cultural accomplishment of the Arabs. From the wealth of facts, a small collection of quotations from Sigrid Hunke's lively and brilliantly written work must serve to document an alternative evaluation of the importance of Arab civilization. Occasionally, abridgements made stylistic changes necessary. It should also be noted that Sigrid Hunke uses the term Arab/Arabic for the entire Muslim world using Classical Arabic.

W. Georg Olms

Mathematics

"Arabic numerals have conquered the West, assuming for all time a leading role in science, technology, industry and communications of the civilized world.
Thanks to this achievement, the Arabs created new fields of science and developed others to a much higher degree than the Indians and Greeks. Therefore the Arabs, rather than the Greeks, became the teachers of mathematics of our Renaissance."

Astronomy

As hardly any other people, the Bedouins had to rely on the heavens. This led them to systematic study by means of specially constructed observatories, after the models of Indian and Greek astronomers. The great achievements in astronomy are documented in the work of Al Battani. Bedouin practical astronomy grew into an exact science, which also gained pragmatic importance for precise time calculation, necessary for determining Ramadan as well as the exact times for the muezzin.
"What Aristarchus and after him Seleucus knew in Babylon, and what the Renaissance genius Copernicus later recognized, had been discovered 500 years before by the Arab al-Biruni: responsible for the alternation of day and night is not the sun, but the earth itself revolving around its own axis and, with the other planets, moving around the sun."

Science and Technology

"The Arabs, through experimental investigation, expanded the knowledge which they had learned from the Greeks. They can even be called the inventors of experiments as such and the

* Sigrid Hunke, Allahs Sonne über dem Abendland. Deutsche Verlagsanstalt, Stuttgart 1984.

eine Vielzahl von hochinteressanten Fakten zusammengetragen, die größtenteils unbekannt sind, die aber gerade uns, die wir uns Züchter oder Freunde des Araberpferdes nennen, wenigstens in groben Zügen bekannt sein sollten.

Das folgende Kapitel wollte der Autor dieser Zeilen selbst verfassen. Die Vielfalt der Fachgebiete und ebenso mancherlei sich widersprechende Aussagen in der Fachliteratur haben ihn jedoch bewogen, darauf zu verzichten. So soll aus der Fülle der Fakten, die in Sigrid Hunkes Buch auf die lebendigste Weise in stilistisch glänzender Manier vor Augen geführt werden, eine knappe Zitatensammlung skizzieren, wie sich die Bedeutung des morgenländischen Kulturkreises aus anderer Sicht ausnimmt. Dabei wurde teils wörtlich zitiert, teils wurden wegen der einzelnen Kürzungen gelegentlich stilistische Änderungen vorgenommen oder neu formuliert. Die Zitate wurden jeweils in Anführungsstriche gesetzt. Ebenso verdient Erwähnung, daß die gesamte Welt der Moslems, die mit der arabischen Hochsprache umging, von Sigrid Hunke als „arabisch" bezeichnet wird.

W. Georg Olms

Mathematik

Die „arabischen Ziffern" haben das Abendland erobert und ihre tragende Rolle in Naturwissenschaft, Technik, Wirtschaft und Verkehr sämtlicher Kulturvölker der Erde für alle Zeiten übernommen...
Dank dieser Anlage schufen die Araber neue Wissenschaftszweige und entwickelten andere zu sehr viel höherer Reife, als Inder und Griechen sie erreicht hatten und erreichen konnten. Und „darum wurden nicht die Griechen, sondern die Araber die Mathematiklehrer unserer Renaissance".

Astronomie

Wie kaum ein anderes Volk waren die Beduinen auf den Sternenhimmel angewiesen. So setzte bei ihnen, angeregt durch indische und griechische Sternkunde, eine systematische Beobachtung mit eigens errichteten Sternwarten ein. Die große Leistung auf dem Gebiete der Astronomie wird dokumentiert in dem Werk von Al Battani**. Die beduinische Gebrauchshimmelskunde wuchs sich zu einer exakten Wissenschaft aus, und sie hatte auch praktische Bedeutung wegen der genauen Zeitmessung. Es galt u. a. den Ramadan zu bestimmen und die exakten Zeiten für den Muezzin, also den Gebetsrufer zu errechnen.
Was einst Aristarch und nach ihm Seleukos in Babylon gewußt hatten und im Zeitalter der Renaissance das Genie des Deutschen Kopernikus neu erkannte, das hatte fünfhundert Jahre vor ihm der Araber al-Biruni erfaßt: nicht die Sonne war für den Wechsel von Tag und Nacht verantwortlich zu machen, sondern die Erde selbst, die sich um die eigene Achse dreht und mit den Planeten die Sonne umwandert."

**Sigrid Hunke, Allahs Sonne über dem Abendland. Deutsche Verlagsanstalt, Stuttgart 1984*

** Al Battani, Opus Astronomicon. 3 Bde. in 1. Mailand 1899–1907. Reprint: Hildesheim 1977

founders of experimental research. Innumerable technical terms adopted from Arabic into all the world's languages reflect the great achievements of the Arabs in chemistry. Not only scientists but also housewives recognize and use words such as *chemistry, alchemy, alum, aldehyde, alizerine, alkali, alcohol, amalgam, aniline, antimony, arrack, azure, benzene, benzoin, bezoar, borax, elixir, kali, lacquer, lazurite, marcasite, realgar, shellac, soda, sodium, talcum, etc.*

The Arabs were excellent technicians and skilled mechanics, who developed ingenious means of using water, on which their lives so depended. They constructed various kinds of water wheels, pumps, hydraulic lever mechanisms, and even devices to raise water by means of fire."

Around 880, Ibn Firnas constructed the first flying machine in Spain. It was covered with cloth and feathers and stayed aloft for some time.

Long before Berthold Schwarz is supposed to have invented gunpowder, its formula was known in Arab countries, and contemporary literature abounds in evidence of explosives, firearms and rockets. Cannons were first used by the Arabs in Andalusia.

600 years before the first german paper mill was built in Nuremberg in 1389, the Arabs had used and improved this Chinese invention and even developed a whole paper industry.

Optics

Al Hazen can be considered the founder of optics. His work *Opticae Thesaurus* is a milestone in the history of science.

Medicine

One of the most famous doctors in the history of science was Ibn Sina (Avicenna)*. "Ibn Sina was the first to observe that local cancer indicates a general cancerous condition of the body. He also called attention to the contagiousness of tuberculosis and the danger of exposure to the sun for such patients. The Arab doctor and philosopher Ibn Rushd of Cordoba, the great Averroes of the Middle Ages, realized that cases of certain infectuous diseases, such as smallpox, leave behind a life-long immunity of the body to the disease. Two hundred years later, Emperor Maximilian I issued an edict calling smallpox epidemics a divine chastisement."

Ever since Hippocrates' time, his unfortunate teaching of the importance of lengthy supperation of wounds for the healing process had been prevalent. Ibn Sina, however, taught and practiced that this supperation should be avoided, which he was often able to accomplish overnight with warm compresses and old red wine.

It was only in 1959 that a French professor discovered the properties of red wine similar to penicillin.

Antibiotics were a sensational discovery of pre-Islamic times. The Arabs gathered the penicillin and aspergillus fungi from the harnesses of mules and water buffaloes, and prepared salves and powders. As a cure against throat infection, the green dust from moldy bread was blown into the throat, a practice still continued by Bedouins today.

"The fame of the great French surgeon Ambroise Paré mainly rests on his use of ligature, which he reportedly first practiced in 1552; this was taught 600 years before by the Arab Abu 'l-Qasim, which considerably improved his amputations."

In 1500, Strasbourg boasted the first hospital with a regularly employed doctor, that is 800 years after the first Arab hospitals were founded, which in their time surpassed those of Europe in the 16th century.

Naturwissenschaften und Technik

„Die Araber haben den von den Griechen übernommenen Wissensstoff durch experimentelle Untersuchungen weiter ausgebaut. Ja, sie sind die Erfinder des Experiments im strengen Sinne, die eigentlichen Begründer der experimentellen Forschung...

Von den großen Leistungen der Araber auf dem Gebiet der Chemie zeugen noch heute ungezählte Fachausdrücke, die aus dem arabischen Wortschatz in die Sprachen aller Völker übergegangen sind und nicht nur von jedem Chemiker, sondern auch von jeder Hausfrau ständig im Munde geführt werden, voran das Wort *Chemie, Alchemie, Alambik, Alaun, Aldehyd, Alhandal, Alizarin, Alkali, Alkohol, Aludel, Almalgam, Anilin, Antimon, Arrak, Azurblau, Bedeguar, Benzin, Benzöe, Bezoar, Borax, Droge, Drogerie, Elixier, Kali, Kalium, Kolkothar, Lack, Lasurstein, Markasit, Natrium, Natron, Realgar, Schellack, Soda, Talkum, Tintal* u. a. ...

Die Araber waren einfallsreiche Techniker und geschickte Mechaniker. Viel Scharfsinn verwandten sie darauf, sich das Wasser dienstbar zu machen, von dem ihr Leben so stark abhing; für die Bewässerung des Bodens konstruierten sie allerlei Arten von Wasserschöpfrädern, Pumpen, Wasserhebemaschinen mit Hebelanordnungen, ja Vorrichtungen zum Heben des Wassers durch Anwendung von Feuer."

Um 880 baute Ibn Firnas in Spanien die erste Flugmaschine. Sie war mit Stoff und Federn bezogen und hielt sich längere Zeit in der Luft.

Längst bevor Berthold Schwarz bei uns das Schießpulver entdeckt haben soll, war in arabischen Ländern die Formel dafür bekannt, und in der Literatur der Zeit wimmelt es nur so von Nachweisen zu Explosivstoffen, Feuerwaffen und Raketentreibsätzen. In Andalusien setzten die Araber als erste Geschütze ein.

600 Jahre bevor es in Nürnberg 1389 die erste deutsche Papiermühle gab, hatten die Araber bereits diese aus China stammende Erfindung verbessert und eine ganze Industrie dafür entwickelt.

Optik

Al Hazen kann als Begründer der Optik gelten. Sein Werk „Opticae Thesaurus" gilt als ein Meilenstein in der Wissenschaftsgeschichte.

Heilkunde

Einer der berühmtesten Ärzte der Wissenschaftsgeschichte war Ibn Sina (Avicenna)*.

„Daß örtlicher Krebs eine allgemeine Krebserkrankung des Organismus anzeigt, beobachtet er zuerst. Ibn Sina ist es auch, der auf die Übertragbarkeit der Lungenschwindsucht und auf die Gefahr der Sonnenbestrahlung für Schwindsüchtige hinweist. Daß bestimmte Infektionskrankheiten wie die schwarzen Pocken eine lebenslängliche Immunität des Körpers hinterlassen, stellt der arabische Arzt und Philosoph Ibn Ruschd aus Cordoba, der große Averroes des Mittelalters, fest, wogegen noch zweihundert Jahre später das wiederholt verkündete Edikt Kaiser Maximilians I. die Pockenepidemie als göttliches Züchtigungsmittel erklärt."

Seit Hippokrates herrschte die unglückliche Lehre von der Bedeutung der Eiterung mit dem wochenlangen Heilungsprozeß vor. Dagegen lehrte und praktizierte schon Ibn Sina die Verhinderung des Eiterns, die ihm oft über Nacht gelang dank warmer Kompressen und altem Rotwein.

*Avicenna [Ibn Sina], Liber canonis, Venedig 1507, Reprint: Hildesheim 1964

Influence of Arab Culture

Pharmacy

“The Arabs are the true inventors of pharmacy. They by far surpassed in knowledge and responsibility the apothecaries of Antiquity.
Pharmacies were regularly inspected by officers in charge of public health.
Instead of attempting to transmute base metals into gold, the Arabs were able to make real and practical discoveries of new chemical compounds and invent new chemical methods.”

Education

Whereas after 800 Latin sermons were not understood by the people, Arabs were obliged by the word of the Prophet to gain knowledge. Wandering scholars traveled even to the Bedouins.

Between the 9th and 12th centuries, up to 95 % of the population of Central Europe were analphabets. At the same time, the Arab youth was learning the Koran, and Islamic tradition, grammar, philology, rhetoric, literature, history, ethnology, geography, logic and astronomy.

Universities

“Arab universities flourished since the 9th century and since Gerbert’s time attracted a small but constantly increasing stream of visitors from beyond the Pyrenees, an example for Western institutions of learning for the secular professions and sciences. They were models for the bestowing of academic honors and degrees, the division into faculties and methods of teaching.”

Books/Libraries/Booksellers

Books were considered to be media of politics and science, and to be ambassadors of peace. Collecting manuscripts became a passion with book-loving Arabs of all classes.
“The Fatimid library with its 1600000 volumes is the most beautiful and complete of all libraries, with some 6500 mathematical and 18000 philosophical works.
The average library of a 10th century Arab usually had more works than all contemporary libraries of the Western world together. It was improper to be rich without owning a collection of rare and valuable books.”
“And now the bookseller – like the pharmacists, an Arab ‘invention‘. The concept of the bookseller as a transmitter of culture and the bookshop as the cultural center of the town was first, and for a long time uniquely, found here.”

Poetry

“In the poems of the two Italian geniuses Petrarch and Dante, one can at times find surprising correspondences with lines of Arabic poetry. In Petrarch’s poems these influences were certainly unconscious, but in Dante they stem from a very personal acquaintance with Arabic poetry. While Petrarch’s work shows few direct allusions to classical Arabic lyric poets, Dante drew heavily on Arabic sources.”

Erst 1959 wurde die dem Penicillin gleichwertige Wirkung alten Rotweins durch einen französischen Professor neu entdeckt.
Die Antibiotika waren schon eine sensationelle Erfindung in vorislamischer Zeit. Von den Geschirren der Lastesel und Wasserbüffel ernteten die Araber die Schimmelstoffe des Penicillins und Aspergillus, bereiteten daraus Salben und Pulver. Bei Halsentzündungen wurde der grünliche Staub des Schimmels von Brot in den Hals gepustet, wie noch heute bei den Beduinen üblich.
„Worauf sich vornehmlich der Ruhm des großen französischen Chirurgen Ambroise Paré gründet, die im Jahre 1552 von ihm angeblich zum erstenmal unternommene Unterbindung der großen Blutgefäße, sie hat sechshundert Jahre vor dem genialen Franzosen der Araber Abu'l-Quasim gelehrt und dadurch seine Amputationen erheblich verbessert."
1500 gab es das erste Hospital mit angestelltem Arzt in Straßburg, d. h. aber 800 Jahre nachdem die ersten arabischen Krankenhausgründungen ins Leben gerufen wurden, die zu dem Zeitpunkt vorbildlicher waren als die des Abendlandes im 16. Jahrhundert.

Pharmazie

„Die Araber sind die eigentlichen Schöpfer des Apothekerstandes, der sich durch seine Kenntnisse und besondere Verantwortlichkeit weit über den Stand der Arzneihändler der Antike erhob.
Die Apotheken selbst wurden regelmäßig von den Beamten der Gesundheitspolizei inspiziert. An Stelle einer utopischen Goldgewinnung sind den Arabern wirkliche und praktische Entdeckungen neuer chemischer Verbindungen und die Erfindungen neuer chemischer Methoden gelungen."

Bildung

Während bei uns seit dem Jahre 800 lateinische Predigten vom Volke nicht mehr verstanden wurden, waren nach den Worten des Propheten die Araber gehalten, sich Wissen anzueignen.
„Selbst zu den Beduinen ziehen wandernde Studiosi."
Im Mitteleuropa des 9. – 12. Jahrhunderts finden wir zu 95 % Analphabeten. Währenddessen lernt die arabische Jugend den Koran und Tradition, Grammatik, Philologie, Rhetorik, Literatur, Geschichte, Völkerkunde, Geographie, Logik, Mathematik und Sternkunde.

Universitäten

„Die Araber haben dem Abendland mit ihren Universitäten, die seit dem 9. Jahrhundert blühten und seit Gerberts Zeiten einen schmalen, ständig breiterwerdenden Strom heimlicher Besucher von jenseits der Pyrenäen anlockten, ein Muster der Lehrstätten für die weltlichen Berufe und Wissenschaften vor Augen gestellt. Sie haben das Vorbild gegeben mit der Verleihung der akademischen Würden und Grade, mit der Gliederung in Fakultäten, mit ihrer Lehrmethode."

Bücher/Bibliotheken/Buchhändler

Die Bücher galten als Mittler der Politik, Wissenschaft als Botschafterin des Friedens. Manuskriptesammeln wurde zu einer Leidenschaft. Bücherliebhaber finden wir bei den Arabern aller Stände.

Influence of Arab Culture

Music

"The Arabs of even the earliest times were uncommonly fond of singing. Music accompanied their lives from the cradle to the grave. Each of their deepest emotions found expression in song. This kind of music did not have the strange but typical monotony based on the quarter tone system, which dates from after the destruction of Bagdad by the Mongols. It is by no means peculiarly Arabic. On the contrary, Arab melodies were exceptionally artistic and ornate like arabesques."

Religion

"God's book, the Holy Koran, says, 'There shall be no force in faith'. Arabs were far from forcing subjected peoples into accepting Islam. Christians, Sabaeans, Parsees and Jews, who a hundred years before under their king Yussuf gave horrid examples of the wildest and cruelest religious hatred were all to be allowed to practice their religion undisturbed. They retained their houses of worship, monasteries, bishops, deacons and rabbis. This was unprecedented. Only in later Islam signs are visible of proselytism and religious hatred. Such fanaticism is alien to the Arab character."

Tolerance / Chivalrousness

"The proverbial tolerance of the Arabs is altogether contrary to the religious indifference of the late Romans, who on their forums set up a place for gods of any provenance. The tolerance of the Arab, even his magnanimity towards the enemy and unbeliever, have their natural roots in the ancient Arabic Fatā, the 'gentleman ideal' of pre-Islamic times. Personal sacrifice without stinting even unto death was then equally due to guests and members of one's own family. Arab chivalrousness deeply impressed and directly influenced Germanic knighthood. In the person of the 'noble pagan' who, renouncing his victory, throws away his sword and extends his hand to his brave opponent across all national and religious barriers, Wolfram von Eschenbach set Arab chivalrousness a moving and immortal memorial: only the 'pagan' Feirefiz can teach the hero Parzival how to climb the highest step of true chivalry."

Commerce

"The Arab Empire was indeed not only the land of the arts and sciences, but also the center of world trade."

Administration

Highly gifted administrators, the Arabs had in their empires an exemplary administrative system. It also became the model for the Hohenstaufen Empire, even including the customs structure, which Emperor Frederick II organized down to the last detail.

Reich zu sein jedenfalls gehörte sich einfach nicht, ohne eine Sammlung seltener und kostbarer Bücher sein eigen zu nennen."
„Die Bibliothek des Fatimiden mit 1600000 Bänden ist die schönste und vollständigste von allen, mit allein 6500 mathematischen und 18000 philosophischen Schriften ...
Die durchschnittliche Bibliothek eines Privatmannes des 10. Jahrhunderts pflegte mehr Werke zu enthalten als alle Bibliotheken des damaligen Abendlandes zusammen.
„Und da sind die Buchhändler – ebenso wie die Apotheker eine ‚Erfindung' der Araber. Den Buchhändler als Kulturmittler, die Buchhandlung als kulturelles Zentrum der Stadt – das gibt es zuerst und für lange Zeit allein bei ihnen."

Poesie

„In der Dichtung dieser beiden italienischen Genien (Petrarca und Dante) sind ‚mitunter überraschende Übereinstimmungen mit Versen arabischer Poesie festzustellen', die bei Petrarca gewiß unbewußt sind. Bei Dante aber beruhen sie auf einem ganz persönlichen Umgang mit arabischer Dichtung, islamischer Legende, andalusischer Sufi-Mystik und der Philosophie des Averroes. Während sich bei Petrarca einzelne unmittelbare Anklänge an die klassischen arabischen Minnedichter finden, sind die arabischen Rinnsale, die zu Dante hinfließen, die vielfältigsten ..."

Musik

„Die Araber schon der ältesten Zeit waren ein ungewöhnlich sangesfreudiges Volk. Musik begleitete ihren Weg aus den Armen der Mutter bis ins Grab. Jede ihrer heftigen Gefühlsregungen verwandelte sich in Gesang ...
Diese Musik besaß durchaus nicht die uns fremdartig berührende Eintönigkeit. Der monotone Gesang begann erst nach der Zerstörung Bagdads durch die Mongolen mit der Einführung des Viertelton-Systems. Eigentümlich arabisch ist er nicht. Im Gegenteil waren die arabischen Melodien außerordentlich kunstvoll und ornamentreich wie die Arabeske."

Religion

„Es soll kein Zwang sein im Glauben", steht im Buch Gottes, dem heiligen Koran, geschrieben. Die Araber denken nicht daran, von den unterworfenen Völkern die Annahme des Islams zu verlangen. Christen, Sabier, Parsen und die Juden, die unter ihrem König Jussef noch hundert Jahre vorher schaurige Beispiele wildesten, grausamsten Religionshasses geliefert hatten – sie alle sollen ungehindert ihrem Gottesdienst nachgehen. Sie behalten ihre Gotteshäuser, ihre Klöster, ihre Bischöfe, Dikhanen und Rabbinen. Das ist unerhört! Das ist noch nie dagewesen!

Erst im späteren Islam, der ein Völkerbabel in sich beherbergt, regen sich Bekehrungssucht und Religionshaß. Dem unverfälschten Arabertum liegt ein solcher Fanatismus fern."

Toleranz / Ritterlichkeit

„Dabei steht die geradezu sprichwörtliche Toleranz des Arabers auf einem ganz anderen Blatt als die religiöse Indifferenz des späten Römers, der für Götter jeglicher Herkunft ein Plätzchen auf seinem Forum einrichtete. Die Duldsamkeit des Arabers, ja sein Edelmut gegenüber dem Gegner und Andersdenkenden haben ihre natürlichen Wurzeln schon in dem altarabischen

Kaiser Friedrich II. Abb. aus: De arte venandi cum avibus

Sein Buch „Über die Kunst, mit Falken zu jagen", auf Anregung seines Sohnes Manfred „trotz unbeschreiblicher Inanspruchnahme" in jahrelangen, sorgfältigen Einzelstudien erarbeitet, ist viel mehr als der Titel verspricht: eine vollständige wissenschaftliche Ornithologie – ja mehr, als der Verfasser träumen konnte: der Beginn der modernen Erfahrungswissenschaft.

His book "On the Art of Hawking", written at his son Manfred's suggestion "despite indescribable preoccupation" and based on many years of meticulous individual studies, is much more than its title promises: a complete, scientific ornithology – even more than its author could have dreamed: the beginning of modern empirical science.

Hunke

Fata, dem ‚Gentleman-Ideal' der vorislamischen Zeit. Aufopfernde Hingabe bis in den Tod, die keine Bedenken und Vorbehalte kennt, galt damals dem Gast ganz genau so wie dem nächsten Blutsverwandten ...
Diese arabische Ritterlichkeit hat das germanische Rittertum unmittelbar angesprochen und tief beeindruckt. In der Gestalt des ‚edlen Heiden', der im Verzicht auf den Sieg das Schwert fortwirft und dem tapferen Gegner über alle nationalen und religiösen Schranken hinweg die Hand reicht, hat Wolfram von Eschenbach der arabischen Ritterlichkeit ein ergreifendes, unvergängliches Denkmal gesetzt: erst der ‚Heide' Feirefiz lehrt seinen Helden Parzival die letzte Stufe wahren Rittertums erklimmen."

Handel

„Das arabische Reich war ja nicht nur das in Geisteskultur und Wissenschaft blühende Land. Es war auch das Zentrum des Welthandels."

Verwaltung

Die „organisatorisch hochbegabten Araber hatten in ihren Reichen einen vorbildlichen Verwaltungsapparat", er wurde auch vorbildlich für das staufische Reich, bis hin zum Zollsystem, das Kaiser Friedrich II. bis ins letzte durchorganisierte.

Einfluß an den Fürstenhöfen

Kaiser Friedrich II., „der erste moderne Mensch auf dem Thron" (Jacob Burkhardt), hatte arabischer Gelehrsamkeit und Kultur den Weg bereitet.
„In jenem Sizilien der normannischen und staufischen Jahrhunderte wurde das moderne Abendland geboren, und der arabische Geist war sein Geburtshelfer. In dem Reich zwischen den Welten begegnete in Friedrich II. der germanische Genius dem arabischen.
Friedrich II. war es, der auf seinem arabischen Leibroß Drache, einem Geschenk der Araber, begleitet von lautlos schreitenden Kamelen, die ständig seine Bibliothek mitführten, gefolgt von sarazenischen Bogenschützen" für alle sichtbar seiner Überzeugung Ausdruck gab.
„Da werden Araber als Erzieher der Königskinder von Aragon verpflichtet, als Ärzte zu Kranken geholt und als Schreibkundige in königlichen Kanzleien beschäftigt. Arabische Hofbeamte geben im höfischen Treiben von Barcelona, Burgos und Lissabon den Ton an."

Influence of Arab Culture

Influence at Princely Courts

Emperor Frederick II, "the first modern man on a throne" (Jacob Burkhardt), prepared the way for Arab erudition and culture.
"The modern West was born in Sicily during the Norman and Hohenstaufen centuries, with Arab wisdom as its midwife. In this realm between two worlds, the Germanic and Arab genius met in the person of Frederick II."
Riding on his favorite horse "Dragon", a present from the Arabs, accompanied by silently striding camels carrying his library, and followed by Saracen archers, Frederick II openly expressed his own personal conviction.
"Arabs were engaged as tutors for the royal children of Aragon, as medical doctors and as scribes in the royal chanceries. Arab officials set the style of courtly life in Barcelona, Burgos and Lisbon."

"This surprising and sudden cultural ascent of these otherwise obscure sons of the desert is one of the most remarkable phenomena in the intellectual history of mankind. Their rise to masters of ancient cultures is unique, breathtaking and unprecedented.
It was not Byzantium, nor Syria, nor Persia as the bridge between Eastern and Western civilization, which were successors to the ancient world, but rather a people which had only just set out from the desert. This people assumed its uncontested cultural supremacy in the world for eight centuries, flourishing much longer than the Greeks.
In the space of a few years, Bedouin tribes, clanishly fighting for grazing land, had developed into a united people in its own right, fervently forged together by the Islamic faith, a brotherhood through the ancient law of mutual help now extended to include not only the tribe but the community of all believers, disciplined by strict ethical and religious duties, and inspired with invincible and death-defying courage by the promise of rewards to come in Paradise. Such youthful and moral strength under the enthusiastic and well-planned leadership of distinguished men and an outstanding military corps trained by the Prophet himself, the Arab armies, in spite of their extremely poor military equipment were far superior to their opponents, as their swift victories prove."

Sigrid Hunke

On occasion one may encounter the opinion "Who cares about the Arabs? All that belongs to history. We are concerned with modern Western civilization." But whoever has witnessed the economic power in Riyadh, Jiddah, Kuwait or the United Arab Emirates, whoever has seen the renewed interest among leading Arabs in tradition, will find this opinion ridiculous, to say the least.

W. Georg Olms

„Dieser erstaunliche und jähe kulturelle Aufschwung der Wüstensöhne gleichsam aus dem Nichts ist eine der merkwürdigsten Erscheinungen der Geistesgeschichte. Ihr Emporsteigen zu den Herren altehrwürdiger Kulturvölker ist einzigartig, atemberaubend und außerhalb jedes Vergleichs.
Nicht Byzanz, nicht Syrien, nicht die Brücke der östlichen und westlichen Hochkulturen, Persien, traten die Nachfolge der großen Antike an. Sondern ein Volk, das eben erst aus der Wüste aufgebrochen war und seine rasch erklommene kulturelle Weltmachtstellung unbestritten für die Dauer von acht Jahrhunderten einnahm ...
Aus den um Weideplätze kämpfenden, in Sippen einander befehdenden Beduinenstämmen war in wenigen Jahren eine handlungsfähige Einheit, ein Volk geworden – durchglüht und zusammengeschmiedet von dem einen islamischen Glauben, verbrüdert durch das uralte, jetzt von der Sippe auf die Gemeinschaft aller Gläubigen ausgeweitete Gebot zu gegenseitiger Hilfe, diszipliniert durch die strengen ethischen und religiösen Pflichten und angesichts des dem Glaubenskämpfer im Jenseits verheißenen Lohnes von unbesieglichem Todesmut beseelt. Mit solcher jugendstarken moralischen Kraft, unter der mitreißenden, dabei planvollen Führung gewaltiger Persönlichkeiten und eines hochwertigen, vom Propheten selbst ausgebildeten Führerkorps, waren die arabischen Heere den Gegnern, auf die sie stießen, trotz ihrer äußerst mangelhaften Bewaffnung weit überlegen. Ihre Blitzsiege zeugen davon.“

Sigrid Hunke

Man stößt gelegentlich auf die Meinung: Was kümmern uns die Araber? Das ist alles Geschichte. Wir haben es zu tun mit der modernen Zivilisation, mit der westlichen Welt.
... Wer je in Riyadh, Jeddah, in Kuwait oder in den Emiraten wirtschaftliche Macht vor Augen gehabt hat, wer die erneute Hinwendung zur Tradition bei führenden Arabern beobachten kann, wird das auf herbe Weise komisch finden.

W. Georg Olms

Théodore Géricault. An Arabian Horse. Lithographie (1821). Archiv Dr. Thieme

Dr. Karin Thieme
Das arabische Pferd in der Kunst

ein Leitfaden zu den Abbildungen

The Arabian Horse in Art

an introduction to the illustrations

The Arabian Horse in Art

For a number of centuries now, the internal and external qualities of the Arabian horse have inspired many artists throughout the world and incited them to create portrayals of this, the finest of all horse breeds. One meets the pure-bred horse from the Arabian desert in museums around the world in the form of works of art dating from antique times up to the present day. In the 19th Century in particular, an unequalled wealth of pictures featuring the Arabian horse appeared. Inspired by Napoleon's Egyptian Campaign in 1798/99, the noble horse of the Orient became synonymous with nobility and beauty, hardiness and stamina. In the romantic and oriental periods artists frequently made the pure-bred oriental horse the subject of their works. Through a large number of collectors of prints, the Arabian horse became an integral part of the cultures of bourgeois' homes about 200 years ago.

As famous as the admirers of these horses are, so too the artists who used them as their subjects. The pure-bred Arabian was both mount and adornment for the rules and commanders of the previous century. The foundation of important stud farms and pedigree lines also took place at this time. Indeed *Goethe* was an admirer of this breed. He studied d'Herbelot's "Bibliothèque Orientale" (The Oriental Library) as well as Hammer's "Fundgrube des Orients" (The Treasure Trove of the Orient). Besides collecting horse paintings by *Wouvermann* or *Rugendas,* Goethe was a dedicated collector of contemporary equestrian paintings like those by *Franz Krüger, Rudolph Kuntz* or *Carle Vernet,* for example. "Wild and ingenious" was how Goethe described Delacroix's cycle of graphics to "Faust" in which Delacroix used an Arabian-type horse illustrating the nocturnal riding scene. The development of modern art would have been unthinkable without the colourful palette of *Eugène Delacroix.* His opulent oriental paintings range amongst the most progressive which the fine arts have produced.

As early as the 17th and 18th centuries, portrayals of exceptionally elegant oriental horses are to be found. Of course they correspond to the tastes of the time, which today are embodied in particularly exquisite form by the Lipizzaner breed. Nonetheless paintings like *Rubens'* "Lion Hunt" or *Ridinger's* series of etchings "Turkish Horse Attire" vividly convey the splendour of the time and the influence of the powerful Ottoman Empire. In 18th century England, *George Stubbs* initiated the realistic portrayal of the horse in art. His anatomical studies are still regarded as exemplary today. He was the first artist capable of portraying the individual character of an animal. This aspect is especially well developed in his wonderful portrait of "Lord Grosvenor's Arabian with a Groom", painted in 1765.

However it was first at the very beginning of the 19th century that the portrayals of elegant horses came up to the standards of present-day breeding. At the start of a new generation of painters was *Antoine Baron Gros,* who had accompanied

Seit Jahrhunderten inspirierten die inneren und äußeren Werte des arabischen Pferdes viele Künstler auf der ganzen Welt und regten sie zu Darstellungen der edelsten aller Pferderassen an. Man begegnet dem Vollblut aus der Wüste in den großen Museen in Kunstwerken von der Antike bis zur Gegenwart. Insbesondere das 19. Jahrhundert ließ einen Reichtum an Bildern mit arabischen Pferden entstehen, der seinesgleichen sucht. Angeregt durch Napoleons Ägyptenfeldzug in den Jahren 1798/99 wurden die edlen Pferde des Orients zum Inbegriff von Adel und Schönheit, Härte und Ausdauer. Die romantischen und orientalischen Strömungen haben das reinblütige orientalische Pferd immer wieder in ihren Bildthemen aufgenommen. Über den großen Sammlerkreis von druckgraphischen Werken hielt das arabische Pferd schon vor annähernd 200 Jahren Einzug in die bürgerliche Wohnkultur.

So namhaft der Kreis der Liebhaber dieser Pferde ist, so namhaft sind auch die Künstler, die sich seiner angenommen haben. Das arabische Vollblut war Reittier und Schmuck der großen Herrscher und Feldherrn des vergangenen Jahrhunderts. Die Gründung bedeutender Gestüte und Stammbaumlinien fällt ebenfalls in diese Zeit. *Goethe* war ein Bewunderer dieser Pferderasse. Er studierte d'Herbélots „Bibliothèque Orientale" ebenso wie die Hammerschen „Fundgruben des Orients". Neben Bildern von *Wouvermann* oder *Rugendas* war Goethe ein eifriger Sammler von zeitgenössischen Pferdebildern wie z. B. eines *Franz Krüger, Rudolf Kuntz* oder *Carle Vernet.* „Wild und geistreich" befand Goethe Delacroix's Graphikzyklus zum „Faust", in dessen nächtlicher Reitszene Delacroix Anleihen beim arabischen Pferd nimmt. Die Entwicklung der Moderne wäre undenkbar ohne die Farbigkeit der Palette eines *Eugène Delacroix.* Seine opulenten Orientbilder zählen zum Fortschrittlichsten, was die bildende Kunst hervorgebracht hat.

Schon im 17. und 18. Jahrhunder finden sich Darstellungen äußerst edler orientalischer Pferde. Zwar entsprechen ihre Abbilder dem damaligen Zeitgeschmack, den bis heute besonders die Lipizzaner-Rasse par excellence verkörpert. Doch lassen Bilder wie *Rubens'* „Löwenjagd" oder *Ridingers* Radierfolge „Türkischer Pferdeaufputz" die Pracht dieser Zeit und den Einfluß des mächtigen osmanischen Reiches erahnen. Im England des 18. Jahrhunderts beginnt *George Stubbs* mit der realistischen Darstellung des Pferdes in der Kunst. Seine anatomischen Studien gelten noch heute als vorbildlich. Er ist der erste Künstler, der den Charakter eines Tieres darzustellen imstande ist. Ganz besonders kommt dieser Aspekt in seinem herrlichen Porträt des „Lord Grosvenor's Arabian with a Groom" von 1765 zum Tragen.

Doch erst mit der Wende zum 19. Jahrhundert können die Darstellungen des edlen Pferdes heutigen Zuchtmaßstäben genügen. Am Anfang einer ganzen Malergeneration steht *Antoine Baron Gros,* der den General Bonaparte nach Ägypten begleitet hatte. Gros' Bilder erregten Aufsehen und waren Anregung für viele Zeitgenossen. Der beginnende Orientalismus ist nicht mehr zu trennen

Carle Vernet. Mankusha. Lithographie. Archiv Olms

General Bonaparte to Egypt. Gros' paintings aroused great interest and became a source of inspiration for many contemporaries. The beginnings of Orientalism can no longer be separated from the romanticized portrayals of the horse, especially those of French art in the first half of the 19th century. The beauty of the Arabian enthralled the whole of France. The 19th century became the age of the noble, well-bred horse and the appearance of lithography made possible the wide circulation of oriental subjects and horse prints.

Carle Vernet was one of the first artists to give his allegiance to this technique. The Arabian horse was his preferred model. His Mameluke stallions sparkle with elegance and raciness. Carle Vernet's pure-bred Arabians are of the highest standard, and are used as a measure by which to compare most of the horse portraits of the time. Today they are considered to be some of the most collectable pieces of lithographic incunabulum. One of his finest works is also one of the first lithographs to be published in France: the portrait of two Arabian heads "Cheval Arabe avec sa bride et sans bride", published in October 1816. Although the effortlessness of the quick stroke was not passed on to Carle Vernet's son, *Horace Vernet* also counts as one of the masters of equestrian painting. The Arabian mounts of Napoleon and his contemporaries appear to come to life in his paintings. The working of the texture and the silky shiny hair lend his equestrian paintings an almost three-dimensional character. As one of the most renowned painters of battlefield scenes, he had learned the art of painting from

Carle Vernet. Cheval Jeune Arabe. Lithographie

von der Romantisierung der Pferdedarstellung, insbesondere in der französischen Kunst der ersten Hälfte des 19. Jahrhunderts. Die Schönheit des Arabers begeistert ganz Frankreich. Das 19. Jahrhundert wird zum Zeitalter des edlen Rassepferdes und das Aufkommen der Lithographie ermöglicht die große Verbreitung orientalischer Themen und Pferdedarstellungen.

Als einer der ersten Künstler hat sich *Carle Vernet* 1815 dieser neuen Technik verschrieben. Das arabische Pferd wird sein bevorzugtes Modell. Seine Mamelukenhengste sprühen vor Nervigkeit und Eleganz. Carle Vernets arabische Vollblüter sind höchster Standard, an ihnen lassen sich die meisten Pferdedarstellungen der Zeit messen. Heute zählen sie zu den sammelwürdigen Blättern lithographischer Inkunabeln. Eines seiner schönsten Werke ist auch eine der ersten Lithographien, die in Frankreich publiziert wurden: die Darstellung zweier Araberköpfe „Cheval Arabe avec sa bride et sans bride" vom Oktober 1816. Die Leichtigkeit des schnellen Strichs erreicht zwar Carle Vernets Sohn *Horace* nicht. Dennoch zählt auch dieser zu den herausragenden Meistern der Pferdemalerei. Die arabischen Reithengste Napoleons und seiner Zeitgenossen scheinen in seinen Gemälden lebendig zu werden. Die Bearbeitung der Textur und des seidig glänzenden Fells verleihen seinen Pferdegemälden einen fast dreidimensional anmutenden Eindruck. Als hoch angesehener Schlachtenmaler

Adolph Schreyer. The Attack. The New York Historical Society

his father. On his many travels to the Orient Horace Vernet was able to study his models in their natural habitat.

The artistic lithography reached its first culmination with the work of Horace Vernet's friend *Théodore Géricault,* who died at a young age. His own impetuous nature becomes evident in his equestrian paintings. Lord Byron's "Giaours" are the expression of the highest romantic understanding in France. Without doubt, Géricault's "Arabian Horse" from the famous English series of 1821 numbers amongst the most beautiful lithographs and is one of the most sought after collector's items. Inspired by Baron Gros' and Géricault's romantic passion, Orientalism reached its climax in France under Delacroix. Delacroix's travels across the north of Africa are mirrored in his whole creations. His Moorish princes, Sultans and Pashas mounted on strong, pure-bred Arabians form the counterpoint to classicism.

At the same time the watercolour technique in France reached another culminating point as a result of the contact the leading artists maintained with England. An example for the mature technique of watercolour painting is the Mameluke on a grey horse painted by *Noël Dieudonné Finart* in 1841. This was the time at which *David Roberts'* life work about Egypt and the Holy Land was published in England, and *Alken* or *Herring,* alongside their wonderful creat-

Adolph Schreyer. Reiterangriff der Baschi-Basuks. Öl auf Leinwand. Hamburger Kunsthalle

hatte er vom Vater die Pferdemalerei erlernt. Auf seinen ausgedehnten Orientreisen konnte Horace Vernet seine Modelle in ihrer natürlichen Umgebung studieren.

Mit Horace Vernets Freund, dem jung verstorbenen *Théodore Géricault* erreicht die Künstlerlithographie einen ersten Höhepunkt. Das Ungestüm Géricaults eigener Persönlichkeit wird in seinen Pferdebildern deutlich. Die Giauren Lord Byrons sind Ausdruck höchsten romantischen Verständnisses in Frankreich. Zu den schönsten Lithographien und zu den heute begehrtesten Sammlerstücken zählt zweifelsohne Géricaults „Arabian Horse" aus der berühmten englischen Serie von 1821. Angeregt durch Baron Gros' und Géricaults romantische Leidenschaft erreicht der Orientalismus in Frankreich seinen Höhepunkt in *recte.* Delacroix's Reisen nach Nordafrika prägen sein gesamtes Schaffen. Seine maurischen Fürsten, Sultane, und Paschas, beritten auf kraftvollen arabischen Vollblütern, setzen den Kontrapunkt zum Klassizismus.

Gleichzeitig findet die Aquarelltechnik in Frankreich durch den Kontakt der leitenden Künstler nach England einen weiteren Höhepunkt. Ein Beispiel für die ausgereifte Aquarelltechnik ist der Mameluke auf einem Eisenschimmel, gemalt von *Noël Dieudonné Finart* im Jahre 1841. Es ist die Zeit, als *David Roberts'* Lebenswerk über Ägypten und das Heilige Land in England publiziert

ions of English race horses and hunters frequently painted and drew some magnificent pure-bred Arabians. As well as Roberts' great oil paintings, English Orientalism reaches its summit with *John Frederick Herring Senior's* monumental "Overland Route" of 1855.

Further outstanding examples of French painting and prints are found amongst the works of artists such as *Victor Adam, Hippolyte Lalaisse* or *Alfred deDreux* who have immortalized Arabian horses in their natural surroundings in the desert and as real portraits. Their elegant pure-bred Arabians, with their perfect conformation, still represent a source of great pleasure to the expert eye. The extensive lithographic work of Victor Adam, in particular, arouses enthusiastic raptures amongst collectors. As a result of his French contacts the Pole, *Juliusz Kossak,* painted portraits of Arabian horses in watercolour which create great enthusiasm amongst all lovers of the breed.

The same is true of German artists of this time. Whole painting dynasties were devoted to portraits of horses. In Bavaria it was the Adam family from Munich. *Albrecht Adam* and his sons painted Arabian horses belonging to Kings, Royals and the upper nobility. Albrech Adam's portraits of the legendary Bairactar are amongst the most beautiful of all horse portraits, indeed. Bairactar, as the embodiment of the classical Asil Arabian horse with highest genetic potency, remains the model and standard for Arabian breeding today.

Albrecht Adam's student, *Theodor Horschelt,* travelled the Orient himself and is regarded as one of the leading orientalists in Germany. *Frisch,* another of Adam's students, travelled in the Near East on behalf of the King of Württemberg and documented horses of particularly appealing conformation. His Arabians, like those of his colleague Horschelt, are portrayed in their natural habitats.

Besides the Adam family, the dynasty of *Faber du Faur* from Württemberg documented the time of Napoleon and thereafter in German art. General *Wilhelm von Faber du Faur* accompanied the Emperor on his sweeping march through Russia. *Emil Volkers* also distinguishes himself quite frequently with his realistic portraits of Arabian horses. His models bear a strong resemblance to present-day horses and, indeed, one could easily imagine that they were portraits of the very same animals and that there was not a time span of almost 150 years between them.

However, the leading Orientalist at this time in Germany was, on account of his eight-year stay in Paris, *Adolf Schreyer* – who had been born in Frankfurt. His participation in the Crimean War and many extensive trips to Russia, south eastern Europe and the Orient, were the basis of his friendship with the Arabian horse. His paintings of oriental riders, especially the nomads of northern Africa, are held in high esteem among today's collectors. His horses are extremely elegant, full of spirits and highly active. When studying his paintings one would

Théodore Chasseriau. Le Khalife de Constantine. Ali Ben Hamet, chef des Harachas. Öl auf Leinwand. Musée National du Chateau de Versailles

wird und *Alken* oder *Herring* neben ihren wunderbaren Arbeiten englischer Renn- und Jagdpferde immer wieder einige modellhafte arabische Vollblüter malen und zeichnen. Neben Roberts' großen Ölgemälden gipfelt der englische Orientalismus in *John Frederick Herring Seniors* monumentaler „Overland Route" von 1855.

Weitere herausragende Beispiele in der französischen Malerei und Druckgraphik finden sich bei Künstlern wie *Victor Adam*, *Hippolyte Lalaisse* oder *Alfred deDreux*, die arabische Pferde auch in ihrer natürlichen Umgebung, der Wüste,

P. J. Mène. Der Falkner. Bronze. Privatbesitz

almost imagine to hear the snorting of their nostrils and the grinding chewing on the bit.

The portrayal of Arabian horses has received widespread attention in hippological literature particularly through the breeding influence of the Kings

und als echte Porträtdarstellungen verewigt haben. Ihre eleganten, makellos gebauten arabischen Vollblüter erfreuen noch heute das Auge des Kenners. Insbesondere Victor Adams umfangreiches lithographisches Werk löst große Begierde bei Sammlern aus. Aufgrund seiner Kontakte nach Frankreich porträtiert auch der Pole *Juliusz Kossak* arabische Pferde in anregenden Aquarellen, die jeden Liebhaber der Rasse begeistern.

Gleiches gilt für Künstler dieser Zeit in Deutschland. Ganze Malerdynastien verschreiben sich hier der Darstellung edler Pferde. In Bayern sind es die Adams aus München. *Albrecht Adam* und Söhne malen die Araber von Königen und Hochadel. Albrecht Adams Porträts des legendären Bairactar zählen zu den schönsten Pferdedarstellungen überhaupt. Bairactar als Inbegriff des klassischen asil arabischen Pferdes mit höchster züchterischer Potenz und Durchschlagskraft ist noch heute Modell und Standard der Zucht.

Albrecht Adams Schüler *Theodor Horschelt* bereiste selbst den Orient und wird zu einem Hauptvertreter des Orientalismus in Deutschland. *Frisch*, ein weiterer Adam-Schüler, reiste im Auftrag des Königs von Württemberg in den Orient und dokumentierte Pferde mit ansprechendem Exterieur. Seine Araber sind, ebenso wie die seines Malerkollegen Horschelt, in ihren natürlichen Lebensraum gestellt.

Neben den Adams dokumentiert die Familie der württembergischen *Faber du Faur* die Zeit Napoleons und danach in der deutschen Kunst. General *Wilhelm von Faber du Faur* begleitet den Imperator auf seinem verheerenden Feldzug nach Rußland. Auch *Emil Volkers* fällt immer wieder durch sehr realistische Darstellungen arabischer Pferde auf. Seine Modelle gleichen vielfach heute lebenden Pferden und man könnte sie für Porträts derselben halten, lägen nicht fast 150 Jahre dazwischen.
Zum führenden Orientalisten seiner Zeit in Deutschland, gefördert durch einen achtjährigen Parisaufenthalt, wird jedoch der gebürtige Frankfurter *Adolf Schreyer*. Seiner Teilnahme am Krimkrieg und ausgedehnten Reisen nach Rußland, Südosteuropa und in den Orient verdankt Schreyer seine gute Bekanntschaft mit dem arabischen Pferd. Hoch geschätzt sind seine Gemälde der Naturreiter, insbesondere der Nomaden Nordafrikas. Seine Pferde sind gekennzeichnet von großer Eleganz, voller Temperament und größter Aktivität. Beim Betrachten seiner Bilder vermag man fast das Schnauben aus ihren Nüstern und das knirschende Kauen auf der Kandare zu hören.
Besonders durch den züchterischen Einfluß des Königs von Württemberg und die Begründung des Gestüts von Weil fand die Darstellung arabischer Pferde auch weitverbreiteten Einzug in die hippologische Literatur. In Werken von Jäger und Schmidt/Hügel illustrieren *Friedrich Voltz*, *Julius Schnorr* oder *G. Küstner*. In Stuttgart wird 1846 anläßlich der königlichen Hochzeit „Das Caroussel“ abgehalten und als Graphikedition von 28 prächtig kolorierten Lithographien von *Kurtz* und *Zwecker* publiziert.

Carl Kurtz. Szene aus dem Caroussel. Lithographie (1846). Archiv Dr. Thieme

of Württemberg and the founding of the Weil stud. Illustrations by *Friederich Voltz, Julius Schnorr* or *G. Küstner* are to be found in the works by Jäger and Schmidt/Hügel. In 1846 on the occasion of the royal wedding "Das Caroussel" (The Caroussel) was held in Stuttgart and then published in the graphic edition of 28 extravagant chromolithographs by *Kurtz* and *Zwecker.*

Alongside painting and graphics, the art of sculpture has also created many memorable works dedicated to the Arabian horse. The so-called "Animaliers" and especially *Barye* and *Mène* sculpted bronze forms which continue to delight art lovers on the market today. Only a few of the most famous and notable of artists whose works and portraits of Arabian horses are of significance could be mentioned here. Some of these works are to be found in the "Asil Arabian IV" documentation as well as in the previous three volumes. These works of art are the expression of the unique fascination with Asil Arabian horses, by which one can hardly fail to be influenced. And this influence is still to be recognized nowadays in contemporary equestrian art. The Asil Arabian documentation is therefore not only a kaleidoscope of the high standards of asil breeding but also of the artistic range of variation representing this most noble of all creatures.

Johann Baptist Zwecker. Szene aus dem Caroussel. Lithographie (1846). Archiv Dr. Thieme

Neben Malerei und Graphik ist es die Bildhauerkunst, die ebenfalls bedeutende Werke zum arabischen Pferd hinterließ. Die sogenannten „Animaliers“ und allen voran *Barye* und *Mène* schufen Bronzeplastiken, die heute auf dem Kunstmarkt immer mehr Liebhaber finden. Von den Künstlern, deren Werke und Darstellungen arabischer Pferde von Bedeutung sind, konnten nur die wichtigsten und bekanntesten genannt werden. Einige ihrer Arbeiten sind in dieser Dokumentation ASIL ARABER IV und in ihren drei Vorgängerbänden abgebildet. Diese Kunstwerke sind Ausdruck der einzigartigen Faszination des asil arabischen Pferdes, der man sich nur schwer entziehen kann. Bis heute wirkt dieser Einfluß in der zeitgenössischen Pferdekunst fort. Die Asil Araber Dokumentation ist deshalb nicht nur ein Kaleidoskop des hohen Standards der Asilzucht, sondern auch der künstlerischen Variationsbreite der Darstellung dieses edelsten aller Geschöpfe.

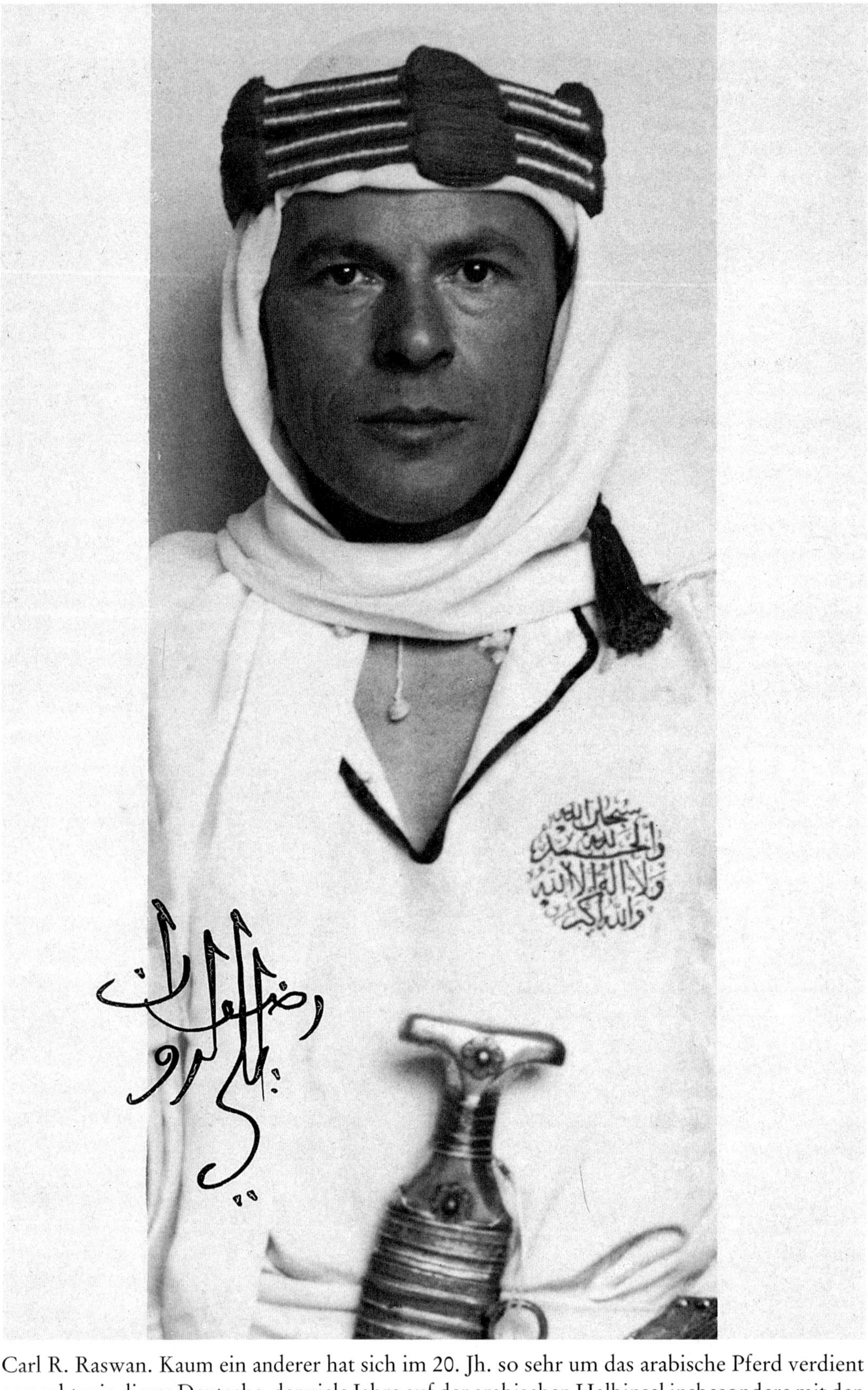

Carl R. Raswan. Kaum ein anderer hat sich im 20. Jh. so sehr um das arabische Pferd verdient gemacht wie dieser Deutsche, der viele Jahre auf der arabischen Halbinsel insbesondere mit den Ruallas gelebt hat.
Not many in the 20th century have done so much for the Arabian horse as this German who lived on the Arabian peninsula for many years, especially with the Ruallas. Archiv R. Pritzlaff

W. Georg Olms

Die Großen der Araberzucht

Carl R. Raswan und Tibor von Pettkó-Szandtner
Den Züchtern ins Stammbuch

The great names in Arabian Breeding

Carl R. Raswan and Tibor von Pettkó-Szandtner
For the Consideration of Breeders

With his literary works, *Carl R. Raswan* has left a great legacy to the world of Arabian horse breeders. Who in this century, apart from *Tibor von Pettkó-Szandtner,* can compare with him? What would purebred Arabian breeding in general be without Carl R. Raswan, or El Zahraa in particular without the great General von Pettkó-Szandtner? Both Raswan and von Pettkó-Szandtner thought very highly of each other.

Raswan has occasionally been attacked in various publications (i.e. *Erika Schiele's* "Allahs liebste Kinder") for various errors or mistakes, as if others, especially those same authors of critical remarks, were somehow free of this problem. Anyone who leaves extensive works, like Carl Raswan, will inevitably make mistakes. This is the risk and the nature of commitment. But then they leave something important for posterity as well.

Critics react with a particular lack of understanding to Raswan's theories[1] and to his attempt to bring everything into a system. But only an author of Carl Raswan's stature would have been able to undertake the challenge of summing up the entire system of Arabian horse breeding, especially as it relates to the Arabian peninsula, in one great canon, in one universally applicable theory. The fact that he meticulously collected the multitude of his observations and experiences as well as the results of his studies of Arabian handwritings[2], is of the utmost importance for all of us. That he presented all of this in a splendid synopsis is really fascinating. But if some readers admire his theses as irrefutable truths, as dogma, this does not diminish his merits. Finally, all of our great thinkers are not regarded as less ingenious, just because they found trusting followers who later formed new opinions and their own truths.

In preparing the individual chapters of the present volume, I have again studied a multitude of travel stories. The statements of Europeans, most of them scientists, who met the bedouins of the Arabian peninsula, often correspond with those of Carl Raswan. I have taken notes of the descriptions given by older bedouin sheikhs of their Arabian horses and their qualities. Depending on the tribal area, these reports differ. They refer primarily to personal breeding programs and to the horse families each had bred. Because of his fixation on the asil Arabian horse, and the number of years he lived with a variety of tribes, Raswan, like no other European (and probably also like no other Arab), learned about the Arabian horse's families and sub-families and had an unprecedented view of the entire horse world of Arabia and Egypt.

[1] Carl R. Raswan, The Arab and his Horse (2nd ed. 1992), Der Araber und sein Pferd (Reprint Hildesheim 1981).
[2] The Raswan Index. A Handbook for Arabian Breeders. 7 vols. bound in 2 vols. Santa Barbara 1990

Carl R. Raswan hat mit seinem Wirken und seinen Werken der Welt der Araberzüchter den denkbar größten Dienst erwiesen. Wer in diesem Jahrhundert außer *Tibor von Pettkó-Szandtner* kann sich mit ihm messen? Was wäre die asile Araberzucht ohne Carl R. Raswan, was wäre insbesondere El Zahraa ohne den großen General von Pettkó-Szandtner? Beide, Raswan und von Pettkó-Szandtner, haben einander sehr geschätzt.

Raswan ist gelegentlich angegriffen worden, unter anderem in *Erika Schieles* „Allahs liebste Kinder", wegen verschiedener Irrtümer bzw. Fehler, als wären andere, insbesondere die Autoren kritischer Stellungnahmen, frei davon. Wer wie Carl Raswan ein solch umfangreiches Werk hinterläßt, wird zwangsläufig Fehler begehen. Das ist das Risiko der Engagierten, aber dafür leisten sie dann auch etwas.

Mit besonderem Unverständnis reagieren Kritiker auf Raswans Theorien[1], auf seinen Versuch, alles in ein System zu bringen. Aber der Aufgabe, die gesamte Zucht arabischer Pferde, insbesondere die der arabischen Halbinsel, in einem großen Kanon, in einer allgemeingültigen Lehre zusammenzufassen, konnte sich nur ein Autor vom Range eines Carl Raswan stellen. Daß er die Vielzahl seiner Beobachtungen und Erfahrungen sowie die Ergebnisse seiner Studien von arabischen Handschriften[2] mit großer Akribie zusammengetragen hat, ist für uns von höchster Bedeutung. Daß er dies alles innerhalb einer großartigen Gesamtschau dargestellt hat, wirkt geradezu faszinierend. Aber wenn nun manche Leser seine Thesen als unumstößliche Wahrheiten, als Dogmen verehren, mindert das doch keineswegs seine Verdienste. Schließlich gelten unsere großen Denker auch nicht als weniger genial, nur weil sie gläubige Anhänger fanden, die später auf neue Lehrmeinungen und deren Wahrheiten stießen.

Zur Vorbereitung der einzelnen Kapitel dieses vorliegenden Bandes habe ich erneut eine Vielzahl von Reiseberichten studiert. Die Aussagen von Europäern, zumeist Wissenschaftlern, welche die Beduinen der arabischen Halbinsel kennengelernt haben, stimmen mit denen von Carl Raswan oft genug überein. Ich habe von älteren Beduinensheikhs Schilderungen über ihre arabischen Pferde und deren Qualitäten notiert. Je nach Stammesgebiet waren diese Berichte unterschiedlich. Sie bezogen sich auf die Familien, die man selbst gezogen hatte. Wie kein anderer Europäer und wohl auch wie kein anderer Araber hatte Raswan dank seiner Fixierung auf das asile arabische Pferd und der Vielzahl der Jahre, die er bei den verschiedensten Stämmen gelebt hatte, das arabische Pferd in seinen Familien und Unterfamilien kennengelernt und sich so eine Übersicht über die gesamte Pferdewelt Arabiens und Ägyptens verschafft.

[1] Carl R. Raswan, Der Araber und sein Pferd (Reprint Hildesheim 1981) und The Arab and his Horse (2nd ed. 1992).
[2] The Raswan Index. A Handbook for Arabian Breeders. 7 vols. bound in 2 vols. Santa Barbara 1990.

The basis of Raswan's system was the theory of the three types: a division in *Keheilet, Saglawieh* and *Muniqi,* with everything else being subordinated to these three basic types. Unavoidably, some things appear to have been forced into the system. Critics complain that many Arabs with whom they have spoken (these seem rarely to be descendants of bedouins) had never heard of such a rigorous division or system. On the other hand, even today, when speaking about an Arabian horse, Arabs immediately ask for its family, and with this information they often obtain a certain idea of its type.

I am convinced that Raswan understood the basic concepts followed by breeders of the Arabian peninsula and has made these concepts clear to his reader.

Arabian horse breeding fits well into the system he devised. This is obvious to the experienced hippologist. Whether the names of the three types are *Keheilet, Saglawieh, Muniqi* or something else is not really relevant.

Of special interest in this connection are the comments of Prof. Dr. Dr. F. Bakels, Dr. F. Flade and Dr. O. Saenger.

"Literature on the subject stresses that the constitution of all mammals varies between the athletic and asthenic types. This has important consequences for assessment of type and is also true for the Arabian horse (Koheilan and Sklawi)" *(Bakels,* 1980).

"There has been no lack of effort to categorize the numerous families of the purebred Arabian horse, which, due to bedouin migrations, were often scattered far apart. In addition to the family names as a principle of order, whose number varies between 6 *(Aly Bey)* and 20 *(Raswan),* around 1930, Raswan also divided the 240 sub-families found by him into three groups according to the similarity of type. These groups embody the possible totality of the exterior physical characteristics of the purebred Arabian horse according to usefulness and also to the human ideal of beauty. From this information conclusions can be drawn as to the possibilities of use and performance. It is assumed that physical shape is extensively influenced by environment, and above all by nutrition. Under the specific conditions in Arabia, *Walther* noted this fact more than 150 years ago." *Flade* (1977)

The general theory of stock-breeding accepts three different types among the various domestic animals. These are described as extremes and between them numerous combinations exist.

General Tibor von Pettkó-Szandtner mit seiner Lieblingsstute Moniet El Nefous. Gerade ihm hat die Araberzucht der Welt außerordentlich viel zu verdanken. T. v. Pettkó-Szandtner war General der Königlich Ungarischen Kavallerie, bis 1944 Leiter des Königlich Ungarischen Gestüts, Bábolna, und von 1949–1959 Direktor des Königlichen Gestüts Kafr Farouk, später El Zahraa, Ägypten.
General Tibor von Pettkó-Szandtner with his favorite mare Moniet El Nefous. To him in particular the breed of the Arabian horse throughout the world owes a great deal. T. v. Pettkó-Szandtner has been General of the Royal Hungarian Cavalry, director of the Royal Hungarian Stud Bábolna till 1944 and director of the Royal Stud Kafr Farouk, later called El Zahraa, Egypt, from 1949 to 1959.

An die Spitze seines Systems hatte Raswan die Dreitypentheorie gestellt: die Einteilung in *Koheilan, Saklawi* und *Muniqui,* und diesen drei Grundtypen hat er alles untergeordnet. Zwangsläufig wirkt manches so, als sei es in ein Schema gepreßt. Die Kritiker monieren, daß viele Araber, mit denen sie sprachen – es sind selten genug die Nachfahren der Beduinen gewesen – nie etwas von solch konsequenter Einteilung gehört hatten. Andererseits fragen Araber aber noch heute, wenn von einem Araberpferd die Rede ist, sogleich nach dessen Familie, und oft genug haben sie dann auch eine bestimmte Typvorstellung.

Carl R. Raswan (2. von rechts) bei den Ruala, neben ihm Prinz Fuaz. Archiv E. Raswan

1. Typus respiratorius – the respiratory type –
is of extremely narrow build with a narrow head. The chest is particularly narrow in front and widens towards the quarters. The ribs are sloping. The animal is of delicate bone structure...

2. Typus digestivus – the digestion type –
has an extremely wide head, with eyes set wide apart. It is round-ribbed, wide-chested and barrel-shaped through the middle. It is relatively short-legged and round in the quarters...

3. Typus muskularis – the muscular type –
has an athletic body shape, strong bones, wide shoulders and is distinguished by the extraordinary development of its muscles. ...

As regards purebred Arabians, it is clear that horses of this breed belong to none of the above extreme types.

Das Straußenbanner und die Fahne des Propheten. Foto: C. R. Raswan

Ich bin überzeugt, Raswan hat die Grundkonzeption, der die Züchter der arabischen Halbinsel gefolgt sind, erkannt und deutlich gemacht.

Diese Einteilung paßt hervorragend auf die arabische Pferdezucht. Sie drängt sich jedem erfahrenen Hippologen auf. Wie man die drei Typen letztlich nennt, ob nun Koheilan, Saklawi, Muniqui oder anders, ist gleichgültig.

Besonders interessieren in diesem Zusammenhang auch die Kommentare von Prof. Dr. Dr. F. Bakels, Dr. F. Flade und Dr. O. Saenger:

„In der einschlägigen Literatur wird herausgestellt: bei allen Säugern schwankt der Konstitutionstypus zwischen den Extremen Athletikus und Astheniker mit wichtigen Konsequenzen für die Typ-Betrachtung, und das gilt auch für das Arabische Pferd (Kuheilan und Saklawi) (*Bakels,* 1980).

„Es hat nicht an Bemühungen gefehlt, die zahlreichen Familien des Arabischen Vollblutpferdes, die infolge der Wanderungen der Beduinen oft weit voneinander verstreut waren, zu systematisieren. Neben Familiennamen als Ordnungsprinzip, deren Zahl zwischen 6 (*Aly Bey*) und 20 (*Raswan*) schwankt, gliederte *Raswan* um 1930 die von ihm ermittelten 240 Unterfamilien in drei Gruppen

Foto: Carl R. Raswan

We know that we are in agreement with Raswan and v. Pettkó-Szandtner but also with others to whom credit is due for what they have done for the Arabian horse in this century, such as Prince Mohamed Ali, Judith Forbis, Ursula Guttmann, Foppe Bonno Klynstra, Robert Mauvy and J. L. Ott concerning our high esteem of the bedouins, true breeders of the outstanding performance animal, the Asil Arabian. With this horse they have presented the world with the most beautiful gift imaginable.

In the world of purebred Arabian breeding, three categorical words have been introduced for the purpose of describing Arabian type. These should be used in the future as well, because these descriptions relate specifically to a degree of physical properties. All existing purebred Arabian horses are mixtures of the three extremes mentioned ... The degree of variation in the type of build of the purebred Arabian horse is characterized by the basic description of the Keheilet type, the Saglawieh type and the Muniqi type... The Muniqi, in comparison with the Saglawieh, tends even more towards the respiratory type.

It is a fact that there is such a variation in type within the breed, and that there are no other established descriptions in usage. (from: O. Saenger, Arabischer Adel. Sehen-Werten-Erkennen. Die Beurteilung des Vollblutaraberpferdes, Hildesheim 1990).

Foto: Carl R. Raswan

nach der Ähnlichkeit des Typs ein; sie verkörpern die der Zweckmäßigkeit und auch dem Schönheitsideal des Menschen entsprechende, mögliche Gesamtheit der äußeren Körpermerkmale des Arabischen Vollblutpferdes, aus der Rückschlüsse auf Nutzung und Leistung gezogen werden können. Dabei wird unterstellt, daß die Körperform weitgehend durch die Umwelt, vor allem durch die Ernährung beeinflußt wird. Unter den spezifischen Verhältnissen in Arabien fiel das *Walther* bereits vor über 150 Jahren auf" *(E. Flade,* 1977).

„Die allgemeine Tierzuchtlehre kennt bei den verschiedenen Haustierarten drei verschiedene Grundtypen, die als Extreme beschrieben werden und zwischen denen zahlreiche Kombinationen vorkommen.

1. Der Typus respiratorius – Atmungstyp –
ist extrem schmalwüchsig mit schmalem Schädel, mit vorne besonders schmaler, hinten breiter werdender Brust und schrägen Rippen. Er ist von feingliedrigem Knochenbau, ...

2. Typus digestivus – Verdauungstyp –
hat einen extrem breiten Kopf, sehr breiten Augenabstand, rundrippige breite Brust ..., runde, tonnenförmige Mittelhand, ist verhältnismäßig kurzbeinig und rund in der Hinterhand, ...

Foto: Carl R. Raswan

Raswan was ridiculed and attacked because of his wild horse theory. He believed that the Arabian horse could be traced back to the populations of wild horses which used to live on the Arabian peninsula.

One of our great historians, Theodor Mommsen, was also ridiculed and attacked. He had dared, approximately ten years after the unveiling of the Hermann monument in the Teutoberg Forest, to localize the battle of Varus 70 km to the north, in the Kalkriese Depression. 700 other locations had been put forward or defended vehemently in the course of the centuries. Very few had caused as much protest as the postulate of Theodor Mommsen. Now, thanks to months of work with a metal detector, a spare-time archaeologist has virtually found the missing links in the reasoning. The Battle of Varus must have taken place in an area measuring 20 x 4 km in the Kalkriese Depression. (FAZ 13.4.93)

Back to Raswan's wild horse theory: „A dried-up river bed leading straight across Saudi Arabia has now been discovered on satellite photographs. It proves that the desert of today must have been fertile before.“ (FAZ 13.4.93)

What satisfaction for the friends of Carl Raswan that there are reasons for rethinking the matter and that his postulate could possibly be confirmed.

Foto: Carl R. Raswan

3. Typus muskularis – Muskeltyp –
hat athletische Körperform, ist starkknochig, breitschultrig und zeichnet sich durch außergewöhnliche Entwicklung der Muskulatur aus ...

Für die Vollblutaraber ist klargestellt, daß die Pferde dieser Rasse keinem dieser vorgenannten Extremtypen angehören.

In der Praxis der Vollblutaraberzucht haben sich für die Typbezeichnung drei Schlagworte eingeführt, die auch weiter verwendet werden sollen, weil mit diesen Typbezeichnungen eine ganz bestimmte Skala von Körpereigenschaften verbunden sind. Alle vorkommenden Vollblutaraberpferde sind Mischtypen zwischen den drei genannten Extremen ... Die Variationsbreite des Körperbautyps wird von der Vollblutaraberzucht gekennzeichnet durch die *Eckpunkte des Koheilantyps,* des *Saklawityps* und des gegenüber dem Saklawi noch mehr zum Atmungstyp hinneigenden *Muniqityps* ...

Tatsache ist ..., daß diese Variation der Typen innerhalb der Rasse besteht und andere Bezeichnungen im Sprachgebrauch nicht eingeführt sind" (aus: O. Saenger, Arabischer Adel. Sehen – Werten – Erkennen. Die Beurteilung des Vollblutaraberpferdes. Hildesheim 1990).

Mit Raswan und v. Pettkó-Szandtner, aber auch mit anderen, die sich um das arabische Pferd in diesem Jahrhundert noch verdient gemacht haben, wie Prince

Wandering Beduins and Ruala camps. Foto: Carl R. Raswan

Mohamed Ali, Judith Forbis, Ursula Guttmann, Foppe Bonno Klynstra, Robert Mauvy, J. L. Ott u. a. wissen wir uns einig in der hohen Wertschätzung der Beduinen, den wahren Züchtern dieses herausragenden Leistungspferdes, des Asil Arabers – mit ihm haben sie der Welt das schönste Geschenk überhaupt gemacht.

Raswan wurde belächelt und angegriffen wegen seiner Wildpferdtheorie. Er glaubte, das arabische Pferd ließe sich zurückführen auf Wildpferdpopulationen, die auf der arabischen Halbinsel gelebt hätten.

Ebenso belächelt, ebenso attackiert wurde einer der großen Historiker: *Theodor Mommsen.* Er hatte gewagt, etwa zehn Jahre nach der Einweihung des Hermann-Denkmals im Teutoburger Wald, die Varus-Schlacht 70 km nördlich davon in der Kalkrieser Senke zu lokalisieren. 700 andere Ortsangaben waren im Laufe der Jahrhunderte angeboten oder mit Vehemenz verfochten worden. Kaum eine hatte so viel Protest bewirkt wie die These von Theodor Mommsen. Jetzt hat dank monatelanger Arbeit mit einem Metalldetektor ein Hobby-Archäologe die fehlende Beweiskette so gut wie geschlossen. Die Varus-Schlacht müßte in der Kalkrieser Senke in einem 20 x 4 km großen Gelände stattgefunden haben. (FAZ 13.4.93)

Zurück zu Raswans Wildpferdtheorie: „Ein ausgetrocknetes Flußbett, das sich quer durch Saudi Arabien zieht, ist jetzt auf Satellitenbildern entdeckt worden. Es belegt, daß das heutige Wüstenland früher fruchtbar gewesen sein muß.“ (FAZ 13.4.93)

Welch eine Genugtuung für die Freunde Carl Raswans, daß hier neue Überlegungen gerechtfertigt sind, möglicherweise ein Bestätigung für seine Annahme gefunden wird.

Tabula gratatoria

Herausgeber und Verlag danken im Namen des Asil Clubs den Damen und Herren, den Museen, Galerien, Verlagen und allen sonstigen Institutionen, die freundlicherweise die Wiedergabe von Gemälden, Lithographien, Stichen, Fotos und Texten ermöglicht haben:

On behalf of the Asil Club the editor and the publishers want to express their gratitude towards all those ladies and gentlemen, museums, galleries, publishing firms and other institutions who were kind enough to permit reproduction of pictures, lithographs, engravings, photographs and texts:

Arthur Ackermann & Son Ltd., London; Gertraud Adam, Ottobrunn; "Al Sachra" Gestüt, Heidelberg; Arnot Art Museum, Elmira, N.Y.; Uta Bilke, Freiburg; Birmingham City Museums; E. Briegel; Gerda von Brincken, Verden; Harry M. Buchberger, Meersburg; Galerie Dr. Bühler, München; The Art Institute of Chicago; Derek Clark, London; Musée Condé, Chantilly; Sammlung Fürst Czartoryshi, Krakau; K. Denart; The Denver Art Museum; Deutsche Verlagsanstalt, Stuttgart; El Zahraa, Staatsgestüt, Kairo; Werner Ernst, Ganderkesee; E. Escher; I. Filsinger; Fine Arts Museum of San Francisco; Photo- und Presseagentur Focus, Hamburg; Judith Forbis, Arkansas; H. Frank; S.D. Joachim Fürst zu Fürstenberg, Donaueschingen; Germanisches Nationalmuseum, Nürnberg; Richard Green, London; Georg Goerlipp, Donaueschingen; Hamburger Kunsthalle; Verlag Otto Harrassowitz, Wiesbaden; The Heckscher Museum, Huntington, N.Y.; The Henry Morrison Flagler Museum, Palm Beach, Florida; B. Kamppeter; Peter Karbstein, Düsseldorf; I. Kirsch; H. und Y. Krafka, Berlin; S. Kübe; C. Kugler; R. v. Lent; Erich Lessing, Wien; Musée du Louvre, Paris; Peter Loveday, London; Fotohaus Magnus, Friedrichshafen; Douglas B. Marshall, Barksdale, Texas; Mathaf Gallery, London; The Metropolitan Museum of Art, New York; L. Micek; T. Micek; Milwaukee Art Museum; Museum Narolowe, Krakau; Neue Pinakothek, München; Nelson-Atkins Museum of Art, Kansas City, Missouri; The New York Historical Society; Niedersächsische Staats- und Universitätsbibliothek, Göttingen; Horst Niesters, Hellenthal; Nymphenburger Verlagshandlung, München; Museum Okregowe, Tarnow; Verlag Paul Parey, Berlin; Bibliotheque Nationale, Paris; C.C. Pearson, Kent; P. Pechdo, Haras de Pompadour; Musée du Petit Palais, Paris; Pinacotèque Nationale; Esperanza Raswan, Calif.; Richard Redding & Colin Stodgell, Fine Art Ltd.; Museum der Stadt Regensburg; H. Reinhard; Madame Marie-Christine Renauld; Nicole Sachs; Dr. Berthold Schirg, Bissingen; Dietrich Schneider-Henn, München; Schweizer Verlagshaus, Zürich; Edith und Fritz Sigg-Gietz, Teufen; Sotheby Parke Bernet, Inc., New York; Musée Alexandre Soutzos; Stadtmuseum München; Städelsches Kunstinstitut und Städtische Galerie, Frankfurt/Main; The St. Louis Art Museum; S. Stuewer; Dr. Karin Thieme, Königsbrunn-Augsburg; Edelgard Liebl, Abu Dhabi; Topkapi Saray Museum, Istanbul; K. Ulrich; Musée National du Chateau de Versailles; The Wallace Collection, London; Lothar Walter, Hamburg; SKH. Herzog Carl von Württemberg, Althausen; Thomas Zimmermann, Köln; Gestüt Zoppenbroich, Mönchengladbach.

Besonderer Dank gilt S. E. Abbas F. Al Ghazzawy, Botschafter des Königreichs Saudi Arabien, Brigadier Kurt Albrecht, Wien, Professor Dr. Dr. Frederik Bakels, Priscilla Balles, Bahrain, Dorothee Faltejsek, Dr. Johannes Erich Flade, Heiko Fuchs, Karen Kasper, USA, Urte Kern, Dr. F. Bonno Klynstra, Bodo Koch, Dietrich Olms, Dr. Otto Saenger, Dr. Bertold Schirg, Melissa Simms, Dr. Karin Thieme und Dipl.-Ing. Georg Thierer für ihre wichtigen Beiträge und Hilfestellungen und Professor Dr. Sigrid Hunke sowie der Deutschen Verlagsanstalt, Stuttgart, für die freundliche Genehmigung, Abschnitte aus dem Buch "Allahs Sonne über dem Abendland" zu zitieren. Den Mitarbeitern des Georg Olms Verlages, insbesondere Dr. Heidrun Kämper-Jensen, Anne Jacobs, Angelika Koch, Barb Müller, Beate Müller, Stefanie Pogga, Cordula Wieczorek, Jens-Peter Pracht und Christoph Fialla sei gedankt für die vielfältige Mühe bei der Erstellung dieses Buches, Professor Paul König für die Gestaltung, Professor Dr. Gert Preiser für die Lösung einzelner Formulierungs- und Korrekturprobleme und Günther Seidlitz für die Kontrolle von Pedigreefragen.

Tabula gratatoria

Special thanks are due S. E. Abbas F. Ghazzawy, Ambassador of the Kingdom of Saudi Arabia, Brigadier Kurt Albrecht, Wien, Professor Dr. Dr. Frederik Bakels, Priscilla Balles, Bahrain, Dorothee Faltejsek, Dr. Johannes Erich Flade, Heiko Fuchs, Karen Kasper, USA, Urte Kern, Dr. F. Bonno Klynstra, Bodo Koch, Dietrich Olms, Dr. Otto Saenger, Dr. Bertold Schirg, Melissa Simms, Dr. Karin Thieme and Dipl.-Ing. Georg Thierer for their assistance and important contributions and Professor Dr. Sigrid Hunke as well the Deutsche Verlagsanstalt, Stuttgart, for their kind permission to quote excerpts from the book "Allahs Sonne über dem Abendland". The coworkers of Georg Olms Publishers, particularly Dr. Heidrun Kämper-Jensen, Anne Jacobs, Angelika Koch, Barb Müller, Beate Müller, Stefanie Pogga, Cordula Wieczorek, Jens-Peter Pracht and Christoph Fialla deserve thanks for their efforts in preparing this book; Professor Paul König, for the design; Professor Dr. Gert Preiser, for answering individual textual problems; and Mr. Günther Seidlitz for checking questions of pedigree and especially family identification.

Den Übersetzern Frau Betty Finke, Frau Sigrid Eicher, Herrn Mazen Amawi, Herrn Paul Harrison und Herrn und Frau Dr. Walter Sauer sei ebenso gedankt wie all den Mitgliedern des Asil Clubs, die durch die Einschaltung der Fotos ihrer Pferde in dieses Buch die Veröffentlichung ermöglicht haben.

The translators, Mrs. Betty Finke, Mrs. Sigrid Eicher, Mr. Mazen Amawi, Mr. Paul Harrison and Dr. and Mrs. Walter Sauer are to be as thanked as all those members of the Asil Club who made possible the publication of this book by making available photographs of their horses.

Hippolyte Berteaux. Selim III. Öl auf Leinwand. Topkapi Saray Museum, Istanbul

Alphabetisches Verzeichnis der Pferde

Alphabetical List of Horses

Alphabetical List of Horses

Verzeichnis der Abbildungen
List of Illustrations

List of Illustrations

Page / Seite

Bibliographie

Bibliography

AL KHAMSA ARABIANS. A Documentation of Al Khamsa Arabians and Their History. Ed. by Al Khamsa, Inc. Rockfort, Ill. 1983: Thrift-Remsen.

AL KHAMSA DIRECTORY. 1976: Al Khamsa, Inc.

AMMON, K.W., Nachrichten von der Pferdezucht der Araber und den arabischen Pferden. Nürnberg 1834. (DOCUMENTA HIPPOLOGICA). Reprint Hildesheim 1972: Olms Presse.

AMMON, K.W., Historical Reports on Arab Horse Breeding and the Arabian Horse. Collected Reports from Early Travellers to Arabia. Transl. of the edition Nürnberg 1834. H. Stäubli. (DOCUMENTA HIPPOLOGICA). Hildesheim 1993: Olms Presse.

ANGERMEIER, A., Vergleichende Untersuchungen an Pferden des arabischen Vollblutes und des Warmblutes im Haupt- und Landgestüt Marbach an der Lauter. München 1980 (Diss.).

ARENTSCHILDT, D. v., Die Blutlinien der Araber in Polen. (Ergänzung zu dem Artikel von Landstallmeister Dr. W. Uppenborn.) In: Equipe 1/1970.

D'ARVIEUX, Travels in Arabia the Desert. London 1718.

ASAD, M., Der Weg nach Mekka. Berlin 1992.

ASAD, M., The road to Mecca. London 1954.

ASHOUB, ABDEL ALIM, The Royal Agricultural Society under the distinguished Patronage of his Majesty the King Farouk I. Founded 1898. Animal Breeding Section. E.A.O. - Studbook vol. 1. Kairo 1948.

ASIL ARABER, Arabiens edle Pferde -
ASIL ARABIANS, The Noble Arabian Horses.
Eine Dokumentation hrsg. vom Asil Club - A Documentation edited by the Asil Club. Hildesheim - New York 1977: Olms Presse.

ASIL ARABER II, Arabiens edle Pferde -
ASIL ARABIANS II, The Noble Arabian Horses.
Eine Dokumentation hrsg. vom Asil Club - A Documentation edited by the Asil Club. Hildesheim - New York 1980: Olms Presse.

ASIL ARABER III, Arabiens edle Pferde -
ASIL ARABIANS III, The Noble Arabian Horses.
Eine Dokumentation hrsg. vom Asil Club - A Documentation edited by the Asil Club. Hildesheim - New York 1985: Olms Presse.

BAKELS, F., Der Asil Araber im Lichte neuer genetischer Erkenntnisse / The Asil Arabian in the Light of New Genetic Knowledge. Hildesheim 1980: Asil Club.

BEAUPÉRE, M.-CH.R., Alfred de Dreux - le peintre du cheval. Lausanne 1988: Caracole.

BILKE, E., Pferdepassion. Von Pferdezucht und Pferdeschönheit. Eine Sammlung von Aufsätzen. Mit einem Vorwort von Heinrich Bauer. (DOCUMENTA HIPPOLOGICA). Hildesheim 1976: Olms Presse.

BLUNT, LADY A., Bedouin Tribes of the Euphrates. 2 Bde. New York 1879. Reprint London: Frank Cass and Co.

BLUNT, LADY A., A Pilgrimage to Nejd. 2 Bde. in 1 Band. New York 1879. Reprint Hildesheim: Olms Presse.

BLUNT, W.S., The Thoroughbred Horse, English and Arabian. 1880. In: The Nineteenth Century (Magazine).

BOUCAT, T.P., The Arab, the Horse of the Future. London 1905. (DOCUMENTA HIPPOLOGICA). Reprint Hildesheim 1986: Olms Presse.

BRAHIMI, D., La vie et l'oeuvre de Etienne Dinet. Catalogue raisonné de Koudir Benchikou. Courbevoie (Paris) 1984: ACR Édition Internationale.

BRENT, P., Far Arabia. Explorers of the Myth. London 1977: Weidenfeld and Nicholsen.

BROWN, TH., Biographische Skizzen und authentische Anecdoten von Pferden und den übrigen Thieren derselben Gattung. Weimar 1831.

BROWN, W.R., The Horse of the Desert. With an introduction by Major General James G. Harbord and Henry F. Osborn. New York 1929. (DOCUMENTA HIPPOLOGICA). Reprint Hildesheim 1979: Olms Presse.

BURCKHARDT, J.L., Bemerkungen über die Beduinen und Wahaby. (Neue Bibliothek der wichtigsten Reisebeschreibungen zur Erweiterung der Erd- und Völkerkunde, Band 57). 2 Bde. Weimar 1831.

BURCKHARDT, J.L., Notes on the Bedouins and Wahabys. 2 Bde. London 1830.

BURGESS, S.B., The Classification of Bedouin Arabian Horses. Second Edition. Manakin 1983: Akid publications.

BURTON, SIR R.F., A Pilgrimage to Al-Madinah and Meccah. London 1865.

CAMPBELL, J., Horses in the Sun. London 1966: Pelham Books.

CASKEL, W., Die Bedeutung der Beduinen in der Geschichte der Araber (Arbeitsgemeinschaft für Forschung des Landes Nordrhein-Westfalen, Geisteswissenschaften, Heft 8.) Köln und Opladen 1953: Westdeutscher Verlag.

CAVENDISH, W., DUKE OF NEWCASTLE. Neu eröffnete Reitbahn / Nouvelle Méthode pour dresser les chevaux. Nürnberg 1700. (DOCUMENTA HIPPOLOGICA). Reprint Hildesheim 1973: Olms Presse.

CLAUSS, L., Semiten der Wüste unter sich. Berlin 1937.

CRANZ, W. - H. WEISS, Die Sanften und die Feurigen. Bad Homburg 1983: Limpert Verlag.

DAMOISEAU, L., Hippologische Wanderungen in Syrien und der Wüste. Aus dem Französischen übersetzt von Theodor Heinze. 2 Bde. Leipzig 1842. (DOCUMENTA HIPPOLOGICA). Reprint Hildesheim 1979: Olms Presse.

DAUMAS, E., Die Haupt-Grundsätze des arabischen Reiters. Magdeburg 1855.

DAUMAS, E., The Horses of the Sahara. Ninth Ed. rev. and augmented with commentaries by the Emir Abd-el-Kader. Translated from the French by Sheila M. Ohlendorf. Preface by Stuart Cloete. English Edition Austin, Texas 1968: University of Texas Press.

DAUMAS, E., Die Pferde der Sahara. Aus dem Französischen von Carl Graefe. Berlin 1853. Im Anhang: Mazoillier, Die arabischen Pferde in Syrien. (DOCUMENTA HIPPOLOGICA). Reprint Hildesheim 1976: Olms Presse.

DAVENPORT, H., The Annotated Quest. Homer Davenport & His Wonderful Arabian Horses. An annotated Edition of "My Quest of the Arabian Horse" by Homer Davenport. Hillview 1992: Seauphah Publishing.

DAVENPORT, H., My Quest of the Arabian Horse. London 1911: Reprint Boulder/Col.: Best Publishing Company.

DAVENPORT, H., The World's Fair Arabians; privately published catalog. Morris Plains, New Jersey: 1906-07.

DICKSON, H.R.P., The Arab of the Desert. A Glimpse into Badawin Life in Kuwait and Saudi Arabia. 5th Edition. Reprint London 1972: Allen & Unwin.

DÖMKEN, C.H., Ghazal, Der Fürst der Pferde. Friedberg 1977: L.B. Ahnert Verlag. Vertrieb: Olms Presse, Hildesheim.

DOUGHTY, C.M., Travels in Arabia Deserta. An Abridgement by E. Garnett. Gloucester, Mass. 1968: P. Smith.

EGAN, E. von, Ein Wort für das arabische Pferd. Berlin 1896.

FLADE, J.E., Das Araberpferd. Sechste, erweiterte Auflage. Wittenberg 1989: Ziemsen Verlag.

FORBIS, D. and J., The Egyptian Arabian from Abbas Pasha to present day. Arab Horse Society News - 1964. Reprint Mena/Ark. 1980: Ansata Publications.

FORBIS, J., Authentic Arabian Bloodstock. Mena 1990: Ansata Publications.

FORBIS, J., The Classic Arabian Horse. New York 1976: Live right.

FORBIS, J., Das klassische arabische Pferd. Berlin/Hamburg 1980: Paul Parey.

FOUAD ABAZA, The Arab Horse in Egypt. in: The Journal of The Arab Horse Society 1936.

FREY, O., Das arabische Pferd. Hippologie, Heft 1. Winterthur 1968: Hadlaub.

GREELY, M., Arabian Exodus. London 1976: J.A. Allen.

GUARMANI, C., El Khamsa. MS. translated 1864.

GUTTMANN, U. - F.B. KLYNSTRA, The Lineage of the Polish Arabian Horses - Die Abstammung der polnischen Araber. With 24 complete pedigrees/mit 24 vollständigen Stammbäumen. Discussion by Dr. F.B. Klynstra. Translations by Erika Schiele, Marbach/Lauter. 1968. Auslieferung Hildesheim: Olms Presse.

HAMMER-PURGSTALL, J. FREIHERR VON, Das Pferd bei den Arabern. In: Denkschrift der Wiener Akademie. Hist. phil. Klasse 6-7. Wien 1856. (DOCUMENTA HIPPOLOGICA). Reprint Hildesheim 1981: Olms Presse.

HECKER, N., Die Zuchtplanung beim Arabischen Pferd. Gießen 1975. (Diplomarbeit).

HUTTEN-CZAPSKI, M. GRAF VON, Die Geschichte des Pferdes. Aus dem Polnischen übersetzt von Ludwig Koenigk und herausgegeben von Bogdan Graf von Hutten-Czapski. Berlin 1876.

JÄGER, A., Das orientalische Pferd und das Privatgestüt Seiner Majestät des Königs von Württemberg. Vorwort von Dr. G. Wenzler. Im Anhang: HÜGEL, J.V. - G.F. SCHMIDT, Die Gestüte und Meiereien Seiner Majestät des Königs von Württemberg. Stuttgart 1851. (DOCUMENTA HIPPOLOGICA). Reprint Hildesheim 1973: Olms Presse.

JUSTINUS, J.C., Allgemeine Grundsätze zur Vervollkommnung der Pferdezucht. Anwendbar auf die übrigen Hausthier-Zuchten. Wien u. Triest 1815: Geistinger.

JUSTINUS, J.C., Hinterlassene Schriften über die wahren Grundsätze der Pferdezucht. 2.Aufl. Wien 1884.

KAMEKE, GRAF - FÜRST PÜCKLER, Über arabische Pferde. Enthält: Rochus Graf Kameke, Versuch über die Stutereyen oder neue Methoden die Pferdezucht in Europa zu veredeln. Nachdruck der Ausgabe Berlin 1809. Die arabischen Pferde des Fürsten Pückler. Nachdruck aus dem "Sporting Almanach", Jg. 1. (DOCUMENTA HIPPOLOGICA). Reprint Hildesheim 1986: Olms Presse.

KELLER, R., Pferde des Orients. Pferdebilder aus vier Jahrhunderten. Heidenheim 1974: Erich Hoffmann.

KIRSCH, K.-H., Blut - Adel - Leistung Der Einfluß der ägyptischen Originalaraber. Hildesheim 1983: Olms Presse.

KLYNSTRA, F.B., Arabische Paarden. Den Haag 1974: Uitgeverij Studio "De Zuid".

KLYNSTRA, F.B., Il cavallo arabo. Milano 1990: Giorgio Bernardini Editore.

KLYNSTRA, F.B., Nobility of the Desert. A Profession of Admiration of the Arab Horse. Translated by K. Schmitt. (DOCUMENTA HIPPOLOGICA). Hildesheim 1990: Olms Presse.

KLYNSTRA, F.B., Wüstenadel. Beiträge zum Asil Araber. (DOCUMENTA HIPPOLOGICA). Hildesheim 1978: Olms Presse.

KOPF, W., Erben der Wüste. Saudiarabiens Weg. Hildesheim 1991: Olms Presse.

KRETSCHMAR, M., Pferd und Reiter im Orient. Untersuchungen zur Reiterkultur Vorderasiens in der Seldschukenzeit. Hildesheim 1980: Olms Presse.

LABORDE, LEON DE, Journey through Arabia Petrea. London 1836.

LAWRENCE, J., The History and Delineation of the Horse. London 1809. (DOCUMENTA HIPPOLOGICA). Reprint Hildesheim 1979: Olms Presse.

LAWRENCE, TH.E., Aufstand in der Wüste. Leipzig o.J. (1935). Reprint Hildesheim 1988: Olms Presse.

LÖFFLER, E., Die österreichische Pferdeankaufsmission unter dem k. k. Obersten Ritter Rudolf von Brudermann. 2 Bde. Troppau 1860. (DOCUMENTA HIPPOLOGICA.) Reprint Hildesheim 1978: Olms Presse.

LUKOMSKI, B. v. / J. BOROWIAK / F. v. DÜNKELBERG, Zum Arabischen Pferd. Unsere Pferde. Heft 33, 35, 51. Stuttgart 1906, 1907, 1914. (DOCUMENTA HIPPOLOGICA). Reprint Hildesheim 1979: Olms Presse.

MABROUK, A., A Journey to Arabia. In: The Journal of the Arab Horse Society 1935-38. Gloucestershire 1979: Alexander Heriot & Co. Ltd.

MALTZAN, H., Meine Wallfahrt nach Mecca. Reise in der Küstengegend und im Innern von Hedschas. Bde. 1-2. Leipzig 1865.

MALTZAN, H., Reise nach Südarabien. Braunschweig 1873.

MAZOILLIER, Die arabischen Pferde in Syrien. Als Anhang in: DAUMAS, E., Die Pferde der Sahara. (DOCUMENTA HIPPOLOGICA). Reprint Hildesheim 1976: Olms Presse.

MOHAMED ALI, Breeding of Pure Bred Arab Horse. 2 Bde. Cairo 1935. Reprint Rhineback, N.Y. 1975: Baird Press.

MUELLER, J.H., Aus meinem Leben mit den Bedus. Vortrag gehalten vor dem Asil Club, Bad Schönborn am 20.6.1981 und veröffentlicht vom Asil Club.

MUELLER, J.H., Verrat in schwarzen Zelten. Zürich 1977: Schweizer Verlagshaus AG.

MUSIL, A., The Manners and Customs of the Rwala Bedouins. New York 1928: The American Geographical Society.

OLMS, D., Das "kitab al-hail" von Abu 'Ubaida als frühes Zeugnis einer Betrachtung zum Stellenwert des arabischen Pferdes bei den Muslimen in frühislamischer Zeit. Göttingen 1991. (Magisterarbeit).

OLMS, W.G., Al Khamsa or the Five Pillars of Arabian Breeding. El Asil - Character - Performance - Type - El Asil. Lecture held at the Al Khamsa, Inc. Meeting Aug. 27th, 1982, Rockford, Ill.

OLMS, W.G., Die Asil Araber. Die Araber unter den Arabern. Pferde Heute, Spezial. Nr. 1, 1984. Stuttgart 1984.

OLMS, W.G., Asil Araber: Diamanten ohne Einschlüsse. Araber Journal, Nr. 4 und 5. Stuttgart 1988.

OLMS, W.G., Die Asil Araber - Dokumentation als Konzentrat überzeugender Argumente. Vortrag, gehalten vor dem Asil Club, Delingsdorf, 23.Juni 1984.

OLMS, W.G., Der Asil Club als Wahrer der Tradition. Nord Arab. Nr. 1, Halmstad 1981.

OLMS, W.G., Der Asil Club - Aufgaben, Ziele. Vortrag, gehalten vor dem Asil Club in Treis/Lda. am 31.5.1980.

OLMS, W.G., Bilder aus Arabien. Von einer Prunkhochzeit in Abu Dhabi. In: "Arabische Pferde" Nr. 3, 1984.

OPPENHEIM, M. v., Die Beduinen. 4 Bände. Leipzig und Wiesbaden 1939-1968 und Reprint Hildesheim 1984: Olms Presse.

PALGRAVE, W.G., Narrative of a year's journey through Central and Eastern Arabia 1862-1863. 2 vols., London 1865.

PALGRAVE, W.G., Reise in Arabien. 2 Bde., Leipzig 1867.

PETTKO-SZANDTNER, T. v., Das original-arabische Gestüt Kafr-Farouk. St. Georg Almanach 1951.

PFEIFFER, I., Reise einer Wienerin in das Heilige Land. Wien 1844.

PIDUCH, E., Arabian Horses of El Zahraa. The Root Mares of the E.A.O. - Descendants in Germany. Hildesheim 1982; Olms Presse.

PIDUCH, E.A., Egypt's Arab Horses. History and Cultural Heritage. Philippsthal 1988: Kentauros-Verlag.

PHILBY, H., Das geheimnisvolle Arabien. 2 Bde. in 1 Band. Leipzig 1925. Reprint Hildesheim 1986: Olms Presse.

PRISSE D'AVENNES, E., Egyptian and Arabian Horses. Extract from the Smithonian Report 1904. Reprint Seattle, Washington 1967: The Shorey Bookstore.

PÜCKLER-MUSKAU, Die arabischen Pferde des Fürsten Pückler. von H. Laube. In: Sporting Almanach, Leipzig 1844. Reprint Hildesheim 1986: Olms Presse.

RASWAN, C.R., Black Tents of Arabia. My Life among the Bedouins. New Edition. New York 1971: Farrar, Straus and Giroux.

RASWAN, C.R., Drinkers of the Wind. New York 1971: Farrar, Strauss and Giroux.

RASWAN, C.R., Escape from Baghdad. London o.J. Reprint Hildesheim 1978: Olms Presse.

RASWAN, C.R., Im Land der schwarzen Zelte. Mein Leben unter Beduinen. Berlin 1951. Hildesheim 1976: Olms Presse.

RASWAN, C.R. (Hrsg.), The Raswan Index. 3 Bde. Ames, Iowa 1969: I-Tex Publishing.

RASWAN, C.R., Söhne der Wüste. Erinnerungen aus meiner Beduinenzeit und meinem Leben als Züchter arabischer Pferde. Hildesheim 1977: Olms Presse.

RASWAN, C.R., Trinker der Lüfte. Auf der Suche nach Ismaels Pferden zwischen Euphrat und Nil. Hildesheim 1976: Olms Presse.

RASWAN, C.R. - U. GUTTMANN, Arabische Pferde. 2.Aufl. Rüschlikon-Zürich, Stuttgart, Wien 1974: Albert Müller.

RASWAN, C.R. - H. SEYDEL, Der Araber und sein Pferd. Enthält: C.R. Raswan, Der Araber und sein Pferd, H. Seydel, Das arabische Vollblut (Kuhaylan) und H. Seydel, Über den Wert reinen arabischen Blutes (Vollblut) für arabische Zuchten. (DOCUMENTA HIPPOLOGICA). Reprint: Hildesheim 1981: Olms Presse.

RAU, G. - J.U. DUERST, Pferdebeurteilung. Enthält: Gustav Rau, Die Beurteilung des Warmblutpferdes. Berlin 1935. Mit einem Vorwort von Landoberstallmeister Georg Wenzler. (Anleitung der Deutschen Gesellschaft für Züchtungskunde, Heft 36 - 38.); J. Ulrich Duerst, Die Beurteilung des Pferdes [Auszüge]. Stuttgart 1922. (DOCUMENTA HIPPOLOGICA.) 2.Reprint Hildesheim 1988: Olms Presse.

REFERENCE HANDBOOK OF STRAIGHT EGYPTIAN HORSES, Vol. III. Lufkin, Texas 1979: The Pyramid Society.

REFERENCE HANDBOOK OF STRAIGHT EGYPTIAN HORSES, Vol. IV., V. Lexington/Kentucky o.J.: The Pyramid Society.

RITSON, LADY K., in: The Journal of the Arab Horse Society 1935-38.

ROSENVOLD, L. and D., Tales of the King's Horses. Montrose/Col. 1958: Rosenvold Publications.

RZEWUSKY, GRAF W., Über die Eigenschaften und Formen des arabischen Pferdes. In: Fundgruben des Orients, Bd. 5, S. 55 ff. Wien 1810-1819.

SAENGER, O., Arabischer Adel. Sehen - Erkennen - Werten. (DOCUMENTA HIPPOLOGICA). Hildesheim 1990: Olms Presse.

SAENGER, O., Vollblutaraber in Deutschland. Friedberg 1978: L.B. Ahnert Verlag.

SCHÄFER, M., Wie werde ich Pferdekenner. Eine moderne Beurteilungslehre aus biologischer Sicht. München 1971: Nymphenburger.

SCHIELE, E., Araber in Europa. Geschichte und Zucht des edlen arabischen Pferdes. 3.Auflage. München 1982: BLV-Verlagsgesellschaft.

SCHIELE, E., Arabiens Pferde - Allahs liebste Kinder. München 1972: BLV-Verlagsgeselllschaft.

SCHRAPS, W., The noblest Arabs of them all. Geo, Heft 9. New York 1979.

SCHRAPS, W., Wunder aus Fleisch und Blut. Araber sind das Nonplusultra der Pferdezucht. Geo, Heft 4. Hamburg 1982.

SCHRAPS, W., Und Gott nahm eine Handvoll Wind. Geo, Heft 5. Hamburg 1988.

SEYDEL, H., Das arabische Vollblut (Kuhaylan). Studien über seine Eigenschaften und seine Beziehungen zur deutschen Pferdezucht. Diss. Breslau 1932. Reprint s. Raswan-Seydel.

SEYDEL, H., Über den Wert reinen arabischen Blutes (Vollblut) für abendländische Zuchten. In: Zeitschrift für Gestütskunde und Pferdezucht, Heft 9/10 u. 11/12, Jg. 1933. Reprint s. Raswan-Seydel.

SMITH, C.H., The Horse. (The Naturalist's Library, Vol. XII). Edinburgh 1841.

SOLINSKI, S.G., Reiter, Reiten, Reiterei. Die Grundlagen pferdegemäßen Reitens. 2.Aufl. Hildesheim 1993: Olms Presse.

SOLINSKI, S.G., Das Gymnasium des Freizeitpferdes. Hildesheim 1991: Olms Presse.

SPRINGFIELD, R., The Horse and his Rider. London 1847.

SUMMERHAYS, R.S., Showing the Arab Horse under Saddle. In: The Journal of The Arab Horse Society 1935-38.

THESIGER, W., Arabian Sands. London 1959.

THESIGER, W., Bei den Beduinen. Merian: Arabien, 34. Jg., Heft 7. Hamburg 1981.

THESIGER, W., Die Brunnen der Wüste. Mit den Beduinen durch das unbekannte Arabien. München/Zürich 1991: Piper.

TIERZÜCHTUNGSLEHRE. Hrsg. von G. Comberg, F. Haring und R. Gruhn. 2.Auflage. Stuttgart 1971: Eugen Ulmer.

TWEEDIE, W., The Arabian Horse. London 1894. Reprint 1961: Borden Publishing Co.

TZSCHIRNER, H.-E., Streifzüge um den persischen Golf. Berlin u. Leipzig 1917: W. Borngräber.

UPPENBORN, W., Die Blutlinien der Araber in Polen. In: Equipe Jg. 1970, H. 1.

UPTON, R.D., Gleanings from the Desert of Arabia. London 1881. Reprint Hildesheim 1985: Olms Presse.

UPTON, R.D., Newmarket and Arabia. London 1873. (DOCUMENTA HIPPOLOGICA). Reprint Hildesheim 1985: Olms Presse.

WALLIN, G.A., Travels in Arabia (1845 and 1848). Ed. W.R. Mead and M. Trautz. Cambridge 1979.

WALTHER, F.W., Das Pferd, seine verschiedenen Zuchten und Spielarten. Giessen 1819.

WAVELL, A.J.B., A Modern Pilgrim in Mecca. London 1912.

WEDEKIND, O., Araberpferde in Deutschland - Selbstzweck? Mittel zum Zweck? Vortrag gehalten in Würzburg am 27.März 1975.

WENZLER, G., Das Arabische Vollblutpferd, Geschichte - Zucht - Haltung. (Franckhs Reiterbibliothek). Stuttgart 1980: Franckh/Kosmos.

WENZLER, G., Der Typ als Kriterium in der Araberzucht. In: Katalog Championatsschau arabischer Pferde. Verden 1973.

WRANGEL, A. v., Der Araber in Arabien. Die edelste Pferderasse der Welt. Heidenheim 1966: Erich Hoffmann.

WRANGEL, C.G., Das Buch vom Pferde. Ein Handbuch für jeden Besitzer und Liebhaber von Pferden. Bearb. von F.W. Kurt Plessing. Stuttgart 1927. (DOCUMENTA HIPPOLOGICA). Reprint Hildesheim 1975: Olms Presse.

ZAHER, A., Arabian Horse Breeding and the Arabians of America. Kairo 1950: Found I University Press.

Arabian Stallion, rock-crystal, sapphires, obsidian, gold 18 cts, heigth 29 cm Foto: Lichtblick, Schwollen

PHARRAH (FARAG - TAMRIA)   Bronze portrait by Karen Kasper

Lapis Lazuli Bowl
Cut – Helmut Wolf
18 kg Size 50×38×30 cm
Weight of rough stone 100 kg
Mounting: Silver gold plated
Carving: Hans-Ulrich Pauly
8 Arabian Horses carved in relief with diamond eyes
a close-up of the inside carvings

Informativ, kompetent, vielseitig

Die bestinformierten Kenner der Araber-Szene lesen sie:

ARABER JOURNAL

Speziell für die Freunde des Arabischen Pferdes konzipiert, setzt es sich mit der Herkunft, Wesensart, Haltung und züchterischem Geschehen auseinander. Es ist offizielles Informationsblatt aller bedeutenden Vereinigungen des Arabischen Pferdes und erscheint in zweimonatlichem Turnus in der Bundesrepublik und im deutschsprachigen Ausland.

ARABIAN HORSE EUROPE

Als offizielles Organ der Europäischen Schaukommission (ECAHO) stellt es in englischer Sprache europaweit die gesamte Szene des Arabischen Pferdes dar: Nachrichten, Daten, Fakten, Persönlichkeiten … Außerdem behandelt es grundlegende Fragen in bezug auf die Zucht des Arabers und zeigt neue Trends auf. Arabian Horse Europe erscheint dreimal jährlich in allen Staaten Europas und in den USA.

Symposion Verlag, Postfach 61 02 65, 70329 Stuttgart

ARABER JOURNAL & ARABIAN HORSE EUROPE – die Welt des Arabischen Pferdes

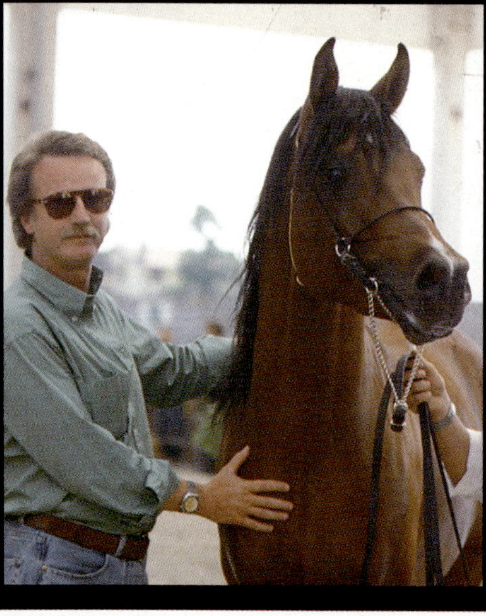

• ITALY • GERMANY • QATAR • DENMARK • SWEDEN • NETHERLANDS • FINLAND

• RUSSIA • BELGIUM • FRANCE • SWITZERLAND • SPAIN • HUNGARY • SYRIA • JORDAN • ISRAEL • SAUDI ARABIA • UNITED ARAB EMIRATES •

EGYPT • SOUTH AFRICA • BRAZIL • ARGENTINA • URUGUAY • CHILE • AUSTRALIA

MEXICO • CANADA • UNITED STATES • AUSTRIA • BAHRAIN • KUWAIT • MOROCCO • NORWAY • NEW ZEALAND • POLAND • UNITED KINGDOM

DOCUMENTA HIPPO-LOGICA

Die Klassiker
der Reitkunst, der Zucht
und der Haltung des Pferdes

H. v. Rheiffen, Die Dame zu Pferde. Berlin 1907. 325 S. mit 52 Abb. DM 58,-

Oscar Fritz, Reiterspiele und Quadrillen in alter und neuer Zeit. Berlin 1926. XII/204 S. mit zahlr. Abb. DM 35,80

Für jeden Reitverein, jeden Reitlehrer, jede Gruppierung von begeisterten Reitern ist das Werk von Oscar Fritz, dem versiertesten Fachmann aller Zeiten für Quadrillenreiten, ein Mittel zur Verschönerung des Umgangs mit dem Pferd.
Jeder Reitlehrer kann maßgeschneidert für seine jeweilige Abteilung Passendes zusammenstellen.

Asil Araber/Asil Arabians III – Arabiens edle Pferde/The Noble Arabian Horses. Eine Dokumentation, herausgegeben vom Asil Club. Hildesheim 1985. 1008 S. m. 575 Abb. Texte in Deutsch, Englisch und Arabisch. DM 298,-

Gustav Rau, die deutschen Pferdezuchten. Stuttgart 1911. 239 S. m. 13 Tafeln, Abb. und 219 Stammtafeln. DM 98,-

Eine eingehende Kenntnis des Inhalts der Berichte, Artikel und Bücher des großen Hippologen Dr. h. c. Gustav Rau sollte jeder besitzen, der sich ernsthaft mit der Zucht der in Deutschland früher und heute gezogenen Pferderassen beschäftigen will.

Stafan von Máday, Psychologie des Pferdes und der Dressur. Berlin 1912. X/350 S. DM 48,-

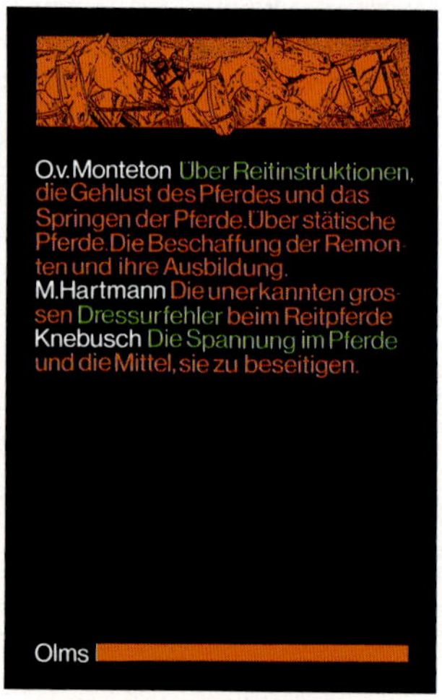

Otto von Monteton, Über Reitinstruktionen, die Gehlust des Pferdes und das Springen der Pferde. Stuttgart 1898. 184 S. DM 48,-

Der liebenswerte Feuergeist nimmt sich auch mit dieser Schrift der Sache redlicher Reitkunst an. Seine Kritiken dienen nur dem Zweck, selbst das bessere Beispiel zu geben. Das Buch ist gespickt mit Winken aus der Praxis für die Praxis, für den Alltag aller seriösen Reiter in Freizeit, Sport und Wanderschaft.

Heinz Meyer, Reiten und Ausbilden. 160 S. m. vielen Fotos u. Zeichnungen. Hildesheim 1988. DM 39,80.

Kurt Albrecht, Meilensteine auf dem Wege zur Hohen Schule. Hildesheim 1983. 148 S. ISBN 3-487.08253-5 DM 24,80 Erstveröffentlichung!/

Der Leiter der Spanischen Reitschule in Wien, Brigadier Kurt Albrecht, berichtet in diesem Buch über seine Erfahrungen bei der Dressur.

Begründet von
Oberst H. Handler, Oberst W. Seunig, Dr. G. Wenzler, Dr. W. Uppenborn.

Herausgegeben von
Brigadier K. Albrecht, Spanische Reitschule, Wien, Général P. Durand, Cadre Noir, Prof. Dr. E.-H. Lochmann, E. v. Neindorff, Dr. B. Schirg

Leopold von Heydebrand U. D. Lasa, Handbuch des Fahrsports. Wien, Pest und Leipzig 1883. XXXII/269 S. mit zahlr. Abb. DM 48,-

Francois Robichon de la Guérinière, Reitkunst oder gründliche Anweisung. Marburg 1817. XX/332 S. 17 Faltbl. DM 88,-

Noch heute bekennen sich alle Pflegestätten feinen Reitens, Wien und Saumur vornean, zu Guérinière als Fundament ohne Abstriche. Mit diesem Nachdruck wird allen deutschsprachigen Reitern der Urtext klassischer Reitkunst wieder zugänglich gemacht.

Carl Gräfe, Die Haltung und der Sitz des Reiters. Ein Beitrag zur Geschichte der Reitkunst. Weimar 1861. 455 Seiten 22 Tafeln. DM 78,-

Carl Gustav Wrangel, Das Buch vom Pferde. 2 Bände. Stuttgart 1927. X/1585 S. mit 1060 Abb. und 20 Tafeln. DM 248,-

Das Standardwerk des bedeutendsten Hippologen der Jahrhundertwende. Eine monumentale Arbeit über Pferdezucht und -haltung.

Otto Saenger, Arabischer Adel. Sehen-Erkennen-Werten. Hildesheim 1990. 90 S. m. zahlr. Abb. DM 35,80

Sadko G. Solinski, Das Gymnasium d. Freizeitpferdes. Hildesheim 1991. 200 S. DM 29,80
(Außerhalb der Reihe)

Rau/Duerst, Pferdebeurteilung. Enthält: Rau, Gustav, Die Beurteilung des Warmblutpferdes. Berlin 1935. Ulrich J. Duerst, Die Beurteilung des Pferdes (Auszüge). Stuttgart 1922. 292 S. mit zahlr. Abb. Leinen. DM 48,-

Das Werk von Duerst gilt heute noch als Nachschlagewerk. Seine Neuauflage zusammen mit der Anleitung für die Praxis von dem großen Hippologen Oberlandstallmeister Dr. Gustav Rau ist für alle Pferdefachleute und -freunde ein längst ersehntes Geschenk.

OLMS PRESSE

Hagentorwall 7 · D-31134 Hildesheim
Telefax (05121) 150150

DOCUMENTA HIPPOLOGICA

Die Klassiker der Reitkunst, der Zucht und der Haltung des Pferdes

Bertold Schirg, Die Reitkunst im Spiegel ihrer Meister. Hildesheim 1986 – '91. 2 Bände. 764 S. mit 200 Abb. Leinen. je Band DM 118,–
Band 1: Grundlagen
Band 2: Hohe Schule

Al-Gitrif Ibn Quadama al Gassani, Die Beizvögel. Ein arabisches Falknereibuch des 8. Jahrhunderts. Übersetzung aus dem Arabischen von Detlef Möller und François Viré. IV/276 S. und 28 Abb., davon 6 farbig. Leinen mit Schutzumschlag. DM 128,–
(Außerhalb der Reihe)

Asil Araber/Asil Arabians IV – Arabiens edle Pferde/The Noble Arabian Horses. Eine Dokumentation, herausgegeben vom Asil Club. Texte in Deutsch und Englisch. Hildesheim 1993. Ca. 950 S., ca. 580 meist farb. Abb. Geb. Vorbestellpreis DM 98,–

Antoine de Pluvinel, Neuauffgerichte Reut-Kunst/L'Instruction du Roy en L'Exercice de monter à Cheval.
Frankfurt a.M. 1670. 210 S. und 56 Falttafeln. deutsch-französischer Paralleltext. DM 198,-

William Robinson Brown, The Horse of the Desert. New York 1929. XXVIII/218 S., 49 Tafeln incl. 1 Falttafel. Geb. DM 98,–

Foppe Bonno Klynstra, Nobility of the Desert. The Arab Horse of the Bedouins. Translated from German by K. Schmitt and S. Eicher. 170 S. mit 42 Abb. DM 78,–

The present publication by the well-known biologist and journalist Dr. F. B. Klynstra treats a great number of important topics relating to Arabian horses. The reader always senses the great love and admiration for the horse of the Beduins and gains insight.

Carl Raswan, Im Land der schwarzen Zelte. Berlin 1951. 167 S. Text, 1 Falttafel und 64 S. Abb. DM 34,80

Raswan brauchte nicht wie Karl May seine Abenteuer zu erfinden, er hat sie erlebt. Mit den Beduinen zog er auf oft todbringende Ghazus (Beutezüge). Mit ihnen ertrug er das mörderische Klima, die endlosen Strapazen der Märsche, oft tagelang ohne Wasser für Mensch und Tier.

OLMS PRESSE
Hagentorwall 7
D-31134 Hildesheim
Telefax (05121) 150150